随园论道

——考古学理论与实践讲演录

王志高　主编

社会科学文献出版社

SOCIAL SCIENCES ACADEMIC PRESS (CHINA)

随园论道

——考古学理论与实践讲演录

王志高　主编

社会科学文献出版社
SOCIAL SCIENCES ACADEMIC PRESS (CHINA)

前　言

　　众所周知，高质量的学术讲座是高校课堂日常教学的补充与延伸，对在校的同学们来说，具有补充专业知识、培养兴趣爱好、开阔学术视野、锻炼科学思维、提升综合素质等多种功能，堪称高校第二课堂。讲座可以为同学们提供与名家大师面对面交流讨论的平台，让尚处于学术懵懂期的初学者一睹各界名师风采，对未来学业发展和生涯规划无疑有着重要的引领作用。而学术会议则是学者之间了解学术动态、推动学术研究的重要途径。参加学术会议，对青年学者尤为重要，是其丰富学术经历、在学界崭露头角的重要方式，在快速了解学术前沿、行业动态的同时，可以结交学界前辈与道友，进而激发思路灵感、完善研究成果、提升学术水平。

　　受客观条件局限，学生时代未能广泛参与学术活动一直是我心中的遗憾。20世纪80年代的燕园虽然名师云集，学术氛围浓厚纯粹，但学术讲座的数量远不及现在，同学们对专业知识的渴望绝非课堂学习所能满足，故偶有校外专家来校开讲常常座无虚席。就我个人的感受而言，信息量爆满的讲座往往更能引发青年学生的专业兴趣与热情，其作用远甚于日常课程学习。

　　进入南师任教后，看着课堂上年轻的面孔，我不由得想起当年求学的岁月，希望凭借自己的资源，尽力开拓同学们的知识视野，搭建前学与后学间的学术交流平台。2018年起，我受命主持南师考古学科建设，遂有条件倾力组织考古学系列讲座。根据专业方向与特点，我将系列讲座划分为"考古名家讲坛""文博大家讲坛""非遗名师讲坛""名家引航讲坛""文博新秀讲坛""弘文讲坛""薛城论坛"等专题，至今已累计举办112场。

　　"考古名家讲坛"主要邀请各高校及考古机构的知名专家，以考古新发现和考古学研究为主题开展讲座。"文博大家讲坛"主要邀请各高校、博物馆及文物部门的知名专家，以文物保护、文物研究和博物馆学为主题开展讲座。"非遗名师讲坛"主要邀请"非遗"传承人和知名"非遗"研究专家、民俗学家，以"非遗"保护、"非遗"传承、"非遗"研究为主题开展讲座。"名家引航讲坛"专为大一新生设置，于每年专业分流之际，邀请学界"大咖"用讲座的形式上一堂特殊的专业导论课，激发同学们的专业兴趣。"文博新秀讲坛"主要邀请文博界的青年学者，以最新研究成果为主题开展讲座。"弘文讲坛"源于文博系校友设立的弘文助学金，该助学金每年资助6名家庭困难的优秀学生，并在发放之际邀请杰出系友回校开展讲座，是文博学子反哺母校的优良传统。"薛城论坛"主要为南京师范大学薛城遗址考古教学实习基地的同学举办，在实习期间邀请专家学者至工地参观指导，同时开展讲座，以丰富人才培养模式。

讲座之余，我还协调多方资源，牵头组织了多场学术会议，并于每年定期举办一次"六朝考古学术工作坊"。工作坊第一期、第二期均在随园校区举办，后来随着影响力扩大，逐渐走出校园，先后在马鞍山、溧阳等城市举办，形成了校地合作的办会模式，已具备一定学术影响力。

青年是学术之希望与未来。我们特别欢迎青年学者加盟学术会议，鼓励优秀研究生和本科生与会。第一期六朝考古学术工作坊即为青年学者专场，参会者多为刚参加工作不久的年轻学人及在校学生。如今工作坊已办至第五期，青年学者仍是参会主力军。"中日青年学生的对话：文化交流视角下的古代文化遗产"研讨会、"区域文明探源的考古学解读"研究生学术创新论坛等会议的举办，都为考古文博学子提供了对外交流和展示自我的平台。

需要说明的是，以上讲座与会议的成功举办离不开我们专业的优秀学生团队，他们承担了大量琐碎繁杂的工作，特别感谢他们的付出。每次活动从筹备阶段的物料准备、信息发布，到活动中的现场接待、组织记录，再到会后的资料整理，我们的团队均能应付自如。讲座和会议结束后，同学们会撰写一篇讲座纪要，并交我审核修改，通过后发布于"南师文博"公众号及我们学院的官网。经过五年的积累，纪要数量已达百余篇，其内容几乎涵盖了考古文博工作的各个领域，具有较强的学术价值和前瞻性。这些纪要皆翔实有据，最大限度上保留了讲座和会议信息，记录之余兼具学术性，让未到场者也能充分获取学术活动的关键信息，其中一些精彩纪要为中国历史研究网、中国考古网、澎湃新闻、"方志南京"、"南京师范大学"、"亚洲考古"等知名公众号或网站全文转载，获得了不少学界人士的高度评价。

让我感到欣慰的是，我们的考古学系列讲座大受在校本科生、研究生的欢迎。他们认真听讲，与主讲老师踊跃开展有一定深度的交流讨论。在潜移默化之下，他们的专业兴趣更加稳固了，他们的学术视野拓展了，他们的综合素养提高了。更让我感到欣慰的是，我们的讲座纪要的影响力走出了校园，成为我们专业对外宣传的一张名片。2022年春，我携门下研究生参加外校的一次学术会议。接待我们的青年教师在交谈中感慨"南师文博"公众号发布的讲座纪要内容翔实、观点新颖，对其教学科研颇具参考价值。近来，在与业界同道交流的过程中，我们的讲座及会议纪要亦颇获赞誉，遂萌生尽快将这些纪要结集出版的想法，以惠及更多学人。

因篇幅限制，本书仅收录了由我主持或主导的部分讲座纪要62篇、会议纪要10篇，截止于2023年6月10日的考古学系列讲座总第103讲。由于早期经验不足，讲座纪要文字较为稚嫩，内容亦不够详尽，故2019年以前的纪要多未收录。会议纪要则全部收录。

本书分为上、下两篇，上篇为讲座纪要，下篇为会议纪要。为方便读者阅读，上篇又按讲座内容分为"理论与方法""发现与研究""讨论与争鸣""陶瓷新识""文明交流互鉴""学术薪传"6个单元。"理论与方法"单元聚焦考古学理论与方法论的前沿研究，展现多元化的考古学发展前景。"发现与研究"单元以重要考古发现及相关研究为主题，系统介绍相关考古发现的重要意义与最新研究成果，也包括部分博物馆研究。"讨论与争鸣"单元则是主讲人对部分热点论题的最新研究成果，讲座中的观点多极具创新性，为读者提供了全新的视角。"陶瓷新识"为陶瓷研究专题，主讲者均为国内知名陶瓷考古专家，汇集了陶瓷考古前沿动态。"文明交流互鉴"单元关注古代中国与域外的文化交流以及外国考古发现，收录了日韩学者关于古代东亚国家间交往的讨论，以及中国学者赴境外开展考古发掘的收获。"学术薪传"是上篇最后一个单元，收录的两篇纪要，一为王世民先生对夏鼐先生新中国考古学创建贡献的总结，一为杨新华先生四十载文博工作之回顾，展示了前辈文博考古工作者的情怀与担当，是青年考古文博学子的精神楷模。

本书的出版离不开学界师友的大力支持，感谢来校开展讲座和参与会议的各位专家，尤其是以刘庆柱、齐东方、孙华、徐天进、白云翔、霍巍、张敏、魏坚、周晓陆、贺云翱、张敬国、陆勤毅、王仁湘、裴安平、汤惠生等老师为代表的诸位前辈学者，在接到我的讲座邀请后欣然应允，共同促成了如此规模的系列讲座。需要感谢的还有社会发展学院的罗秀山书记与王剑院长，正是以他们为首的院领导着力搭建全院上下宽松团结、锐意进取的教学科研平台，大力支持考古学科发展，相关活动才得以顺利举办。齐春风院长虽已调任云南大学，但在南师期间也为我们提供了诸多帮助，谨表谢忱。感谢院办李永主任，在协调会议室方面给予诸多帮助。感谢文学院李红梅副院长，在她的帮助下，部分重要讲座得以在宏敞的中大楼报告厅举办。

感谢整理纪要的所有同学，他们认真总结的纪要是本书的基础。本书的前期编务工作由高庆辉博士和马健涛、曹泽乙同学承担，他们对纪要文字进行了非常认真的校勘，最后由马健涛统一体例并配图，感谢他们的辛勤劳动。社科文献出版社的李淼编辑秉承高度认真的敬业精神，对书稿从内容到形式反复打磨，确保了本书的品质。此外，南京师范大学敬文图书馆为大部分讲座的举办提供了温馨的场地，超星团队对部分讲座进行了影像记录，在此一并致谢。

王志高

2023 年 11 月 14 日于随园迎薰楼上

目　录
CONTENTS

上篇　学术讲座

下篇　学术会议

上篇
学术讲座

东方天国，集体至上

——中国的家庭、私有制、文明、国家和城市起源

裴安平

2019年9月28日15：00～17：30，应南京师范大学文博系邀请，著名考古学家裴安平教授在随园校区600号楼117报告厅，为师生带来了主题为"中国的家庭、私有制、文明、国家和城市起源"的讲座。此次讲座是南京师范大学考古学系列讲座总第17讲。讲座由王志高教授主持，校内校外有关师生共计100余人聆听了此次讲座。

讲座的主题源自裴安平教授2017年国家社科基金后期资助项目成果《中国的家庭、私有制、文明、国家和城市起源》一书。该书已于2019年7月出版，上下两册，共计80.6万字。

正如王志高教授在开题致辞中所说："裴安平教授具有崇高的学术理想和深厚的学术造诣，他在退休后笔耕不辍，继续沉浸于学术研究，是一位极具学术情怀的纯粹的考古学者，值得我们后学景仰。"该书是国内外第一次以考古发现为基础和线索，全面系统地梳理和研究中国家庭、私有制、文明、国家和城市起源五大历史问题的专著。其研究方法新

颖，第一次将史前有关历史问题的研究置于血缘组织与聚落形态的平台上进行考察，还第一次系统地提出了关于中国家庭、私有制、文明、国家和城市起源方面完全不同于以往传统的认识，为今后类似的研究提供了新的视角、思想和方法。

正因此，该著作一出版，王志高教授便邀约裴老师分享他的研究成果。

讲座内容主要分为五个部分。

一　家庭起源

关于家庭起源，裴老师认为，自有人类以来就有婚姻，婚姻就是成年男女相结合的方式；而家庭则是成年男女因婚姻而结合在一起的生活与社会单位，是一定历史阶段的产物，是社会形态与婚姻形态演变的结果。

考古表明，一方面，中国的旧石器时代根本就不存在独立生存的孤独的"原始群"，而遍地是以遗址个体为单位的生产生活实体组织——部落及其物化形态遗址群；另一方面，由于自然的血缘社会的历史背景，人类的婚姻范围从旧石器时代一直到新石器时代中期，都仅限于部落一类血缘组织。正因此，最晚不过新石器时代中期，中国就出现了属于"族外婚"即氏族外婚部落内婚的一夫一妻制婚姻和家庭，并先后经历了两大发展阶段。

第一阶段：新石器时代中期。

在流行对偶婚的基础上，人类社会出现了最早以自然性爱为基础的一夫一妻制婚姻与家庭。这种家庭虽然当时还不是社会最小的生产、经济与组织单位，但却是一种成年男女自愿长期在一起的生活单位。其中，无论男女都不是"外人"，生前死后都可以在一起。内蒙古赤峰市兴隆沟遗址 F22 成年男女带孩子的居室葬，M23 成年男女同穴合葬墓，以及河南舞阳贾湖裴李岗文化遗址 M353、M106 等成年男女合葬墓，就都是这方面的证明和代表。

第二阶段：新石器时代晚期到夏商周时期。

新石器时代晚期，从距今约6500年开始，由于气候适宜，聚落与人口大幅增加，人地关系和人与人之间的关系日趋紧张。为了化解以前从未遭遇过的空前的生存危机，人类社会的生产方式发生了重大变化。一是变集体劳动、集体消费的广谱经济为个体劳动、个体消费的农业；二是集体将土地分给成年男人；三是成年男人从此拥有了土地的独立耕作权；四是对公劳役地租，对私多劳多得。从此，男人的社会地位提高了，一夫一妻制婚姻与家庭在此基础上也普及流行。陕西临潼姜寨仰韶文化早期的男女并穴合葬墓，河南淅川下王岗、邓州八里岗、郑州大河村和安徽蒙城尉迟寺、湖北应城门板湾等距今6000～5000年遗址中的"排房"与"套房"，以及蒙城尉迟寺聚落整体布局的变化，就都说明以早期个体劳动个体经济为基础的一夫一妻制婚姻和家庭当时已经普及和流行。

在社会完全地缘化、商品经济出现高潮，生产资料土地使用权完全私有的基础上，一夫一妻制家庭开始成为地缘社会独立的最小的生产、经济与组织单位，还为以后中国一夫一妻制家庭"小农经济"与社会的稳定发展奠定了基础。

二 私有制起源

关于私有制起源，裴老师认为，私有制就是一种包括不动产在内的生产资料都可以私有的制度。但是，中国从来就没有过这样的私有制，而只有以动产为主的财富私有制。这种私有制有三大特点。一是只有动产财富才可以私有，春秋以后表面上土地可以私有了，但真正私有的只是使用权而不是所有权；二是财富私有制从来不是一种经济制度，而是一种社会管理与政治制度；三是财富与权力直接相关，越有权越富。

截至春秋战国时期，中国的财富私有制起源经历了三大阶段。

第一阶段：新石器时代中期。

在广谱经济与集体劳动、集体消费的生产方式的基础上，财富私有制作为一种血缘组织集体的管理与分配制度最早登上了历史舞台，凝聚了大量社会劳动的"奢侈品"也开始成为权力和地位的象征。距今8000年前北方东部地区兴隆洼文化所出高等级墓葬和玉器就是这方面很好的证明。

第二阶段：新石器时代晚期至夏商西周时期。

为了化解以前从未遭遇过的生存危机，人类社会的生产方式与组织方式，在距今5000年以后都发生了重大变化。一方面出现了土地耕作权私有的早期个体劳动和个体经济，另一方面以往单纯的血缘组织开始演变为一种跨部落一体化集中领导与管理的政治组织。这些变化也同步导致当时的财富私有制发生了重要变化。一方面明显融入了经济的因素，社会贫富分化的广度和深度日趋扩大和加深；另一方面以聚落社会一体化的政治组织为平台，私有制也开始成为一种政治制度。这种制度最重要的特征，一是出现了"贵族"，二是越有权越富，三是出现了既能标志等级地位又能标志财富的"礼器"。对此，安徽含山凌家滩、浙江余杭瓶窑古城内反山墓地的高等级墓葬就是证明。

第三阶段：春秋战国时期。

由于国体、政体都地缘化，商品经济出现高潮，以土地使用权完全私有为基础的晚期个体劳动和小农经济开始崛起，货币、贵金属、土地开始成为财富新的标志物。与此同时，作为一种政治制度和"越有权越富"的财富私有制的主要特征并没有改变，改变的只是拥有财富的主体已由以往的血缘贵族变成了统治阶级，官营手工业也成为统治阶级聚敛财富的新途径。

关于私有制起源与手工业农业社会分工的关系问题，裴老师认为，由于商周及以前，中国的社会基础就是血缘社会，各血缘组织开展手工业的目的都是自产自用。正因此，所有的农业与手工业的"社会分工"都只发生在大型的一体化的血缘组织内部。商代出现

"世工世族""工商食官"就说明当时还没有出现地缘化的社会分工与商品经济，殷墟还不是"贸易中心"。显然，中国财富私有制的起源与手工业农业血缘化或地缘化的社会分工都完全无缘。

三 文明起源

关于文明的起源，裴老师认为："文明"与"国家"是不同的概念。文明是人类社会高品质的发展状态和发展阶段，也是人类主动追求生存状态与生存质量不断改善的内在动力与结果。文明的起源是独立的起源，不因国家而起，也不因国家之亡而终。

中国的文明起源也经历了三个阶段。

第一阶段：距今7500～5000年，为血缘社会文明化的早期阶段。

考古发现，北方东部地区兴隆洼文化的玉器、河南新郑唐户裴李岗文化与浙江嵊州小黄山文化以环壕聚落为核心的多聚落遗址，以及浙江义乌桥头上山文化的环壕聚落，就充分地表明聚落社会已出现了明显的等级分化，出现了"核心"与"从属"。由于玉器与新式聚落形态以往从未见有，它们的发现也同时表明文明已经悄然起源，以实力而不是以传统血缘为基础，并具有集中统一领导与管理特点的社会文明化、一体化的组织已经出现。

距今6500～5000年，血缘社会的文明化不仅迎来了发展高潮，还同步迎来了农业、早期个体劳动个体经济、一夫一妻制婚姻和家庭的流行与普及、个体家庭成为血缘社会最小的独立组织与经济单位、母系社会转变为父系社会、人开始成为集体中的独立个人、聚落社会由分散开始走向统一等八个方面的重大变化。

第二阶段：距今5000年～夏商西周，为血缘社会文明化的晚期，也是血缘社会与地缘社会之间的过渡阶段。

于此阶段，社会先后出现了四大变化。

第一大变化发生在距今5000年前后，史前社会出现了第一代政治组织——一体化的聚落群团即部落联盟。这种组织有三大特点。一是最主要的组织基础已不是传统的血缘关系而是财富与实力；二是跨部落集中统一领导和管理，各部落成员之间主从关系明显，而不是以往的独立平等与各自为政；三是永久性而不是一种临时性机构与组织。

第二大变化发生在距今4500～4000年，出现了聚落集团、早期国家、古国等多种新型的社会组织，标志着史前血缘社会向地缘社会的转变正式启动。其中，聚落集团就是多以一体化聚落群团为核心而构建的一种超大型的血缘组织；早期国家则是有关血缘组织之间的联盟，或只跨血缘，或又跨血缘又跨地域；古国与聚落集团、早期国家完全不同，它的最主要特点就是在不同血缘和地域的聚落组织之间以武力建立了统治关系，既有政治上的压迫，又有经济上的剥削。

第三大变化发生在夏商周时期，出现了以单一民族为主体的国家。

民族实际就是众多血缘组织构成的一种地缘化的人类共同体，并有两种不同的组织类型。第一种是自然民族，是人的自然属性。由于相似的自然环境促使同一地区的人在外形、语言、饮食、生产方式、生活习惯、心理方面都有很大的相似性；又由于地域邻近，长期相互交流，以致同一地区的人都不知不觉地共享同一种考古学文化；但是，自然民族的组织成员都是同一地区相互独立平等分散的血缘组织。第二种是实体民族，就是原本独立的各血缘组织在利益的基础上相互认同并构建的具有统一领导和管理特点的人类共同体。历史上，蒙古族、女真族由自然民族转变为实体民族的案例就是这方面的代表。但考古表明，历史上第一批实体民族则是夏族、商族、周族，而以他们为主体建立的国家就是单一民族国家。

第四大变化发生在西周时期，"乡里"制与"井田"制的同时实施开启了社会基层组织地缘化的大幕。一方面变土地国家集体二级所有为国家一级独有，另一方面变以往的血缘组织为地缘化的行政机构。从此，社会血缘化的基层组织变成了地缘化的行政区域，劳动者个人也由此甩掉了血缘社会的束缚，人的解放开始独立迈向自由。历史上最早的"私田"出现在西周就正是这种变化的证明。

显然，以上变化的出现不仅标志着人类从血缘社会到地缘社会的过渡进入了一个新时代，而且标志着社会的文明化、一体化进入了一个新的历史阶段。

第三阶段：春秋战国时期，也是社会全面地缘化的阶段。

于此阶段，社会发生了十一个方面的深刻变化，出现了多民族国家，出现了国体政体都地缘化的国家，变"分封制"为"郡县制"，变贵族"世袭制"为官僚"任命制"，土地使用权开始完全私有，商品经济出现高潮，出现了城市，出现了晚期小农经济，法制初上历史舞台，出现了"富国强兵"的思想，出现了私学。

这些变化一方面表明人类社会的发展与文明化由此又进入一个全新的以地缘化为基础的历史新时代，另一方面也为以后数千年中国社会的发展奠定了基础。

四　国家起源

关于国家的起源，裴老师认为，国家是一种地缘化的社会组织与组织形式，国家内部居民之间不仅跨血缘跨地域，还建立了政治上压迫、经济上剥削的统治与被统治关系。中国的国家起源既是文明起源的结果，也是社会文明化一体化的结果；既与财富私有制无缘，也不是阶级矛盾不可调和的产物，而是在人地关系空前紧张的背景下催生的一种以不劳而获为目的的社会组织。

中国的国家起源明显经过了古城、古国、方国、帝国四大阶段，并相继催生了血缘国家、单一民族国家、多民族国家、大一统帝国等不同的国家形态。

第一阶段：距今6000～4500年，为古城崛起阶段。

随着史前古城的相继崛起，一体化的聚落群与聚落群团不仅先后引领了血缘社会一体化的高潮，也开启了中国国家起源的历史序幕。

第二阶段：距今4500~4000年，为古国崛起阶段。

于此阶段，聚落集团、早期国家与古国等新型聚落组织同时崛起，不仅表明人类社会已经开始由血缘社会转变为地缘社会，还表明又跨血缘又跨地域还具有统治与被统治关系的第一代国家已经登上历史舞台。古国最早的建国目的就是不劳而获，最主要的特点就是统治与被统治双方都是血缘组织，所以这种国家又可以称为"血缘国家"。

第三阶段：夏商西周—春秋战国时期，为方国阶段。

所谓"方国"，实际就是地方之国。据考古与文献记载，方国又有早晚之分。

早期方国的主要特点，一是以单一民族为主体，二是国体地缘化、政体血缘化，三是国家范围地域辽阔。其中，夏商西周就都属于早期方国。

晚期方国的主要特点，一是国家的组织成分已由单一民族变成了多民族，变成了由财富和地位决定的阶级；二是政治制度的地缘化，"郡县制"、官僚"任命制"、兵员的"征兵制"、管理的"法制"，就都属于这种变化；三是由于血缘与民族隔阂的消除，阶级的出现，阶级矛盾已经开始成为国内社会的主要矛盾。

第四阶段：秦，大一统集权制帝国出现的阶段。

在春秋战国变革的基础上，秦代出现了国土辽阔、国体政体全部都地缘化并实行大一统中央集权制的帝国，从而标志着社会的一体化已从血缘真正进入了地缘，社会的组织形式也从最早独立平等分散的部落走进了地域辽阔大一统的国家，并为以后中国古代两千余年的封建帝国历史奠定了基础。

五　城市起源

关于城市起源，裴老师认为，城市是历史发展到一定阶段才出现的一种人类地缘社会的共同体与组织单位，是在地缘社会基础上人类社会组织方式、生产方式、生活方式与人的解放变革的产物，也主要是国体政体地缘化与商品经济发展的结果。中国城市的起源先后经历了血缘社会军事中心、血缘社会政治与军事中心、地缘社会政治经济与军事中心三大阶段。

第一阶段：距今7500~5000年，是血缘社会军事中心崛起的阶段。

为了应对人地关系、人与人关系的日趋紧张，血缘组织由此踏上了整合一体化之路，并同步催生了一体化聚落群的军事中心，其中城址就是继有明显防御功能的壕（濠）沟聚落之后的高级军事中心。

第二阶段：距今5000年~夏商西周时期，是血缘社会政治与军事中心崛起与发展的阶段。

随着聚落组织不断地大型一体化，以往单纯的血缘组织变成了以实力为基础的政治组织，如一体化的聚落群团、聚落集团、早期国家、古国、早期方国即是。在此变化的基础上，这些组织的核心城址也顺势升级成为新型的政治与军事中心。

第三阶段：春秋战国时期，是地缘社会政治经济与军事中心崛起的阶段。

由于国体政体都地缘化了，商品经济也出现了高潮，于是就出现了以地缘社会为基础的政治经济与军事中心，并导致城址出现了两个重要变化。一是出现了以前从未见过的"宫城"，二是城址里面出现了"市"，出现了城址与经济中心结合在一起的"城市"。

"宫城"最早见于战国时期。考古表明，它的出现完全是统治阶级独立执政需要的产物，并具有三个明显不同于以往血缘社会"内城"的特点。其一，面积明显小于以往的"内城"；其二，没有以往"内城"里核心血缘群体的居住区域与手工作坊；其三，建筑群以宫殿和宗庙为主。正因此，"宫城"出现也是政体地缘化的重要标志。

值得注意的是，中国最早的"市"，以及最早成为"城市"的城址都是诸侯国的都城。究其原因，主要有三。其一，由于多民族与阶级的出现，血缘与民族藩篱的消失，原统治民族核心血缘族体的族人与后裔需要妥善安置，于是"里坊"与"市"的出现既保护了原居民又给了他们出路；其二，官营手工业成为统治阶级追逐财富的新来源；其三，主要是权力的结果，无论是原居民的安置，还是官营手工业的兴起，都充分显示了权力的力量。正因此，中国最早的"城市"的出现并不是商品经济发展的直接结果，也不是单纯的城乡分工、农业与手工业自然分工的结果，而是官营经济的需要与结果、政治制度变革的需要与结果。之所以战国时期山东临淄齐故城内大量新兴的冶铁遗址都集中位于西周齐故城的区域内就很清楚地说明了上述问题。

讲座最后，裴老师指出，诚如马克思所言，中国的确是一个"东方天国"，无论家庭、私有制、文明、国家和城市都走过了一段深具自我特色的起源之路。事实证明，这条路就是"集体至上"之路。近万年以来，它一直以生产资料的集体和国家所有为基础，一直以集体和国家的发展为重心。

与此同时，裴老师还希望当代每一个学者都应脚踏实地、实事求是地复原历史、研究历史，成为一名合格的考古人。

最后，王志高教授进行了总结发言。他首先感谢裴老师以充满激情的语言，分享了他对中国家庭、私有制、文明、国家和城市起源等重大历史问题的研究收获。这些问题自恩格斯、柴尔德以来，许多历史学家、考古学家都做了很深入的研究。裴老师从考古发现出发，不囿于目前学界的权威学说，运用自己史前"聚落群聚形态"的新理论，得出了与以往不同的新认识，令人高山仰止。

王志高教授对聆听讲座的同学们说，裴老师演讲的部分内容很深奥，同学们未必都能领会，但这种熏陶和浸染仍是每一个同学都必须经历的学习过程。他认为学习和读书有三种境界，考古学家亦有三种境界：第一种境界是专注于田野发掘及资料整理研究的考古学家。第二种境界是在考古发掘、资料整理研究的基础上，对许多旧说产生怀疑，进而对一些具体问题，提出自己的新认识。而第三种境界，是在前期大量具体问题的实证研究之后，就一些宏观的重大问题的研究方法与理论，开展新的阐释与升华。这是作为思想家的考古学家。王教授希望在座的各位同学都能在将来漫长的专业生涯中，通过不懈的努力和奋斗，最终可以达到裴老师所达到的第三种境界。

整理者：徐良、左凯文、王帅

回首向来萧瑟处

——中国考古学研究从"是什么"到"为什么"的历程：
以古代都城考古发现、研究为例

刘庆柱

2019 年 11 月 23 日 13：30 ~ 16：00，应南京师范大学社会发展学院文博系的邀请，中国社会科学院学部委员、古代文明研究中心专家委员会主任、考古研究所原所长刘庆柱先生，在仙林校区敬文图书馆二楼西报告厅，做了题为"中国考古学研究从'是什么'到'为什么'的历程：以古代都城考古发现、研究为例"的讲座。该场讲座系南京师范大学考古学系列讲座总第 20 讲（考古名家讲坛第 13 讲），由文博系王志高教授主持。裴安平教授、刘可维副教授等校内外师生近 200 人聆听了讲座。

讲座伊始，刘先生回顾了考古学的发展历程。他认为一个学科的创建，在于有基本材料的积累和方法论的探讨，考古学的方法论主要源于 18、19 世纪地质学和生物学的发展。考古学是近代世界经济发展的副产品——近代地质学家和生物学家在寻找矿产资源的过程中，发现了古代人类活动的遗存，考古学由此逐渐萌芽。利用考古学，人们逐渐认识到祖先从蒙昧到野蛮，再到文明的发展历程。通过对考古学史的梳理，刘先生认为在考古学学科发展的初期，考古学的时空框架和考古学文化谱系的建立，是学科建设头等重要的任务。这是解决"是什么"的学科发展阶段的核心任务。直到改革开放前期，中国考古学总体上一直处于"是什么"的阶段。这一阶段国内学者特别重视资料的收集与积累，区系类型等理论即在这一阶段提出。

刘先生指出，长期以来，考古学在历史研究方面，发挥的作用不够充分，有待加强。究其原因，考古研究过多停滞于"描述"阶段，是一个十分显著的特点。其实，对于历史上许多"形而上"的"大问题"，考古学不是"没有发言权"，而是长期以来的考古研究停滞于"是什么"，考古学者缺少"为什么"意识的科学紧迫感。他进而指出，随着学科建设的发展，考古学要求进一步体现学科的社会价值，要通过对"遗物""遗迹"的研究，进一步在"是什么"基础之上，揭示其"为什么"的问题，也就是考古学研究所说的"透物见人"。换言之，考古学"是什么"之后的"为什么"，是探索"历史发展规律"。

刘先生认为，都城是"四个中心"，即政治统治中心、军事管理中心、文化礼仪活动中心和经济管理中心，因而都城考古在我国具有举足轻重的地位。以20世纪90年代中期为界，此前都城考古主要为"描述"阶段，即考古学者仅对都城的形制等情况进行介绍，但对它们各自产生的原因、都城不同形制的内在关系与相关制约机制没有给予更多关注。

刘先生以中国历史上的都城为例，对都城的"双城制"与"三城制"，都城的"双轴线"与"中轴线"，都城城门与国家观念，"中"与"中和"理念之下的"国家认同"强化、深化的历史发展，及汉长安城多宫城与西汉"二元政治"的关系等五个问题进行了深入的解读，向与会听众介绍考古发现与研究如何从"是什么"发展到"为什么"。

首先，刘先生认为从王国时代到帝国时代，都城由"双城制"转变为"三城制"。王国时代的都城是"双城制"，偃师商城、洹北商城均由两个城组成，造成这种现象的原因，是王国管理范围小，国内机构简单，国王居于宫城，其大臣则住在临近的郭城中。至帝国时代，随着国家发展，管理区域扩大，各个部门职能逐渐细化，内城（皇城）出现，国家的主要机构皆位于内城（皇城）之中，而外郭城则成为各部门吏员、各种辅助工作人员居住的区域，这样就出现了"三城制"。刘先生指出，真正的"三城制"出现于北魏洛阳城，其核心是政治统治集团的组成。在"双城制"演变为"三城制"的过程中，秦汉时期是一个重要的过渡阶段。这一时期，由先前"宫庙并列"，变为"左祖右社"与"大朝正殿"居中，宗庙被移出宫城。发生这一变化的内在原因是，王国时代血缘政治与地缘政治并立的局势，转变为帝国时代地缘政治为主、血缘政治为辅。从目前考古资料来看，至迟在秦咸阳城中，宗庙已建在都城之外的"渭南"地区。刘先生指出，在考古研究中，要注意文化相对政治变化的滞后性。

其次，刘先生介绍了都城的轴线问题。他指出，都城轴线的变化规律，是从王国时代

"双轴线"变为帝国时代的"中轴线"。在二里头宫城遗址与晚期偃师商城的宫城遗址中，出现了"双轴线"规划，这应该与当时宫城中"左庙右宫"的"宫庙"并列布局有关。地缘政治与血缘政治结合的"二元"政治，决定了都城之宫城中"宫庙"并列的"双轴线"。而都城中轴线形成的早期阶段，"中轴线"并不是科学的、严格的建筑规划意义上"居中"与"左右对称"的。但是随着古代都城的发展，都城"中轴线"越来越接近"居中"。古代都城中轴线真正实现"居中"，应该是隋大兴城与唐长安城，此后一直延续至明清北京城。当宫城、都城之内形成单一轴线——中轴线时，代表着"一元"的帝国政治(地缘政治)取代了王国时代地缘政治与血缘政治结合的"二元"政治。都城"中轴线"的形成与定型，是帝国时代形成的标志之一。

刘先生接着谈到了都城城门门道数量与国家观念的关系。一门三道最早见于二里头遗址一号宫殿的院门。考古人员在楚国纪南城遗址也发现了两座一门三道的城门。至帝国时代，"一门三道"规制形成，汉长安城城门皆为一门三道；北魏洛阳城不仅是城门，宫门亦为一门三道。据文献记载，唐长安城明德门与丹凤门、北宋东京城宫城宣德门、明清北京城皇城天安门则为一门五道。刘先生指出，门道越多，对国家的认同要求越高，从"一门三道"到"一门五道"，代表着国家理念的强化与深化。

刘先生继而对都城的"中"与"中和"问题进行了解读。何尊上的铭文"宅兹中国"，代表着周人定都的标准即是"中"。"中"代表着公允，是相对于东、西、南、北四方而言的。而"中"的核心是"和"，对四方而言要"和于中"，对中而言则要平衡四方。在这样的思想指导下，都城需四面开门，以面向四方——"东夷""西戎""南蛮""北狄"，汉长安城与未央宫即"四面辟门"。后来辟雍、社稷、宗庙与汉陵陵园各辟四门，则代表着"中和"思想的强化与深化。

最后，刘庆柱先生对汉长安城多宫城与西汉"二元政治"的关系进行了解读。未央宫、长乐宫遗址的考古资料所揭示的两座宫城遗址的平面布局形制、宫殿建筑特点等，说明在规制方面，二者的"地位"是相同的。形成这种情况的原因，与西汉王朝的"二元政治"有密切的关系——以皇帝为代表的皇权和以太后(也包括皇后)亲族为代表的外戚集团，这两股政治势力的结合，成为西汉王朝中后期国家统治集团的中坚，成为国家的核心政治力量。刘先生指出，考古学不能仅介绍现象，还要对不同的现象给予科学合理的、既符合形式逻辑也符合思辨逻辑的解读。

讲座结束后，主持人王志高教授进行了总结。王老师首先感谢刘先生为师生带来了如此精彩的讲座。他说，一直到20世纪90年代，中国考古学处于刘先生所说的"是什么"阶段，侧重于基础资料的积累。而从21世纪初开始，越来越多的考古学家开始对考古资料进行深度、科学的解读。这一工作不仅需要刘先生这样的老一辈考古学家继续探索，更需要在座的同学——未来的考古学家参与其中。

整理者：左凯文

不知死，焉知生

——死亡考古学：关于墓葬考古研究的一点思考

李梅田

2020年9月21日16：00~18：00，应南京师范大学文博系邀请，中国人民大学历史学院教授、博士生导师李梅田老师在随园校区600号楼117报告厅，为师生带来了主题为"死亡考古学：关于墓葬考古研究的一点思考"的讲座。此次讲座是南京师范大学考古学系列讲座总第27讲（考古名家讲坛第15讲）。讲座由王志高教授主持，刘可维副教授等校内外师生共计100余人到场聆听了本次讲座。

讲座伊始，李老师对中国考古学中的墓葬研究方法论进行了简短的回顾。他认为目前的墓葬研究正处于一个方法论的转型时期，我们有必要就墓葬研究的目的、方法做一些理论的思考。由此，他提出了"死亡考古"这一概念，主张立足于墓葬的本质——死亡的遗存，来研究墓葬，把墓葬看成古人处理死亡的方式和对待死亡态度的遗存。接下来，李老师分两个部分对"死亡考古学"进行了详细的解读。

一 为什么研究墓葬

李老师从南朝刘宋时期的一次"基建考古"开始，引入墓葬研究中应该关注的一些话题。《祭古冢文》记载，刘宋元嘉七年，彭城王刘义康在整修东府城时发现了一座古墓，不见封土，无砖瓦，冢内有一椁二棺，棺上有图画而不可识，又有木俑二十余件，五铢钱百余枚，并有甘蔗、梅、李等水果残留物，未见墓志。当时的人对这座古墓非常陌生，百思不得其解，不过还是以礼重新安葬，以豚酒祭之，还发出了一连串的疑问："生自何代？曜质几年？潜灵几载？为寿为夭？宁显宁晦？……今谁子后？曩谁子先？功名美恶，如何蔑然？"这些疑问是对墓葬主人生命历程的追问，也是今天一般公众面对一座古墓时的好奇，当然也是我们发现古墓后首先要追问的问题。由于我们现在有了很多可供参照的墓葬材料，可以轻易回答南朝人的一些疑问：它很可能是一座西汉时期的竖穴土坑木椁墓，墓主的社会身份还较高。如果我们有机会对出土的棺画、木俑、遗骨等进行分析鉴定，还会得到更多与墓主生命历程有关的信息。就像我们对马王堆一号汉墓的了解一样，不但知道了墓主的名字、死亡年龄、生前社会角色、家族关系、食谱，甚至对其生前的疾病和死因都可做出比较准确的判断。随着考古工作的精细化和提取信息手段的不断增加，对墓葬这些"自然属性"的了解并非难事。但是，我们"考古学式的追问"远不只此，除了知道"有什么""是什么"，还需要回答"为什么"的问题，即要解释这种处理死亡的方式背后的社会、信仰根源。我们关注的不只是墓主人的个人角色，还要看到他/她所处的时代；不仅要"透物见人"，更要"透物见社会"；不仅要关注物质文化，还要考察他们的精神世界；不仅要了解当时的人们如何看待死亡，还要解释千差万别的丧葬模式体现的社会复杂性和文化多元性。

李老师指出：墓葬遗存是现实社会的反映，但并不等同于现实社会，它反映的是一种被扭曲的、符号化的社会，既不是死者真实生活的呈现，甚至也不一定反映了死者本人的信仰。我们在墓葬研究中常引用的"事死如生"，只是古人对待死亡的一种态度，不等于将真实的生活场景照搬到了地下，以"事死如生"来解释墓葬遗存是模棱两可的，没有太大意义。西方考古学理论中新考古学的中程研究将墓葬遗存视为丧葬行为的结果，后过程考古学强调社会对丧葬行为的影响，将对死亡的态度作为丧葬行为发生转变的主要动因。这些考古学理论看待墓葬遗存的方法对于中国历史时期的墓葬研究也是具有一定价值的。我们可以将历史文献所记的礼仪活动作为一个解释的媒介。

死亡问题是人类社会的永恒话题，对死亡的焦虑与恐惧伴随着人的一生，也成为古代艺术家和诗人的作品主题，哲学家则倾注了大量的热情去探索死亡的本质与意义。在人类各大文明体系中，人们大多以肉体与灵魂的关系来解释生命的本质。欧洲中世纪哲学的泛灵论（animism）认为死亡是肉体与灵魂的分离，灵魂是不朽的，而肉体是灵魂的牢狱，使人们充满了激情、欲望、恐惧和愚昧。近世人类学家也相信万物有灵,灵魂控制着一切的自然现象和人类行为,生命消失后,灵魂继续存在。中国古代也有着类似的灵魂信仰,将生命视为魂与魄的结合,魂主精神,魄主形体,人死则魂魄离散,各有所归,即所谓"夫精气为魂,身形为魄。人若命至终毕,必是精气离形"、"魂气归于天,形魄归于地",魂魄二元论可谓中国古代人们对于生死的基本看法。

现代学术产生之后,灵魂不灭、生命不朽的观念被抛弃,人们开始以科学的眼光来看待生死。1908年的诺贝尔医学与生理学奖得主、俄罗斯免疫学家梅契尼考夫(Élie Metchnikoff)从自然免疫的角度研究了衰老、长寿和死亡,率先从科学的角度来观察死亡的过程与现象,旨在帮助人类意识到生命的有限性,减少人们对于死亡的恐惧。这是科学家首次直面死亡,但他的研究在当时并没有引起足够的重视,因为死亡在很多文化和宗教里,还是一个不宜公开讨论的禁忌。直到20世纪中期,"二战"造成的沉痛伤亡记忆成了一个无法回避的话题,学术界才开始了对生死问题的理性思考。美国心理学家费菲尔(Herman Feifel)主张通过对死亡的科学研究和死亡教育来减少濒死者及家人的痛苦。他剥离了关于死亡的神话和巫术因素,吸收了神学、哲学和心理学对于死亡的认知,提出了死亡研究的理论与方法,1959年撰写的《死亡的意义》(the Meaning of Death)更是奠定了死亡学(Thanatology)的基础,他也因此被称为"现代死亡运动之父"。20世纪70年代,随着全球老龄化时代的到来,西方兴起了"尊严死亡"运动(Death with Dignity),死亡学引起了学术界的空前关注,多个学科——医学、伦理学、教育学、社会学、宗教学、哲学、人类学等——都参与到死亡现象、临终关怀、死亡教育的研究中,死亡学成为一门十分显眼的跨学科。

死亡学(Thanatology)源自希腊文"θάνατος"(thanatos),即"死亡"的意思,是一门关于生命有限性的认知和应对方式的交叉学科,研究一切与死亡有关的现象与相应的人类行为。自然科学主要关注死亡的原因、过程、肌体的变化,并讨论死亡的标准、死亡的心理等,人文社会学科则将注意力集中在死亡现象与行为背后的人文内涵,如有关死亡的传统与习俗、丧葬仪式、临终关怀、来世信仰等。

李老师认为,墓葬是最常见的一类考古遗存,是古人处理死亡的方式与对待死亡的态度的实物呈现,在死亡学研究中具有得天独厚的条件,墓葬理应成为死亡学的重要素材。其实西方的一些主流考古学理论都是从墓葬研究中总结出来的,一般从葬礼的角度来观察墓葬遗存背后的社会。如宾福德通过墓葬遗存建立了处理死亡的方式与社会的复杂性之间的联系,认为丧葬形式与结构受制于社会组织的形式与复杂性,墓葬遗存反映了年龄、性别、社会地位、死亡状态、社会关系等多个社会维度,在越复杂的社会(如定居农业)中,葬礼越复杂,会从越多的角度(尸体的处理与埋葬方式、墓葬形制、方向与位置、随葬品种类与数量等)来表现死者的社会角色。葬礼作为古人处理死亡的方式,留下了相当多的实物证据,是考古学家能够观察到的一种人类行为,因此考古学家一般将葬礼作为探索古代社会的切入点,以之作为静态的考古遗存与动态的社会之间的沟通媒介,葬礼考古学(funerary archaeology)成为墓葬研究的主要内容。在葬礼考古学研究中,历史时期的墓葬研究因为有了历史文献的辅证，也许能比史前墓葬更好地说明丧葬行为与真实社会之间的关系。莫里斯（Ian Morris）利用传世文献、墓志铭和图像资料，讨论了希腊罗马墓葬遗存背后的社会与信仰，认为埋葬方式是社会的镜像（而不是真实的社会），社会与信仰是通过符号化的仪式呈现出来的。

2005年，法国医学兼考古学者亨利·杜道伊（Henri Duday）首先提出"古代死亡学"（Archaeothanatology），主张通过对遗体的处理方式、仪式的过程重建古人对于死亡的态度。基于死亡学和墓葬考古的发展，李老师提出"死亡考古学"应是墓葬研究的一个视角，主张通过死亡的遗存来重建丧葬仪式的过程、复原丧葬仪式的场景、讨论丧葬仪式的象征意义，以达到透物见人、见社会、见历史的目的。

二 "死亡考古学"的研究内容

李老师根据中国历史时期的"死亡"研究素材——墓葬遗存和历史文献中的礼仪规范，认为"死亡考古学"的研究至少要包括三个方面内容。

第一个内容是墓葬的空间形态与功能。

墓葬的空间指为丧葬活动而设的各类设施构成的礼仪空间，包括由各类祭祀性和纪念性设施构成的墓地空间，由墓道、墓室、随葬品、画像等构成的地下空间。地下空间又可分为埋葬空间和祭祀空间。各个空间承担了不同的礼仪功能。李老师以曾侯乙墓和满城汉墓为例，介绍了中国古代墓室空间的两种基本形态及其功能差异，指出西汉中期前的墓葬多是封闭性的井椁墓，其埋葬过程是一个逐渐封闭墓室的过程，墓葬的功能是藏形，不具安魂功能，所以当时的墓室中没有设置祭祀空间，或者祭祀空间不明显。西汉中期以后，墓葬既能藏形，也能安魂，开放性的宅第式墓逐渐成为主流。墓室空间由封闭走向开放，引起了一系列的墓内空间形态变化，首先是祭祀空间成为必要的设施，这就是黄晓芬所说的祭祀空间的独立与扩大；其次是墓室画像的出现，墓室画像是墓内礼仪活动（主要是祭祀活动）扩大的结果，只有宅第化的墓室内才可能出现墓壁的装饰，往往以墓主像作为祭祀空间的视觉中心；此外，帷帐、祭台、祭器等也是开放性的墓室内营造祭祀空间的基本陈设。将墓葬遗存作为处理死亡的礼仪空间，是我们讨论死亡考古学的第一步。

第二个内容是丧葬仪式的场景与意义。

仪式是族群或社会内部文化认同的方式，是被自觉遵守的符号化行为，具有维护社会稳定、维持伦理秩序的作用。结合历史文献或民族志资料，我们可以从墓葬遗存重建丧葬礼仪的过程、复原礼仪的场景。不同文化里，仪式的进程、持续时间、参与者的角色都是不同的，我们需要根据考古遗存的逻辑关系、结合历史文献的记载还原仪式的场景。李老师以殷墟妇好墓为例展示了商代贵族的下葬仪式。妇好墓是一座典型的"葬毕即藏"的封闭性墓葬，墓内的堆积层次非常清晰，很好地呈现了下葬仪式的过程：奠基殉葬——建造椁室——窆棺与陈器（椁室殉葬）——封闭椁室（壁龛殉葬）——封闭墓室（填土及葬器），这是一个非常复杂的下葬仪式，每一个环节都伴随着杀殉、藏器等仪式。除了杀殉以外，大致与后来的《仪礼》所记下葬仪式接近，反映了商周时期处理死亡的一般方式。

李老师又以唐代墓室的空间形态为例，讨论了开放式墓室内的礼仪活动场景。唐代的《开元礼纂·凶礼》记载了唐代三品以上官员的丧葬仪式，仪式过程非常详细，对我们复原墓室内的礼仪场景是非常有价值的。根据《开元礼》，在完成了在地面进行的一系列仪式后，仪式的主持人和丧家转入墓室，丧家在墓道的东西相向列队，掌事者将棺柩送入墓室，安放在墓室西部的棺床上；然后在墓室的东部设帷帐，帷帐内设灵座，灵座前放置祭器与饮食；最后锁闭玄宫，即封闭墓室，所有人员自墓道退出，改换衣服，将运送丧葬用品的辒辌车、龙楯等葬具焚烧，葬礼结束。显然，这个在墓室进行的仪式产生了两个功能不同的空间：西部以棺床为中心的埋葬空间、东部以灵座为中心的祭祀空间。由于两个空间的功能不同，陈设方式也就不同，我们见到的遗存形态也不同，这一点对于我们解读唐墓壁画的配置是非常有用的。比如，唐墓壁画中非常有特色的屏风画，就是为埋葬空间而配置的，仅仅围绕在棺床的周围墓壁上，而在棺床以外的部位并不以屏风方式构图。

关于唐代屏风画与墓室空间的关系，李老师以太原考古所新发现的赫连山墓为例进行了解读。开元十五年（727）的赫连山墓墓室分为两个部分，北侧是以棺床为中心的埋葬空间，南侧为祭祀空间。这种南北分区的做法与西安地区的东西分区方式不一样，是太原唐墓的特色。很明显的是，赫连山墓的埋葬空间与祭祀空间在壁画配置方式上完全不同，棺床的三面是屏风式构图，而棺床以外的墓室前部则不采用屏风式构图。两种构图的画像内容也有很大不同，屏风画的内容是树下老人，是古人的形象，非屏风构图的壁画画的是侍仆类人物，是当时人的装束，这些配置和内容的差距表明两个空间的意义是完全不同的。类似的情况在西安地区唐墓中还有很多例子。根据这种空间划分，参考礼书中的仪式过程，我们很容易复原当时墓内的仪式场景，场景的象征意义也变得清晰了。屏风画围绕的棺床空间，可能象征着死者生前的私宅，当时现实生活中的宅第也是以屏风画作为装饰的，上面经常画的是古圣先贤等古人的形象。而棺床以外的空间象征着死者的灵魂在来世生活的场景，所以以现实生活中的一些象征性片段来表现，画中人物都是现实世界的装束。那么，这座墓的整组壁画的象征意义可能是：墓主的灵魂受祭后去往永恒的来世。

李老师强调，如果我们不注意礼仪活动的场景，很容易陷入模棱两可的"事死如生"的解释模式，比如汉唐墓室图像中常见的"墓主宴饮图"，到底是什么性质？有什么作用？真的是为了描绘墓主生前锦衣玉食的生活吗？如果我们从礼仪的场景来考察它，就知道它不是为了"再现"死者生前的宴饮场景，也不是为了延续曾经的锦衣玉食生活，而是为了表现祭祀的场景，端坐于帷帐之下的墓主人就是被祭祀的对象，是代替神主而存在的死者的灵魂。

关于祭祀的场景，《诗经·楚茨》中有一段十分生动的描写，虽然描绘的是周代祭礼，但对我们理解后来的祭祀场景也是有意义的。《楚茨》中的祭祀场景非常热闹，一点没有想象中的阴森、静寂的气氛，大致包括祭前备食、巫祝献祭、迎尸、飨食、送尸、祭后宴享等环节，此"尸"不是指尸体，而是代替死者接受祭祀的人。整个祭祀礼仪既符合礼仪、恭谨有加，又钟鼓齐鸣，甚至还有一派笑语连连的欢快景象（"礼仪卒度，笑语卒获""礼仪既备，钟鼓既戒"）。祭祀结束后，参与者会在热闹的氛围中分享祭后的美酒佳肴，酒足饭饱而散（"既醉既饱，小大稽首"）。这个场面不是普通的宴会，而是一个人神互动的场景，通过与死者灵魂的交流、共享美食，为死者安魂，也为生者祈福。

这个场面让我们想到汉代以后的墓室中常见的墓主夫妇、庖厨、百戏、宴饮等画像，它们描绘的就是祭祀的场景，而不是对死者生前富贵生活的记录。如太原发现的北齐徐显秀墓，墓主夫妇端坐于帷帐之内，面前摆放着丰盛的食物，两侧是侍者和两组伎乐，是一个在丝竹之中尽享美食的热闹场景，这个热闹的场景是为了祭祀活动而设的。因此，所谓"墓主宴饮图"可能称作"墓主受祭图"更合适，至于其他的画像，如车无乘者、马无骑者的备车、备马图也与墓葬受祭有着逻辑关系，是为受祭后的亡灵去往来世而备，其他的表现人间、天上、鬼神世界的画像则是对来世生活的想象。通过对礼仪场景的复原，整个墓室图像的叙事逻辑就比较清晰了。当然，除了画像，墓室内的其他陈设和器物，也是这个礼仪场景的有机组成部分，也是具有礼仪功能和象征意义的。

关于丧葬仪式的象征意义，李老师还引入了社会学的"过渡礼仪"（Rites of Passage）理论，认为它在解读墓室画像的意义时非常有用。"过渡礼仪"也可翻译成"通道仪式"或"通过仪式"，是法国社会学家阿诺德·范·热内普（Arnold van Gennep）提出的，认为生命是一个阶段向另一个阶段的过渡，不同的阶段代表生命的不同状态，如出生、成年、死亡等，在状态转变的每个关键点上都要举行特定的仪式，以使得生命的状态得以延续。类似的过渡仪式在不同文化里有或繁或简的表现。中国古代的过渡礼仪就非常讲究，比如以垂髫、总角、及笄、弱冠表示成年之前的几个成长阶段，通过改变发式或头饰来表现一个阶段向另一个阶段的转变。死亡是从生的状态向死的状态的转变，当然是最重要的一次转变，这个转变时期的仪式就是丧礼。丧礼根据象征意义的不同，可以分为三个阶段：分离（separation）阶段，是人初死时的状态，大约相当于中国古代的招魂等阶段；临界（marginality）阶段，是灵魂从肉体分离、生者表达哀悼的阶段，这个阶段的仪式会将生者的正常生活打乱，大约可包括中国古代的丧礼和葬礼阶段，参与者在饮食、服饰、承担的社会角色等方面的正常状态都会因仪式而发生改变，有时持续的时间非常长，如三年之丧，服丧期间很多正常生活会被打乱；聚合（aggregation）阶段，生命状态的转变得以完成，遗体被埋葬，灵魂加入祖先的行列，成为"列祖列宗"的一员，生者的生活恢复正常，这个阶段相当于上述《开元礼》所记的唐代墓内葬仪结束后的状态，葬仪结束后，锁闭玄宫，仪式参与者自墓道退出，改换衣服，将辒辌车、龙楯等葬具焚烧，"凶仪卤簿，解严退散"，一切恢复正常。

李老师认为这个过渡礼仪对我们解读中国古代的墓室画像的意义，在于理解画像的叙事性——叙事方式与叙事逻辑。他以马王堆汉墓的帛画、东汉苍山元嘉元年的画像石墓、辽阳棒台子二号壁画墓等为例，解读了墓室壁画的叙事方式，认为这些墓室壁画都是对生命状态转化的描绘，只是表现方式不同。如马王堆一号汉墓的T形帛画以上下四个片段描绘了死者的灵魂在受祭后"升迁"的过程，生命状态发生了由生到死，到升仙的过渡；苍山东汉元嘉元年墓和辽阳棒台子二号壁画墓都以逆时针方向进行叙事，在不对称的墓室空间里，以动态的车马运动和静态的墓主受祭图表达了从生到死的转化。

第三个内容是生死观，即对待死亡的态度。

李老师认为："死亡考古学"的一个重要目标是研究古人对待死亡的态度。死亡问题实际上是生命问题，是一个重大的人文命题。考古学的学科属性是人文的，所以研究死亡应该成为考古学的目标之一。由于宗教和主流意识形态的不同，各个文化对待死亡的态度也大不相同。比如，古埃及人相信，人死后借助奥西里斯（Osiris）的力量而达到重生，墓葬是生命的延续和重生之地，墓室的设施、图像和文字咒语都是为了这个目的而设；古波斯人相信死后的灵魂要通过一座桥，或升入光明的天堂，或坠入黑暗的地狱，桥在波斯文化中具有生死分界的含义；基督教文化里也有关于复活的信仰；佛教讲究轮回转世；等等。这些有关生命与死亡的态度都会影响到丧葬的仪式。

中国古代最基本的生死观是魂魄二元论，处理死亡的方式基本围绕这种观念展开，魂与魄的性质不同、去向各异，对它们的安抚方式也不同，所谓"藏形于墓、安魂于庙"。但在佛教入华之前和之后，中国古代的生死观也有很大的变化，对丧葬的影响也是很大的。佛教入华之前，儒家思想和黄老学说是主流意识形态，墓葬有"成教化、助人伦"的宣教功能，同时也要反映当时的"升迁"思想，很多墓室空间都表现了升仙这一主题。佛教主张形神浑然一体，不可分离，生命通过轮回转世而进入新的境界，主张戒欲行善以至灵魂超脱轮回而成佛。佛教对待死亡的态度和处理死亡的方式是与中国传统丧葬大不相同的，但随着佛教的中国化，二者有逐渐合流的趋势。这一点在北朝时期，尤其是北魏平城时期表现得最为突出。李老师以平城墓葬中的佛教元素为例，介绍了佛教与传统丧葬仪式的互动关系。但他也强调，虽然佛教仪轨可能参与到丧葬仪式中，但佛教与传统丧葬的界限还是很明显的，在整个中古时期，佛教与丧葬的关系可谓"若即若离"。

讲座最后，李老师总结说，死亡考古学研究的是死亡问题，研究路径是由死及生，孔子说："未知生，焉知死？"那么对死亡考古学来说，就是"未知死，焉知生"。虽然我们研究的是死亡，但关注的是现实的人与生命。人类社会处理死亡的方式与对待死亡的态度千差万别，体现了人类文化的多样性、价值观的多元性，理解这种多样性和多元性正是考古学人文性的体现。

讲座结束后，王志高教授进行了总结发言。他首先感谢李梅田教授为师生带来了如此精彩的讲座。王老师说："李梅田教授将'死亡考古学'这一新的概念，从概念的产生、源起以及其所研究的内容，做了非常深入的解读。尤其是运用了大量的考古材料对'死亡考古学'研究的重要内容进行了说明，这种研究方法非常值得同学们学习。"

整理者：马建涛、王帅、马陈城

观千剑而后识器

——考古学理论与实践的思考

张照根

2021年4月25日下午，应南京师范大学社会发展学院文博系的邀请，苏州市考古研究所所长、研究员，中国考古学会理事、江苏省考古学会副理事长张照根先生在仙林校区敬文图书馆二楼西报告厅做了题为"考古学理论与实践的思考"的讲座。讲座由王志高教授主持，校内外师生及社会各界人士共计200余人到场聆听。

张照根老师首先谈到了此次讲座的缘起。他指出，理论不是创新出来的，而是源于实践，产生于考古实践的主观需求。考古工作者须以考古对象的客观性、考古过程与研究的科学性为前提，通过严丝合缝的逻辑推理，不断发现提炼出理论。理论具有层次性、系统性、抽象性、逻辑性、可验性与科学性，其中逻辑性和科学性是理论的两大支柱。理论源于实践又可以指导实践，而实践的过程可以完善理论，二者是辩证统一的。反思当下，考古发掘与研究过程中的主观因素及不够完善的理论体系制约了学科的发展，使得学科难以跟上信息化、智能化的步伐。随着社会生产力的发展，当前中国社会的主要矛盾已经转变，民众的精神文化需求逐步提升，持续的考古热即是证明。在新的形势之下，考古工作者有着更多的社会责任与历史担当，需要协调文化遗产保护与经济社会的发展、推动文旅融合的发展，为公众提供高质量的精神产品与服务，承担起重建古史的责任，为文物保护学、文物鉴定学提供理论支撑。讲好文物故事、让文物活起来，考古工作者需要将考古成果以生动通俗的形式向公众传播。在这一过程中，"深入"是"浅出"的基础，对于考古工作者的能力有了更高的要求。因此，建设、完善中国特色、中国风格的理论体系，既是学科发展的需求，也是社会发展的需求。

随后，张老师总结了当前中国考古学存在的诸多问题，主要有：地方考古队伍的田野工作质量堪忧；发掘工作中对地层的认识不充分；项目发掘中的同步性问题；聚落意识不强；论证过程中材料堆砌、逻辑缺失、多重证据难以综合运用；学术史的梳理有失偏颇；对论据的科学性、局限性把握不够；断代研究、聚落研究、文化性质研究等基础性研究薄弱；综合性研究中缺乏理论创新；历史时期考古研究中存在文献功底薄弱的问题；等等。以上很多问题都与当前考古学理论体系的建设息息相关。

接下来，结合自身从事考古工作三十多年来的实践经历，张老师对于考古地层学、考古类型学、聚落考古、考古学文化等相关理论进行了反思。

关于考古地层学，张老师指出，不存在纯粹的地层。地层只是人为的命名，它实际上是遗迹的组成部分。在考古发掘过程中，一个遗址是一个完整的体系。我们应当注意去寻找活动面或者踩踏面，而不仅仅将眼光局限于每一个探方中的小地层之中。只有这样，我们在后期才能去复原遗址的形成过程。张老师进而反思了土墩墓的发掘方法，他认为传统的四分法在控制地层方面存在一定问题，可以采用大方套小方的办法进行改善。另外，张老师将地层的视角切入具体的遗物之中，即使是一件遗物也可以划分有机污垢附着层、出土时附着的泥层等层次。张老师还提出遗物老化分层和遗物材质分层。其中遗物老化分层可以分为先天老化分层和后天老化分层。以透闪石玉为例，先天老化分层可分为玉芯层、开裂层、氧化层、粉化层（皮色），后天老化分层可分为玉芯层、后天氧化层、先天氧化层、有机污垢渗入层、粉化层（皮壳）。遗物材质分层可以青铜器为例，青铜器铸造好之后会分成表面银白色的铅锡层和内部的合金层。在此基础之上，张老师提出了考古地层学应当具有从宏观到微观的层次：遗址群地层、遗址地层、遗迹地层、遗迹内及遗迹上堆积地层、遗物地层、遗物老化分层、遗物材质分层。他认为，这一研究成果完善了考古地层学的理论体系，拓展了考古学研究的广度与深度，有利于提升科学发掘的质量，从遗址、遗物之中提取更多考古信息。同时，深入微观层面的考古地层学，可以为文物鉴定学和文物保护学提供相关理论支撑，促进这两个学科理论体系的建设。

关于考古类型学，张老师认为也应该在广度与深度上有所拓展，可以从宏观到微观将考古类型学划分为遗址群类型、遗址类型、遗迹类型、遗物类型、遗物老化类型、遗物材质类型。在文明探源的研究之中，考古类型学具有重要地位。如区域考古学文化谱系的构建是文明探源的基础性工作，这需要对考古学文化与考古学文化的地方类型这两个类型学的层次展开研究。如对作为文明标志性特征的中心遗址的寻找，就需要建立在遗址类型的比较分析之上。又如文明溯源的研究，需要运用考古类型学各个层次的方法、理论进行单项或综合分析。同样，深入微观层面的考古类型学，可以为文物鉴定学和文物保护学提供相关理论支撑，促进这两个学科理论体系的建设。

关于聚落考古，张老师认为这其实是一种科学的发掘方法。聚落考古研究是考古学理论体系的组成部分，其应当包含如下几个方面：一是聚落复原研究（布局）；二是聚落与环境的关系；三是聚落的变迁；四是聚落间的文化交流；五是聚落与考古学文化；六是不同考古学文化之间的聚落交流；七是区域文明化进程研究；八是中国文明探源研究。随后张老师具体讲解了部分问题。如对于聚落布局的研究，张老师认为不能仅局限在发掘区或者发现的环壕之内。古人的生活有一定的范围，也需要一套相应的配套设施。我们需要关注古人对于各类资源的获取途径与管理，特别是中心遗址周围会有更多的水利设施、军事防御设施等。

关于考古学文化，张老师指出其命名存在的几大误区，如以首次发现的遗址命名、以非典型遗址命名、习惯性命名等。张老师认为有必要对已有的考古学文化名称进行反思。他以太湖流域史前文化为例进行了说明。目前学术界公认的文化序列是马家浜文化—崧泽文化—良渚文化—广富林文化。然而张老师认为，前三种考古学文化之间虽然有文化面貌上的差异，然而其内在联系是更为明显的，这一点从器物与器物组合的连续性发展、文明要素的连贯性、三种考古学文化分布范围的重合、台型墓地的叠压关系、崧泽文化与良渚文化具有重叠的中心遗址等可以看出。这三种考古学文化之间没有缺环，其实应当是同一种考古学文化。由此观之，以有着三种考古学文化连续叠压地层并且作为太湖流域中心的草鞋山遗址来命名这一种考古学文化可能更为恰当。

关于考古学研究的层次，张老师将其划分为科学发掘、复原研究、遗存变化的研究、对变化因素的研究、对历史脉络的梳理五个层次。按照研究性质的不同，还可以分为基础性研究与深化研究、单项研究与综合性研究、宏观研究与微观研究。在研究过程中，我们要明白自己研究的定位，选取适当的研究对象和研究路径，做好学术史的梳理。

本次讲座的重点是由张老师新提出的"文物空间流转模式"理论。他说，此理论的提出源于对妇好墓出土玉器的思考。妇好墓出土的玉器，按照来源可分为新作玉器、传世品、战利品、贡品等，十分复杂。一般而言，按照来源的不同，文物可分为传世文物与出土文物。张老师将传世文物再细分为纯粹传世品、历史上的传世品、出土转传世品。出土文物又再细分为新出土文物、出土一段时间后的文物、入过一次土的新出土文物、入过一次土的流传一段时间后的文物、入过两次土的新出土文物、入过两次土的流传一段时间后的文物。对于不同来源的文物，自然应当采用不同的鉴定标准，那么怎样去寻找这样的标准呢？张老师借鉴了人的履历，为文物设计履历。像每个人都会有出生、入学等关键节点一样，一件文物的经历也有这么一些关键节点：做成时、入土前、出土后、又入土前、又出土后等，有的器类还需要增加材料的生成时间。文物自诞生后，或是只在地上流转，或是从地上转入地下，又或是从地下转入地上，在周而复始的流转过程中，便形成了一个又一个关键节点和不同的变化环境。不同的关键节点和变化环境会在文物上留下渐变与突变信息，渐变信息包括自然老化与使用痕迹，突变信息包括伤残、修复、改制与纹饰见新等痕迹。通过研究这些渐变与突变信息，我们可以了解在不同关键节点和不同变化环境下文物会发生什么样的变化，由此揭示文物空间流转模式。文物空间流转模式的建立，可用于文物的断代，尤其是建立耐用品文物断代的标尺，这是对传统文物鉴定的发展。同时由文物变化还原空间环境，由空间环境分析文物遭遇的病害程度，再根据文物不同的流转模式来制定保护方案，可见文物空间流转模式理论对于文物保护学的发展也具有重要意义。

讲座结束后，王志高教授对讲座内容进行了总结。他说，张老师从事考古工作三十多年，对于考古学理论与实践都有自己的不同思考，形成了一个比较宏大的框架体系。在如此有限的讲座时间里，张老师很难将这一框架体系一一细细说与在场的同学们。期待张老师能在后续的时间里将自己的思考逐步形成文字，以各种形式正式发表出来，以指导今后的考古实践。

整理者：王耀文

理解考古学中的非地方性知识

——隋废太子杨勇与圆形墓

沈睿文

2021年5月18日下午，应南京师范大学社会发展学院文博系的邀请，北京大学考古文博学院教授、博士生导师沈睿文老师在仙林校区敬文图书馆二楼西报告厅做了题为"隋废太子杨勇与圆形墓"的讲座。此次讲座是南京师范大学考古学系列讲座总第47讲（考古名家讲坛第24讲）。讲座由王志高教授主持，校内外师生及社会各界人士100余人到场聆听。

讲座伊始，沈睿文老师提出他对于考古学方法论的反思：考古学分区分期研究的目的何在？在考古学区域类型体系日益成熟的当下，如何从考古资料出发探讨区域类型背后的制度形成与运行？法国哲学家福柯曾对18世纪末以前的西方建筑有过一段经典论述："建筑的艺术与权力、神性和力量的表达相关。宫殿、教堂以及有权势的人都采用巨大的建筑形式。建筑表现力量、统治和上帝。"相似的特性亦见于中国古代建筑。故通过对不同建筑规模、布局、形制、建材的分类，赋予建筑不同的政治权力等级，逐渐成为中国考古学研究的一种范式。这种范式应用于墓葬研究中，所谓"布局"即墓葬所在的区域（地理坐标）与地面上的平面结构；"形制"则指的是墓葬的地下结构；"建材"指的便是墓葬地上、地下建制的建筑材料；再加上对随葬品诸多分类的考察，综合壁画内容等因素，能够使我们判断出墓葬所属等级，从而在目前的研究状况下基本建立了中国考古学不同时段的墓葬制度。沈老师指出，这套业已成熟的制度框架并非无用的知识，而是深入研究相关问题的基础。在中国考古学的区域性研究成果中，墓葬因素因地区的不同而形成不同的区域性特点。但在同一地区的墓葬中，同一政治等级的不同墓主人使用的墓葬布局、形制乃至建材有可能不同，使得研究者对既有的墓葬等级制度产生了困惑。沈老师指出，这反映了当下学界对包括墓葬在内的建筑作为政治组织、政治运作形式的研究，还存在一个新的空间。

沈老师把墓葬区域性特征的意义，与"地方性知识"概念联系起来加以说明。他引用美国现代人类学家吉尔兹对于法律的论述："（法律）乃是一种地方性的知识；这种地方性不仅指地方、时间、阶级与各种问题而言，并且指特色而言——事情发生经过自有地方特性并与当地人对事物之想象能力相联系。"并指出考古学文化区域性特色的形成也是如此。遵循区域性特征而发展起来的墓葬特点经过长时期的传承而成为一种地方传统，反过来，又在该地区沉淀成为一个具有地区指示性的符号，甚而成为该地区民众的一种政治符号和政治态度，进而成为该地区利益集团的首选，最终成为一种涵盖了地方、时间、阶级等多样问题的"地方性知识"。墓葬中的地区性特点往往由生长于此的统治者所偏爱，并得以上升为国家意志并加以推广。沈老师认为，在我们观察一些悬而未决的学术问题时，"地方性知识"视角让我们将这些问题放入区域性坐标中，明晰它的形成史，进而更好地理解普适的国家知识形成中地方性知识的变化和变化的动因。如此我们就能警醒地注意到某些地区非地方性知识因素的存在，并从这个角度看到这类非地方性知识的拥有者利用这种知识的展示来体现他的地方性，及地方性指代的政治取向。

沈老师认为潼关税村圆形墓的形制与墓主身份是理解非地方性知识及其背后动因的绝佳案例。税村墓为圆形单室砖室墓，有长斜坡墓道、6个天井、7个过洞和4个壁龛，平面呈"甲"字形，坐北朝南，水平全长63.8米。墓顶为双层砖券穹隆顶。地面发现有石柱的方座，可知原有神道石刻。该墓是目前发现的最大的一座隋墓，墓主人的身份不低于太子级别。墓葬发掘者对于墓葬性质的判断经历了谨慎推进的过程，最后以墓内壁画所绘列载数量结合墓葬规模判断墓主为隋朝第一位太子杨勇，墓葬下葬年代为仁寿末至大业初（604~606），即隋代中期偏晚。在沈老师看来，发掘者对于税村墓墓主的判断没有问题，对年代判断可更精确。但最关键的问题在于，为何在土洞墓传统深厚的关中地区，这一时期却出现了如此大型的砖室墓？沈老师指出，隋代时，唐代"两京模式"的墓葬制度远未建立起来，关中继承了北周的地方性传统，墓葬以土洞墓为主，这一墓葬形制为北周贵族、遗老们所坚持，并以北周高等级双室土洞墓随葬隋代器物。这些体现北周情结的墓葬集中于隋代早期阶段，即开皇元年(581)至仁寿四年(604)。关中地区的隋墓完全延续了北周的墓葬形制，并延续至初唐时期。沈老师认为土洞墓传统作为一种地方性知识的继承体现了关中政治集团对关陇本位政策的延续和奉行。而圆形砖室墓作为一种非地方性知识，几乎不见于同时期及之前的关中地区，潼关税村圆形墓的建制含有大量与关中地区地方性知识不符的非地方性知识。对于这些知识元素的梳理有助于我们厘清墓主人背景，并对墓葬年代作最后的勘定。

沈老师从墓葬形制、随葬品与壁画、石棺图像主题三个方面揭示了税村墓隐含的非地方性知识。隋代土洞墓流行于陕西西安与河南洛阳、安阳等地，而砖室墓则流行于河南安阳、山东、河北、山西等地。圆形墓见于临淄北朝崔氏家族，为北朝顶级门阀崔氏等家族在特定历史时期创造的新的墓葬形制，并因崔氏的政治、文化号召力，圆形墓成为河北山东地区主要墓葬文化，成为该地区墓葬的政治符号和门阀政治的标志；潼关税村圆形墓的随葬品与壁画具有明显的山东地区北齐风格，与同时期隋墓的随葬品与壁画风格迥异；税村墓画像石棺图像以《洛神赋图》为主题，刻绘了太一出行场景。其中连鼓雷公、雷公的表现形式都采用了山东地区北齐的构图。《洛神赋图》图像还见于敦煌石窟中的249窟、285窟，均是两窟建造者从山东青齐地区将图像带至敦煌的。税村墓还于神道上发现石柱方座，可知原设有神道石刻，这与隋开皇六年（586），"申明葬制，凡墓不得造石人兽碑，唯听作石柱，记名位而已"的政策背道而驰。沈老师指出，潼关税村墓蕴含的大量非地方性知识使得其展现出北齐风格的高等级墓葬的风貌。而作为墓主人的废太子杨勇的生平经历成为解答这种非地方性知识来源的钥匙。

沈老师认为太子杨勇被废黜的根本原因，乃是他的政治主张与隋文帝所奉行的关陇本位政策相悖。隋文帝对关陇本位政策的坚持，体现在他在位期间不断降低洛阳的政治地位，将其从"东京六府"降为"以洛州刺史领总监"，暂缓对于洛阳的经营。在文化上，隋文帝君臣坚持北周以来上拟宗周的政策，认定关中为汉族文化发源地，以关陇文化为汉族文化之正统的文化观笼络人心，鄙夷江南、山东的文化传统，形成一种文化偏见。这种偏见愈演愈烈，使得跟随隋文帝代周自立的许多关东士族如刘昉、郑译等被排斥甚至诛杀。而与之相映成趣的是，皇太子杨勇与山东势力关系密切。杨勇出镇东京而后又复镇洛阳，熟知山东民情，并与山东士族高颎等联姻，属下幕僚亦多山东人士。开皇年间后期隋文帝谋废太子杨勇时，山东人士自然站在文帝对立面，遭到文帝的猜忌与打击。通过开皇十二年（592）卢恺朋党案、开皇十九年（599）黜免高颎及开皇十七年（597）刘居士案，杨勇麾下山东势力被翦除殆尽，至杨勇正式被废时，被处死的太子幕僚亲信出身明确的九人有五人来自山东。山东势力受到文帝打击，杨勇对于山东人士的信用，可以明了。沈老师指出："我们也就自然不难理解为何在潼关税村圆形墓中尽以北齐的艺术风格来表现。这是跟墓主人生前的政治立场相联系的。"与杨勇交往的山东人中，善于建筑的北齐遗臣高龙叉（即高义）亦因故被黜，联想到他曾参与大兴城与太子杨勇宫殿的规划设计，沈老师认为杨勇陵墓建筑的精致和一批来自北齐的能工巧匠有关。

既然杨勇是因为政治立场而被废黜，那为何又能以展示其政治立场的墓葬建制下葬，并继续凸显其政治立场呢？沈老师认为从现有的材料来看，杨勇墓只能下葬在隋炀帝杨广继位，治国策略出现转变以后。杨广在继位之前对于文帝马首是瞻，但继位后一改文帝时期的关陇本位政策，要建立属于自己的"大业"。最关键的转变是对山东、江南地区的渗透和控制。隋炀帝通过兴建东都洛阳城，加强对山东、江南地区的统治。在文化上全面认同中原文化，南学一时风靡河北关中，隋炀帝借机重塑官方礼制，除去北朝礼制中的胡化因素。因此隋炀帝于隋文帝死后迅速赐死杨勇，而后又追封勇为房陵王，将杨勇之死的责任推给文帝，显示了对于杨勇旧部以及山东士人的安抚，以便推行新政。在这种新的政治背景下，废太子杨勇以山东礼制营建自己的陵寝，可能得到了隋炀帝的首肯，以显示其优恤兄长。

回到潼关税村圆形墓，无论从墓葬等级及上述隋初的政治生态来看，沈老师认为墓主人只能为隋废太子勇。这个结论与杨勇生前对于北齐礼制的向往、与山东人士交流密切的政治立场相一致。此外，北齐的墓葬形制及随葬品样式还见于杨勇的女儿丰宁公主杨静徽的墓葬，显示了杨勇一族对于北齐礼法的向往。杨勇父女都葬于土洞墓传统的关中地区，幸赖隋炀帝治国方略向山东以及江南转移而得以按照自己所喜好的墓葬形制下葬。由此视角，我们便可重新审视那些与地域传统不同的墓葬建制的政治意义。现有的考古资料中，与潼关税村圆形墓情况相似的墓葬还有不少，比较著名的有后蜀孟知祥和陵、宝鸡五代李茂贞墓以及彬县冯晖墓等。孟知祥和陵左中右三室并列的圆形砖室墓建制并非巴蜀地区的地方性知识，而是中古中国帝陵前中后三室规制的延续，并与孟知祥祖籍河北的圆形墓传统融合。同茔异穴的宝鸡五代李茂贞夫妇墓，李氏墓为长方形石室墓，其妻刘氏则为一仿木构砖室墓。刘氏的墓葬形制显然为河北山东地区而非长安地区的墓葬特点，这与李茂贞的河北籍贯是相关联的。同样，邺都高唐人（今山东高唐）冯晖，在显德五年（958）修建于陕西彬县的陵寝中，也采用了非当地传统的仿木构砖室墓。不过相较于潼关税村圆形墓以墓葬建制表现墓主政治主张，较晚的几座墓则通过出生地的墓葬形制来表示自己的地域认同。沈老师指出，无论是政治取向还是地域认同，都显示出制度的形成及运行本身是一个动态的历史过程，有"运作"，有"过程"才有"制度"，不处于运作过程之中也就无所谓"制度"。因此，只有在动态中进行研究才能更为准确地把握研究对象。而在此过程中，墓葬建制中的地方性知识对于我们准确理解墓葬的形成，乃至墓葬与政治可能发生的关系有着极为重要的作用。

讲座结束后，王老师对讲座内容进行了总结。他认为沈老师在传统的考古类型学之外进行了方法论的反思，探究考古学分区分期研究的目的，并将之活用以解决问题。在提问环节，曹泽乙、左凯文、王耀文、张新泽等同学就非地方性知识方法的应用范围、墓葬研究中关键点的把握及其与政治背景的联系、魏晋南北朝时期山东地区墓葬形制变迁的政治背景等问题求教于沈老师。沈老师认为非地方性知识理论作为一种观察问题的方法，促使我们跳出固有视野，寻找新的学术空间。他提醒我们在六朝墓葬研究中可以通过墓葬形制及墓葬中的特殊随葬品分析墓主人身份背景，探究诸如南来北人墓葬的分布与特征，而要进行此项工作，娴熟六朝乃至汉代礼仪、丧葬制度是重要的学术训练，把握当时人的观念变迁与丧葬制度核心元素之间的关系是关键。

在讲座的最后，沈老师强调大量阅读考古资料的重要性。他认为只有了解普遍性后，才能明白特殊性的价值。对于有价值的研究对象，在文献记载的基础上，可结合特定时代背景挖掘其背后的个体生命历程。他认为在学术研究中不要画地为牢，不要束缚自己，以尽可能多的材料和方法支撑自己的学术观点，将学术研究成果放入尽可能大的网络中去检验，避免片面、无力的认识。

整理者：赵五正

从"证经补史"走向"考古写史"

——从文献与考古关系再审视到二里头文化研究的反思

徐良高

2021年6月26日下午，应南京师范大学社会发展学院文博系的邀请，中国社会科学院考古研究所研究员、夏商周研究室主任徐良高先生在仙林校区敬文图书馆二楼西报告厅做了题为"从文献与考古关系再审视到二里头文化研究的反思"的讲座。此次讲座是南京师范大学考古学系列讲座总第51讲（考古名家讲坛第25讲）。讲座由王志高教授主持，校内外师生及社会各界人士100余人到场聆听。

讲座伊始，徐良高老师介绍了此次选题的由来。夏商周时代或曰"原史时代"，是中国乃至世界历史上一个非常重要的阶段。文献记载与考古发现是这一时期历史研究中的两类重要史料。但这一时期的文献记载片断而零星，本身充满着很大的争议与复杂性。如何看待这两类史料以及如何处理两者之间的关系是原史时代考古的基础性问题。而对这些问题的认识也影响着我们对历史学本质特性的认识。目前，关于文献记载与考古发现之间关系的最重要理论与方法就是王国维先生提出的"二重证据法"。徐老师讲座的第一部分即是对"二重证据法"的再审视。

王国维先生提出的"二重证据法"，本是指地下出土文字资料与传世文献记载之间的互证，但后来地下文字资料被扩展到地下出土的一切实物资料。在王氏"二重证据法"学说的基础上，许多历史学者将其他学科，如人类学的成果引入古史研究中，又衍生出"三重证据法""四重证据法"等。以"二重证据法"为代表的多重证据法，成为近代中国新史学发展的标志性新方法、新思

维，是近代史学科学化的重大发明。

然而从学理上进行反思，"二重证据法"或"三重证据法"只是一种朴素的、直观的研究方法、思路，并没有经过深入的学理思考和逻辑论证。乔治忠指出，王国维的"二重证据"实际上均为文字史料，后来中国史学界对"二重证据法"的滥用是一种将考古学装入古籍记载框架的错误方法，应当及早摒弃。日本学者西山尚志认为"二重证据法"所导出的结论总是正确的（即不可证伪的），所以此研究方法是"非科学"。

徐老师认为，文献记载、人类学知识与考古发现之间，虽然确实存在密切关系，但三者之间不是平行互证的多重证据关系，而是解读、建构模式与解读、建构对象之间的关系。

历史学、考古学的"解读"是指史学家利用某些方法和理论模式，遵循特定学术范式对古代遗存、历史事件、历史人物言行等现象进行的分析、解释。只有通过解读与阐释，即确定史料和古代遗存现象的时代、功能和文化意义等，这些史料和考古发现才能成为我们构建历史叙述的有用材料。解读离不开特定的理论模式。理论模式是沟通自在的历史与表述的历史的桥梁，即新考古学派代表人物路易斯·宾福德所说的"中程理论"。理论模式的来源有文献记载、人类学知识、常识与经验等。

接着，徐老师对文献记载、人类学知识与考古发现之间的关系进行了详细解析。

首先，古代遗存自身不会说话，考古发现的古代遗存必须通过考古学家的解读与阐释才能成为史学研究的史料。在有文献记载的时期，文献无疑为我们解读这些考古发现提供了重要的一类理论模式。其次，地下出土文字资料也需要借助传世文献去阐释其意义与性质，解读其中的历史信息。考古发现的文字资料往往是只字片语，本身意义并不清晰，只有通过文献将其相互串联起来，并与文献中的相关历史事件、人物联系起来，才具有意义和价值。这本质上也是一种解读和建构。最后，虽然人类学相关知识对于解读史前考古资料具有十分重要的作用，但考虑到人类文化的多元性、复杂性、变化性，文化现象、物质遗存的相似性并不一定代表其背后的本质和人类行为、观念的一致性。因此，人类学知识也只是一种解读模式，而不是发现历史真相的证据。

总之，考古学既不是历史学，也不是人类学，考古学就是考古学。历史文献记载、人类学知识以及我们的各种经验与知识，都是解读考古发现、构建历史叙述的理论模式，并非证明考古学家、历史学家所提观点正确性，即揭示了历史真相的证据。

除此之外，还需要考虑的一个问题就是文献的文本性，即文献记载及各种注释形成过程中人为因素的影响。所有文献都是文本，都受话语权的左右和作者主观性的影响。不同时代的文献反映的是不同时代或不同作者对历史的解读与建构，越早的文献记载未必越具有准确性。即使地下出土文字资料与传世文献记载一致，也不等于是历史真相的再现，只不过是说明后世文本流传有序，较好地保存了文本原初的面貌而已。我们不能简单地以文本时代的早晚判定其可信度的高低，也许将早期文本与晚期文本都视为史家建构的历史叙述文本更为合理。

　　徐老师讲座的第二部分是以二里头文化研究为例，辨析三代考古中文献记载与考古发现之间的关系。

　　在中国三代及以后的考古学研究中，"证经补史"式的思维方式占据着绝对主导地位。这一倾向与中国丰富的文献记载和强大的历史学传统、中国考古学是近代历史学中疑古思潮产物的历史背景和发达的占据学术主流地位的考据学传统的影响有关。传统史学的倾向对中国三代考古学的定位与发展产生了深远的影响，主要表现为："证经补史"成为考古学的主要目标，以考古发现证明文献记载的可信；以历史文献记载主导考古发掘与研究，历史文献中的古史体系成为解读考古学文化和建构古史叙述的基本体系，进而演绎出中国历史学的信古—疑古—释古—走出疑古时代发展阶段说。从这个角度讲，关于二里头文化是否是夏文化的讨论就是传统"证经补史"思维的典型表现。在这种思维的主导下，中国学术界一般对于关于夏王朝、夏民族文化是否存在的讨论持一种匪夷所思、不值一驳的态度，仅以文献记载与考古材料进行简单的时空对证来框定夏文化。

　　但是如果仔细推敲"二里头遗址是夏代都城，二里头文化就是夏文化，证明了夏文化存在"的观点，就会发现它并不是板上钉钉的历史真实，只不过是一种中国史学界的主流观点而已，本质上是一种以文献记载为模式对二里头遗址和考古学上二里头文化的性质所做的解读与阐释。一方面，就目前的发现与研究现状而言，"夏文化"这一复合性的概念还不能取代作为考古学文化的"二里头文化"这一考古学概念。另一方面，过早的文献导向与过多的文献介入，使三代考古学研究失去其独立性和中立性，造成文献与考古之间斩不断理还乱的现状。相关考古学文化的命名、分期也因受文献记载的影响而带有明显的先入为主观念。以文献记载来指导考古工作，解读考古发现，然后又以考古发现证明文献记载的真实性、准确性，互为前提，循环论证。比如考古学界关于夏王朝与二里头遗址关系的争论，基本上都是首先以文献记载中的"夏"来解读二里头遗址的性质，将二里头遗址定性为夏都城，然后又反过来，以这种解读结果——夏都二里头遗址的存在来证明历史文献中关于"夏王朝"记载的真实可信性，进而认为要从"疑古"走向"释古""信古"。徐老师认为这一思路的本质是循环论证而非"考古材料与文献材料之间的互相验证"，实际上是把要论证的结论当成了前提，并且影响了考古学文化阐释的科学性。

　　那么，我们应该如何正确地对待文献记载与考古发现之间的关系？徐老师认为要把握好以下三个方面。

　　首先，我们应该将考古发现同文献记载严格区分开来，考古的归考古，文献的归文献，以避免互相影响。对于所谓的三代考古来说，建立从公元前3千纪到秦统一之间的考古学文化的时空框架体系是第一步。然后学者们根据自己的研究来处理考古学文化时空框架体系与文献记载的夏商周王朝体系的关系，做出自己的解读，构建自己关于这一时期的历史叙述体系。

　　其次，我们要认识到文献记载与来自人类学等学科的理论模式一样，均是解读考古现象、构建古代历史叙述的理论模式，而不是为考古发现定性的唯一依据。从逻辑上看，文献记载与考古发现之间不是互证关系，而是解读模式与被解读对象的关系。

最后，我们不能过于坚持文献史学方向和传统的"证经补史"思维方式，应该持开放的心态，广泛吸收各种学科的理论和视角来解读考古发现，以考古学书写不同于传统文献历史体系的古史叙述。以二里头文化的研究与阐释为例，除了以文献记载作为模式的传统解读外，我们还可以采用不同的理论模式对二里头文化做出新的解读。比如国际著名汉学家艾兰（Sarah Allan）引用"文化霸权"和"文化表象"等概念阐释了二里头时代所开创的礼制文化内涵及其传承与影响。我们可以选取各种角度，像二里头文化的社会分层与组织结构、生产技术、日常生活状态、与周边文化的互动交流，在从"多元"走向"一体"的中国文化发展史上的关键影响，在东亚乃至世界文明演进史上的历史地位等。以世界眼光，以考古学本位的视角，而不是以"证经补史"的思维来看待这一考古学文化，不再纠结于其是不是"夏"，这将会给我们的研究和认识带来巨大的不同和潜力。

此外，徐老师认为，我们利用文献记载作为模式来解读考古发现的历史意义时，必须具有逻辑的合理性，即两者在时空、性质和文化内涵上存在对应性。其中，我们应该特别强调文化遗存及其文化意义的对应性，不能赋予某些文化遗存本身所不具有的文化意义来解说其历史价值，进而引申出一系列的结论。他认为当代考古学界将以物质文化遗存，尤其是主要以陶器特征为标准的考古学文化与具有制度文化层面、思想观念和主观认同层面为基本特征的政体、族群做简单的对应，是很值得商榷的，更不能由此导出考古发现证明文献记载可靠的结论。

最后，徐老师特别强调，在将文献记载作为解读模式使用时，我们应首先将之视为"文本"来审视和批判，认清其时代性、建构性和流传过程中的诠释和再诠释过程，避免受其误导。比如，关于"夏"在何处，"豫西说"并不是定论，"晋南说""豫东说"仍存在可能。以不是定论的文献记载或观点来阐释考古发现，仅仅只是对二里头文化的一种解读，而不能成为"夏"的实证。

讲座结束后，王老师对讲座内容进行了总结。他认为徐老师今天谈到的问题十分重要。关于文献记载与考古发现之间的关系，不仅研究三代考古的学者需要思考，研究后段考古的学者同样应当关注这个问题。他以一个旁观者的视角来看，二里头文化的研究确实陷入了一个怪圈。要想解决这个问题，真正做到从"证经补史"走向"考古写史"，虽然还有很长的路要走，但我们确实应该展开探讨。

出席本次讲座的南京师范大学裴安平教授也即席发言。他说，在听完徐老师的报告后有两点深刻体会。第一个是不能将考古学文化与一定的政治组织、一定的社群简单对应起来的观点十分重要。考古学文化就是遗迹遗物构成的共同体，它与人群的主体和社会组织完全是两回事。第二个是考古工作者可以参考文献，但不能以文献为标准，要用自己的话语来解答问题。关于二里头文化是不是夏文化，裴老师提出了与徐老师不同的意见。裴老师认为中国历史的演变很有规律，在古国出现之前的社会是以血缘来构筑的。进入夏商周时代，单一民族国家出现了，中国特有的文化、民族、国家三位一体的现象就在夏民族形成的时候出现了。他认为二里头文化就是夏文化。徐老师赞扬了裴老师批判质疑的精神，但坚持认为二里头文化是夏文化只是一种解读而非定论，目前的论证逻辑尚存在问题。

整理者：王耀文

班赐宗彝，分股器物

——考古学的年代、文化与族属：以石鼓山西周墓葬为例

徐天进

2021年6月26日15：45～17：45，应南京师范大学文博系邀请，北京大学考古文博学院教授、博士生导师徐天进先生在仙林校区敬文图书馆二楼西报告厅，为师生带来了主题为"考古学的年代、文化与族属：以石鼓山西周墓葬为例"的讲座。此次讲座是南京师范大学考古学系列讲座总第52讲（考古名家讲坛第26讲）。讲座由王志高教授主持，裴安平教授、徐峰教授等校内外师生近百人到场聆听了本次讲座。

讲座伊始，徐教授首先提出了他近年来对考古学发展的一些思考。他指出，中国考古学诞生至今已经一百年了，按理说关于考古学文化的年代与族属问题应该早已找到解决的途径，但现在这个问题还是会出现在很多关键性争论中，仍未得到解决。所以徐老师希望借今日的讲座"老调重弹"，以宝鸡石鼓山西周墓葬为例，重新为同学们剖析这个问题。

为便于同学们更好地理解讲座内容，徐老师先对该地区的历史背景、考古学背景做了简要介绍。徐老师指出，陕西关中地区重要的历史背景，就是关于周的问题。通过梳理文献可以看出，周在这一地区经历了多次迁徙，其政治中心最终确定于丰镐一带。从考古学背景上看，石鼓山西周墓葬的年代在商末周初，关中地区在这一时期存在着三支考古学文

化：以连裆鬲为代表的先周文化、以高领袋足鬲为代表的姜炎文化、以分裆鬲为代表的商文化。

接着徐老师简要分析了该墓葬的地理位置。他指出，宝鸡在关中地区的最西面，再往西北就是甘肃天水地区。从中国的最中部沿着今日的陇海线一路从东往西走，到了宝鸡就分为两路，一路往西北，一路往西南，恰好呈一个"Y"形。石鼓山位于渭河南岸，与苏秉琦先生发掘的斗鸡台遗址隔河相望，是这个"Y"形分岔上的一个重要地点。

随后徐老师介绍了石鼓山西周墓葬的发掘情况。该墓葬是2012年当地村民建筑住宅时发现的，考古队于2012年6月至2013年12月对其进行了全面发掘，其中M3与M4最为重要。M3与M4位于遗址北部，两墓相邻分布，形制结构类似，墓壁的东、西、北三面布有若干壁龛，其内放置大量青铜容器。徐老师指出，这种在墓壁上大量开凿壁龛以放置青铜器的现象十分特殊，与过去发掘的商代和西周墓葬多将青铜器置于二层台上的葬俗完全不同。此外，这两座墓葬中还出土了大量保存完好的青铜器。徐老师认为，从这些器物的摆放情况看，它们是被有意识地，成组合地放在不同的龛内的，这或许跟其原来的使用方式有关。从随葬品上看，M3中铜礼器31件，M4则有50件，但M3随葬铜礼器种类较M4丰富。徐老师特别指出，这两座墓葬最大的差别在于M3随葬有大量兵器、车马器和工具，而M4却完全不见此类器物。他认为这跟墓主性别有关。据此他判断，M3墓主应为男性，M4墓主应为女性。

石鼓山西周墓葬的发掘和部分材料的刊布受到了学界的广泛关注。围绕这批新材料，相关学者已发表了不少新观点，但就核心的族属和年代问题而言，徐老师认为学界还尚未形成定论。他进而指出，石鼓山墓葬的研究现状具有重要启示性，能让我们重新思考一些习以为常的问题。他强调，这批材料对我们在更广泛的意义上讨论考古学文化的年代和族属问题大有帮助。

徐老师将石鼓山出土的青铜器分为两个系统，一个是商系统，一个是本地系统，即周系统。商系统的铜器铸造技术都非常高超，有着十分精美的纹样，尤其是铭文。徐老师指出，商系统的青铜器主要有两种铭文，一是用来表示族属的族徽文字，二是用天干来表示的日名。石鼓山墓葬出土的青铜器中共有十多种族徽文字，其中"户"出现最多，共有三件，发掘者认为墓主即为户氏。徐老师认为此说不确，他指出，这两座墓葬中出土的族徽文字种类过多，张懋镕先生曾提出周人不用日名、族徽，故以其确定墓主身份似有不妥。周系统的铜器铸造比较粗糙，其中最具代表性的是簋。西周的簋器底很薄，纹样模糊，与商代铜器完全不同，具有很高的辨识度。此外，M3中还出土了銮铃、当卢等车马器，而这些都是在西周时期才开始出现的，当属周系统铜器。此外，这两个墓葬中均随葬有一个高领袋足鬲，徐老师强调这是典型的姜炎文化因素。

关于石鼓山墓葬的年代和族属，现在学界普遍认为其年代为西周初年，墓主应为当时的姜戎首领。在此基础上，徐老师对这两个关键问题展开了进一步讨论。

他指出，在商周考古的报告中常有商周之际、商末周初、商代晚期、西周早期等年代表述，这是由于商周交替的界限难以判别。就文献记载来说，商周交替的标志是武王灭商这一历史事件，但这个分界点通过考古学是很难确定的，因为王朝更替是一个瞬时的历史事件，而考古学文化却无法在短时间内发生明显变化。徐老师指出石鼓山墓葬的年代就处在这样一个时间节点上，因此仅靠墓葬出土的考古材料是无法确定其具体年代的。他强调，考古学的年代问题分为器物的年代、遗迹单位的年代以及考古学文化的年代三个方面，千万不能简单地从器物的年代来判断遗址单位乃至整个考古学文化的年代。徐老师认为，要解决石鼓山墓地的年代问题，必须结合考古材料和文献两条线索。他先从陶器入手，指出石鼓山出土的高领袋足鬲是袋足鬲谱系中最晚出现的一类，其在关中地区有着大量分布，如凤翔南指挥西村 M42、岐山贺家 M1、长安丰西毛纺厂 M1 等，这些墓葬均带有壁龛和周系统的乳钉纹簋，年代集中在商代后期前后。

从铜器来看，石鼓山出土的铜器年代特征十分明显，与安阳殷墟出土的铜器高度重合，其年代大致为殷墟四期晚段。徐老师提出，这批铜器很可能是武王灭商后，周人从安阳带回的战利品。他的依据有二。其一是文献。《史记·周本纪》与利簋的铭文上都有武王于甲子日灭商的记载，《周本纪》还记载武王灭商后"封诸侯，班赐宗彝，作分殷之器物"。可见武王灭商这一历史事件是真实存在的，其灭商后还以商的器物作为"宗彝"分封诸侯。此外，通过历史文献可以看出，"封建"这一行为还包括人口的再分配，大量的殷商遗民进入周王朝，必然也会将许多商文化因素一并带入。其二是安阳孝民屯铸铜作坊遗址的发现。这个作坊中出土了一批陶范，包括垂珥簋、直棱乳钉纹簋、多齿冠凤鸟纹卣、直棱夔龙纹器座范等，但是用这批陶范制作的铜器在安阳却从未发现，反而在关中地区广有分布，其中就包括石鼓山墓地。过去此类陶范制作的铜器年代常被定作西周早期，发掘者则根据这批陶范的出土提出其年代或许应当提前到商末。徐老师认为，这意味着这批铜器在铸造时可能正好碰上了牧野之战，导致其尚未使用就被周人当作战利品带走了。此外，此类带有单个族徽和日铭的铜器在各地的西周早期遗存中均有发现，这反映出西周初年、商晚期的铜器曾在短时间内遍及周王朝的版图。徐老师指出这不可能是偶然现象，而是这批铜器为周人所掠的另一条证据。他进而指出，目前石鼓山出土的这批铜器来自安阳的可能性最大，石鼓山墓葬的具体年代或可收窄至武王灭商不久。

在确定了石鼓山墓葬的年代后，徐老师又由此引申出了三个观点：其一，他认为石鼓山西周墓葬或可作为西周考古的年代标尺中用以判定西周初年的刻度，这对重新探讨关中地区西周初年的聚落分布与政治格局的变动具有重要作用；其二，宝鸡石鼓山西周墓地的发现，为解决安阳殷墟商代铜器作坊的年代下限问题及商、周铜器的分界问题提供了极为重要的参考；其三，徐老师通过梳理全国各地的考古材料发现，关中地区乃至整个西周文化分布区在西周初年出现了大量商代青铜器，其分布范围比安阳时期还大，这证明石鼓山墓地出土的铜器并非个别现象，而是普遍中的典型。他认为，这一现象是周人通过分封对商人财富再分配的结果，可以看作商周政体更替之表现。

接下来，徐老师对石鼓山墓地墓主人的族属与身份做了深入分析。他指出，考古学上常以墓葬的葬俗和随葬品来判断墓主人的族属和身份，但仅凭这两条证据还不够，还需要结合器物铭文等信息，才能对其形成一个相对准确的判断。

具体到石鼓山墓地，目前学界对于墓主人的族属和身份，主要有羌（姜）戎族"户"氏家族墓地、姜姓族群、虢仲、冉、有扈氏、宝鸡地区的土著部落等观点，尚未取得一致性认识。以上观点虽各有不同，但总的来说，对于墓主可能属羌戎一族这一观点争议不大。

徐老师也同意这一观点。他指出，石鼓山 M3 和 M4 的形制十分特殊，均在墓壁上开凿有多个壁龛。这一葬俗不见于早期中原地区，而在辛店、寺洼等早期遗址常有发现，最早可追溯至马家窑时期。此外，墓葬出土的高领袋足鬲也是判断墓主族属的重要依据。高领袋足鬲集中分布在关中西部、甘肃的天水和平凉地区，它自身的发展过程有一个完整的序列，结束的时间应该在西周初年，与周式乳钉纹簋的结束时间基本相同。目前，关于高领袋足鬲的来源，比较一致的意见是其来自甘肃东部地区，即辛店、寺洼文化分布区。这与带壁龛的墓葬的分布也大致吻合。同时，带壁龛的墓葬中多随葬高领袋足鬲，两者似有极为密切的关联性，且此类墓葬和以连裆鬲为代表的姬周墓葬有着显著的区别，也不同于带"腰坑"的殷遗民墓葬。综上所述，徐老师认为石鼓山的葬俗是起源于甘肃地区的一种更早期的传统，而这一带恰好也是文献中羌戎族群的分布范围，因此墓主为羌戎一说应无误。

另外，文献中也有很多对羌戎的记载。《尚书·牧誓》中记载武王灭商的部落联军中就有羌人一族，商人的甲骨卜辞中也有跟羌人冲突的内容，甚至周人的起源神话中羌女姜嫄就是其始祖后稷之母。由此看来，羌戎不但是周人灭商的重要同盟族群，还是长期与姬姓周人通婚的婚姻集团，他们在关中地区理应有着广泛和长久的分布。在此基础上，徐老师提出石鼓山墓地就是其在考古材料上的印证，而关中地区后期墓葬高领袋足鬲的消失可能是羌人的物质文化被同化的结果。

随后，对于石鼓山墓地为姜戎族之"户"氏家族墓地这一观点，徐老师提出了不同意见。他指出，石鼓山 M3 出土铜器共有族徽者 15 件 12 种，M4 出土铜器有族徽者 8 件 7 种，其中有些族徽曾见于安阳及其他地区出土或传世铜器，多属商器，与周人族裔无关。同时，从现有的考古资料来看，周人少有确证用族徽之例。另外，禁及"户"卣无法证明和墓主人有必然的联系，尤其是在若干族徽同时出现于同一墓葬的时候。从孝民屯遗址出土的陶范看，这批铜器的铸造地也应该在安阳，属商人所有。此外，之前发现的随葬高领袋足鬲并伴出青铜器的墓葬中多无铭文，该阶段的姜戎或许尚未使用文字亦未可知。根据以上理由，徐老师认为墓地为姜戎族之"户"氏家族墓地一说恐难成立。

讲座最后，徐老师指出，考古学者在讨论具体的年代和族属问题中，有时会忽略掉一些基础的细节，从而导致论证逻辑出现问题。他强调，在讨论具体的遗存现象时，一定要注意时间尺度，千万不能将遗物的年代、遗存的年代、考古学文化的年代乃至历史事件的年代混为一谈，它们的时间尺度是不一样的。他还指出，考古学文化与族属之间存在着一定的逻辑关系，但学界对这一关系一直缺乏系统深入的研究，因此时常有毫无逻辑的直接从陶器到考古学文化，再到具体族属的论证过程，这是在研究中需要特别注意的一个问题。

徐老师认为，考古学与文献的关系也值得大家认真思考。他指出，当今学界对文献的态度存在两个极端，一是"唯文献是瞻"，一是弃文献于不顾。这都是不可取的。徐老师认为，在考古学研究中慎重地使用文献是十分必要的。他强调，考古学不是万能的，也有其自身的局限性，很多问题单靠考古学无法解决，这就需要借助文献、民族志和人类学等材料对其做进一步讨论。为此，徐老师做了一个很生动的比喻。他将考古材料比作一团面，这团面本身得和好，其科学性和完整性需要得到保证；至于如何加工，则可以放开想象，做成面包、包子或者面条都行，各个学科的理论和材料都可以借鉴。不能说做馒头可以，做面包就不行，这个是我们做研究应该有的一个基本态度。

演讲结束后，王志高老师做了简要总结。他说，徐老师以宝鸡石鼓山两座西周墓为例，结合相关考古发现与文献记载，对其族属和年代做了细致入微的讨论。这种将典型墓例与文献记载相结合的研究方法值得同学们学习，将来还可以尝试利用这种方法对历史时期的具体考古学材料展开分析。

整理者：马健涛

情不堪，礼何非

——被遮蔽的"妞妞"：中古墓葬考古研究的旧材料与新视角

吴桂兵

2021年10月31日13：30～15：30，应南京师范大学社会发展学院文博系的邀请，南京大学历史学院教授、考古文物系副主任吴桂兵老师在仙林校区敬文图书馆二楼西报告厅做了题为"被遮蔽的'妞妞'：中古墓葬考古研究的旧材料与新视角"的讲座。此次讲座是南京师范大学考古学系列讲座总第55讲（考古名家讲坛第27讲）。讲座由王志高教授主持，校内外师生及社会各界人士100余人到场聆听。

讲座伊始，吴桂兵老师以周国平先生《妞妞：一个父亲的札记》一书引入主题。他指出，在妞妞去世后，周国平先生"应该有天堂"的祈愿及情感，引发了自己对未成年人死亡后家庭情感在考古学材料方面有何体现的思考。

紧接着，吴老师提出了他有关中古时期未成年人丧葬遗存的一些思考。未成年人丧葬遗存在以往的汉唐考古工作中都有发现，毋庸置疑是一个旧材料，但以往的研究未注意到这些材料在考古学中有何意义，在学术研究领域又有哪些具体价值。此外，考古学界以往多关注史前和商周时期的未成年人丧葬材料，忽视了中古时期未成年人丧葬在社会、家庭、政治制度上有何影响及反映等问题。他还强调，古礼研究一直是考古学研究的热点。史前至商周时期，未成年人丧葬并没有被纳入礼制，直至中古时期，未成年人的"丧"和"葬"才逐步被纳入礼制，这无疑经过了漫长的过程。三国时期，魏明帝曹叡的爱女淑死后，其欲按礼制备办，为之立庙，举行冥婚以及赐袭公主爵位。但在当时，明帝对其幼女的丧葬做法是异于常礼的，陈群亦谓之八岁下殇（八至十一岁去世曰"殇"），以礼制中无此规定为由加以制止。《晋书·元四王传》亦载晋琅琊悼王焕，年两岁薨，晋元帝司马睿加之以成人之礼，诏立凶门柏历，备吉凶仪服，营起陵园，群臣亦谏止。吴老师指出，正是由于这一时期的未成年人丧葬未被纳入礼制，才出现群臣谏止的现象。他认为，古礼研究中的墓葬考古学研究应跳出礼制，扩展到礼制外，这尤为重要。

吴老师着重就家庭对未成年人死亡的情感进行了细致的论述。他认为，在墓葬研究中，"事死如事生"通常是对古代墓葬的一个解释，厚葬与薄葬反映的情感亦有所异。而家人对未成年人的死亡，在情感上主要有两种：深爱与恐惧。中古时期以降，这两种情感已十分清晰地体现在未成年人的丧葬遗存中。他还强调，不能因为未成年人墓葬形制简略而忽视其材料的重要性。如南阳许阿瞿汉墓，该墓形制虽然简单，但有几点重要信息需要关注。其一，墓主五岁，画像石刻有多种玩具并刻画数人嬉戏挑逗墓主。其二，榜题"年甫五岁，去离世荣。遂就长夜，不见日星。……永与家绝，岂复望颜"。吴老师认为此铭文似父母言语之转述，巧用汉乐府手法，使得思念和喜爱之情溢于言表。而家人对未成年人丧葬的情感表达亦可见于文学作品中，如曹植的《金瓠哀辞》《行女哀辞》便强烈表达了其对早夭的金瓠、行女两位女儿的思念。这都显示中古时期，家庭对未成年人丧葬的情感表现趋于强烈。

随后，吴老师指出，未成年人死亡后家人还存在另一种情感：恐惧。《颜氏家训》所引文献中记载，魏明帝在幼女淑死后，曾离开洛阳，移驾许都。这是因为当时社会普遍存在一种观念——未成年人死后会变为"煞"，会于某日"煞回"，家人应于是日外出避之。据吴老师考证，在魏晋南北朝之前，甚至于汉代之前，世人对未成年人死后有一种认知：儿童死后变为"厉鬼"、"煞"及"失（死）"。吴老师指出，中古时期世人出于恐惧，在墓葬中随葬镇墓瓶（其上多附镇墓文），用于镇"煞"。例如国家博物馆藏陕西东汉朱书陶瓶，瓶外画符文，书"北斗君"三字，其下文字四行，这些文字说明非正常死亡之人会变为"咎鬼"。特别是，刑罚死亡、战争死亡、自杀和未成年时死亡之人会成"咎鬼"，这些"咎鬼"内心充满了愤怒与怨恨。同时期的河南洛阳李屯M1东汉砖石墓随葬陶瓶，其腹部朱书十二行，用以镇"煞"，吴老师推测其应与东汉时期社会多疾病、瘟疫等环境有关。考古发现的睡虎地秦简中则有幼殇死不葬，用灰渍之后，则不会出世的记载。总体而言，这些考古材料及文献记载都表现了家人对于未成年人死后的恐惧之情。吴老师还指出，除深爱和恐惧，家人对未成年人死亡的情感还有憎恶，如临潼零口M21的零口少女，年龄大致为十几岁，身上遍布伤口三十余处，多为骨矛、骨簇、骨锥伤害，且凶器多深入骨头，推测零口少女的遭遇可能有憎恨之情内含其中。

接下来，吴老师简要介绍了未成年人丧葬礼俗的变化。他说，山东东汉安国祠堂保存有长篇丧葬铭文，其文主要内容为，公元157年，山东的一个小吏因参与平定当地的乱贼而感染疫病，回家问医求药无果后病死。需要重点关注的是，该铭文最后还记载了小吏两个早夭的幼子，即年仅六岁的孝伯及其弟润得。吴老师推测，这两个小孩可能是合葬于小吏墓的东墓道（或甬道）边，并指出关于未成年人的记载在汉代铭文中极其少见，至魏晋南北朝时期才逐渐增多。他还指出，在魏晋南北朝之前，儿童的埋葬地点多是单独的墓地或葬于房屋旁边，魏晋南北朝以降，则出现了未成年人与父母合葬的现象，如西晋士孙松墓。

吴老师强调，近年来学界已经注意到在某一具体环境的考古学遗存中有关丧葬礼俗方面的材料，如山东临沂洗砚池晋墓。山东临沂洗砚池晋墓形制较为特殊，为并列双室墓。据发掘报告中的人骨分析，该墓一侧墓室葬有一名6～7岁的女孩，另一侧墓室葬有两名2岁左右的女孩，墓内随葬器物较多，有金铛、带铭文漆器、青瓷器、玻璃器等。吴老师推测这种特殊的墓葬形制应与未成年人的非正常死亡有关，并指出早在汉代，非正常死亡的未成年人即已拥有特殊的墓葬形制。值得注意的是，山东临沂洗砚池晋墓中6～7岁女孩的身体两侧置有两把大刀，棺外女孩头部之上的位置则放有一件弩机。吴老师认为，西晋虽有随葬大刀的习俗，但在同时期的墓葬中，少见有未成年人身体两侧随葬两把大刀的情况，且刀之大已超出墓主的使用范畴，故此类独特的丧葬空间应是在大殓过程中形成的。他指出，独特的丧葬空间正是镇"煞"的空间所在，山东临沂洗砚池晋墓所葬的未成年人之死应是特殊性死亡，而大刀与弩机的特殊作用应与五个镇墓瓶的安置相当，菜越三国墓内也有类似的独特丧葬空间。这种独特的丧葬空间，吴老师推测可能是高等级墓葬镇襄空间的一种特殊表现形式。

而后，吴老师主要讨论了未成年人非正常死亡对墓葬形制、丧葬空间的影响。如洛阳烧沟汉墓一墓室的后室夫妻旁边葬有一儿童，另在前室两侧耳室中各葬有一儿童。根据耳室内随葬器物的分布，推测此儿童是随父母葬进来的，但这并未改变汉代传统的墓葬形制。他同时又列举了洛阳东汉孝女黄晨、黄勺合葬墓，认为这两座墓均拥有超大的横向墓室，形制较为特殊，而这类特殊的墓葬形制可能主要是未成年人的殇墓，墓主系非正常死亡。此外，属西晋时期的裴祇墓，直接于后室一侧开一耳室埋葬裴祇女惠庄，推测其亦为非正常死亡。

随后，吴老师以李静训之长安休祥里万善道场墓为中心，详细分析了中古时期未成年人丧葬中的宗教因素。发掘简报显示，长安休祥里万善道场墓石椁内随葬器物保存完整，有精美的冠饰、项链、手镯、金杯、琉璃瓶、玉杯、扁壶、玩具等。据《李静训墓志铭》记载，李静训是在出游山西途中忽患病去世的，后葬于长安城佛寺内，并于坟上构建宝塔。值得注意的是，其家人构建佛塔望其往生、望其去世后变成佛陀说法、出行时的花童。吴老师强调，其墓葬建筑、随葬器物、墓志记载自身的身份，都表现出李静训的父母在佛教方面对于孩子的心愿。接下来，吴老师还列举了隋唐时期的"王之死"及"公主之死"等案例。如《旧唐书》载德宗第五子肃王详，时年六岁薨，德宗不令起坟墓，欲层砖造塔，司门郎中曾李言上言表示层砖造塔起于天竺，恐不合礼制。《旧唐书》亦载德宗时期，唐安公主死，德宗不欲起坟墓，宜令造砖塔安置。《杜阳杂编》卷下则载同昌公主死后，唐懿宗命人"刻木为楼阁、宫殿等……紫泥及女道士为侍从引翼"。此均为佛教因素在未成年人丧葬中的具体表现。其后，吴老师介绍了隋唐时期对于未成年人丧葬在礼制方面的一些规定，例如《新集书仪》中有"十五至十岁亡云夭逝，六岁至三岁亡云去离恩爱，两岁至百日亡云去离怀抱"。此外，《新集书仪》中还载有死亡男女双方家长有关冥婚的祭文。

接下来，吴老师介绍了两个特殊的灾难案例。一为史前时期的哈民忙哈遗址。该遗址东南侧F40房址中堆积了97具尸骨，人骨呈各种形态，且部分头骨有火烧痕迹和挤压变形的情况。一部分有随葬器物，包括玉器。F37亦发现22具人骨。他指出，哈民忙哈遗址一般认为是疾病、瘟疫来临时紧急埋葬患病死亡人员的结果，还有一些学者主张用人骨分析来判别是否发生了疾瘟，但吴老师认为短期内瘟疫、疾病无法在人骨上鉴定。一为青海喇家遗址。关于青海喇家遗址，学界一般认为是山洪灾害造成的人群掩埋，对于F4并排摆放的两个玉璧及两件玉料，吴老师推测其可能具有某种特殊的意义。

讲座最后，吴老师指出，中古时期未成年人丧葬遗存中蕴含着复杂的情感，即深爱与恐惧。当情感战胜理智后，就会伴随着宗教的进入以及礼制的一些规定，而这些情感最后无疑反映在考古遗存上。通过对这些考古遗存进行解读分析，我们可慢慢寻找到中古时期家人对未成年人丧葬的特殊情感——深爱、恐惧。

整理者：熊伟庆、徐良、马健涛

青衿之志，履践致远

——考古学是什么

贺云翔

2021年12月30日15：30～17：45，应南京师范大学社会发展学院文博系的邀请，全国政协委员、南京大学历史学院博士生导师贺云翔教授在仙林校区学明楼502大报告厅，为师生带来了主题为"考古学是什么"的讲座。此次讲座是南京师范大学考古学系列讲座总第63讲（考古名家讲坛第32讲）。讲座由王志高教授主持，校内外师生及社会各界人士200多人到场聆听了该次讲座。

讲座伊始，贺老师首先指出考古学已成为举国重视的一门科学。他说，2021年在三门峡市召开的中国考古学百年纪念大会上，习近平总书记发来一封意义非凡的贺信，信中高度肯定和赞扬了百年来中国考古学取得的辉煌成就，同时也提出了对考古学的殷切期盼。2020年9月28日，在中共中央政治局第23次集体学习中，习总书记曾专门与从事史前考古研究的著名考古学家陈星灿探讨了人类起源、中华民族起源等相关问题，并提出要高度重视考古工作，努力建设中国特色、中国风格、中国气派的考古学，更好地认识源远流长、博大精深的中华文明，让考古学为弘扬中华优秀传统文化，增强文化自信提供坚强支撑。这极大地鼓舞了全国考古工作者。然而，现在国内拥有发掘领队资格的考古人员大概只有1800人，专门从事考古行业的专业人员大约仅有3000人。为改善这种情况，相关部门曾在2021年做出专门批示：增加考古学博士研究生招生名额。同时，"十四五"

南京师范大学考古学系列讲座总第63讲
考古名家讲坛第32讲

考古学是什么

主讲人：贺云翔

主办：南京师范大学社会发展学院
承办：南京师范大学社会发展学院文物与博物馆学系

规划明确提出在5年之内要将从事考古行业的人数增加到1万人。贺老师说，从古代至近代，往往是最优秀的学者从事考古学（金石学）研究的工作，如宋代金石学家欧阳修、李清照、赵明诚，近现代考古学家和古建筑学家梁思永、梁思成等。因此，为刚刚踏入大学校门的年轻学子开设"考古学是什么"讲座，具有重要意义，这可以激发更多青年学子学习考古学的热情。贺老师充满期待地对听讲的同学们说："也许在你们中间，就会产生中国新一代的考古学巨人。"

随后，贺老师向同学们简要介绍了"考古学是什么""考古学研究对象""考古学当下的重要意义"三个问题。

贺老师指出，关于"考古学是什么"的问题，教科书上早已有了解答，但因考古学有着复杂的内涵，故仍然选择将它作为该次讲座的主题。为便于同学们更好地理解这一主题，贺老师引用了张爱冰《考古学是什么？——俞伟超先生访谈录》一文展开了详细解释。贺老师认为，《考古学是什么？——俞伟超先生访谈录》集中体现了俞伟超先生对于考古学的诸多精深思考。俞先生认为，考古学产生的根本原因是寻找一种新的认识人类社会基本原理的需要，而考古学的目的则是改造人们的世界观和更好地理解现在。贺老师指出，随着考古学研究的不断深入，大家会认识到今天和过去实际上是一个双面体，对今天的社会、人性理解得越深，考古学肯定会学得越好，反过来讲，考古学研究做得越好，那么对今天的社会、人生、人性的理解也就越深。

接着，贺老师对考古学的研究对象进行了分析。他指出，考古学的研究对象实际上是人，包括人的身体、精神世界，人生存的物质世界，人生存的环境、资源的供给和开发、人的文化系统，人的文明内涵、文明模式和文明动力等各种问题。因此，在对研究对象的逐步深入中，我们就会发现考古学并没有一个简单的定义。相反，它涉及的世界是如此地广阔，如此地无边无际。贺老师感慨道，自1977年开始学习考古学以来，他领悟到考古学不再是一门学科，而是一个学科群，甚至可以视为一种方法论。这种方法论可以用来研究古代人群、社会和文明，也可以观察今天的社会、人群、文化、文明。这是因为最根本的人性没有改变，只有人创造的世界在改变。所以考古学的研究对象有一种内在的、一以贯之的东西，它可以反过来帮助考古学变成一种通古达今的，甚至于通向未来的学问。贺老师说，"考古"二字只是指一种学术行为，而不是指被研究的对象。考古学拥有文字学、墓葬考古、环境考古、人类考古、科技考古、丝绸之路考古、军事考古、动物考古、植物考古等很多分支学科。考古学拥有浩大的学科群，这无疑要求考古学者具有庞杂广博的知识，并掌握多种考古学研究方法。贺老师感叹，这就是一种有趣的挑战。贺老师说，人类对于自己所面对的世界了解甚少，短暂的人生与考古学家承担的学术责任、使命是不匹配的。面对这种窘境，我们能做的只有不断地学习、探索、努力，唯此良心才能够稍微安定下来。芸芸众生中，总有人渴望超越，不愿意屈服于命运，不愿意屈服于既有的知识，想去发现未知的世界。而考古学就是旨在探索未知世界的一门学科，就算不知道面对的对象究竟是什么，只要经过发掘，就能知道它是什么。而且发掘出来的这个世界，尽管我们的知识储备很可能难以应付，但只要认真去学习、去探索，勇敢地面对你的研究对象，一切问题都会迎刃而解。

随后，贺老师总结了考古学在当下的重要意义。他说，考古工作是一项重要的文化事业，是一项具有重大社会政治意义的工作，是展示和构建中华民族历史、中华文明瑰宝的重要工作。作为一项具有重大政治意义的工作，考古学可以为文化自信提供坚强支撑，还肩负着向世界展示中华民族历史和文明的重任。

接下来，贺老师从考古学特点、主要研究内容及重要问题研究实例三个方面向同学们分享了自己对"考古学是什么"的理解与感悟。

首先，贺老师从考古学特点方面介绍了"考古学是什么"。他指出，考古学具有物质性、长时段、多学科、跨文理四个特点。1.物质性。考古学的物质性体现在考古学的研究对象上，贺老师借用"文化结构"模型来解释考古学的物质性，他认为，考古学的物质世界包含物质文化、制度文化、精神文化、自然要素、辅证文献等内涵。2.长时段。考古学的长时段性则在于考古学如同望远镜一样扩大了天文学家的视野，又像显微镜为生物学家发现细胞一样，彻底地改变了历史科学的范围和内容，就像柴尔德认为的那样，对于历史学科，考古学的诞生就是一次革命。3.多学科。考古学涉及城市、陶瓷、建筑、艺术（美术、音乐等）、宗教（佛教、道教、基督教、伊斯兰教、儒教等）、农业、工业、科技、环境、经济、古文字学（甲骨学、金文学、简牍学等）等，涉及的学科十分庞杂。这种多学科性既是由考古学研究对象决定的，反过来又成为考古学的一个特点。4.跨文理。考古学跨文理的特点，一是受到考古学起源影响。国际上公认的现代意义上的考古学诞生于1859年，伟大的科学家达尔文在这一年出版了他的经典著作《物种起源》。二是由考古学的本质决定的。考古学遵循着自然科学的理性思维和基本方法，尽管教育部把考古学列在社会科学或人文科学的范畴，但是这不能改变它天然具有自然科学和社会科学的双重特性。三是体现在考古学的基本方法论，比如地层学来自地质学，"类型学"来自生物学，考古年代学中许多方法亦来自自然科学中的物理学、化学、生物学等。这些都使考古学兼有文理学科的特点。贺老师强调，考古学的每一次进步都是在自然科学及相关科学的协助下完成的。

其次，贺老师从考古学的主要研究内容方面探讨了"考古学是什么"。他指出，"由物及人"是当今许多考古学家追求的学术目标。考古学主要涉及人、历史、文物及艺术、文化、文明、人与自然的关系等研究领域，其总体上还是一门"历史科学"，是在世界现代化进程中诞生的一门研究人类历史上创造的一切物质文化以及由物质文化呈现出的精神文化发展过程与规律的科学。考古学既然是科学，其无疑需要正确的方法和路径，尤其要有科学的思维方法，研究步骤也需要创造性。它对于历史研究，一方面延长了文献历史学探索领域的时空长度，另一方面又可以弥补文献历史学未予关注的内容。同时它对于历史文献所建构的不公正的史学体系可以起到纠正作用，并且田野考古调查方法也是对历史科学方法论的重要补充。考古学对于文物和艺术的重要性就在于，如果缺少科学考古学的知识体系，科学的文物及艺术史知识体系就难以建立。考古学对于文化的研究，以历史上的"物质文化"为主，同时也通过"物质文化"去探索各种问题。考古学对于文明的研究则可以帮助我们了解到世界上的原生文明。而对于"人与自然"这个问题，考古学作为一门研究人类起源的学科，对人地关系的互构过程、文化及文明发生发展与环境资源的关系研究有着天然的优势。其中，贺老师着重介绍了考古学对于人类起源研究的贡献，他分别列举了博多人的发现、中国"龙人"的发现、丹尼索瓦人之谜，以及智人的成功延续四个事例来解释考古学是如何研究这些问题的。在考古学对于文明起源的相关研究中，贺老师回忆了过去自己前往日本的一次交流访问经历。在这次交流中，他了解到，研究中国文明起源问题的日本学者人数众多，甚至组建了一个专门的学会，而少有中国学者对于日本文明起源问题展开研究。贺老师最后感慨道，不同的文明创造了不同的文化、思想，但缺乏国际视野对于中国学者而言并不是一件好事。

最后，贺老师以考古学重要问题研究实例介绍了"考古学是什么"。他说，20世纪七八十年代以来，世界考古学在高速发展的同时，也提出了各种新的重要问题。1.旧石器时代人类起源"走出非洲"说和多元起源说、人种分析和人类行为研究等；2.历史时期考古的"阐释学"趋势：认知、精神、宗教、功能、社会结构方面的研究；3.生态学方法的引入及多学科合作：环境考古、水下考古、聚落考古、实验室考古、实验考古、计算机技术和理论方法、考古领域的扩大导致多学派的产生，"新考古学派"、后进程考古学等的产生；4.文化遗产事业的出现与文化遗产理论的发展：从历史走向现代。都市考古、湿地考古、性别考古、工业考古等专门考古的发展。就世界而言，考古学研究人的来源、文化起源、农业起源、城市起源、国家文明的起源、人类不同文化与文明的交流及其作用、人与环境的互动、新科学技术与考古学的结合、考古遗产的保存保护与社会化利用等前沿问题。就中国而言，考古学研究中华民族的起源、中华文化的起源、中华文明的起源、多元一体中华文明格局的形成、中华文化与世界文化、城市考古与城市遗产保护利用等重要问题。

讲座最后，贺老师指出，在全球化、信息化、智能化的时代，人类面临许多新的挑战，考古学和

其他科学一样，需要对各种挑战做出回应。如今，中国考古学家走向越来越多的国家，丝绸之路考古及世界文化遗产事业方兴未艾，加之考古学的国际合作大范围展开，中国考古学一定会为人类做出更多的科学贡献。随着中国考古学的国际化趋势越来越强烈，新的前沿性问题也会不断产生。贺老师强调，考古学是一门常做常新的科学，在未来关于"考古学是什么"，还会产生新的追问。

整理者：张浩哲、徐良、马健涛

未来博物馆的模样

——从信息化到智慧化：智慧博物馆发展之路

黄 洋

2022年10月5日15：30～17：30，应南京师范大学社会发展学院文博系邀请，上海大学文化遗产与信息管理学院副教授黄洋老师在随园校区600号楼117号报告厅做了题为"从信息化到智慧化：智慧博物馆发展之路"的讲座。此次讲座是南京师范大学考古学系列讲座总第81讲（文博大家讲坛第16讲）。讲座由王志高教授主持，现场及线上师生共计300余人聆听了本次讲座。

王志高教授在讲座开始前致辞。他说因疫情影响，这是文博系2022年度在校内首次开展的线下讲座，也是为黄洋老师举办的一场与南师告别的专题学术报告。2014年9月，黄老师到南师任教，逐渐成长为国内有影响力的博物馆学青年学者，其课程深受学生欢迎，为南京师范大学博物馆学学科建设贡献甚大。2022年初，他因事业发展需要调往上海大学。王志高教授约请黄老师线下开讲，遂有了此次师生聚首，共叙情怀。

讲座伊始，黄洋老师介绍了本次讲座主题的重要价值与意义。近年我国博物馆的数字化、信息化以及智慧化工作迅速开展，促使我们对这一现象进行深入研究，从而增进认识，做好理论与方法两方面的建设，更好地反哺实践。他说他在编写博物馆学教材过程中就体会到，厘清博物馆相关概念极为重要。他希望通过这场讲座，剖析智慧博物馆的名与实，辨析数字化、信息化、智慧化、数字博物馆、智慧博物馆等相关概念的使用，从而理清智慧博物馆的发展之路。讲座从三个方面阐释这一主题：一是智慧博物馆发展历程；二是数字化、信息化、智慧化以及数字博物馆、智慧博物馆相关概念辨析；三是智慧博物馆的应用。

黄洋老师首先介绍了我国智慧博物馆的发展历程，他将中国智慧博物馆的发展分为四个时期：20世纪80年代、20世纪90年代、21世纪初，以及2012年至今。随着时代的发展，我国智慧博物馆的建设在概念和技术上都有着显著的进步。

20世纪80年代为我国"博物馆的电脑化探索"时期，我国开始探索将计算机应用于博物馆。继1984年上海博物馆购置8088系列计算机后，陕西历史博物馆、南京博物院、中国历史博物馆等单位也先后配置了计算机。除了良好的硬件条件以外，博物馆的电脑化亦需要优秀人才和先进理念的支撑。黄老师特别指出，1985年后上海博物馆的电脑化发展尤为迅速。它在传统"三部一室"制的基础上，新开设了"电脑室"，这在当时的博物馆部门设置中非常先进。后来，上海博物馆将"电脑室"改名为"信息中心"。时至今日，"信息中心"这一称谓仍被我国许多博物馆沿用。

20世纪90年代是"博物馆建筑的智能化建设"时期，在博物馆发展史上极为特殊和重要。在三个代表性的省级博物馆——上海博物馆新馆、陕西历史博物馆及河南博物院新馆引领下，我国掀起了90年代博物馆建设的高潮，在探索中明确了计算机技术在博物馆的应用。90年代中期，我国博物馆进入以馆舍建设、陈列形式创新为核心的快速发展期。博物馆从文物保存环境、参观环境控制着眼，普遍重视博物馆建设中智能机电设备的应用，博物馆网站建设、多媒体展示也逐步进入视野。90年代末至21世纪初，故宫博物院、南京博物院也围绕以上主题，不断提升自身数字化程度。

21世纪初，我国进入"数字博物馆建设"时期。这一时期，国家相关部门组织了系统的项目，以教育部开展的大学数字博物馆项目最具代表性。该项目以高校实体博物馆为基础建设数字博物馆，同时拥有计算机技术和博物馆理念，是我国数字博物馆建设的重要进展。

2012年至今，是我国"智慧博物馆建设"时期。2012年，i-museum概念的提出为智慧博物馆的诞生做了铺垫。2014年，成都金沙遗址博物馆、甘肃省博物馆等7家博物馆被确定为首批国家智慧博物馆试点单位，我国正式开始了智慧博物馆体系建设。

此后，黄洋老师简要介绍了几个具有代表性的西方智慧博物馆项目，如"美国记忆""谷歌艺术计划"等，为我们了解西方智慧博物馆发展历程，学习更为先进的理念提供了参考。

接下来，黄洋老师对数字化、信息化、智慧化，以及数字博物馆、智慧博物馆等相关概念进行了辨析。"数字化"的概念分为狭义的数字化和广义的数字化。狭义的数字化主要是利用数字技术，对具体业务、场景进行数字化改造，更关注数字技术本身对业务的降本增效作用。广义的数字化，是利用数字技术，对企业、政府等各类组织的业务模式、运营方式进行系统化、整体性的变革，更关注数字技术对组织的整个体系的赋能和重塑。日本学者梅棹忠夫将信息化定义为"通信现代化、计算机化和行为合理化的总称"。我国将信息化的定义阐述为"培育、发展以计算机为主

的、以智能化工具为代表的新的生产力，并使之造福于社会的历史过程"。我们可以理解为，信息化就是广义的数字化。"智慧化"一词则出现较晚，放在今天的语境里来理解，就是让博物馆变得更加智慧，更加人性化。

数字博物馆和智慧博物馆便是上述概念与博物馆结合的产物。数字博物馆本质上是以数字化技术和形式，向公众展示传播自然或文化遗产物证材料及其相关知识的信息服务系统，是物质博物馆在数字网络空间的再现和反映，具有网络化、智能化、虚拟化的特点。例如故宫博物院官网上的藏品信息展示。而智慧博物馆则是一个系统，狭义地说，它是基于博物馆核心业务需求的智能化系统。广义地讲，它是一个完整的博物馆智能生态系统。

随后，黄洋老师着重讨论了智慧博物馆的概念与应用。IBM于2008年提出的"智慧地球"和"智慧城市"最早将"智慧化"的概念应用到实践当中，为智慧博物馆的发展提供了模板。简要来说，智慧博物馆就是通过充分运用物联网、云计算、大数据、人工智能等新一代信息技术，感知、计算、分析与博物馆运行相关的人、物、活动等信息，实现博物馆征集、保护、展示、传播、研究和管理活动智能化。这是一种显著提升博物馆服务、保护、管理能力的博物馆发展新模式和新形态。通过ROAD模型可以看出，智慧博物馆在保护、服务、管理方面优化了博物馆内部的结构，串联起博物馆内外的资源，从而最大限度地实现博物馆资源的共享。

黄洋老师指出，目前我国智慧博物馆的基本架构仍存在不足：一是标准制定不清晰；二是数据的融合、分析与挖掘能力不足；三是数字化工作缺乏整体设计，各应用系统间彼此孤立。若将上述问题进行优化，我国智慧博物馆的发展将会迈上一个新的台阶。在此架构之上，智慧博物馆的建设核心包含四个方面：互联网思维、海量的数据、标准的规范和完善的基础设施。其核心技术包括物联网、大数据、云计算、移动互联，乃至不断诞生的各种各样的新技术。日益成熟的物联网、云计算、大数据和移动通信技术共同支撑了博物馆的服务、保护与管理的核心业务职能。

基于上述技术支撑，智慧博物馆的应用场景更为明朗。黄洋老师从"智慧服务""智慧保护""智慧管理"三个方面对智慧博物馆的应用进行了详细介绍。

博物馆"智慧服务"主要针对公众服务需求，以多维展现互动形式，实现公众与博物馆藏品交互的高度完美融合，为公众提供无处不在的服务，主要包括展示与体验、教育与研究、分享与传播、纪念与回忆等方面。伯明翰博物馆信托基金会（Birmingham Museums Trust）为我们提供了一个较好的"展示与体验"的案例。该基金会与最近上线的在线游戏和艺术平台"占领白墙"（Occupy White Walls）建立了合作关系，该平台利用人工智能技术（AI）让玩家能够在虚拟世界中收集展品，并策划自己的展览，称为"装配式云展览"。还有博物馆通过与慕课平台合作，向观众提供在线网络教育课程，则是智慧博物馆"教育与研究"的体现。

"智慧保护"主要基于智能感知技术和无损检测技术，针对博物馆藏品的本体健康状态及影响因素进行全面量化分析，并通过智能数据挖掘和分析处理，在文物损坏发生之前掌握其各项特征，再以三维建模形式立体呈现可视化结果，形成一套集藏品表象、内部结构、周围环境影响因素于一体的馆藏文物诊断、分析、处理和评价体系，实现完整的"监测—评估—预警—调控"预防性保护流程。

"智慧管理"则是以先进的智能控制技术为支撑，优化传统博物馆的管理模式和工作机制，支持与博物馆管理的计划、组织、领导、控制等内容相关的决策活动，使管理工作更为科学、智能、高效。其具体体现为通过博物馆内部管理与外部管理的智能化，实现减小管理压力、提高管理效率的目标。黄洋老师指出，运用智慧化的方式进行管理是一把双刃剑。该方式在使博物馆管理更加便利的同时，也可能带来新的安全隐患。在开展智慧管理工作时，应在保证安全、降低风险的前提下，提升管理工作的高效性。

最后，黄洋老师提出，在智慧博物馆的建设中，我们要把握以下原则：业务工作是基础，内容建设是核心，技术手段是辅助。无论是"智慧服务"还是"智慧保护"，都是在原有的业务工作基础上，运用智慧化的手段，改进博物馆的工作。无论博物馆发展到什么样的形态，研究智慧博物馆，先要理解博物馆是什么，再先进的技术也只能作为博物馆内容建设的辅助手段，而非目的。

黄洋老师的讲座结束后，王志高教授对讲座内容做了简要总结。他说黄老师追溯了20世纪80年代以来智慧博物馆的发展历程，系统辨析了智慧博物馆及其相关概念，并结合实际案例，讨论了当下智慧博物馆的建设问题。其报告深入浅出，娓娓道来，让与会师生受益匪浅。

在随后的交流环节，文博系研究生韩颖同学向黄老师请教如何理解博物馆展览中内容与技术的关系。黄老师认为这一问题涉及两个层面：一是就体验来说，技术手段是用来吸引观众以达成互动体验的方式；二是关于"内容为主，技术为辅"这一论点，是指我们在进行技术应用的时候，不能误认为技术越先进越好。在开展一切展览工作之前，都要先对物进行清楚的解读，再运用各种数字化手段，"让文物活起来"。技术或许确实会吸引一部分观众，但博物馆展览不能一味地相信技术，而是要建立在对文物内容解释的基础上，寻求更好的表达方式。

接着，文博系研究生程安苏同学就OLED屏在博物馆展陈中的实际应用在线上向黄老师提问。黄老师指出，OLED屏是目前博物馆展陈中比较新的技术，它采用非常薄的有机材料涂层和玻璃基板。OLED屏将玻璃与屏幕的功能合二为一，文物的背景、细节等内容都能够直接在屏幕上进行动态演示，从而更多、更好地还原文物的原生信息。

最后，文博系2020级本科生杨肖童同学就大学数字博物馆的运行方式及未来发展向黄老师提问。黄老师解释道，大学数字博物馆并非大学与博物馆之间的合作，而是大学里本身就有的博物馆，是通过数字化手段建设的数字博物馆。由于多方因素的影响，大学数字博物馆的建设目前处于停滞状态。黄老师希望在未来，该类项目能够有机会再度推进。

整理者：李笑榕、赵五正

考古有方，法眼识真

——史前探案：考古学的故事

汤惠生

2023年2月21日15：30～17：30，应南京师范大学社会发展学院文博系的邀请，南京师范大学教授、博士生导师，河北师范大学特聘教授、国际岩画断代中心主任汤惠生老师在随园校区中大楼弘爱报告厅做了题为"史前探案：考古学的故事"的讲座。因涉及史前考古和考古学理论，本次讲座特邀文博系曲枫教授作为与谈嘉宾联袂开讲。此次讲座是南京师范大学考古学系列讲座总第93讲（考古名家讲坛第42讲）。讲座由王志高教授主持，现场及线上师生和社会人士共300余人聆听了本次讲座。

讲座伊始，汤老师解释了讲题"史前探案"的来源。根据《中国大百科全书·考古学》对"考古学"的定义，考古学是根据古代人类各种活动遗留下来的实物研究人类古代社会历史的一门科学。他引用夏鼐先生的话说，考古学和狭义历史学是研究人类社会历史的两个车轮，不可偏废。按照中国的学科划分体系，考古学归属在历史学之下。学习考古学多年之后，汤老师发现，如若按照教科书上的解释，"考古学"这一概念非常抽象，我们无法理解怎样去复原历史，以及复原什么样的历史。汤老师结合自身考古研究经历认为，考古学研究就像探案，考古工作者要化身侦探去破案，在考古学研究中找出问题，用各种各样的证据去解谜。他进一步指出，本次讲座的目的就是通过考古实例展示考古学的本质、理论和方法论。

汤老师首先向大家介绍了英国著名侦探小说作家阿加莎·克里斯蒂（Agatha Christie，1890～1976），及其与考古有关的代表性侦探小说《尼罗河上的惨案》《古墓之谜》等，并鼓励同学们阅读英文原著以提高英语水平。汤老师强调，考古工作者一定要具备探案意

识。对此他做了一个十分生动形象的比喻，考古如同做拼图游戏，古代社会是一幅多彩的画卷，由于年代久远，很多地方已缺失不全，考古工作者要找到缺失的图案，拼出一幅能解读、看得懂的古代画卷。

随后，汤老师列举了三个考古学经典案例，讨论了考古学的本质、理论与方法论。

首先，汤老师列举了奥茨冰人的案例。1991年，两名德国登山游客西蒙夫妇（Helmut Simon 和 Erika Simon）在意大利境内的阿尔卑斯山山顶发现了一具赤裸、扭曲、脸朝下趴在冰雪中的男尸。起初这两位游客以为冰人是一位发生意外的现代登山者，而科学家的研究发现，这并不是意外死亡的现代登山者，而是一件也许有着几千年历史的无价之宝。根据放射性碳同位素测年，他死于5100年前，即欧洲新石器时代晚期，被考古学家称为奥茨冰人（Ötzi the iceman）。接着，汤老师详细介绍了奥茨冰人的形貌等特征。奥茨的遗体保存完好，浑身50处文身清晰可见。从骨骼分析可知，他去世时大约45岁，身高1.5米，体重50千克。他的头发浓密而卷曲，毛发之中偏高的砷含量表明，他不久前活动于冶铜场所一带。他的牙齿磨损严重，没有龋齿。通过他手指甲上的生长终止线可知，死亡前16周，奥茨冰人一直遭受慢性病的折磨，很可能患有关节炎。DNA（脱氧核糖核酸）分析显示，他的眼珠为褐色，且患有乳糖不耐症。他的血型为O型，接近当代撒丁岛人。通过类似于法医头骨复原面部的技术，意大利研究者绘制了奥茨的肖像。这是我们迄今仅见的新石器时代人的形象。随后，汤老师介绍了奥茨冰人的穿着和随身携带的物品，主要有石质工具、杉木长弓、箭镞等，其中最值得关注的是奥茨冰人携带的杉木斧，锋利的铜刃装上木柄后涂抹白桦焦油，并由皮带绑着。新石器时代铜很罕见，因此，这把斧头就是奥茨地位的象征。

根据奥茨的牙齿和骨骼可知，他生长于阿尔卑斯的艾萨克河谷上游。通过石器的来源分析得知，奥茨的最后10年是在温什加乌谷度过的。从肠道残留物分析可知，他最后一顿饭包括小麦死面面包、鹿肉、野羊肉和一些蔬菜。他肺部的孢粉表明，在去世前12个小时，奥茨都在温什加乌谷活动。肺叶上的孢粉和叶绿素表明，他的最后一次出行发生于6月。奥茨冰人的食谱里除了单粒小麦和肉，还包括具有毒性的欧洲蕨。研究者通过分析刺穿奥茨左肩胛骨和大动脉的石箭头和身体上的砍痕，推测他死于谋杀，很可能因为背部中箭流血过多而亡。综合以上种种分析，考古人员清晰地复原出了奥茨生前最后一天的活动轨迹。

汤老师认为，从上述过程不难发现，考古学家就是史前侦探。考古人员正是通过对一系列微小的痕迹与线索进行抽丝剥茧，一步步揭开真相，整个过程和探案一样，扑朔迷离又扣人心弦。他进一步启发同学们，在论文写作过程中，要善于发现问题，要像侦探一样去寻找一系列证据以解决问题，这样可以避免写出的论文枯燥无味。

汤老师指出，随着现代科学技术的发展，考古学的研究变得越来越便捷，并大放异彩。每年出现的新技术不断帮助考古人员从毫不起眼的碎陶、石片和骨屑上获取新知。汤老师强调，现代考古学是一个跨学科的研究范式。20世纪，对于一个地区的考古学研究，需要建立文化序列，而现代考古学除了建立文化序列之外，又有新的科技手段。如果按照类型学和建立文化序列等传统考古学方法，将无法研究奥茨冰人。现代多学科的手段则把奥茨冰人研究变为现实。随后，汤老师介绍了放射性碳同位素测年、热释光、电子自旋共振等新技术。汤老师还结合他研究岩画的经历，介绍了微腐蚀断代法测年技术，即通过岩画刻凿痕迹腐蚀程度测定岩画的具体年代。

汤老师介绍，对人体骨骼和牙齿中的碳、氮和锶同位素的分析可以揭示人类的食谱，以及出生和成长地，这也有助于追踪人类在地面的行动轨迹。我们可以在陶瓷器表面提取脂肪，确认器物曾经烹煮或者存放过何种食物。作为仰韶文化半坡类型最具代表性的器物之一的尖底瓶，早年石兴邦先生认为它是汲水器，还有学者认为它是代表"中正"的礼器。近年有学者根据对尖底瓶里残留物的分析，认为其用途是做酒的，尖底瓶的形状有利于酒的发酵。此外，汤老师还列举了通过研究青海湖地区拉乙亥文化中发现的磨上残留物的例子，很好地揭示了史前先民生活方式发生改变的社会状况。

除此之外，在石质工具上提取蛋白质，可以确认屠宰或者加工的动物种类。通过辨识动物骨骼的种属，可以说明这些动物是被人类屠宰的，还是被狗、狼或者啮齿类动物猎杀的。汤老师指出，考古学中的微痕分析，和探案一模一样。随着新的理论与方法论的出现、电镜的发明，关于痕迹的研究显得轻而易举了。通过技术手段分析粪便残渣，可以推定其出自男性还是女性，以及他们的食物是什么。汤老师介绍，美国学者通过对印第安人粪便中血红蛋白含量的分析，确定印第安人消失的原因在于仇杀或者部落之间的战争，食人风气盛行。此外，还可以分辨全球各地洞穴中装饰的人类手印是男性还是女性（这关系到手型和比例）；追溯石质工具、制作陶器的陶土和燃料的来源地，可以帮助我们追踪游牧活动或者贸易线路；甚至可以从古代骨骼遗存中提取基因材料。

汤老师认为，正如戴维·赫斯特·托马斯所言，重要的不是考古学家看见，而是发现。汤老师强调，对于发掘出来的考古材料，要善于观察和发现，要思考从哪些方面对其进行研究。这个研究过程用考古学家的话来说叫"透物见人""以小见大""一斑窥豹""以点带面"等。汤老师介绍，"透物见人"是中国考古学理论之一。由于理论的不同，中外考古学家"透物"而见到的人亦不同。他进一步指出，"透物见人"最关键的一点是需要借助于中程理论。中程理论为考古学现象的解读提供了一种可以检验的模式。汤老师通过具体的事例阐述了中程理论的三种形式，即埋藏学、民族学、实验考古学。他特别强调，只有借助中程理论，才能"透物见人"，以小见大，一斑窥豹。

其次，汤老师列举了喇家遗址的例子。喇家遗址位于青海省民和县官亭镇喇家村，是一处新石器时代的大型聚落遗址，被称为"东方庞贝"。喇家遗址曾在1999年进行试掘，2000年和2001年连续进行较大规模的发掘，目前共揭露面积1500多平方米，取得了一些较为重要的成果。汤老师介绍，喇家遗址主要为齐家文化中晚期遗存，以农业为主，其文化堆积较薄。汤老师进一步指出，整个青藏高原包括北方草原地区，一般被称为文化传播带或文化走廊地区。与中原地区文化堆积厚重不同，青海地区文化堆积厚度仅有1~2米，且文化堆积存在断层。

喇家遗址出土了世界上最早的面条。面条制作技术精湛，技术难度较高。通过对出土残留物、面条碎片的植硅体、淀粉、分子标志物等成分的综合分析，证明喇家遗址古代人类制作的面条以粟、黍为主要原料。通过对喇家遗址出土的4件石刀表层残留物进行淀粉粒和植硅体分析，表明喇家遗址石刀的主要功能之一为收割粟、黍、大麦属和小麦属植物。

汤老师介绍，喇家遗址出土的一些很不寻常的遗物，即埋葬在房屋和灰坑中的人骨，引起了考古学家的注意。他首先展示了H21、F10、F3中发现人骨的照片。人骨姿势怪异，应该均死于非命。随后，汤老师分享了部分学者对该现象的看法。《青海民和喇家史前遗址的发掘》一文认为，室内人的死亡是因为突发的房屋坍塌被砸被压。有学者利用第四纪地质地貌学、沉积学、古洪水水文学等多学科交叉的研究方法，对喇家遗址史前聚落毁灭的原因进行解释。他们认为，强烈的地震和暴雨山洪，彻底毁灭了喇家。史前时期，黄河上游积石峡发生了一次严重的堰塞事件，形成了古堰塞湖。堰塞湖在形成后不久即发生了部分溃决，形成了凶猛的洪水，洪水冲垮了喇家。还有学者根据《尚书·禹贡》《秦边纪略》《河州志》等文献记载，联想到大禹治水，并推测：喇家遗址很可能是中华民族伟大的治水英雄大禹活动过的地方，是大禹故里。而张信宝则通过对黄土陡崖现场观察到充填"黑沙"（含小砾石）的黄土裂缝及古地面起伏不平现象的研究认为，喇家遗址村落毁于山洪泥石流灾害。董广辉等通过对喇家遗址地震喷砂裹挟的骨骼测年，对地震、洪水等地质灾害遗迹，以及对积石峡堰塞湖沉积测年分析认为，喇家遗址史前灾害与黄河大洪水无关。喇家遗址F4、F7等房址及古人类是局部泥流灾害毁灭的，不存在公元前1920年前后由地震诱发堰塞湖溃决形成的黄河上游谷地特大洪水事件，将其与大禹治水和夏朝建立相关联的基础是不成立的。

汤老师指出，关于喇家遗址的研究，学者们众说纷纭，莫衷一是，其实全部都是外围研究，尚无一例从考古学角度进行。汤老师分析，若果真是半夜泥石流袭来，遗体应该冲得七零八落，为什么这么多人死于同一间屋？通过对人骨进行DNA鉴定发现，遗址中发现的成年女性与儿童不存在明显的母系亲缘关系。更为关键的是，半地穴式房屋不可能砸死人。汤老师认为，遗址中发现的同一屋的14具遗骸是被人害死的，或是被毒死的，或是被烟熏死的，与地震没有关系。汤老师强调，我们一定要有探案精神，对于喇家遗址的研究还有很多工作需要开展。汤老师不赞同写文章自圆其说的做法，他认为做到理论的有效性远远不够，考古研究还要做到理论的真实性。当然，受条件限制，有时我们做不到理论的真实性，那就先尽力做好理论的有效性。

最后，汤老师列举了耐力狩猎的案例，并介绍了耐久奔跑假说。根据这一假说，早期人类主要是以耐力狩猎（Persistence hunting）的方式来获取肉类。有研究者认为，人类祖先就是长跑能手。而从进化的角度来说，我们不但适合长跑这项运动，长跑甚至还加速了人类的进化。通过进化论和人体构造的分析论证，科学家认为在发明远程工具之前，人类是通过耐力长跑以累垮动物的方式来猎获扭角羚一类大型动物的。汤老师特别强调，考古学的很多问题仅靠初级理论和高级理论是无法解决的，特别是关涉史前的人类制度和行为等问题，必须使用中程理论才能最终确认。史前人类是否通过耐力长跑来逐猎大型动物，必须有民族学的材料来证实。最后，汤老师分享了南非布须曼桑人的耐力狩猎视频。这种耐力狩猎的方式很常见，在非洲桑人、西北墨西哥原住民塔拉胡马拉人（Tarahumara）、澳大利亚北部土著中都能看见。

汤老师的讲座结束后，王志高教授对讲座的内容做了总结，他说，汤老师用三个经典的考古案例，向同学们展示了史前考古的魅力。王老师指出，历史时期考古和史前考古一样，也需要考古人员去"探案"。他结合自己近年给南京市公安局刑侦人员讲课的经历，认为史前考古、历史时期考古和刑侦破案有共同点，即用证据说话。

随后，曲枫老师就讲座内容与汤老师进行了对话。首先，曲老师认为汤老师的讲座由浅入深，非常精彩。汤老师提到了喇家遗址，与自己的想法不谋而合。汤老师不仅从技术层面分享了追寻史前迷踪的方法，而且上升到理论层面，比如说中程理论，给同学们很好的启发。

接着，曲老师分享了史前考古和探案的三个区别。第一，刑侦探案完全依赖科学手段和科学技术的运用，而考古学还要对古代社会、物质文化、社会形态进行有意义的解释；考古学研究既强调科学性，也强调历史性，这也是考古学归属在历史学之下的原因之一；科学手段强调一般性的规律，考古学则注重对事件现象进行描述，同时进行有意义的分析。第二，发生案件之后需要报案，指向明确，目的、事件单一。而在史前考古中，问题较为复杂，具有多样性。考古学的"报案"就是问题意识。考古学家针对一个考古遗址可以提出很多层次不同的问题，可以是技术层面的、物质层面的，也可以是社会层面的、经济层面的和思想意识层面的。第三，考古的复杂性远超公安刑警探案。曲老师列举了英国考古学家克里斯托弗·霍克斯、新考古学后进程代表人物美国考古学家路易斯·宾福德和澳大利亚考古学家戈登·柴尔德等人的观点来佐证考古的复杂性。霍克斯有一个著名的"Ladder of Inference"（推论的阶梯）学说，认为考古学研究中文物与技术层次是较容易解决的问题；其次则是经济系统，比第一个层次的复杂性要高；第三个层次是社会研究，较前两者难度增加；而最难、最复杂的是通过考古发现来解决宗教和意识形态问题。这一观点对新考古学派影响很大。宾福德受斯图尔德文化生态学影响，主张将考古学研究放在经济、技术层面上，对宗教、思想的考古学研究抱悲观态度。考古的复杂性还表现在各种理论脉络的不统一。比如，早期的历史文化学派基于文化规范理论，主张采用考古学文化对应族群。柴尔德即是这一理论的代表人物，他在《欧洲文明的曙光》中将以物质为特征的欧洲史前考古学文化与欧洲族群对应。而新考古学，即进程主义则运用文化生态理论和人类学理论反对考古学文化与族属的对应关系。英国考古学家希安·琼斯《族属的考古》认为族属与考古文化的对应根本不成立。新进程主义似乎又回到了历史主义范式中，但它更强调对政治、艺术、宗教与个体能动性的关注。这些理论流派的争论体现了考古研究不同于刑侦探案。

在其后的交流环节，南师大文博专业本科生张萱同学就中程理论能否等同于真理提出疑问，并请教汤老师如何更好地运用中程理论进行更深入的考古学研究。汤老师认为，文科没有放之四海而皆准的定律，需要用各种各样的手段接近真理。汤老师指出，曾有研究岩画的学者把斯宾塞等人研究澳大利亚狩猎人群的民族学材料与岩画结合起来，对3万年前岩画中的狩猎场景进行解释，认为史前人类企图以巫术为手段来保证狩猎的成功，但此举被人批判，认为没有意义。而在考古学的分析中，一道痕迹产生的原因亦是多种多样的。但是，对其加以解释总比不解释好，总比解释了不用材料来证明好。

整理者：康传祎

推古验今，证史辩道

——历史学家眼里的考古学

胡阿祥

2023年2月26日9：30～12：00，应南京师范大学社会发展学院文博系邀请，南京大学历史学院教授、博士生导师，六朝博物馆馆长胡阿祥老师在仙林校区学明楼502报告厅做了题为"历史学家眼里的考古学"的讲座。此次讲座是南京师范大学考古学系列讲座总第94讲（名家引航讲坛第1讲），也是历史学类大一新生的一堂特殊专业导论课。讲座由王志高教授主持，现场及线上师生和社会人士共600余人聆听了本次讲座。

讲座伊始，胡老师首先回顾了自己在复旦大学读书期间所学习到的考古学知识。此后，胡老师从历史学科领域出发，将对考古学及考古学人的整体感觉总结为：好玩、好难、好"嘚瑟"和好自信。他指出，本次讲座旨在通过几个他的亲身经历或有所涉及的案例，与同学们分享这种感觉。

曹操墓发掘，可见考古的魅力

《三国志·袁绍传》裴注引孙盛《魏氏春秋》所载袁绍檄州郡文："又署发丘中郎将、摸金校尉，所过堕突，无骸不露。"《宋书·前废帝纪》亦载："以魏武帝有发丘中郎将、摸金校尉，乃置此二官。以建安王休仁、山阳王休祐领之。"其中记载曹操设"发丘中郎将"与"摸金校尉"二官，主司发掘坟墓，搜刮金宝。据此，胡老师提出，二者所为与现代考古学大相径庭，但其目标指向稍有相似。

胡老师指出，正是因为曹操对当时盗墓之风的认识，他埋葬的地方应当不太容易被找到。据《三国志·武帝纪》裴注引王沈等《魏书》："常以送终之制，袭称之数，繁而无益，俗又过之，故预自制终亡衣服，四箧而已。"加之赵宋以降，有"七十二疑冢"说，其在文学作品中多有记载。一如王安石所作《将次相州》："青山如浪入漳州，铜雀台西八九丘。"又如罗大经所作《鹤林玉露》："漳河上有七十二冢，相传云曹操冢也。"再如俞应符所作《漳河疑冢》："人言疑冢我不疑，我有一法君未知。直须尽发疑冢七十二，必有一冢藏君尸。"

2009年12月27日，河南省文物局宣布安阳西高穴大墓为曹操高陵。翌年初，胡老师受江苏电视台城市频道《新闻夜宴》节目邀请，与陆建芳、穆丹二人就该事件展开探讨，因而被"裹挟"进西高穴大墓墓主问题的争议之中。

就河南安阳西高穴大墓是否为曹操高陵这一问题，学界展开了一场旷日持久的争论。一方学者坚持肯定说。考古界学者，如潘伟斌、刘庆柱以及朱绍侯等，为判断西高穴大墓为曹操高陵提出六点根据，后又增补为十点根据。此外，中国秦汉史研究会和中国魏晋南北朝史学会的会长们在考察安阳墓地之后，于2010年4月3日专门在安阳召开了研究会和史学会"会长联席会议"。会议纪要中指出："从目前已完成考古发掘的西高穴二号大墓周边地理环境及地望、墓葬形制、规格、刻铭石牌及相关出土遗物等证据来看，考古工作者关于该墓为曹操高陵的判断是正确的，其定性是准确的。"

另一方人士坚持否定说。如2010年8月21日，倪方六发起"三国文化全国高层论坛"，认为这场所谓的"联席会议"实质上是一次有官方背景的"挺曹会议"。该论坛"得到了黄震云、李灿、刘心长、李路平、闫沛东、胡觉照等众多学人同道的支持和响应"，提出九点质疑，"达成如下共识：一、凭现有考古发现资料，不能证明，也无法确证安阳西高穴古墓葬的主人是东汉魏王曹操；二、'安阳曹操墓'在发现、发掘过程中，存在严重的学风不正等现象，如人为策划、人为操作、故意造假、作伪证等。本次论坛强烈谴责这种造假行为"云云，"希望有关职能部门就'安阳曹操墓'存在的问题进行全面调查，并公布调查结果，还事实以真相"。该论坛一时引起热议，而后该派关键人物闫沛东被发现学历、身份、头像和姓名造假，使得该派观点遭到了"釜底抽薪"式的质疑。

　　胡老师认为该事件中有许多值得同学们思考的内容，是锻炼学术思维的上佳素材。在学习的入门阶段，同学们要能够让自己的脑子动起来，针对现有的考古文物资料，形成独到的认识。

　　同时，这也是感悟社会现象的极好案例。数年前，中国大陆的考古成果及其结论，尤其是名人墓葬考古及其结论，往往会受到来自社会各方的质疑，甚至是严重质疑，这是否意味着当时社会层面缺乏诚信与盛行造假风气，已经"凝聚"成"怀疑一切"的可怕心理。

　　就"肯定说"与"否定说"之争，国家文物局于2013年3月5日宣布"安阳高陵"入选"全国重点文物保护单位"。这与此前公布其入选"2009年度全国十大考古新发现"时"河南安阳西高穴曹操高陵"的称呼有所不同，或许可以从中一窥官方的严谨或慎重。

　　该争论距今已近十载，而余波未平，各界人士持续关注并提出质疑。因而，胡老师从四个角度推荐参考读物，以期启发同学们主动学习与思考。

扬州隋炀帝陵，可见"考古"重在"释古"

　　其次，胡老师以扬州隋炀帝陵为例，阐述"考古"重在"释古"的原则。扬州隋炀帝陵是继2009年河南西高穴大墓是否为曹操高陵之后，又一颇受"怀疑一切"的可怕心理影响的典型例证，其中1号墓为杨广墓，2号墓为萧后墓。考古学科的特质之一在于会天然地引起社会大众的关注，故而在介绍扬州隋炀帝陵之前，胡老师先以南京狮子冲南朝大墓为切入点，指出其为首例因为封锁考古信息，而导致考古发掘变成社会热点，进而引起媒体与公众高度关注的公共事件，激发同学们对于考古工作与公众兴趣之间互动关系的思考。

　　而后，胡老师介绍在2013年4月14日，扬州市文物局召开新闻发布会，正式宣布在邗江区西湖镇司徒村发现的墓葬为隋炀帝陵，其关键依据在于出土了《隨故煬帝墓誌》[①]，但此前扬州已有一座隋炀帝陵为清朝考据学家所认定，而且马伯庸和李文才两位学者亦对墓志真伪等方面提出质疑观点。

　　首先，马伯庸先生认为，墓志中出现了"大业十四年"字样，而考虑到大业十三年李渊就已拥立杨侑登基，遥尊杨广为太上皇，改元义宁，所以墓志中不可能还用杨广的大业年号，即使不写武德元年，也应写义宁二年。其后，扬州大学李文才教授又提出两点质疑：其一，按照制度学常识，皇帝墓穴中不可能有墓志，只可以放玉册；其二，即便唐朝政府真为隋炀帝撰写了墓志，墓志中"隨故煬帝墓誌"的"隨"字也不符合常识，因为"隨国公"杨坚称帝时，已改"隨"为"隋"，"隋"是上自文武百官、下至平头百姓都熟知的国号，怎么可能会在杨广死后，突然又将"隋"字改成之前的"隨"字？

---

　　① 以下讨论文字字形，故保留繁体字。

针对以上三点质疑，胡老师逐一分析，得出了迥乎不同的结论。

关于第一点质疑——"大业十四年"纪年，胡老师认为从年代学角度来看，公元618年对应四个纪年，分别是江都地区大业十四年，该纪年一直使用到三月杨广被下属绞死之前；长安地区义宁二年，杨侑一直使用到五月；洛阳地区皇泰元年，杨侗一直使用到次年四月；长安地区唐武德元年，李渊受杨侑禅让从五月开始使用。但就墓志而言，因在志文中已承认杨广"帝"的身份，故只能使用杨广纪年的"大业十四年"。

胡老师分析，其原因在于如果墓志中使用"武德元年"，那么"崩于扬州江都县"的"帝"将不是"隋"帝，而是"唐"帝；如果墓志中使用"义宁二年"，则义宁本系杨侑年号，因杨广未改年号，而存在名实不符的问题，更遑论李渊的武德，接续的是杨侑的义宁，李渊的唐，又是受杨侑的隋禅让而来，若系"义宁"于"太上皇"即李渊废除的皇帝杨广，那么李渊的"唐"以及"武德"就失去了正统依据。

由此推知，杨广墓志中只能使用大业纪年而非其他，且胡老师特别强调从现存史籍、墓志来看，出现"大业十四年"这一纪年，本有先例。如唐初所修《隋书·许善心传》："（大业）十四年，化及杀逆之日，隋官尽诣朝堂谒贺，善心独不至。"唐贞观年间，《卢文构夫人月相墓志铭》："以大业十四年十月遭疾。"清朝三大考史著作之一的《廿二史劄记》也有"大业十四年"条目，指出《隋书》及《北史》只书十三年者，缘因十三年唐高祖起兵入长安，奉代王杨侑为帝，改元义宁，而炀帝大业之号已削除，修史者皆唐臣，自应遵本朝之制，以义宁纪年，故炀帝之被弑，转书于义宁二年之内。其实天下共主，一日尚存，终当称其年号，则大业十四年不可没也。因而，胡老师提出公元618年的纪年应标注为：隋大业十四年、隋义宁二年、隋皇泰元年（五月改元）、唐武德元年（五月改元），根源在于不同年号所对应的背景不同。由此，属于杨广的公元618年，应如墓志所记为"大业十四年"。

关于第二点质疑——无"玉册"而有"墓志"，胡老师指出从制度学角度着眼，玉哀册是为本朝先帝先王先后书刻并且入陵的玉册。鉴于此，唐朝皇帝没有理由，也没有制度依据为虽是亲戚（李渊、杨广为表兄弟，生母分别是独孤信的四女和七女），但却是前朝皇帝的杨广制作玉哀册。再者，目前唐代文献中多见为帝王后妃撰作"哀册"的记载，而尚未见到唐朝以前的玉哀册，故隋末唐初是否使用玉哀册陪葬无法确知。胡老师又结合冯汉骥《论南唐二陵中的玉册》一文中所涉内容，提到"陵中用玉册，只始于唐代，自汉至唐以前陵中仅用竹册"，推知在玉册制度方面仍有待考古出土实证进一步商榷。不过就与炀帝陵情况相近的案例而言，确有帝王陵有墓志的情况，如后晋末帝石重贵《大契丹国故晋王墓志铭并序》（牛藏用）、南唐后主李煜《大宋左千牛卫上将军追封吴王陇西公墓志铭》（徐铉）。因此，杨广陵中出土墓志而不见玉哀册，与石重贵、李煜有墓志的情况近同，并不奇怪。

关于第三点质疑——"随"字的使用，胡老师从文字学、心理学等角度出发，开宗明义地表示被社会大众与部分学者看作最有力的质疑，即墓志中"随故炀帝墓誌""随大业十四年"中的"随"字，正是最能说明事实的证据。

据胡老师2000年登载于《东南文化》的《杨隋国号考说》一文的考证，踵"隋"而立的唐朝，于"隋"国号复多增笔作"随"，正是理解墓志中出现了看似反常的"随"字的关键。在此之前，明末清初著名学者顾炎武《金石文字记》卷二"皇甫诞碑"就已指出：隋字作随。且虞世南《孔子庙堂碑》、欧阳询《九成宫醴泉铭》、于敬之《华阳观王先生碑》等皆然。此外，日本学者高桥继男在《国号隋字考》一文中断定：隋朝石刻资料中称"隋"占九成以上，称"随"不到一成；唐初到唐玄宗时期，称"随"达到八成以上，唐中期以后逐渐减少。到晚唐，称"隋"又恢复到近九成。最不应该忽视的是，隋唐史大家岑仲勉先生在《隋唐史》开篇第一节中便写道："杨坚以父忠封随国公，因改朝号曰随，又恶'随'字带'走'，故去'走'为隋。清代金石家见初唐石刻常作'随'，遂疑旧说之误。近年石刻大出，则隋石刻无不作'隋'。往日新朝，往往反胜朝之所为，初唐间作'随'，实因此故。"简而言之，初唐时代"隋"国号的用法，大多改"隋"作"随"。胡老师还特别强调此种改动的政治寓意在于：隋本短促，作"随"可谓名副其实。

综上所述，胡老师认为，学者们对于考古发现的扬州"隋炀帝陵"的三点主要质疑，即"陵"中出现墓志而未见玉册、墓志中出现"大业十四年"纪年、与"隋"国号不符的"随"字，不仅无法成立，而且可视为确定此陵是隋炀帝陵的"铁证"！

胡老师感慨：墓志中的"随"国号、"大业十四年"纪年，以及无"玉册"而有"墓志"的现象，既然"反常"到了"匪夷所思"的地步，甚至迷惑了许多学者，那么，如果此墓志为伪造，则作伪者的史学水平，也就实在高超到了"匪夷所思"的程度。

"东国公主传丝"画板，可见"考古"功在证史

随后，胡老师列举"东国公主传丝"画板的案例，阐明"考古"之功，亦在证史。

胡老师介绍，在公元前5世纪到公元6世纪将近千年的时间里，地中海世界一直将中国称为Serice，即丝国。其原因在于每个文明古国都有主要的纺织纤维材料：古印度是棉花、古巴比伦是羊毛、古埃及是亚麻、古代中国是蚕丝。其他地区文明亦未曾接触过东方的蚕茧，自然对出自东方的"蚕丝"难以理解。正因如此，从希罗多德时代开始，就将来自东方的神秘织料，称作"树羊毛"。直到公元6世纪之前，西方人一方面执着于猜测这种物质究竟是什么，另一方面又始终对其爱不释手。同时丝绸的价格极为昂贵，如公元前后，长安市场上一匹重25两的缣（一种双丝的细绢），大抵合0.25两黄金，而在罗马市场达到25两黄金，即黄金与缣等价。所以在公元初罗马元老院发布命令，禁止罗马男性穿丝着绸，限制罗马女性穿着丝绸，原因就在于丝绸不仅将罗马的国库掏空了，而且还严重败坏了罗马的社会风气。

而后，胡老师话锋一转，指出自公元6世纪开始，西方不再称中国为Serice，这一称呼亦逐渐消失于历史的长河之中。胡老师表示，证明这一转变的关键资料，在于玄奘口述、辩机编撰的《大唐西域记》中所记的传奇事迹：瞿萨旦那国为获取"桑蚕种子"，与"东国"（印度佛教对中国中原王朝的称呼）联姻，并派使者同公主接触表示，"我国素无丝绵桑蚕之种，可以持来，自为裳服"。公主闻其言，"密求其种，以桑蚕之子置帽絮中。既至关防，主者遍索，唯王女帽不敢以验，遂入瞿萨旦那国，止麻射伽蓝故地，方备仪礼，奉迎入宫，以桑蚕种留于此地"。

胡老师强调此段史料虽甚为重要，但为孤证，所以期待其他资料的佐证。巧合的是，1900年，匈牙利裔英国考古学家斯坦因在今新疆和田地区策勒县（原瞿萨旦那国地区）唐代丹丹乌里克建筑遗址中发现了一块画板，今收藏于大英博物馆。

胡老师分析，就此画板的通行解释而言，画作中篮子内所盛之物为蚕茧，而篮子旁边的物件被解读为织机，画作左边女子所指的位置，即处于中心位置女子（公主）的帽子，这似乎传达出一种信息：蚕茧与织机的奥秘在于公主的帽子里。

东晋南朝建康城发掘，可见"考古"功在定谳

最后，胡老师以东晋南朝建康城为例，强调"考古"之功，更在定谳，即文献无法解决的问题，需要求助于考古。在21世纪之前，南京考古的主要方向为墓葬考古；21世纪以后，为配合大规模城市建设，六朝城市考古被提上重要日程。此前，学界根据已有文献资料，对于六朝建康城的复原提出多种方案，但一直未有定论。

针对此种情形，胡老师强调就现存文献而言，其本身存在一定的局限性，而且古今地名、河道等对应情况，就历史地理而言，也始终是较为棘手的问题。而后，胡老师谈到，南京作为十朝都会，拥有450多年的都城历史，其中六朝就占了330多年，六朝的建康城，引领中国南方发展达到了历史的新高度。因而，六朝都城问题是南京考古工作的重心所在。

2001年以来，南京市博物馆考古部正式启动了六朝建康城遗址考古探寻工程，终于就宫城（台城）位置、都城格局等关键问题取得重大突破。首先根据东南大学所在的成贤街地区的多个地点，皆未发现六朝重要建筑遗存这一事实，推翻了台城在今珠江路中段以北的传统观点。继而在大行宫及其周围地区的10多个地点，发现城墙、城壕、道路、砖沟、砖井、木桥、砖构房址等众多高等级六朝重要建筑遗迹。这不仅揭示了该地区属于台城核心范围的事实，而且确认了台城外重城墙以及城内的主要布局。当年的南京市博考古部主任王志高由此指出："至此，围绕台城位置及其四界的近千年的纷争可以休矣！"

胡老师指出东晋南朝建康城由三重城垣组成，整体呈现出北偏东25度倾斜的特征。

这一格局虽不符合中国古代《考工记》中传统的方正理念与坐北朝南的格局，但却是对世界文化遗产标志中自然与人文相互贯通、融为一体理念的最好诠释。

合则兼美，离则俱伤

讲座最后，胡老师以自己的感受为例，提出一位历史学人眼中的考古学，即是合则兼美，离则俱伤。

他说：文物考古与相关学科的互通与结合应是一个关键。一方面，以历史学（利用文献记载进行研究的狭义历史学）为例，中国古代史的研究，尤其是隋唐以前历史的研究，不结合新出土的文物考古资料，难有重大的突破；百余年来，商史研究之得益于甲骨文资料，秦汉史研究之得益于简牍资料，魏晋南北朝隋唐史研究之得益于敦煌吐鲁番文书资料，都切实地说明了这点。另一方面，从"搜集、摹绘、考订、分类"的金石学、古器物学，过渡到今日先进的考古学，也同样离不开历史学理论、方法与内容的进步。正是在互通与结合中，文物考古与历史研究达致合则兼美的理想境界。反之，则是离则俱伤，比如早年，或有治六朝史者不知用六朝墓志补正传世文献之缺误，又或有从事文物考古的学者，不明文献资料，脱离历史背景，臆说南朝石辟邪、神道柱之与中外文化交流的关系，臆解出土六朝文物反映的思想观念、文化象征，臆断一些遗址的年代与性质。

进而，胡老师以南京圣和酒店地下一层的古地层展示为例，诗意地赞美与致敬了考古学："纸张与笔墨，可以记载经过选择的今昔；红尘与物件，能够书写更加原真的历史。"他提出"地层书写历史，考古还原真实"，认为考古学不仅是值得历史学人致敬的学科，也是值得所有不忘来路的人致敬的一个伟大学科！

讲座结束后，王志高教授对讲座的内容进行了总结，并谈了自己的感想。他充分肯定胡老师对历史学和考古学关系的解读，认为对于大一的新生们来说，无论未来选择哪一专业，都需要兼顾考古学新发现与历史文献资料。

在其后的互动环节中，到场的大一新生就齐梁帝里之争是否有定论这一问题向胡老师提问。胡老师认为，丹阳和常州两地山水相连，都很重视齐梁文化资源。从实际情况来看，常州为齐梁研究和文献整理做出了贡献，丹阳近期正在启动齐梁文化公园建设。但相关学术问题还没有定论。

随后，另一位大一新生向胡老师咨询元代考古现状与进展。对此，胡老师指出近年来学界广泛收集、整理和使用各种类型的元代新材料，包括墓志、家谱和其他各种语言文字资料等。从资料使用的角度来说，这种对新资料的运用也可以称作文献意义上的考古发现。

整理者：周浦昱、张萱

盖棺不定论，薤露有洞天

——丧葬中的爱恨情仇

2023年3月18日15：30～17：30，受南京师范大学社会发展学院文博系邀请，四川大学考古文博学院齐东方教授在仙林校区学明楼报告厅做了题为"丧葬中的爱恨情仇"的讲座。此次讲座是南京师范大学考古学系列讲座总第95讲（考古名家讲坛第43讲）。讲座由文博系主任王志高教授主持，现场及线上师生共800余人聆听了齐老师的讲座。

"薤上露，何易晞。露晞明朝更复落，人死一去何时归。"这首自汉代开始流传的《薤露歌》在唐代依旧被吟唱不歇。诗人张籍曾在《北邙行》中感慨："车前齐唱薤露歌，高坟新起白峨峨。朝朝暮暮人送葬，洛阳城中人更多。"讲座伊始，齐老师首先介绍了古代丧葬文化的特别之处：在古代，丧葬是一种权利，"入土为安"只是一种期望，于是出现了族葬、丛葬、迁葬、权葬、陪葬、合葬、祔葬、改葬等。人活着时，今日高官厚禄，明天银铛入狱，后天显赫复出。人死后，有含恨而去，又可能追封改葬，还有被"剖棺戮尸"的遭遇。因此，齐老师强调，在考古研究中对墓葬的思考可以作为我们走向历史真实的一把钥匙，不同的墓葬形制（墓室的多少、大小、结构及其内部设施等）体现出墓主不同的政治地位和经济状况。但是在中国，尤其是在对不同品级官员的墓葬皆有明确规范的唐代，却在8世纪初之后的短短几年里涌现大批墓葬以反礼制的形态出现在我们面前，我们又该如何揭示这些特别的墓葬形制之后的秘密呢？该次讲座的主要内容，就是以唐代这些"特别"的墓葬为例，通过研究和探析，揭示古代丧葬中所蕴含的政治意味及其背后隐藏的人世间的爱恨情仇。

一　多情只有春庭月

《礼记·礼运》中有言："何谓人情？喜、怒、哀、惧、爱、恶、欲，七者弗学而能。"故而"情"之一字，可谓喜，可谓忧，更可谓与家族亲属共同沉浮、难以斩断的关系。关于讲座主题中的"爱恨情仇"，齐老师强调将重点围绕"情"字。人的情感、人的关系伴随着人从生前再到死去，"千秋万岁名"紧接着的未必是"寂寞身后事"，这其中的起落浮沉更是值得我们去一探究竟。由此，齐老师先后用三个唐代墓例分析不随人的生命逝去的世间感情。

顺陵，位于陕西咸阳，是武则天之母杨氏之墓。咸亨元年（670）杨氏去世，先以王妃礼安葬。天授元年（690）武则天追封杨氏为孝明高皇后，改墓称陵。唐玄宗即位后，下诏削去杨氏孝明高皇后称号，仍称太原王妃，将顺陵改回王妃墓。从墓到陵，再回到墓，杨氏墓名称的变改实则反映了武则天政治身份的变化。

李勣墓，墓主为唐朝开国功臣李勣，为凌烟阁二十四功臣之一，本名徐世勣，被赐姓李，故名李勣。因其历仕三朝，功勋卓著，李勣去世后，谥号"贞武"，陪葬昭陵。光宅元年（684），李勣之孙李敬业起兵讨伐武则天，武则天"追削敬业祖、父官爵，剖坟斫棺，复本姓徐氏"。唐中宗李显复位，下诏恢复李勣的官爵，并重新为他起坟改葬。然经此变故，李勣墓正式被发掘时，随葬品已所剩寥寥，与其功臣形象格格不入。

薛儆墓，墓主薛儆娶唐睿宗李旦的女儿鄎国公主，拜驸马都尉，位四品。然而他的墓中，却出现了与其品级不符的石椁、打碎的石刻、空缺的谥号，种种迹象表明，墓主入葬前似乎经历了不寻常的变故。齐老师推测，薛儆作为皇家驸马，或许想通过这层身份求得更多死后的尊荣，然而直到生命的尽头，也未能如愿，只能损毁这些僭越之物。

多情的又何止是春庭月，生前的人欲借墓葬实现自己一生完满的落幕，死后的世间却因着伦理依旧运行而无法遗忘那些逝去的人身后的影响。齐老师总结，所谓一人得道，鸡犬升天，反之亦然。丧葬反映了深刻的社会问题，这些看似"奇异"的墓葬现象其实与当时政治格局的变化息息相关，是生者还在依着种种伦理、感情拿逝者做文章。

二　从此无心爱良夜

"名花倾国两相欢，长得君王带笑看。"若言及唐代的美人和唐人的爱情，我们最为熟知的无疑是杨贵妃以及唐玄宗和杨贵妃的爱情故事了，白居易在《长恨歌》中描述杨贵妃受到"后宫佳丽三千人，三千宠爱在一身"的"专宠"。随后齐老师话锋一转，他说在杨贵妃之前，还有一位贵妃，唐玄宗对她的爱并不亚于后者。这一份爱，可以从一具被盗石椁切切体现。

2004年5月至2005年6月，一具巨型彩绘石椁被走私出境，引起了文物工作者的注意，在对相关遗迹的抢救性发掘中，发现哀册残块，可辨"贞顺"二字，墓主最终被锁定为唐代曾显赫一时的后宫宠妃——武惠妃。

武惠妃为唐玄宗前期宠妃，生前备受唐玄宗荣宠，玄宗曾几度想要封她为后，但因为各种各样的原因，封后之举频频受阻。开元二十五年（737），策划了"三庶之祸"的武惠妃在惊惧忧怖中死去，悲痛的唐玄宗为表怀念，追封她为"贞顺皇后"，安葬于敬陵。由此，武惠妃生前没有得到的名分，在死后终于得到了。齐老师认为，除了封号外，武惠妃的墓葬，特别是武惠妃墓中石椁，见证了千年前一段真实的爱情。

齐老师接着分析，自隋唐以来，石椁便作为恩赐存在，不能随意使用。唐代更是有明确的法律约束，"凡葬禁以石为棺椁者。其棺椁禁雕镂、彩画、施户牖栏槛者，棺内禁金玉而敛者"，"大唐制，诸葬不得以石为棺椁及石室，其棺椁皆不得雕镂彩画，施户牖栏槛，棺内又不得有金宝珠玉"。玄宗为武惠妃破例使用石椁下葬，其对武惠妃的爱与思念可见一斑。

齐老师又以隋朝李穆、李和、李静训墓，唐朝郑仁泰墓为例进一步论证。唐朝初建，强调"国家大事，惟赏与罚"。来自各个阶层的文臣武将，是维护新生政权的重要基础，因此要重新调节统治集团内部的关系，凡有才能、立战功者，不论出身贵贱，均要给予显贵的地位。"崇重今朝冠冕"，"止取今日官爵高下作等级"。丧葬活动对于重建秩序、巩固政权统治起到了积极的作用。因此，武惠妃以皇后规格下葬，既表达了唐玄宗的哀痛之情，同时也是政治权力的一种介入和表现。

"从此无心爱良夜，任他明月下西楼。"齐老师随后补充道：根据史料中记载，玄宗在武惠妃去世后一度因思念而精神不振，这种状态一直到杨玉环入宫才有所纾解。而他对武惠妃的这一份爱情，也通过特殊的墓葬形制，跨越千年被我们更为真实地感知。

三　此恨绵绵无绝期

无字碑，大明宫，长安月下，遗恨数重。齐老师继续从贞观到开元年间改葬的乾陵陪葬墓懿德太子墓、永泰公主墓、章怀太子墓谈起。李重润、李仙蕙因"窃议'张易之兄弟何得恣入宫中'，则天令杖杀"，时为大足元年（701）。李贤于高宗上元二年（675）被册命为皇太子，"俄诏监国，贤于处决尤明审，朝廷称焉，帝手敕褒赐"。后因被武则天猜疑，以谋反罪废为庶人，迁往巴州。文明元年（684），武则天又使"丘神勣往巴州，检校贤宅，以备外虞。神勣遂闭于别室，逼令自杀"。《资治通鉴》载："武后所诛唐诸王、妃、主、驸马等皆无人葬埋，子孙或流窜岭表，或拘囚历年，或逃匿民间，为人佣保。至是，制州县求访其枢，以礼改葬，追复官爵。"

齐老师指出：改葬的墓志、改葬时间和墓葬形式皆值得细究。比如永泰公主的墓志中有言："自蛟丧雄锷，鸾愁孤影，槐火未移，柏舟空泛，珠胎毁月，怨十里之无香；琼萼凋春，忿双童之秘药。"墓志中所言死因较隐晦，究其原因可能是武则天逝世不久，其势力仍在。此外，同为改葬墓，李重润、李仙蕙在先，李贤在后。其原因可能也是武则天势力的影响，先改建懿德太子墓、永泰公主墓为试水，之后再建章怀太子墓。章怀太子历经两次改葬，第一次改葬恢复了雍王身份，第二次恢复了太子身份，故有两方墓志。两方墓志的指称、语气皆不同，雍王志文还有改动迹象，亦与武则天去世日短或日久相关，反映出当时微妙的政治氛围。

齐老师进一步总结：葬礼，是人们不可压抑的情感宣泄，能凝聚成集体性社会共识。举行国葬大礼非同小可，花费巨大，大张旗鼓，路人皆知，犹如政治宣言，是对外展示实力、炫耀权势的机会。如果说神龙葬礼是胜利者的庆典，那韦皇后的得势，则引出更加狂热的大戏。

韦氏因中宗复位而被立为皇后，得势后干了三件大事：其一，为韦氏家族"内外封拜，遍列清要"；其二，"遣广州都督周仁轨率兵讨斩宁承兄弟，以其首祭于崔氏"；其三，为死去的亲属追赠改葬。齐老师指出，韦后早年受尽武后压迫，一朝得势，积压的情感需要宣泄，其反常举动正是以破坏制度显示自己的与众不同。大盛之后即是大衰，随着韦皇后败亡，被贬为庶人，其父墓葬不但不得再称"陵"，族人之墓也被"民盗取宝玉略尽"，韦氏之兴如短暂的烟花，到头来终是一场空。

天长地久有时尽，此恨绵绵无绝期。齐老师强调，虽然有的人生命已经逝去，但是因为逝者对现实生活还有影响，所以政治斗争中利用逝者做文章的情况屡见不鲜，甚至会延续很长一段时间。

四　利交始合终相仇

物是人非，事事难休。人生前未尽的恩怨情仇，在墓葬中也通过各种表现来渲染。正面的感情发挥到极致，是墓葬规制的盛大至极，而负面感情发挥到极致，也能体现人性的仇恨之致。齐老师特别指出：恨是最为激烈的感情，在墓葬中的体现也是激烈的，表现最严重的是斩棺、暴尸、平坟一类做法。这样极端的情况或许很难想象，齐老师又以李重俊墓和李仁墓为例帮助我们理解这一行为的动因。

景龙元年（707），节愍太子李重俊和成王李仁发动景龙政变，诛杀武三思、武崇训，后事败被害。这场朝廷权力斗争很血腥，李重俊死后其头颅被用来祭三思、崇训尸柩，十分凄惨。短短三年后，唐睿宗即位，便下诏"制复旧班，用加新宠"，将李重俊视为赴宗稷之急危的建功立业者，而"以三思父子俱有逆节，制令斫棺暴尸，平其坟墓"。一悲一荣，天上人间，生时的利益斗争在死后仍未停止，政治斗争的惨烈活生生地反映在墓葬的建造上。由此，齐老师认为，被破坏的墓，反而能提供更多的历史信息，应当得到重视。

除了墓葬形制，谥号也是逝者影响未完的一种体现。齐老师继而从这一方面进一步论证：谥号既有褒也有贬，分为上谥、中谥、下谥。中谥，也即平谥，多为同情类的谥号，节愍太子的"愍"表示"在国遭忧""在国逢难"。无功无过，没有褒贬，只带有一种惋惜之意。当时太府少卿韦凑上言认为不宜谥李重俊为"节愍"，恐"使后代逆臣贼子因而引譬，资以为辞"，从而"开悖乱之门"，只是政令已行，"节愍"谥号难以改易。而由于这一顾虑，随同节愍太子斩关入宫的右羽林大将军李多祚，依从韦凑的"只可云放，不可称雪"的建议，停止对其赠官。

五　血染胭脂泪纷纷

"夫道之妙者，乾坤得之而为形质；气之精者，造化取之而为识用。"历史的波谲云诡之下是人思想感情的复杂。齐老师特别指出，丧葬中的情感属性往往是独立存在的，但有时，也以两种或多种复杂情感交织的情态出现在我们面前。

齐老师介绍，在唐代，有这样一名奇女子——上官婉儿，正如其墓志铭所言："光前绝后，千载其一。"其以罪人之后的身份，凭借诗才，受武则天器用，广参政事，先后辅佐武皇则天、中宗李显与太平公主。唐隆元年（710），临淄王李隆基起兵发动唐隆政变，将上官婉儿毫不留情地斩于旗下。然而开元初年，李隆基又派人将上官婉儿的诗作收集起来，编成文集二十卷，令张说作序。传闻太平公主与上官婉儿交情颇深，婉儿死后太平公主非常哀伤，派人去吊祭。齐老师言及至此，抛出了值得一究的问题：若说婉儿依附权势，其墓却遭受"官方毁坏"，又所为何事？

是敬爱，还是厌恨？此情可待成追问——李隆基这一矛盾的行为和上官婉儿墓被毁的原因在文献中并未有明确解释。齐老师认为，其背后定然还有不为人知的原因，他鼓励同学们大胆思考，仔细求证，在残缺破碎的考古资料和扑朔迷离的文献记载中，穿透时间的迷雾，去揭开这一层历史面纱。

桃李不言，下自成蹊。讲座结束后，王志高老师对齐老师的讲座进行总结。他说，齐老师用大量唐代典型墓例，描述了这一特殊时期丧葬中的爱恨情仇，阐明了墓葬之于考古学研究的重要意义，以及丧葬在中国古代制度中的重要性。王志高老师深情地回忆了自己在本科期间所受齐老师的教诲与指导。他说，齐老师是他三国两晋南北朝考古学习的引路人，学生时代齐老师的课程引导使他受益终身。他赞美齐老师饱谙经史、金声玉振，并鼓励同学们与齐老师积极开展学术交流，继续承接这一脉考古学习的兴趣与热爱，在以后的学术道路上焕发新的光彩！

在最后的互动环节中，文博系研究生韩颖同学向齐老师提问：葬于隋代的虞弘墓也是石椁墓，其形制是否受到隋唐石椁墓特殊规定的影响？齐老师答：隋代是石椁墓等级规范的肇始阶段，不像唐代那样严格；另外，虞弘的身份特殊，特殊的身份可能会使其在墓葬中不受太多的限制。

文博系本科生宋珂欣同学向齐老师提问：不仅粟特女性形象在考古材料中缺失，我们也很少在陪葬俑中发现穿着传统服饰的胡姬，这是什么原因？齐老师答：一般来说，胡姬在文献当中的记载很多，之所以在墓葬中少见，可能与礼仪和等级制度有关。

文博系本科生耿伊萍同学向齐老师提问：墓葬中的壁画是否也会在一定程度上反映墓主生前的政治地位？齐老师答：唐代墓葬的壁画与礼仪相关，是墓主身份等级的一种体现。

制度由人来制定，也是由人来打破，在这"破"与"立"之间，渗透着隐藏于史书中的纷繁情感和政治诉求。齐老师将考古发现的墓葬比作无声的讲解员，带领我们穿越历史隧道，进行了一场时空之旅、探索之旅、想象之旅、实证之旅。在这些故事中，有爱，有恨，有情，有仇。盖棺不能定论，是中国历史的奇特现象。齐老师在讲座最后强调，考古发现，尤其是墓葬，也能够研究重大历史问题，一些无法解释的、超出一般认知的怪现象，背后一定隐藏着重要的秘密，同学们一定要重视古代政治文化在丧葬现象中的折射，以多彩的想象去认识丰富的历史世界。

整理者：韩颖、李笑榕

躬行明理，笃志致知

——关于历史时期考古学的再思考

白云翔

2023年5月20日15：45～17：45，应南京师范大学社会发展学院邀请，中国社科院考古研究所研究员、博士生导师，山东大学讲席教授白云翔老师在仙林校区敬文图书馆二楼西报告厅，为师生做了题为"关于历史时期考古学的再思考"的讲座。此次讲座是南京师范大学考古学系列讲座总第100讲（考古名家讲坛第46讲）。讲座由王志高教授主持，校内外师生及社会各界人士200余人聆听了本次讲座。

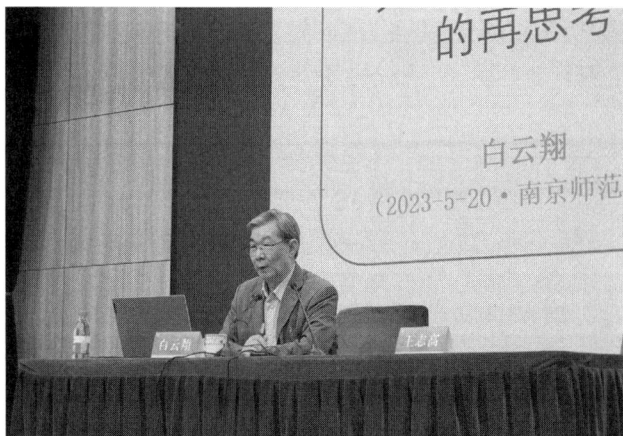

历史时期考古学，亦称历史考古学。讲座伊始，白老师先以"学术者天下之公器"这句耳熟能详的慨叹，引出本次讲座的主题"关于历史时期考古学的再思考"，兼以"学问乃时代之学问"解释讲题的由来。本次讲座的主要内容，就是白老师通过大量的考古实践例证，向同学们分享近年来关于历史时期考古学一些基本问题和前沿课题的再思考。

关于讲座主题中的"再思考"，白老师从自身长期从事田野考古的经历出发，结合主持学术刊物工作时遇到的实际情况，提出思考的第一个问题：如何正确理解、认识和把握历史时期考古学在整个考古学中的地位和作用？并由此引出第二个问题：如何认识和理解历史时期考古学在理论和实践上与史前考古学的异同。在此基础之上，白老师认为一方面因考古学家和历史学家的语言系统并不相同，二者难以互相理解、掌握对方的学术体系；另一方面，近来文献史学界较多关注到考古发现，并利用考古研究成果进行历史研究，如中国人民大学秦汉史专家王子今先生，其长期在文献史学研究中大量使用考古学材料，亦已成为其学术特色。

白老师接着以日本学者中川成夫在1985年所写的著作《历史考古学的方法与课题》的前言为例，说明在当今史学界，以往那种把考古学理解为仅仅是以文献出现之前的先史时代为对象的所谓"补助学"的认识仍然根深蒂固——但事实上，作为考古学研究对象的时代绝没有限定。随后引出另外一个问题：考古学是否仅仅为文献史学的补充，即如何更好地彰显历史考古学在古代史研究中的地位和作用？

白老师认为，21世纪以来我国考古学的主要变化之一是，"田野考古领域进一步扩展，考古发现更为丰富多彩。田野考古在时间上的扩展，不仅表现在对'古不考三代以下'观念的彻底摒弃，而且表现在对明清时期田野考古的重视和实施，顺应了世界考古学的发展趋势"。

一 历史考古学释义

首先，白老师介绍，有关历史考古学的释义，即什么是历史时期考古学，夏鼐先生等学者编写的《中国大百科全书·考古学》做出这样的规定：从研究的年代上划分，考古学可分为史前考古学和历史考古学两大分支。也有人主张在两者之间加入原史考古学而成为三大分支，但从实际意义来说，原史考古学的重要性不如前两者。史前考古学的研究范围是文字出现之前的人类历史，历史考古学的研究范围则限于有了文献记载以后的人类历史，两者的界线在于文字的发明。白老师将历史考古学的定义言简意赅地提炼为三句话：根据年代划分出的考古学的两大分支学科之一；历史时代或历史时期的考古学，考古学的基本分支学科之一；有了文字记载以后的人类历史的考古学。

白老师进一步指出，不同国家历史发展的进程不同，所以中国历史考古学的年代范围也需要从中国历史的实际出发来界定。从历史考古学的角度来看，关于年代上限问题，如果考虑到夏代是第一个有文献记载的古代王朝，而夏代建立于公元前21世纪，那么，可以将历史考古学的年代上限划定在夏王朝建立的公元前21世纪。如果从文字的角度出发，我国古代文字系统和文字制度的成熟，目前可上溯到殷商时期的甲骨文，即划定在盘庚迁殷的公元前1300年前后。不过，如果综合考虑考古学和历史学这两方面因素，则将中国历史考古学的年代上限划定在夏王朝建立的公元前21世纪为宜。白老师强调，这一观点虽在此前就已经提出，但在中外交流过程中屡遭质疑。其原因主要在于：一方面，公元前13世纪之前还未发现有文字；另一方面，关于二里头遗址的性质问题，即其是否为夏都，学界尚有不同意见。目前，中国学术界在此方面已基本形成共识，并根据学术界的多数意见及各方面综合评估，将二里头遗址博物馆的名称定为"二里头夏都遗址博物馆"。

白老师认为，由此带来的实践问题，即二里头文化若为夏代晚期文化，以此向前推至龙山文化、向后至殷墟之前的考古学文化都未发现文字。因而，这一时期的考古实践仍较多采用史前考古的传统方法，如类型学、地层学等。白老师据此说明，在学术研究中可将二里头文化、偃师商城和郑州商城文化等，作为原史时代来考虑，以便于实践操作。白老师接着分析，相较于年代上限，历史时期考古学的年代下限亦有所争议，《中国大百科全书·考古学》将历史考古学的年代下限定在明朝灭亡时期，并强调其研究范围是古代，而与近代史、现代史无关。

对此，白老师表示，从20世纪90年代开始，西方学术界便将18～19世纪诸多遗产作为考古学研究对象，如美国考古学会评选的年度世界十大考古发现中，往往包括18世纪以后的项目。这说明随着时代的发展，考古学年代下限出现下移的趋势。近年来，我国不少地区也多次勘探发掘清代墓葬，较之以往大有不同。因此，将历史考古学的年代下限，定在19世纪末（清朝末年）为宜。

二 历史考古学的主要特点

波尔茨曼说，理论是思考的根本，是实践的精髓。在对历史考古学进行释义后，白老师结合张光直先生1984年在北京大学和山东大学开设讲座时的论述（后整理为《考古学专题六讲》第三讲《泛论考古学》中的内容）及自身的实践经验，归纳出历史考古学区别于史前考古学的两大特点。

第一，研究方法和手段有所不同。在阐述这一点时，白老师引用夏鼐先生的相关论述佐证：在断代方面，历史考古学主要依靠文献记载和年历学的研究；而在与其他学科的关系方面，历史考古学必须与文献资料结合，同时还要依靠古文字学、铭刻学、古钱学和古建筑学等分支。因此，对于历史时期的古代史研究来说，考古资料与文献记载可形象地比喻为"车之两轮，鸟之两翼"。

第二，研究任务和重点有所不同。人的认识是一个不断深化的能动的辩证发展的过程，茅盾在《认识与学习》中说："认识而后倘不继之学习，则认识不全。"在对第二个特点进行思考总结时，白老师亦经历了反复认识、不断深化的过程。早在2007年，白老师就提出"历史考古学相对于史前考古学而言主要任务和研究的重点发生转移，即转移到物质文化的研究、精神文化的物化研究和社会生活的具象化、实证化研究上。"2017年，在首都博物馆举办的"美·好·中华——近二十年考古成果展"的图录中，白老师再一次思考历史考古学的特点："研究历史时期人类古代社会的历史和文化，最终目标是探究和阐释社会历史和文化的发展进程及其规律。"

三 历史考古学的主要任务

接着，白老师提出，历史考古学的研究任务有别于史前考古学，并列举具体的考古材料来解释历史考古学的三大研究任务。

首先，是物质文化的研究。白老师以著名社会人类学家马林诺夫斯基的观点引出"人要造物，人类生活的方方面面都需要物"，揭示了人与物密不可分的关系。随后，白老师提到，物质文明既是社会进步的最根本因素，也是一个社会发展水平的"指示器"，更是人类社会得以存在和发展的物质基础。它涉及社会生产和社会生活的各个方面，大到一座城市，小到一件物品都有所反映和体现。虽然这些物质遗存和物质文化也可以通过文献研究，但若仅仅依靠文献史学是远远不够的，由此历史考古学就责无旁贷了。

白老师以西安汉长安城北郊古渭河上厨城门1号桥"中渭桥"为例进一步说明。在历史文献中关于中渭桥的材质、结构等信息是有所缺失的，厨城门1号桥的发现，让世人能够清晰直观地认识到两千年前汉魏时期桥梁的结构、规模、细节和建造技术水平等。见微而知著，在物质文化研究上，考古学具有不可替代的独特优势。

其次，从辩证唯物主义来看，物质和精神是相互依存的。据此，白老师介绍，历史考古学的主要任务还有精神文化研究。同时，白老师指出，精神文化作为人类在社会历史发展过程中创造的、体现社会发展进步的精神成果，包括思想、文化、道德、教育、科学和艺术等，是人们社会关系、思想意识、道德观念、宗教信仰、风俗习惯等精神生活的总的概括。但是在中国考古学发展之初的一段时间内，学界更加注重物质文化的研究，苏联甚至一度把"考古学"改称为"物质文化史"。这无疑是对考古学性质和任务的曲解。因此，俞伟超先生曾呼吁：我国的广大考古工作者，应当"多花些精力来研究考古资料包含的古代精神活动方面的问题"。

白老师认为，任何遗存都必须在物质文明和精神文明的结合上进行研究，同时根据考古发现的实物资料对古代人们的精神文化和精神世界进行阐释，是必要的，并且是可行的。在讲座中，白老师以自身的研究实践证明了这一观点：通过梳理各种考古材料，例如西安枣园汉墓出土西汉"家常富贵"铜镜和山东苍山柞城遗址出土章帝元和四年（87）铜壶圈足上的铭文等，总结出汉代人六大幸福观中的"家常贵富观"，再次论证考古学的研究对象虽然是物质遗存，但其中包含有丰富而深厚的精神文化内涵。

最后，再现和研究古人的社会生活也是历史考古学的重要内容。白老师指出，考古发现的主要是实物，这些材料在研究社会生活方面的一个作用是实证，另一个是具象化。古代社会生活的内容极为广泛，强调的是人们的行为、活动及其动因、环境、条件、方式、形态、过程及其结果等。例如，四川汉代画像砖上的舂米图，就生动形象地反映了古代人们加工粮食的场景。

无独有偶，陕西韩城发现的盘乐218号壁画墓（北宋晚期），墓中壁画生动形象地展现了北宋时期炮制中药的场景。壁画中部应为墓主人，墓主人右侧有三位男子在炮制中药，一个男子端盆走入，一女子手捧药汤；左侧绘有四人，其中一女子执团扇从屏风后走出，一男子手捧"朱砂丸"药匣，另有两男子在方桌后研读医书、辨识药材。

此外，江陵凤凰山70号秦墓出土木篦上的漆画"角抵图"，是目前发现的最早的"相扑"图。"相扑"这种活动在汉代被称为"角抵",白老师强调,虽然汉代的文献中有关于角抵的记载,但是角抵者的具体形象是不清楚的。而凤凰山木筐漆画图像的发现,具象化地展现了秦人角抵的风采,同时证明至少在秦代,角抵这种活动在中国已经流行。

白老师总结认为,物质文化研究、精神文化研究、社会生活的具象化和实证化研究,三者紧密相关、互为依存,只是在研究的实践中各有侧重。

四 中国历史考古学的重要课题

《礼记·中庸》载:"君子尊德性而道问学,致广大而尽精微,极高明而道中庸。温故而知新,敦厚以崇礼。"白老师以"致广大而尽精微"这一古语为例,说明在历史考古学研究实践中,既要从物质文化研究、精神文化研究、社会生活的具象化和实证化研究这三个方面展开,又不能局限于此,而是需要站得更高,视野更宽,需要紧紧围绕中国历史上的重大问题进行考古学的研究。针对中国历史考古学的重要课题,白老师将其归纳为十个方面。

其一,中华文明多元一体格局的形成与演进问题。白老师解释,进入历史时期之后,中华文明在不同地域具有不同的特点,这就需要我们通过考古材料去探究多元一体格局是如何形成、如何演进的。

其二,多民族统一国家的形成与发展问题。如果说夏王朝是以夏族为主体的王朝国家,商王朝是以商族为主体的王朝国家,那么秦汉以后就是多民族统一的国家。多民族统一国家的形成与发展问题也是历史考古学的重要课题。

其三,中华民族共同体意识的形成与演变问题。白老师指出,在国家建立,特别是文明形成之后,很重要的一方面就是中华民族共同体意识。从历史的发展来看,无论是南北朝时期还是辽金时期,来自北方的民族文化都受到中原文化的强烈影响,并主动融入汉文化,这也是汉文化影响力和中华民族共同体意识的映照。

其四,帝国时代国家治理与边疆、民族和宗教问题。在阐述过程中,白老师以2022年全国十大考古新发现之一——贵州大松山墓群为例进行说明。大松山墓群的学术亮点之一在于,它包含了从汉晋到唐宋元明时期的墓葬,这些墓葬材料对于揭示中国西南边陲民族和边疆治理的许多问题都具有重要意义。

其五,人群迁徙(移民)与社会和文化变迁问题。白老师介绍,在中国历史时期,人群迁徙是多次发生的,故史学界对于该问题的讨论也有很多。如葛剑雄教授就曾提出,移民运动在本质上是一种文化的迁移。

其六,民族(或区域)文化交流与融合问题。白老师提到,中国幅员辽阔,不同地区的文化特征不同,在这种情况下不同(民族/区域)文化交流和融合的研究也就显得尤为重要。

其七，封建大一统时代文化的统一性与地域性问题。白老师强调，尽管封建大一统的文化具有统一性，但在大一统的背景之下仍然存在明显的地域性，于是人们常说"十里不同风，百里不同俗"。

其八，手工业和商品经济的发展与演进问题。商品经济是文明时代的产物，白老师根据恩格斯《家庭、私有制和国家的起源》所言，论证手工业的发展与商品经济的发展是相辅相成的，手工业发展并且与农业发生分离产生了商品交换，于是出现了商品经济。

其九，城市和乡镇的发展与演进问题。白老师认为，城市是文明时代的产物，中国城市的功能最初以政治为主，后演变为政治和经济功能兼具，以至唐宋时期，出现以泉州和扬州等为代表的经济型城市，因而，研究城市的变迁也是历史时期考古学的重要课题。

其十，中外关系与文明交流互鉴问题。白老师指出，从世界文明视角来说，史前和先秦时期不同区域间的文化交流始终存在，但在我国历史上，以国家为主体大规模进行对外交流则是从汉王朝开始的，因此，秦汉以后中外文明的交流互鉴为历史考古研究的重要课题。

白老师随后补充道，人与自然的关系问题、物质文化与精神文化的关系问题、社会生产力发展与社会形态演进的关系问题……这些史前考古中的重大课题同样是历史考古学的重要课题。基于上述内容，白老师强调，"致广大而尽精微"，即历史时期考古应该围绕这些重大问题开展研究，同时，在具体实践过程中则需要围绕物质、精神和社会生活三方面展开。

五 历史考古学实践中的几个问题

最后，白老师结合其考古实践经历分享历史考古学实践中的几个问题。

第一，历史考古学中的文献史料应用和结合问题。白老师先从历史研究的角度出发，说明文献记载和考古资料是历史学的"车之两轮""鸟之两翼"，后从考古研究的角度切入，介绍科学利用文献史料的关键在于三方面。其一，历史文献构建的时空框架、重大历史事件和历史性变革，重要历史人物及其事迹，绝对年代的断定等。其二，考古实物资料的历史认知：称谓、性质、功能、社会应用等。其三，考古实物资料的社会的、历史的、文化的阐释。白老师特别强调，在实践中，实物资料本身的解读是一方面，而其背后所蕴含的人、历史、文化又是另一方面，故其与文献史学借助考古材料进行研究的方式是相似的。

第二，地方志中的"实"与"虚"问题。我国有着悠久的方志编纂传统，自宋代开始其体例基本定型。根据《中国地方志综录（增订本）》中的数据，各种方志有7413种，109143卷。白老师介绍，在研究历史遗迹、古迹等现象时，经常以地方志为重要的线索和参照，但其所记录的内容往往是"真真假假""虚虚实实"，故需谨慎对待，加以辨析。

白老师又以临淄大武汉墓和徐州土山2号墓为例,帮助同学们进一步理解地方志中的"实""虚"问题。

临淄大武汉墓,位于临淄区辛店街道(大武公社)窝托村南,是一座大型封土墓。据明代《青州府志》记载,其被称为"相公冢"和"淳于髡墓",推测是战国晚期齐国政治家、思想家,著名的"稷下先生"——淳于髡的墓葬。但在20世纪80年代,对其陪葬坑的考古发掘证明,其是一座西汉初年的齐王墓。

徐州土山2号墓,位于徐州市区南部云龙山北麓的土山,在此共分布有3座墓葬,土山2号墓是其中的主墓。清代同治年间的《徐州府志》记载,其是秦末著名谋士、政治家,被项羽尊为"亚父"的范增之墓,但经过十多年的考古发掘,证明其是一座东汉王墓,而非所谓西汉初年墓葬,因而墓主可能为东汉彭城靖王刘恭。对此,白老师认为,在考古实践中,对于地方志的记载,既要合理运用,也要辨明虚实。

第三,历史考古学中的田野考古与科技考古的问题。白老师强调,田野考古和科技考古,同样是历史考古学的两大支柱,犹如历史考古学的"前驱"和"后驱",二者相辅相成,缺一不可。

白老师先以马王堆汉墓为例,提到有学者根据长沙地区汉墓资料及墓中出土实物中既有水稻也有旱地作物的情况,推测长沙等地汉代的粮食作物大致以旱地作物为主,或者旱地作物与水稻各半。但白老师认为,在汉代多民族统一的中央集权国家的历史背景下,粮食远距离运输较为常见,且发现者均为大墓,故墓中所出有可能是当地种植的,也有可能是外地输入的。对此,白老师进一步解释道,若想弄清该地区汉代粮食作物种植的真实状况,有赖于对遗址中植物的浮选和植硅体的科学分析。白老师指出,根据2019年的数据统计结果,长沙地区粮食播种面积32.45万公顷,其中水稻播种面积28.96万公顷,即90%为稻作植物,那么,两千年前究竟是以旱作为主,还是旱作稻作各半,抑或是稻作为主?如果两千年前是旱作为主,那两千年后的变化又出于何种原因?是自然环境的变化,还是人工的选择?

白老师继而以临淄齐故城东周秦汉时期冶铸业考古为例,说明强化科技考古,不仅为科学认识当时的冶铸技术提供了直接证据,更初步揭示了当时的自然环境、植被乃至工匠的日常饮食等。白老师强调,大量的研究实践表明,科技考古在历史考古学中同样大有可为。

第四,历史考古学中的考古地层学问题。白老师开宗明义地指出地层学、类型学是考古学的两大法宝。但在考古实践中,历史考古学对于地层学的重视程度不及史前考古。由此,白老师先后以曹操高陵的争论、陶窑的发掘及汉代土墩墓为例,强调考古地层学作为田野考古学的基本方法之一,在历史考古学中应受到同样重视。因为考古地层学不仅可以用于判断考古遗存的相对年代,更重要的是可以揭示埋藏和堆积过程,以便对相关问题进行判断。

第五,历史考古学中的考古类型学问题。白老师强调,考古类型学同样是历史考古学尤其是田野考古资料整理和研究的基本方法，且有着较大的提升空间。其原因在于，考古类型学的功能不仅仅是根据遗迹和遗物之形态特征的差异及其内在联系判定遗迹和遗物等的年代关系、空间关系以及文化上的联系，还可直接反映出遗迹的性质和功能，遗物的族属、产地、制作者、应用场景等。白老师举例说明了在运用类型学进行研究时，不仅需要关注器物的类型、年代的早晚等方面，更要注意到制作者本身的差异。因此，在历史时期考古研究中，类型学分析不仅不能淡化，反而要在关键环节将其强化和"复杂化"。

第六，历史考古学中考古遗物的产地风格辨识及其应用问题。白老师特别指出，之所以将"产地风格"单独提炼出来进行阐述，是因为在考古实践中，发现同一时期同一种手工业不同产地（作坊等）的产品，往往具有不同的"产地风格"。根据器物风格的不同，可以推测其可能产地或解释其他问题。白老师以漆耳杯为例：尽管两件器物的制作时间大体相同，但因产地作坊不同，其形制虽然大体相同，其纹样风格却大相径庭。白老师总结，对于产地风格的把握，不是单一的而是综合整体的判断，故其不仅包括样式形制，还包括器物的类型、材料、形制、大小、工艺技术、制作技法、装饰纹样乃至色彩等方面。

而后，白老师以南阳丰泰墓地出土的四乳草叶纹镜为例进一步强调，历史时期考古遗物产地的推定与史前考古相比迥然不同，因为历史时期出现远距离运输，产地问题极为关键。

基于此，白老师总结认为，对考古遗物产地的确定有三种考古学方法：其一，根据器物上的铭文，如漆耳杯上所刻"供工造"与"蜀地西工造"；其二，依据作坊遗址发掘出土其产品的风格进行比定，如不同陶瓷器的窑址窑口及其所出土的产品；其三，产地形成风格、流通决定分布，根据考古遗物的产地风格和考古遗物的地域分布状况，推知某种风格的考古遗物的密集分布区就是其产地，因为产品往往以产地为中心分布。

白老师继续列举杨哲峰教授所研究的汉代江东类型陶瓷器在长江中上游的传播与仿制问题，指出考古遗物的产地研究，其重要意义不仅仅在于考古遗物产地的确定，而是以此为基础并结合考古遗物的地域分布和使用人群等信息，考察当时手工业生产、物品的流通和消费，进而考察当时人群的移动和人员往来、不同地区间的经济和文化联系、交通状况等社会问题。

第七，历史考古学中的文化因素分析法问题。白老师引用李伯谦教授1988年在《中国文物报》上发表的文章所言，说明文化因素分析法作为一种科学方法论，不但在史前考古研究中有着广泛的用途，在历史考古学研究中同样行之有效。不过，白老师并不赞同某些文章甚至博硕士论文中泛用、滥用文化因素分析法的现象，他认为若仅通过一件外来器物论证文化因素，则有将其过度简单化、教条化的倾向。对此，白老师选取合浦汉墓中出土的汉晋时期波斯釉陶瓶和西汉南越王墓出土列瓣纹银盒作为实例，批评个别文章直接以前者断定合浦地区汉墓中出现波斯文化因素，以后者孤证得出汉文化中包含西亚、地中海文化元素的结论。

第八，历史考古学中的图像资料应用问题。白老师强调，历史图像资料是极为珍贵的实物资料，但无论是图像、雕塑还是雕刻等艺术作品，尤其是墓葬中的图像类资料，更多的是一种丧葬美术品，故其虽与现实生活相关，但绝非现实社会生活原原本本的"写真"，而是经过了一定的艺术夸张和变形，乃至融入制作者或者使用者的观念，与现实生活或多或少存在一定差距，具有"哈哈镜"的特点。

白老师通过解读敦煌莫高窟323窟北壁中初唐时期张骞出使西域图所附碑文"前汉中宗，既获金人，莫知名号，乃使博望侯张骞往西域大夏国问名号"，说明其同文献记载存在显著不同，并以此说明图像资料虽然珍贵，但利用其进行研究时，需要结合其他资料进行综合分析。

第九，历史考古学中边远地区的考古问题。白老师指出，考古学作为一门科学，从理论、方法、手段到实践，有一个完整的体系。但是，就不同时代、不同地区、不同分支的考古研究来说，既有共性，又有个性，需要在研究的实践中加以充分的注意。白老师以汉代边远地区的考古为例进行说明。汉代边远地区文化的发展，可以简单地概括为"一个主体、两个联系"。如果这种看法是符合实际的，那么，我们的研究思路和视野，或许可以概括为"一个立足点、两个着眼点"。

白老师解释，一个立足点，就是立足于当地社会历史的发展进程，来研究当地文化的发展和演变这个主体。两个着眼点之一，就是着眼于地处汉王朝边远地区的区位特点，来研究当地对汉文化的吸收和融合，认识当地的"汉化进程"；之二，就是着眼于地处汉王朝对外交往的前沿地带的区位特点，来研究当地在汉王朝对外交往中的"桥头堡"作用，认识当地文化的开放性和多元性。

第十，关于中华文明史的考古学书写问题。白老师认为，考古学论著所研究的问题，大体可分为两类，一类是历史学问题，另一类是考古学问题。一方面强调考古学理念，重视发掘报告的编写，重视墓葬研究、聚落研究和器物研究等；另一方面更强调"历史学眼光"，即以"考古学思维"研究历史问题。据此，白老师表示，中华文明史的书写要着眼于历史问题，基于考古实物资料，运用考古学方法、考古学思维、考古学逻辑、考古学语言（结合文献、科技等）进行。白老师以刘兴林教授的《先秦两汉农业与乡村聚落的考古学研究》和刘尊志教授的《物宜人和：考古学视角下的秦汉家庭》为例，说明前者虽着眼于农业与乡村聚落而非考古问题，但其熟练运用考古学材料、考古学思维及考古学逻辑进行论述；后者着眼于秦汉时期的家庭，并全方位收集考古资料进行全面而细致的分析。

基于上述内容，白老师总结认为，考古学发展需要双向发力，一方面加强考古学基础研究，另一方面强化中华文明史的考古学书写，即基于考古资料，运用考古学方法、考古学思维、考古学逻辑以及考古学语言，真正地发挥历史考古学在整个历史研究中的作用。

白老师指出，在2021年评选的百年百项考古大发现中，两周以后的考古发现共计52项，占据"半壁江山"。1984年张光直先生在一次讲话中说："有史时代的考古学，则提供新的历史资料。除了考古学之外，我还想不出有什么其他方法能够得到新的历史资料。没有资料，就没有历史；没有可靠的资料，就没有可靠的历史；没有丰富的资料，就没有全面的、翔实生动的历史。"基于此，白老师解释，考古发掘的古代遗存是科学资料和科学构建历史的基础。

百万年的人类起源史和上万年的人类史前文明史，主要依靠考古成果来建构。即使是有文字记载以后的文明史，也需要通过考古工作来印证、丰富、完善。

学问尚精专，研摩贵纯一。讲座结束后，王志高教授对讲座内容进行总结，他说，白老师运用丰富的例证材料阐述历史时期考古学的概念，历史时期考古学与史前考古学的异同，历史时期考古学的特点，当下的重大的课题，以及在考古实践过程中遇到的十个问题。同时，他指出，白老师在长期的考古实践中对有关历史时期考古学的大量思考，对于未来有志于研究历史时期考古的同学们而言颇具启发。

整理者：张萱、史云帆

皖地夏风，金鸣万国

——安徽商周青铜器的发现与研究

宫希成

2019年4月13日15：45～17：45，应南京师范大学文博系邀请，安徽省文物考古研究所副所长宫希成研究员在随园校区600号楼117会议室，为师生带来了题为"安徽商周青铜器的发现与研究"的讲座。此次讲座是南京师范大学考古学系列讲座第12讲（考古名家讲坛第9讲）。本次讲座由文物与博物馆系王志高教授主持并总结，裴安平教授进行点评，来自文博系的本科生及研究生等100余人聆听了此次讲座。

宫研究员长期从事安徽地区的考古发掘和研究工作，拥有极为丰富、扎实的考古经验和知识，专业研究领域为两周考古、商周青铜器等。可以说，此次讲座展现了宫老师深厚扎实的研究积淀、融合新资料和新思考形成的最新研究成果。

安徽拥有发达的青铜文化，是灿烂的中国古代青铜文化的重要组成部分，故对该地区青铜文化的研究显得格外重要。宫研究员首先简明扼要地介绍了安徽地区的地理环境。之后，宫研究员将安徽境内出土青铜器的时代，划分为二里头文化时期、商代、西周、春秋和战国。讲座内容主要分为六个部分。

1.目前安徽地区发现的最早的青铜器是二里头文化时期的遗物（时间相当于文献记载中的夏代），但数量较少。宫研究员认为含山大城墩、安庆张四墩及肥西县三官殿等遗址中出土的二里头文化时期的铜刀、削、钺等器物，是迄今为止安徽境内发现的最早的青铜器，为安徽地区早期青铜文化研究提供了珍贵的考古资料。值得注意的是，肥西大墩子遗址发掘出土的1件铜铃，从铃的顶部、肩部、铃壁来看，与二里头文化中的铜铃造型大致相同。这似乎与古籍中"禹会诸侯于涂山"的记载有关，是安徽地区有关二里头文化的重要发现。

2.迄今在安徽地区发现的商代青铜器，已有数十件。诸如阜南县朱寨台家寺、嘉山县泊岗、肥西县馆驿糖坊村等地发现的商代青铜器。宫研究员将安徽地区商代青铜器的时代划分为早晚两期：第一期为早商时期，青铜器风格如铜陵、含山等地出土的斝、爵等器物，铸造比较粗糙，口沿厚，纹饰简朴，无地纹，造型比较原始；第二期为晚商时期，青铜器造型庄严厚重，纹饰深峻遒劲，铸造较精，且更加成熟。从总体风格特点来看，安徽商代青铜器与中原商文化同类器基本相同，可能受商文化影响较大。然而带有地方特色的青铜大铙，其特点与湖南、江西等地出土的大铙基本一致，是典型的南方地区产物。

3.安徽省西周时期青铜器出土范围广，几乎涵盖全境。自西周时期开始，带有地域特色的青铜器逐渐崭露头角，尤其在皖南更为显著。宫研究员以中原地区青铜器为参照，将安徽地区西周青铜器分为三类。第一类器物在形制、纹饰等方面均与中原地区同类器相同，数量不多，如波曲纹垂腹鼎。第二类在整体造型上与中原地区同类器基本相同，但在局部却与本地印纹硬陶相类，表现出强烈的区域性特色。此类器物数量最多，虽然是经过了改造的混合型，但仍可说是仿制器，体现了中原文化对当地的影响。第三类具有鲜明的地域性特色，在造型和纹饰上均不同于中原地区同类器。他指出，西周早期青铜器以第一、第二类为主，晚期第三类急剧增加。这与当时安徽沿江地区已大规模开采铜矿有关。而且西周金文中有周王欲打通"金道锡行"之路，屡征淮夷的记载，这类战争恐怕都与掠夺安徽地区的铜资源有关。

4.春秋时期安徽青铜器的出土地点更加广泛，且大多是集中成组出土，数量众多，器类更加丰富，地域文化特征更加明显。宫研究员指出，这一时期安徽地区最具特色的当属江淮间"群舒故地"的青铜器。其中最值得关注的是，蚌埠双墩一号墓——"钟离君柏"墓和卞庄一号墓——"柏之季子康"墓，两墓墓坑均为圆形，有殉人，形制独特。两座墓出土的青铜器在器类组合、器物风格、纹饰等方面基本一致，受楚文化影响较为明显。

5.战国时期，安徽地区陆续纳入楚国版图，至楚迁都至寿春后，楚文化日益渗透安徽，故这一时期出土楚器较多，遍布安徽全境。其中寿县朱家集楚王墓、六安白鹭洲战国楚墓都是出土大量青铜器的等级较高的墓葬。

6.关于安徽早期青铜器的起源，宫研究员认为其产生与发展应该是受到中原青铜文化的深刻影响。安徽地区的青铜器，至商代已臻于成熟，经历西周时期的发展，逐渐形成了自身的地域风格，至春秋时期达到鼎盛。而铜矿的大规模开采，应是安徽地区青铜文化得以快速发展的一个重要动力。

最后，裴安平教授点评道："最近二十年来，安徽青铜器研究有了很大突破。这对于认识中国青铜器的发展具有重要意义。"而对于宫研究员所展示的安徽地区出土的与二里头文化有关的青铜铃，裴教授表示"十分震撼"，他指出："二里头文化主要分布区域在豫西一带，在安徽发现与二里头文化相关的器物，不禁让人联想到《左传·哀公七年》记载的'禹会诸侯于涂山，执玉帛者万国'。这对二里头文化（时间相当于文献记载中的夏代）的研究十分重要。"

整理者：徐良、姚逸

天碧台阁丽，联蜀岗上下以为城

——考古学视野中的唐宋扬州城遗址

汪 勃

2019年5月11日15：45～18：30，应南京师范大学文博系邀请，中国社会科学院考古研究所江苏工作队队长汪勃研究员在随园校区600号楼117报告厅，为师生带来了主题为"考古学视野中的唐宋扬州城遗址"的讲座。此次讲座是南京师范大学考古学系列讲座总第14讲（考古名家讲坛第10讲）。讲座由王志高教授主持，本科生、研究生及校内校外其他人员共计100余人聆听了本次讲座。

讲座伊始，汪勃研究员结合个人的工作经历，谈到考古工作者有了扎实的田野考古发掘基础，做好了自己的研究课题，再次去"学"，将实践与理论相结合，才有可能从物质研究逐渐步入精神文化层面的研究。随后，他剖析了讲座主题，并以杜牧《扬州三首》之三和《（雍正）扬州府志·城池》中的相关内容入题。［杜牧《扬州三首》之三："街垂千步柳，霞映两重城。天碧台阁丽，风凉歌管清。纤腰间长袖，玉佩杂繁缨。"《（雍正）扬州府志·城池》："唐为扬州，城又加大，有大城，又有牙城，南北十五里一百一十步，东西七里三十步，盖联蜀岗上下以为城矣。"］

本场讲座内容包括四个部分。

第一部分，汪勃研究员详细介绍了扬州城遗址的地理位置、沿革概要、研究简史和考古发掘简史。

一、地理位置。"扬州"之名最早见于《尚书·禹贡》"淮海惟扬州"，《周礼·职方氏》中有"东南曰扬州"。此"扬州"为禹所划九州之一，虽包括广陵地区，但其范围大约包括今江苏、安徽、江西、浙江、福建和广东的一部分；西汉、魏、吴、两晋和南朝时期的扬州也都是较大的行政区，治所在寿春（今安徽寿县）或金陵（今江苏南京），都不在广陵，故不能与隋唐之后的扬州城混为一谈。

二、沿革概要。扬州历史沿革大致分为六个阶段：春秋时期"吴城邗沟通江淮"——肇始时期；广陵城——成长发展时期；隋江都宫和东城——快速发展时期；唐扬州城——鼎盛时期；南宋扬州城——偏安时期；明清——再建、繁盛时期。

三、研究简史。扬州城遗址的相关研究始于清代中叶。抗日战争前，刘师培、罗振玉收集考证了扬州城唐人墓志。20世纪40年代，日本学者安藤更生绘制了"扬州城附近要图"，其《唐宋时期扬州城之研究》一文，较为系统地研究了唐宋时期的扬州城遗址。其他成果还有姚迁《唐代扬州考古综述》、顾风《扬州考古五十年》、李廷先《唐代扬州史考》。最新考古发掘报告有《扬州城——1987～1998年考古发掘报告》（2010年）、《扬州蜀岗古代城址考古勘探报告》（2014年）、《扬州城遗址考古发掘报告1999～2013年》（2015年）。

四、考古发掘简史。1963年，考古学家开始对扬州城遗址的考古调查。1975年开始，南京博物院等单位配合基本建设进行了较大规模的考古发掘，清理了唐惠照寺、唐河故道和木构桥梁及一些手工业作坊遗址。1987年，中国社会科学院考古研究所、南京博物院、扬州市文化局（2005年起改为由扬州市文物考古研究所参加）联合组成扬州唐城考古工作队，勘探发现了杨庄西门和化工学校东门等门址，发掘了罗城城墙、罗城8号城门、罗城水涵洞、宋大城西门等遗迹。2000年之后发掘了唐宋城东门、宋大城北门和北水门、扬州城南门等遗址。2011年开始，发掘研究工作的重心再次回到蜀岗城址。

第二部分，汪勃研究员分别以"天碧台阁丽——蜀岗上的隋唐宋时期城址"和"联蜀岗上下以为城——蜀岗下的唐宋扬州城遗址"为例，着重介绍了唐宋扬州城遗址的考古发现，相关考古资料极为详尽。

关于蜀岗上的隋唐宋时期城址，汪勃研究员指出，春秋时期蜀岗城址为"吴城邗"，战国时期楚向西扩建成广陵城，汉代在楚广陵城东北增筑"附郭东城"而成汉广陵城，六朝广陵城、隋江都宫和东城、唐子城、南宋堡寨城均与汉广陵城范围近似，宝祐城则缩至蜀岗古城西半。

他还指出，城门是城池的出入口，城池的中轴线及其他轴线，与城内形制布局密切相关；城门的沿革情况，反映了不同时代建筑技术、建筑构件等样态。扬州城的城门遗址，因其城池沿革的复杂性，尤具特色。考古发现的城门，主要包括蜀岗古城北城墙西段东部城门遗址、南宋宝祐城相关城门等。此外，在蜀岗古代城址内找到了一些不晚于宋代的道路或车辙，结合城门位置、地方志中历史地图中所绘道路以及考古勘探的结果，扬州蜀岗古代城址内的道路网已经揭开面纱。

关于蜀岗下的唐宋扬州城遗址，据汪勃研究员介绍，唐扬州城外轮廓线四面城墙的长度约为东7325米、南3235米、西5425米、北2170米，周长18055～18155米。唐罗城至明清时期扬州城遗址的相关考古发掘，主要分为城墙、城门的发掘与勘探调查以及城内的发掘调查三个部分。城墙部分，对东、西、南、北城墙均有发掘。城门部分，从调查勘探发掘结果并结合文献记载来看，罗城墙上或有12～14座陆门、7处过水类设施（确认1处水门、1处水涵洞）。罗城的西墙、东墙上各有4座陆门。南墙上有3～4座陆门，徐凝门西侧是否有东南门尚不能确定。北墙上或只有参佐门，在参佐门之东有与徐凝门南门对应的北门的可能性较小。城内的发掘调查，主要以河道和桥梁、排水设施、城内建筑基址为主。

汪勃研究员指出，宋大城系就唐罗城东南隅修筑而成，故其东门、南门和南水门与唐罗城东门、南门有关联；宋大城西墙和北墙同期所建，其时代为五代后周至南宋（元）。宋大城四面城门的发掘，较为全面地展示了后周、北宋至南宋时期各座城门的形制布局及其变化。北宋初期的宋大城除南、北门仍由唐罗城内的南北通衢及其西侧水道相连，南门沿袭原唐代罗城的瓮城与水门防御结构外，东、西、北三门长期未设瓮城。南宋时期形成多重防御体系。

第三部分，汪勃研究员介绍了扬州城遗址出土的实物，内容以城砖为主。他说，扬州蜀岗古代城址在汉、晋、南朝、隋唐、杨吴、南宋等时期都用砖包砌，而蜀岗下城址使用的城砖更多。扬州城遗迹相互叠压，构成遗迹本身的诸多要素就成了判断遗迹时代的主要佐证，需要建立谱系，诸如瓦当、筒瓦、板瓦、城砖、滴水等建筑构件。为此，首先应建立扬州城城砖谱系，归纳出土的汉至唐宋时期城砖铭文内容及城砖铭文的书体、铭刻位置、方式方向、城砖的规格尺寸和烧制特征。通过城砖铭文内容与相关文献记载和考古发掘结果的相互比较佐证，可以推定各种城砖的烧制时代，建立不同时期的城砖序列，为关联遗迹相对时代的判断提供重要的佐证资料。

第四部分，汪勃研究员介绍了扬州城"城水互动、文化多元"的特点。他分别从春秋吴邗城，扬州城遗址与江水、运河的互动，隋唐淮南运河过扬州唐罗城段位置，扬州唐罗城形制与运河的关系，扬州城遗址的水门和水关五个方面进行了阐述。

最后，汪勃研究员总结说，扬州城是一座因水（吴邗沟）而城（邗城）、因城（广陵城、江都宫）而河（运盐河、隋邗沟等）、因河（淮南运河）而市，再因市因水（江水南退）而城（唐罗城）的城市。唐宋时期的扬州城具有城河一体、城门较多、河道纵横、桥梁甚多等特征。

在评议环节，刘可维副教授结合今日扬州城做了大致回顾。他指出今唐城遗址公园就是讲座中介绍的蜀岗。隋代在蜀岗区域建造了江都宫。唐代，江都宫先后变成了扬州大都督府和淮南节度使驻地，一直是政府重要衙署所在地。通过一系列考古发掘，汪勃研究员最终确定了江都宫的中轴线，这是对扬州城市考古的重要贡献。

整理者：虞金永、张驰

流动的遗产

——南京历代运河的故事

卢海鸣

2019年11月23日16：10～18：00，应南京师范大学文博系邀请，南京出版社社长、编审卢海鸣先生在南京师范大学仙林校区敬文图书馆二楼西报告厅，为师生带来了主题为"南京历代运河的故事"的讲座。此次讲座是南京师范大学考古学系列讲座总第21讲（文博大家讲坛第6讲）。讲座由王志高教授主持，本科生、研究生及校内外其他人员共计100余人聆听了本次讲座。

卢海鸣先生的讲座主要分为八个部分。

一　南京第一运河——胥河

胥河，又名胥溪河、胥溪、五堰河、伍堰河、鲁阳五堰、胥溪运河、淳溧运河、中河。该河地处太湖之西，横贯高淳区境内，西通固城湖，东连荆溪河，在高淳区固城镇与定埠镇之间。全长30.6公里。连通水阳江水系与太湖水系。据史料记载，公元前506年（周敬王十四年）吴王阖闾在江南开凿胥河，这是中国和世界上有史记载的最早的运河之一，也是南京历史上最早的运河，比南京第一城越城（前472年）还要早34年。

卢先生认为，春秋时期，南京地处"吴头

楚尾"之地，吴国的政治中心在苏州。吴国有两个特长：一是开凿运河，如胥河、江南河和邗沟；二是铸造兵器，如吴王夫差剑、矛的铸造。关于胥河是人工运河的记载，出自北宋元祐四年（1089）著名水利专家、宜兴人单锷的《吴中水利书》："（钱）公辅以为伍堰者，自春秋时，吴王阖闾用伍子胥之谋伐楚，始创此河，以为漕运，春冬载二百石舟而东，则通太湖，西则入长江，自后相传，未始有废。"胥河堪称"战争之河"。

二　六朝建康城的生命线——破岗渎

破岗渎（破冈渎），一名破墩渎，又名柏冈、破岭，位于南京市江宁区和镇江市的句容市境内，沟通秦淮河与太湖水系，其开凿于孙吴时期。

卢先生认为，破岗渎成就了六朝建康城370年的繁荣，是六朝都城建康（今南京）与三吴地区水上交通的生命线，也是都城建康的政治命脉和经济动脉。关于破岗渎，《三国志·吴主传》载："遣校尉陈勋将屯田及作士三万人凿句容中道，自小其至云阳西城，通会市，作邸阁。"唐许嵩《建康实录》记载更为详细："（赤乌八年）八月……使校尉陈勋作屯田，发屯兵三万凿句容中道，至云阳西城，以通吴、会船舰，号破岗渎，上下一十四埭，通会市，作邸阁。仍于方山南截淮立埭，号曰方山埭，今在县东南七十里。（案，其渎在句容东南二十五里，上七埭入延陵界，下七埭入江宁界。）"

南朝梁武帝萧衍在位期间，为避太子萧纲名讳，将破岗渎改名为破墩渎。同时，为了满足都城建康对物资的需求，又开凿上容渎取代破岗渎。

由于破岗渎穿越"句容中道"的茅山丘陵，中间为高岗地带，东西两头地势低下，因此，在运河上下修建了十四座埭，即14个拦河水坝，并在埭与埭之间的河道储存足够的水量确保船只得以顺利航行。上七埭在延陵界，下七埭在江宁界，形成梯级航道，以克服不同高低河段和不同季节河流水位带来的问题。为了船只能顺利地过埭，埭的两侧筑成较缓的坡状，顶部呈圆弧状，船只过埭时需要人力或畜力牵引，以使船舶能够翻山越岭。北宋熙宁年间在中国游历的日本僧人成寻《参天台五台山记》记述的畜力牵引常州奔牛堰和瓜州堰的景象，是破岗渎船只过埭的一个真实写照。不难想见，破岗渎工程之浩大、水利设施之先进，是南京历史上任何一条运河都无法比拟的。

三　六朝建康城内河道

卢先生指出，六朝建康城内主要有四条河道，分别是运渎、潮沟、青溪和城北渠。

（一）经济动脉和政治命脉——运渎

运渎，顾名思义，是运输物资的水上通道。它是吴大帝孙权定都建业（今南京）后，在建业城里开凿的第一条人工河道。运渎位于六朝建康宫城的西部，北接潮沟西支，南连秦淮河，是向皇宫中的仓城运输物资的重要通道。运渎河道地面上现基本无存，但是河道走向仍有踪迹可寻。民国朱偰《金陵古迹图考》根据历代地方志文献记载推断："吴所凿运渎，盖发源后湖，由北水关入城，循北极阁前水道（今犹有遗迹可寻）绕今中央大学之西，过大石、莲花等五桥，经廊后街、相府营、香铺营、破布营、金銮巷（今日犹有遗迹）等陂池而至竺桥，西流出城，南流入淮。"

明初，朱元璋为纪念战死的功臣，敕令于鸡笼山建功臣庙，并将历代帝王、名臣，及都城隍等庙，悉数移建鸡笼山南麓。与此同时，开掘加宽运渎北段河道，使之与杨吴城濠（内秦淮河北段）相通，以利官民乘舟赴鸡笼山"十庙"拜谒先贤，进香祭祀。因进香者皆由此河而来，故名其曰进香。河上有莲花桥、大石桥等桥梁多座。明朝晚期，进香河一度淤塞，后被疏浚。

（二）穿越南京城分水岭（古称龙脉）之河——潮沟

潮沟，又名城北堑、城北沟，它北通玄武湖，将江潮引入南京城，故名潮沟。潮沟西接运渎，南连珍珠河，东连青溪，将南京城内的两大水系——秦淮河水系和长江沿江水系的金川河连为一体。

（三）诗歌之河——青溪（清溪）

青溪，又名东渠，俗呼为长河。因其迂回曲折，连绵十余里，故有"九曲青溪"之名。它最初是一条天然河流，孙吴定都建业后，对其进行了拓宽、疏浚和改造，使其成为一条人工与自然双重性质的河流。

青溪发源于钟山，西接潮沟，在今明故宫和前湖一带汇集成燕雀湖，然后顺着地势先向西流（南博西边有清溪路），到竺桥西北的太平桥转向南流，经五老、寿星、常府诸桥到达内桥之西，经升平桥转而向东，又经四象桥、淮清桥注入秦淮河。自杨吴筑城掘濠，青溪南流水道湮塞；明朝时期又填湖建宫城，使青溪源流中断，今仅剩下升平桥至淮清桥一段。

（四）娱乐之河——城北渠（珍珠河）

城北渠，因沟通宫城与城北的潮沟，故名。它是吴后主孙皓在位时期开凿的一条人工河道，直通昭明宫，是一条休闲娱乐之河。相传陈后主陈叔宝在宫内泛舟遇雨，水生浮沤，宫人指曰："满河珍珠也。"因而命名珍珠河。

四　杨吴南唐护城河——杨吴城濠

五代十国时期，南京（时称江宁）先后是我国南方的两个重要地区性政权——杨吴的西都和南唐的国都。杨吴城濠，包括南京城内秦淮河的北支、东支和南京城外通济门至水西门段的外秦淮河。始凿于杨吴权臣徐知诰（后来的南唐开国皇帝）任昇州刺史时期，故名。

卢先生认为，杨吴城濠最初的性质为护城河，主要功能是军事防御。随着时代的发展，其性质由单一的护城河变成集军事防御、交通运输、排涝、补水等功能于一体的重要水道。南唐都城北面的护城河，现称内秦淮河北段（或北支）。其位置由今天的竺桥，经太平桥（又称京市桥）、太平北路桥、浮桥、通贤桥、北门桥，向西过中山路涵洞，顺干河沿二号桥，沿五台山北麓，入乌龙潭，西出汇入外秦淮河。东面的护城河，现称内秦淮河东段。经今天的竺桥、逸仙桥、天津桥、复成桥、大中桥向南，在通济门东水关附近与内秦淮河汇合，然后，继续向南过武定门，至南京城东南角止。西面的护城河，自南京城墙西南角北流至三山门（水西门）外觅渡桥。

明代大规模建筑南京城，将杨吴城濠截成两段：城外段自通济门外绕城墙向南流，在城墙东南角折而西流，经过聚宝门（中华门）外长干桥，至城墙西南角，再折而北流，至三山门（水西门）外觅渡桥，成为外秦淮河的主要组成部分；城内段南起大中桥，向北经复成桥、玄津桥至竹桥，然后西折，经浮桥、莲花桥、北门桥，一直向西流入乌龙潭，再与外秦淮河汇合。

南唐都城西面、南面和东面南段的杨吴城濠构成了今天南京的外秦淮河。迄今为止，杨吴城濠除了干河沿至乌龙潭段干涸外，其余各段都较好地保存了下来。

五　明朝初年的国家工程——胭脂河

接下来，卢先生向我们介绍了明初开凿的胭脂河。胭脂河位于南京东南溧水区西部，沟通石臼湖和秦淮河两个流域，为古代著名的切岭运河之一。河道北起一干河的沙河口，穿过石臼湖与秦淮河的分水岭胭脂岗，向南至洪蓝埠，由毛家河经仓口镇流入石臼湖，全长7.5公里。

卢先生指出，明初南京首次成为统一王朝的都城，为满足都城的物质生活需求和军事防御需要，开挖胭脂河。胭脂河开凿于洪武二十六年（1393），至洪武二十八年（1395）完工。胭脂河的开凿，使得江浙漕粮经太湖—胥河—固城湖—石臼湖—胭脂河—秦淮河至南京的漕运水路全线贯通。胭脂河河道最深处达35米，底宽10余米，上部宽20多米。开凿这样一条人工运河，要经过长达4.5公里，高度为20～35米的胭脂岗。胭脂岗地质复杂，由砂岩、砾岩及部分页岩组成。在不具备爆破技术的施工条件下，要在岗上向下开凿深30余米、底宽10多米的河床，其工程之巨，耗资之大，在当时水利工程建设上实属罕见。永乐十九年（1421），明成祖朱棣将帝都迁往北京，从此江浙漕船不到南京，复由京口渡江运至北京，胭脂河作为国家漕运工程遂失去其重要作用。但胭脂河作为区域水利工程仍在发挥作用。此后，由于胭脂河的地位下降，维护管理不善，河道逐渐湮塞。

六　文学之河——上新河

上新河，又名上河、新河，位于江东门外。明初开。跨河有四座桥，即马头桥、崇安桥、拖板桥、螺师桥。上新河是明清时期从上江（长江中上游）向南京运输物资的主要水道。自明代开凿上新河后，一直到清朝，上新河都是明清运输木材和竹、木、油、麻等物资的主要水道。

卢先生认为，上新河的开通，带动了沿江经济的发展，上新河的木材市场天下闻名，由此形成了一个独特的商业集市——上新河镇（大约位于今奥体中心一带）。明代南京是长江下游重要的转运口岸，设有税关、钞关、抽分局，故大批商人要在此地停留，办理转运或报税手续。这带动了城外上新河、龙江关的发展。清朝末年，随着南京开埠，以及交通事业的发展，上新河镇逐渐衰落无闻。上新河的繁华，屡屡被文人墨客写入文学作品中。如陈铎写有《火烧上新河唱店》，说明当时上新河一带已成为六院官妓觅衣食的好去处。

七　秦淮河

接下来，卢先生谈到了南京的秦淮河。他指出，秦淮河原名龙藏浦、淮水、小江。秦淮河有两个源头——溧水东庐山和句容宝华山。今天的秦淮河，主要分为三个部分：1.外秦淮河——全长110公里（天然＋人工）；2.内秦淮河——"十里秦淮"（天然）；3.秦淮新河——16.88公里（人工）。其中秦淮新河从东山西面的河定桥至大胜关金胜村入江口共长16.88公里，于1975年开工建设，1980年建成通水，是整个秦淮河水系中形成时间最晚的一条下游入江分洪道。它集行洪、灌溉和航运功能于一体，是南京市南部地区一条重要的入江通道。

八　南京与大运河的关系

最后，卢先生以六朝、隋唐宋元、明代、清代四个重要的时间段为主，讲述了南京与大运河之间的密切关系。

（一）六朝：南京是大运河的催生地

六朝立都南京，经过300多年的开发，江南的经济异军突起，与黄河流域共同成为中国的粮仓。江南经济的开发可以说是隋代大运河开凿的一个直接诱因。大运河的开凿反过来又促进江南经济的发展。

（二）隋唐宋元：南京是大运河的参与地

从隋唐到五代宋元近800年间，中国的政治中心发生了由西向东、由北向南、由南向北的反复摆动。除了五代十国的都城短暂地遍布大江南北之外，主流朝代的都城经历了隋朝长安(今西安)和洛阳、北宋汴京（今开封）、南宋临安（今杭州）、元代大都（今北京）的变化过程。因此，历代漕运中心也随之变化。但是，江南地区作为中国的粮仓这一地位得到了巩固和加强。这一时期，伴随着政治中心的频繁变迁，南京的政治地位也不断变化，与大运河的关系也时疏时密，但自始至终是大运河经济活动的参与地。

（三）明代：南京是大运河的复兴地

明初，朱元璋定都南京，我国的政治中心与经济中心合而为一。漕运的中心也随之发生重大改变，由元朝的大都转变为南京。朱元璋下令疏浚、拓宽和开凿胥河、胭脂河以及南河、上新河等，沟通了太湖流域、浙东地区和长江中上游地区，成为我国漕运的主要航线。大运河由往日中央政府漕运的主角之一，变成了配角。

永乐元年（1403），明成祖朱棣在南京登极，就大运河的疏浚启用做出了一系列重要的决策。首先，他任命平江伯陈瑄负责漕运，沿袭元朝的海运路线和河运陆运并用路线。接着，命令尚书宋礼等有关官员对京杭大运河中的淤塞河段会通河等进行疏浚。永乐十三年（1415），大运河全线畅通，明成祖罢海运为河运。从此，长达1794公里、沟通五大水系、跨越十个维度的大运河迎来了历史上的辉煌期，成为明代都城北京赖以生存的生命线。

（四）清代：南京是大运河的患难与共地

一方面，南京通过大运河与北京紧密相连。清朝初期吴中孚《商贾便览》卷八《天下水陆路程》记载的第一条交通线就是"江南省城由漕河进京水路程"。这条水路，从"江宁府龙江关"（今南京下关）出发，沿着大运河，直达"京城崇文门"。另一方面，南京的得失直接关系到大运河的安危，并影响到清王朝的生死存亡。

讲座最后，卢先生指出："南京虽然不是大运河沿线城市，但是，从历史发展的进程来看，南京与大运河既共生共荣，又患难与共；既若即若离，又水乳交融。南京的繁荣兴盛离不开大运河的长年滋养，大运河的辉煌荣光更有南京的无私奉献。"

王志高教授进行了总结发言。他首先感谢卢先生为我们带来了一场有关南京历代运河的精彩讲座。王老师说，今日之同学们对古代运河的认识可能并不是很深，事实上，运河是传统社会运行的大命脉，其重要性相当于现代国家的高速公路、高铁。作为四大古都之一的南京保存有大量与运河相关的水文化遗产，包括河道本身及相关桥梁、码头、驿站、埭（堰）等，许多问题还都是未解之谜。王老师鼓励在座的同学，在今后的学习过程中，对与南京历代运河相关的问题进行更为全面的挖掘和研究。

整理者：徐良

寻找最早的金陵

——最早的金陵：从考古发现谈早期南京的区域中心

王志高

2021年3月17日14：00，南京师范大学文博系王志高教授，在随园校区600号楼117会议室，为师生带来了名为"最早的金陵：从考古发现谈早期南京的区域中心"的讲座。祁海宁教授主持了本场讲座。社会发展学院罗秀山书记，王剑、白莉、陈声波、蒋志强等老师，本科生、研究生及南京博物院、南京市考古研究院部分专业人员共计100余人聆听了本次讲座。

在讲座开始之前，王志高教授首先向听众们介绍，此次讲座内容是自己多年在南京从事考古工作时的一些思考。他认为，孙吴定都之前南京的历史，文献中鲜有记载，仍然属于"史前史"的范畴。因此，欲研究南京城市的起源，并不能单纯依靠历史文献，还需要借助于相关考古工作。接着，王教授介绍了其研究的空间范围，即南京的主城区及江宁地区。而研究方法，则是通过"已知"来推"未知"，由文献记载和考古资料相对丰富的秦汉时期倒推至新石器时代晚期。

讲座伊始，王志高教授首先对"金陵"的本意进行了辨析。他说"金陵"并非一般公众所认为"埋藏黄金的陵墓"之意。金者，铜也；陵者，高冈也。因此，"金陵"的字面含义应当为一块产铜的高地。王教授接着梳理了文献记载中与今日南京相关的名为"金陵"的三个地点。一说为江东之金陵，或称秣陵之金陵，即今日之南京，其名起于战国楚威王，至秦改为秣陵；一说为句容茅山之金陵，古名伏龙之地，至吴大帝孙权改名金陵之墟，省称金陵墟、金陵。还有一处金陵，王老师卖了一个关子，他说将要在讲座中逐渐揭开谜底。

而后，王教授介绍了旧志中金陵得名的三种说法。一说因金陵山立号，金陵山即后世之钟山、紫金山。《舆地志》载："钟山，古金陵山也，县邑之名，由此而立。"一说因地近金坛之陵，其山产金，故名。《建康实录》卷一："或云地接华阳金坛之陵，故号金陵。"《景定建康志》卷五："又曰地接金坛，其山产金，故名。于是因山立号，置金陵邑。"还有一种较为流行的说法，相传楚威王时因地有王气，埋金以镇之，故名金陵。如《太平寰宇记》卷九十:"昔楚威王见此有王气,因埋金以镇之,故曰金陵。"王教授认为以上三说中,"楚威王埋金"说虽流传甚广,但不见于六朝文献,也不见于《建康实录》《元和郡县图志》等唐代典籍。就目前资料所知,这个传说首见于北宋乐史《太平寰宇记》,故极有可能为晚唐以后好事者所编。而"华阳金坛"说中,华阳乃道教三十六洞天之一,在茅山之麓的今常州金坛。因"金坛之陵"得号的是金坛,此"金坛之陵"指茅山之金陵。故此二说皆不足凭信,当以第一说比较可靠。

讲座的第二部分,是分析秦汉时代的南京区域中心。

王教授指出,关于秦汉时期秣陵县治,诸权威书籍都认为在南京南郊江宁区秦淮河中游的旧秣陵镇(今秣陵街道),"直到三国初年,孙权才把政治中心迁到今南京市区"。但依照常识,作为延续400多年之久的秦汉秣陵县治,其遗址所在地及周围必有秦汉时期城址、墓葬等类代表性遗存。然而迄今为止秣陵街道尚未发现秦汉时期的城址遗存,其周围也未发现任何两汉时期的墓葬,这和南京地区同样作为两汉县治所在地的江宁湖熟(湖熟县)、小丹阳(丹阳县)、高淳固城(溧阳县)诸集镇及栖霞山(江乘县)周围普遍发现汉代城址及较密集汉墓群的情况完全不同,其地目前所知最早的历史时期墓葬已属西晋(1965年秣陵公社金村大队元塘村西晋太康四年墓和1966年秣陵公社桥南大队西晋墓)。因此,王教授推测秦汉秣陵县治或许本不在今秣陵街道。

王教授进一步依据文献记载及考古发现的线索,认为秦代秣陵县治继续沿用战国楚金陵邑城,仍在南京城西的石头城。汉高帝六年(前201),在全国县邑筑城的形势下,秣陵县治东迁至南京城西冶城与西州桥之间,至东汉末改。孙吴时期继续沿用为建业县治,此即后世东晋、南朝之西州城故址。直到西晋太康三年(282),因分秦淮水北为建邺县,原县治为建邺县所用,秣陵县治始迁往秦淮河南的今江宁区秣陵街道。到了东晋安帝义熙九年(413),秣陵县治又迁回京邑斗场,至东晋恭帝元熙元年(419),又迁至扬州府禁防参军故址。

王教授指出,秦汉时代南京的区域中心就在今日南京主城区。孙吴建都之前的南京主城区并不是一片未开垦的处女之地,其地作为战国楚金陵邑城、秦汉秣陵县治所在,已历经数百年的发展,其源头甚至可以上溯至以北阴阳营、锁金村等遗址为代表的新石器时代及商周时期。此数千年的文化积淀,为即将到来的六朝建康都城300多年的辉煌奠定了基础。

讲座的第三部分,王志高教授继续向前追溯,分析了夏商周时代南京的区域中心。

王教授结合南京博物院张敏研究员的相关讨论,认为相当于中原地区夏代时期,南京地区的考古学文化为点将台文化,但因材料限制,这一时期南京地区的区域中心尚不清楚。至中原商代至西周早期,南京地区的考古学文化为湖熟文化。湖熟文化时期南京地区的区域中心并不在湖熟地区,湖熟地区的大规模开发始于秦汉,具体来说就是始于秦代对方山东南直渎的开凿及秦淮河的疏浚。进入西周,南京地属吴国之境,其地考古学文化属于吴文化。

　　王教授指出，新中国成立以来，宁镇地区不少地点发现成组或零散的商周时期青铜器，其中以镇江丹徒沿江一线的吴国贵族土墩墓所出数量最多。就南京地区而言，出土商周青铜器的地点，除高淳、溧水及江宁秣陵、雨花台区西善桥和板桥外，以今江宁区西南境横山附近的陶吴地区最为集中。如1957年，陶吴西阳街胭脂村出土1件西周青铜鼎；1958年，陶吴红旗水库出土多件西周青铜鼎、鬲，其中1件弦纹鼎时代被推定为西周早期；1960年，又在陶吴附近一次出土鼎、鬲、卣、匜、斧、锄、戈、矛等西周时期青铜器13件。最重要的发现是1973年陶吴、横溪一带出土的商代晚期三羊铜罍，及1974年横溪塘东村发现的商代晚期青铜大铙。临近的当涂地区也有同时期重要大型青铜礼乐器出土。

　　王教授进一步指出，"太伯奔吴"是载于史册的商末周初的重大历史事件，对江宁，对南京，乃至对整个东南地区都具有重大影响。由于周人的到来以及中原地区先进文化的传入，包括南京在内的江南地区社会文明化进程大大提速，并建立了最初的国家——吴国。关于"太伯奔吴"之原因及线路等，虽然还有许多争议，但有分析认为，太伯奔吴的"衡山"很有可能与南京江宁与安徽当涂交界的横山有关。横山是"太伯奔吴"途中一个重要的节点，直到西周康王时代，其中心才可能由苏皖交界的横山地区迁往镇江丹徒地区。

　　总之，根据考古发现及文献记载的诸多线索，湖熟文化及此后的西周时期，南京江南北境的区域性中心更有可能在今江宁区西南境的陶吴、横溪、丹阳集镇一带。这不仅因为该地区商周时期的成组青铜器发现最多，大型土墩墓分布最为密集，而且这里还是沟通长江中下游及长江南北两岸的交通要地。春秋时期吴、楚两国之间相互攻伐所经的丹阳古道即穿过这一地区，周灵王二年（前570）著名的衡山大战也发生在这里。

　　到了春秋战国时期，南京地区先后被纳入吴、越及楚国的控制范围。王教授认为在吴时期，由于鼓楼北阴阳营遗址年代最晚的第二层仅相当于商代晚期或西周初期，其周边的安怀村、锁金村等遗址也没有发现典型的春秋时期遗存，这说明春秋时期吴国治理下的江南北境，其区域性中心仍然不及今日南京主城区。

　　在南京属越时期，周元王四年（前472）越灭吴后，勾践命范蠡于新占领的金陵濒江临淮之地筑越城，"城周回二里八十步"。越城在中华门外长干桥西南西街中段一带。南京近2500年建城史，越城是文献明确记载的南京主城区最早的古城。越城的重要性还在于它标志着南京区域中心已由此前的今江宁西南境陶吴、横溪、丹阳集镇一带，开始移向今南京主城区，对后世南京地域变迁与城市发展等产生过重要的影响。王教授还认为，越城是后世的别称或"他称"，越城的本名就是金陵。

　　在南京属楚时期，周显王三十六年（前333），楚威王大败越国，乃于滨江临淮之要地置金陵邑，并筑城为治。金陵邑是今南京主城区最早的政区建置，也是南京名称金陵之由来。金陵邑城是继越城之后今南京主城区内第二座古城。它是作为政区治所的城池，而不同于越城属军事城堡的性质。

　　讲座的第四部分，王志高教授分析了新石器时代晚期的南京区域中心。

1955年至1958年，南京博物院对位于鼓楼岗西北的北阴阳营遗址（在今云南路西侧南京大学教职工宿舍区内）连续进行了四次发掘。发掘表明，遗址中、上层分别为相当于中原商周时期的湖熟文化遗存，下层为距今6000年前左右的新石器时代文化遗存。下层文化遗存西区为氏族公共墓地。王教授认为北阴阳营遗址的等级可能并不太高，仅是一般性的中心聚落。他指出，新石器时代晚期南京地区更为高级的中心聚落，可能是1975年、1979年考古人员在江宁横溪街道陶吴社区昝缪村发现的昝缪遗址。

昝缪遗址分上下两层，上层属湖熟文化时期，下层时代则为新石器时代晚期。在下层的一座墓葬中，考古人员发现了一件玉梳背。王教授指出，玉梳背是等级最高的良渚文化玉器之一，其地位甚至可与琮、钺等并列。它们往往随葬于规模较大且随葬品丰富的墓葬之中，每墓随葬一件，不像琮、钺、三叉形器、璜等，受到性别、职能分工等的限制，在数量上存在较大差异。仅就此而言，有学者认为玉梳背的使用在当时应有高度的规范性，其特殊地位甚至超过钺、璜、琮、三叉形器等其他玉礼器。在良渚文化中心区以外的其他地区，玉梳背均出土于当时最高等级墓葬，很可能是最高权力和等级的象征。

王教授认为，南京江宁陶吴、横溪、小丹阳一带，新石器时代晚期昝缪遗址玉梳背的出土，商代晚期大型精美青铜礼乐器的发现，春秋时期大型土墩墓的分布，以及元代方志记载的小丹阳地区的相关历史传说，表明在这一地区已出现特权、权贵乃至王权。王教授甚至推测，这一地区可能已有区域性方国存在。该地区的陶吴、丹阳集镇是南京江南北境历史最悠久的古镇之一。据《景定建康志》记载，陶吴镇古称陶吴铺，北宋景德二年（1005），陶吴镇改称金陵镇。为什么要改称？王教授认为金陵就是陶吴镇的古称，所谓改称只是恢复本名而已。而丹阳集镇则是秦汉六朝丹阳县治所在。这两个早期集镇正是在新石器时代晚期、商周以来区域性中心的基础上发展起来的。他进一步认为，以陶吴集镇为中心的陶吴、小丹阳、横溪一带就是最早的金陵，陶吴就是他讲座伊始所谓的第三处金陵。该地区20世纪五六十年代发掘的湖熟文化时期遗址及近年"三普"中发现的商周时期矿冶遗迹和遗物，也可以印证这一推测。

讲座的最后，王教授指出，自新石器时代晚期以来南京的区域中心有逐渐北移的趋势。关于自己的以上研究，只是依据相关文献及考古发现的蛛丝马迹提出的一种可能性，至于这种推测是否正确，则需要今后南京的考古工作者通过大量田野工作来验证。

整理者：左凯文

盛世红山，以玉为尊

——红山文化玉器及相关问题研究

刘国祥

2021年4月25日15：45～18：00，应南京师范大学文博系邀请，中国社会科学院考古研究所党委委员、研究员、博士生导师，中国玉文化研究会副会长刘国祥先生在仙林校区敬文图书馆二楼西报告厅，为师生带来了主题为"红山文化玉器及相关问题研究"的讲座。此次讲座是南京师范大学考古学系列讲座总第42讲（考古名家讲坛第20讲）。讲座由王志高教授主持，校内外师生共计200余人到场聆听了该次讲座。

讲座伊始，刘国祥老师首先介绍了中国玉文化发展的历史。他指出，中国史前玉文化主要有两个中心：一是南方的良渚文化，二是北方的红山文化，它们共同构成了中国史前玉文化发展的鼎盛时代。其中红山文化是西辽河流域的一支重要的考古学文化，年代距今6500～5000年，它的玉器成就是中华五千年文明形成的重要标志之一。

接下来，刘老师介绍了红山文化玉器的源头——兴隆洼文化。兴隆洼文化因内蒙古赤峰市敖汉旗兴隆洼遗址的发掘而得名，其主体分布在内蒙古东南部和辽宁西部地区，年代为距今8200～7200年。刘老师指出，兴隆洼遗址聚落居住区极具特色，其外绕以椭圆形的围沟。兴隆洼文化存在一种将死者埋葬在居室内的奇特习俗——居室墓葬。如兴隆洼文化二期聚落的中心性房址内，发现一座居室墓葬M118。该墓葬规模较大，处于聚落中心部位，随葬品较为丰富，墓主人应该是兴隆洼文化二期聚落的首领式人物。刘老师认为居室葬与祭祀活动有关，主要反映时人灵魂不死，以及生者对死者的亲情、祖先崇拜的观念。他强调，墓葬中人骨保存完整与否直接影响对出土玉器功用的判断，如兴隆洼遗址135号墓一对大型玉玦出土于头骨耳部，可证应为佩戴于耳部的装饰品。而这类玉玦是目前所知世界范围内年代最早的耳饰。

接着，刘老师使用大量的考古发掘资料，重点讨论了红山文化的玉器。他首先回顾了红山文化发现与认识的过程。1935年日本人发掘了赤峰红山后遗址，出版了《赤峰红山后》发掘报告；1954年我国著名考古学家尹达先生首次提出了"红山文化"的命名。红山文化研究已成为考古学中的显学之一。他饱含激情地说道："中国境内名山很多，如果说哪一座山承载了中华五千年文明源头的历史，唯有内蒙古自治区赤峰市的红山！辽西地区山梁纵横，如果说有哪一道山梁见证了红山文明的崛起与辉煌，唯有辽宁省朝阳市的牛河梁！"

随后，刘老师对红山文化玉器的文化内涵进行了分析。他认为，红山文化特殊类玉器是为满足宗教典礼的特殊需求雕琢而成的，其造型奇特，工艺复杂，寓意深刻，主要器类有勾云形玉器、斜口筒形玉器、璧、双联璧、三联璧等。动物类和特殊类玉器的大量雕琢和广泛使用，突破了辽西地区原有的玉器造型传统。从出土数量和分布地域看，勾云形玉器、斜口筒形玉器和玉猪龙应为红山文化最具代表性的三种器类，对夏商周时期的玉器产生了深远的影响。玉人和玉凤具有独特的功能，皆出在牛河梁遗址上层积石冢阶段规模最大、规格最高的墓葬内，属于红山文化晚期的王者用器。他还认为，红山文化中的璧、斜口筒形玉器，以及方、圆形结合的积石冢及相关石建筑遗址等，包含了红山文化先民祭祀天地的思想，是当时人们宇宙观的直接体现。他强调，对于玉器研究，不能仅就玉器而论玉器，要结合同出的其他器类，再将其放入当时的社会背景之中进行综合探讨。因此，要想解读红山文化玉器，必须将之置于整个红山文化的社会背景中，这样才能更好地揭示红山文化玉器的自然属性和社会属性。

接下来，刘老师重点介绍了红山文化的玉龙，他将红山文化玉龙的造型分为两类。一类为C形玉龙。有正式出土地点的仅有2件，一为C形碧玉龙，一为C形黄玉龙，分别出自翁牛特旗境内的赛沁塔拉和东拐棒沟遗址。玉龙头部窄长，吻部前伸，双目呈水滴状，颈部正中竖起一道恰似飘扬的勾角，以往的研究中，将其称为鬣。对比赵宝沟文化小山尊形器腹部刻画的鹿、猪、鸟类动物形象，身体飘扬有不同弧度的勾角，恰似腾飞的羽翼。刘老师认为红山文化C形玉龙颈部竖起的勾角不应为鬣，应为表示飞翔状态的羽翼。他还简要介绍了C形黄玉龙曲折离奇的身世。由于该件玉龙是翁牛特旗博物馆征集所得，有学者怀疑其可能属于仿品。为了弄清楚该件玉龙的真正出土地点，他通过艰辛的访谈和实地踏查验证，明确了C形黄玉龙在1949年春天出土于东拐棒沟遗址。“这一调查过程，确定了C形黄玉龙的真实来源，比写多少篇研究论文都重要。”刘老师激动地说。

另一类则为玉猪龙，正式发掘出土的有4件，分别出自牛河梁遗址和半拉山遗址的积石冢石棺墓内。玉猪龙的造型特征有强烈的共性，头部较大，精细雕琢，双耳竖起，双目圆睁，吻部前噘，多数褶皱明显；身体蜷曲如环，中部的较大圆孔多自两面对钻而成，首尾相连，或分开；颈部有1个自两面对钻而成的小圆孔，少数颈部有2个小圆孔。

随后，刘老师介绍了红山文化具有代表性的祭祀类遗址。红山文化祭祀类遗址主要发现有喀左东山嘴圆形和方形祭坛、牛河梁女神庙、积石冢群、三环圆坛、长方形祭坛等。在牛河梁遗址周围近50平方公里的范围内，多分布有与祭祀有关的遗迹，居住址非常少见。由此，他认为牛河梁遗址是远离生活区而专门营建的，从而形成一处规模宏大的埋葬和祭祀场所，并非一个氏族或部落所能拥有，应是红山文化晚期出现的大型祭祀中心。这些现象表明，祭祀活动在红山文化晚期的社会中占有重要地位，同时一批具有独特祭祀功能的玉器应运而生。

在关于红山文化是否进入文明时代的讨论中，很多学者持否定意见。但结合西辽河流域已有的考古学研究成果，刘老师认为红山文化晚期西辽河流域已经步入初级文明社会，他从八个方面阐明了自己的观点。

一、红山文化时期，遗址分布密集，这是人口迅猛增长的标志，而聚落间的分级和超大规模中心性聚落的出现是社会组织复杂化的印证。

二、在房屋形制和聚落布局方面，出现抹有白灰的居住面，流行瓢形深坑式灶；中晚期出现“凸”字形和长方形围壕的聚落，聚落的防御性功能显著增强；聚落内部房屋排列仍凸显中心性大房址的地位，但并不过多强调以排为单位的组合，窖穴多分布在房屋的四周，以单排房址为代表的独立的经济生产和生活方式得以确立。

三、在祭祀性遗址的建筑和布局方面。积石冢建在山梁或土丘的顶部，有单冢与多冢之分，规模大小有别，牛河梁遗址集坛、庙、冢于一体，分布范围50平方公里，是红山文化晚期已知规模最大的一处中心性祭祀遗址。

四、红山文化晚期，社会结构分化，出现了掌管宗教祭祀大权和社会政治大权的特权阶层，等级制度确立。

五、红山文化晚期，农业经济彻底取代了狩猎—采集经济，占据主导地位，相对稳定的食物来源为人口的增长和手工业的分化提供了基本保障。

六、红山文化时期的生产力水平显著提高，手工业分化日益加剧，出现了从事建筑、制陶、玉雕、陶塑与泥塑等的专业化队伍，建筑技术的发展和提高突出表现在大规模建筑群体的规划与设计，以及对于新型建筑材料的加工和使用方面。

七、红山文化时期的科学和艺术成就引人注目，前者是推动社会发展的强大动力，后者是展示社会繁荣和先民智慧的重要标志。

八、红山文化时期广泛吸纳周邻地区史前文化的强势因素，成为西辽河流域史前社会发生质变的重要推动力。

讲座最后，刘老师对红山文化的龙图腾崇拜进行了分析。他认为辽西地区崇龙礼俗的形成可分为孕育期、形成期、发展和成熟期。兴隆洼文化属于孕育期；赵宝沟文化属于形成期；红山文化晚期则进入发展和成熟期。以龙图腾崇拜为主的共同精神信仰的产生，是辽西地区史前社会进入文明阶段的重要标志之一。红山文化玉猪龙对商、西周、东周时期蜷体玉龙的造型产生了直接影响，应为中华龙的本源，是中华五千年文明形成的重要标志之一。

演讲结束后，王志高教授对讲座内容进行了总结。他说："刘老师从考古学角度对红山文化的玉器进行了科学研究，他将玉器放在出土环境中进行考察，这是我们考古学者与一般玉器研究者根本性的区别，所取得的突破远远超过后者。尽管不少玉器属于传世品，但如果我们将其流传的过程梳理清楚，那么，这类玉器的重要性可与出土品等同。"

整理者：徐良、马健涛

从王到帝的祭祀

——国祭圣山：金代长白山神庙遗址的发掘与初步研究

赵俊杰

2021年5月12日10：00～12：00，为促进吉林大学、南京师范大学考古文博专业学术交流及共同促进两校专业人才培养，吉林大学考古学院历史考古系主任、博士生导师赵俊杰副教授率研究生招生宣传团队来南京师范大学展开招生宣传活动，随后于仙林校区学正楼406教室为师生带来了主题为"国祭圣山：金代长白山神庙遗址的发掘与初步研究"的讲座。本次讲座系南京师范大学考古学系列讲座总第45讲（考古学名家讲坛第22讲），讲座由陈声波副教授主持。全校师生近百人聆听了本次讲座。

讲座伊始，赵老师首先对于长白山神庙遗址的基本概况与发掘情况做了系统的介绍。金代长白山神庙遗址原名宝马城，位于吉林安图县二道白河镇西北4公里的丘陵南坡上，南距长白山天池50公里。2013年试掘发现该遗址后，吉林大学考古队先后组织了多次考古发掘。至2019年发掘结束时，考古队已经揭露了神庙遗址建筑布局及周边相关遗存的全貌。该处遗址意义重大，曾被评为"2017年中国六大考古新发现"及"2017年度全国十大考古新发现"。

考古发掘呈现出的长白山神庙遗址平面近似长方形，内中部偏北为一回廊环绕的大型院落，建筑依中轴线排列，规整有序。在介绍了遗址整体布局后，赵老师对遗址内的门殿、亭式建筑、廊庑、工字殿、神厨等主要遗迹做了进一步的介绍。通过对各遗迹中柱洞呈现的柱网结构、地砖铺设、

排水沟渠设置情况等细节的分析，赵老师一步步还原了不同遗迹的功能及建筑式样。

院落内的主体建筑工字殿，由面阔三间进深两间的前殿（JZ2）、面阔三间进深三间的后殿（JZ3），及连接前后殿的一条穿廊构成。前后殿均坐北朝南。前后两殿面阔相同，柱网大致上也是对齐的，体现出工字殿设计上的严整。赵老师指出，根据工字殿遗址周围瓦砾分布东侧多西侧少的情况，建筑当初应是向东倒塌的。据赵老师介绍，工字殿后殿的发掘还在持续进行中，采取了类似于秦兵马俑的"边发掘，边展示"的发掘方式。

工字殿以外，编号为JZ4的神厨建筑颇具特色。从发掘所见的柱网遗迹来看，神厨面阔三间、进深三间。由于其位于整个遗址区的东南部，地势相对低洼，故而柱子抬起较多，应是为防潮做出的设计。建筑室内的厨房为下沉式设计，灶位于室南端，烟囱位于建筑北侧，由一南北走向的烟道将二者相连，巧妙地凭借了地势北高南低的特点排出烟气。值得关注的是，神厨内烟道北段之上还砌有一炕，炕上发现5枚压炕钱。这种集厨房、寝室于一体的神厨建筑，具有十分鲜明的北方特征。

在长白山神庙遗址东墙外，还发现有两处窑址。其中Y2虽然体积小，但保存比较完整，除窑门被破坏外，火塘、烟道、出烟口等结构及窑中的产品都留存了下来。他认为这些砖、瓦、滴水构件，应系此窑的最后一批产品。在介绍窑址中发现砖瓦的基础上，赵俊杰老师补充讲解了中国古代建筑中瓦构件的相关知识。结合出土的实物资料，逐一说明了筒瓦、板瓦、鸱尾、当沟等构件的形制、功能与作用，并以鸱尾为例讲述了建筑构件形制的演变。

在展示了主要遗迹后，赵老师选取了包括瓦当、鸱吻、铜钱、玉册在内的一系列有代表性的出土遗物，进一步介绍了遗址的发掘情况。赵老师强调，虽然出土的瓦当均是兽面，但其间多有不同。通过对比，赵老师指出遗址中所出兽面瓦当在制作中存在卷曲鬃毛消失、当面纹饰变小，乃至兽面纹饰最终趋于抽象模糊的式样变化。遗址中所出的玉册均是汉白玉质地，十分精美，尽管大多已破碎，但残件仍保留了包括年号在内的许多信息。

在全面介绍遗址发掘情况后，赵俊杰老师总结了在遗址发掘过程中考古理念的创新。第一，在处理遗址中所出大量瓦件的方式上，考古队将瓦件按探方、种类码放，为建筑的复原研究打下了坚实的基础；第二，考古队重视窑址废弃堆积的清理，追寻从更多角度探讨的可能性；第三，考古队进行了大量三维扫描数据的收集和整理；第四，考古工作中进行了具有原创性的保护性回填尝试，投入大量人力物力，重点做好防寒防水处理，保证了遗迹遗物的安全及文物考古工作的可持续性。

接着，赵老师分析了长白山神庙遗址的年代、性质等重要问题。

第一，关于遗址的年代问题，由于出土遗物均具有典型的金代特征，其东墙底部直接叠压于自然淤积层之上而又被金代地层叠压，可见遗址始建年代及主体使用年代均为金代。两块采集于JZ1础石上的大块木炭样品的^{14}C测年结果，经树轮校正后均落在金代纪年内，且以金代中后期的可能性为大。

第二，关于建筑的规划与形制，赵老师指出，建筑为一体规划建筑，布局严整有序。

所有建筑均为坡地起建，首先筑成夯土台基，再在台基之上进一步营建殿阁、门屋、回廊、庭院和排水沟等建筑。因为没有平整过土地，所以整个院落越往南台基越高，最高处已逾两米。

第三，从建筑构件上看，神庙的瓦件比较考究。尽管没有发现琉璃材质，但从瓦件的切片来看，运用了两种材质的原料，且做了渗碳处理，使其颜色更加深沉庄重。

第四，在建筑用材方面，通过对木炭样本的分析，可以确定建筑采用的木材均为红松和落叶松。

第五，关于遗址的性质问题，赵老师根据《金史》记载，指出长白山遗址应是金大定十二年（1172），金世宗效仿中原皇帝封禅五岳之举，封长白山神为"兴国灵应王"后在长白山北侧所建的神庙。金明昌四年（1193，癸丑），金章宗进一步册封长白山神为"开天宏圣帝"。长白山神庙的选址、规格，完全符合《大金集礼》中对长白山庙宇的记载；从考古发掘情况来看，该处建筑等级很高；玉册残片的发现及其上的"癸丑""金""於"等文字和龙纹刻画，又与封禅的情境完全吻合。

此外，赵老师指出长白山神庙遗址在金代城市考古、边疆考古和北方民族考古上的重大意义，及其作为重要遗存对于建筑、手工业等专门领域研究的重要价值。赵老师强调，长白山神庙遗址反映了金王朝对于汉文化的吸收及当时南北文化的交流互动，非常值得重视。

关于对遗迹遗物的多角度研究。赵老师提出，考古发掘所出的兽头是还原屋顶形制的重要材料。通过观察出土兽头形态，赵老师将兽头按张嘴、闭嘴特点和陶色差异二分，指出灰陶兽头上颌多短而宽，黑陶兽头上颌多细而长，它们很可能是建筑上装饰于屋脊的脊兽。由于官式建筑不同样式的屋顶上兽头配置有固定规制，通过考察出土兽头数量便可推出建筑屋顶形制。如神庙遗址JZ1附近出土兽头最小个体数为14个，比照朔州崇福寺弥陀殿屋顶兽头配置方式，可推知JZ1很可能为歇山顶建筑。

最后，赵老师讨论了遗址的建筑布局及相关问题。考古发掘所见的长白山神庙遗址与《大金集礼》对比，许多情况可以呼应，但也存在一些抵牾之处。如《大金集礼》记载神庙"东西两廊各七间"，但实际发掘所见的两廊大约有二十多间。另外，考古所见的长白山神庙，可与现存的古建筑及古代绘画中的建筑形制作对比，有利于扩充我们对古建筑的认识。如神庙工字殿前殿（JZ2）前设月台，但月台前不设踏步，便与山西芮城永乐宫元代壁画所绘大殿的月台情况相同；工字殿后殿室内无立柱，其情况与山西五台山延庆寺大殿相同；等等。根据倒塌的白灰上有明显的红彩痕迹，可推测神庙建筑的外墙为红墙；建筑铺垫砖上数处绘蓝彩的木料残迹，说明当时建筑的梁枋上应有彩绘；尽管长白山先后封王、封帝，但发掘结果显示神庙为一次规划修整而成，并未随封号提升而在规格上有大的调整。赵老师认为，金王朝对长白山祭祀的重视，更多体现在祭祀礼仪与春秋两次致祭上，而非体现在建筑的布局与规划之中。

作为余论，赵老师在讲座尾声讨论了"何谓正统"的问题。赵老师认为，在宋辽金这样少数民族政权与汉族政权南北对峙的时期，少数民族政权的统治者往往更有雄心，更加注重统治的合法性问题。他们往往尊重并接纳汉文化，以统一全国为己任。相比之下，自诩正统的汉族政权，却常常囿于内部的政治斗争，最后连守业也无法做到。作为新时代的研究者，在多元一体日益受到重视的当下，我们的研究视野应该更加宽广，不应拘泥于以汉族为中心的史观，这是研究长白山神庙遗址的历史与现实意义所在。

讲座结束后，陈声波副教授对讲座内容进行了总结。作为一名研究前段考古的学者，陈老师表示，在新石器时期的研究上，苏秉琦先生"满天星斗"的观点，推动了对文明起源认识的进步；今天的我们，同样也应当用多元的眼光，去看待中华文明的发展问题。中华文明就是在诸多民族文化相互交融中不断推进的。

整理者：张新泽

探索古蜀文明的密码

——从三星堆埋藏坑看古蜀文明

孙 华

2021年5月18日14：00～16：00，应南京师范大学社会发展学院文博系的邀请，北京大学考古文博学院教授、博士生导师、学术委员会主任、文化遗产保护研究中心主任孙华先生在仙林校区敬文图书馆二楼西报告厅，为师生带来了题为"从三星堆埋藏坑看古蜀文明"的讲座。此次讲座是南京师范大学考古学系列讲座总第46讲（考古名家讲坛第23讲）。讲座由王志高教授主持，校内外师生共计150余人到场聆听了该次讲座。

2021年，三星堆遗址新发现的六个埋藏坑不仅得到了学术界的瞩目，也引发了社会上的高度关注。孙华老师的此次讲座，即是在回顾与总结三星堆埋藏坑既有发现与认识的基础之上，结合考古新进展提出一些新认识，以深化对古蜀文明早期阶段的探讨。

讲座伊始，孙老师首先回顾了三星堆遗址发现的历史。

三星堆文化是分布在中国西南四川盆地内、年代范围大致在公元前1600至前1200年间的青铜文明，三星堆遗址即是三星堆文化的中心遗址。早在20世纪20年代末，该遗址就出土过一批精美的玉石器。1934年，当时华西大学博物馆的美籍学者葛维汉（David C. Graham）等根据该线索，在出土玉石器的地点进行了发掘，这是三星堆遗址的首次考古发掘。在1986年发现两个埋藏坑之前，三星堆遗址已经历过1963年、1980年至1986年的若干次考古调查和发掘。考古学界也早就开始重视三星堆遗址，认为它是古蜀文化的源头。1986年三星堆两个埋藏坑的发现，使得国内外学术界对三星堆的认识上了一个新台阶，也掀起了一个探索三星堆的热潮。这两个埋藏坑出土的文物曾在国内外多地博物馆进行过专题展览。20世纪90年代，当地政府又在三星堆遗址新建了三星堆博物馆。最近，三星堆博物馆的扩建和遗址公园建设也在逐步推进。

与此同时，三星堆遗址的考古发掘工作也在持续进行。1987～1996年，四川省文物考古研究院对三星堆遗址的考古工作先后确认了三星堆东、西、南三道外城墙，并解剖了遗址西北部纵横的两道内城墙遗迹，从而认识到夏商时期的三星堆遗址是一座被宽大土城墙围绕、西北部还有一个内部小城（月亮湾小城）的规模宏大的城邑。2000年迄今，四川

省文物考古研究院不仅对遗址做了全面钻探，还通过考古发掘新确认了三星堆东北小城，新揭露了西北小城北部的青关山大型建筑群，使得学界对三星堆遗址的布局有了更加全面的了解。2018年起，四川省文物考古研究院对三星堆遗址几个重要地点进行了系统的发掘，在三星堆原先两个埋藏坑之间发现了六个埋藏坑。三星堆研究即将迎来一个新的高潮。

接着，孙老师总结了关于三星堆遗址和埋藏坑的既有认识。

三星堆遗址是我国长江上游地区规模最大、保存最完好的先秦遗址。根据孙老师的研究，三星堆遗址可分为三期。在第一期（宝墩村文化）时，三星堆聚落的规模虽然很大，但可能还没有营建城墙。第二期（三星堆文化）是三星堆遗址的主体，三星堆文化就是以该期遗存为代表。这一时期内，三星堆的先民修筑了城墙，营建了大型建筑，制造了大量的玉石器和青铜器。这是三星堆遗址一个大的转变，也是该遗址的繁荣时期，同时是四川青铜时代的开始时期。至第三期（十二桥文化）时，原先的宫殿、神庙、城墙都已毁弃，统治阶级和主要居民迁往他处，遗址范围内只有少数地点发现了这一时期的遗存。三星堆遗址从都城跌落至普通聚落，这是三星堆遗址又一个大的转变。

关于三星堆古城的平面布局，从已有的考古发现看，城市被穿城而过的马牧河划分为南、北两大部分，宫殿区与神庙区隔河相望；同时贯穿全城的南北向内城墙再将城市划分为东、西两部分。这种划分其实很容易理解。马牧河的南部是神职人员进行宗教祭祀活动的区域，这一区域相对单纯，需要有单独的城墙分隔开。而居住在城市北部的人们不全部是王公贵族，不同社会等级的社群需要有城墙分隔成不同的区域。因此，三星堆古城形成了北部并列双城、南部单城或并列双城的近似"田"字形的城市布局。

三星堆古城的规划蕴含着法象天汉的思想，对以后古蜀王国历代都城的规划影响很大，在成都金沙村遗址、古蜀国最晚的开明王朝的都城成都遗址均可找到印迹。古蜀国的都城规划思想，在秦灭巴蜀后并没有消失，而是被整合入秦汉文化的体系中。在秦统一后营建的大咸阳、西汉长安城乃至于隋唐洛阳城等，都还可以见到此类规划思想的孑遗。

三星堆埋藏坑是目前三星堆研究中着力最多之处。1986年以来，国内外涌现出了一大批有关三星堆的论文和专著。经过多年的研究，关于1986年发现的两个埋藏坑，学界已有一些共识。在埋藏坑的年代问题上，通过埋藏坑内陶器与三星堆遗址陶器的分期编年对比可知，三星堆埋藏坑的年代在三星堆文化行将结束、十二桥文化即将开始之时，其年代在公元前1200年前后。在埋藏坑的性质问题上，学界的基本认识已经集中在"祭祀坑"

和"埋藏坑"两个方面。"祭祀坑说"认为这两个坑是三星堆人特殊祭祀活动的遗存，这是学界最普遍的主流认识；"埋藏坑说"则认为是三星堆发生重大变故后毁坏神庙陈设的埋藏，至于是何种变故，则又有外敌入侵和内部动乱两种看法。

关于两个埋藏坑内数量众多、残损严重的器物，在经过归组和复原研究后可以看出，它们分属三个不同的群体：神像、人像与供奉礼仪用器。随后，孙老师对这三个群体的典型代表一一进行了解读。

第一群神像以两棵青铜神树和三具凸目尖耳铜神面像为代表。三星堆二号坑出土了两棵青铜铸造的大型神树，以及大量的铜树残件和挂件。由于残损，原报告认为铜树有大小共6棵。孙老师认为二号坑大多数残损的铜件都是这些铜树上的，真正具有底座的大铜树就两棵。而这两棵神树应是东方扶桑和西方若木的象征。坑内出土的凸目尖耳青铜面像体量为三星堆铜像之最，特殊的眼睛和耳朵以及鼻梁上的一缕云气显示了其神的色彩，故这些应该就是三星堆王国神庙中人首鸟身神像的脸面装饰。原先完整的太阳神像头部和身躯都是木雕的，木质的部分已经随着神庙的焚毁而消失，只有凸目尖耳的青铜面部装饰被保留下来。

第二群人像以铜人面像、大铜立人像和大量铜人头像为代表，它们应该是三星堆王国统治阶级的写照。大铜立人像是人像中最引人注目者。实际上除了手中所持之物外，人像身上佩戴的其他物件也需要复原。有学者通过对比埋藏坑出土的带有双柄的铜壳与金沙遗址等地出土的玉剑鞘、铜带鞘剑等，推断铜壳表现的是悬挂在人像腰间的带双剑的剑鞘。埋藏坑出土的大量铜人头像实际上应当是铜首木身人像的残余物，其颈部下端的三角形即是木制身躯衣领的夹角。这一点参照大铜立人像便可知。除此之外，埋藏坑内出土的龙首杖和鸟首杖可能是三星堆不同贵族首领所持的权杖。

第三群供奉礼仪用器，以方尊形铜熏炉、铜尊、铜罍、大量玉石器和象牙等为代表。孙老师向大家重点介绍了二号坑内出土方尊形铜熏炉——"铜神坛"的复原。该铜器出土前已经被烧毁了大半，四方形的主体只有一面多一点被保存下来。孙老师提出的复原方案中"铜神坛"由四层构成：第一层是"中"字形的底座及其上的两头怪兽和两个牵兽人，两头怪兽头尾方向相反；第二层圆形平台的周边等距离站立四个立人像，每个人像双手握着一根树枝状的东西；第三层是被下层四个立人头顶着的"神坛"的主体——三段式方尊形器，尊的底部还悬挂着一个小铜铃；第四层是扣在方尊形器口部的有着镂空花纹的四面坡形盖子，盖顶有一个跪坐的人像。如果跪坐人像上没有其他构件的话，整座"铜神坛"高度大约在110厘米左右。这应该是陈放在神像前面的铜熏炉，并非铜神坛。

关于坑内埋藏物的来源，孙老师认为这些器物呈现出鲜明的神庙内陈设的特点，故他在20多年前就推断，三星堆埋藏坑是三星堆人神庙毁弃后的埋藏。

随后，孙老师结合三星堆的新发现，就一些问题提出了新的认识。

此前学界的研究基本上是基于1986年发现的两个埋藏坑提出来的，而这两个埋藏坑并不相连。新发现的六个埋藏坑势必会带来一系列新问题，如已发现的八个埋藏坑是否具有同时性，原先对埋藏坑性质、成因、器物来源的推断能否成立等。孙老师从坑群的埋藏现象入手展开了分析。他认为，埋藏坑群位于高耸于地表的名为"三星堆"土台西南一侧，三个土台原本下部相连而上部各自独立，应属人工堆筑形成。坑的方向基本上与土堆的方向垂直，二者存在呼应关系。孙老师推测这三个土堆可能是神庙建筑的高台（该高台下面相连的部分也可能是城墙的一部分），并认为三星堆的这些埋藏坑及场所是有规划地统一营建的。具体的营建过程，可能为先在三星堆土台西南一侧寻找了一块场地，再运来被火烧毁的建筑垃圾（红烧土）垫平场地，然后运来纯净的黄土铺垫场地的表面，之后再在场地上按照规划挖了六个长方形土坑。土坑挖好后，三星堆人可能还举行了一些仪式，然后才将神庙烧毁的像设、陈设和建筑残件放在坑内，最后用泥土填平了这些土坑。三星堆埋藏坑的这些埋藏现象，连同坑内出土的文物反映的年代的一致性，以及坑内神像和人像兼具的情况，都显示了这些埋藏坑更像是三星堆人处理自己毁坏的神庙像设和陈设的行为。

至于为何说最初规划时只有六个埋藏坑，孙老师认为面积较小、深度较浅的5、6号坑可能是其他六个坑填埋完成后才形成的。这两个坑的性质既有可能如发掘者推测的是当时或稍后祭祀活动的遗留，也可能是对之前漏埋的神庙毁弃物补充掩埋的埋藏。

除此之外，新发现也为其他问题的解决提供了一些线索。如此前1、2号埋藏坑已经发现了两棵象征着太阳升起和落下之处的大铜树，但在中国的古代神话体系中，还有一棵耸立于天地之中的神树"建木"。目前三星堆3号坑已经显露出铜树残件，上面有坐着的人像，这或许就与"建木"有关。

最后，孙老师介绍了北京大学承担的三星堆8号坑考古发掘的情况，指出新发现的三星堆埋藏坑的考古发掘工作还在进行中，更多重要的发现还需要一段时间才能知道，后期的整理、修复与研究工作尚需很长时间。但可以肯定的是，三星堆埋藏坑的新发现和新资料，一定会推动古蜀文明的研究走向深入。考古学家需要细心和耐心，我们的爱好者也不能太着急。

讲座结束后，王志高教授对讲座内容进行了总结。他说，孙老师长期关注三星堆的考古发现，新发现印证了他早年的推测，相信孙老师讲座中对三星堆埋藏坑新发现的解读具有相当的前瞻性。

整理者：王耀文

郢路辽远

——楚纪南故城考古发现与研究

闻 磊

2021年5月27日15：00～17：00，应南京师范大学社会发展学院文博系的邀请，供职于湖北省文物考古研究所的文博系2004级校友闻磊老师在仙林校区化行楼101报告厅做了题为"楚纪南故城考古发现与研究"的讲座。此次讲座是南京师范大学考古学系列讲座总第50讲（弘文讲坛第1讲），由陈曦博士主持，校内外师生近200人到场聆听了该次讲座。

讲座开始前，陈曦博士介绍了"弘文讲坛"的由来。该系列讲坛以文博系系友出资设立的"弘文"助学金命名，拟于每年度颁发助学金期间邀请系友代表回到母校开设讲座。"弘文讲坛"的设立既是向心系母校的系友致以谢意，同时也是为了建立系友与在校学生之间的联系，激励同学们学习系友勤奋工作、刻苦治学的精神。

闻磊老师在2004年至2011年就读于南师文博系，硕士阶段师从裴安平教授。自入职湖北省文物考古研究所以来，闻老师一直在从事一线田野考古发掘工作，近年的工作重点是楚纪南故城的发掘与研究。此次讲座正围绕这一课题展开。

讲座伊始，闻老师首先对研究背景进行了说明。楚国始封于西周初年，建国时势力弱小、"土不过同"，之后逐渐发展为春秋五霸、战国七雄之一。重大的考古发现也使得楚文化研究成为一门显学。在楚文化研究中，楚国都城的研究无疑是一项重大课题。但由于文献记载的匮乏，目前仅陈郢、寿郢的地望比较明确，楚国其他时期都邑的位置莫衷一是。在此背景下，文物考古部门对纪南城遗址进行了集中探索。

接着，闻老师介绍了楚纪南故城的基本情况。楚纪南故城因位于纪山之南而得名，最早见于《左传》杜预注："楚国，今南郡江陵纪南城也。"城址平面略呈长方形，东西长4.5公里、南北宽3.5公里，南面靠东段凸出一块。城内面积约15.6平方公里。大部分城垣保存状况较好，一般高出地面3～5米，最高处为7.6米。城垣的28处缺口中有7处被探测确认为城门。除南城垣凸出部分尚未发现外，城垣外围均有护城河环绕。其中东城垣南段以天然的庙湖水体充当护城河。

随后，闻老师回顾了纪南城考古的基本情况。21世纪前纪南城的考古工作主要集中在20世纪50年代至80年代，闻老师重点为大家介绍了1973年南垣水门的发掘与1975年的考古大会战。南垣水门平面呈长方形，东西宽15米，南北进深11.5米，发现有49个木柱洞，其中37个存有木桩。水门为一门三道，由木柱、板础和木挡板构成两层建筑。门道宽度为3.5～3.7米，刚好可以通过一艘船。经过复原，水门上层可能为廊桥式建筑，可根据通行船只的高度升起或放下桥面。建筑基部发现有成组的陶明器、人骨架、马头和兽骨，推测水门建设之初进行过奠基仪式。

1975年考古大会战是考古学界就某个重要领域的关键点进行大规模攻坚作战的发端，一共有7所高校的考古专业和10家文博单位参与。为此开办的两期考古训练班可以称为湖北考古的"黄埔军校"，培养了一大批文物考古工作者。这次考古大会战的主要工作包括纪南城城址的全面勘探和对重要遗址、墓葬及大批水井等的发掘。对城址的全面勘探使学界得以了解纪南城平面布局的整体情况，在此基础上，前辈学者也对纪南城的功能分区进行了推测：中部偏南为宫城区，西部为作坊区，东南为贵族居住区。

接下来闻老师介绍了考古大会战时期发掘的重要遗迹，主要包括西垣北门、松30号台基和陈家台遗址。西垣北门仅保存不完全的基础部分，为一门三道的形制。中间门道宽为两侧门道的两倍，达7.8米。在城门内的南北两边，紧靠墙身的内侧各有门房基址1座。松30号台基发现上下叠压的两期房址F1和F2。其中F1保存较好，属战国中期晚段，遗存有使用碎陶瓦片掺杂红烧土块和细泥夯筑而成的磉墩及散水、排水沟等。陈家台遗址发现有残墙、柱洞和散水等建筑遗迹，台基西北部和东部各发现铸炉两座并出土木炭、锡攀钉、铜棒、锡渣、鼓风管残片、残范等铸造遗物。台基面上遗留有数以千斤计的碳化稻米，^{14}C测年结果为距今2260年前后。与纪南城东垣遗址出土的稻米相比，陈家台遗址发现的稻米颗粒饱满，应当是经过挑选后供工匠食用的。

在梳理完前辈学者的研究之后，讲座进入近十年来大遗址保护工作的部分。2010年11月，湖北省政府批准设立荆州楚纪南故城大遗址保护区。自2011年起新一轮的纪南城考古工作逐步展开。相较于普通基建项目，大遗址项目更强调工作的系统化，因此在工作开展之初，纪南城遗址就被划分为25个发掘区域。闻老师重点介绍了宫城区的普探和试掘，以及由他主持发掘的东垣南门、东城垣及护城河的考古工作情况。

宫城区的普探及试掘工作主要围绕宫城城墙和夯土台基展开，主要的收获可分为以下八个方面。

第一是宫城范围的确认。1975年前辈学者勘探发现宫墙东北角痕迹，当时复原推测与外城垣相连。而2013年和2014年发现了残存的东南拐角和西侧两段城垣，确认了宫城区西界与南界的大致位置。整个宫城区平面呈长方形，面积达72.6万平方米。

第二是夯土台基的明晰辨识。1975年考古勘探共确认了84处夯土台基，但难以据此推测宫城区的布局及各处台基的功能。查阅相关民俗学材料可知，江汉平原水网密布，人们自古有择高台而居的习俗。楚国宫殿均为高台建筑，至明清时期这一地区也有大量的台基建筑。明清时期台基外围有水沟环绕，土质土色也与东周时期不同。据此重新确认的属于纪南城宫城的台基实有22处。

第三是夯土台基附属窑场的发现。宫殿区台基附近基本都发现取土和窑址痕迹，窑址使用时间普遍很短。当时工匠就地取土后烧造各种建筑构件。窑址废弃后用碎瓦片和五花土等进行回填，经夯筑后又成为台基的一部分。

第四是两期夯土的确认。以松30号台基的两期房址为线索，考古工作者在宫城区东部的六个台基上相继发现了上、下两期夯土堆积。在两期夯土层之间有一层有意识铺垫形成的黑色灰泥层。为了避免地层过于松软，增加两期夯土之间的摩擦力，在灰泥层的表面还铺垫有碎瓦片和陶器残片。这些瓦规格不一，可见是有意铺设而非原有建筑塌毁形成的堆积。

第五是相近台基之间"连廊"的发现。在部分相近的台基之间发现有土埂相连。经勘探确认台基之间有第二期夯土，平面比两边的台基略低，推测为"连廊"。

第六是殿前广场的发现。勘探结果显示，有几处台基东部存在经夯土堆积的缓坡地带，这应当是台基的进出口，可称为"殿前广场"。

第七是东广场与灰坑的发现。在宫城区东部发现一处厚5~30厘米、近3600平方米的方形堆积，推测为大型活动的聚集场所，可命名为"东广场"。广场东北部有一灰坑，灰坑下层布满草木灰，上层为灰白细沙土。该灰坑可能是集会时燃烧篝火或者开展某种祭祀形成的，上层白沙土则是人为灭火进行的填埋。这可能与楚人的燎祭有关。

第八是环形界沟的重大发现。新发现的环形界沟基本位于宫城区中心，平面整体呈长方形，面积约27万平方米，各边发现的缺口可能与宫门相对应。南边界沟的西侧缺口发现有南北向排水管道，可能借助地势将水排出界沟围绕区外。至于环形界沟的成因与功能，可能与便于夯土台基的取土、划分宫城内部的功能分区、利于宫城区的排水和进行绿化有关。

针对宫城区的发现，闻老师提出了几点认识。第一，夯土台基附属的窑场既可能是为就地取材之便，也可能是一种集中管理。第二，两期夯土及中间淤泥层的形成推测与第一期台基尚未完工时遭遇洪水而中断有关。之后楚人未完全改变原有的规划方案，并在此前的基础上进行了加深、加高与加大，完成了纪南城的建设布局。第三，环形界沟、东广场和灰坑的发现，使得宫城区第二期夯土台基功能明确，解释更为合理。江陵九店东周墓出土的《日书·相宅》记载了楚人对住宅方位的吉凶理解，楚人认为东北、东南比西南、西北更为吉利。宫城区西北部地势最高，这一区域发现的台基规模也最大。这些台基可能为宗庙式建筑，有镇压风水之用。三处较大的台基可能对应神庙、祖庙与社庙。宫城区东北部台基分布密集，推测为寝宫。东南部台基间隔较大，推测为商议国事的朝堂，这样的布局也符合前朝后寝的礼制需要。宫城核心区域外的台基可能具有护卫功能。第四，殿前广场的存在为宫城区道路交通的探寻提供了线索。

2018年及2019年，纪南城的考古发掘工作集中在东垣南门、东城垣及护城河。东垣南门因地势最低，常用作泄洪，故破坏较为严重。南门发现有三个门道和数个门垛，城门跨度达52.5米。结合东垣南门的发掘，考古人员又对其北部城垣及护城河进行长探沟解剖发掘。发掘结果显示，城垣底部开挖有基槽，底宽约48米。墙体呈台阶状，自上而下可划分为一级墙体和二级墙体。据密集的圆形夯窝推测，墙体是由木棍集束逐级夯筑而成的。一级墙体外侧与二级墙体顶面相交处倒扣有一列板瓦，可能起到分界或筑城过程中的散水作用。城垣及外护坡、内护坡下发现有灰坑、壕沟等遗迹，其中的包含物的年代经类型学分析可判断为战国中期，甚至可能是战国早期晚段。东城垣外侧没有护城河，但有水井、灰坑等同时期居住遗迹。推测整个城址东南部借用了自然湖泊——庙湖的防御功能，故没有人工开凿护城河。同时，东垣外发现的相关居住遗迹应当是守卫人员驻所，靠近湖边的位置可能设置了码头。纪南城的年代上限还有待探索，但是其年代下限相对明确——史载公元前278年"白起拔郢"，纪南城的都城地位不复存在。秦汉时期这一地区沦为墓地，一直到宋代间有零星遗迹。

作为一座体量巨大的都城遗址，纪南城值得研究的内容极其丰富。随着田野工作的深入，许多相关问题的思考也必须不断推进。闻老师也提出了自己近期的新思考。从宏观角度考虑，以纪南城为核心的长江中游部分城址可以视作战国早中期城址群。更进一步来讲，我们可以对整个楚文化区内的城址开展系统性的工作。最后，闻老师发出了诚挚的邀请，欢迎在座的各位同学参与纪南城考古。

讲座结束后，裴安平教授进行了点评。他高度肯定了闻磊老师十年来在纪南城考古工作中的成绩，特别赞扬了闻老师持之以恒的工作态度。本次讲座的一大亮点是对考古新收获的介绍，尤其近年来纪南城宫城的考古发现令人瞩目。接下来裴教授为同学们简单梳理了中国城址形态的演变，以解释纪南城这一新发现的重要性。距今6000年前后，中国出现了只有一道城墙的城，这是氏族的城、部落的城。距今5000年前后，出现了内外两重城墙的城，如石家河遗址、尧王城遗址，这是部落联盟的城。跨部落的组织拥有两级聚落，对应内外两重城墙，这一传统一直延续到商周时期。至战国时期，第三重城墙——宫城出现了，这是统治阶级的城。这一变化与当时血缘社会向地缘社会的转变有关。长期以来，南北方的城址考古存在差异，如齐临淄城、燕下都均发现外城、内城和宫城三重城墙，相反此前南方地区一直没有发现宫城。纪南城宫城的确认对于研究中国城址的发展、中国社会的发展有着非常重要的意义。最后，裴安平教授缅怀了前不久逝世的袁隆平先生，并点出了贯穿其一生的持之以恒的精神。每一年的毕业寄语，裴教授都希望同学们在未来的道路上"走得更远、飞得更高"。而要做到这一点，只有一条路：脚踏实地，默默追求。

整理者：黄嫣、王耀文

巍巍土山，赫赫楚王

——2020年度中国十大考古新发现之徐州土山二号汉墓

耿建军

2021年10月31日15：45～17：45，应南京师范大学社会发展学院文博系的邀请，徐州博物馆考古部主任、研究馆员耿建军先生在仙林校区敬文图书馆二楼西报告厅做了题为"2020年度中国十大考古新发现之徐州土山二号汉墓"的讲座。此次讲座是南京师范大学考古学系列讲座总第56讲（考古名家讲坛第28讲）。讲座由王志高教授主持，南京大学吴桂兵教授和南京师范大学白莉副教授、韩茗老师等校内外师生共100余人到场聆听了该次讲座。

讲座伊始，耿建军老师简要介绍了土山汉墓的概况。该墓地位于徐州市区南部云龙山北麓，现徐州博物馆院内。土山汉墓共包含三座墓葬。一号墓发现于1969年，位于封土北部边缘，保存较好，墓向为10°，1970年由南京博物院邹厚本先生主持发掘，墓葬为平地起建，规模较小，出土有银缕玉衣、鎏金兽形砚等高等级器物。二号墓发现于1977年，位于封土下中间位置，先后经过四次发掘。三号墓于2002年徐州中医院病房大楼施工中被发现，位于封土外西北侧，徐州博物馆做了抢救性发掘。该墓规模较大，墓向为195°，有开凿的墓坑，包括墓道、甬道、前室、后室及东、西侧室，墓葬破坏严重，仅残存部分墓底，未见有葬人痕迹，可能为一座废弃墓葬。

随后耿老师着重介绍了二号墓。二号墓是1977年5月徐州博物馆王恺先生等在对土山进行全面勘探时发现的，当年发掘清理了墓葬东侧耳室。1982年3月，徐州博物馆对二号墓进行了第二次发掘，清理至黄肠石，后因资金、堆土等问题停止了发掘。2004年，以徐州博物馆扩建工程为契机，南京博物院张敏先生主持进行了第三次发掘，在揭露封石范围以后停止了发掘。2010～2012年，在徐州博物馆时任馆长李银德先生的主持下，于墓上建设了永久性保护建筑，土山汉墓的发掘也由田野考古转为室内精细化考古。2013年徐州博物馆取得了团体发掘资质，第二年申请了墓室部分的发掘，并由耿建军先生负责至今。耿老师指出，土山二号墓发掘工作从室外转为室内，从田野考古发掘转为发掘与保护、展示并重，是我国考古发掘工作理念转变的缩影和范例。

接下来，耿老师对土山二号墓的陵园布局与墓室结构做了细致分析。他指出，二号墓

位于封土中心，坐北朝南，由墓道，东、西耳室，甬道，前室，后室，徼道，黄肠石墙等部分组成。墓顶有封土，封土与墓室之间有四层封石，墓室内面积近150平方米。土山周边的调查勘探中没有发现明显的陵园遗迹，但参考洛阳东汉帝陵陵园的勘探资料，有学者推测当时的陵园或以"行马"（古时官府门前所设阻挡通行的木制障碍物）相隔。另外，汉代陵寝建筑一般位于封土的东北方向，而土山东北被建筑和道路覆盖，因此难以判断其陵寝建筑情况。不过耿老师指出，在彭城路的改造施工中曾发现有平整的石面，三面带有浅槽，但因该遗迹处于汉代采石场范围内，当时被视作采石遗迹，但其明显较一般石坯为大，所以耿老师认为这很可能与寝殿类建筑遗迹有关。封土中的包含物极为丰富，其中最为重要的就是封泥。

土山二号墓选址在地势高亢的云龙山北麓山脊上，墓坑为开凿的石坑，南北长25.8米、东西宽15.7米、深3.5米，墓坑面积近410平方米（东汉帝陵墓坑面积约2000平方米）。墓室砌筑在墓坑内。墓道方向197°，总长18.7米，分为前后两段，前段长14.3米、宽3.7米，呈斜坡形，两侧砌有挡土砖墙。西侧墙砌筑在墓道底部，东侧墙砌筑在（汉代）地表以上。墓道有二次打开的痕迹，填土未进行夯筑。两侧有对称的浅槽，应与支撑有关。墓道北部在墓坑内，底平，长4.4米，两侧各有一耳室。其前后各有一封门墙，南面为砖封门，宽3.9米、长1.7米、高5.5米（上部于1978年发掘时拆除）。北面为石封门，宽3.7米、长1.4米、高6.4米，为两排共18层条石，是第二次封填时砌筑的。耳室均为砖结构，东耳室为三层砖券（其中上层用的是长方形砖），西耳室为两层砖券。前部设置有木门及封口墙，上、下各有门楣和门槛，券顶上砌有挡土墙。东耳室为庖厨间，主要出土的是陶器；西耳室为车马室，主要出土车马明器及陶楼院落等。甬道南北长6.5米、东西宽2.7米、高4.7米，前部为以两排木板叠砌的封门墙，两排木板之间以长方形木条扣合。外侧木板墙顶部与石封门之间搭木板。木墙内侧有两件镂空的龙形铺首衔环，墓室内有部分车马明器。木墙及券顶上有砖砌券顶封口墙及挡土墙。前室为横向长方形，东西12.2米、南北3.2米、高5.2米。东部主要是车马娱乐器具及兵器，西部为玉石祭奠用品，附近发现有小猪骨骼。后室南北4.8米、东西4.5米、高5.5米。前有门道，内置木门，髹红漆，门上有龙形铺首。后室为棺室，石砌棺床上有两具漆木棺，出土玉衣、铜铁镜等，其中东侧是重棺，西侧是梓木单棺。棺板表面涂漆灰层，外髹红漆。外棺表面绘白色圆形图案及云气纹。西侧外棺可能镶嵌有玉璧。

随后耿老师分析了徼道的情况。徼道围绕在后室的东、北、西三面，总长28米、宽1.75米、高3.8米，底部中间为砖砌台。徼道本为警卫人员巡逻的道路，但在土山二号墓中主要用于放置陶器。其中北徽道东西两端发现有大量薏苡子，东徽道内有一具单层梓木漆棺，棺板及漆灰层较厚，棺的底部铺一层石灰。漆木棺外部镶嵌玉石璧。棺内出土有玉席、步摇饰件、骨角器等。整个墓葬共用石4200多块，近1000立方米。值得注意的是，石材上的工匠姓名超过180个。从质地、颜色及加工痕迹判断，石料来源于多地。石材主要用于封石、封门石墙、黄肠石墙和墓室石墙四个部位。部分石材上有文字，多为阴刻，也有部分白书及朱书。文字内容主要是工匠的姓或姓名，个别为地名。除封石外，其他部位所用石料基本相同，总数在3000块左右。石料表面平整，经过细加工，是已发现东汉诸侯王墓葬中制作最为精致的。大部分石材上都有铭文，以工匠姓名为主，姓名后的"石"是采石之意，"治"为加工之意。其他铭文还有"官""官工""官十四年"等。

此外，耿老师还对盗洞的情况做了简要介绍。该墓葬早年已被盗掘，据史籍记载，盗墓者为元代的贾胡，他在山顶盖草庐，用二十年时间盗掘了此墓。相关史料中记载的墓葬结构与实际情况大致相符，耿老师认为该事应该是可信的。盗洞位于墓室的西北角，从封土开始，就有玉衣残片出土，墓室中的陪葬品也有移位现象。盗洞中还发现了撬棍、铁锤等盗墓工具。

接着，耿老师向大家介绍了墓葬的营建过程。二号墓的营建可分为开凿墓坑，砌筑墓墙，搭建木结构，砌筑券顶、耳室、挡土墙、封门墙，墓上填土、封石，封土等步骤。研究人员在墓坑周围发现了大量的木柱痕迹，木柱已朽，仅存柱洞，柱洞间距2~3米。木柱立在地表基岩上，顶端与黄肠石顶部相当。木柱有直立的长方形及斜撑的圆形两种。这种木柱在定陶圣灵湖汉墓黄肠题凑周围也有发现，或可称为"鹰架"，与墓葬的施工有关。甬道口内墓室中使用了大量的木质材料，其功能主要包括四个方面。一是门道上券顶的支撑。土山二号墓各墓室不同方向的券顶之间基本采用平面对接的方式，门道处顶部采用降低两侧石墙高度，在其上搭建木板作为横梁进行支撑。二是施工平台。即在石墙顶部以木板搭建平台，用于券顶的施工。平台下两端或有木梁支撑，支撑券顶的同时，也是平台横梁支撑。在墓室完成以后，又在平台下面粘贴一层薄木板，作为室内装饰。三是作为施工平台上券顶支撑的填充物，用木板纵横交错叠压放置。填充木板可重复使用，仅见于甬道及后室，似与施工的先后顺序有关。四是作为地板。根据发现的朽木痕迹判断，系连同树皮一起使用，前室木板下还发现有"龙骨"。

另外，耿老师还特别提到了墓室中的"封石"。他指出，二号墓的黄肠石墙盖顶铺有一层石头，李银德先生认为其不属于黄肠石，应称之为"封石"。这些石头位于墓室与封土之间，东西16米、南北20米，南北成排，有16排，每排用石18块，共1250多块。封石大部分0.94米（四尺）见方，厚0.35米（一尺半），最长的超过1.7米。封石制作稍显粗糙，表面有各种加工痕迹，如楔窝、凿痕等，是石料加工过程中不同阶段的反映。

之后，耿建军老师介绍了土山二号墓中的出土器物。该墓共出土文物4900多件，其中墓室中出土器物约400件（套），封土中出土封泥等4500余件。墓室中出土器物主要有陶器、金属器、玉石器等。陶器中除釉陶器及模型明器外，还有大量的仿漆木器陶器，基本都有红色彩绘。其中长方形案上放四件陶盘，圆形案上放耳杯。陶扁壶带有北方草原特色。抽屉形方盒为首次发现。金属质陪葬品中，铜器以镂空盘龙铜铺首、战国时期蟠螭纹铜钫最具特色，而铜剑极具柔韧性，弯曲成"U"形仍未折断。铁镜出土6件，最大的直径达35厘米，另有一件镜背有精美的错金银图案。环首铁刀有错金银"长乐未央宜子孙"铭文及鸟纹。玉石器有玉质、大理石、青石质，主要是殓葬及祭奠器具。殓葬玉器中最为重要的是玉衣。玉衣片主要出土于盗洞和后室，有玉衣的局部组合发现。

值得关注的还有前室出土的一件石榻上覆盖的绢质围棋盘，墨线清晰，经过复原大致为纵横各17道，与其他地区发现的汉代围棋盘相同。汉代围棋盘在阳陵陪葬坑（陶质）、海昏侯墓（漆木质）、望都一号墓（石质）都有发现。土山二号墓棋盘边长68厘米，与望都相同，围棋盘上放置88枚椭圆形铜质棋子。东徽道漆木棺内发现有76枚绿色琉璃棋子。土山棋具的发现使对弈双方棋子的形状、质地、颜色首次得以确认。另外，在东徽道漆棺内还发现一些小装饰品，其中金摇叶、金花（钿）、骨质小动物、珍珠等饰件与《后汉书·舆服志》记载的步摇形制相近。步摇是步摇花及步摇冠的简称，主要见于魏晋南北朝时期北方少数民族的墓葬中。中原地区的步摇可能只是把来自异域的摇叶移植到原有的簪钗中，且中原地区的步摇也在不断的变化之中，目前没有发现两件形制相同的步摇。对于土山步摇，专家还有不同的认识，或以为汉代中原地区不会出现步摇。但史籍中确实有相关的记载。《续汉书·舆服志》记载皇后入庙服就有步摇：步摇以黄金为山题（步摇底座），贯白珠为桂枝相缪，一爵九华，熊、虎、赤罴、天鹿、辟邪、南山丰大特六兽。而金花（钿）和金摇叶更是步摇的常见饰件，是"步则摇动"的主要体现。

接下来耿老师介绍了封土中出土的遗物，最值得注意的是封泥。他指出，土山汉墓的封土较为特殊，从断面看有红、黄、黑等不同的土色。其中黑色土的包含物极为丰富，以筒瓦、板瓦及陶器碎片最多，还有瓦当、钱币、箭镞、钱范、封泥等。钱币有半两、五铢、大泉五十、货泉等，其时代从西汉早期一直延续到新莽时期；出土的陶器碎片中也有东汉时期的红胎绿釉陶器；而封泥则是土山封土中最重要的发现之一，以带"楚"字的西汉楚国官印为主。汉时楚国职官的设置与汉中央基本相同。不同的是，汉中央机构主官称"令"，楚国则称"长"，这在此次发现中即有体现。带有"元园""夷园""文园"三代楚王陵园字样封泥的发现，则是汉代诸侯王陵园设置的有力证据。

而后，耿老师对土山二号墓的时代和墓主身份进行了分析。他指出，土山二号墓的形制与河北定县北庄中山简王刘焉（54~90年）墓、山东济宁肖王庄任城孝王刘尚（84~101年）墓大致相同，时代也应接近。以铺设木板作券顶支撑是大型砖室墓中最早使用的方法。草叶纹镜主要见于西汉中晚期，连弧纹镜主要流行于1世纪中后叶。综合上述分析，耿老师认为该墓葬的时代应为东汉早中期。他指出，该墓墓石上常见"官十四年"铭文，而根据史料记载，东汉在彭城先后封了一代楚王和五代彭城王，刘英为光武帝之子，建武十五年封楚公，两年后进爵为楚王，二十八年就国彭城，恰为14年。由此耿老师认为，"官十四年"应该为封国纪年，刻铭中的"官十四年省"应为机构名称，很可能就是在这一年设立、专门负责陵墓营建的机构。铭文中的"官"字为其省称。刘英被废，迁丹阳泾县，自杀后被以诸侯王之礼下葬，后以嗣王之礼改葬彭城，谥楚厉侯，墓中银缕玉衣、鎏金铜缕玉衣正与其身份相符。他说，目前对于土山二号墓的墓主还有不同的认识，现已委托中国社科院考古所进行 ^{14}C 检测。土山二号墓葬三人，从墓道痕迹判断，应是先后两次葬入的。东徽道高等级女性应该是与王同时入葬的。一、二、三号墓相距不远，关系密切。三号墓非常明确，是一座废弃的墓葬，与突发事件有关。关于一号墓，他提醒有几个信息值得关注：它在结构上晚于二号墓，规模较小，建造时间仓促；墓主为女性，穿银缕玉衣，身份高于二号墓的王后（鎏金铜缕玉衣）。文献记载，刘英的母亲许美人随刘英就国，长期居住在彭城楚宫中，深得明、章二帝的尊敬。公元86年许太后去世，章帝特许刘英迁葬彭城。一号墓主为许太后的可能性确实存在。

讲座最后，耿老师对土山二号墓的发掘工作做了简要总结。

第一，全面了解了该墓的营建过程、建筑结构、建造方法等，对研究东汉帝陵形制乃至中国墓葬制度的演变具有重要的学术价值，是近些年来东汉诸侯王陵墓考古的重要发现。如以搭建木板作为券顶支撑是大型砖室墓中最早采用的方法，其缺点是木板腐朽后券顶会坍塌，后来普遍采用的券顶就是利用高差解决门道支撑问题。黄肠石之名来源于东汉帝陵，但目前东汉帝陵均未发掘，故土山二号墓可作为其形制的重要参考。

第二，土山二号墓证实了东汉诸侯王与王后同穴合葬的形式、彩绘双层漆棺的棺椁制度、王着银缕玉衣和王后着鎏金铜缕玉衣的丧服制度以及玉石器具祭奠制度，是东汉诸侯王丧葬制度的全面展示。国内目前已发现东汉诸侯王墓20余座，徐州土山二号墓是其中保存较为完整，获取信息最为丰富的一处。

第三，墓室中出土了一批工艺精湛、造型精美的重要文物，尤其是大量打磨精细的石材，为研究汉代社会生产、手工业经济、科学技术水平提出了新的课题。徐州土山汉墓发现的大量石材，展现了汉代从石料开采到加工的整个过程。

第四，封土中出土大量西汉楚国封泥，是汉代封国封泥出土数量最多的一次，不仅对研究西汉封国特别是楚国历史有着重要的价值，还对研究汉代的职官制度、分封制度、国家军事与治理体系等都具有非常重要的学术意义。关于土山封泥的来源目前也有不同认识。由于土山封泥全部经过火焚或火烤，有的专家认为汉代有一套封泥处理制度，火焚后集中掩埋，土山附近为掩埋场所。或以为土山附近有负责公文收发的机构。土山封泥都是与瓦片及其他器物碎片混杂在一起的，非单独处理，且焚毁并非最好的处理方法，故封泥应该是来源于西汉楚宫中的废弃堆积。

讲座结束后，王志高老师对讲座内容进行了总结。他指出徐州地区是江苏考古的重镇，也是全国两汉考古的重镇，久为考古及历史学界关注。以耿老师为首的发掘者虽对二号墓的墓主身份做了一些推断，但由于对相关纪年材料的解读不尽相同，目前该问题尚未有定论，因此他希望在座的同学广泛阅读材料，或许能就此取得新的突破。

整理者：方可心、马健涛

塔庙当年甲一方，千层金碧万缁郎

——清凉问佛：法眼祖庭清凉寺遗址的考古新发现

龚巨平

2021年12月4日下午1：30～3：30，应南京师范大学文博系邀请，南京市考古研究院副院长龚巨平研究员在仙林校区敬文图书馆二楼西报告厅，为师生带来了主题为"清凉问佛：法眼祖庭清凉寺遗址的考古新发现"的讲座。此次讲座是南京师范大学考古学系列讲座总第58讲（考古名家讲坛第29讲）。讲座由王志高教授主持，校内外师生近百人到场聆听了该次讲座。

讲座伊始，龚巨平先生首先对讲座主题"清凉问佛"做了简要解读。他指出，隋灭南朝后，历代文人骚客常于金陵作诗怀古，逐渐形成"金陵怀古"这一经典的文学母题。该母题经过多年的发展，又在明清时期逐渐演化出了"金陵雅游"的主题，时人将金陵的著名景点和史迹做了归纳总结，并且用图绘的方式流传，遂形成了所谓的"金陵八景""金陵十八景""金陵四十八景"等。其中，与清凉山有关的最早见于明嘉靖年间黄克晦所著《金陵八景图》中的"石城霁雪"，隆庆年间文伯仁在《金陵十八景》中亦记有"石头城"，天启年间朱之蕃在《金陵四十景》中又加入了"清凉环翠"一景。到了清代，徐行敏在其所编《金陵四十八景》中将"清凉环翠"改为"清凉问佛"。这便是"清凉问佛"一说的由来。

随后，龚老师向同学们简要介绍了今日清凉山区域内的历史文化资源。他指出，如今雄踞南京城西的清凉山实际上就是古籍所载"钟阜龙蟠，石头虎踞"中的石头山，又称石首山，其由大小七座山阜组成，属钟山西延余脉的尾端，最高处海拔约为65米。唐宋时期，江水可直拍石头山，唐代诗人刘禹锡诗句"潮打空城寂寞回"所描述的即是此景。南唐时期，这里建有清凉大道场，宋太平兴国五年（980），原在幕府山麓的清凉广惠寺移徙于此。在此后的岁月里，山以寺名，人们逐渐将石头山遗忘，而习称其清凉山。由于江水的不断冲刷，如今的石头山还形成了"鬼脸城"的奇观，俗称"鬼脸照镜"。

关于清凉山的历史，最早可追溯至春秋时期的金陵邑城。据文献记载，周显王三十六年（前333），越国进攻楚国，反被楚国所制服，楚国势力直达越国腹地钱塘江，曾经在吴越争夺过程中反复易主的南京地区，成为楚国领土。为加强对这一区域的控制，楚威王在石头山上营建了金陵邑。金陵邑是史书明确记载的南京老城区政区建置之始，也是南京"金陵"雅称的由来，为后世南京城市的发展奠定了基础。秦灭楚国后，金陵邑城逐渐坏颓毁弃，并改名秣陵，至东汉建安十六年（211），孙权由京口移驻秣陵，第二年开始重整金陵邑城，改称石头城，用以贮藏粮草器械。至唐代，石头城遗迹尚存。宋代以后，江水西移，秦淮河口较之六朝发生较大改变，石头城渐废。此外，如今的清凉山上还有始建于南唐时期的清凉寺遗址、始建于明嘉靖年间的崇正书院、龚贤故居扫叶楼、方苞教忠祠、惜阴书院旧址、白崇禧故居、民国首都水厂等历史遗迹。今乌龙潭公园中的魏源故居和颜鲁公祠实际上也在清凉山的范围内。由此，龚先生指出，随着江水西退，明清以后清凉山的军事地位和作用逐渐消解，最终演变为一座被各类人文古迹环绕的文化名山，是当下十分理想的文教场所。

接下来，龚巨平先生概述了石头城遗址的发掘成果。他指出，"钟阜龙蟠、石头虎踞、玄武北镇、朱雀南舞"是南京城的典型风水格局。其中"石头虎踞"所指代的石头城遗迹就在清凉山上，今日清凉山西侧隆起的部分就是原石头城城墙的残余。同时，通过对清凉山上某些特定点位的解剖，考古人员也发现了不少与石头城城墙有关的遗迹。值得注意的是，贺云翔教授团队在清凉山的东北角曾发掘出一块刻有"石头"二字的铭文砖，证实了石头城遗址确在清凉山上。另据铭文砖出土位置的遗迹现象来看，该处应为石头城的一座城门遗址。

除了军事防御的作用外，龚老师还着重强调了清凉山在佛教历史上的地位，并指出佛教文化是清凉山文化概念中不可或缺的一部分。据文献记载，至迟在南朝时期，清凉山上就建有寺院，而有明确史实记载的清凉寺之前身，则可追溯至杨吴时期的兴教寺。顺义四年（924），杨吴重臣徐知诰在修建金陵城时，在城西修建了兴教寺，这是清凉寺可以确认的最早渊源。升元元年（937），徐知诰复姓李，改名昪，在金陵称帝，建国唐，史称南唐。随后将兴教寺扩建为石城清凉禅寺，成为南唐的皇家寺院，开启了清凉寺最为辉煌的历史。至南唐元宗李璟时，其又扩建为清凉大道场，并让法眼宗的创立者文益禅师于此住持，清凉寺遂成为禅宗法眼宗祖庭。北宋太平兴国五年（980），又改称清凉广惠禅寺。明建文四年（1402），周王朱橚重修山寺，成祖朱棣题额"清凉禅寺"。清雍正二年（1724）寺院遭火灾，于乾隆年间重修。太平天国时期，寺庙遭到严重破坏，光绪年间略有恢复。时至今日，清凉寺遗址已被列为南京市文物保护单位。

近年来，为了配合清凉山大遗址的保护与开发利用，全面了解该区域古代遗存的分布情况，南京市考古研究院承担了清凉山公园北侧兰苑区域清凉寺古代文化遗存考古发掘任务。此次发掘任务的学术设想可分为两点：1、通过发掘，弄清寺院的发展史及不同时期寺院的布局、建筑特点，为寺院复建提供依据；2、通过发掘，探寻六朝时期石头城内建筑布局和建筑特点。目前学术界认为清凉寺所在区域是六朝时期石头小城位置所在。通过局部地段的发掘，了解地下有无六朝地层及遗迹，为石头城考古工作提供新的资料，为石头城遗址公园建设提供学术支撑。

接下来，龚巨平先生向同学们详细介绍了清凉寺遗址的发掘情况。南京市考古研究院分别于2013年、2014年和2017年，对清凉寺遗址进行了三次发掘，发掘面积达1000余平方米。他指出，通过发掘基本摸清了明代清凉寺的整体布局，也确定了其周围的地层堆积情况。发掘区的地层堆积主要可分为三层：第一层为近现代建筑垃圾层，第二层为清代建筑废弃层，第三层下则为建筑遗迹。通过局部解剖，可见在清代地层下，还有有明代、宋代—五代、南朝、东晋地层，可惜在明代以前的底层中仅发现陶瓷片和少量碎砖瓦等遗物，未发现建筑遗存。发现的主要遗迹有二，分别为明代清凉寺殿堂基址和南唐僧人塔墓。殿堂基址由大殿F1、法堂F2、伽蓝殿F3、祖师殿F4、排水沟、附属道路等部分组成。龚老师对其做了一一说明。

大殿基址F1为带月台的台基建筑，平面呈"凸"字形。由主体建筑及附属建筑的月台，月台东、西两侧台阶与台阶外侧道路及排水沟，东侧南北向长廊，东、北两侧排水沟，东、北两侧台地砖石包墙等部分组成。F1主体建筑平面为长方形，5开间、3进深。大殿的四面围墙均有残存，可分为两期。南墙墙体与基础均采用明城砖砌筑，此为第一期建筑墙体；北墙墙体与基础均用残砖砌筑，保存较好，北墙外与排水沟（F1：G1）之间，有用青灰色方砖与长方形砖铺设的单层散水；东山墙墙体与基础均用残砖砌筑，此山墙是在第一期建筑墙体的基础上向外扩修建的；西山墙无墙体，基础均用残砖砌筑。柱础和磉墩共发现17个，以北墙为北第一排6个，保留有圆鼓形石柱础及其下垫的青石板；第二排现仅存东1个、西2个（编号为F1：ZC7~F1：ZC9），均保存石板，中部两个是否减柱不详，东第二个位置被晚期破坏不存。第三排保存西3个（编号为F1：ZC10~F1：ZC12），均为砖砌磉墩，东3个位置被晚期破坏不存；第四排保存西3个（编号为F1：ZC13~F1：ZC15），均为砖砌磉墩，东3个位置被晚期破坏不存。此外，F1室内还保存有部分铺地砖，为青灰色方砖错缝铺设，现仅在后部残存两处，保存面积较小。

月台在F1主体建筑的南部，平面长方形，其东、西侧发现有砖砌包墙，均为城砖纵横交错砌筑，东侧面砌筑工整，西侧参差不齐，与内侧夯筑土相铆接。月台西侧的包砖墙已被破坏不存。月台顶面在F1南墙外偏西部位，发现局部遗有青灰城砖纵向铺设路面。包砖墙内筑黄褐色夯筑土，质地较紧，夯筑迹象比较明显，含较多碎砖瓦、石灰以及石块、红烧土等，出土明代时期的建筑构件、兽面瓦当以及部分残碎的青花瓷残片。在月台与主体建筑交接部的东西两侧均设有东西向台阶，其中西侧大部分在发掘区外，台阶基础部分均为残砖砌筑，东部2级台阶面部采用青灰砖立砌，以城砖为主。台阶与F1之间用青灰砖砌筑实体平台，实体平台的东端与G2西壁相接。

F2法堂主体建筑现有平面为长方形，由于揭示面积小，加之被晚期破坏，中部未发现柱础。现根据东西2磉墩及总长度推测，应为三开间，发掘区内仅见第一进深2.1米，其他不详。现存有南墙、东墙和西山墙，均采用残砖砌筑基础。石柱础共发现2个，保存完好，为圆鼓四方形，均包于墙体中部。与F2有关的道路发现有2条（L1、L2），其中L1分布是在F1与F2的中轴线部位，南北向，北端为砖铺路面，南端与F1落差处设有台阶，总长7.55米。其中砖铺路面残存于北端，长4.35米、宽3米。台阶基础以碎砖、石灰、黄土混合夯筑而成，面部铺设石板。但大部分已被破坏不存，仅最低1级保留石板铺面。台阶石板为一块整体，长3.55米、宽0.4米、厚0.2米。

F3伽蓝殿开口位于近代层下，距地表1.3米。受建筑红线范围限制，基址南部未能全面揭露。揭露部分仅存北墙、前廊局部及部分铺砖。根据2017年度发掘的F4形制，两座建筑依中轴线对称分布。伽蓝殿廊庑，平面长条形，发掘区内发现南北二进深，发掘区内发现有问道两处。其中有一处位于廊的北端，东西贯穿，向西进入F1区域，向东转向北进入F2区域。另一处位于南一进深的中部，同为东西贯穿，向西连接F1的东台阶，向东进入F3区域。

祖师殿基址F4发掘平面呈长方形，揭露出的部分与大佛殿方向垂直。F4共暴露6个柱础石、3个磉墩。柱础石大小不一，3个磉墩均用青砖砌成，正方形。根据已发现的柱础及磉墩分布位置分析，F4为带前廊的四进深建筑，目前已揭露出北侧两开间。南北已暴露两开间。

据《金陵梵刹志》卷十八《清凉寺》篇记载，清凉寺殿堂建筑有山门三楹、天王殿三楹、左钟楼一座、佛殿五楹、左伽蓝殿一楹、右祖师殿五楹、毗卢殿三楹、方丈八楹、僧院九房。在该卷附图上，建筑由南至北标有金刚殿、天王殿、伽蓝殿、佛殿、法堂、禅堂、方丈等。龚先生指出，发掘清理出的F1，其位置、建筑尺度与佛殿基本相合，基本可判定F1即为佛殿，F2为图中所标示的法堂，F3为伽蓝殿，F4为祖师殿。

而后，龚巨平先生着重介绍了南唐塔墓的发掘情况。塔墓位于发掘区西北，法堂基址西侧，被法堂基址叠压，开口于明代地层下，打破生土，南部被现代坑打破。墓内填灰褐色土，土质疏松，土内包含大量砖块、瓦片、白灰粒（块）和少许陶瓷残片等建筑及生活垃圾。TM1为土坑圆形砖室墓，墓口平面形状圆形，直径3.70米，墓口距现存地表1.80米。圆形墓坑直壁平底，壁面较光滑。墓内砖室圆形，直径2.40米，砌筑法为一丁三顺，每层顺砖为三排错缝平砌，宽0.42米，最高残留两组0.40米。砖与砖之间用泥土黏合，底部铺底为一层正"人"字形青砖平铺。在墓室底部铺砖之上除塔志铭外，放置三块石板，平面呈"品"字形。其中两块正方形，边长0.42米、厚0.08米；一块长方形，长0.95米、宽0.34~0.42米、厚0.05米。墓室底部三块石板具体用途不详。TM1共发现六件随葬品，有塔志铭、铜钱、金戒指、粉盒、铜钵、铜瓶等。据出土墓志可知，志主为南唐高僧悟空禅师。

通过梳理相关文献，龚巨平先生对墓志内容做了详细考证。他指出，悟空禅师为南唐著名高僧，于《景德传灯录》及《五灯会元》中有传，其相关碑刻亦见载于《景定建康志》《入蜀记》《宝刻丛编》等文献中。据文献记载，悟空禅师原为漳州罗汉院桂琛禅师弟子，后继法眼住抚州崇寿禅院，南唐中主李璟创立清凉道场，遂延请居之，于后晋天福八年（943）圆寂，仍致祭、荼毗，收舍利建塔于清凉寺。从墓志内容来看，其对悟空禅师的生平描述较传世文献更为详细。据墓志记载，悟空禅师初至兴教寺时"其岁稍旱"，然经其一番做法，竟天降大雨，旱情消解，李璟遂对其大为加赏。此外，悟空禅师还为寺庙主持修建了方丈、崇堂、厨构、廊庑、周殿等主体建筑。值得注意的是，墓志中记载的悟空禅师卒年为保大九年（951），与相关文献中记载的天福八年（943）不符，龚老师认为这是古人传抄失误所致，实际年份应以墓志记载为准。

接下来，龚老师对墓志中所载相关地名及人物做了细致考证。他指出，墓志中的抚州崇寿禅院在今江西抚州临川区，悟空禅院位于江西九江，白水山即白水院，亦见载于《景德传灯录》。同安祖寺位于江西省永修县艾城乡境内的洪州凤楼山，离云居山真如寺仅十数里，为唐宋江南名刹。该寺原名凤楼山同安院，由唐僧念所建。人物方面，第二主即指南唐元宗李璟，其为烈祖李昇长子，是南唐第二位皇帝，于保大元年（943）嗣位，后因受到后周威胁，削去帝号，改称国主，史称南唐中主。德化王杨澈，为吴太祖杨行密第六子。武义元年（919）封鄱阳郡公。杨溥即皇帝位（927），封平原王。后又徙封德化王。德化王杨澈行迹，史料记载甚少。除《南唐书》等典籍外，仅见于《庐山记》。章川罗汉和尚，或为"漳州罗汉和尚"，应与漳州罗汉院有关。建安王杨珙，睿帝杨溥兄子，初封南昌郡公，乾贞元年（927）晋封为王。南唐受禅，降珙等十二人为公，珙领康化军节度使，兼中书令。居无何，称疾罢官，归永宁宫终焉。临川牧周公则应为南唐名将周本。同时，龚先生还注意到，墓志中提到悟空禅师圆寂后"立塔于院之北百步内"，他认为由此便能根据塔墓的位置推测原清凉禅院的北界范围。此外，墓志亦云塔墓还与"吴主会军殿"相邻，龚先生根据墓志内容与名称推测，此殿很可能为杨吴时期设立于清凉山上的军事建筑。

讲座最后，龚巨平先生对清凉寺遗址的发掘做了总结。他指出，此番发掘的意义主要有四。第一，经过三个年度的考古发掘工作，基本摸清了发掘区内明代寺院布局。在今清凉寺还阳泉北部区域内，中轴线上主要分布有大佛殿、法堂两座殿宇，大佛殿左前侧为伽蓝殿，右前侧为祖师殿，这对于复原明代寺院的建筑规模、布局具有重要意义。第二，悟空禅师墓塔的发现，为研究南唐时期南京佛教的发展提供了新的资料，可以补充文献记载的不足，纠正谬误，对于丰富学界关于南唐佛教的认识，具有重要意义。悟空禅师墓塔所在位置，对于探讨南唐时期清凉大道场的范围具有重要意义。第三，在发掘区内，寺院大殿东西两侧为山体基岩，大佛殿后法堂所在为生土，塔墓即砌筑于生土中。勘探过程中在大殿下未发现早期建筑遗迹。整个发掘区内，最早的遗存为南唐时期的悟空禅师塔墓，其余建筑遗迹时代为明代，是明初周王朱橚修建清凉寺的遗存。有关南唐清凉大道场的建筑及孙吴时期石头城附属仓城，其分布应该在本次发掘区南侧，这为以后研究南唐清凉寺及石头城附属建筑地望指明了方向。第四，鉴于发掘清理出的明代清凉寺建筑基址及南唐悟空禅师塔墓对于清凉寺的重要意义，他建议寺院方在做下一步的建筑设计方案时，应充分考虑保护发掘清理出的建筑遗迹，并做陈列展示，把新的设计方案纳入清凉山石头城遗址公园的整体规划方案中通盘考虑，使遗址得到更好的保护。

整理者：马健涛

金戈铁马风烟意，木竹笔墨著古今

——居延考古与额济纳汉简

魏　坚

2021年12月28日13：30～15：30，应南京师范大学社会发展学院文博系邀请，中国人民大学教授、中央民族大学特聘教授魏坚老师在仙林校区敬文图书馆二楼西报告厅，为师生带来了题为"居延考古与额济纳汉简"的讲座。此次讲座为南京师范大学考古名家讲坛第31讲，考古学系列讲座总第62讲。讲座由王志高教授主持，社会发展学院罗秀山书记致欢迎辞，校内外师生100多人到场聆听了本次讲座。

魏老师介绍，此次讲座内容关乎1998年以来他在内蒙古西端额济纳旗居延遗址的保护与发掘工作。中国北方草原地域辽阔，地跨东北、华北、西北三大地理单元，是一个重要而特殊的区域。它是北方游牧民族与中原农耕民族征战融合的区域，也是保留有北方民族文化遗存的区域，但历史文献对于古代民族文化的记载不仅数量少而且错误多。因此，这一地区的考古学研究就显得格外重要。魏老师强调，这些灿烂的古代民族文化遗存的发掘研究，对于探讨中华民族多元一体格局形成的历史具有重要意义。

魏老师接着向同学们介绍了居延地区的历史文化资源。居延遗址位于额济纳河流域，主要城址和重要遗存均位于额济纳河下游西至纳林河。虽然此处现今为不毛之地，但是有着丰富的早期文明遗存，是当时各方势力争夺的边塞要地。目前，居延地区发现有青铜时代遗址1处、不同时期的城址13座、墓葬区6处、汉代烽燧118座、西夏至元代的庙宇10余处以及大片屯田区和纵横曲折的河渠遗存等，是我国重要的大型古代遗址之一，属全国重点文物保护单位。他指出，居延遗址原指出土汉简的汉代军事防御系统，但在如今大的遗址保护概念中，范围已扩大至额济纳河流域的所有遗址，包括青铜时代、两汉、西晋、唐代、西夏、元代等历史时期的遗存。

考古表明，居延的历史最早可以追溯到青铜时代。在此处发现的细石器、石磨盘、陶器等遗存，时代距今3500年左右。这说明在青铜时代这里就已经有人居住，有了农业、狩猎与采集经济。先秦时期，居延地区被称为"弱水流沙"，秦汉以后始称"居延"。据学者考证，"居延"为匈奴语，是"天池"或"幽隐"之意。据《尚书·禹贡》记载，大禹治水时，为疏通九浚大川，曾"导弱水于合黎，余波入于流沙"。弱水即为今日之额济纳河，流沙则为居延泽。

魏老师强调，两汉之际，汉朝的主要威胁来自北方的匈奴，所以特别重视对西北边塞的防务，并在北边设置了一系列的郡县。汉武帝元朔二年（前127），卫青收复河南地，重新修缮、加固了秦蒙恬长城，从集宁东南，大体沿北纬41度，循阴山南麓而西，直达乌兰布和沙漠边缘。太初三年（前102）又在阴山以北筑长城，"遣光禄勋徐自为筑五原（今包头至巴盟地区）塞外列城，西北至庐朐"（蒙古国境内），称为"外城"（今达茂旗向西，经乌拉特后旗至中旗境内），大致在北纬42度一线，西达额济纳旗苏古淖尔东北。与此同时，汉武帝又派遣"强弩都尉路博德筑居延泽上"，以遮断匈奴入河西之路，史称"遮虏障"。当时的居延都尉府就坐落在居延泽西岸的绿洲上，因此居延一线是防御匈奴的战略要地。这里塞防工事向东与五原外城连接，向西南沿弱水（额济纳河—黑河）、疏勒河抵敦煌境内的玉门关，成为汉代最重要的防线。汉代居延地区农业发达，是汉朝通往西域的交通要道。

魏老师介绍，汉代时期，作为河西走廊的屏障，居延地区在对匈奴的战略上起到了重要的作用。这一地区保留下来了大量汉简，著名的甲渠候官治所破城子遗址，就以出土两万余枚汉简而享誉中外。由于地处偏远，汉代以后，居延地区的人类活动较少。唐代，居延地区设有"宁寇军"，以统领这一地区军务。为防突厥侵扰，唐廷又在居延修筑了大同城。西夏至元代，是居延地区继两汉后的又一个发展时期。西夏王朝在居延设置了"黑水镇燕军司"和黑水城。元代置亦集乃路总管府，其治所就在西夏黑水城基础上扩建的黑城子，蒙古语称作"哈拉浩特"。这一时期居延地区的农业相当发达，如今仍存留较多的农田及河渠遗址。宗教也在这一时期有了较大的发展，各类佛教寺庙、古塔以及伊斯兰教的清真寺等随处可见。

　　接着，魏坚老师回顾了居延地区的考古调查情况。他说，1930年贝格曼在额济纳旗发现了数万枚汉简，在随后的四十余年里，破城子又有两万余枚汉简出土。有人将这一发现与敦煌藏经洞并列为20世纪西北两大发现。近几年，内蒙古考古研究所对居延地区额济纳旗再次展开调查，发掘出土了一批汉代简牍与珍贵文物，这为居延地区学术研究与遗址保护打下了坚实基础。在居延地区工作期间，魏老师与当地居民结下了深厚情谊。

　　魏老师还介绍了居延遗址被长期盗挖的历史。他说，居延遗址的大规模盗挖活动，最早可追溯至晚清。早在1903年，科兹洛夫就曾率领俄国远征队对居延遗址中的黑城进行了长达一周的盗掘，1909年又再次对黑城遗址进行了盗掘。1914年5月，斯坦因将黑城相当数量的文物与文书盗走，斯文·赫定则在1927年至1934年间随中瑞联合考察队来到居延进行发掘，出土了一万余枚汉简。

　　接下来，魏老师回顾了1998年至2004年他所主持的居延遗址考古发掘工作状况和主要收获，重点介绍了绿城子青铜时代遗址的调查与发掘情况。绿城子遗址城墙呈弧形，用黄土夯筑。根据土坯修补现象，可知大部分城墙从青铜时代一直沿用至西夏。考古队在面积约12万平方米的城址中发掘了100平方米左右，清理出了2座房址、1座灰坑和1座二次葬墓葬，推测该墓葬与四坝晚期文化相关。魏老师说，当年许多媒体因没去绿城子遗址实地考察，导致相关报道错误地记录该城址为长方形。事实上，该城址的平面形状呈椭圆形，准确的说法应该是长径435米、短径345米的椭圆形。因此，他认为考古工作要亲自到实地进行调查才能掌握准确信息，人云亦云是不严谨的做法。

　　在居延地区工作期间，魏老师对这一地区的汉代城址和烽燧障塞进行了大规模的考古调查与发掘，并取得了重要突破。其一，基本搞清了这些城址尤其是烽燧分布的规律及相互关系。在此基础上，他进一步总结认为，当时的候官之城一般为23米见方，烽燧一般长16米、宽14米。烽火台常建在城址东北角，且根据不同地域地形条件，采取平底叠砌、夯土包砌和台地分砌等三种不同的建造方式。其二，通过对居延汉代烽燧线的调查发现，分布在伊肯河两岸的烽燧基本建有坞墙，西侧的烽燧线还发现有"天田"，证实了《汉书·晁错传》"以沙布其表，旦视其迹以知匈奴来入"的记载。其三，在对不同结构烽燧进行发掘解剖后，烽燧的基本情况与布局得以明晰。根据烽火台墙体发掘情况，结合出土汉简可知，此地烽燧修缮多次，使用时间从西汉晚期一直延续到东汉中期130余年。与此同时，通过分析周边冶铁遗址、房屋生活用品、烽火台武器配置等，可以推测出当时戍边屯垦长官、士兵居住情况、站岗放哨、火具位置与火种点、士兵家属粮食分配情况等颇为生动的历史生活场景，也能复原出汉代攻打匈奴所使用的精巧机关武器。其四，烽燧大多经过多次改建，并逐步封堵变小，直至废弃，这与汉代势力在居延地区逐渐衰退的情况相一致。其五，发掘的5座烽燧出土了500余枚西汉晚期至东汉早期的汉简，书写内容丰富有趣，从中我们可以获取大量有关汉代边关行政设置、军事调动、规章制度、边关生活、生态环境和居民生业等方面的第一手史料。

　　此外，魏老师还向我们介绍了殄北候官、甲渠候官、卅井候官，以及被贝格曼编号

K710的居延城和K688居延都尉府等遗址的位置、规模、功能与主要发现。

讲座最后，魏老师向我们简要介绍了汉简的基本知识。汉代书写材料主要为简牍，竹子所制为简，木头所制为牍。《仪礼·既夕礼》贾疏："编连为册，不编为简。"而《战国策》之"策"即通"册"，非指策略，而是指简牍。根据书写内容不同，简的长度有所差异。其中书写法律的简最长，有三尺，故汉人有"三尺律令"的说法。而书写儒家经典的汉简长2.4尺，通用简牍长度则多为1汉尺。魏老师强调，居延考古内容丰富，目前他所完成的工作也仅仅只是一部分，在未来还有许多值得研究探讨的问题等待着一代代考古人不懈努力探索。

整理者：宋珂欣、张炅晨、陈文、徐良、马健涛

当知此界非凡界，一道幽奇各自分

——吴越国时期的佛教舍利容器

黎毓馨

2022年5月5日19：30～21：30，应南京师范大学社会发展学院文博系的邀请，浙江省博物馆研究馆员黎毓馨老师在线上做了题为"吴越国时期的佛教舍利容器"的讲座。此次讲座是南京师范大学考古学系列讲座总第68讲（文博大家讲坛第13讲）。讲座由王志高教授主持，校内外师生及社会各界人士共339人通过腾讯会议、网站直播等多种方式线上听讲。

讲座伊始，黎老师简要向同学们介绍了佛教舍利容器的诸多形式，诸如舍利函、塔、盒、瓶等，并通过考古发掘以及展览当中出现的典型佛教舍利容器让同学们对其形成初步的了解。此后，黎老师着重指出，五代宋初吴越之地的舍利容器独具特色，由此引出了此次讲座的主题。

首先，黎老师介绍了吴越国在疆界、世系方面的基本情况。吴越国为五代时十国之一，以杭州为西都（钱塘府），越州为东都（会稽府）。在最后一个国王钱俶执政时期（947～978），吴越疆域达到了最大，北起苏州，南抵福州，有十三州、一军，共八十六县。自唐末五代钱镠据有吴越地以来，佛事便大为兴盛，寺院林立、僧尼无数。禅宗法眼宗在吴越国后期战胜雪峰宗，一统吴越。天台宗僧人羲寂在吴越国王钱俶扶助、法眼宗僧侣德韶的支持下，从高丽、日本搜求佚失的天台宗教籍，并加以整理，开创了天台宗的中兴局面。

吴越崇佛之风促使佛塔大量兴建。除王室兴建的临安功臣塔（916）、杭州雷峰塔（972）有竖穴砖砌地宫外，吴越国砖塔大多不建地宫，佛塔一般同时供奉佛经所说的"身骨舍利"和"法身舍利"以及金铜、泥塑、石雕制成的佛像。舍利一般放置在塔身的第二、三层位置，这与唐宋时期中原北方地区在地宫瘗埋舍利的传统有着巨大差异。吴越国佛教舍利容器可分两类。第一类是安置法身舍利（佛经）者，有吴越国王钱俶为安置《宝箧印经》造八万四千铜、铁阿育王塔，另有盛放《妙法莲华经》的经函。第二类则是用来盛装身骨舍利的容器，其种类有舍利函、塔、盒、瓶等。

　　黎老师先介绍了法身舍利容器中的一种——吴越国王钱俶为安置《宝箧印经》造的八万四千铜、铁阿育王塔（自铭"宝塔"）。在吴越国五代王中，末代王钱俶可谓是崇佛之至。我们不仅可以从吴越国高僧延寿撰《宗镜录》中"天下大元帅吴越国王俶制"序与南宋志磐《佛祖统纪》等历史文献中见之一二，考古发掘出土的杭州雷峰塔钱俶手书《华严经跋》残碑和圆形铁板以及钱俶墓志上同样记载了这位君主"口不辍诵释氏之书，手不停披释氏之典"的形象和建塔造像的尊佛之举。虔诚的吴越王钱俶在其统治的31年间，在境内造经幢、刻经卷，兴建寺院佛塔不计其数，吴越之地成了名副其实的"东南佛国"。

　　依照《宝箧印经》中"若人书写此经置塔中……即为一切如来神力所护"之经义，钱俶于乙卯岁（955）、乙丑岁（965），两度"奉空王之大教，尊阿育之灵踪"，以铜、铁各铸八万四千宝塔以藏刻本《宝箧印经》，以去病延寿、消灾除难，这批法身舍利塔散布在吴越各州的寺院佛塔，镇国护家。此乃中国佛教史上非常著名的事件。显德二年（955）即周世宗毁佛之年，"吴越国王钱弘俶敬造八万四千宝塔乙卯岁记"。诸多迹象表明，这次集中造塔行动，由国师天台山德韶发起并实施。

　　关于两次铸塔印刻佛经的具体时间和原因，根据《咸淳临安志》记载，钱俶以五金铸十万塔，以五百遣使者颁日本。日本奈良地区平安时代经冢多次出土钱弘俶乙卯岁造铜塔。日本村上天皇康保二年（965）僧道喜所撰《宝箧印经记》载："应和元年（961）春，游左扶风，于时肥前国刺史称唐物，出一基铜塔示我，高九寸余，四面铸镂佛菩萨像，德宇四角上有龛形，如马耳，内亦有佛菩萨像，大如枣核。捧持瞻视之顷，自塔中一囊落，开见有一经，其端纸注云：'天下都元帅吴越国王钱弘俶折本宝箧印经八万四千卷之内。安宝塔之中。供养回向已毕。显德三年丙辰岁记'。"由此证实了显德三年刻印的《宝箧印经》，被纳藏于乙卯岁铸造的第一批铜塔内。在安徽无为地宫内出土了一件保存较为完整的丙辰岁（956）刻经，该经卷首有发愿文"天下都元帅吴越国王/钱弘俶印宝箧印经/八万四千卷在宝塔内供/养显德三年丙辰岁记"，极为珍贵。在第一批铜塔铸造之年的闰九月初二日，吴越国王钱弘俶长子钱惟濬出生并被立为世子。在《宝箧印经》经文中有"若于此塔种植善根……一切如来神力所护……无人马牛疫、童子童女疫，亦不为非命所夭……"由此猜想，钱俶刻八万四千《宝箧印经》，是希望通过佛教的力量护佑吴越国王位继承人。因此钱弘俶造八万四千铜阿育王塔应当在乙卯岁闰九月以后的年末，刻印八万四千《宝箧印经》则当在丙辰岁年初。

　　而1971年绍兴大善塔附近出土的钱俶乙丑岁造铁阿育王塔，塔内放置长约10厘米的小木筒，筒内装藏同为乙丑岁刻本《宝箧印经》1卷。据北宋元照（1048～1116）《永明智觉禅师方丈实录》记载：延寿"又随缘造夹纻育王塔一万所，及请国家铸八万四千铁塔，与一切众生作得度缘"。由此可知钱俶乙丑岁造八万四千铁塔，应是建隆二年延寿奉命自灵隐寺住持慧日永明院（今净慈寺）后所为。此佛塔底板铸有铭文"吴越国王俶敬造宝塔八万四千所永充供养时乙丑岁记"，与塔内刻本《宝箧印经》卷首题记完全呼应。

　　目前已发现钱俶铸造的铜塔近三十所、铁塔近十所，丙辰岁、乙丑岁刻本《宝箧印经》各两卷，布散于吴越国所辖的西都杭州（钱唐府）、安国衣锦军等地。其中钱弘俶乙卯岁造铜阿育王塔，方形中空，单层，由基座、塔身、塔顶三部分组成。塔身四面的佛本生故事与日本真人元开《唐大和上东征传》所记唐天宝十二载（753）鉴真东渡日本随船携带之"阿育王塔样金铜塔一区"塔身"一面萨埵王子变，一面舍眼变，一面出脑变，一面救鸽变"完全吻合。塔内铸有完全相同的题记并编号，应属同模铸造。其内壁焊接铜钩，以固定悬挂在塔身内的《宝箧印经》刻经卷轴。

钱俶乙丑岁造铁塔，其造型与乙卯岁铜塔一致，然山花蕉叶与乙卯岁铜塔有别，上面共铸有佛传故事画面十七幅，以连环画形式，展示了佛陀诞生、在家、出家、成道与说法等生平事迹。有胁下降生、七步生莲、二龙灌浴、比武掷象、削发出家、连河洗污、牧女献糜、初转法轮、调伏醉象等画面。

接着，黎老师向大家介绍了另一种法身舍利容器——用于安置《妙法莲华经》的漆木、石雕经函（自铭"经函"）。佛塔中舍入象征法身舍利的佛经，吴越国开风气之先。髹漆、石雕经函装饰华丽，函内装藏天台宗的重要经典——意喻"如来全身舍利"的刻本及金书、墨书写本《妙法莲华经》。浙江省湖州博物馆藏有一件湖州飞英塔第二层发现的镶嵌螺钿髹漆经函（自铭"宝装经函"）。该经函十分珍贵，四面均按照《妙法莲华经》经文制有精美图案，函内所藏刻本经折装《妙法莲华经》（局部）外底朱书4行"吴越国顺德王太后吴氏谨舍宝/装经函肆只入天台山广福金文/院转轮经藏永充供养/时辛亥广顺元年十月日题纪"，由此得知此经函乃广顺元年（951）钱弘俶生母吴汉月舍入天台山转轮藏。此本乃吴越国所见最早经折装大字版《妙法莲华经》，可见其装帧的领先水平。

此后，黎老师展示了另外几件精品。苏州瑞光寺塔出土的吴越国时期螺钿髹漆经函，通体髹黑漆，用约七百片螺钿镶嵌出多种花卉图案，七卷碧纸金书《妙法莲华经》装藏函中。苏州云岩寺塔（虎丘塔）出土的双重经函，此经函外重石函四面分别雕凿阿弥陀佛、释迦牟尼佛、药师佛、弥勒佛，内函自铭"金花银装经函"（漆木函），函内放置七卷"金字《法华经》"。石函内放置一漆木经函，上有供养人题记曰"金花银装经函一"。东阳中兴寺塔发现的建隆二年（961）贴金彩绘石函盝顶饰宋代典型的毬路纹，函身以连环画的形式浮雕僧人取经故事，须弥座上雕出九位伎乐童子和一身穿朱衣的供养人，函内装藏卷轴装墨书《妙法莲华经》七卷。温州瓯海出土的经函，盖面刻"无垢净光陀罗尼经函"，从函身可推测经卷应当为卷轴装。吴越国此种纳藏经卷的方式与辽代以小塔纳藏《宝箧印经》等佛经的方式有着密切关联。然二者佛塔形制大不相同，经卷内容也有所差异，吴越经文是全版，共有2800多字，而辽代经卷则以其中咒语为主，一般经过缩改。

接着，黎老师介绍供养真身的舍利容器有舍利函（石函、铁函）、阿育王塔（银、铜、铁、漆）、舍利盒（金盒、银盒、铜盒）及舍利瓶（金瓶、玻璃瓶）四大类。首先，舍利石函与铁函在北宋时期自铭"铁函"和"宝函"，是最外层的舍利容器。苏州云岩寺塔、杭州雷峰塔出土的铁函使用了盝顶铁罩覆扣方形底板，为吴越国特有的形制，与唐宋时期出土的其他舍利函区别较大。苏州云岩寺塔出土的铁舍利函，外面套装相同形制的五节石函，构成双重舍利函。相较于上述两件形制特殊的舍利函而言，东阳中兴寺塔出土的石函形制较为平常。其延续了隋唐时期方形石函的形制，由盝顶函盖、方形函身上下组合而成，函身四面各錾刻一身禅定坐佛像。

其次，盛装身骨舍利的阿育王塔，其质地有铜、铁、银、漆等，以铜塔数量为多，自铭"真身舍利宝塔""宝塔""塔""育王铜塔""夹纻育王塔"，北宋自铭"阿育王塔"。阿育王塔为五代开始流行、独具地域特色的舍利容器，最初由民间僧俗铸造供养。目前所见最早的纪年铜阿育王塔出土自黄岩灵石寺塔，虽仅存底座，但具有重要意义，表明民间铸造阿育王塔比官方铸造要早了五年时间。据苏州、萧山、平阳、杭州等地发现的碑刻、墨书题记及阿育王塔自身錾刻的铭文判断，塔内供奉"真身舍利""感应舍利""佛螺髻发"等生身舍利。如苏州长洲县清信弟子顾彦超铸造"释迦如来真身舍利宝塔壹所"舍入苏州瑞光寺塔，其有明确纪年，为乙卯岁造，此时在山花蕉叶上已出现连环画式的佛传故事。萧山祇园寺东塔和西塔出土的显德五年铜阿育王塔均为当时吴越国王的舅舅吴延爽弟兄所供养。东塔出土的阿育王塔题记与西塔出土的相同，而西塔由于在光绪年间出土并修缮过，其项轮为清代的，而东塔的项轮则是吴越国时期的。据黎老师判断，上海青浦隆平寺塔地宫出土的北宋铜阿育王塔依然属于吴越国时期。因吴越国于公元978年纳土归宋，与北宋有18年的时间交织在一起。宋代自公元960年至978年已经存在，但在这一阶段，吴越国将北宋视作宗主国，其自身仍作为独立的地方政权而存在，故一般将此阶段称为"北宋吴越国"。

通过考古发现可以总结出，吴越国供养法身舍利一般在塔的第二层，供养真身舍利则位于塔的第三层，如苏州虎丘云岩寺塔第三层塔心发现的铁阿育王塔。此塔中间本生故事纹样与通常的铁阿育王塔纹样相反，这种情况较为少见。目前唯一一座吴越国漆制阿育王塔出土于温州白象塔，应为文献记载吴越高僧延寿募缘造一万所夹纻阿育王塔之一。黎老师指出，印度八万四千塔可能是虚指，吴越国八万四千塔则可能为实指。因其在铜阿育王塔下发现了编号，如按照千字文编号排列，就基本能够确定当时吴越国铸造了多少座铜阿育王塔。但因铜塔下部分文字难以释读，另有部分文字如按照原来方法释读，则不在千字文编号之内，故黎老师对这一想法存疑。

雷峰塔地宫出土的鎏金银阿育王塔，塔身内奉安"佛螺髻发"，系吴越国王钱俶专为雷峰塔打造供养。雷峰塔地宫银阿育王塔内，有金片卷作舍利容器状供养"佛螺髻发"，但其与唐代的金棺形制区别很大，在其他地区未曾见过。塔身四面分别为本生故事萨埵太子舍身饲虎本生、快目王舍眼本生、尸毗王割肉贸鸽本生与月光王施首本生。山花蕉叶上，以连环画的形式，表现了释迦牟尼出生、出家、苦行、觉悟、传教、涅槃佛传故事情节。

舍利盒（金盒、银盒、铜盒）自铭"金合""舍利合"，雷峰塔出土的"千秋万岁"铭鎏金银盒，内置银阿育王塔，可视作舍利容器。黄岩灵石寺塔出土金、银、铜三重相套的舍利容器，为乾德四年（966）民间僧俗制造供养，瘗藏方式与中原、北方地区出土的隋唐时期舍利盒一致，此为吴越国民间安置舍利较为多见的一种形式。舍利瓶（金瓶、玻璃瓶）为最核心的舍利容器。葫芦形金舍利瓶，安置于雷峰塔和云岩寺塔出土的阿育王塔内。雷峰塔出土的玻璃瓶，最大腹径2.9厘米，残高3.2厘米。器壁极薄，外表呈浅绿色，应为域内生产的铅钡玻璃。

黎老师认为，五代宋初吴越国佛教舍利容器有很强的地域性。唐代流行金棺银椁瘗埋舍利，但在吴越国境内没有发现。阿育王塔为这一时期独具地域特色的舍利容器。宋代瘗埋舍利的金棺银椁，在吴越国旧境很少发现。上海青浦隆平寺塔北宋地宫出土的银棺（盝顶）和贴金木椁，与唐宋时期中原北方流行的金棺银椁形制不同。以阿育王塔安置舍利的习俗，入宋后在吴越国旧境依然流行。北宋庆历七年（1047）安置"真身舍利佛骨"的银阿育王塔于1993年安吉灵芝塔天宫出土，基本造型与吴越国一脉相承，但做工与吴越国铸造的阿育王塔有所区别。2008年南京长干寺塔地宫出土的七宝阿育王塔是目前国内体量最大、最为精美的阿育王塔，高1.2米，塔身内有金棺银椁、银套函、玻璃瓶等舍利容器。塔上自铭"七宝阿育王塔"，《金陵长干寺真身塔藏舍利石函记》刻铭："感应舍利十颗，并佛顶真骨泊诸圣舍利，内用金棺，周以银椁，并七宝造成阿育王塔"。这说明临近吴越的南京之地，其佛教舍利容器，既有本地传统（金棺银椁），又受吴越佛教文化的影响（阿育王塔）。海宁智标塔元代地宫以铜阿育王塔瘗埋身骨舍利，这件铜阿育王塔完全按照965年铁阿育王塔进行铸造，黎老师考证这件铜阿育王塔及地宫出土的银盒，认为其铸造时间为吴越国时期，后沿用至元代。这些迹象表明，用阿育王塔瘗埋舍利的传统，在两浙地区一直延续至宋元时期。

北宋庆历三年建成的瑞安慧光塔，舍利银瓶上錾刻"谨舍西天感应舍利二十颗入仙岩寺塔下"，描金堆漆檀木舍利函底部金书"造宝函盛舍利"。双重漆木经函放置金书《宝箧印经》。漆木函、银塔、铁阿育王塔、金瓶、银瓶、玻璃瓶等舍利容器，其种类和形制，与杭州雷峰塔、苏州虎丘塔等基本一致。塔身还发现了多部《宝箧印经》《妙法莲华经》等意喻如来全身舍利的佛教经卷，延续了吴越国时期舍利信仰的内涵。此外，龙游湖镇舍利塔出土的刻铭铜方塔，黎老师推测其时代也应在吴越国时期。因刻铭"甲午岁六月日王居晟收赎奉为四恩三有者"，故其时代，或为甲午岁（934），系后唐清泰元年。考虑到湖镇塔嘉祐三年（1058）完工，该方塔上的发愿文字，或在北宋至和元年甲午岁（1054）在吴越国铜塔上补刻后舍入。

以铜铸塔造像之风，在吴越国王钱俶当政时期达到顶峰，《宋高僧传》记载永明延寿"多励信人营造塔像"。吴越之地保存了众多铜塔（乙卯岁钱弘俶及僧俗造铜阿育王塔）和佛教金铜造像。吴越入宋后金铜塔像不再铸造，应与北宋铜禁法令推行有关。这在《宋史·食货志》有较为明确的记载"开宝三年（970）诏曰：……民铸铜为佛像、浮图及人物无用者禁之。"《宋会要辑稿》亦载"太宗太平兴国二年（977），有司言：江南诸州铜，先未有禁法，请颁行之。诏从其请"。因此，以银制或以其他材料（如泥塑）制作的塔状舍利容器增多。

最后，黎老师对此次讲座的整体脉络做了梳理和总结。他认为，唐宋之际，钱氏吴越国三世五王，大兴佛教，号为"东南佛国"，僧俗崇佛炽烈，供养法舍利（佛经）和真身舍利之风盛行，境内发现佛教舍利容器众多。吴越国王钱俶开风气之先，两次造八万四千宝塔装藏刻本《宝箧印经》，民间以经函装藏《妙法莲华经》。供养真身舍利的容器，其种类有舍利函、塔、盒、瓶等。唐代以金棺银椁供奉舍利的制度，在吴越国境内没有得到继承。吴越国时期舍利容器地域风格显著，尤以各种材质的阿育王塔最具特色。这一地域传统，在吴越旧境又延续至宋元时期。

讲座结束后，主持人王志高教授感谢黎毓馨老师的精彩分享。他回忆了黎毓馨老师20年前主持发掘雷峰塔地宫的经历，及当年电视现场直播雷峰塔地宫考古发掘的盛况。在接下来的交流答疑环节中，南京师范大学一年级本科生张萱同学首先请教吴越国推崇佛教的阶层特点及原因、影响，以及舍利容器设置问题。黎老师从吴越国国王家族的崇佛背景进行了解答，并以北方局部地区为例对其影响进行了分析。

在腾讯会议的后台留言平台上，校内外同学在线上积极提问关于阿育王塔内金瓶、鎏金铜佛像龙形支柱的发掘与出土情况。黎老师就此介绍对雷峰塔层数的新认识，重新修正了关于舍利容器的表述方式，并对雷峰塔地宫出土铁函内器物的放置情况做了详细解读：铁函最下部为"千秋万岁"鎏金银垫，上方为一面铜镜，最上面是以"千秋万岁"鎏金银盒承装的鎏金银阿育王塔，黎老师认为这件"千秋万岁"鎏金银盒，应当视为一种舍利容器。

来自苏州的耿明请教了苏州瑞光塔发现的珍珠舍利宝幢的解读问题。黎老师认为这种仿经幢的木雕器物，在吴越国尚未发现，应该是北宋大中祥符六年（1013）制作的佛教舍利容器。还有听众就铜阿育王塔是否对此后石塔的形制产生影响进行提问。黎老师认为，虽然吴越的石塔较少，但是在同时期的南汉境内有所发现。入宋之后，中国东南地区大型的石塔更为多见，其形制可能与早期的吴越国阿育王塔具有渊源关系。

最后，南京师范大学研究生徐良同学对吴越国佛教遗物地域特色的形成原因及大规模铸造佛塔是否具有政治考虑进行了提问。黎老师认为，吴越国的佛教遗物地域性极强，且具有开创性。其金铜造像已经形成了极其庞大的群体，铸造技术为唐代所未见，可能与朝鲜半岛的影响有关。而关于乙卯岁铸造佛塔的原因，应当更多与崇佛有关，与后周灭佛相对的政治原因，或许只是一种时间上的巧合。

整理者：宋珂欣、张炅晨、陈文

陟山治墓，异石同工

——汉代崖墓开凿技术的来源：一种假说

张良仁

2022年5月9日19：30~21：40，应南京师范大学社会发展学院文博系的邀请，南京大学考古文物系教授、博士生导师张良仁老师在线上做了题为"汉代崖墓开凿技术的来源：一种假说"的讲座。由于该次讲座主题涉及徐州地区汉代崖墓，主办方特邀徐州博物馆名誉馆长、研究馆员李银德老师作为与谈嘉宾。该次讲座是南京师范大学考古学系列讲座总第70讲（考古名家讲坛第35讲）。讲座由王志高教授主持，校内外师生及社会各界人士共450人通过腾讯会议及bilibili线上直播的形式听讲。

讲座伊始，张良仁老师以龟兹石窟研究为切入点，指出尽管我国石窟众多，但过去学者关于石窟的研究多聚焦于石窟形制的分类梳理与窟内雕塑壁画的风格与内容分析，对石窟开凿技术关注较少。张良仁老师在教学过程中注意到了印度石窟、伊朗崖墓与中国汉代崖墓的开凿技术可能存在联系，并据此展开研究，以期引起学界对中外石窟和崖墓开凿技术的关注。

随后，张良仁老师提出了关于汉代崖墓技术来源的看法，即汉代崖墓的开凿技术有可能是外来的。借此机会，张老师浅谈了他对于"中国民族文化外来说"的看法。首先，在技术层面，中国对外国文化有吸收借鉴，这是不能被掩盖和抹杀的客观事实，检验一种技术是否来自外国，关键要看有无确凿的证据；其次，中国的发展创新需要研究外国文化、学习外国文化，需要"认识世界认识自己，走进世界走出自己"。因此研究外来文化的问题，既要采取严谨审慎的治学态度，也要兼收并蓄，具备全球化的开阔视域。

接下来，张良仁老师简要介绍了汉代崖墓。汉代崖墓广泛分布于四川、云南、贵州等地的峭壁和山坡之上。日本学者鸟居龙藏、法国学者色伽蓝、中国学者郑德坤先后对其有过研究，确认了这是一类特殊的古代墓葬，其中保存有题记的纪年崖墓年代范围从东汉永平八年（65）至南朝宋元嘉十九年（442），集中于东汉中晚期。张老师先以四川乐山麻浩崖墓群M1、M8为例，介绍了四川地区崖墓的形制结构与开凿方式。麻浩M1与M8均为结构复杂的多室墓，墓门均有仿木结构建筑石刻。其中M1虽然被盗，但发现数量丰富的画像，M1前室东壁刻有一坐佛，高肉髻，圆形头光，着通肩袈裟，右手举起似作"施无畏印"。麻浩崖墓的开凿过程是先于山崖坡面开凿出短墓道，再于墓道后端开凿出平面，从而进一步修整形成墓室。麻浩崖墓前临麻浩河，开凿于河岸红色砂岩质崖壁上，砂岩石质相对较软，因此麻浩崖墓的墓壁无二次加工痕迹，但非常平整，凿痕纹理也很均匀。有学者根据墓壁凿痕推断，麻浩崖墓可能使用冲击式顿钻法开凿。徐州地区的崖墓年代早至西汉，且规模宏大，因徐州地区崖壁多为更坚硬的石灰岩，工程难度较麻浩崖墓更大，反映了当时工匠高超的雕凿技术，如狮子山西汉楚王陵、龟山汉墓等。二墓均经过精心设计规划，使用做工精致的重型条石作为封门的塞石以防盗掘。此法亦见于河南省永城市保安山一号王陵。

在以竖穴土坑墓为主流的中国，西汉崖墓的出现一定程度上背离了传统，可以视作一种具有革新性的墓葬形式。崖墓开凿技术包括开凿墓道、填补空洞裂缝、开采和切割条石等。

有关中国崖墓开凿技术的来源，20世纪30年代法国学者色伽蓝曾提出其技术来源于埃及、西亚和伊朗等地的假说。色伽蓝提出此假说主要是因为埃及、西亚和伊朗等地发现了年代更早的崖墓。张老师随后介绍了色伽蓝假说中涉及的线索。波斯波利斯城（Persepolis）遗址位于伊朗西南部，坐落于慈悲山的西坡。该城修建于阿契美尼德王朝大流士一世（公元前522~前486年在位）时期，公元前330年，波斯帝国为亚历山大大帝所攻灭，波斯波利斯也随之覆灭成为废墟。由于城址营建于山坡，工匠需先于山坡上开凿槽口，然后嵌入条石垫出5到13米的高台平面，再在上面修筑宫殿。波斯波利斯城拥有12.5万平方米由巨大条石垫出的平面，地面现存雕刻精致的圆雕与石柱，工程量浩大，体现了精确的石料切割开采和搬运技术。阿契美尼德王朝的王陵即为崖墓，位于距波斯波利斯城12公里外的石灰岩崖壁上，先于崖壁上切割出十字形平面，于十字横梁雕刻立柱、横梁，中间掏凿墓室，十字纵轴上部则有标志波斯帝王功绩的铭文与浮雕，十字平面打磨平整，刻工精细。

位于伊朗西部扎格罗斯山脉峡谷处的贝希斯敦（Behistun）遗址同样具有类似的精细打磨的平面与石刻，体现了高超的石料加工技术。伊朗的达什喀什（Daskash）遗址为蒙古伊尔汗国为修建苏丹尼耶城（Soltanye）开采石料的采石场，揭示了大型建筑用石料的开采方式。而哥贝克力土丘（Göbekli Tepe，公元前9600~前6200年）的发掘说明近东大型石料开采的历史可以追溯至前陶新石器A段至前陶新石器B段。

近东地区崖墓的营造同样具有悠久历史，位于土耳其东部的凡·凯尔崖墓（Cemetery of Van Kale）属乌拉尔图王国时期（公元前9~前6世纪），由于崖墓与乌拉尔图王国一般墓葬传统不符，学者推测乌拉尔图的崖墓开凿技术可能来自耶路撒冷、塞浦路斯及小亚细亚地区。沿此线路追溯，崖墓技术的源头可能在埃及。埃及的石料开采技术也更为悠久，自前王国时期至拜占庭罗马时期，前后延续3500年，使用石锤、铜凿、铜镐等工具。

　　尽管色伽蓝的推测有丰富线索，但缺乏关键证据，无法证实。且埃及、西亚等地的崖墓，地理和年代上距离中国的崖墓都比较远。因此，张良仁老师提出了可以连接西亚与中国断层的又一假说：中国汉代崖墓开凿技术可能辗转来源于印度，且很有可能与佛教密切相关，是随佛教一起传入中国的。不过张老师强调，其观点同样停留于假说阶段，尚缺乏明确证据。

　　印度石窟遗迹丰富，印度比哈尔邦迦叶市以北的巴拉巴尔山与龙树山均存石窟遗迹。张老师着重介绍了巴拉巴尔山的罗马斯·里希石窟（Lomas Rishi Cave）。其窟门呈半圆形仿木结构，石窟内部有圆形的仿棚屋结构，并保存了印度教和耆那教的雕像，是印度教与耆那教的行游僧在雨季的住所。附近窟内铭文显示其开凿年代约为公元前273～前232年，属于孔雀王朝时期。

　　巴雅石窟群（Bhaja Caves）位于印度西部马哈拉施特拉邦，比里希石窟年代稍晚，约为公元前100～前70年，属于巽伽王朝时期。其中12号窟模仿当时木构建筑，窟顶为券顶，窟门表现了卷檐和椽头。石窟主体为一座马蹄形大厅，厅内沿窟壁雕刻一圈八角柱网，柱体微向内倾斜，体现了当时木构建筑侧脚、收分的特征，里侧为一佛塔，可能为石窟群的礼拜中心。

　　虽然印度的古代石窟和徐州地区汉代崖墓在形制方面很不相同，但是依然不能排除徐州崖墓的开凿技术来自印度的可能性，而且这种技术可能与佛教一起传入中国。但是这种看法至今没有直接证据，现有的和佛教传播有关的证据都在东汉晚期以后。如在东汉末至曹魏时期的山东沂南北寨汉墓发现了与印度巴雅石窟类似的八角柱，仿木构建筑上下收分，下有柱础，上接一斗二升斗栱承托过梁，其雕凿技术可能来源于印度，但是其表面也刻有中国风格的羽人、异兽等图案。在沂南北寨汉墓中室的八角柱上发现有带有头光的人物形象，显示其可能受到了佛教艺术的影响。徐州博物馆收藏有八角柱残块。另有连云港市孔望山石刻造像群，其中夹杂大量佛教题材的造像。温玉成认为其年代为三国时期。且因佛像、涅槃像、舍利供养像等佛教题材与老子像、孔子像、东王公像等中国传统题材在孔望山造像群混合出现，温玉成提出了"仙佛模式"，认为孔望山造像是现存最早的仙佛造像。不过有关孔望山石刻造像群的内容和年代，学界仍有较大争议。

　　随后，张良仁老师概述了佛教艺术在印度兴起和传播的过程。公元前2世纪以前，佛教还没有立像崇拜的传统，只有佛陀崇拜，信徒崇拜佛陀的遗骨、遗物、脚印等象征佛陀的图案。佛教的迅速弘扬与扩散始于公元前3世纪的孔雀王朝；由于阿育王的皈依及对佛教的极力推崇，佛教迅速扩散于整个印度地区。阿育王曾下令雕刻多根阿育王石柱，其中位于现劳里亚·南丹加尔的阿育王石柱保存较为完整，柱身刻有阿育王敕命，柱头上饰圆雕狮子及覆莲。其中狮子、打磨光亮的柱身，以及在石头上雕刻敕命均属西亚传统。孔雀王朝之前，阿契美尼德王朝曾统治南亚西北部的犍陀罗一带，在阿契美尼德帝国崩溃后，流离的工匠可能逃往孔雀王朝统治范围内，因此罗马斯·里希石窟及阿育王石柱的雕刻技术很有可能来自阿契美尼德。巽伽王朝时期扩建并美化了部分孔雀王朝的佛塔，桑齐大塔

（Sanci，公元前3世纪~公元1世纪）即为其中之一。公元前250年希腊–巴克特里亚王国建立，随后不久侵入印度北部，为印度佛教艺术带去希腊风格。传统石窟建筑为马蹄形建筑风格所取代；公元前1世纪或公元1世纪，带有希腊风格的人形佛像也出现了。由于贵霜王朝的支持，佛教造像艺术与石刻开凿技术传入中国新疆、甘肃一带，但是似乎没有到达徐州地区。徐州地区的崖墓开凿技术和佛像更可能是由海上丝绸之路或滇缅路传入中国的，但目前还缺乏足够的证据来证实，不过不排除崖墓开凿技术由伊朗传入中国徐州的可能性。

张良仁老师讲座结束后，李银德老师就讲座内容发表了简要的评述。李老师认为张老师研究石料开凿、加工技术，拓展了中西文化交流的研究视野。随后李银德老师主要探讨了两个问题，即中国石料开采加工技术来自西方的可能性，以及为何西汉时期会改变传统采用崖墓这种新型的丧葬形式。

李老师强调相较于西方，中国没有采石传统。中国人工开采石料的技术成熟很晚，新石器时代石峁遗址的石雕、春秋时期秦国的石鼓、战国时期中山国的守丘石刻等虽为石制，但主要还是利用自然的石料，与西方人工开采的大型条石不同。李老师指出中国人工开采石料的最早线索可能在秦始皇陵，中国采石技术成熟应当在战国或秦代。因此就石料采集技术而言，传自西方的可能性很大。南京阳山碑材显示的采石方法与达什喀什采石场类似，说明这种采石技术一直延续至明朝。汉代采石方法的技术积累与铁制工具的广泛使用，共同奠定了崖墓开凿技术的基础。不过虽然技术可能来自西方，但李老师认为中国人"入土为安"的丧葬传统是难以改变的，而徐州西汉崖墓作为在朝廷礼制控制下的王陵，为什么采取崖墓这种看似另辟蹊径的墓葬形式，是十分值得考量的问题。李老师提出了一个新的思考方向，即近年来索德浩等学者指出的四川汉代崖墓可能与中国洞室墓传统之间的渊源关系。中国洞室墓的历史悠久，陕西杨官寨曾发现仰韶时期的偏洞墓。这种关中的洞室墓传统可能经由商洛传入四川。四川崖墓起源与西方并无直接联系，而与关中洞室墓有关。不过，由于徐州地区并没有与洞室墓传统直接关联的线索，徐州地区的崖墓起源问题仍有待进一步的探讨。

在其后的交流环节，南师大文博专业本科生张新泽同学首先就中国崖墓为什么最早在徐州出现，以及崖墓开凿技术在中国内部的传播路径提出疑问，并请教李老师石室墓和崖墓有没有可能存在联系。李老师认为佛教影响到徐州地区时间很早，而且具有较高的接受度。如东汉楚王刘英作为皇室成员，在朝廷尚未正式颁布兴佛诏命前即"学为浮屠斋戒祭祀"，并受到表彰。沂南北寨汉墓中也曾发现带有头光的人物形象。西汉张骞通西域后，江都王之女刘细君、楚王刘戊之孙刘解忧曾先后远嫁乌孙，互通有无，可见徐州地区与西域的交通并不存在阻碍，当时与西域沟通的主要道路为自徐州经泗水至定陶，再西行至洛阳；或从徐州直接往西至洛阳、长安，最后至西域。李老师指出，虽然徐州地区东汉时期已经有了比较充分的佛教传播基础，但并不意味着印度佛教石窟的传统已经传入徐州并对崖墓产生影响。徐州崖墓年代主要集中于西汉早中期，尽管石椁墓贯穿于西汉，但石椁墓发展至用条石垒砌的石室墓要到东汉中期，距离崖墓的年代较远。

来自南京大学的王斌鹏同学认为崖墓中石柱的形制和排布位置似乎与伊朗地区更为接近，而与印度石窟不同，并据此提出疑问。张良仁老师认为中国崖墓与印度石窟、伊朗崖墓就形制上来说均有很大差异，只不过是在开凿墓道、切割条石、填补空洞裂缝的技术层面有所联系。徐州崖墓是这类西方的技术经过本土工匠的本地化，与徐州的墓葬传统结合的结果。

来自山西省文物考古研究院的张海蛟老师就八角柱的传播路径提出疑问。张良仁老师表示他对八角柱的传播没有深入研究，不过四川地区的崖墓和徐州的崖墓在形制上比较接近，四川崖墓的开凿技术很有可能也是从徐州传播过去的。

整理者：欧萌

琢磨巨石，影拟法身

——栖霞山千佛岩南朝石窟的开凿年代与功德主

邵 磊

2022年5月15日19：30～21：30，应南京师范大学社会发展学院文博系的邀请，南京市博物总馆研究员邵磊老师在线上做了题为"栖霞山千佛岩南朝石窟的开凿年代与功德主"的讲座。此次讲座是南京师范大学考古学系列讲座总第71讲（文博大家讲坛第14讲）。讲座由王志高教授主持，校内外师生及社会各界人士近300人通过腾讯会议及bilibili线上直播等方式聆听了本次讲座。

讲座伊始，邵老师首先简要介绍了栖霞山的概况和历史沿革。栖霞山位于南京城区东北约22公里，是南京地区一处著名的风景名胜，曾被乾隆皇帝誉为"第一金陵明秀山"。邵老师指出，南京民间素有"春牛首、秋栖霞"的俗谚，意谓春天的牛首山与秋季的栖霞山，都是南京人深所钟爱的游览胜地。"秋栖霞"的说法，缘于深秋时节栖霞山层林尽染的枫叶，其灿若云霞，美不胜收，堪称金陵风光一绝。秋游栖霞，观赏红叶，至少在明代后期的文士墨客中已经蔚为风气，南京栖霞山也因此与北京香山、苏州天平山、长沙岳麓山并称全国"四大赏枫胜地"。

关于栖霞山的得名，以往人们存在着不尽相同的认识。如有人认为山上枫树茂盛，每年秋天，霜露既降，枝叶染丹，灿若云霞，故而得名"栖霞"，其实是误解。邵老师指出，汉末六朝时期的栖霞山，因山中多药草，可资摄生，故名摄山，又因山形似伞而称伞（繖）山。至于"栖霞山"的得名，实与南朝宋齐间的高士明僧绍大有渊源。

明僧绍出自青徐豪族中的平原明氏，与西晋末年渡江、有拥戴翊立东晋政权之功的王、谢家族相比，平原明氏直至东晋末季始渡江南下，是南渡较晚的侨姓大族，属于"晚渡北人"，自然被排除在了政治核心圈之外。由于政治上失去了先机，仕途坎坷，平原明氏的族人往往忘情于山水，沉湎于释道，颇予人以淡泊名利、志向高洁的印象。至于明僧绍本人则曾在南朝宋齐间六次婉拒朝廷征召，在与其弟明庆符前往京师建康之后，遂卜居摄山并创立"栖霞精舍"，这便是栖霞寺和栖霞山得名的缘由。

值得关注的是，明僧绍还与栖霞山千佛岩的开凿密切相关。通常认为，明僧绍之所以多次婉拒朝廷征召，而安身于当时人烟稀少、野兽出没的摄山，应与其专注于佛教修行有关。但从文献记载来看，当时这一带包括摄山在内的地区，属于青徐土民传统聚居的侨置"临沂县"，是明僧绍一族的势力范围。据此，邵老师提出，明僧绍随其弟明庆符卜居摄山并非偶然。

据相关资料记载，明僧绍前往摄山（栖霞山）隐居时，适有来自河北黄龙的法度禅师在山舍宣讲《无量寿经》。明僧绍听讲之余，恍惚间得以目睹山岩隐见如来光影，遂生发出在山中开窟造像的宏愿。可惜壮志未酬，于永明元年（483）齐武帝诏征其为国子博士未久，便撒手尘寰。

明僧绍之子、临沂令明仲璋谨遵其父遗愿，与法度禅师在"西峰石壁"（今栖霞山千佛岩南壁）开凿供奉"西方三圣"即无量寿佛并观世音、大势至二菩萨巨像的三圣殿，是为千佛岩石窟造像的起点。法度禅师复"即此旧基，更兴新制，又造尊像十有余龛"，遂奠定了千佛岩南朝石窟造像最初的规模与格局。此外，在唐高宗李治御制的《金陵摄山明征君碑》的碑文中，明确记载明僧绍是在"永明二年奄迁丹壑"，可见栖霞山千佛岩的开凿不会早于明僧绍亡故的南齐永明二年。

接下来，邵磊老师介绍了栖霞山千佛岩南朝至唐代小窟的开凿情况。据文献记载，南齐永明年间，比丘尼智胜亦曾"舍衣钵为宋齐七帝造摄山寺石像"，惜无迹可寻。梁天监十年（511）八月，梁武帝的六弟、以善于聚敛财富而闻名的临川王萧宏又对窟像进行了妆銮修饰。几乎与栖霞山千佛岩石窟造像的兴工同时，栖霞寺也在永明七年拓建而成。关于栖霞寺与千佛岩的关系，邵老师补充道，虽然现在人们常将之视为一体，但它们还是存在着先后关系的。通常人们会认为是先有寺院，再有石窟，但他通过考古调查和文献资料综合判断，推测栖霞山最早的佛教遗迹应为千佛岩的石窟造像，栖霞寺反而略迟一些，并且是围绕千佛岩建成的。

此后，至隋文帝仁寿元年（601）在蒋山寺（栖霞寺）为瘗埋舍利而建成舍利塔，遂使得南京栖霞寺成为"三位一体"的综合性佛教建筑群。前人多以隋灭陈后将建康"平荡耕垦"作为舍利塔建于相对偏远的栖霞寺的缘由，邵老师则提出，北朝佛教注重禅观，喜建石窟寺，而栖霞寺恰为南方地区罕见的石窟造像群，因此隋文帝选择在栖霞山起建舍利塔。

相较于兴废无常的栖霞寺院与南唐重建的舍利塔，历史最为悠久的千佛岩石窟造像虽然历经风化剥蚀，并在民国初年遭栖霞寺僧以水泥涂缮，但其石窟建筑却几乎是以原貌而得以完整保存下来，弥足珍贵，是栖霞寺"三位一体"的综合性佛教建筑群中最能体现六朝时期风貌和意蕴者。

在南朝以后，栖霞山仍在继续开凿石窟。有唐以降，复于千佛岩南朝诸窟西、北与"待月亭"西北的千佛岭（含纱帽峰）区域，依山势之逶迤开窟造像，大小错落，点缀石崖间，远望如蜂房鸽舍。总体看来，开凿于栖霞山主峰西南的千佛岩石窟可分为山下的千佛岩和山上的千佛岭两部分。千佛岩现存大小窟龛共83座，造像240身；千佛岭现存大小窟龛208座，造像323身。

随后，邵老师回顾了以往学者对栖霞山千佛岩的调查研究工作。对于栖霞山千佛岩石窟造像的调查始于民国十四年（1925）十二月，时向达与郑鹤声等从镇江"便道游摄山"，对千佛岩石窟造像与傍近的舍利塔展开了最初的田野调查，并结合文献对千佛岩石窟造像的创建乃至修缮等问题，做了细致的梳理。民国十六年、十七年夏，向达"又曾以旅居之便，两游摄山，摩挲残迹"，不仅完善了之前的调查记录，修正了部分舛误，还对未来的研究工作提出了寄望。向达先生在南京除了到栖霞山千佛岩实地踏查之外，还走访了在南京明故宫新建成的南京古物保存所，这里也保存了一些栖霞附近流散的文物。在这里他获悉山上有南朝梁中大通二年（530）的题记，但可惜并未在千佛岩原址寻得。

民国十七年，任瑑偕唐忍庵、王凤子夫妇同游栖霞山，并搜集整理千佛岩与天开岩的摩崖题记。任瑑指出：南朝梁中大通二年题刻的发现，足以证明千佛岩南朝龛像雕凿的起讫年代并不限于南齐一朝，"而昔人考为南齐者，遂因此有重新估量之价值"。

1961～1965年，为了编写《佛教百科全书》中的中国石窟寺部分，成立以阎文儒为主导的全国石窟寺调查小组，调查小组行程三万余里，先后三次对全国的石窟寺进行了考察。考察所得，多已见诸阎文儒《中国石窟艺术总论》一书，其中也涉及南京栖霞山千佛岩石窟造像的内容。书中最早注意到三圣殿的形制问题，并指出三圣殿"作穹庐顶"，这是对千佛岩南齐永明年间所开创洞窟形制的准确概括。

宿白先生在实地调查的基础上撰写的《南朝龛像遗迹初探》一文中，称千佛岩南壁规模最宏伟的三圣殿为"大龛"，称规模仅次于三圣殿并与之毗邻的二佛并坐窟为"次大龛"。《南朝龛像遗迹初探》一文结合传世文献，进一步梳理了栖霞山千佛岩南朝石窟开凿年代问题，论述了"大龛"即三圣殿与西侧毗邻的"次大龛"，其平面作横椭圆形、穹隆顶的形制，揭示出栖霞山千佛岩这类效仿草庐的洞窟造型出自云冈石窟的渊源关系与可能的传播途径。文中还探讨了南京栖霞山千佛岩与浙江新昌宝相寺两处南朝龛像对北朝晚期石窟造像的反馈等问题。

1992年7月，南京建筑工程学院首次对栖霞山千佛岩的石窟造像进行测绘并编号。

1994年秋，南京市博物馆考古部对栖霞山千佛岩石窟造像进行了为期两个月的考古调查，调查内容包括编号、绘图、摄影、文字记录等。其中，三圣殿被编为第14窟，三圣殿西邻以并坐二佛为主尊的"次大龛"被编为第13窟，参与调查的林蔚女士在相关研究中曾使用过这一编号。此次调查期间，据胡小石编纂的《金石蕃锦录》上海震亚书局石印本提供的《中大通佛龛》的线索，调查人员重新发现了栖霞山千佛岩最早的石窟造像题记——《南朝梁中大通二年题记》。

此后不久，意欲承接栖霞山千佛岩造像修缮工程的某单位，也对千佛岩石窟进行编号，虽然他们的编号既不规范也不统一，但却因其擅自将编号以红漆涂刷于窟龛外壁的醒目位置，故多有不明真相的美术史学者沿袭使用。

1998年秋至1999年春，南京市文物研究所亦对栖霞山千佛岩石窟造像进行调查，并组织力量剥除了栖霞山千佛岩区域的部分南朝至唐代石窟造像表面附着的水泥层，还对栖霞山范围内的题刻碑记予以椎拓。

2000年至2002年，北京大学考古文博学院与南京市博物馆对栖霞山千佛岩石窟重新进行了考古调查。其中对洞窟的编号，是以北岩东端的宋代尤九言题写"栖霞山千佛嵓"大字榜书为起点，呈逆时针方向沿北岩至西岩、南岩的次序编列，从千佛岩现存的83座大小窟龛中，确定洞窟编号29座，包括9座洞窟的附龛计54个。其中，位于千佛岩南壁显要位置、规模最为宏伟的三圣殿，被编为第19窟；三圣殿西邻、以并坐二佛为主尊的"次大龛"，被编为第18窟。对于栖霞山千佛岩南朝石窟造像的考古学记录乃至类型学研究，是此次调查工作所收获的至为重要的成果。

接着，邵磊老师仔细分析了千佛岩南朝石窟的类型与年代。他指出，早在20世纪二三十年代，关于栖霞山千佛岩南朝石窟造像的起讫年代问题，学者们就已经获得了较准确的认识。宿白先生则完善了对千佛岩南朝石窟造像年代的认识，并将相关学术问题导向深入。在此基础上，邵老师结合自己历年踏查的经验，于20世纪90年代末提出了自己的观点，他认为栖霞山千佛岩南朝洞窟的形制大致可分为两类。

一类为法度禅师身与其事的大、中型洞窟，即宿白与阎文儒早年指出效仿草庐形制的穹隆顶、平面呈横椭圆形洞窟。窟内四壁之间呈弧形交接，窟顶呈穹隆形，窟前壁均系后代补砌，推测窟口原本多为圆拱形敞口，是千佛岩大、中型洞窟最早的一种形式。

另一类为窟室平面近方形的小型洞窟，主要分布于千佛岩西壁，只有一座位于南壁。这些小型洞窟的窟口经修整，窟门处凿成凹进的圆拱形框，内层凿出长方形石门框，门柱、门槛上皆凿有安装木门的榫槽。窟前地面修整平坦。有学者怀疑这类石窟为《比丘尼传》记载建福寺智胜永明年间舍衣钵为宋齐七帝造摄山寺石像，但邵老师认为这些小型洞窟的始建年代不大可能早至南齐，更可能是梁天监年间或其后，以临川王萧宏为代表的萧梁贵族在妆銮千佛岩之际因"见此山制置竦阔，功用稀少"，而见缝插针地"镂之铣鐼"，次第雕凿而成。其中，左右并列的第12、13窟为双窟形态，属千佛岩区唯一的南朝时期的双窟。

千佛岩南朝时期的穹隆顶方形小窟在平面形制和内容上均与大、中型石窟不同，其窟顶为顶面平缓的穹隆形，窟内三壁环二层坛，造像组合多为一佛二弟子二菩萨二力士的一铺七身像。后壁可见圆形素面头光，主尊为倚坐佛像，双手抚膝，足踩圆形莲踏，莲踏下接扁长方形踏床。在莲踏前的低坛上，居中置三足炉，炉身两侧偎伏成对的双狮，呈双狮听道之相。可惜窟内诸像周身悉遭水泥涂缮，衣饰等细部特征无从明辨，改制的情形尤为明显。

最后，邵磊老师跟大家分享了他对千佛岩南朝石窟的功德主及其相关问题的研究。据传世江总《金陵摄山栖霞山碑铭》文本记载，栖霞山千佛岩南朝石窟的功德主，除了齐永明年间雕凿三圣殿的明仲璋与法度禅师，以及梁天监十年妆銮"摄山龛大石佛"的临川王萧宏三人之外，还包括齐文惠太子、豫章文献王、竟陵文宣王、始安王、宋太宰江夏王霍姬、齐雍州刺史王奂六人。相较前三人而言，后六人不过是一份泛泛的名录，尚不知晓齐室诸王与宋太宰江夏王霍姬、齐雍州刺史王奂六人的具体功业为何。

巧合的是，2002年，考古工作者在千佛岩三圣殿前的广场之下发掘出陈祯明二年（588）尚书令江总撰《金陵摄山栖霞寺碑铭》原碑残石，残碑碑阳的正文即明代《金陵梵刹志》、梅鼎祚《释文纪》与清代严观《江宁金石记》等书辗转著录的江总碑内容。由于碑石残损，所存篇幅仅为全文的三分之一，但仍可据传世文本恢复原碑行格。新出陈祯明二年《金陵摄山栖霞寺碑铭》原碑残石的碑阴文字内容主体为齐、梁、陈三朝功德主营造与修缮千佛岩石窟造像的实录，这一部分内容的发现，为揭示千佛岩南朝石窟造像的营建过程提供了重要依据。

通过分析这段碑阴残文，邵老师发现，其内容共涉及栖霞山千佛岩南朝齐梁时期雕凿的6座石窟造像，依次为：齐临沂令明仲璋与法度禅师造"三圣殿"内的无量寿佛并观世音、大势至二菩萨像（19窟）；齐雍州刺史王奂为巴陵王所造坐高八尺九寸的龛像（20窟）；齐临沂令明仲璋所造龛像（22窟）；"东第三龛"内"高七尺九寸"的坐像（24窟）；"宋太宰内霍夫人造未成"继由齐竟陵文宣王萧子良继续完成的"弥勒下生龛像"（23窟）；"梁东阳州刺史"造"二像坐身并高五尺四寸"的"（维）卫迦叶龛"（18窟）。

邵老师进而提出，上述记载其实均能与现存的千佛岩石窟造像相对应。他指出，碑阴残文的第1~4行，所述均是关于"三圣殿"的内容，其中有不少值得注意的地方。如记窟内"西方三圣"巨像的尺寸与传世《金陵摄山栖霞寺碑铭》碑阳正文文本所述"西方三圣"诸像的数据吻合。此外，它还记录了主尊无量寿佛像的数据，言其"含髻头长八尺五寸……手长六尺九寸，两膝相去二丈五寸"，此不见于传世碑文，可补遗阙。

此外，碑阴还记录了营造"三圣殿"的诸位功德主，依次包括齐文惠太子萧长懋、豫章文献王萧嶷、竟陵文宣王萧子良等。通常认为千佛岩"三圣殿"内的西方三圣巨像，系明僧绍之子明仲璋与法度禅师雕造。至于传世碑阳文本关于南齐诸王的功德，就其次序与语境而言，则更容易与"三圣殿"左右两侧的洞窟而非"三圣殿"本身联系在一起。但碑阴的这一部分内容足以表明，临沂令明仲璋与法度禅师经营的"三圣殿"及其内的西方三圣巨像，其实正是有赖齐室贵胄文惠太子萧长懋、豫章文献王萧嶷、竟陵文宣王萧子良、始安王萧遥光等功德主们施赏"随喜"而成，明仲璋与法度禅师应是具体的经办者。

需要注意的是，这部分文字还记录了雕凿"三圣殿"内"西方三圣"巨像的匠师的名字，具体为"大匠左亮之、□国宝"等人，这也是十分重要的信息。邵老师强调，中国早期的美术遗存，其作者多泯灭无迹，此最令人叹惋不止。南京栖霞山千佛岩"三圣殿"南朝石雕无量寿佛并观世音、大势至二菩萨巨像，是中国佛教史与美术史上屡见载录、堪称巨观的赫赫名迹，讵意塑造者竟赖陈祯明二年《金陵摄山栖霞寺碑铭》原石碑阴残文而得以昭白，何其幸也。

而后，邵磊老师根据上述信息，提出了自己对三圣殿经营历程的新思考。他指出，栖霞山千佛岩三圣殿的营造，由明僧绍之子、临沂令明仲璋与法度禅师终齐世经始完成。结合史籍与《明征君碑》等涉及明僧绍与法度禅师的史传材料来看，千佛岩三圣殿的开工固不早于明僧绍撒手尘寰的南齐永明二年，其竣工也绝不至晚于法度禅师圆寂的南齐建武四年（497）或永元二年（500）。但见诸《金陵梵刹志》《江宁金石记》等志书的《金陵摄山栖霞寺碑铭》传世文本则言："大同二年，龛顶放光。光色身相，晃若炎山；林间树下，趐如火殿。禅师自识终期，欣瞻瑞应，以建武四年于此寺顺寂。岂非六和精进，十念允谐，向沐宝池，方升金地者也。"说的正是三圣殿竣工之后的瑞应景象与法度禅师在栖霞寺圆寂的情景。可是，上文所谓"龛顶放光"的大同二年（536），却是一个栖霞山千佛岩三圣殿的经办者与功德主均已谢世的年代，圆寂多年的法度禅师自然也无法目睹三圣殿大同二年"龛顶放光"。由此，邵老师认为碑文此处的"大同二年"纪年必定有误。

通过将传世《金陵摄山栖霞寺碑铭》正文文本与新出土陈祯明二年原碑残石校读，邵老师发现，传世正文中的"大同二"三字，在陈祯明二年原碑的行格中，恰位于第11行最后三个字的位置，此处与石碑的趺座相接，最易遭磨泐，造成文字残缺讹隐，从而导致宋代翻刻或传抄之际舛误。结合三圣殿系临沂令明仲璋与法度禅师终齐世经始完成的前提，传世文本里被后人误认的"大同二年"，显然应为南齐的一个年号。邵老师认为，从字形构造上分析，南齐的几个年号中，"永明"若笔画稍有磨损，则与"大同"颇为近似，而其余的南齐年号都不具备这样的可能性。因此他推断所谓"大同二年龛顶放光"之"大同"，其实是"永明"之误。

同时，邵老师认为，紧接"永明"之后如果是"二（年）"，亦甚不妥。因为明僧绍撒手尘寰的永明二年，正是其子明仲璋与法度禅师开凿三圣殿、雕镂"西方三圣"巨像的年代上限，而即便三圣殿真的开凿于永明二年，以其规模之宏大，也不大可能在当年就完成。结合《金陵梵刹志》所存《旧志》之《纪创立》中"大同六年，龛顶复放光"的记载，他推测"二年"或是"六年"之误，栖霞山千佛岩三圣殿很可能是在南齐永明六年完工。

现存碑阴第5行残文，悉为"齐雍州刺史王奂为巴陵王造"龛像的实录。此窟位于三圣殿毗邻的东侧，从方位上看正属三圣殿"东第一龛"，在2000年以后北京大学考古文博学院与南京市博物馆合作完成的栖霞山千佛岩石窟造像考古调查工作中，被编号为第20窟。该窟内亦为一铺三身的一佛二菩萨造像组合，民国年间均为栖霞寺僧以水泥涂缮，经2000年剥除窟内诸像表面的水泥层，发现第20窟正壁主尊坐佛的上身皆已残断，仅存腿部以下；侧壁胁侍菩萨像的头部亦均为后代补塑。造像衣纹服饰俱已模糊不清，且表面多见民国寺僧敷涂水泥层时为增强附着力而刻画出的凿痕。

第20窟的功德主王奂的姓名，可能由于陈朝原碑碑文漫漶破损，自北宋康定元年栖霞寺僧契先重立《金陵摄山栖霞寺碑铭》始，便将"王"字误为"田"字，被讹传为"田奂"。宿白先生《南朝龛像遗迹初探》一文征引传世《金陵摄山栖霞寺碑铭》文本之际，依旧误作"齐雍州刺史田奂"。其实阎文儒先生早在其《中国石窟艺术总论》一书中便已指出：《南齐书》并无"田奂"其人，疑为出任雍州刺史的王奂。

根据文献记载，王奂于南齐永明六年出为雍州刺史，永明十一年因反叛被诛。由此看来，第20窟的开凿年代不出王奂出为雍州刺史的永明六年至永明十一年伏诛之间。考虑到王奂出为雍州刺史与千佛岩三圣殿竣工同为永明六年，加之王奂为齐武帝萧赜第十三子、永明二年封巴陵王的萧子伦施造的第20窟，西毗被编列为第19窟的三圣殿，属三圣殿"东第一龛"。故邵老师进一步推断，第20窟应即成于三圣殿竣工之后未久，亦即王奂永明六年出为雍州刺史的当年。

碑阴残文第6行的前段，记"（临）沂令明仲璋造"龛像，因其西毗齐雍州刺史王奂为巴陵王萧子伦所造的"东第一龛"，故应属"东第二龛"，今被编列为第22窟。该窟为一铺七身像组合，正壁主尊结跏趺坐，头部为后世补塑，双手亦残损，唯衣纹尚清晰可辨，保存相对较好，而身后的背光悉为后世补凿的千佛打破；经剥除水泥之后发现，两侧的胁侍因形体较小，所遭受的风化侵蚀尤为严重，不仅头部屡为后世补造，甚至洞窟左壁邻近窟门的菩萨造像，几乎连大部分的身躯都是后世拼接补塑而成的。对于临沂令明仲璋，以往只知其"克荷先业"，与法度禅师合力经营千佛岩三圣殿内的无量寿佛并观世音、大势至二菩萨巨像的事迹，但未知除此之外，明仲璋作为功德主，亦曾在三圣殿东侧独立营造了这样一座中等规模的洞窟，填补了历史空白。

碑阴残文第6行后段见录的"东第三龛"，是栖霞山千佛岩唯一作三佛题材的三壁三龛窟，与北魏迁洛后的云冈石窟第三期的三佛窟暨龙门石窟早期的三佛窟相似，今被编列为第24窟。然而由于碑文残缺不全，以至功德主等相关信息皆不得而知。邵老师指出，据第24窟平面呈横椭圆形、穹隆顶的构造与在千佛岩所处的方位，不难判断第24窟亦始创于南齐，但其明显滞后的通壁三龛的形制，颇令人费解。

对此，邵老师通过对洞窟形制的仔细观察，发现位于千佛岩三圣殿左右两侧，平面呈横椭圆形、穹隆顶的效仿草庐形制的接地洞窟，彼此间距亦即窟壁的厚度，大多为0.6米左右，可见南齐时率先在千佛岩南壁开凿的诸多接地洞窟，在其次第开凿之际是遵循了相应规划的。然而在第24窟左（东）壁尊像之后的壁面与毗邻的东侧洞窟即第26窟右（西）壁之间，却是稀薄异常，局部甚至出现了在开龛造像的过程中锤凿斧劈不慎贯穿的情形。此外，新出原石碑阴残文记述"东第三龛"内的造像时，采取了与洞窟正壁仅有单一主尊坐佛的"齐雍州刺史王奂为巴陵王造"第20窟相同的表述方式，而后文述及主尊为二佛并坐的"（维）卫迦叶龛"主尊造像尺寸之际，起首便开宗明义地标明"二像坐身并高五尺四寸"。因此，邵老师推测此"东第三龛"亦即第24窟之内作三壁三龛的三佛题材，或出自后世改制，而非南齐最初开凿此窟时的本来面目。

碑阴残文第7行，记"弥勒下生龛"，据残存碑阴残文推知，此洞窟初为"宋太宰内霍夫人施造未成"，继而由齐竟陵文宣王萧子良补续完成。按，霍氏的这一功德，亦见录于传世《金陵摄山栖霞寺碑铭》碑阳正文文本："宋太宰江夏王霍姬，蕃闺内德……并于此岩阿广抽财施，琢磨巨石影拟法身"。直到获见新出的碑阴残文，方知"宋太宰江夏王霍姬"的功德竟然与齐竟陵文宣王萧子良大有渊源，可见其间颇为曲折。

"弥勒下生"即弥勒成佛，在千佛岩南壁这一区域，主尊造像为弥勒佛的洞窟，只有位于第22与24窟之上、明代补砌砖石门壁的规模较大的洞窟，今被编列为第23窟。第23窟的正壁主尊一度被改制为结跏趺坐、头戴宝冠的菩萨像。2000年，邵老师经实地调查之际，剥除民国时栖霞寺僧涂缮的水泥层，始知原本为双腿下垂的倚坐姿态，坛座前并设半圆形莲踏。此身呈倚坐姿态的弥勒佛主尊造像，其头部虽佚失，但窟内正壁原有的头光、身光俱在，实测自头光中央至坛座底部高约360厘米，与新出土原石碑阴残文所记"像身高一丈四尺"约合352.8厘米相近。

宋太宰内霍夫人，亦即传世《金陵摄山栖霞寺碑铭》碑阳正文述及的"宋太宰江夏王霍姬"。据《宋书·刘义恭传》记载，刘义恭于永光元年（465）八月被害，后其子刘绥暨太宗第八子刘跻，虽相继于泰始年间受封江夏王，但皆未进太宰之位，故"宋太宰江夏王霍姬"理应是刘义恭的姬妾。霍氏未竟之功，终由齐竟陵文宣王萧子良补续而成，以萧子良卒于隆昌元年（494）而言，则千佛岩第23窟亦即"弥勒下生龛"的竣工年代应不晚于此际。

碑阴残文第8行，记"二像坐身并高五尺四寸"的"维卫、迦叶龛"，此窟即宿白先生《南朝龛像遗迹初探》一文中所谓的"次大龛"，其左（东）壁毗邻三圣殿，今被编为第18窟。窟内正壁以二佛并坐像为主尊造像，也是千佛岩唯一以二佛并坐像为主尊造像的洞窟。邵老师早年曾撰文论证此洞窟内雕凿的正壁二佛与胁侍二菩萨造像的服饰等，皆具有萧梁时期的特征，纵然窟室可能为南齐旧貌，但窟内造像必经萧梁时改制而成。今据新出陈祯明二年《金陵摄山栖霞寺碑铭》碑阴残文所述，第18窟的功德主为"梁东阳州刺史番禺……"，可证此窟确为萧梁时期开凿。

讲座最后，邵老师简要梳理了栖霞山千佛岩南朝石窟造像的流变过程，并分析了造像形制与改制的关系。据传世《金陵摄山栖霞寺碑铭》碑阳正文记载，栖霞山千佛岩石窟造像曾在梁天监十年予以丹青莹饰暨"镂之铣鋈"的改制。而新出《金陵摄山栖霞寺碑铭》碑阴残文更是确凿记载，栖霞山以三圣殿之"西方三圣"为主体的龛像遗存，在南朝陈太建十一年亦曾历经皇太子陈叔宝为首的皇室、官贵重妆的经历。由此看来，千佛岩"东第三龛"内现存的左右二龛及龛内尊像，也极可能都系梁陈及其以后改制妆銮千佛岩石窟造像之际，打破原有壁面补凿而出。

讲座结束后的交流环节中，南京师范大学文博系研究生周心意同学就石窟造像与禅观在南方的流行问题向邵老师提问。邵老师指出，只要在佛教造像所在地，就可以进行禅观活动。南北朝时期，相对于北方，南方并不太注重禅观，因此石窟寺很少。他认为，隋文帝之所以将舍利塔建于栖霞寺，可能也与其作为北人注重禅观活动有关。

接着，南京师范大学文博系本科生张萱也向邵老师提出了三个问题：明僧绍家族为北方南渡的士族，他们最初选择建造千佛岩石窟是否与其北方文化背景有关；如何根据石碑残文与传世文本恢复碑文行格；如何分辨千佛岩石窟中不同时期的改制。邵老师首先肯定了栖霞山石窟的开凿受到北方文化的影响，接着指出通过将传世文本与出土碑文进行仔细校勘便能在很大程度上恢复其原貌。最后邵老师强调，石窟寺不同于墓葬，它是一个开放的场所，在漫长的时间中肯定经过多次改建，对其风格和年代的判断必须将文献和实物相结合，不能仅从单一方面判断，否则很容易产生争议。

整理者：马健涛

行动言商仍向儒，实业教育救国路

——中国博物馆事业的开创者：张謇

徐 宁

2022年6月17日19：30~21：30，应南京师范大学社会发展学院文博系的邀请，南通博物苑副苑长徐宁老师在线上做了题为"中国博物馆事业的开创者：张謇"的讲座。此次讲座是南京师范大学考古学系列讲座总第76讲（弘文讲坛第2讲）。讲座由王志高教授主持，校内外师生及社会各界人士近100人通过腾讯会议聆听了本次讲座。

徐宁老师2004年毕业于南京师范大学社会发展学院文博系，现任南通博物苑副苑长、南通纺织博物馆馆长。自毕业后入职南通博物苑以来，徐老师一直从事博物馆学、中国近代史和南通江海文化的研究，此次讲座正围绕其近年对张謇企业家精神的研究展开。

讲座伊始，徐宁老师简要介绍了南通的历史概况。他指出，南通是一个位于长江下游的冲积平原。独特的地理位置让南通形成了与周边地区截然不同的文化环境，也形成了开放的经济结构，使得其能够孕育出张謇这样的杰出人才。随后，徐老师用三句话概括了南通的历史。一是5000年的文化史，即南通境内最早的文化遗存距今约5000年。二是1060年的城市史，即五代十国后周显德年间南通城建成，距今约1060年。三是120年的工业化史，指张謇回乡创办大生纱厂，开始走上实业救国、教育救国的道路，也揭开了南通近现代化的篇章。

随后，讲座进入正题。徐宁老师首先结合历史文献和档案，详细爬梳了张謇的个人生平。1853年，张謇出生于南通海门常乐镇的农户人家，后考中了秀才。1874年，张謇随孙云锦来到了南京，出任江宁发审局书记。1894年，他在殿试高中状元，授翰林院修撰，不久丁忧回乡。中日甲午战争爆发后，张謇草拟了《立国自强疏》，开始筹办大生纱厂，投身实业。后来经历了义和团运动与八国联军侵华事件后，张謇觉得中国已经到了非变法不可的地步，遂起草《变法平议》。

1903年，日本驻上海总领事馆邀请张謇去日本考察工商业。在日本的70天，张謇对日本的实业、教育、经济、政治、城市建设等都做了全方位的考察，自此心里绘就了改变中国落后面貌的蓝图。1905年，张謇任江苏教育会会长，同年创办了南通博物苑。1912

年，张謇帮助孙中山、黄兴谋划民国政府，任南京临时政府实业部总长，建图书馆、养老院、医科专门学校、纺织专门学校。孙中山退位后，张謇改任北洋政府农商总长兼全国水利总长。后来，他发现腐败的北洋政府无法实现自己的抱负，遂于1915年毅然回到家乡南通，专心致力于南通的地方建设。徐老师指出，从1915年直至1926年去世，张謇对南通的建设不光体现在实业和教育上，还更多地体现在交通、慈善、公益、社会、城建、金融等各个方面。

接着，徐宁老师概述了张謇的精神世界。他认为不能简单地把张謇看作一个商人或民营企业家，实际上他是一位"言商仍向儒"的儒商典范。徐老师指出，所谓儒商有以下四个特点。其一，不是从传统商人转入现代企业活动，而是传统文化人转向现代企业活动；其二，接受过相当系统的儒学教育，尊重以儒学为主的传统文化；其三，对国家社会负责，为了这一目的而进行现代企业活动；其四，把清贫看成传统美德，即使个人掌握财富，也把财富用在公益事业上。

张謇虽然重商，但他始终没有把自己看作一个商人、一个资本家，而是一个儒者。同时，张謇也特别仰慕东汉末年的田畴，能够在兵荒马乱的年代，靠一己之力带领族人过上安居乐业的生活。为此，他曾写下"雄节不忘田子泰，书生莫笑顾亭林。井田学校粗从试，天假无终与华阴"一诗，也将自己在通海垦牧公司的办公场所，题名为"慕畴堂"。

此外，虽然张謇饱受传统文化和儒家经典的熏陶，抱有"修身齐家治国平天下"的理想，希望在政坛上施展才华，但是他出入政坛数十年，政治主张多不被当局者采纳。在经历了诸多失败，政治理想一再破灭后，正直、清廉、善良的品格和书生气质使他无法再与现实官场同流合污。于是，他在政坛之外找到了自己新的人生理想——领导南通人民走向"地方自治"的道路。为把南通建设成"一个新世界的雏形"，张謇付出了毕生的心血，甚至是带着自我牺牲的奉献精神来实施"地方自治"的。比如，在面临经费不足时，张謇自言："除謇自用于地方及他处教育、慈善、公益可记者一百五十余万外，合叔兄所用已二百余万，謇单独负债又八九十万余元。"为了弥补经费的不足，从1906年开始，张謇先后多次为育婴堂、残废院、盲哑学校等慈善机构鬻字筹资，直到1924年才停止，而这时他已是72岁的老人了。

徐宁老师进而指出，张謇在日常生活中也是一个力行节俭的人。他穿的长衫，有几件差不多穿了三四十年之久，平常穿的大概都有十年八年。如果袜子、袄子破了，也总是加补丁，要补到不可再补，方才换一件新的。每天饭菜，不过一荤一素一汤，没有特殊来客，向来不杀鸡鸭。写信用的信封，都是拿别人的来信翻了过来，再将平日人家寄来的红纸、请帖裁了下来，加贴一条在中间使用。2021年，习近平总书记视察的濠南别业是张謇先生的故居。该建筑虽为一座精致的西式洋楼，但是通过张謇给张孝若的一封信函能看出他建别业一度后悔浪费的心情："别业势不能中止，而意窃悔之，为来日之艰也。家中可告汝母，刻意节俭，为自立之图，非常之备。"

接着，徐宁老师总结了张謇所取得的成就。至20世纪20年代初，张謇在南通建成了以大生纱厂为核心的，拥有工业、交通、金融、贸易等37家企业的集团，在沿海地区建立了20家盐垦公司，形成了资本额达2483万两白银的企业系统，为当时全国最大的民族资本集团。同时形成了由400多所各类学校以及大批文化、公益设施构成的地方文教与公益体系，交通、水利、供电、通信等基础设施也同步推进，使南通由一个落后的小县城变成了一个近代化的新兴城市。徐老师指出，当时张謇在整个南通所创办的各种体系包括了实业体系、教育体系、保障体系、城建体系、文化体系及社会公益、慈善等等，跟今天的城市建设有着极高的契合度。

其后，徐宁老师解读了张謇获得成功的因素。他指出，张謇一方面受益于当时中国普遍流行的经世致用之学，发现学问不限于八股制艺，亦不限于经史古文，在许多实际事务中仍需要深度钻研。另一方面，他也受到南通地方文化的影响。张謇出生的通海地区长期保持着古老的社会状态，但在太平天国运动之后，通海地区成为大批江浙、皖南地主、农户、商人的避难之地。加之临近上海，对外经济联系比较频繁，新注入的因素与通海地区的传统文化相融合，形成了农耕与商业并重的地方文化，尤其注重经世致用、务实进取。此外，张謇在赴日本考察的70天中，处处从中国实际出发，切实考虑那些可以为我所用的经验和办法，极力在日本的治国经验中寻找中国传统文化的"精义"，同时也看到了汹涌澎湃的世界潮流和日本奋起直追、锐意进取的决心。

讲座中，徐宁老师和我们分享了一句张謇的名言："天之生人也，与草木无异，若遗留一二有用事业，与草木同生，即不与草木同腐。故踊跃从公者，做一分便是一分，做一寸便是一寸。鄙人办事亦本此意。"希望大家能够从小事做起，从身边的事做起，踏踏实实，脚踏实地，做一分就是一分，做一寸就是一寸。胡适先生在张謇逝世后说："张季直先生在近代中国史上是一个很伟大的失败的英雄，这是谁都不能否认的。他独立开辟了无数新路，做了三十年的开路先锋，养活了几百万人，造福于一方，而影响及于全国。终于因为他开辟的路子太多，担负的事业过于伟大，他不能不抱着许多未完的志愿而死。"该评价可谓是非常中肯。

讲座的最后，徐宁老师重点介绍了张謇的博物馆思想和实践。他指出，人们常言南通博物苑是中国第一座博物馆，但这个"第一"并不单单指时间上的第一，更代表着张謇的博物馆思想和理念的超前，在当时国内是首屈一指的。裴文中先生早年参观南通博物苑后，曾题字"中国第一博物馆，是最有价值的珍宝"。20世纪50年代，时任文化部部长郑振铎说："中国博物馆事业的历史并不太悠久，第一个公共博物馆，除了帝国主义者们在沿海地区所办的几个外，要算张謇他们办的南通博物苑了。"吕继明也曾指出，南通博物苑是国人自办的第一个博物馆，是中国博物馆事业发展的极致，是中国博物馆事业的开路先锋。

其实在1905年张謇创办南通博物苑的时候，博物馆对于中国沿海开放的一些城市来讲，并不是一个新鲜的事物。早在1848年《瀛环志略》已记录了普鲁士、西班牙、葡萄牙等国家的博物馆。后来，林铖写的《西海纪游草》，对美国博物馆也做了较翔实的记载。张謇在参观完日本的博物馆、博览会，特别是参观了日本北海道农学校附设的博物馆后，留下了非常深刻的印象。所以张謇在创办南通博物苑之初，就是将其作为通州师范学校的附属，是补充学校教育的场所。

到了1905年，张謇两次上书清政府，撰写了《上南皮相国请京师建设帝室博览馆议》和《上学部请设博览馆议》，建议在北京建立合博物、图书二馆为一体的博览馆，进而推行到各省、府、州、县，但当时的清政府根本无暇顾及张謇的建议。于是，张謇从自己的家乡南通开始，自行建设南通博物苑。早在1904年，张謇在日记里就设想规划建设植物园。1905年，他又在植物园的基础上扩建了博物苑，分别修建了中馆、南馆、北馆。

其中南馆分为上、下两层，陈列的物品相当丰富，包括南通博物苑当时所收藏的历史、教育、美术等内容。而北馆的建设是因为张謇在启东办公司时，发现了非常罕见的鲸鱼骨架，他认为这是一件非常难得的自然标本，就将之运回了南通博物苑。为向师范学校的学生、南通的市民展示，张謇立即把北馆进行了改扩建，并将鲸鱼骨架陈列在北馆一楼。

张謇把博物馆陈列展览分为室内陈列和室外陈列两种，室内陈列就是在南馆、北馆里的一些动植物标本、历史文物等，室外陈列包括在户外的花花草草、奇珍异石等，并且还用了汉语、日语、英语三种文字来做陈列说明。

徐宁老师还总结了张謇的博物馆思想。关于博物馆的作用和职能，张謇认为兴办博物馆的意义在于"导公益于文明，广知识于世界"。张謇对博物苑的功能有了明确的定位，"因授博物课仅恃动植矿之图画，不足以引起兴味；国文、历史课仅恃书籍讲解，不足以征事物。图地方人民知识之增进，亦必先有实观之处所"。张謇办博物馆的目的就是立足于学校，辅助学校的教育，让更多的学生能够走进博物馆来学习。当时的南通博物苑，也被称为南通各个学校的标本室。另外，南通博物苑中馆建造之初曾作为测候所，为农校学生学习天文气象知识提供实验场所。1909年开始，博物苑每天在本地报纸上刊登预报，为本地人民农事、生活提供气象服务，普及天文、地理、气象知识。

关于博物馆的场地和人事，张謇提出博物馆建设要满足几个条件：一是要便于交通；二是要便于开拓，即预留发展的余地。

关于博物馆的人事选择，张謇在《规划条议》中说："经理之事，关乎学识"；而"博物陈列，我国旧无先导，即乏专才"。当时博物馆是一个新鲜事物，的确缺乏这方面的人才。因此，他主张聘请外国专家为顾问。关于国内人才，张謇主张"不拘爵位，博选名流以任之"，并且提出，"胜斯任者，非博物好古丹青不渝之君子，又能精勤细事富有美术之兴趣者，莫克当此"。即一要有广博的科学、历史知识，二要忠诚于博物馆事业，三要办事勤恳精细，四要有艺术修养。总体而言，张謇首创的南通博物苑人事精简，张謇自任苑总理，对苑务过问得很细致。其具体负责人孙钺，是通师的学生，既懂经史，又懂自然科学，还通日文，为人忠厚老成，办事勤恳。此外，只有会计兼庶务一人，苑丁七八人。由于博物苑早期是附属于通师的，因此有些通师的教师曾协助工作，特别是日籍理科教师木村忠治郎出力不少。

关于博物馆的陈列和展览，张謇认为博物馆的陈列工作"有异于工商及他种之会场"，一定要有科学性，要"参研学理，确有规则"。当时南通博物苑没有单独的库房，而是把库房与陈列室合二为一，所有的藏品都置于陈列室中，藏品按天产、历史、美术、教育四部分类，也按此四部陈列。并且陈列的秩序，"天然部以所产所得之地方为等差，历史、美术二部以所制造之时代为等差"。同时，陈列室内"宜多安窗，通光而远湿"；文物橱架"毋过高，毋过隘，取便陈列，且易拂扫"。此外，陈列展览中应配备讲解员，作为"导观之助"。对讲解员的素质，他也提出了很高的要求。讲解员中"必得通东西洋语言文字二三员，以便外宾来观，有可咨询"。当然，张謇认识到运用仿制品、模型进行教育的重要性，认为博物馆应设有模型部，他说："标本雏形，东西洋学校均以为重。"对于古代器物，"当博征图籍，证于可信，精造模型"。在博物苑内，广植花木，建有兽室、鸟室、蜂房、花房、药材坛、竹石陈列处，并配上标牌说明。

关于博物馆藏品的分类和保管，1914年，张謇根据苑藏品，在鉴定、分类的基础上编印了《南通博物苑品目》，包括全部藏品和现生动植物的目录，共收录了天然（即自然）、历史、美术、教育四部分，所列藏品2973号，每号一至若干件，其中天然（自然）品物1870号，占62.9%。这反映了张謇对普及自然科学知识的重视。另外，张謇对文物征集也有见解，他主张"纵之千载，远之异国者，而昭然近列于耳目之前"，希望"收藏故家，出其所珍，与众共守"，而他自己也带头拿出文物交博物苑收藏。他在启事中说："謇家所有，具已纳入。"

讲座结束后，王志高老师对徐宁系友的讲座表示高度肯定，感谢徐老师用非常详尽的资料向同学们展示了张謇不平凡的一生、南通博物苑的早期面貌，以及张謇的博物馆思想和理念。在随后的交流环节，南京师范大学文博系研究生夏也婷就如何让张謇精神与当代博物馆发展结合向徐老师提问。徐老师指出，南通博物苑正通过将张謇的博物馆理念与思想跟博物馆的日常活动相结合，利用分区展陈、馆际合作等途径多维度地展示张謇精神。如在2022年的国际博物馆日活动中，南通博物苑将馆内不同区域按张謇的博物馆理念与历史背景分成了不同的篇章和主题，让观众能从传承、科学、创新、团结等多个角度充分理解张謇精神，契合了当年博物馆日"博物馆的力量"这一主题。徐老师认为，博物馆的力量主要体现在传承、传播和创新三个方面，而这恰好也是张謇精神的核心内容。因此，张謇精神必然能为当代博物馆的发展提供重要参考和指引。

接着，现工作于南通博物苑的文博系系友魏睿林就其正在准备的一场展览向徐老师提问，求教如何在小型展览场地中较为全面地展示南通城市发展。徐老师指出，该展览场所为南通市著名的省级文保单位，因此展览可从南通的各级文博单位入手，从它们的历史背景出发，引申到周围的历史街区，再到街区里的名人故事，最后到它与城市发展的联系。

通过这样的展陈方式，可以小见大，使大众轻松地了解城市历史。

最后，文博系2021级本科生魏培均就社教活动向徐宁老师提出建议，希望南通博物苑能举办一次依托于自然或历史展厅的，与张謇精神和南通本土文化紧密结合的社教活动。徐老师充分肯定了他的建议，并表示将加强南通博物苑的社教建设，在举办各类展览时依托展览主题开展多样化的社教活动，充分利用博物馆资源，向大众展示张謇精神和南通优秀文化。

整理者：夏也婷、马健涛

三星伴月，寻迹蚕丛

——三星堆考古新发现与古蜀文明探索

霍 巍

2022年8月18日9：00～10：30，受南京师范大学邀请，著名考古学家、四川大学杰出教授霍巍在线上为"区域文明探源的考古学解读"研究生学术创新论坛做了题为"三星堆考古新发现与古蜀文明探索"的学术报告。此次学术报告是南京师范大学考古学系列讲座总第77讲。学术报告由王志高教授主持，现场师生近百人及线上数百人聆听了本次报告。

讲座伊始，霍巍老师介绍了三星堆考古发现的重要价值与意义。正如李学勤先生所言，三星堆考古发现的重大价值还没有得到充分的估计，这一发现在世界学术史上的地位，可以与特洛伊或者尼尼微相比，其价值与作用应当站在世界史的高度上来认识。三星堆是中国早期文明的重要案例，是探源以古蜀文明为代表的区域文明的独特样本，为认识"多元一体"的中华文明提供了坚实基础。正如习近平总书记一再强调的，中华文明源远流长，有其独特的精神标识，要把中华文明起源研究同中华文明特质和形态等重大问题研究结合起来，运用考古探索、文献研究与自然科学技术等多学科手段，综合把握物质、精神和社会关系形态等方方面面的因素，逐步还原文明从涓涓溪流到江河汇流的发展历程。三星堆的发现与研究正是实践这一要求的绝佳案例，深刻契合本次论坛"区域文明探源"这一主题。

霍巍老师随后介绍了三星堆遗址与考古工作概况。遗址位于广汉市西北的鸭子河与马牧河之间，今地表仍可见平面呈方形的古城遗迹，边长约2000米。三星堆古城经历了四个阶段的发展，今天所见的城址形成于最后阶段，发现的祭祀坑的年代主要集中在距今3200到3000年，相当于中原的殷墟晚期。三星堆考古工作可分为三个阶段，第一阶段为1929～1934年，第二阶段为1986年前后，第三阶段为2019年至今。历次考古工作逐步摸清了三星堆遗址的基本情况，并有诸多重大发现。

霍巍老师将第一阶段的收获概括为"三星初现"。三星堆的发现始于1929年，当时燕姓农民于城址中部月亮湾台地挖坑取土，偶然发现一批玉器。此消息不胫而走。1932年，华西协和大学博物馆（今四川大学博物馆前身）馆长葛维汉前往三星堆，主持了第一次田野考古工作，在月亮湾开挖数条探沟，发掘出土玉、石、陶器600余件。其中成组的大型石璧由大到小依次摆放，石璧旁还发现玉器与陶器。其玉器制作水平高超，接近同时期中原地区同类型器。以玉琮为代表的器物器表光洁，成型规则，在一件有领璧上还有加工遗留下的同心圆痕迹，说明当时已经熟练使用砣轮作为加工平台。此后，葛维汉与助手林名均将材料寄送给当时旅居日本的郭沫若先生。郭先生指出月亮湾的发现十分重要，具有开拓性的意义，并首先提出遗物时代为商周时期。可惜在当时动荡的时局下，这份重要的意见并未引起重视，三星堆的考古工作一度停顿。

中华人民共和国成立以后，新中国的考古学者持续开展了对于三星堆和古蜀文明的研究，在20世纪50年代至80年代中不断取得新的考古成果，丰富了对于三星堆文明的认识。其中，最为重要的考古发现首推1986年的三星堆考古发现。

1986年3月，为配合1984级学生实习，四川省文物考古研究所和四川大学在三星堆开展了有史以来规模最大的一次考古发掘工作。时任川大考古教研室主任的林向先生与四川省文物考古研究所的陈德安、陈显丹先生，以及作为助教的霍巍、李永宪先生等人带领四川大学考古专业本科生在三星堆考古实习，在三星堆遗址内分三个区域布方发掘。当时发掘区域外有大量砖瓦厂，农民为烧砖所掘取土坑不断向挖掘区域靠近，当发掘工作进入尾声时，最终于1986年8月，在二区周边台地上相继发现一号、二号祭祀坑，两坑相距数十米，考古工作者紧急进行了清理。

一号坑发现420件器物。二号坑较一号坑规模更大，出土器物1300件，种类更为丰富。两祭祀坑都有明显的"分层""毁器""焚烧"现象。一号坑器物分四层，二号坑分三层放置，可以观察到坑内器物最上层为象牙，其下为青铜器与玉器，埋藏较为规律，其中象牙与玉器较为完整。耐人寻味的是，毁器现象多发生在青铜器上，连大型立人像等重器也被砸碎成几段放置于坑内。

三星堆一号、二号坑最重要的出土文物当为青铜群像。群像中一类为拟人像，另一类为神像。霍老师指出，三星堆人已经将黄金作为贵金属使用，黄金与青铜结合有特殊的含义；部分拟人青铜像以金箔装饰面部，这种现象当时在中国是首次发现，但见于欧亚大陆其他文明，这种文化趋同演化的现象值得我们关注。青铜人像的发型有髻发、辫发等多种，最多见的为独辫、平头式样。霍巍老师认为不同的发式可能直观反映了三星堆人由多种人群构成。青铜人像中以高2.6米的青铜大立人像最为高大，其双手在胸前成双环状，身上的衣物可分为三层，外层装饰有繁密的纹饰，以兽面纹为主。如此高大的青铜人像在欧亚青铜文明体系中十分罕见，对于其人物性质、身份以及手中是否持物等问题有很多讨论。一种观点认为这尊人像表现的是群巫之首，另有学者提出其所刻画的是集神权、君权、族权于一体的首领。霍巍老师提出，大立人像表面繁复的纹饰可能显示其身着类似丝绸的织物，在本轮考古发掘中通过科学分析发现的丝绸痕迹已印证了这一想法。

三星堆一号、二号坑还出土了诸如青铜面具、神树、神坛、黄金杖等重要文物。青铜面具相较于立体的头像，仅在一面上表达内容。其头部与太阳穴位置带有穿孔，表明头像原本可能安放在某个身躯之上。有的面具虽然有人的面容，但眼球部分却为凸出的柱状体，甚至还有分层，鼻梁为向上升起的带飞翼的爬龙形，有巨大的耳朵。对于此类面具的象征意义，有专家结合文献推测与传说中的"烛龙"相关。青铜神树经过修复，最高大的三号树通高3.96米，分为三层，底座及树枝有带翼爬龙、飞鸟、立鸟等形象。二号坑出土的神坛提供给我们大量重要信息。神坛由三层平台构成，一层平台上为带翼的兽，二层平台有持物的四祭司的形象，第三层平台有四面，每面有五个参与祭祀的人物。神坛实际上曲折地反映了三星堆祭祀场景的某个重要片段，令三星堆人记忆犹新。黄金杖的性质至今仍不明确，但可以肯定三星堆人对黄金的价值已有充分认识。黄金杖上的鸟、鱼、箭纹饰构成一组关系环，杖边缘有一组戴耳环的头像，头顶均为见于三星堆其他文物的五股直立发型。霍巍老师认为，这种纹饰传递了两大族群间的关系，可能是胜利与失败的象征，绝非单纯的装饰。

2019年以来，三星堆遗址开始了新一轮的大规模发掘。在这次发掘中创造性地使用了发掘方舱，不仅保证了发掘区域环境恒温、恒湿，又便于转运文物。方舱还配备有记录系统，可二十四小时完整全面地记录发掘工作。在发掘区外围，还设置有文物修复区，可以现场对出土文物进行紧急处理。

此次新发掘的祭祀坑也有类似的分层与毁器现象，坑内文物与1986年发现的器物有诸多相似之处，其中出土的跪坐顶尊人像较1986年所见同类器高大，还发现了一造型特异的神坛，下有人物承载四柱体，柱体上有类似神树上的龙形攀附。

给我们带来惊喜的还有在8号坑出土的青铜神坛，其上有十三人，或跪坐抬杠，或坐于台上四周，或坐于中心位置。其中抬杠上放置神兽，神兽上又有类似驭手的人物；坐于最重要的中心位置的人物背负青铜罍，罍内可能装祭祀用品。此神坛与1986年所见神坛在造型上有诸多相似之处，都是对祭祀场景的反映。还有一件器表涂朱的觚形尊，是戴面具的人顶尊形象，其头发也分五股，双手按压青铜甗与尊的组合体，下有方座。经过修复，发现这件器物断掉的尾部正是1986年所见人身鸟足青铜器。两件相隔36年发现的器物可以完美地拼合在一起，说明二号坑与八号坑年代大致相近。

龟背形网格状器的出土，引发我们思考三星堆文明有无文字这一问题。被戏称为"月光宝盒"的龟背形网格状器内盛放一包裹织物的玉石，石上涂有红彩。网格状器还设有龙形把手，可由人抬着行进。器物背后还附有一些黄金薄片，凸显出容器与所盛物的重要性。霍老师期待能在这件器物发现文字的线索，即使没有直接发现文字，龟状器自身是否象征官府档案，值得深入探讨。

一些较为写实的三星堆青铜人物像形象生动，甫一亮相就引起广泛讨论。如头上有着五股发辫、背负器物的人物，以及三件有纹身、跪坐扭头双手合十、赤脚着短裙的人物。三星堆人针对不同角色人物造型的多样设计，不仅凸显出不同物品功能的差异，亦显示出他们对自身所属人群的分工、族属的不同及身份等级高低有清晰认识。

三星堆祭祀坑还发现大量龙形器。最常见的是头有角、身有小翼的爬龙，可视为一种"有翼兽"。三星堆出土的有翼兽，显示中国人对类似形象的认识可能产生于相当早的时期。此类形象同时融合了南北方的崇拜因素，头部带有形似山羊角的有翼兽与北方草原地区存在密切的联系。

新发现的五号坑与六号坑为研究者增加了更多待解的谜团。六号坑内出土一内置石刀的木箱。五号坑被六号坑打破，情况更为复杂，坑内多金、玉两种器物，玉器、象牙上还有微雕图案；金器重叠在一起，可能是几件重要器物埋藏后腐朽堆积所致，需要考古工作者认真细致地剥离。坑内泥土中还发现丝绸的痕迹，显示金器可能穿缀在衣物上。三星堆人大量使用的丝绸同朱砂、象牙、黄金一样，是他们重要的国家资源。

霍巍老师还介绍了三星堆近期考古工作中观察到的新现象。三星堆的青铜铸造工艺一如中原地区使用块范法，有"浑铸"，又有"分铸"，并非西方流行的锤揲法，或出现时代较晚的失蜡法。青铜冶炼需要铜、锡、铅三种金属，在三星堆遗址发现了见于殷墟、二里岗等遗址的高放射性铅。崔剑锋先生等学者认为三星堆文明可能已经进入同时期中原文化的青铜铸造体系，部分原料、工艺直接由长江中下游传播至长江上游。从青铜铸造工艺的角度去观察三星堆文明，人群迁徙、技术流动、资源分配等问题具有非常重要的意义。

随后，霍巍老师讨论了三星堆考古发现与古蜀文明的关系。他提出任何考古学现象背后都有独特的历史背景，三星堆考古发现也并非无源之水、无根之木，要重视其与中国文献传承体系的联系，以多重证据法推动三星堆考古研究深入。从西汉扬雄撰《蜀王本纪》到东晋常璩撰《华阳国志》，古文献中保留了许多关于"古蜀国"的记载。在文献梳理基础上，或许可以从"古蜀国"历史与传说中找到与三星堆文明发展进程相契合的点位，使文献与考古材料相互连通，在三星堆文明未发现文字的情况下解读它的发展史。霍巍老师介绍了《蜀王本纪》与《华阳国志》等文献的相关内容，提出成文较晚的文献增补的传说更多，但仍可提炼一些有价值的线索。霍巍老师认为可将"古蜀国"的历史与传说划分为三个阶段：第一阶段以蚕丛为代表，第二阶段以杜宇为代表，第三阶段以灭国前的开明氏为代表，中间有鱼凫、柏灌等过渡时期的人物。"古蜀国"的时代下限当在战国时期，其最终为秦所灭；从下限上推可看到古蜀君主杜宇决山治水的事迹，他的治水行为与长江中游关系密切，也显示杜宇的来历与治水有关；更古老的古蜀国首领蚕丛使用石棺石椁下葬，还留下"纵目人"的传说。根据最新的^{14}C测年数据，三星堆祭祀坑年代为距今3200～3000年。霍巍老师提出，将测年数据综合三星堆早期文明发现成果建立一个考古学体系，再将之与古史传说体系比较，整合文献与考古两方面的资料，会得到一些更新的认识。

关于三星堆祭祀坑的性质，霍巍老师简要介绍了当前争议的要点。三星堆考古所见器物坑性质有窖藏说、墓葬说等，占主流地位的仍为祭祀坑说。关于祭祀坑的形成，又有外部敌人入侵或内部斗争所致等说法。祭祀坑中哪些器物被用来祭祀，哪些器物是飨祭的对象，以及祭祀器物与祭祀程序的比对等大量问题都尚待解决。

霍巍老师指出，要认识三星堆文明与上古青铜文明总体面貌之间的关系。三星堆文明受中原青铜器文明影响深刻。在三星堆发现有青铜尊与青铜罍，两者都可在祭祀中作为盛酒器使用。三星堆祭祀坑所见青铜尊肩部的牛头、立鸟等纹饰细节，以及肩腹部的扉棱造型，与中原殷墟、郑州还有湖南、湖北、安徽等地出土的商周青铜器中的尊类器相似。关于这类青铜器的传入地点，学者虽有南方湖南、湖北与陕西汉中城固两种不同的观点，但都意识到三星堆出土的青铜礼器种类及使用方式与中原礼器体系存在一致之处。正如学者所言，中国特色青铜时代以礼器体现王朝正统与社会资源分配。三星堆出土的玉器亦完全遵从中原文化体系。

另一方面，三星堆文明还体现出自己的特质，不见于同时期中原地区的器物群即为代表。霍巍老师认为，三星堆考古最大的特色是出土了诸如青铜面具、青铜头像、各类人像及神像遗物、青铜神树等一批具有浓厚神秘色彩、造型夸张怪诞的器物，关于它们的性质或有争议，但总体上可认为与祭祀性质、介于"人神之间"的行为活动相关。张光直先生认为，将世界分为天、地、人、神等层次，是中国古代文明的重要组成部分，中国古代很多宗教仪式、思想和行为就是寻求在这种世界的不同层次间沟通。颛顼"绝地天通"，垄断人、神沟通渠道的行为与三星堆的巫族、巫术仪式及相关器物有内在联系。《山海经》中又有"扶桑""建木"等神木的记载，尤其是关于上有九枝、下有黄蛇为地之中央的建木的描述。据蒙文通先生等学者研究，建木、若木、扶桑等神木集中在以弱水为中心的区域，位于中国的西南部。神木传说和三星堆遗址所见"神树"等文物的关系值得深思。

最后，霍巍老师提出，不能局限于中国本土去观察三星堆文明，它跟同时期的其他域外文明已经有了沟通交流的历史环境。在三星堆祭祀坑出现时期（距今3200～3000年），世界主要大陆上的多个古文明碰撞交融，开始了洲际文明交流的时代。三星堆文明大量生产青铜，盛产丝绸，广泛使用象牙、黄金、朱砂等贵重物品，已经具备对外交流的能力与条件。三星堆文明中发现某些域外文明因素，或者出现三星堆文明影响域外文明的情况，都不令人意外，可以冷静客观地去观察研究。因此，正如本报告伊始所援引的李学勤先生的提议：将三星堆文明放到世界史的高度去理解，它对中华文明与世界文明的特殊贡献才能够看得更清楚。

整理者：赵五正、韩茗

太湖水起文明潮，二元并立领风骚

——鸟瞰太湖：太湖流域文明化进程的宏观研究

张　敏

2022年8月18日10：40～12：10，著名考古学家、南京博物院张敏研究员应南京师范大学之邀在"区域文明探源的考古学解读"研究生学术创新论坛上做了题为"鸟瞰太湖：太湖流域文明化进程的宏观研究"的主旨学术报告。此次学术报告是南京师范大学考古学系列讲座总第78讲。讲座由南京师范大学裴安平教授主持，现场与会师生及线上数百人聆听了本次讲座。

讲座伊始，张老师指出，太湖流域是"中华文明探源工程"最重要的区域之一，因此，对太湖流域文明化进程的发生历程、发展方向、发展规律、发展规模做全局性的宏观研究是必要的。根据太湖流域早期历史发展的阶段性和特点，张老师将讲座内容分为太湖流域与太湖流域古文化、马家浜时期的太湖东西、崧泽时期的太湖流域、良渚时期的太湖南北、文明化进程中的太湖流域五个部分。

首先，张老师对太湖流域的地理位置和古文化概况做了扼要的介绍。

太湖为江苏境内第一大淡水湖，太湖流域东临大海、北滨长江、南濒钱塘、西止茅山，是一个相对独立的地理单元。

张老师指出，太湖流域是我国最富庶的地区，也是我国最先进入古国时代的地区，其文明化进程在中华文明探源工程中具有先进性、示范性。

太湖流域新石器时代的考古学文化序列为：马家浜文化→崧泽文化→良渚文化。由于太湖流域河网纵横，四周的地理环境不尽相同，地理空间的差异导致太湖流域出现了文明化进程的差异。

张老师强调，文明是人类社会发展到一定历史阶段的产物，国家的出现和民族共同体的形成是文明社会的标志。因此，动态地研究太湖流域国家起源的模式和文明化进程中出现的特殊文化现象，对于探索中华文明的起源与民族共同体的形成有着积极的意义。

接下来，张老师针对马家浜时期的太湖东西展开讲解。

马家浜文化距今7000～6000年，为太湖文明之源。

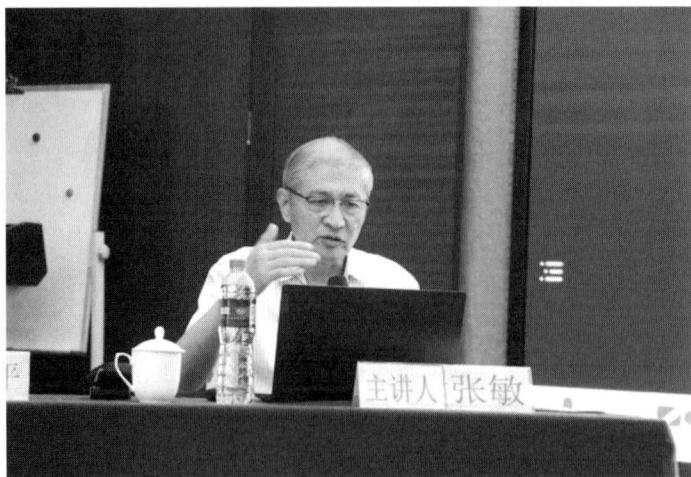

马家浜时期太湖流域的生业形态主要为稻作农业，斧、锛、刀、镰、耒、耜等生产工具的发现，有排灌系统的水稻田和大量的炭化稻谷，反映了马家浜文化稻作农业的发达；马家浜时期的干栏式建筑和地面建筑反映了马家浜先民的聚落形态；木桨、木橹反映了马家浜先民的出行方式；纺轮、靴形器和炭化纺织物残片的发现反映了马家浜先民的"衣冠文化"；装饰品、艺术品和牙哨、骨笛的出土反映了马家浜先民的生活方式和审美情趣，原始艺术成为滋养太湖流域礼仪制度的土壤。

马家浜文化的文化遗物表现出强烈的一致性，生活用品常见陶釜、陶豆、陶盉、陶匜、陶鼎，装饰品常见玉玦、玉璜。

腰沿釜是马家浜文化最主要的陶质炊器，陶釜的形态又表现出太湖东西的差异。太湖东部流行平腰沿的圜底釜，太湖西部流行平腰沿的平底釜。因此，太湖东西的马家浜文化可分为"草鞋山类型"和"骆驼墩类型"。

太湖流域的马家浜文化首开文明之先河。太湖北部的东山村M101为特大型墓葬，墓主为成年女性，随葬器物有陶鼎、陶豆、陶罐、陶盉、陶盆、陶钵和玉璜、玉玦、玉管等32件。根据随葬器物的数量与器类推测，墓主应为氏族的最高权力掌控者；东山村M97随葬陶鼓、陶罐、玉锛及斧形、锛形、刀形、钺形玉饰8件，为东山村墓地的大型墓葬；东山村M97的人骨朽烂不存，根据M101与M97随葬玉器的差异推测，墓主可能为男性。

张老师指出：类似的陶鼓也见于临潼姜寨遗址，应为通神的法器，源于远古时期的祭祀文化，这表明相关的墓主可能为从事祭祀的巫师。东山村M101的发现表明马家浜时期最高权力的掌控者为女性，马家浜文化晚期尚处于以血缘关系为纽带的母系氏族社会，反映了马家浜时期女性的社会地位高于男性；然东山村M97凸显了男性在母系氏族中的社会地位，为母系氏族社会向父系氏族社会转型的前奏。

马家浜时期的太湖南部尚未发现随葬器物达10件以上的高等级墓葬，亦未发现随葬礼仪用器。尽管太湖东西的马家浜文化分为"草鞋山类型"与"骆驼墩类型"，然就文明化程度而言，马家浜时期的太湖南部明显落后于太湖北部。

墓葬的等级象征着聚落的等级。根据马家浜文化的墓葬等级推测，东山村M101既是太湖北部最高等级的墓葬，也是太湖流域最高等级的墓葬，因此东山村遗址为太湖流域最高等级聚落；东山村与许庄、彭祖墩、邱承墩、祁头山、圩墩、潘家塘等遗址构成东山村遗址群，从而形成了一个中心遗址群凌驾于两个文化类型之上的社会结构。

稻作农业的发展与人口的增殖，制陶、治玉、纺织等手工业技术的进步，聚落等级的分化与社会结构的复杂化，人群贫富贵贱的分化和社会地位的分层，原始礼器与初期礼制的出现，无不表明马家浜文化已徘徊于文明社会的门槛。

马家浜文化初现了太湖流域的文明曙光，马家浜文化孕育了太湖流域的古国文明，东山村 M97、M101 的发现对于阐释马家浜晚期的社会组织结构、族群认同模式、礼仪制度的发生具有重要意义。

随后，张老师对崧泽时期的太湖流域进行了介绍。

距今 5500 年前后是我国历史上第一次发生大动荡、大分化、大改组的时代，在历史变革的风云中，出现了凌驾于部落之上的政治实体——古国，距今 6000～5300 年的崧泽文化正处于历史变革的伟大时代。

崧泽文化以鼎、豆、壶为陶礼器的基本组合，崧泽时期出现大型房屋基址，出现大型墓葬和高祭台，墓葬出现分区和贫富分化，表明崧泽文化内部已出现了明显的社会分层和阶级分化。

随葬器物既是墓主生前社会地位的直观反映，也是墓地等级的直观反映。随葬器物最多的顶级墓葬象征着墓地的等级，以顶级墓葬作为墓地的代表，以 10 件随葬器物为一个级差，太湖北部的崧泽墓地可分为五个等级，东山村 M90 随葬陶鼎、豆、壶、罐、鬶、盆、盘、大口尊和石钺、石凿、石锛、玉玦、玉坠、玉璜、玉镯等 65 件，为第一等级墓地的顶级墓葬。

墓地等级象征着聚落等级，聚落的等级分化表明崧泽文化社会结构的复杂化，社会结构的复杂化必然导致崧泽社会发生质的变化。

太湖北部最高等级的墓葬多随葬大口尊和钺。大口尊象征着祭祀权，钺象征着王权。既随葬大口尊又随葬钺的大型墓葬，表明墓主是祭祀与王权的掌控者，象征着"崧泽古国"是以王权为基础的一元统治的政治体制和国家形态。

东山村大型墓葬的年代距今 5800 年前后。东山村遗址群的出现，表明至迟在崧泽早期太湖北部已出现原生型的"崧泽古国"。

太湖南部也普遍发现崧泽墓地。根据太湖北部的分级标准，以顶级墓葬作为墓地等级的代表，太湖南部的崧泽墓地可分为四个等级，但缺乏第一等级的墓地。

以顶级墓葬作为聚落等级的代表，太湖南部的聚落等级明显低于太湖北部，太湖南部的社会复杂化进程也落后于太湖北部。

崧泽时期的太湖流域出现聚落的群聚形态，并出现以高等级遗址为中心与周边不同等级的遗址构成遗址群。

张老师将太湖流域遗址分为东山村遗址群、张陵山遗址群、南河浜遗址群、章家埭遗址群和吴家埠遗址群，遗址群的构成表明东山村遗址群的等级规模高于张陵山遗址群，张陵山遗址群高于南河浜遗址群，南河浜遗址群高于章家埭遗址群，章家埭遗址群略高于吴家埠遗址群。

聚落的群聚形态不仅反映了聚落组织的社会结构，而且反映了"崧泽古国"通过王权建立国家秩序，反映了"崧泽古国"在一元统治的政治体制下形成不同层次、不同等级的社会组织。

接下来，张老师又简单介绍了"崧泽古国"的西征北伐。

太湖北部西临宁镇丘陵，北望江淮平原。太湖流域周边有宁镇丘陵的北阴阳营文化、江淮东部的龙虬庄文化、江淮中部的凌家滩文化。

距今5500年前后，宁镇丘陵和江淮平原不约而同地出现了大量的崧泽文化因素，崧泽文化因素的大量外溢成为长江下游独特的文化现象。

距今5300年前后，"崧泽古国"打破了宁镇丘陵和江淮平原的相对平衡。强大的国力和信仰的魔力成为"崧泽古国"西征北伐的动力，"崧泽古国"的西征北伐彻底摧毁了宁镇丘陵和江淮平原昔日的璀璨，北阴阳营文化、龙虬庄文化、凌家滩文化的发展戛然而止。

太湖流域周边诸考古学文化的突然消亡成为我国新石器时代空前绝后的历史事件，"崧泽古国"西征北伐在太湖流域产生的显著效应是崧泽文化华丽地蝶变为良渚文化，"崧泽古国"平稳地过渡为"良渚古国"。

距今5300年之后，宁镇丘陵和江淮平原都成为考古学文化的空白区，北阴阳营文化、龙虬庄文化、凌家滩文化再也没能兴亡继绝。太湖流域的良渚文化在长江下游独领风骚。

在介绍崧泽文化与"崧泽古国"之后，张老师又介绍了良渚时期的太湖南北。

良渚文化距今5300~4300年，良渚文明是夏王朝建立之前文明化程度最高的古国文明。宗教权力、军事权力、政治权力、经济权力成为社会权力的支柱，原始宗教与神巫政治在良渚文明中扮演着重要角色。

太湖北部的良渚文化遗存多为墓葬，墓葬形态、墓地等级是良渚社会形态的客观表述。随葬器物中，玉制礼器具有明确的象征性，玉琮、玉璧象征着墓主生前掌控着良渚社会的神权，玉钺象征着墓主生前掌控着良渚社会的王权，琮、璧、钺也因之成为良渚社会的文化符号。

玉制礼器数量、等级是墓葬等级的象征。以随葬玉琮、玉璧、神巫形玉佩的数量作为各墓地的顶级墓葬的代表，以随葬多节玉琮、单节玉琮、神巫形玉佩等玉制礼器作为划分墓葬等级的标准，可将太湖北部的良渚墓地分为五个等级。

随葬器物是最重要的文化遗存，通过随葬器物可管窥太湖南北的文化差异。

太湖南部反山墓地的随葬器物中玉璧多于玉琮，而太湖北部寺墩墓地的随葬器物中则玉琮多于玉璧。

玉琮形态可分为单节、多节两大类，单节玉琮饰细密繁缛的兽面纹，多节玉琮饰简化兽面纹。太湖南部流行单节玉琮，太湖北部流行多节玉琮。单节玉琮与多节玉琮不仅存在着形态的差异，可能还存在着祭祀功能的差异，即不同形态的玉琮当有不同的功能，当有着不同的器名。

单节玉琮上饰有繁缛兽面纹，太湖南北的兽面纹存在着一定的差异。兽面纹的差异表明太湖南北可能存在着崇拜神祇的差异，存在着祭祀对象的差异。

太湖北部随葬的神巫形玉佩的器身镂空，下部为人形，戴高耸的尖冠。太湖南部仅海宁朱家兜M5出土1件。

流行于太湖北部的多节玉琮、神巫形玉佩对太湖南部产生了一定的影响，而流行于太湖南部的三叉形玉器、半圆形玉牌对太湖北部未产生任何影响。

以良渚古城为中心，由良渚古城、反山王族陵寝、莫角山神庙宫殿、瑶山和汇观山祭坛墓地、卢村和子母墩祭坛、美人地贵族居住区、文家山和卞家山等中型聚落、塘山长堤和鲤鱼山——老虎岭水坝、茅山古稻田、中初鸣玉作坊构成了良渚遗址群，"良渚遗址群"反映了"良渚古国"的体系结构和功能分区，体现出太湖南部的"良渚古国"的国家形态。

寺墩墓地的年代为良渚文化早期偏晚或中期偏早，与反山墓地第一阶段的年代相当。反山是太湖南部等级最高的墓地，寺墩是太湖北部等级最高的墓地，寺墩墓地出土过大玉琮和大玉璧，寺墩墓地的面积大于反山。以寺墩遗址为中心，寺墩与周边的高城墩、青城墩、城海墩、箬帽顶、象墩、姬墩山等遗址同样反映了"良渚古国"的体系结构和功能分区，体现出太湖北部的"良渚古国"的国家形态。

张老师认为，"良渚遗址群"为太湖南部的政治中心，"寺墩遗址群"为太湖北部的政治中心。太湖南部"良渚遗址群"的分布范围约34平方公里，根据寺墩与高城墩、青城墩遗址的地理位置推算，太湖北部"寺墩遗址群"的分布范围大于"良渚遗址群"。

太湖北部除"寺墩遗址群"之外，还有以福泉山遗址为中心的"福泉山遗址群"。太湖北部同时存在着两个不同等级的遗址群，表明太湖北部的社会复杂化程度可能高于太湖南部。

"良渚遗址群"与"寺墩遗址群"是"良渚古国"并立的政治中心，太湖南北的"良渚遗址群"与"寺墩遗址群"构建了我国文明起源的"双子星模式"。

张老师指出，良渚时期的太湖流域发生了重大的社会转型，由以王权为主导的"崧泽古国"迈进了以神权主导的"良渚古国"，由崇尚暴力的王权国家转型为崇尚神灵的神权国家，由军事独裁制的"崧泽古国"转型为"原始民主制"的"良渚古国"。

最后，张老师对太湖流域的文明化进程做出了整体梳理。

马家浜文化为东方文明的摇篮。马家浜时期的太湖流域存在着东、西两个互有向心作用的文化中心，其文化相互渗透并相互影响；距今6300～6000年，太湖北部出现大型聚落和特大型聚落，并出现了原始的宗教礼仪和最初的军事权力，诞生了文明的基因，初现了文明社会的曙光。太湖北部的东山村遗址为马家浜时期的中心遗址，太湖北部的氏族首领掌控着草鞋山类型和骆驼墩类型，太湖北部的文明化程度明显高于太湖南部。

距今6000～5700年的崧泽早期，太湖流域开启了社会复杂化进程，东山村遗址群→

张陵山遗址群→南河浜遗址群→章家埭遗址群→吴家埠遗址群成为"崧泽古国"金字塔形社会架构的真实写照。以东山村遗址群为代表的太湖北部率先进入了古国阶段,"崧泽古国"的出现将我国的古国时代提前至距今5800年,东山村墓地的发现奠定了太湖北部在"崧泽古国"的中心地位。"崧泽古国"处于部落社会向部族社会的转型时期,并形成太湖流域的民族共同体。距今5500~5300年,"崧泽古国"的西征北伐毁灭了太湖流域周边诸考古学文化,太湖流域周边考古学文化的毁灭铸就了"良渚古国"的辉煌。

距今5000年前后的"良渚遗址群"与"寺墩遗址群"分庭抗礼,平分秋色,构成了分居太湖南北的两个政治中心。由于神权的张力,太湖南北出现神祇信仰的差异;由于王权的张力,太湖南北出现"良渚遗址群"与"寺墩遗址群",出现反山王陵区与寺墩王陵区。根据礼仪用器出现的差异性推测,"良渚遗址群"与"寺墩遗址群"可能分属同一民族共同体中的不同族群。

太湖流域社会复杂化的发展轨迹和社会文明化的演进模式,反映了我国文明起源存在着多种模式。由强化"政治民族"的"崧泽古国"转型为强化"文化民族"的"良渚古国",由王权统治的"崧泽古国"转型为神权统治的"良渚古国",成为中华文明进程中独树一帜的"太湖模式"。

讲座结束后,裴安平教授就讲座的内容进行了简要总结。他指出,张老师的研究带来了两点重要的启示:其一,中华文明的起源是多元的,正如苏秉琦先生所说,"满天星斗",群星灿烂;其二,在中国文明起源的过程中,包括太湖地区在内的长江中下游地区引领了第一波浪潮,我们有必要予以充分重视。

整理者:张新泽、韩茗

文明集聚，海岱辉光

——大汶口文化聚落结构比较分析

王 芬

2022年8月19日14：00～15：30，应南京师范大学邀请，山东大学王芬教授在"区域文明探源的考古学解读"研究生学术创新论坛上做了题为"大汶口文化聚落结构比较分析"的主旨学术报告。此次学术报告是南京师范大学考古学系列讲座的总第79讲。报告由徐峰教授主持，与会师生以及社会各界人士数百人通过线下或线上会议的方式聆听了本次学术报告。

报告伊始，王芬老师对聚落考古的研究内容进行了简要论述。她指出聚落考古在中国推广开来已有近30年的历史，聚落考古的研究对象包括两方面内容。一是生者的世界，即居住址，但受发掘面积的限制，所获信息容易出现碎片化现象，经过系统

揭露的聚落遗址数量并不是很多。二是死者的世界，即墓地，因保存相对较好且有"静态"特征，故被称为"另一面的聚落"。就大汶口文化而言，其墓葬材料非常丰富。通常认为的聚落考古研究的四个层面，即单个聚落（重点遗迹）—小区域范围聚落（聚落群）—大文化区聚落—不同文化区聚落形态比较，从特征—结构—格局—关系—模式—动因等由点到面发展形成一个整体框架。在这个方法框架内，可以形成对中华文明多元一体形成过程的微观和宏观认识。

王芬老师聚焦海岱地区，对大汶口文化开展聚落考古研究。为了便于同学们更好地理解报告内容，王老师首先介绍了海岱地区的地理位置和文化发展概况。这一区域地理单元

相对完整，中间高、四周低的特点构成了山地、丘陵和平原的地形组合，使其成为一个生态环境比较稳定的区域。海岱地区扁扁洞遗存—后李文化—北辛文化—大汶口文化—龙山文化—岳石文化，文化发展序列清晰，随着时间推移，其文化分布区域在不断扩大。几十年来扎实的考古学文化研究积累，为对其进行聚落分析奠定了坚实基础。

王芬老师先对后李和北辛文化的主要遗址分布范围做了简要概述。进入大汶口文化早期阶段，遗址数量迅速增加。根据不完全统计，目前发现大汶口文化时期遗址600余处，其中早期阶段遗址100余处，中期阶段200余处，晚期阶段遗址数量占多数，遗址数量呈急剧上升趋势。而后，王芬老师从个体聚落研究的角度，对海岱地区大汶口文化早期阶段典型聚落案例展开细致解读。在材料运用方面，王老师认为旧材料具有重要的研究价值，要善于从旧材料中挖掘新的信息。极其丰富的墓葬材料对分析大汶口文化早期阶段的社会关系具有重要的意义。她提出，如刘林、王因这些比较完整的墓地，有条件运用人口统计学的方法，计算当时的日常人口数量，以深化对社会组织和社会关系的认识。通过对刘林、大汶口、野店和王因等遗址的研究，我们可以得出一个初步结论：大汶口文化早期处于相对平等向不平等过渡的转型时期，有着复杂的社会面貌，但不同地区之间差异较大，家族私有制已经占据主导地位。

王芬老师以近年来发掘的即墨北阡遗址为例，进行了个体聚落案例探索。北阡遗址位于胶东半岛南岸西部，属于典型的基层贝丘聚落。2007～2013年合计发掘2450平方米，揭露出一种比较清楚的以中心广场为核心、四周分布成组房址和墓葬的"向心型"聚落格局，整个聚落或有四个层级构成的"血缘特征浓厚"的社会组织结构。发现的近200座墓葬有多人合葬和迁出葬两类，没有发现一例单人葬，基本不见或少见随葬品。但就在这个社会关系相对平等、紧邻海边的基层贝丘聚落中，通过细致的多学科合作研究，却呈现出比较清楚的以农业为代表的生产经济不断增强的发展趋势，这也为大汶口文化中期以后沿海贝丘聚落数量减少的现象找到了原因。这个研究个案告诉我们需要在生业—资源—人群—社会的多元结构考察社会发展。在还原和描述以外，考古工作者的核心任务还是构建过程、探究关系和阐释动因。

大汶口文化中期晚段，泰沂山浅山地带分布着大汶口聚落群、野店聚落群、西康留聚落群和焦家聚落群等10余个聚落群，形成多个聚落群并立的分布格局。王芬老师从墓葬材料入手，对大汶口墓地发现的大汶口文化中、晚期133座墓葬进行分析。将墓组—墓群—墓地分别与父系家族—家庭—宗族相对应，整个聚落代表的应是包含多个宗族的宗族联合体。针对墓群之间的比较分析，能够看出大汶口聚落开启社会复杂化进程的时间较早。此外，野店遗址也是社会发展较前沿的重要遗址之一，较早地在社会上层体现出财富的集中。花厅遗址体现了大汶口和良渚文化交杂的因素，大汶口文化中期个体墓葬的分化十分明显。根据这些材料可以得出在大汶口文化中期，聚落内部、聚落群内部、聚落群之间已体现出明显差异，财富进一步往少数地区、少数族群、少数个体那里集中。社会分化在聚落群之间、聚落之间和聚落内部各级社会组织之间全方位展开。已经产生了较为明确的社会分层，"权贵阶层"正式形成，从而进入了不平等的阶层社会阶段。

到了大汶口文化晚期，海岱文化区开始进入鼎盛时期。除了以前的文化分布区之外，鲁西南、皖北和豫东地区、鲁东南地区也成为大汶口文化的重要分布区。大汶口文化晚期阶段遗址已经发现近600处，以大型聚落或城址为中心的聚落群普遍出现。这一阶段，大汶口墓地发现墓葬的数量不多，但随葬品数量异常丰富，墓葬分化进一步扩大。大汶口文化晚期阶段以家族为核心，以家庭、家族和宗族为基本构成单位的新型社会形态已经逐渐走向成熟。聚落间形成了金字塔形的分层秩序和统治模式，即"都—邑—聚"三层结构。某些地区已诞生"古国"这一早期政治实体。

王芬老师以正在开展考古工作的章丘焦家遗址作为案例进行了分析。从聚落演变的角度来看，焦家遗址从早到晚经历了早期居住址—墓区—晚期居住址三个大的发展阶段。其中相当于早期居住址晚段时期，在发掘区南部发现属于大汶口文化中期阶段的夯土城墙和壕沟。发现大汶口文化中期阶段的城址是近些年的一项重大考古发现。

焦家遗址的大型墓葬中还发现三重棺椁的现象，高达70%以上的葬具率，加上毁墓、人祭等现象都极大深化了我们对当时社会的认识。大型墓葬埋葬区有几十座祭祀坑，其中器物坑内堆满打碎的陶器，上下可分多层。另外，也见动物祭祀，体现出其居民敬祖先的传统。大汶口文化流行饮酒器是其一大特色。酒器具有独特的宴飨和交往的特质，它们大量、规范化地出现在大型墓葬中已经上升到"仪式化"的程度。联系到大汶口文化晚期阶段陵阳河墓地M6出土的93件高柄杯，这些作为宴饮活动的道具，象征着墓主人可以举办大型宴饮活动的能力及拥有的财富，也是陵阳河墓地权贵阶层的身份标识物。对玉钺和成套酒器的强调以及规范化使用，是考察中国礼制起源的重要内容。

接下来，王芬老师着眼于区域聚落的考察。考古工作者已经在薛河流域开展了区域系统调查，调查报告也已经出版。薛河文化区处在鲁中南文化区的南面，地理及文化单元相对独立，各时期遗址数量最为丰富。2010～2013年，考古工作者调查了薛河流域大部分地区，涉及面积220平方公里，调查发现了遗址163处，其中北辛13处，大汶口32处，龙山时期43处。从北辛到龙山时期，聚落数量上呈现出"单线条直线上升"式的社会复杂化进程。同时，王老师提出了新问题与新思考：围绕环境与社会互动、区域政体形态、经济与社会复杂化和聚落与社会组织结构问题，讨论的核心是迈进文明化社会的动因机制和社会发展阶段及其性质（原生型或次生型）问题。近年山东大学武昊博士在之前区域系统考古调查的数据基础上，结合地学调查、土壤微形态分析、植物遗存和人工制品的多角度分析，对薛河文化区的史前社会复杂化进程等问题展开系统考察，分析了环境、生业、聚落分布和社会关系的复杂联系。

岗上城址的新发现对本地区社会文明化研究具有重要意义。王芬老师指出，岗上玉器体现出明显的跨区域文化特点，从数量和风格判断其生产和分配应由社会上层控制，有远距离馈赠、交换或贸易现象，而不在普通聚落间自由流通。在聚落与社会组织结构问题上，该地区聚落分布呈沿河分布的"条带状"模式，岗上遗址和西康留遗址两小区可组合成一个更大的区域共同体。王芬老师以该小区内的二级聚落建新遗址作为考察社会复杂化的个案，进一步深化了对该文化区聚落结构和层级的认识。

根据薛河文化区的区域系统调查结果，分析当时的社会发展进程。第一阶段，北辛文化至大汶口文化早期阶段，社会处在相对平等向复杂的分层社会过渡的时期。第二阶段，大汶口文化中晚期，聚落间初步形成"都—邑—聚"早期文明社会形态。以岗上古国为代表的"早期国家"形态的古国开始产生。第三阶段，龙山文化早中期人口和聚落数量大幅增长，形成三级到四级的聚落结构。薛河文化区因其地理位置兼具开放性和交汇性，区域互动使其广泛吸纳来自周邻文化的多元文化，这是其发展的重要动力。

紧接着，王芬老师在区域视角下，用现有材料讨论海岱地区的不同小区之间的关系、社会交流网络、区域之间互动的模式和区域文化共同体。通过对焦家与大汶口的比较研究，得出小区域内的"都—邑—聚"形态及可能存在的复杂社会交流网络——"区域文化共同体"的雏形的结论，将不同聚落、区域和超区域社会体系联系起来的因素主要有政治和经济方面。王芬老师认为，大汶口文化时期在文化从南到北—从东到西的传播中起到连接作用，对其社会发展进程、状态的解读能够帮助我们更加清晰地认识这一阶段整个社会发展的动因、模式。

讲座最后，王芬老师针对当前研究工作的现状提出了几点思考。她肯定了海岱地区大汶口时期考古学文化的研究工作开展充分，有较好的研究基础。近二十年来，随着聚落考古、多学科合作的发展，针对单个聚落的研究逐渐走向深入。但是，在小区域范围的聚落分布格局和聚落间相互关系层面的研究尚不充分。另外，大的文化区范围内的聚落分布格局和发展模式研究，尤其是对不同文化区聚落形态历史演变的特点、轨迹和发展动因的原因缺少细致化的解读。

她指出，根据现状从区域视角探讨社会发展进程问题，除基础的田野考古发掘外，还应结合区域系统调查，利用地层学类型学分析、地貌调查和土壤微形态、GIS支持下的空间分析和统计学分析方法等手段，在微观层次、中微观层次、中观层次和宏观层次上建立对古代社会的认识，形成以实证和阐释为主要内容的社会研究模式。王芬老师强调，要特别关注在田野考古发掘现场判断的重要性以及对共识性问题、聚落形成过程问题、遗迹（组）的生命史和人的活动相互对应等问题的高度重视，从而在对各地区文明化进程及其模式、特点归纳研究基础之上，逐渐获得更为详尽的研究成果。

　　演讲结束后，徐峰老师首先对王芬老师分享如此精彩的学术报告表示感谢，随后就报告内容做了简要总结。他表示，聚落考古是重建古代社会的重要途径之一，虽然王芬老师仅以山东地区大汶口文化为讨论重点，但叙事视野宏大，涵盖内容丰富。对不同遗址的个案研究，结合新旧材料、科技手段从人际关系、生业经济的结构、社会的分层等多方面展示了大汶口文化早、中、晚期聚落的变迁。从个案研究上升到"都—邑—聚"三层聚落形态，并与其他地区进行比较，引出"最初的中国"，肯定了生态环境—技术经济—社会结构—意识形态多级金字塔聚落结构的研究路径。

整理者：张佳佳、陈声波

以考古之光照亮文明之源

——凌家滩文化：东方文明起源的曙光

张敬国

2022年11月20日13：30～15：30，应南京师范大学社会发展学院文博系的邀请，安徽省文物考古研究所张敬国研究员在仙林校区敬文图书馆二楼西报告厅做了题为"凌家滩文化：东方文明起源的曙光"的讲座。此次讲座是南京师范大学考古学系列讲座总第88讲（考古名家讲坛第38讲）。讲座由王志高教授主持，现场及线上师生共200余人参与了本次讲座。

讲座伊始，张敬国老师强调了国家对文物和文化遗产保护传承的重视。文物和文化遗产承载着中华民族的基因和血脉，是不可再生、不可替代的中华优秀文明资源，应让更多文物和文化遗产活起来，营造传承中华文明的浓厚社会氛围。凌家滩遗址的发现、发掘正是践行这一认识的典范。接着，张敬国老师介绍了凌家滩遗址的概况。凌家滩遗址坐落于安徽江淮之间的巢湖流域，1985年发现于含山县凌家滩村，面积约220万平方米，年代距今约5800～5300年，是安徽唯一一处被评为中国"百年百大遗址"的重要考古发现。自1987年首次发掘以来，先后共进行过十三次发掘，总发掘面积逾6000平方米，发现大型祭坛1处、墓葬68座、内外环壕2处、红陶块砌筑水井1座，还发现目前所见新石器时期最早和面积最大的红陶土块建筑1座，经测试这些红陶块烧成温度在1000℃以上，质地坚硬，可以说是我国砖的祖型。同时，在祭坛南侧发现了多处大型墓葬，每座墓都有玉器随葬。

凌家滩遗址出土的玉器成就极高，仅前五次发掘就出土玉器1000多件，后又有零星出土，有工具、礼仪用器、装饰品等多种类型。玉器制造工艺较为先进，钻孔技术令人称奇，有的孔径仅有0.15毫米，可谓细如发丝。张老师强调，凌家滩文化与辽宁红山文化、浙江良渚文化并列为中国史前三大玉文化，凌家滩和红山的巅峰期大概一致，而远早于良渚文化，所以良渚文化玉器很大可能受到凌家滩文化影响。值得一提的是，2022年北京冬奥会奖牌背面的设计灵感和视觉来源就是凌家滩文化中的玉双联璧。

凌家滩遗址大型墓葬出土的玉器种类丰富多样，且造型独特，极富神秘色彩。其中以1987年发掘的87M4最为重要，发现玉器103件（组），种类有玉版、玉龟、璜、勺、钺、斧等。其墓口中部放置一件重4.25公斤的巨型石钺，显示出该墓的与众不同。该墓出土的刻纹玉版和玉龟，被认为是凌家滩文化玉器的杰出代表。玉龟由背甲和腹甲两部分组成，二者可以扣合，两件玉器出土时，龟腹甲在上，龟背甲在下，背甲压在玉版一角上。刻纹玉版上的图像分为三层，第一层为中心小圆圈和八角形纹，第二层是指向大圆圈的八个"圭形"图标，第三层为指向玉版四角的四个"圭形"图标，似八卦图，让人联想到中国古代两幅神秘的图案——"河图"和"洛书"，印证了中国古代文献记载有关八卦的信息：易有太极，是生两仪，两仪生四象，四象生八卦。

玉人具有鲜明的凌家滩文化色彩，是具有独特内涵的器物，反映出凌家滩人高超的制玉技艺。1987年发掘的87M1出土玉器11件，其中最重要的是三件呈站立姿态的玉人。此外，1998年发掘的98M29也出土了三件坐姿玉人。这些玉人带有非常显著的蒙古人种特征，长方脸、浓眉大眼、蒜头鼻、大嘴等。玉人的臂上饰满了玉环，头上的冠帽出现了"方格纹"，腰部饰有斜条纹的腰带。这说明当时凌家滩人已经有了审美观念，人们通过佩戴首饰来装饰自己。玉人背后有穿孔，将98M29中出土的一件通高7.7厘米、宽2.1厘米、厚0.6厘米的玉人背后的穿孔在显微镜下放大观察，可发现一个管芯，经测量管芯的顶端直径为0.15毫米。这充分说明在5000多年前，凌家滩人已经掌握了超高的玉器制作技术，在同时代人群中遥遥领先。

张老师认为，凌家滩玉人的双臂弯曲、五指张开放在胸前，和红山文化玉人姿势一样。红山文化的玉器，据学者研究多为萨满的法器，其中的玉人是大萨满的造像，这在考古学界已经达成共识。凌家滩与其相距1500公里，却在玉器上反映出相似的精神面貌，表明我国新石器时代北方和南方的信仰中，可能存在着自发产生、高度相似的原生性宗教。

凌家滩遗址出土的玉璜类型多样，意义独特。87M8出土的两件双虎首玉璜，呈半圆环形，两端各雕一卧虎的上半身，略昂首，以四条横向刻纹表现上下唇及上下两排牙齿，嘴角刻画一对上下外伸的獠牙。鼻子凸起，穿孔为睛，前腿前屈呈匍匐状，造型独特。87M15出土的虎首玉璜，一端平直，另一端为虎形，虎首向上扬起，前肢收于身前，呈伏卧状，平直一端的端头处切割整齐，显为有意制作而非意外断裂，端头处凿出小孔和凹槽，类似榫卯结构，推测应有另一半璜与之相连。这种虎首璜出土时均仅见一半，有观点认为它是军事结盟时所持的信物，用法类似后世的"虎符"。87M9出土两件相同的龙凤璜，整体呈半圆扁方形，琢磨光滑润亮，璜中间分开，两端平齐，侧面各对钻一圆孔，并有暗槽相连。一头呈猪龙首形，一头呈凤首形，在猪龙首眼部和凤首眼部各对钻一孔。张老师认为，这种可分可合的璜形玉器在凌家滩遗址的墓葬中常见，可能是氏族、部落之间结盟或联姻的信物。

凌家滩玉龙出土于1998年发掘的98M16，通体灰白泛青，表面琢磨光滑温润，整体呈椭圆形；龙首尾相接，吻部突出，阴刻口、鼻、眼，头顶雕饰两角；背部刻画规整的圆弧线，弧线的两侧面对称刻画17条斜线，似龙身鳞片；尾部钻一圆孔。张老师认为，这件玉龙和红山文化的玉猪龙有相似之处，但在整体形制上有较大差别。红山文化的玉猪龙，龙头为猪形，且龙头与龙尾间有一缺口，而凌家滩的玉龙与后来商、周墓葬中的龙形器相似，说明凌家滩出土的玉龙可能是中原龙文化的源头，这表明凌家滩是中华文明的发源地之一。

玉喇叭形器曾在距今4000年左右的石家河文化中多有出土，而凌家滩的发现早了1000多年。这件玉喇叭形器呈灰白色，喇叭底部中间实心钻孔，孔壁规整，孔径0.2厘米，喇叭底厚0.1厘米、喇叭壁仅厚0.05厘米。其表面琢磨十分光滑，在显微镜下放大40倍也没有发现摩擦的痕迹。如此精巧的器物，即使使用现代的加工工具，也不易完成，因此有学者认为凌家滩可能有类似现代车床的加工机械。

1998年，凌家滩的第三次发掘，曾出土一件造型奇异、充满神秘色彩的玉鹰。鹰作展翅飞翔状，玉色灰白泛青绿点。鹰头和嘴琢磨而成，眼睛为一对钻的圆孔，下部雕刻扇形齿纹作鹰的尾部，两翅各雕一猪头，似飞翔状；胸腹部刻画有圆圈的八角星纹，形状与87M4出土的玉版上的八角星纹相似。考古工作者在不少史前遗址都发现过八角星纹，如大汶口彩陶上的类似纹样，延续了300年左右。张敬国老师认为，这样的八角星纹解释为太阳比较合理，太阳崇拜在史前常见，类似河姆渡文化中"双鸟朝阳纹牙雕"这样的鸟与太阳的组合，在史前文化中也并不少见。

2007年5月开始的凌家滩遗址第五次发掘所出土的一件重达88公斤的玉猪，堪称新石器时代玉器之最。张敬国老师介绍，此次考古工作是他作为领队主持的最后一次发掘。玉猪是在玉料的自然形态基础上雕刻而成的。猪拱部凸出，其上有两个鼻孔，嘴两侧刻上弯的獠牙，应该是一头野猪；其颈部至尾部皆保留玉籽料原貌，没有人为加工痕迹。这是目前我国考古发现的时代最早、形体最大和最重的猪形玉雕。在玉猪的身下压着编号为07M23的墓葬。猪在新石器时代是财富的象征，也是重要的祭品。该墓随葬大型玉猪和大量玉、石器300余件，随葬品叠压2～6层，显示出墓主人的大权在握和雄厚财力。这是凌家滩遗址历年发掘中规模最大的墓葬，推测墓主人是凌家滩中晚期氏族部落的统治者。

2007年发掘的07M23出土的摇签占卜器具也是凌家滩遗址的重要发现。这组文物放置在墓主人的腰部正中位置，3件内腔中空的玉龟呈扇形摆放，内插有5根玉签，表明我国历史文献中所记载的有关古人占卜之类的传说是有事实依据的。张敬国老师将这组占卜器具与凌家滩87M4中出土的玉龟和玉版联系起来，认为玉签可能放在玉龟的空腔内，用摇签的方式占卜，而刻纹玉版中指向四面八方的"圭形"图标，也是玉签的样式。这组占卜器具的出土，表明07M23墓主人是当时凌家滩先民的神权领袖，其生前将占卜器具悬挂在腰间。这反映出当时的人们崇拜神灵，利用长寿的龟作为与上天、神灵沟通交流的载体。他还认为，这组占卜器具与河南安阳殷墟遗址出土的商周时期的占卜器具使用方法不同。商周时期的卜甲是用火灼龟甲来占卜凶吉，而凌家滩出土的这组占卜器具则以摇签来占卜凶吉，殷墟的占卜方式到西周就已经基本消失，而凌家滩的占卜系统一直传承到今天，如今的寺庙依然使用竹筒和竹签占卜。

张老师认为，凌家滩遗址出土的玉器，其数量之多、品种之丰富、造型之独特、玉质之精美、纹饰之神秘、制作之精细，为同时期遗址所罕见，彰显了凌家滩先民的精神世界与高超技艺，展现了凌家滩文化在中华文明起源和形成过程中具有的标志性地位，是中华五千年文明的重要起源地之一。

张敬国老师表示，距今5300年的凌家滩文化发现的大批珍贵玉器，其部分玉料可能来自霍山。霍山位于李四光预言的四大地震带之一上，亿万年前的造山运动、岩浆喷发造就了霍山玉石矿脉，发源于大别山主峰白马尖的淠河水滋润出美丽的淠河玉，后更名为霍山玉。霍山玉颜色丰富多彩，以黄、白、红、青、灰、黑色为主体，相互交融，如行云流水，这是其他玉所不具备的特征。其硬度为7度，折射率1.55，属于硬玉，可与翡翠相媲美。硬度是玉石质量重要的标准之一，硬度大，则玉器抛光性好，亮度好，且能长期保存。

之后，张敬国老师分享了他对中国文明起源的一些看法。他认为，中国文明起源的特征，主要有以下几点：具备大型聚落遗址中心的地位；出现反映宗教精神文明和天文学认知的遗物；出现代表人与神沟通的工具和神权领袖；出现创新工艺技术；贫富分化严重对立，产生等级和礼仪制度；墓葬随葬品主要以玉器为主，石器和陶器退到了次要地位。张老师指出，中国文明起源发生在新石器时代至铜器时代之间的玉器时代，而凌家滩文化的发达玉器，正透露出其精神领域和社会发展的文明曙光。

关于中国古代文明的发展，学术界普遍认可曾经经历古国、王国、帝国三个阶段。张老师认为，古国阶段被认为是从稍有贫富分化的原始时代向阶级社会过渡的时期；并非所有的古国都有文字，也并非只有文字才能证明它是文明；绝大多数地方并不是只用文字、青铜器和城市这三个传统要素作为文明认定的标准。当下中国考古学界对于文明标准的新认定打破了西方考古学的学术垄断。中华文明探源，我们可以用自己的理论与方法来追寻。

在最后的互动环节中，文博系大二的魏培均同学提出了自己的疑问：凌家滩遗址和南京北阴阳营遗址出土的一些玉璜，在形制和材料上都非常相似，那么凌家滩文化和北阴阳营文化是否有深入的交流？

　　张敬国老师回答：除了北阴阳营遗址外，在长江北岸的南京营盘山遗址也发现了和凌家滩文化高度相似的玉器。凌家滩文化和南京地区同时期的文化可能是依靠发达的水系来交流的。

　　文博系本科三年级的刘一凡提问：淮河上游距今7000年左右的双墩遗址发现的陶符和凌家滩遗址一些玉器的图案非常相似，但这两个遗址在时间上有1000年左右的差距，近年安徽地区有新的考古发现填补这个时间上的空白吗？

　　张敬国老师回答：这是现在亟待解决的问题。双墩遗址的陶符是中国早期文字的源头之一。双墩遗址和凌家滩遗址相距并不远，但前者属于淮河流域，后者属于长江流域，两者之间是否有传承关系还无法确定，期待在座的同学们未来可以探索这个问题。

　　文博系研究生李泽伟提问：如此发达的凌家滩文化，最终的结局如何？它和良渚文化是什么样的关系？

　　张敬国老师回答，他们曾经邀请水利专家前往凌家滩遗址进行调查，专家们认为，凌家滩水系发达，凌家滩先民可能顺流而下到了今江苏、浙江，凌家滩文化可能影响了良渚文化的产生和发展。

　　讲座尾声，王志高老师对张敬国老师带来的精彩讲座表示了诚挚的感谢，特别是张老师对凌家滩遗址发现、发掘、保护及研究之贡献，让他深受感动。王老师说，凌家滩遗址已发掘面积不到其总面积的千分之三，未来还有大量的未解之谜等待着同学们去探索。他认为，凌家滩文化的重要性并不比红山文化、良渚文化低，对它的发掘、研究及宣传还有非常大的提升空间。王志高老师还深情回忆了他在北大读书及在南京市博物馆考古部工作期间与张敬国老师的师生情谊，张敬国老师是他敬仰的考古学家，张老师的人格魅力和奉献精神让他深受感染。

　　　　　　　　　　　　　　　　　　　　　　　　整理者：宋菁蕾、赵五正

死丧之仪，兄弟孔怀

——广陵与东阳：汉代江淮地区诸侯王陵

李则斌

2022年11月20日15：50～17：50，应南京师范大学社会发展学院文博系邀请，南京博物院研究馆员、江苏省考古研究所副所长李则斌老师在仙林校区敬文图书馆二楼西报告厅做了题为"广陵与东阳：汉代江淮地区诸侯王陵"的讲座。此次讲座是南京师范大学考古学系列讲座总第89讲（考古名家讲坛第39讲）。讲座由王志高教授主持，现场及线上师生共200余人参与了本次讲座。

讲座伊始，李老师首先以"汉墓，我们要挖什么？"为主题介绍了汉代的厚葬传统，点明考古人如何正确对待认识出土遗物。汉代文化强调人死后的世界，注重"事死如事生"的丧葬传统。迄今为止，已发掘的汉墓有两万余座，发现大量遗迹、遗物。一般来说，公众会将注意力集中在出土的精美器物上，用现代货币对其价值进行度量。但李老师指出，考古工作者的目光不能局限于此。扬州曾出土一金漆笥，其中保存一片树叶。李老师认为，如果用货币衡量，那无疑是金器的价值远高于树叶，但是对于考古人来说，这枚树叶的研究价值却是货币无法衡量的。李老师又以几枚写有食物名的木签牌举例，指出木制签牌的经济价值有限，但其上的文字可以为我们研究汉代扬州地区的饮食风俗提供极大的帮助。李老师总结道，考古人不能拘泥于出土物的经济价值，而要聚焦于探索隐藏于器物背后的深层含义、弄清墓葬形

式与意义，并考虑如何对出土器物进行最高效的保护，这才是考古工作的重中之重。

接着，李老师对本次讲座题目中的"汉代江淮地区诸侯王陵"进行解读。西汉时期在江淮地区设置的诸侯王国主要有位于今徐州地区的楚国和位于今扬州地区的广陵国。楚国的诸侯王世系较为清晰，而淮河以南的王国则因战乱、反叛等原因多有更替。在汉代淮河以南的广陵地区，先后设有荆、吴、江都、广陵四个诸侯王国。自1979年的高邮神居山汉墓发现以来，先后有甘泉山、宝女墩、庙山、大云山等汉墓证实与以上的诸侯王国存有联系。1979年发掘的高邮神居山汉墓中有"广陵"题记，可确定墓主应为广陵王刘胥；仪征庙山汉墓的墓主根据出土器物的考察研究，则基本可以确定为吴王刘濞；而2009年发掘的盱眙大云山汉墓的墓主被确定为江都王刘非。因此依据现有资料，可对江淮地区的汉代诸侯王陵墓的相关问题进行更深层次的研究。

此后，李老师着重讨论了大云山汉墓的相关内容，并对其周边的庙山汉墓、神居山汉墓以及联营汉墓做了简要介绍。李老师先简述了大云山汉墓的地理位置与发掘起因。大云山坐落于江苏省盱眙县，是山体均为火山岩的死火山。大云山汉墓位于大云山山顶，海拔高程73.6米，其东距扬州约85公里，西距盱眙县城30公里，南距汉代东阳城遗址1公里，西南与青墩山、小云山汉代贵族墓地相邻。大云山汉墓的发现并非源于当地基建的需要，而是由一次恶性盗墓事件引出的。在盗墓事件发生后，相关部门紧急组织专家对其进行了抢救性发掘。通过近三年的考古发掘工作，大云山汉墓的真实面目终于被考古学家们揭示出来——一处陵墙结构清晰、形制规整的西汉诸侯王级别的陵园。在陵园南部，发现布局排列严谨有序的主墓三座、车马坑两座，在陵园北部发现陪葬墓十一座、兵器坑两座，共计出土一万余件各类器物。

M1、M2、M8三座主墓平面皆呈"中"字形。M1规格最高、形制最复杂、出土器物最多。M1南北长度残存125米，墓室平面呈长方形，开口南北35.2米、东西26.0米；墓室结构为黄肠题凑，由外回廊、题凑、前室、内回廊、后室等部分组成。尽管M1曾被严重盗扰，但仍出土了10000余件（套）精美文物。M2与M1东西并列于同一个封土内，墓室开口南北长15米、东西宽14.4米、深15米；墓室由一棺一椁与头厢、足厢构成。虽遭盗扰，M2仍出土陶器、漆器、铜器、金银器、玉器等各类文物400余件（套）。M8的墓葬开口不明，其南墓道破坏严重，北墓道相对完整。根据发掘结果，M8早期即遭受严重盗扰与破坏，仅在墓室近坑底处发现木椁痕迹，棺椁形制、结构、数据均无法获得，并且在发掘过程中，M8没有出土汉代文物。

在简单介绍陪葬坑、车马坑、兵器坑的位置、形制等内容后，李老师重点讨论了大云山汉墓出土的相关器物。M1中出土的实用器编钟、编磬都有虡业、虡兽座，十分罕见，这是继广东南越王墓、山东洛庄汉墓之后出土的第三套西汉编钟、编磬。同时，该编磬采用琉璃材质制作，是我国首次发现的以复合材料制作的乐器，且数量多、器型大，对研究我国古代的科学技术史有重要的意义。大云山汉墓出土的漆器不仅数量多、品类全，并且使用了镶嵌金银丝、镶嵌宝石、洒宝磨平等特殊工艺。裂瓣纹银盒、鎏金犀牛等器物的发现则对研究西汉时期的中外交通，重新认识丝绸之路的发端具有深刻的意义。

随后，李则斌老师分别介绍了西汉时期广陵地区的各国诸侯王世系，并结合出土器物和墓葬形制讨论了大云山汉墓的墓主身份。通过爬梳史料，李老师先暂定大云山M1墓主身份于荆王、吴王、江都王以及堂邑侯陈婴家族之中。结合类型学、器物学的研究，李老师对大云山汉墓与同地区等级相近的西汉墓葬出土的陶器、钱币进行分期断代，同时构建编年序列，以此为基础得出墓葬年代的相对早晚关系，即大云山M2的时代晚于团山汉墓，早于胡场汉墓。团山汉墓具有明显的汉初风格，胡场汉墓的纪年为宣帝本始三年（前71），而在墓主身份的推测范围内，仅有江都王刘非的死亡时间（前128年）符合这一条件。

从大云山汉墓M1的形制、规格，以及使用黄肠题凑、玉棺玉衣和诸多高等级随葬品等方面，可以确定墓主身份应为诸侯王级别。在西汉时期，大云山先后属于荆、吴、江都等国。由于墓葬中出土了刻有"江都宦者容一升重三斤"铭文铜灯与"江都宦者沐盘十七年授邸"铭文银盘，表明这些器物当为江都国时期所作。如此，墓主只可能与江都王世系有关，应为第一代江都王刘非或其子刘建。除前文提及的铭文铜灯、铭文银盘外，尚出土有"廿三年南工官造容斗八升"漆器、"廿四年南工官"漆器、"廿七年二月南工官"耳杯等。《汉书》云："（刘非）二十七年薨，子建嗣"，"（刘建）六年国除，地入于汉，为广陵郡"。由于第一代江都王刘非在位时间为二十七年，而其子刘建在位仅六年，故刘建没有资格与能力制作上述纪年器物，故这些器物应当均为第一任江都王刘非在位时所做。同时，M1东回廊下层出土近30件底部写有"廿七年二月南工官延年大奴固造"的漆耳杯，李老师指出这些漆耳杯应是特意给墓主随葬的明器，不具有实用功能。如此，在刘非去世的"廿七年"，专门制作的陪葬明器只可能在刘非的墓葬中使用，而不可能用于其子刘建的墓中。

通过构建西汉时期江淮地区的陶器、钱币编年序列，对比同地区同时代诸侯王级别的墓葬形制，以及细致分析相关文献史料，李老师认为基本可以判定大云山M1的墓主应为第一代江都王刘非。

大云山M2在M1东侧，并与M1同茔异穴，按照西汉早期墓葬的一般合葬规律，M2墓主和M1墓主应属于夫妻关系。虽然M2没有使用黄肠题凑葬具，规模也小于M1、M8，但墓中出土有金缕玉衣、玉棺及"大官""私府"铭文铜器等高等级随葬品，故墓主身份等级应较高，其可能为江都王刘非的后妃。

M8位于M1西北约140米处，从墓穴的规模、营建方式、在整个陵园内的位置看，其与M1为并列关系。根据过去发掘诸侯王墓的经验可知，每代诸侯王都有独立的陵园，尚未有两代诸侯王埋葬于同一陵园的先例。李老师指出，大云山汉墓很可能与徐州东洞山楚王墓一样，都属于一王二后的墓葬布局，所以M8墓主很可能为江都王刘非的另一王后。

在介绍完三座主墓后，李老师又着重介绍了M10。M10为"中"字形陪葬墓，封土与M1北侧封土相邻，在西北方向拥有独立的陪葬坑（K8、K9）。尽管M10主棺曾遭遇盗扰，但仍出土大量陪葬品。其中有多件底部针刻铭文"淖氏"的漆盘。根据《汉书》记载，江都王刘非曾有一名称为"淖姬"的宠妃，故 M10 墓主极可能与文献记载中的"淖姬"有关。

在讨论大云山汉墓的墓主身份问题后，李老师总结认为，大云山江都王陵的陪葬墓区经过精心设计与规划，所有陪葬墓布局整齐划一，墓葬营建规模、棺椁结构、随葬品种类与数量等因素皆以该墓距离主墓的远近逐次降低或减少，统一的营造模式显示出墓主人之间浓厚的身份与等级差异。

介绍完大云山汉墓的发掘与研究后，李则斌老师又将大云山汉墓同高邮神居山汉墓、仪征庙山汉墓一起进行综合分析。从地图上看，大云山汉墓、神居山汉墓、庙山汉墓三者呈直线形分布，恰好连接着广陵城与东阳城。李老师进而讨论汉代广陵城、东阳城的历史，以及东阳城与大云山江都王陵之间的关系。广陵城所在即今天的扬州。根据文献记载，扬州城源于公元前 486 前吴王夫差所筑的邗城。战国时期的楚怀王筑广陵城，西汉时吴王刘濞建都广陵，汉以后历代逐渐增筑广陵城。而东阳城位于今江苏、安徽两省交界处的盱眙县马坝镇东阳村。春秋战国时期，这里是贯穿南北交通的古邑重镇，秦汉时为东阳郡县所在地，经济文化十分发达。李则斌老师认为，西汉东阳城与大云山江都王陵存有密切的联系。西汉东阳城遗址由面积 1 平方公里的小城与面积 3.5 平方公里的大城组成。李则斌老师指出，东阳城大城的扩建很可能是因为修建江都王陵需要更多的人口，而大云山江都王陵的性质确认，为重新认识东阳城遗址提供了契机。如此，陵园与东阳城之间的关系值得进一步探讨，同时东阳城的历史价值也需要重新评价。

总而言之，大云山汉墓、庙山汉墓、神居山汉墓的发现与其墓主身份的确定为江淮地区的汉代诸侯王陵墓的相关研究奠定了坚实的基础，同时也表明东阳城在汉代与广陵城具有同等重要的地位。

最后，李则斌老师简要介绍了仪征联营汉墓的发掘与整理情况，及其对确定庙山汉墓性质的作用。仪征联营墓群位于仪征市刘集镇联营村谢庄组、赵营组及联合组一带的高地上，是仪征市一处西汉早期墓葬的密集埋葬区。目前相关部门已在该区域抢救性发掘了 13 座汉代墓葬，出土了数百件文物。近年联营汉墓群的考古发现表明，在西汉中期，墓群开始出现有规划的家族墓地，而西汉晚期时墓地的性质已不再是王陵陪葬区，并演变为公共丛葬墓地。

联营汉墓与庙山汉墓的关系十分密切。联营汉墓群位于庙山汉墓西北 1 公里处，在早期发掘的随葬器物中，不论在器类还是型式上，都与团山汉墓基本相同，皆具有明显的西汉早期风格。且联营汉墓群的排葬规律与团山 M1 至 M4 的南北向排列相近。联营汉墓群发掘的汉墓均是头向朝南，与其在庙山汉墓北侧一致。据此可以推测联营汉墓群可能是庙山汉墓王陵的陪葬墓群。

以庙山汉墓为中心，西北团山、东南舟山及周边下洼、联营、赵庄汉墓群构成一片经过细致规划的西汉诸侯王陵区。联营汉墓中的 M1、M4、M13 等墓皆为一棺四厢的高等级规制的西汉早期墓，其中M12出土有"臣戚"铜印，表明了墓主生前应当为诸侯国官员。而赵家营墓葬区、下洼墓葬区、杨庙"刘毋智"墓中出土的部分带铭文器物都表明墓主与吴王刘濞家族存有一定的联系。

在讨论大云山汉墓及庙山汉墓的相关问题后，李老师又简要介绍了大云山汉墓发掘过程中采用的发掘与文化遗产保护的技术手段。李老师强调，完备的发掘方案和因地制宜的文化遗产保护手段，既有利于顺利地完成墓葬的发掘工作，又有利于高效地保护遗址。

演讲结束后，同学们就自己感兴趣的问题同李则斌老师进行了交流与互动。本科生张萱同学向李老师请教：为什么陶器类型的编年研究要比古钱币的更有断代价值？

李则斌老师回答：在出土的各类器物中，铜器、兵器等器物的流通时间可能有上百年之久，比如大云山汉墓就出土有春秋时期的铜剑、战国时期的鸟虫书镈于等。钱币也会出现这种情况，所以墓葬中出土的钱币并不能成为其断代的关键依据。而各时期陶器的风格变化较为明显，因此将陶器作为基本的断代材料也最具有说服力。

本科生张浩哲同学听完讲座后提出了自己的疑惑：根据《史记正义》和《括地志》的记载，吴王刘濞墓葬的位置应在丹徒，而并非现在的仪征市，且刘濞身为引发七国之乱的元凶，为何死后仍能享有诸侯王级别的墓葬待遇？

李则斌老师回答：目前庙山汉墓并没有做系统的发掘工作，只能通过周边的陪葬墓来确定其相对年代。西汉诸侯王即位的第二年就可以营建自己的陵墓，因此吴王刘濞的陵墓应在其生前就已营建。同时考虑吴王刘濞和汉景帝的辈分和亲缘关系，刘濞很可能会归葬，这可以参考西汉海昏侯刘贺和汉哀帝时丁太后的情况。至于史料中关于吴王刘濞葬于丹徒的记载，可能系后人依据他兵败南逃的史料附会而成的。

整理者：张浩哲、刘一凡

活脱世间泥塑样，美贻润州传千年

——东京梦梁，临安风华：考古所见两宋居民文化生活拾零

王书敏

　　2023年4月16日13：30～15：00，受南京师范大学社会发展学院邀请，镇江博物馆研究馆员、原副馆长，江苏省和长三角文物考古专家库成员王书敏老师在随园校区600号楼117报告厅，为师生做了题为"东京梦梁，临安风华：考古所见两宋居民文化生活拾零"的讲座。此次讲座是南京师范大学考古学系列讲座总第96讲（考古名家讲坛第44讲）。讲座由王志高教授主持，校内外师生及社会各界人士共百余人聆听了该次讲座。

　　讲座伊始，王书敏老师谈到了此次讲解主题的缘起。有宋一朝文化臻极百年、市民文娱生活丰富。镇江市五条街小学南宋手工业作坊遗址出土的极具世俗色彩的泥塑文物，就是很好的例证，反映出当时文化娱乐生活的多姿多彩。

　　王老师进一步指出，"积贫积弱"其实是大众对于宋代的刻板印象。尽管宋朝武力孱弱，但其在中国历史上无疑是一个经济、文化都高度发展的王朝，正如英国历史学家汤因比所言，"如果让我选择，我愿意生活在中国的宋朝"，史学大师陈寅恪认为"华夏民族之文化，历经千载之演进，造极于赵宋之世"。随着城市经济发展、市民阶层兴起，平民化、世俗化的文化形式大放异彩，在通衢大道、瓦肆勾栏处皆漫衍着说书、杂耍、讲史等市民文艺。

泥塑陶球与蹴鞠

接着，王老师以"泥塑陶球与蹴鞠"为切入点，正式引入议题。1976年与1996年，江苏省镇江市五条街小学一处宋代遗址先后出土了50多件宋代泥塑像，包括儿童塑像、神像、仕女等。这些塑像皆取当地生泥（泥土）捏塑、烧制，外施彩绘，背后多有"吴郡（平江）包成祖""平江包成（仁）祖""平江孙荣"等楷书阴文戳记。从陶瓶里残存的颜料、泥塑纹饰或施彩迹象看，该遗址应是南宋时期采用"前店后作"模式的泥塑手工作坊。他还展示了一件经考古人员后期组合而成的胡人踏鼓蹴鞠像，由胡人、泥鼓、蹴（泥）鞠三部分构成。泥塑胡人像高约12厘米，面部较短，粗眉上翘，额头较高，尖鼻，大嘴，头戴荷叶形软帽，身穿镶黑边的交领紧身短衣，右手握拳弯曲胸前，左手伸展高举，右脚抬起，左腿直立，下有一泥塑蹴（圆）鞠。

其后，王书敏老师借此梳理了我国传统运动——蹴鞠的发展历程。蹴鞠一词，最早见于《史记·苏秦列传》："临菑甚富而实，其民无不吹竽鼓瑟，弹琴击筑，斗鸡走犬，六博蹋鞠者。"两汉三国时期是蹴鞠的快速发展期。第一，蹴鞠的娱乐性得以继承，既有"康庄驰逐，穷巷踏鞠"，也有"士以弓马为务，家以蹴鞠为学"的场景。第二，蹴鞠的表演性质继而显现。表演性蹴鞠是在鼓乐伴奏下展示脚、膝、肩、头等部位的控球技能。第三，蹴鞠的竞赛性得到突出。东汉李尤《鞠城铭》提到了蹴鞠的具体方法："圆鞠方墙，仿象阴阳。法月冲对，二六相当。"第四，蹴鞠开始用于军中练兵。刘向《别录》中说："蹴鞠，兵势也。所以练武士，知有才也。"除有助于训练武士外，蹴鞠也可丰富军中生活，使战士维持良好的状态和情绪。"今军事无事，得使蹴鞠"，就是这样的反映。

约在晚唐，开始出现充气的鞠。徐坚《初学记》曰："今蹴鞠曰戏毬。古用毛纠结之，今用皮，以胞为里，嘘气闭而蹴之。"蹴鞠场中还增设了竹制球门，马端临《文献通考》："蹴球，盖始于唐。植两修竹，高数丈，络网于上为门，以度毬。"一定程度上推动了蹴鞠技巧的发展。宋代不仅规范了鞠的制作工艺，对其原料选取、缝制技艺、重量、质量都做了严格规定，相关比赛的组织程度也在提升。如周密《武林旧事》中就详细记录了球队的人员构成与分工。原来流行的表演性蹴鞠——白打，也发展出一套比赛规则。如一人场是参加者逐一轮流表演，用头、肩、背、胸等部位完成一套完整的踢技，使"球终日不坠"，凭借表演花样多少和技艺高低直接决定胜负。南宋时甚至还出现了专业的蹴鞠组织"齐云社"，专事负责蹴鞠活动的比赛组织和宣传推广。

接着，王书敏老师选取明代画家钱选临摹的《宋太祖蹴鞠图》，展示了宋太祖赵匡胤与宋太宗赵光义、赵普等人踢球的场面，又列出关于民间瓦子中蹴鞠艺人表演的记载，例证了两宋时期蹴鞠运动的普及。《东京梦华录》谈到蹴鞠的价值，称赞"蹴鞠成功难尽言，消食健体得安眠。本来遵演神仙法，此妙千金不易传"。蹴鞠不但能令人健体、愉快，还有助于领悟礼义。《鹧鸪天》："巧匠圆缝异样花，轻身健体实堪夸。能令公子精神爽，善使王孙礼义加。"体现了蹴鞠观念的发展与变化。

辽金元时，蹴鞠成为朝廷节庆的重要节目之一，成为与歌舞相似的宴会伎艺"皇帝生辰……酒六行，筝独弹，筑球"。元代著名诗人萨都剌《伎女蹴鞠》中"毕罢了歌舞花前宴，习学成齐云天下圆"一句，说得也是这种情况。明时，蹴鞠仍十分流行，出现了专门制作鞠的手工业作坊，出售各式各样的"健色"。如《蹴鞠图谱》中著录有24种"健色名"，《蹴鞠谱》更是高达40余种。入清后，随着西方现代足球运动的传入，中国传统的蹴鞠文化逐渐衰落。

泥塑胡人与胡腾舞

随后，王书敏老师对泥塑胡人像进行了分析，认为其造型呈现的闪转腾跃姿势，应是胡人在表演胡腾舞时某个瞬间的定格、剪影。胡腾舞是从西域传入中原的一种男子独舞，流行于北朝至唐代，深受中原贵族赏识，风靡一时。其特点是既雄健迅急、刚毅奔放，又柔软潇洒、诙谐有趣。胡腾舞的具体内容阙载于史志，仅散见于唐人诗词。晚唐段安节《乐府杂录》中在记述唐代乐舞情况时，曾将胡腾舞归列于"健舞"之中。唐代诗人刘言史《王中丞宅夜观舞胡腾》诗有"石国胡儿人见少"一句，可知胡腾舞或出自"石国"，即《新唐书》所谓的"柘折""柘支"，属安西都护府管辖。

胡腾舞者的形象还见于其他器物，如河南安阳北齐范粹墓出土的黄釉瓷扁壶。该壶壶身正背两面模印有相同的乐舞场面，画面正中一人在莲座之上婆婆起舞，舞者双足腾跃，反首回顾，右手上扬，左手叉腰，画面左侧一人持钹、一人弹奏直颈五弦琵琶，右侧一人吹横笛，一人举掌拍击。五人皆深目高鼻，头戴胡帽，身穿窄袖胡服，脚踏尖头软靴。一如李端《胡腾儿》诗中"环行急蹴皆应节，反手叉腰如却月"有关胡腾舞表演的描写。

隋虞弘墓石椁宴饮乐舞图中也有胡腾舞图像。图案由上中下三部分构成。中部是一大毡帐的后半部，在帐内靠后为一亭台式的小建筑，在亭前平台上，坐着一男一女，似为夫妻，左右各有两名侍者。在二人前面，六名乐者分左右跪坐于两侧，中间有一胡人表演胡腾舞。观其服饰，正与向达先生"此辈人率戴胡帽，着窄袖胡衫。帽缀以珠……胡腾舞则舞衣前后上卷，束以上绘葡萄之长带，带之一端下垂，大约使舞时可以飘扬生姿。……故舞时须'抬襟搅袖'，以助回旋"的论述相符。王书敏老师指出，宋代以后关于胡腾舞的文献记载以及考古实物均很少见，而这件宋代泥塑胡人像或说明胡腾舞在当时镇江地区尚存有余绪，具有极高的历史价值。

泥塑陶鼓、人物与说唱、南戏

接下来，王书敏老师分析了胡人蹴鞠像底部的圆饼状构件。他认为，根据该构件边缘上的鼓钉，结合两宋时期说唱艺人的击鼓传统，可以将其定性为一面泥塑陶鼓。随后他爬梳了两宋说唱及南戏艺术在中国南方的发展历史。

南宋诗人陆游《小舟游近村》"斜阳古柳赵家庄，负鼓盲翁正作场。身后是非谁管得？满村听说蔡中郎"，生动描绘了日落时分说唱艺人在村落中敲鼓圈场、说唱蔡中郎故事的场景。而这件泥塑陶鼓可能就是诗中说唱艺人所负之物。王老师补充道，陆游诗中提及的"蔡中郎"即代指《赵贞女蔡二郎》（又称《蔡中郎》）故事的主人公蔡邕，其内容是说蔡邕弃亲背妇，最后死于暴雷。尽管这个故事歪曲了关于蔡邕的基本史实，但该故事于两宋时期温州地区广为流传，后传至太湖地区，并被说唱和南戏吸收、改编为戏剧，很可能是著名戏曲《陈世美》的前身。

王老师又介绍了南戏的发展历史以及相关出土文物。南戏，又称"南曲戏文""温州杂剧"等，是北宋末至元末明初在中国南方地区盛行的汉族戏曲剧种之一，后很快向南北流布，演变出海盐腔、余姚腔、昆山腔、弋阳腔这"四大声腔"，影响直至今日。南戏的流播与两宋政权更迭之际的人口南迁有关，北方的杂剧艺术也随之南传。而临安附近的文人因社会动乱、仕途受阻，将热情转移到戏曲创作中，形成一个个有组织的编剧团体，也是南戏流行中一个需要注意的因素。祝允明《猥谈》记载："南戏出于宣和之后，南渡之际，谓之温州杂剧。予见旧牒，其时有赵闳夫榜禁，颇述名目，如《赵贞女蔡二郎》等亦不甚多。"从中可见南戏的发展历程。值得关注的是无锡宋墓出土的木板画人物像，王书敏老师提示道，根据墓葬规模和随葬品情况，可知墓主的身份应为一般平民，而非画像中的官员形象，故画像中的官员应为戏曲中扮演的角色。

宣和牌与酒令

最后，王书敏老师介绍了镇江五条街出土的宣和牌，并以此为基础探讨了中国酒令文化。宣和牌是一种游戏用具，亦称为骨牌，因出现于宋徽宗宣和二年（1120），故名。宣和牌最初流行于民间，宋高宗时传入宫中，随后迅速在全国盛行。当时的骨牌多由牙骨制成，所以又有"牙牌"之称。明代瞿佑《宣和牌谱》详细记载了宣和牌的得名缘由、玩法规则等。宣和牌中成对的牌被称为"文牌"，单张的被称为"武牌"；不同点数牌的组合具有不同的名称或寓意，例如武牌中的"至尊宝"、文牌中的"天地人和，梅长板斧"等。骨牌在19世纪经意大利传教士多米诺传入米兰，不久后迅速风靡意大利甚至整个欧洲，并得名"多米诺骨牌"。

镇江五条街小学出土有"地牌""杂七""黑八"等泥塑宣和牌，这些宣和牌的相关玩法并不见于两宋文献。王书敏老师特别指出，或可以通过《红楼梦》中相关情节管窥宣和牌的玩法。尤其是《史太君两宴大观园，金鸳鸯三宣牙牌令》一回中鸳鸯所宣行的牌令，而大观园众人的诗词对答也有助于我们更好地理解宣和牌的玩法和中国传统酒令文化。据载，令官宣布某一牌令后，其他人需要依据牌令上的点数或点数组合联想相关的意象或典故，并编成对仗工整的诗句，答不出者则被罚酒。例如鸳鸯抽到"幺六"牌时，贾母回答"一轮红日出云霄""这鬼抱住钟馗腿"，巧妙对应了明清时期民间戏曲中常见的"五鬼闹钟馗"的情节。王书敏老师利用古典小说、文人随笔对宣和牌的思考、探索，为同学们解读出土文物别开蹊径。

讲座结束后，王志高教授针对讲座内容进行了总结。他说，王书敏研究员综合利用文物学、历史学、文献学这三种研究方法，以镇江五条街小学出土的宋代泥塑为例，对两宋以降的居民文化生活进行了丰富而有趣的解读。他指出本次讲座王书敏老师所展示的出土文物的研究方法，对未来有志于研究历史时期文物的同学颇具启发。

在最后的互动答疑环节中，来自美术学院的一名研究生向王书敏老师提问：中国传统文化中的《百子图》赋予了不同孩童不同的动作，为何泥塑胡人像同时存在蹴鞠、击鼓、胡腾舞三种意象元素？王书敏老师解释道：镇江五条街出土的泥塑胡人像、泥塑陶球和泥塑陶鼓出土时并非一个整体，是后来人为组合而成，这三种意象元素不存在必然的联系。

文博系大一张紫喻同学提问：讲座中展示的五条街小学出土的泥塑人物像头部多有细小穿孔，请问其功用是什么？王书敏老师回答：泥塑人物像的头部和背面均有穿孔，应是用于穿绳，故这些泥塑人物像很可能是儿童提在手中的玩具或者是表演南戏时的道具。

文博系大二张萱同学提问：如何确定镇江五条街小学出土的泥塑胡人像是在表演胡腾舞？王书敏老师回答：首先，泥塑胡人像具有胡人特征的外观；其次，泥塑俑并非表现静止的状态，其旋转、踢腿等动作与文献记载中的胡腾舞表演具有极大的相似性，因此可以推断泥塑胡人像是在表演胡腾舞。但胡腾舞兴盛于唐，两宋以后逐渐衰落，目前镇江附近尚未有其他类似的发现，因此需要更多的文献和考古资料来佐证这一观点。同学们在解读考古、文物资料的信息时需要考虑出土文物的社会文化背景，做出合理的推断。

文博系大四陈祖滢同学提问：镇江五条街出土的胡人俑是否有可能并非在表演胡腾舞，而是蹴鞠、踢毽子等其他活动？王书敏老师指出，同一文物的历史内涵可以有许多不同的理解，"胡腾舞"的说法只是一种解读的方式而非定论，同学们可以在结合文物所处时代的背景做出其他合理的推测。

整理者：张浩哲、刘一凡

博物馆未来的可能性

——当下博物馆展览策划的思考：以安徽博物院为例

卞 坚

2023年6月3日9：45～11：45，应南京师范大学社会发展学院邀请，安徽博物院副院长、文博系友杰出代表卞坚老师在仙林校区敬文图书馆二楼西报告厅做了题为"当下博物馆展览策划的思考：以安徽博物院为例"的讲座。此次讲座是南京师范大学考古学系列讲座总第101讲（弘文讲坛第3讲），讲座由韩茗副教授主持，校内外师生及社会各界人士近100人聆听了该次讲座。

讲座伊始，卞老师简要分享了2022年国内博物馆的基本情况。我国博物馆总数达6565家，新增备案382家；每年举办线下展览超过3.4万个；参观人数5.78亿人次；教育活动4万余场；线上展览近万个，网络浏览量近10亿人次，新媒体浏览量超过100亿人次。这些数据直观展现了近年来我国博物馆事业的蓬勃发展。我国博物馆事业的发展离不开党和国家的重视，卞老师引用了习近平总书记给中国国家博物馆老专家和中国美术馆老专家、老艺术家回信中的内容，认为"博物馆对公众开放，陈列展览是其中一个重要的媒介和载体，博物馆的库房不可能完全对外开放，因此陈列展览成为沟通观众和博物馆之间的重要桥梁，对于观众了解古代的历史文化和艺术具有重要意义"。2023年5·18国际博物馆日的主题是"博物馆、可持续性与美好生活"，彰显了当下博物馆在赋能美好生活中发挥的重要作用。卞老师还与我们分享了五一小长假期间安徽博物院的火爆"出圈"，使人切实感受到当下"博物馆热"和安徽博物院推动文物资源与现代社会相融合的努力。

一 "一院两馆"运营模式下的陈列展览体系

首先，卞老师介绍了安徽博物院"一院两馆"运行模式下的陈列展览体系。安徽博物院原名安徽省博物馆，成立于1956年11月14日，是当时全国四大样板馆之一，2010年12月28日更名为安徽博物院，2011年9月29日新馆建成开放，形成了"一院两馆"的运行模式。

安徽博物院新馆以安徽地域文化特色和馆藏文物优势为基础，侧重对安徽古代历史文化展示、古代艺术研究展示、安徽地方民俗展示和境内外历史文化艺术展示等，包括一个基本陈列"安徽文明史陈列"和四个专题陈列"徽州古建筑""安徽文房四宝""新安画派""江淮撷珍"。安徽博物院老馆以近现代文物专题展览为核心，侧重对红色革命文化、社会主义先进文化的展示，形成了以弘扬时代主旋律为主的近现代展览体系，包括"江淮廉风——安徽廉政文化展"和"烽火江淮——安徽革命史陈列"两个基本陈列。近年来，举办了"向往——'我'与安徽改革开放四十年""决胜——全面小康路上的安徽"和"初心映江淮——庆祝中国共产党成立100周年主题展"等红色主题展览。

在"一院两馆"的运营模式下，安徽博物院牢牢把握"弘扬源远流长的中华优秀传统文化""继承矢志不渝的革命文化""发展波澜壮阔的社会主义先进文化"这三条主线，形成了紧扣时代节点、传承红色基因的展览体系。

2023年，安徽博物院筹备策划的"山河安澜——淠史杭灌区主题展"入选了"弘扬中华优秀传统文化、培育社会主义核心价值观"主题展览重点推介项目。随着安徽博物院展览体系的不断完善，安徽博物院立足地域文化特色，守正创新，不断探索展览精品的道路。

其后，卞老师介绍了安徽博物院临时展览的主要做法，并将其归纳为三个方面。第一，打造系列展览，讲好安徽故事。安徽博物院充分利用安徽特色地域文化和馆藏文物资源，创新展览展示方式，打造了地域文化、馆藏精品、考古成果、美术名家、红色文化等展览系列，讲好安徽故事、传播好中国声音。例如以"璀璨星光——凌家滩文化展"为代表的考古成果系列展，以"飘扬的红旗——纪念建党95周年暨红军长征胜利80周年主题展"为代表的红色系列文化展等。

第二，建立长期稳定的合作"新"模式。安徽博物院坚持"引进来、走出去"的方式，在国内博物馆交流上，联手故宫博物院、陕西历史博物馆、南京博物院、江西省博物馆等，每年策划推出精彩临展；在对外文化交流上，引进古埃及人的生命轮回展、欧洲玻璃艺术展等精品展览，并向境外文博机构输出"安徽徽茶文化展""潘玉良美术作品展""安徽文房四宝"等展览，加强了文化的交流互鉴。

第三，举办收费特展，尝试分众服务。2017年，安徽博物院举办"不朽之旅——古埃及人的生命轮回"特展，首次尝试了特展收费，取得了巨大成功。此后，安徽博物院不断推陈出新，尤其是在2023年举办的"共饮一江水——三星堆·长江流域青铜文明"特展，获得了省内外一致好评。事实证明，特展收费不仅提高了博物院的经济效益，也能够帮助博物馆更好地完成其社会职能，提高观众的体验感。

二　博物馆展览的基本流程

什么是博物馆展览？卞老师从定义出发，并结合自身理解对"博物馆展览"这一概念做了详细的阐释。随后，卞老师将博物馆陈列展览实现从"文本"到"展览"转化的过程分为三个阶段，即从"内容设计"到"形式设计"再到"施工与布展"。

卞老师结合多年展览工作经验，从展览文本撰写的前期准备、展览文本撰写的技巧、如何编写规范的展览文本、博物馆里的"策展"等几个部分，对博物馆陈列展览的流程予以阐释，并结合了安徽博物院的运营实践进行讲解。

1.展览文本撰写的前期准备

卞老师提出在展览文本撰写的前期准备主要有两个部分。首先，明确展览的类型和主要目标观众，针对不同的群体（青少年、成年观众、专家学者）要撰写不同类型的文本。其次，要对相关展览主题的学术研究资料进行梳理和遴选，博物馆的展览所反映的内容必须建立在客观的、科学的、准确的学术研究基础上，博物馆展览中提出或反映的概念、观点、思想以及展览主题的提炼都是建立在学术研究成果基础上的，展览辅助展品必须以学术研究成果为依据。此外，卞老师还指出，博物馆不同于其他展览展示机构，展览信息的传播主要依靠实物展品为载体来进行，靠物"说话"，实物展品的丰富程度和质量高低直接影响到展览传播的效果和质量。

2.展览文本撰写的技巧

卞老师明确提出，展览名称就是展览的"灵魂"，他从展览名称出发阐述了展览文本的撰写技巧。一个好的展览名称是展览文本撰写的重中之重，一个好的展览名称可以给予人无尽的遐想，吸引观众慕"名"前来。卞老师还以"国家宝藏"为例说明了展览名称的"魅力"。《国家宝藏》原为一部动作冒险电影，上映时吸引了不少观众走入影院；2010年前后中国国家博物馆精品展巡展项目也以此为展览名称，吸引了大量年轻观众走进博物馆参观展览；2017年，央视联合国内众多知名博物馆推出《国家宝藏》系列节目，受到了广泛关注，形成了难得一见的"博物馆热"。近年来，博物馆不断改变宣传手段，拓宽宣传路径，正逐渐从"小众"走向"大众"。

近年来，安徽博物院在举办展览时充分关注了展览名称的重要性，其中"明德至善 家国天下——徽州优秀传统文化展"、"向往——'我'与安徽改革开放四十年"和"南·方——江西新干大洋洲商代大墓出土文物精品展"等展览名称不仅贴合主题，更兼具了学术性与趣味性。

如果把展览比作一本书，那么展览名称就是这本书的书名，一本好的书籍需要有题眼，那么一个好的展览就需要有合适的、逻辑严密的框架结构。卞老师介绍了三种最为常见的展览框架结构：时间顺序、并列式、对比式。

3.如何编写规范的展览文本

卞老师将编写规范的展览文本的要求归纳为八个字，即"准确、简明、层次、有趣"。"准确"指展览语言要准确，符合史实和主流学术观点；"简明"指展览语言要简明扼要，直达要义；"层次"指展览内容结构一般由部分、单元、组、展品等多层级构成，不同层级的表达要具有层次，不同层次表达不同内容，注重解读分层递进的展示方式，从而使得展示的内容更加翔实；"有趣"指展览文字要通俗易懂，注重展品展示相关解读。卞老师以"安徽文明史基本陈列"的展览前言为例进一步说明了文本分层次的重要性。同时，卞老师还解析了《博物馆展览内容设计规范》中对于各部分文本体例、字数等的相关要求。

卞老师还提出，优秀的展览文本如同电影脚本一般，需对场景复原、多媒体短片等辅助展示手段提出一定的设计理念，以便于与形式设计有较为顺利的沟通，有空间、有画面、看得懂。

4.博物馆里的"策展"

卞老师介绍了"策展人"的概念和策划展览的相关事宜。策展人除了撰写展览文本，还要参与展品遴选、展品点交和布展等相关工作，以及对讲解员、志愿者等相关人员的展前培训。策展人的专业性极强，工作内容也非常琐碎，卞老师幽默地将其工作称为"下得厨房，进得厅堂"。

随着博物馆职能的扩大和业内外对博物馆事业的广泛关注，策展的工作内容也越来越丰富和多样，逐渐演变为策展的"N个1"，要有一本完善的策展大纲、一套专业展览图录、一套形式设计方案、一系列宣传推广计划、多个动态展示宣传视频、一系列针对性的社教活动、一套精美的文创纪念品、一套完成的开放预案、配套线上虚拟展览等。尤其是在刚刚过去的疫情三年，各个博物馆相继尝试线上直播，策展人的工作也逐渐扩大到新媒体的范畴。

最后，卞老师分享了他对于当下博物馆策展的新尝试与新思考。着重介绍了安徽博物院的一系列创新举措：开辟安博"智"时空，让文物"活"起来；利用文博园区打造"考古遗址复原展示体验区"；广泛谋求跨界合作，使博物馆展览"出圈"。近年来，安徽博物院携手品牌强、人气旺的商业综合体、街道综合文化站等打造"家门口的博物馆"，在特色临展开展的同时，合肥华润万象城、万达等商业综合体同步推出"图片展"，让"文化感"和"烟火气"并存，拉近了博物馆与公众的距离，拓宽了博物馆展览的路径，社会反响热烈。同时，卞老师还结合国家文物局发布的《博物馆运行评估办法》强调展览在博物馆评估体系的重要地位。

讲座结束后，主持人韩茗老师对讲座内容进行了总结。她总结了三个关键词："专业"、

"干货"与"情怀"。博物馆学的相关知识需要有大量的实践作为支撑，卞老师的讲座不仅有概念的梳理，更有具体实施的方法与案例，让我们受益匪浅。更重要的是，卞老师对博物馆工作的无限赤诚与热情，深深地感染了在座的各位同学。

在其后的互动环节中，文博系19级本科生陈祖滢首先向卞老师提问。第一，安徽博物院在考古遗址复原公众体验区中，举办了哪些公众考古的项目？第二，博物馆展览中提出或反映的概念、观点、思想一般采取主流学术观点，但是在说明中是否可以引用多种观点？

卞老师对此予以解惑。他认为传统考古现场不一定适宜大众参观，但随着国家大遗址保护区和国家考古公园的规划和建设，现在考古遗址现场的参观学习变得更加便捷。安徽博物院新设置的考古公众体验区是基于合肥一处夏代房址的整体迁移保护，对于遗址本身的保护具有重要意义，同时也为青少年活动提供了更多场地，相信会为社会大众参观考古遗址，了解考古学知识提供条件，是博物馆参与公众考古的有益实践。

针对多个学术观点如何选择的问题，他认为表达展览的思想需要有一条主线，要把最真实、准确、科学的历史文化信息传递给观众，不能让观众有"雾里看花"的感觉。采取主流的学术观点是博物馆展览中的普遍做法，但在辅助展示中，也可以提供一定的线索，激发观众的兴趣，引发思考。

文博系20级本科生杨肖童向卞老师提问：策展过程中是否可以把库房全部开放，对于展品的挑选，我们趋向于选择精美、完整的文物，这种挑选是否有偏差？

卞老师认为策展时，根据展览主题的不同挑选文物的角度也不相同。在现在的陈列展览中，除了精品文物的展示，还有一些类似于标本室的密集展示方式。今天的博物馆通过多种方式、尽可能展示更多的文物藏品，向社会大众公布更多的藏品信息，如藏品清单，或发布部分藏品照片资料等，拓宽库房与展厅的"通道"，拉近观众与博物馆文物藏品的距离，博物馆将越来越开放！

整理者：姜腾旭、骆馨怡

辰极阊轩辉，天人覆玉衣

——汉代的玉衣殓葬制度：玉衣的新发现与新视野

李银德

2019年5月11日13：30～15：30，应南京师范大学文博系邀请，中国考古学会秦汉专业委员会副主任委员、徐州市博物馆名誉馆长李银德研究员在随园校区600号楼117报告厅，为师生带来了主题为"汉代的玉衣殓葬制度：玉衣的新发现与新视野"的讲座。此次讲座是南京师范大学考古学系列讲座总第13讲，也是文博大家讲坛第4讲。讲座由土志高教授主持，本科生、研究生及校内校外其他人员共计100余人聆听了该次讲座。

讲座伊始，李银德馆长从玉衣研究与南京的渊源谈起。他提到1954年江苏睢宁九女墩汉墓出土的"珉玉牌"——当时考古工作者也不清楚玉衣是什么，就称之为"珉玉牌"。1958年，南京市博物馆李蔚然先生经过研究，最早提出所谓"珉玉牌"应该就是玉衣片。接着，李馆长谈到了玉衣的名称、作用以及起源。他认为，玉衣是汉代帝后和高级贵族死后使用的玉制殓服。玉衣在汉代文献中又称"玉匣""玉柙"等。考古学上按照穿缀玉片的缕属质地，将玉衣分为金缕玉衣、银缕玉衣、铜缕玉衣、丝缕玉衣，把形制不完备的玉衣称为"玉套"。

关于玉衣的作用，李馆长认为，一是为了保持逝者死后的高贵和尊严，毕竟能享用玉衣的都是帝王和高级贵族；二是为了"梦想不朽"。汉武帝时学黄老的杨王孙曾说："口含玉石，欲化不得，郁为枯腊。千载之后，棺椁朽腐，乃得归土，就其真宅。"也就是借玉衣保护尸体，使尸骨不朽。

说到玉衣的起源，李馆长用考古材料做了一些说明。他说玉衣最初可能仅是在人死之后覆盖脸部的幎目，以及缀玉衣服和玉鞋底。西周张家坡井叔墓、春秋秦公一号大墓、南阳桐柏月河春秋墓、甘肃马家原战国墓、洛阳中州路战国墓等都有出土。

关于玉衣的发现，李馆长指出历史文献早有记载。《史记正义》引《括地志》记载，晋永嘉末年，有人盗发齐桓公墓，"得金蚕数十簿，珠襦、玉匣、缯彩、军器不可胜数"。这里的"齐桓公墓"是不准确的，应该是西汉时期齐王或王后的墓被盗掘，其中发现了玉衣。另外，《宋书·崔道固传》也有记载，"民焦恭破古冢，得玉铠，道固检得，献之，执系恭"。讲的是南朝刘宋大明三年（459）有个叫焦恭的人盗墓，发现了玉铠，李馆长推断其应为玉衣。

据李馆长统计，截至2015年，我国共出土汉代玉衣114套（西汉46套、东汉68套），晋2套。地域上，河南出土数量最多，达35套；其次是江苏、河北，都是21套；再次是山东省，19套。震旦博物馆、美国费城艺术馆、瑞典东方博物馆等也收藏有玉衣片。其中完整和基本完整的玉衣只有9套或8套半，其中徐州有4套。李馆长特别强调，根据近年来的考古发现，早年判断的部分"玉衣"实为玉席，而非玉衣。

那么，玉衣是怎么制作的呢？李馆长介绍说，我们在博物馆看到的复原之后的玉衣是一个整体，但实际上是可以拆卸的。玉衣大体上由头套、上衣、裤筒、手套、鞋套五大部分组成。其中头套又由脸盖和头罩构成，上衣由前后衣片和左右袖筒构成。玉衣的袖筒、裤筒的开缝都设置在内侧，手套的开缝在手掌，鞋的开缝在脚跟。要制作玉衣，首先得选料。玉片的材质主要可以分为玉、石和琉璃三种，一般要经过锯片、抛光、钻孔等加工程序。当然在选料、加工之前，会先根据人体进行设计，采用纵模网格法，将玉片的形状规划出来，然后逐片编号。对于玉片的编联，古人也有好几套方案，如交叉法、套联法、并联法、结联法等。据李馆长介绍，西汉时期用多根金丝（或其他材质的丝条）连缀，到了东汉时期则只用一根丝连缀，最后可以绞成麻花状，由东园匠特制。

结合文献和考古发掘，李馆长对玉衣的使用制度做了总结。他认为，西汉帝后都用玉衣，诸侯王、列侯和刘氏宗室部分使用玉衣，勋贵佞臣特赐玉衣。西汉主要使用金缕、银缕玉衣，只有少数用铜缕玉衣，极个别用丝缕玉衣。西汉的玉衣使用不普遍，也没有严格的身份等级和缕属的对应制度。到了东汉，则形成了严格的等级和缕属对应制度。

关于玉衣的消亡，一般认为与曹操以及曹丕推行薄葬有关。但是李馆长特别指出，玉衣制度并不会因为当局的政策而立刻消亡，实际上在偃师首阳山新庄M20和M74西晋墓均发现了玉衣片，所以玉衣的消亡应该在西晋。

本次讲座最精彩的部分，在于李馆长讨论的关于玉衣的几个问题：一是通过多年的研究，他发现，当初给墓主殓服时先内着深衣，后外套玉衣，下葬时是捆绑状的；二是他提出两汉玉衣之间的差别——西汉玉衣的光面在外，而东汉玉衣的光面在内；三是他对前人关于玉衣头顶饰玉璧的寓意提出质疑；四是他提出玉衣修复的必要条件是玉衣的主要部分与人体的主要骨架必须完整，否则就是过度修复。

最后，来自南京博物院的左骏先生点评道：李馆长此次讲座对目前玉衣的研究做了全面总结，对玉衣的统计更加精确并通过对玉衣构件的梳理，提出了许多有意思的新观点。

整理者：姚逸、张驰

冲突激荡、碰撞融合

——魏晋十六国北朝墓葬

韦　正

2019年10月12日8：00～10：00，应南京师范大学文博系邀请，北京大学考古文博学院教授、博士生导师韦正先生在随园校区600号楼117报告厅，为师生带来了主题为"魏晋十六国北朝墓葬"的讲座。此次讲座是南京师范大学考古学系列讲座总第18讲。讲座由王志高教授主持，本科生、研究生及校内校外其他人员共计100余人聆听了本次讲座。

讲座内容以魏晋、十六国和北朝三个时期的墓葬为主。

一　魏晋时期

韦老师认为魏晋时期是中原地区东汉墓葬的延续和调适阶段，而在东北和西北地区是中原墓葬文化产生重要影响的阶段。韦老师以魏晋时期中原、西北和东北三个地区墓葬所蕴含的丰富信息，分享了他的一些重要认识和研究成果。

1.中原地区：主要以洛阳曹休墓、安阳西高穴2号墓和洛阳西朱村大墓M1为例。通过对考古资料和文献材料的梳理，韦老师认为：汉代的礼制在魏晋墓中仍然有所维持，如安阳西高穴2号墓中出土了多件陶鼎，洛阳曹休墓出土了铜权，西晋刘弘墓出土了铜剑。陶鼎在东汉普通墓葬中早已被淘汰，只在王一级的墓葬中作为等级的象征

物而使用，沿袭的是古老的礼制；铜权作为度量衡器，象征着封侯裂土，也具有古老的内涵。刘弘墓出土物可能与西晋推行的五等爵制有关，而五等爵制在很多内容上吸收了前代成分。韦老师指出安阳西高穴2号墓墓主是否为曹操墓，学界还未有定论。而2006年发现的洛阳西朱村大墓M1中，出土了与安阳西高穴2号墓相似的石牌，似乎支持了西高穴2号墓墓主为曹操的说法。但该墓又以东汉桓帝永寿元年（155）墓砖砌建，且有东汉流行而曹魏墓未见的壁画。尽管该墓不少器物与安阳西高穴2号墓相似，但不能否认这些器物在东汉晚期已经存在。因此，洛阳西朱村大墓与安阳西高穴2号墓不能互证。至于以该墓为基础，对曹魏圜丘、曹魏明帝高平陵加以推论都为时尚早。

2. 西北地区：主要以高台地埂坡魏晋墓M1为例。高台地埂坡魏晋墓M1为带斜坡墓道的仿木构前后室土洞墓，前室带二侧室。近方形后室的覆斗形藻井绘莲花，四披绘四神，四壁上部绘斗拱。墓室南北两壁及顶部在原生黄土上雕出了仿木结构梁架和屋顶结构。这是目前已知最早的结构清楚的中国古代建筑横向梁架实物，对研究河西地区魏晋墓葬及魏晋南北朝时期建筑史具有重要价值。随后，韦老师谈到了嘉峪关M6出土的棺板画。该画中东王公、西王母拥有与人类始祖伏羲、女娲蛇一样的身体。韦老师认为这是当时人们将伏羲、女娲与东王公、西王母形象混同的结果。神话中的人类始祖伏羲、女娲与具有神格的东王公、西王母相混同，体现了当时两种思想、信仰的巧妙融合。

随后，韦老师介绍了位于新疆库车友谊路的魏晋墓。库车友谊路魏晋墓属典型的汉式墓葬，有长方形单室墓、单室穹隆顶墓、双室穹隆顶墓三种形制，穹隆形墓顶收成长方形藻井。墓门上可能原均有照墙，上有砖雕建筑构件和神兽。他认为库车友谊路魏晋墓是河西西部地区砖雕装饰门墙对外传播的产物，故其应为河西地区的人们迁移至此后建造的墓葬。该墓的发现，反映了汉晋时期中原文化向西北地区的流传，具有极其重要的研究价值。

3. 东北地区：主要以德兴里壁画墓为例。德兴里壁画墓是一座由甬道、前室、通道、后室构成的双室墓。从墓中壁画上的墨书题记来看，墓主官至幽州刺史，且是一名虔诚的佛教信徒。韦老师指出，该墓中的壁画较好地表现了墓主画像如何从前室移至后室，其为研究墓主画像位置与墓葬形制变化之间的关系，提供了重要的实物资料。

他强调，三国和西晋的社会状况与东汉相比，虽有调整，但并没有发生本质上的变化，这决定了三国时期的墓葬面貌也只能是在东汉墓葬基础上的调整，这与后来以牧业为主的少数民族政权或佛教对中国社会发生深刻影响后的墓葬状况有所不同。

二　十六国时期

关于十六国时期的墓葬，韦老师重点介绍了关中地区的考古发现。他指出，在这一时期，少数民族入主中原，他们将自己的文化带入中原地区，进而与中原地区保留的汉晋文明开始了漫长融合过程的第一步。

咸阳平陵一号墓为十六国时期最为典型的墓葬之一。该墓中随葬的汉人形象陶俑与少数民族形象陶俑对称分布于墓室之中，极具时代特色。韦老师强调，这种情况只有在十六国时期的墓葬中才会出现，其很好地展示了华夏文明与其他少数民族文化相融合的情况。

接下来，韦老师谈到了宁夏彭阳新集十六国墓。他重点介绍了该墓封土中出土的一座长方形土筑模型房屋。该模型房屋顶部为两面坡式，两坡各有13条瓦垄。房屋正面刻出门和窗户。值得注意的是，门框的两角向上挑起，而窗框四角向外突出呈放射状。韦正老师认为，由于北方地区房屋的夯土墙壁厚达一米乃至数米，使用这种手法来刻画和表现门、窗，主要是对其进行视觉上的处理。

三　北朝时期

韦老师认为以拓跋鲜卑为主体的北方民族与汉晋文化有了深入接触、相互涵化的条件，北朝墓葬不仅提供了物质层面，更提供了文化制度层面彼此融合的证据。建立北魏政权的拓跋鲜卑可算是对中国历史影响最大、最深远的民族之一，这是由于北魏赖以立国的体制是国人武装—军功贵族—皇帝，这有效地抵消了皇帝—郡县制体制的内在缺陷，使中国的政治体制走向了以皇帝为首的贵族合议制阶段，贵族在中央和地方的权责都基本明确，隋唐盛世正是建立在此基础之上的。他强调，在这一时期贵族和平民墓葬产生了明显差异，其表现在于贵族墓葬大量吸收汉文化因素，而平民墓葬则保留很多鲜卑部落因素。

接着，韦老师向我们介绍了大同南郊北魏墓群。大同南郊北魏墓群是一处保存相当完好的北魏墓地。墓地布局清晰完整，只有少数叠压打破关系，表明墓地使用时经过严格的规划。该墓地由东、中、西三个区域构成，中区原来是一空白地带，应是预留的。这三个小区的墓葬都应该属于一个大的血缘组织。三个小区的墓葬有时代差异，都是在各自小区最早墓葬的周围发展扩散出来的，体现了血缘的延续性。韦老师在对该墓地出土的陶器进行类型学分析的基础上，对大同南郊北魏墓群重新分组，得出了比较科学准确的墓地年代：第二组在大同地区有5世纪30年代的纪年，第三组有5世纪70和80年代的纪年，由此可以推定第二、三过渡组的时代在5世纪中期左右。第三组的时代下限应该不晚于公元500年。

韦老师认为，与鲜卑族墓地制度演变的缓慢松弛相比，北魏平城时代高等级墓葬体现出更多更迅速的变化，这可从两个方面加以观察，一是对汉文化因素的吸收，一是墓葬制度的建设。

北魏平城时代高等级墓葬对于汉文化因素的吸收，在大同沙岭七号墓的甬道壁画上得到了淋漓尽致的体现。该墓甬道两侧壁壁画上对称分布武士和怪兽图。怪兽人面兽身，可判定为镇墓兽，而武士与文献记载中负责打鬼的方相氏形象颇合。《周礼》中载有："大丧，先柩及墓，入圹，以戈击四隅，驱方良。"《后汉书·礼仪志中》的记述更为详细生动："先腊一日，大傩，谓之逐疫。其仪：选中黄门子弟年十岁以上，十二以下，百二十人为侲子。皆赤帻皂制，执大鼗。方相氏黄金四目，蒙熊皮，玄衣朱裳，执戈扬盾。十二兽有衣毛角。中黄门行之，冗从仆射将之，以逐恶鬼于禁中。……因作方相与十二兽傩。"甬道顶部壁画中伏羲、女娲与摩尼宝珠等因素的融合，都体现了北魏平城时代高等级墓葬对于汉文化因素的吸收。

墓葬制度则以司马金龙墓和宋绍祖墓为代表。宋绍祖墓前部是镇墓兽和镇墓武士，然后是以墓主牛车为中心的各种陶俑，其中人物俑共113件，可分为7种，分别为甲骑具装俑26件、鸡冠帽武士俑32件、风帽仪仗男俑19件、披铠步兵俑18件、男侍俑8件、女侍俑6件、胡人伎乐俑4件。这是目前所知年代最早的北魏墓葬出土大型俑群。韦老师认为，武士俑和仪仗俑是地下的"武装力量"，与侍奉墓主的侍从俑不同，具有"公共"性，表现的是权力和威严，是皇权对墓主身份的认可，因此，这种陶俑的制作和使用都会受到国家的监管。在5世纪后期突然出现大型陶俑群，而且面貌基本相似，说明墓葬开始被北魏政府用来作为体现等级的手段了，这是平城北魏墓葬发展到一个新阶段的标志。

演讲最后，韦老师做了简练而精彩的总结。第一，魏晋十六国北朝时期不仅是政治上、军事上发生剧烈冲突的时代，也是文化上出现剧烈冲突的时代，代表华夏农业文明传统的汉晋文化与北方游牧文化、佛教文化以及西方文化在中国大地上冲突、激荡、融合。第二，中国北方地区的自然条件既适宜农业也适宜放牧，但几千年的农业文化塑造了中国北方地区的产业形态，也塑造了重巫敬祖的文化内核，从而在秦汉时期使以皇帝为首的郡县制与鼓吹忠孝的儒家思想成为中国古代无可替代的制度文化。即使君主专制可以削弱、中央集权可以打折、地方可以割据甚或称王称帝，但这种制度文化却不会消亡。第三，游牧民族可以入主中原乃至建立政权，但想长治久安，就得以郡县制和儒家思想作为立国基础，华夏民族敬重先人的墓葬形式也就会被继承，这是十六国北朝时期少数民族自身的墓葬形式被迅速淘汰，转而采用汉人墓葬形式进而有所发明（如将陶俑作为身份标志，将棺位确定在墓室右侧壁下）的深层原因。

演讲结束后，王志高教授进行了总结发言。他首先感谢韦老师以幽默风趣的语言，分享了他对魏晋、十六国和北朝时期墓葬有关问题的研究收获。王老师说："因为魏晋南北朝时期南北分治，南方与北方的墓葬面貌差异很大。因受条件限制，以往研究这一时期南方墓葬的学者对北方材料多不熟悉，而北方的学者普遍对于南方的墓葬材料不太了解。韦正先生早年在南方工作，他的博士论文亦以南方六朝墓葬为题。此后，他长期在北方工作，其工作中心和重点又转移到北方墓葬材料上。因此，他的研究可以将南北方墓葬材料打通，从而具有更广阔的视角，对这一时期墓葬材料的理解也更深更透。"

整理者：徐良

人面蛇身：众神共享的标准像

——众神之像：创世神话中的重重蛇影

王仁湘

2020年9月21日下午，应南京师范大学社会发展学院文博系的邀请，中国社科院考古研究所研究员、著名考古学家、文化学者王仁湘先生在随园校区600号楼117报告厅，做了题为"众神之像：创世神话中的重重蛇影"的讲座。讲座由王志高教授主持、徐峰副院长、陈声波副教授、刘可维副教授等校内外师生共计100余人到场聆听。

讲座伊始，王先生以图引入，通过展示大量古代绘画、汉画像石与画像砖中有关伏羲、女娲人面蛇身的形象，从而引出我国传统始祖神信仰体系中一重要特征——灵蛇崇拜。王先生认为，人面蛇身的形象似乎不仅仅局限于伏羲、女娲的身上，而是中国古代神祇的"共性特征"。如《山海经》《淮南子》《史记》《天中记》《玄中记》《神异经》等文献中所记述的烛龙、共工、神农、黄帝、炎帝、颛顼、大禹等形象，无一例外均为人面蛇身。由此，王先生指出，创世时代的众神都是人面蛇身，蛇身形象是他们共有的密码。在汉画中，人面蛇身之神并不只有捧日月、举规矩的伏羲、女娲，还有与这二位同时出现的其他角色。由传说而论，三皇五帝等许多人面蛇身的初祖，在汉画上应当是有所表现的，只是并不能如伏羲、女娲那样易于辨别。王先

生继而向同学们展示了大量汉画中明显与伏羲、女娲特征出入较大，较难辨识身份的人面蛇身的形象。

王先生向同学们提出了一个问题：人祖的神化，是中国古代神话的重要内容，这类神化常常是以半人半兽的创意设计来实现神化后的艺术形象，不过，在这个过程中，中国创世之神可供选择的动物体有许多，那为何偏偏选择了蛇体？又为何众神大多都是以人面蛇身的形象示人呢？

针对这一问题，王先生首先指出，灵蛇崇拜的现象并不仅仅出现在神州大地，更不是中国传统始祖神信仰体系的"专利"，世界上许多民族流传的神话中都有关于蛇的传说和崇拜。澳大利亚北部阿纳姆地爪哇人的神话说，世界是蛇形母神艾因加纳创造的；北美回乔尔人崇拜的大女神Nakawe，也被视为周身围绕着许多的蛇，她被称作"我们的大祖母"，给这个世界带来了生命；中美洲阿兹特克人所信仰的地母与生育之神Chiuacoatl，同样也是以蛇的形貌示人的。结合上述例证，王先生发现在世界范围内，以蛇为形的神灵在当地传统神话体系中往往象征着繁殖和生育。而当我们的先民在面对广袤无垠且充满未知的世界时，那种芥子纳于须弥的渺小感，促使着他们无比渴望通过繁殖和生育的生理方式来壮大部族力量，这样的情感极有可能为当时全世界诸民族所共情互通。

回到中国传统始祖神信仰体系。王先生认为中国上古神话传说中的蛇，同样被赋予了生殖力和吉祥如意的象征意义。如果关注人面蛇身女娲神话，即不难联想到蛇是卵生动物，其生育力极强，而女娲在神话中作蛇身形象应当主要是出于这样的寄托。女娲在汉画像石中一般与伏羲以对偶神的形象出现，且常常出现在与伏羲、西王母一起的构图中，喻义着阴阳谐和，子孙蕃昌。神话中的女娲是人类繁衍的始祖神，她造人的方式有化生人类、抟土作人和孕育人类几种。汉画中伏羲、女娲人面蛇身，彼此对视，蛇尾交缠，既传承了神话意境，表达了汉代的生殖崇拜，同样也体现当时人们对再生转世的追求。人由生至死，再由死复生，在人们的想象里有如蛇的蜕皮，也是死后转世重生。伏羲女娲与西王母同在，更是喻义永生世界欢乐无限。王先生特别指出在汉画上常常出现伏羲、女娲与西王母同在的画面，西王母居中间位置，伏羲、女娲侍立两侧，蛇尾于画面下方交合在一起如合欢结。

王先生进而认为，当神祇的神格、神性已经完备，神祇所承担的职能、功能也得到确定的情况下，其原本人面蛇身形象的发展趋势便是逐渐简化、抽象化。王先生为同学们展示了不少在中国始祖神信仰体系框架业已完备的情况下，出现的以双蛇交缠为典型特征的纹饰、图案和木雕。尽管这种简化后的形象很难再看出其原本作为神祇的庄严法相，但王先生认为这种抽象化后的双蛇纹样所蕴含的内质和寓意，与传统的伏羲、女娲人面蛇身图案无二。汉画像石、画像砖上大量见到的双龙双蛇交欢图、合欢结图，都与伏羲、女娲相关联，即是与生殖生命相关联。这可以看作一种信仰的符号化。包括伏羲女娲在内的众神人面蛇身，不只存在于文本的神话中，也广泛存在于汉代的造型艺术创作中。但是不可否认的是，这种抽象化的表现方式，其所寄托的内涵在千年岁月的洗礼中，已经很难让今天的考古工作者轻易地透过表面，一窥其本质，以致产生了诸多谬误。王先生指出，以龙蛇题材而论，三代时期双体交错双体纠缠的艺术题材目前还没有引起学界特别的注意，一些双蛇双龙双虎形铜玉图形及其背后所寄含的文化内核亟须重新释读和定义。

接着，王先生就三代时期考古工作中发现的以龙蛇虎为主要题材的艺术器和刻画纹饰，向同学们分享了一些独到的见解和看法。通过对比大量三代时期龙蛇虎纹样图案，王先生认为商代铜器和玉器纹饰中，龙与蛇都是很常见的形象，甚至虎也以蛇身形状出现，这使得一些研究者时常龙虎不分。王先生指出，龙虎纹饰的基本形状，其实就是取形于蛇身，立形于蛇，只是在头部以角的有无作区分。回顾汉画中的伏羲、女娲人面蛇身的形象，一般都是人面，上半身亦为人形，有双手、有衣着，下半身则为龙蛇形。汉画中偶尔也能见到全龙蛇体人面的神像，如山东临沂人面龙身神像便是如此，周围还刻画着几只飞鸟。由此，不难推想出三代艺术中龙虎之形附于蛇身，表明蛇的意象非常重要，而这种重要性也由众神蛇身的传说再一次得到印证。

王先生回顾当前考古工作，指出已发现的动物题材刻画纹饰中的龙蛇之象既有直体卷尾形，也有蜷曲团身形。在史前至三代铜玉纹饰中，龙蛇之形并不鲜见，神话图像的创作也反映出现实主义色彩。王先生认为这些文物中的团蛇团龙图像，应当是具有特别意象的作品。龙蛇崇拜中的团龙团蛇意象，在《山海经》中是可以找到蛛丝马迹的。《山海经·海外西经》说："轩辕之国……人面蛇身，尾交首上。"轩辕一国，人皆同黄帝一样，均为人面蛇身，而且是尾交首上。在《史记·天官书》注中也有这样的说法："（黄帝）人首蛇身，尾交首上，黄龙体。"其实蛇身蛇尾，可能只是一种象征标识，并不是说人真的长成这般模样。创世记中的神话传说，并不都是无源之水。黄帝时代"尾交首上"的标识，在史前艺术的实物中发现了可靠例证。同时《山海经·大荒北经》还提到："共工臣名曰相繇，九首蛇身，自环，食于九土。"这里的自环，应当就是自盘，如龙蛇蟠曲。这也进一步提示，神话文本中的许多细节根据十足，并不全是天马行空、无边无际的想象，很有必要进一步解读。

王先生在讲座中，对于人面蛇身神形象的起源也做出了解读和释疑。他认为人面蛇身的众神，是东方创世记神话的一道奇观。这样的神话，应当早于汉画形成的时代，可以追溯到早于《山海经》书写的时代。王先生指出，研究人面蛇身的众神起源，只通过传说文本的考证无法得出明确的结论，而丰富的图像艺术，是我们进入古老神话领域的宝库。在史前艺术中，虽然抽象艺术已经非常发达，但具有写实特点的形式艺术创作也一直在发展。许多抽象的几何构图，其实也都是从写实图形中提炼出来的。而写实的对象又常常是人们看得到的动物，每每灵感迸现，半人半兽的神祇也就被创造出来了。人面蛇身的众神自此形象甫定。而一旦有了蛇身这个选项，艺术再没有轻易改变它。艺术品质具有遗传性，神性也自然随之遗传，蛇身就自然成了创作众神像的不二艺术选项。王先生进一步指出，人面蛇身之神，其标准的造型已经出现在仰韶文化的时代，是先民们于6000年前在彩陶上完成的艺术创造。那未必是伏羲或女娲，但却必定是某一位人面蛇身之神，即五帝或三皇时代的诸神。

最后，王先生向同学们分享了他对人面蛇身神祇形象的研究结论：史前造神运动的开始不晚于距今8000年前，业已发现的大量图像资料证明了这一点。但是人面蛇身之神形象的出现，却还尚未见到如此早的证据。

整理者：曹泽乙

汉时都会今犹在

——汉代九大都会之现状及其兴衰原因分析

陆勤毅

2021年4月18日15：20～17：20，应南京师范大学文博系邀请，安徽大学历史学院考古学教授、博士生导师，安徽大学原党委书记、安徽省社会科学院原院长陆勤毅先生在仙林校区敬文图书馆二楼西报告厅，为师生带来了主题为"汉代九大都会之现状及其兴衰原因分析"的讲座。此次讲座是南京师范大学考古学系列讲座总第39讲（考古名家讲坛第18讲）。讲座由王志高教授主持，校内外师生共计200余人到场聆听了该次讲座。

讲座伊始，陆勤毅教授首先阐释了"汉代九大都会"这一概念。他指出，中国城市的布局在汉代已基本适应了当时社会政治、经济、文化发展的需要，城市自身的功能也逐步完善，基本上奠定了由汉至今2000多年中国城市演变的基础。在这一时期，除了都城长安、洛阳之外，《史记》《汉书》等历史文献中还记载了九大经济中心城市即"都会"，共涉及11座城市，分别是邯郸，燕、蓟，临淄，陶、睢阳，吴，寿春、合肥，番禺，宛，江陵。陆老师指出，这些城市延续至今，或兴或衰，地位和影响都有所变化，变化的原因值得我们进行全面、认真、细致的分析和思考。

随后，通过梳理相关文献记载，陆老师对汉代九大都会的作用和地位进行了逐一分析。

第一是邯郸，《史记》载其为"漳、河之间一都会也"。邯郸是战国时期赵国的都城，经过长期的积累，有着雄厚的城市基础，加之其位于"北通燕、涿""南有郑、卫"的交通要道上，有着得天独厚的交通条件。到了汉代，邯郸虽然失去政治中心的地位，但仍是区域性经济贸易中心，具有重要的经济地位。

第二是燕、蓟，二者皆位于今北京市内，为"勃、碣之间一都会"。燕、蓟为西周至战国时期燕国的都城，位居齐国、赵国与东北诸民族地区之间，交通地位十分重要，城市历史悠久、基础深厚，故汉代亦成"九大都会"之一。

第三是临淄，《史记》载其为"海岱之间一都会也"。齐国是战国时期实力雄厚的大国之一，作为其国都的临淄（今淄博一带）既是五民齐聚的政治中心，还有着稠密的人口，

其经济繁荣之势延续到汉代长久不衰，还云集了刀间、姓伟等富商巨贾，遂成为一大"都会"。

第四是陶、睢阳，《史记·货殖列传》将二者合列为一都会。战国时陶朱公范蠡以"陶为天下中"，把"陶"作为自己弃政从商的大本营，即是看中陶（今定陶）积聚四方物资的商业中心地位。而睢阳（今商丘）则"居诸侯国之中"，位于齐、秦、楚、赵四地之间，可谓四方辐辏之地，故同样为富商巨贾所看重。陶与睢阳两地相距仅80千米，商业流通十分方便，两城重要的商业地位得以组合起来成为汉代"都会"之一。

第五是吴，《史记》载其"东有海盐之饶，章山之铜，三江五湖之利，亦江东一都会也"。吴（今苏州）自西周开始就是江东政治、经济中心，春秋战国时期为吴国都城，城市地位显赫，实力雄厚，其拥有的"海盐"和"铜"是当时重要的战略物资。正是有了如此坚实的政治、经济基础，所以到了汉代，吴仍然是有较大影响的全国性的大都会。

第六是寿春、合肥，《汉书》载二者"受南北潮，皮革、鲍、木之输会也"。寿春为楚国最后一个郢都，是战国末期最重要的城市之一。合肥距离寿春约100千米，发源于合肥鸡鸣山的东淝河与南淝河分别向北流入淮河、向南流入巢湖进而入江，在将寿春、合肥两城沟通的同时也连接了淮河、长江水道的物资交流，从而便利南北货物贸易，确立了寿春、合肥"皮革、鲍、木之输会"的地位，造就了汉代继"陶、睢阳"之后第二个两城组合的"都会"。

第七是番禺，《史记》载"番禺亦其一都会也，珠玑、犀、玳瑁、果、布之凑"。番禺（今广州）背靠地大物博的内陆，面向广阔无垠的海洋，处于大陆经济与海洋经济的交汇点，珠玑、犀、玳瑁、果、布这一类重要的海产和内陆物资都在这里汇集，可以说是汉代九大"都会"中最具特色和生命力的。

第八是宛，《汉书》载"西通武关、郧关，东受汉、江、淮，宛亦一都会也"。在汉代，宛（南阳）不仅占据东西交通要道之便利，更是最大的冶铁基地之一。在当时掌握了冶铁技术和铁制产品生产技术，便是掌握了最先进的生产力，可以借此获得巨大的财富，由是宛也得以成为汉代九大"都会"之一。

第九是江陵，《汉书》载"江陵，故郢都，西通巫、巴，东有云梦之饶，亦一都会也"。江陵（纪南城）为楚国20代楚王历时411年的都城，是当时楚国最大的城市，在战国时期都城中也居于重要地位。这样牢固的城市基础及其形成的水陆交通网络，使得汉代江陵成为连接长江上、中、下游和贯通长江南北岸的经济中心，地位十分突出。

在此基础上，陆老师提出了汉代九大都会的三大共同点：其一，它们在汉代都处于交通要道上；其二，它们是当时许多重要物资的集散地；其三，它们大都有着良好的城市基础。他强调道，经过2200多年的岁月变迁，汉代九大都会所涉及的11座城市现在仍然存在，这既反映出我国古代城市规划、选址和建设的科学性，也反映出我国城市发展的顽强生命力。同时，他还指出，这11座城市都发生了不同程度的变化，其作用和地位与汉代相比已大相径庭。

接下来，陆老师分别对这11座城市的现状做了简要介绍，并将其地位与汉代进行了对比。

其一是邯郸，现在是河北省的地级市，国务院批复确定的河北省南部地区中心城市，但邯郸在河北省综合实力落后于唐山、石家庄、沧州、保定等城市，无法与其在汉代的地位相提并论；其二是北京，即汉代燕、蓟之地，现为我国首都，是国务院批复确定的中国政治中心、文化中心、国际交往中心、科技创新中心，是我国综合实力最强的城市，其地位无疑是所有汉代城市中包括都城长安、洛阳在内进步最大的，远超汉代的燕、蓟；其三是淄博，即临淄、博山两地的合称，临淄故城在今淄博市区内，淄博现为山东省地级市，国务院批复确定的山东省区域性中心城市、现代工业城市，但淄博在山东省地位落于济南、青岛之后，亦无法与其在汉代的地位相提并论；其四是定陶、商丘，即汉时陶、睢阳，定陶、睢阳故址分别位于今山东省菏泽市定陶区和河南省商丘市睢阳区，均为县级行政单位，地位明显大不如汉代；其五是苏州，即汉代吴地，现为江苏省地级市，国务院批复确定的中国长三角地区重要中心城市之一、国家高新技术产业基地和风景旅游城市，地区生产总值居我国内地城市第6位，地位较汉代显然大幅上升；其六是寿县、合肥，寿县即汉代寿春，今属安徽省淮南市，其综合实力在全国县域中也处于落后位置，已完全无法与汉代相比，而合肥今为安徽省省会，位列全国新一线城市，是国务院批复确定的中国长三角城市群副中心城市、"一带一路"重要节点城市、国家重要的科技基地，其与寿春地位已然颠倒；其七为广州，汉代番禺即位于其内，广州现为广东省省会，是中国重要的中心城市、国际商贸中心和综合交通枢纽，位列我国综合实力最强的4座城市之一，与汉代番禺相比地位大为提升；其八是南阳，即汉时宛，为河南省辖地级市，是国务院批复确定的中部地区重要交通枢纽、鄂豫皖交界地区区域性中心城市，但其今在河南省居郑州、洛阳之后，与汉代宛在全国地位相比差距不小；其九是江陵，现为湖北省荆州市江陵县，地区生产总值仅列湖北省56个县市区第50位，地位远不及汉代。

而后，陆老师对汉代九大都会的兴衰原因做了进一步分析。他指出，在2200年的历程中，在汉代被列为都会的11座城市的地位发生了很大的变化，其中缘由非常复杂，因素多种多样，但归纳起来主要有环境因素、经济因素、交通因素、政治因素、文化因素等。

陆老师首先以寿县为例，分析了环境因素对城市发展的影响。寿县在战国末期是楚国都城，汉代则与合肥组合成为九大都会之一。其处于淮河、东淝河的交汇处，在1194年以前很少发生自然灾害，但1194年至1855年黄河夺淮入海，寿县屡受水灾侵袭，其中因洪水决城、毁城、淹城就有5次。由于寿县屡屡遭受水灾及其引发的次生灾害，寿县的城市建设受到极大限制，其规模与影响再也没能达到作为楚都寿春时的十之一二，而如今的寿县县城也仅是国内一座中等县城。

接着，陆老师又讨论了经济因素对城市发展的影响。他指出，经济是城市产生和发展的重要条件，没有物质基础支撑和经济活动支持的城市是无法存在下去的。他以淄博为例，临淄为战国齐都时，人口规模已达四五十万，百姓生活富足，经济贸易活动和文化娱乐活动都十分活跃。到汉代，临淄是诸侯国齐国的都城，汉代十多位齐王皆治于临淄。20世纪20年代淄博的建立也是因为淄川、博山一带发现和开采煤矿而迎来了新的发展机遇。因此，从汉以后至现代，临淄一直是区域中心城市。他又以定陶、睢阳组合为例，《史记》将陶、睢阳组合起来列为汉代九大都会之一，主要原因是两地相距不远且交通便利、物流畅通、联系密切。范蠡选择陶为其商业帝国的大本营，看中的也是"陶为天下中"的经济地位。而汉代以后，随着经济地位的下降，陶、睢阳逐步衰落下去了。

此后，陆老师又以广州、江陵为例，分析了交通因素对城市发展的影响。广州远离中原政治中心，其能成为汉代"都会"之一，主要原因就是广州的交通地位。广州南通海洋，北连广阔的内陆，丰富的海洋资源和内陆资源通过广州得以交流，也正是延绵2200多年的交通优势确立了广州在中国及世界城市发展史上长盛不衰的地位。同时，当今广州强大的立体交通优势也必将为未来的发展提供长久的动力。而作为汉代"都会"之一的江陵，原也拥有较为强大的交通优势，曾被称作四方辐辏之地，但随着武汉的崛起，江陵失去原有的交通优势，并逐步沦落为表现平平的县城。由是，陆老师进一步指出，交通决定着人员、物资、信息等要素交流的速度和广度，是城市生命力和影响力的体现。因此，处于交通要道上的城市必然兴旺发达，而因交通变化偏于一隅的城市则必然由盛而衰。

接下来，陆老师分析了政治因素对城市发展的影响。他指出，城市的起源是与政治需要直接相关的，城市的发展变化也与政治密切关联。他以北京为例，汉代燕、蓟（北京）被列为"都会"，主要原因就在于其自春秋战国以来，作为区域政治中心长期积累的城市建设基础和城市影响力、声誉度。西汉至北宋时期，北京虽然不是全国性政权的都城，但其区域政治中心的地位一直十分牢固。元以后的大部分时间，北京都是全国性政权的都城。新中国定都北京后，其更是成为世界级的大都会。可见，无论是作为诸侯国都城的燕、蓟，还是作为全国性都城的北京，在其建立、发展到兴盛的过程中，政治因素起到了决定性的作用。他还以合肥为例，合肥被确定为安徽省会后，得以迅速发展，从而在安徽省一枝独秀。

讲座最后，陆老师指出，汉代是中国城市史上的一个重要阶段，汉代九大都会涉及的城市是汉代城市的典型代表。了解这些城市在汉代的状况与其经过2200多年的发展变化之后在我国城市中的地位，并分析影响这些城市发展的有利和不利因素，借鉴这些城市发展的经验和教训，对于我国新时代城市高质量发展无疑具有十分重要的意义。

整理者：马健涛

沧海难为，魂兮焉附

——谈谈郑和的葬地问题

王志高

2021年5月22日13：30～15：30，应南京师范大学学生社团——文物鉴赏与考古协会（以下简称为"文鉴社"）的邀请，文博系教授、博士生导师王志高老师在学正楼404教室，带来了题为"谈谈郑和的葬地问题"的讲座。此次讲座为文鉴社考古讲堂的第一讲，讲座由社长陈祖滢同学主持。

讲座伊始，王老师首先介绍了位于南京牛首山的省级文物保护单位"郑和墓"，并对其真实性提出了质疑。目前的"郑和墓"实为20世纪80年代初仓促勘定，迄今为止未见任何确凿的物证，仅为一处纪念性墓地。不仅如此，王老师指出目前全国范围内不少文物保护单位年代、性质的判断都值得商榷。他呼吁，作为新一代的文博学子，在条件允许的情况下，同学们可以对这些文物保护单位展开深度的调查分析，做出自己的判断。

王老师为我们分享了该次讲座的缘起——他与郑和葬地的故事。1990年9月，刚刚走上工作岗位的王老师参加了雨花台区铁心桥镇尹西村明墓的考古发掘工作。在考古工作间隙，王老师冒雨骑车前往牛首山弘觉寺塔、"回回山"麓"郑和墓"和南唐二陵进行考察，这是他与郑和葬地的第一次接触。2005年，王老师协助杨新华先生编著《古迹寻芳——郑和下西洋科普丛书遗迹篇》一书，在执笔过程中，他对"回回山"麓的郑和葬地的真实性产生了疑问。此后，王老师深感自己与郑和之间的特殊缘分。在他看来，郑和葬地不明，相关考古工作也没有实质性的开展，这无论如何都是我们这个时代愧对伟大航海家郑和的遗憾。在随后的时间里，王老师就郑和葬地诸相关问题开展了系统考察与分析。他认为，我们既然继承了郑和伟大的荣光，就有责任、有义务探明郑和葬地问题的真相。

接着，王老师就现有的研究成果，对郑和葬地问题展开了解读。他指出，受诸多因素影响，今日留存下来的与郑和本人及下西洋相关的史料记载及实物遗存，不仅数量稀少，而且极为零散，致使许多关键问题一直悬而未决。明代天顺元年《非幻庵香火圣像记》载："宣德庚戌（五年，1430年），上命（郑和）前往西洋，至癸丑岁，卒于古里国。"遗憾的是，其中并没有关于郑和是否归葬南京及其具体葬地的确切记载。但根据陈侃《使琉球录》的记载："洪武、永乐时，出使琉球等国者……又藏棺二副，棺前刻'天朝使臣之柩'，上钉银牌若干两。倘有风波之恶，知其不免，则请使臣仰卧其中，以铁钉锢之，舟覆而任其漂泊也。庶人见之，取其银物，而弃其柩于山崖，俟后使者因便载归。"有学者认为明初使臣在途中逝世者，按照制度规定，其尸骨必须载归，因此在一般情况下，郑和卒后应该归葬国内。

郑和归葬后的墓地在哪里？依照常识，明人的记载无疑最为可靠。然而在包括方志、笔记在内的所有明代史籍中，均未发现任何与郑和葬地相关的明确信息。通过对比目前所掌握明清时期的相关文献，王老师认为清《康熙江宁县志》关于郑和葬地的记载最早也最为可信，其云："三宝太监郑和墓，在牛首山之西麓……宣德初，复命入西洋，卒于古里国，此则赐葬衣冠处也。荫兄之子义，世袭锦衣千户，后遂祔焉。"据此，王老师推断郑和葬地应该就在南京牛首山西麓，其嗣子郑义等亦祔葬于此。此外，王老师还指出，在张璜《梁代陵墓考》书后附清光绪二十七年"金陵陵墓古迹全图"中，牛首山西北标有"明太监郑和墓"。但在南京旧志、传记中均没有郑和墓在牛首山西北的记载，故他认为此图关于郑和墓位置的标注仅是一种示意。

随后，王老师指出，郑和葬地问题在清末至民国时期曾得到了学界的关注，后经众多学者的挖掘、整理与研究，始在社会上形成广泛的影响。1934年，朱偰先生多次前往牛首山调查郑和墓地遗迹，但"无片石可证"，"仅山北四五里有明守备南京司礼太监郑强墓，他无所获"。真正对郑和墓地探勘不遗余力，并有所见者，则是罗香林先生。1935年5月5日，他随朱希祖等人调查游览牛首山古迹，寻访郑和墓址。在其事后考访记录中有云："十二时半，返玉梅花庵打尖，旋雇乡人往狮子山，访郑和墓。盖据庵僧所述，曩年曾见狮子山西南麓有旧碑一方，相传其地为郑和墓遗址……见墓道砌以明代黄琉璃瓦……"罗香林所云之狮子山一名至今未改，就在牛首山西南，其地发现黄琉璃瓦，是为一条重要线索。

王老师认为，黄琉璃瓦无疑可以推属明代之物。他指出，明代琉璃的使用有着十分严格的等级制度与规定。黄釉者仅限于宫殿、陵墓，太庙、圜丘等类礼制建筑，以及报恩寺一类皇家寺观等；绿釉者用于皇子、公主之府邸和墓园。而一般的异姓王侯贵族只能使用陶制素胎者。由此他推断，此地发现之大量明代黄琉璃瓦之来源可能有二：一种可能是来自南京城内废弃的明代宫殿或报恩寺遗址等；另外一种可能，则是取自附近的特殊佛寺。若罗香林所云狮子山西南麓乌石村的"郑和墓"属实，则此高等级佛寺或即郑和坟寺。

王老师接着介绍，今人关于郑和葬地位置的观点主要有三：一为牛首山西南麓周村之东"回回山"说，此即今设文保碑的"郑和墓"地；二为牛首山东北高家库说，此说实际上是南京旧方志中将郑强墓讹传为郑和墓观点的延续；三为牛首山巅弘觉寺塔地宫说，由葛晓康于1996年提出，他认为地宫出土的一件鎏金喇嘛铜塔塔座上有铭文"金陵牛首山弘觉禅寺永充供养""佛弟子御用监太监李福善奉施"，而郑和曾皈依佛门，并使用过法名"福善"，故李福善即郑和，地宫则为郑和部分遗骨的归葬之墓，内盛人牙、牛牙和少量骨灰的青釉盖罐是郑和的骨灰罐。

王老师认为以上3种观点都不能成立。第一说立论的依据皆属口碑资料，唯一的证据是据说于1982年被人砸毁的墓前50米的巨型碑座。然而即使此碑座尚存，如果没有碑铭，又怎么可以确认与郑和有关？关于第二说，据早年高家库出土的郑强墓志载，其墓地乃生前自行购买，墓前有享祠——褒能祠，祠侧有坟寺——成恩寺。高家库郑强墓地北侧御碑亭中的御碑乃明武宗为郑强享祠褒能祠所赐的圣谕碑，南侧残碑乃郑强墓神道碑，皆与郑和葬地无涉。

关于第三说，已有研究者通过北京法海寺明正统九年楞严经幢及其他碑铭资料的解读，确认牛首山弘觉寺塔地宫喇嘛塔铭涉及的李福善，实乃大名鼎鼎的明英宗朝御用监太监李童，亦与郑和无涉。王老师介绍，关于郑和葬地位置研究的真正突破，始于2014年8月江宁区郑和墓园文物保护管理所征集的一通清光绪十年刻立的石质墓碑。碑额横书"咸阳世家"4个大字，据其内容可称为"郑和后裔郑锡萱元配陈氏墓碑"。王老师指出，陈氏碑文对郑氏家世的追述涉及其先祖多人，对研究郑和家世等具有重要的学术价值，并首次将郑和坟寺指向广缘寺。其中关于郑和葬地位置的记载与《康熙江宁县志》高度吻合，因此他认为碑文中郑和坟寺为广缘寺的信息具有较大的可信性。王老师进一步指出，郑和坟寺广缘寺为敕赐小刹，而同为下西洋使团主要领导成员的都知监太监洪保坟寺宁海寺亦为"敕建"小刹，这恐怕不是偶然巧合，或是当时制度使然。

王老师认为，广缘寺与罗香林在狮子山西南发现的"郑和墓"存在着关联。罗文云"狮子山在牛首山西南，相去三里"，而广缘寺亦"东去所领弘觉寺二里"，寺址"北至大石凹"。"大石凹"今称"大世凹"，在今弘觉寺塔西偏南1公里多，路程距离正约3里。由此可见，从方位、道里看，广缘寺与罗香林在狮子山西南发现的"郑和墓"可能为同一地点，就在今大世凹一带。

关于郑和葬地所在的牛首山，王老师指出，明初永宣年间，郑和在南京的活动颇多，但明确涉及牛首山者，目前所知仅有两条，皆与佛窟寺（后改称弘觉寺）相关。一条载于明罗懋登《新刻全像三宝太监西洋记通俗演义》卷末附录之《非幻庵香火圣像记》，其略云："碧峰山麓之巅，庵曰'非幻'，乃前僧录之阐教翁无涯永禅师，昔主斯山，构室所寓，自是以名……其徒孙广缘住持谥无为者……至宣德改元，师（宗谦）主牛头，时太监公深契往谒，览兜率崖、辟支佛洞，愕然有感。乃伐木鸠材，复崇栋宇像设，起人之瞻敬。"由此可知，郑和为非幻禅师（即无涯永禅师）的"亲炙"弟子。而据南京市博物馆馆藏的《大明故僧录司右阐教非幻大禅师塔铭》及有关学者研究，僧宗谦亦是非幻禅师的弟子，故与郑和实有同门之谊，且与郑和及其子孙往来密切。因之乃有宣德元年郑和亲至牛首山佛窟寺的"深契往谒"宗谦之礼。

接着，王老师就此展开进一步分析。他指出，宣德元年郑和只是到牛首山佛窟寺游览"兜率崖、辟支佛洞"，并心有感动。而此后接语的"伐木鸠材，复崇栋宇像设，起人之瞻敬"，并不一定发生在宣德元年。事实上，宣德元年的郑和曾遭明宣宗严厉斥责，境况不佳，不具备捐资"大造佛寺"的条件。由是王老师认为，宣德元年郑和只是发愿捐建佛窟寺，"伐木鸠材，复崇栋宇像设，起人之瞻敬"都是其后的事。

另外一条记载见于明初刻本《优婆塞戒经》卷七残卷附录的题记，其载宣德四年郑和曾为牛首山佛窟禅寺捐印《大藏尊经》。王老师认为这也是宣德元年郑和发愿奉施佛窟寺的系列活动之一，它们之间存在一定的联系。他进而指出，由于佛窟寺重建项目的全面正式启动迟至宣德七年夏，故郑和宣德元年后的"伐木鸠材"及宣德四年的施印佛经，都是此次大规模重建工程的前期筹备。而郑和于宣德五年受命再下西洋，八年卒于古里，他应未亲预佛窟寺的这次重建。佛窟寺重建工程的落成，更多有赖住持僧宗谦、宣宗宠信的御用监太监王瑾、南京内官监奉御阮昔等人。

王老师指出，有明一代，因宦官信因果，故好佛者众，"其坟必僧寺"。南京地区考古发现的洪保、罗智、杨云、余俊、潘真、杨忠、郑强等明代宦官墓莫不如此，其墓旁皆创梵刹，专以守护茔冢。葬于牛首山西麓的郑和墓也不应例外。通过对"郑和后裔郑锡萱元配陈氏墓碑"的解读，可以确认郑和的坟寺就是牛首山麓的广缘寺。广缘寺是佛窟寺统领的小寺，故郑和对佛窟寺的捐建、施经，可能都与他对自己坟寺的筹备营建有关。由于宣德五年郑和已受命出使西洋，至八年卒于古里国，显然广缘寺的创构当在宣德元年至五年之间。

除了以上记载外，史籍中有关广缘寺的线索甚少，所幸《非幻庵香火圣像记》中留下了广缘寺开山住持无为的记载。王老师指出，《非幻庵香火圣像记》中"徒孙广缘住持谥无为"一语，意指广缘寺的住持僧无为是非幻庵的创建者无涯永禅师的徒孙，无涯永禅师即非幻禅师，

而郑和及牛首山佛窟寺住持僧宗谦都是他的弟子，则广缘寺的住持僧无为是宗谦及郑和的徒子辈。这大概就是僧无为受命住持广缘寺的原因。

接下来，王老师对广缘寺的具体位置进行了分析。由于晚清以来广缘寺已毁废不存，其具体位置已颇难详考，仅知在弘觉寺西南两里。王老师认为，罗香林调查发现的黄琉璃瓦附近可能即郑和坟寺广缘寺，约在今牛首山西南麓大世凹一带。

讲座最后，王老师向我们展示了目前郑和葬地调查研究的新进展。2016年，南京市考古研究院为配合南京"海上丝绸之路"申遗工作，在周村"郑和墓"周围进行了考古试掘工作，但仍未确认该地点的性质。2019年岁末至2020年年初，在内心使命感的推动下，王老师组织其门下研究生团队前往大世凹一带踏查，已经发现郑和葬地的多条线索。他希望在南京市及江宁区相关文物主管部门的支持下，可以尽快开展郑和坟寺广缘寺遗址的全面调查勘探工作。

整理者：陈祖滢、曹泽乙

拨云见日，昏镜重磨

——苏州虎丘路三国大墓墓主身份再考

程 义

2022年4月28日19：30～22：10，应南京师范大学社会发展学院文博系的邀请，苏州博物馆研究员、副馆长程义老师在线上做了题为"苏州虎丘路三国大墓墓主身份再考"的讲座。此次讲座是南京师范大学考古学系列讲座总第66讲（文博大家讲坛第12讲）。讲座由王志高教授主持，校内外师生及社会各界人士350多人上线听讲。

讲座伊始，程老师向同学们简要介绍了苏州虎丘路三国大墓发掘的情况。他指出该墓为苏州地区孙吴墓葬的重要发现，其墓主身份长期受到学界的关注。其中，M1、M5的发掘简报已于2019年、2020年发表在《东南文化》上，M5出土的"吴侯""建兴二年……"铭文砖为墓主身份的讨论提供了新思路。基于此，程老师再次探讨了该墓墓主的身份。

程老师首先介绍了虎丘路大墓的基本情况。虎丘路新村土墩位于苏州市姑苏区虎丘路西侧虎丘路新村内。为了配合基本建设，苏州市考古研究所于2016年7月至2018年4月，对该土墩进行了考古发掘，共发现7个文化层、1个西汉时期器物坑、1处三国孙吴时期碎砖堆积面、8座砖室墓，出土文物219件（组）。

紧接着，程老师对M1、M5和M2进行了简要介绍。M1为大型砖室墓，自平台起筑，后封土成墩。墓室方向为正北，平面近似"十"字形，前室、后室均为四面券进式穹隆顶。程老师指出，M1出土器物数量庞大，但是能够判定墓葬年代的器物非常少。M5为土坑砖室墓，建于M1封土内，方向与M1相近。墓室平面呈长方形，砖室平面结构完整，呈"凸"字形，自北向南分为封门砖、甬道、墓室三部分。程老师对其中出土的"吴侯""建兴二年……"铭文砖做了重点介绍，还对暂未发表简报的M2中部分随葬品进行了展示，包括金钗、镜架等女性用品。

接下来，程老师介绍了发掘者张铁军和朱晋訸对墓主身份的推断，认为M1墓主为孙策，M5墓主为孙绍的可能性最大。在梳理了孙吴世系后，发掘者认为孙策生在群雄逐鹿的东汉末年，去世之时虽仅为"吴侯"，但在其初步统一的"江东"范围内却是最高领导者，很有可能以"天子"自居。孙策的"吴侯"是当时孙吴集团的最高领导者，而后世的

"吴侯"均为孙权称帝之后所封,其政治地位在孙吴集团最高统治者之下。孙策所享受的政治待遇自然是高于其他"吴侯"的,因而孙策墓与孙吴集团其他"吴侯"墓相比,应该时间上更早、规模上更大、结构上更复杂、随葬器物更精美。孙策去世时年仅26岁,依常理,孙策夫人与孙策年纪相仿,若无意外,孙策原配夫人当晚于孙策去世,并合葬于孙策墓中。因此,孙策墓很可能是一座时间跨度较大的合葬墓。

程老师接着深入剖析发掘者的论证思路:孙绍的可能死亡时间与"建兴二年"比较接近;孙绍曾经当过"吴侯",他的墓很可能是一座"吴侯"墓;孙绍之子孙奉因讹传谋逆被孙皓诛杀,孙绍很可能因受儿子株连而遭毁墓,与M5墓室曾遭到毁墓吻合;M1虽未发现能说明墓主身份的直接证据,但是种种迹象表明,M1与孙策墓所应具有的特征高度相似。综上,程老师将发掘者观点归纳为三点:一是孙策葬吴郡;二是孙绍去世时间可能更接近建兴二年;三是孙策地位很高,所以墓葬结构复杂,因此最复杂的M1是孙策墓。

而后,程老师从墓葬形制、随葬品等角度,综合史料记载,提出自己的见解。程老师认为M1前后双室、双穹隆顶、前室带双耳室,这种结构和江宁上坊孙吴墓接近,且出土大量高级青瓷和黄金饰品,无疑是孙吴宗室墓。由此,他又结合史料记载对孙策葬地进行了分析。他认为孙策渡江袭许,否定了军队驻扎在现在苏州的可能性,提出曲阿是孙策渡江后的首要据点,且曲阿对于孙氏而言,已有祖茔的意味。按汉代家族丛葬的习俗,孙策应就近附葬孙坚高陵。而现在丹阳的孙陵岗,应该就是因孙坚、孙策墓而得名。至于《三国志》周瑜、吕范的传记中奔丧于吴的记载,程老师提出曲阿在孙策的谢表里也称"吴郡曲阿"。按照大可统小的原则,东汉末年曲阿也可以称为"吴"。

在此基础上,程老师进而否认孙策墓在苏州的可能性。一方面,建安前期,孙氏集团尚未重视苏州,因而可以排除孙策墓在苏州之说;另一方面,程老师根据出土文物否定了盘门外青旸地苏州丝厂三座东汉墓为孙坚、孙策二次葬或衣冠冢的观点。其中出土的五联罐应为全涛所分的会Ⅱ式罐,而会Ⅱ式罐的年代为东汉中期,因此该墓的时代可能要早到东汉中期。五联罐的时代早于孙坚、孙策死亡的时间,所以所谓的二次葬或衣冠冢也无法得到出土文物的支持。

此外,M1出土遗物中有一件残破的魂瓶,根据全涛博士对魂瓶的研究,该魂瓶应属丹Ⅲ式。该式魂瓶的流行年代,目前最早的纪年材料为金坛方麓永安三年(260)东吴墓。全涛认为,魂瓶的"分布区域以会稽为中心,向南北扩展,但在东汉时期,它的分布并未超出浙江省范围,直到东吴早中期(五凤)年间,该器物的原始形态才影响到江苏省西南部和安徽省东南部"。从这件随葬品来看,M1年代也绝对早不到建安五年(200)孙策下葬之际。因此,程老师否定了M1墓主为孙策。

接着,程老师开始讨论M5的墓主身份。M5出土有"吴侯"二字的文字砖,程老师认为砖上的"吴侯"可以作两种解释:一是吴姓封侯者的简写;二则是作吴地之侯理解。对于第一种解释,程老师认为其说服力不足,据《三国志》等相关文献记载,孙吴一代封侯者为吴姓的只有吴范，但吴范被封为都亭侯时，却因为君主孙权的个人喜恶而没有封成，所以实际上孙吴时并没有吴姓封侯者。对于第二种解释，程老师先从M5的墓葬形制着手。他指出，将M5的形制与同一时代的朱然墓、江宁上坊倪侯墓进行对比，可以发现其12米长的墓道远超于朱然、倪侯等墓的墓道长度。因此他认为，M5应该属于孙吴宗室墓，M5文字砖上的"吴侯"二字应该作吴地之侯来理解。

根据《三国志》记载，孙吴一代封为吴侯者共有五人，分别为孙策、孙绍、孙英、孙壹、孙基。在五位吴侯中，孙壹在孙綝诛滕胤、吕据时因畏惧受牵连而叛逃入魏，《三国志》记载他"入魏三年死"，所以孙壹不会葬于吴国境内。孙基因为孙皓以父辈之间旧隙而被削去官爵，被流放至会稽乌伤县，所以孙基以吴侯身份下葬的可能性很小。在一番分析后，程老师指出，M5的墓主应该为孙策、孙绍、孙英三者之一。至于M5墓主为孙策的可能性，程老师在讲座前段已分析了孙策的葬地位置，认为孙策墓不可能在苏州，所以M5的墓主不可能是孙策，只能为孙绍或者孙英。据《三国志》记载，孙绍虽然为吴侯，但之后又被改封为上虞侯。在这种情况下，孙绍墓中不可能出现有"吴侯"字样的文字砖。在排除孙策、孙绍、孙壹、孙基后，程老师认为M5的墓主很可能就是孙英。

孙英是吴大帝孙权之孙，宣太子孙登次子，封吴侯。五凤元年，因为大将军孙峻擅权，孙英谋诛孙峻，事后被孙峻发现而被迫自杀，国除。程老师指出，孙英死于五凤元年（254）七月。M5中出土有一批带"凤"字的残砖，其全文很可能就是"五凤"，指示的也就是孙英死后下葬的那一年。

而对于孙英的墓地为何选择于吴郡而非都城建业，程老师认为孙英与君主孙亮是同一宗族的不同分支，后又意图谋诛权臣孙峻而被迫自杀。在这两种因素的作用下，孙英的墓地没有选择都城建业。并且，孙英封号为"吴侯"，葬于吴郡亦在情理之中。

最后，程老师对于生前曾谋诛权臣孙峻的孙英，是否还能享受吴侯等级的葬礼规格的问题进行了讨论。程老师先列举出历史上宗室在政治斗争中失败的例子，如梁代的昭明太子和唐代的章怀太子、懿德太子。程老师在分析这三人生前事迹和死后受到的待遇后，指出政治斗争的失败并不会影响宗室成员的墓葬规格与等级。所以作为宗室的一员，孙英在生前尽管曾谋诛孙峻，他在死后依旧会按照与身份相应的礼仪、等级入葬。

在分析M5可能为孙英墓的前提下，程老师继续推测M1墓主可能为孙英的父亲孙登。孙登死后，其葬地位置虽然没有见载于《三国志》，但可见于裴松之注："初葬句容，置园邑，奉守如法，后三年改葬蒋陵。"程老师对此记载持怀疑态度，并从当时吴国面临的军事形势和魏晋南北朝时期的归葬传统这两个方面进行了论证。程老师指出，吴魏对峙和吴蜀联盟的动摇发生于同一时期。吴国同时面临着两个方面的压力，尽管孙权"揆其不然"，但在这种军事形势下，将孙登墓从处于吴魏对峙前线的句容迁走的可能性就微乎其微。其次，吴郡作为孙吴政权的龙兴之地，包括周瑜在内的诸多宗亲贵族皆葬于吴郡，被废或被冷落的诸王也有回吴郡居住的记录，所以程老师推测孙吴宗室墓地很可能就设于吴郡。另外，按照魏晋南北朝时期的归葬传统，宗室归葬龙兴之地的做法屡见不鲜。如东晋时亡于都城建康的琅琊王世系，多葬回琅琊国故地。最后，程老师总结道，孙登的墓地应该位于吴郡而非裴松之所言的句容，裴松之的说法有待商榷。

在论证M1的墓主身份后，程老师以此为基础，进一步推断M2的墓主应为孙登之妻、芮玄之女。首先，M2的出土器物多为女性用品，所以墓主的性别应该为女性。接着，根据对发掘现场的观察，M2是在M1的封土侧面开挖而成，墓底明显高于M1，所以M1与M2可以认为是合葬墓，但并不是真正意义上的合葬墓。而和孙登共享一个封土的女性，其为孙登配偶的可能性很大。文献记载孙登有两位配偶，分别是周瑜之女和芮玄之女。程老师指出，根据发掘简报，M1是合葬墓，按身份等级判断，埋入M1的很可能为身份更尊贵的周瑜之女，M2的墓主或为身份稍低的芮玄之女。

讲座结束后，主持人王志高教授感谢程义老师的精彩分享。他从自身学术经历谈起，对近年来的三国重要墓葬发掘情况进行了简要的总结。在接下来的交流答疑环节中，南京师范大学博士研究生左凯文首先提出疑问，M5的大小与形制与已知的孙吴宗室墓如鄂钢饮料厂一号墓、鄂城钢铁厂孙将军墓等皆存在明显差异，似乎与孙英的吴侯身份不太符合。程老师认为孙吴的政治斗争十分复杂，孙英墓葬形制的特殊性，很可能是在营墓时受到当权者孙峻的影响，而被建造得如此特殊。

南师大文博专业本科一年级学生张萱同学接着发言提问，当出现推测的结论与文献记载有明显矛盾时该如何解决。程老师以近年发现的江村大墓为例，指出文献记载不能全盘相信，因为"尽信书，不如无书"，要将文献记载与实际情况相对应。随后，来自山东大学历史文化学院的孟鑫同学针对M1的墓主是否可能为徐夫人的问题向程老师请教。程老师认为，根据发掘简报，M1曾被二次打开，为合葬墓，在此前提下，M1墓主为徐夫人的可能性就比较小。

在同学们积极提问后，与会的吉林大学考古学系赵俊杰老师与程老师展开了讨论。赵老师认为，程老师对于M1、M2墓主身份的推论有待商榷。因为如果M2墓主为孙登妻子，那应该采用与上坊孙吴大墓一样的三人合葬的方法，M2的墓主有没有可能为徐夫人？程老师指出M2所出随葬品虽然等级较高，但发掘者已对墓中出土的骨骼做了相关鉴定，不可能为徐夫人墓。接着，赵俊杰老师提出，M1虽然在苏州地区三国墓中等级较高，但其形制、等级明显低于江宁上坊孙吴大墓，所以M1的墓主不太可能为太子一级。程老师则认为，对于M1墓主的推断，他并不是通过M1的形制，而是在M5墓主为孙英的基础上得出的结论，所以对M1墓主身份的研究还需要更多的相关资料。

在两位老师的讨论后，王志高老师也提出他的看法。他认为虎丘路孙吴大墓是孙吴宗室墓地可以确定，但难以将5号墓铭文砖上的"吴侯"认同为5号墓的墓主身份。王老师介绍，在江宁上坊的倪侯家族墓地中，两座相距约百米的孙吴墓内出土有完全相同的"倪侯"文字砖，而在雨花台区板桥石闸湖相距数百米的两座西晋墓中也出土有完全相同的文字砖。他认为，"吴侯"文字砖的出土只能证明此墓地与吴侯有关。关于三国时期墓葬的研究，不仅需要关注墓葬的规模，更要重视墓葬的形制与结构。就目前的材料，无论是从文献上，还是从墓葬发现本身，推断M1为孙登墓仍有一定的困难。王老师还认为文献记载的"蒋陵"是孙吴蒋山陵区的名称，不是孙权的陵号，类似于南朝刘宋在今日镇江的"京陵"，孙登迁葬的是蒋陵这一陵区，葬于孙权陵园内的可能性很小。而对于M5所出的"吴王"刻画文字残砖，他认为也值得进一步关注。

最后，王志高老师总结认为，在虎丘路孙吴大墓发掘资料尚未完全公布的情况下，程义老师对其墓主身份展开的深入研究具有重要的学术价值，无疑将推动这一重要孙吴宗室墓地的综合研究。

整理者：周浦昱、张浩哲

多元一体文明路，东方欲晓星满天

——多元一体的中华文明起源历程

李新伟

2022年8月19日15：40~17：10，应南京师范大学之邀，中国社会科学院考古研究所李新伟研究员在"区域文明探源的考古学解读"研究生学术创新论坛上做了题为"多元一体的中华文明起源历程"的学术报告。此次学术报告是南京师范大学考古学系列讲座的总第80讲。讲座由彭辉副教授主持，会议现场及线上共300余人聆听了报告。

讲座伊始，李老师先辨析了"文明"的概念：从进化论的角度观察，文明是人类社会发展的高级阶段；从世界文明多样性的角度观察，文明是包含特定基因的物质和精神文化综合体。学界对于文明的考古学标准已经有了充分的讨论，不能依靠所谓的"文明三要素"来认定文明。

中华文明形成的标志，有以下几点：生产力发展、人口增加、出现社会分工；明显的阶级分化；出现都邑性城市，为政治、经济、宗教中心；区域聚落等级化的发展；科技和艺术的发展；各地区在社会发展的同时，发生密切互动，形成"中国相互作用圈"或最初的中国。

距今6000到5000多年，是中国史前时代"灿烂的转折期"。这个时期的文化景观，黄土高原是庙底沟文化，西辽河流域是红山文化，海岱地区是大汶口文化早期，长江流域为大溪文化－油子岭文化、凌家滩文化和崧泽文化。这些主要文化在这一时期都有了明确的发展。

接着李老师带领我们回顾了几个重要遗址。凌家滩遗址，最豪华的M23拥有300多件随葬品，用玉钺、石钺来表达权力，并且出现了很多有宗教内涵的物品，例如玉龟、玉鹰、玉版，其中玉板图案可能代表了一种"天极宇宙观"。这个时期出现了依托天极宇宙观形成的宗教，社会最高等级的人物，用玉器物化宗教，用这些玉器来彰显自己在宗教中崇高的权力。这些宗教的领导者要进入一种致幻的状态与神沟通，本质上是一种"萨满式的宗教"。

在距离凌家滩1000多公里的西辽河流域孕育了红山文化。牛河梁遗址群为一个大规模的仪式圣地，周围没有其他的聚落。祭坛下墓葬里随葬的也是充满宗教内涵的玉器。萨满式宗教欲与神沟通，就要借助昆虫蜕变的力量，所以红山文化中有相当多的玉器表达了类似的主题。我们可以看到相距甚远的两个遗址同样选择了以天极宇宙观为核心的宗教辅助社会发展。

在长江流域则有另一种发展。张家港的东山村遗址已经出现了高等级墓葬集中分布的现象，整套陶器成为除了钺以外表达身份的更重要的象征，是一种世俗化的社会发展道路。

庙底沟文化曾经被认为是引领文明起源的一个核心文化。在河南铸鼎原周围进行的系统聚落调查显示，最大的北阳平遗址面积近100万平方米，次一级的中心性聚落西坡遗址面积40多万平方米，聚落呈现明显的等级化。西坡遗址核心部位的发掘和对整个遗址的系统钻探表明，遗址中心位置很可能存在一个广场，广场的四角都有大型半地穴房屋。可以认为这种大型的公共建筑是庙底沟社会发展的重要标志。

通过对以上几个重要遗址考古发现的回顾，李老师认为，从距今6000到5000多年的这个时间段，各地区普遍发展，"古国"纷纷涌现，并且对自己的发展道路进行了不同选择，呈现出像苏秉琦先生所说的"满天星斗"的社会发展局面。更重要的是，在各地区普遍发展的同时，地区之间更加深刻的联系也在加强。例如凌家滩和牛河梁遗址出土的具有相似性的玉器，其中所体现的天极宇宙观以及昆虫蜕变力量的崇拜，都属于高等级的知识，证明两个地区之间有密切的交流，掌握着权力的社会上层人物会有目的地去交流管理社会、组织社会的知识。除了这些高等级的知识，还有一些物品，比如在很多地区出现的象牙镯，可以验证地区间的原料交流。因为很多知识必须亲身交流才能获得，例如学习如何通神，所以很多这样的交流是实际发生的旅行，这是领导者必备的经历。这样的交流会积累广大的人文、地理知识，在这个过程中就形成了苏秉琦先生所说的"共识的中国"。张光直先生称其为"中国相互作用圈"，也就是"最初的中国"。"最初的中国"形成后，中国的文明发展就进入了一个程序，会持续地前进，进入二里头时代，进入秦汉帝国等，这个就是历史时期大一统国家的雏形。

李老师认为，在距今5000年后的所有发展都应该在"中国相互作用圈"的视角下去理解。就是说，后来的所有发展都是吸收作用圈中的政治经验的结果；所有的发展都会对作用圈中的各个地区产生深刻影响，所以不存在一个优秀文化的引领，中华文明是在各地区互动、竞相发展、相互借鉴下形成的。

随后，李老师以良渚文化为例，探析其文明发展阶段。良渚古城遗址发现的大规模的水利设施和稻田，可以验证生产力的提升；被称为王陵的反山墓地中出土了高等级的有宗教内涵的玉器，以及系统化的神徽，体现了社会等级的分化，这些都是具有国家特征的表现。加之以良渚古城为中心，在周围1100平方公里的范围内，呈现出以良渚古城为唯一核心，且分等级的聚落的现象，可以认为良渚文化已经进入早期国家的阶段。

综上，中国史前各地区在距今6000～5300年同步跨越式发展形成如"满天星斗"的"古国"。良渚文化在距今5100年前后形成早期国家并持续发展，各地区相互交流碰撞，形成"中国相互作用圈"或"最初的中国"。通过这些考古学的实证，可以说明中华文明在距今5000多年前已经形成。

接下来，李老师讨论了关于文明形成过程的分歧，即这个过程是"中心引领"还是"此起彼伏"。良渚文化发展到距今4300年开始衰落，此后形成了东西对峙的局面。黄土高原地区出现的陶寺文化和石峁文化达到了早期国家的标准，而东部地区的龙山文化、河南龙山文化、肖家屋脊文化则呈现"城邦林立"的局面。

通过陶寺遗址发现的城墙、宫殿区、观象台以及大型墓葬、复杂的礼制行为、金属冶炼技术和文字等，李老师认为陶寺文化的领导者已经形成了苏秉琦先生提出的"理想的中国"的观念，即将各个文化区构想为一个统一体，认为此统一体应该有一个核心，并以行动推动统一体的实现。

中华文明的发展是多元一体的。目前学界普遍认同发展是多元的，但是对于一体的形成存在分歧。其中一个观点是中原中心模式，即应该有一个最优秀的核心文化引领，才能使广大区域形成一体；另一种观点认为一体是通过不断的发展碰撞融合形成，即苏秉琦先生提出的"裂变"、"撞击"和"熔合"。李老师认为第二种观点更符合实际。在距今7000年前，长江流域是农业起源非常重要的中心，陶器上的图案也呈现复杂的信仰系统，最丰富的玉文化起源在西辽河流域，与此同时中原地区并没有显示出领先的地位。进入距今6000～5000年的转折期，各地区文化呈现一种相互碰撞、相互借鉴，但是选择自己道路的多元化发展。张光直先生对此阐述道，多元的文化互动共享一些文化精粹，已经足以使这个地区成为一个不同于周边地区的文化圈子。所以没有中心引领，这些地区也可以形成一个整体。

发展到距今5000年以后，各地区没有延续以前的辉煌发展，而是在整个偏西部地区，包括西辽河北区呈现出动态整合的局面。庙底沟社会解体，人群向西扩散形成了马家窑文化。东部地区，凌家滩文化衰落后，人群进入太湖地区，促成良渚文化的发展，建立了早期国家。良渚文化对各个地区有影响，但是没有引领地区的发展，各地区仍是在自己的动荡整合中持续发展，这一时期也不是中原引领的时代。

而这个阶段以良渚文化的衰落为标志，进入距今4300到3800年，中华文明孕育出了第一个王朝。对于这个过程，有人描述为中原崛起，也有观点把二里头文化的发展理解为中原模式的胜利。但是李老师认为，这两种认识存在局限：其一，石峁文化不在中原地区，但是也有自己的发展；其二，陶寺文化处于中原的边缘，也在独立发展。而真正应该认识到的是，良渚文化衰落后，它的影响激发了各地区新的发展。且二里头文化具有东方基础，不能算是单纯的中原文化，一些文明要素可能追溯到长江流域的高庙文化、北方的兴隆洼文化等，它是在几千年的地区互动中形成的灿烂文化。

在报告的最后，李老师强调，关于文明形成的议题受到全世界学者的关注。不是所有地区的发展都能形成文明，能形成文明的地区和文化必然有过人之处。中华文明只有在长期的大规模互动交流中，形成对作用圈的共识，不断积累知识，经历各地区文化的"裂变"、"撞击"和"熔合"，才能孕育出"协和万邦"的文明基因，产生了完成各地区一体化的宏大政治构想。

整理者：赵子莉、陈声波

旧字新议

——汉字的起源

周晓陆

2022年10月9日15：50～17：50，应南京师范大学社会发展学院文博系的邀请，南京大学、西安美术学院博士生导师周晓陆教授在随园校区中大楼弘爱报告厅，以"汉字的起源"为题进行了演讲。此次讲座是南京师范大学考古学系列讲座总第83讲（考古名家讲坛第36讲）。本次讲座由王志高教授主持，现场及线上的校内外师生以及社会各界人士共500余人聆听了讲座。

讲座伊始，周晓陆老师简要回顾了前人研究"汉字""古文字"的方向与角度取径切入对"汉字"的新思考、新思路，即本次讲座的五个核心要点——进行汉字有关探源的原因；思维、语言、文字的基础理论；汉字的起源；汉字的三次大整理；"二书运动说"。周晓陆老师回忆到，他对汉字的思考由来已久，从他的大学时代持续至今，他所思考的内容与"经典""传统"的提法存在着差异与不同，他感慨自己的新思考"孕育着危险"，换言之，他的新思考、新思路区别于以往的研究，意味着它们将冲击听众的已有认知，也为"汉字"研究提供了可能是新的，也可能是错误的道路与方向。

一　进行汉字有关探源的原因

为什么要进行对汉字的探源？

周晓陆老师首先提出了这个问题，并对这一问题做出了精妙的回答。

人是有主动探源意识的高等动物。人类具有寻根意识，人类的探源之始是人在孩提时代向父母不断追问自身来处。一般动物可能也具有探源意识，如《楚辞·九章·哀郢》："狐死必首丘。"大象会最终走向神秘的"象冢"。人的探源活动区别于一般动物的显著特征在于其具有独立性、主动性、分析性特点，人类探源体现为人类不断求知、思索知识结构的社会性性质。

人类探源活动可以分为四个层次：宇宙起源、太阳系（包括地球）起源、生命（包括病毒、植物、动物等）起源、人类及人类文化（包括文字）起源等等。他认为，汉字的研究事关人类知识结构的起源问题，旨在总结人类认知发展的历程和特点、关注与设计人类所关心的未来。

汉字是人类作为母语使用人数最多的文字，使用人数约为十二亿人。汉字体量巨大，《说文解字》收字 10516 个，《康熙字典》收字 47035 个，《汉语大字典》收字约 56000 个，《中华字海》收字 85568 个，《汉字海》集有汉字 11 万个以上。周晓陆老师依据整理的古文字数量以及秦汉魏晋南北朝以来的异体字数量推测，汉字的单字数量约为 15 万个。正因如此庞大的汉字数量，人类才更应追溯汉字从繁富的早期文字之中脱颖而出的起源过程。周晓陆老师遗憾地指出：汉字作为人类阐述思维和语言的工具性文字，作为"活化石"，其遗产过于沉重，是有它特有的弱点和缺点的，人们要正确认识汉字遗产。他以著作用字、个人用字、扫盲标准的情况为例，说明了汉字的存世与使用之间存在着巨大的矛盾，绝大多数的汉字已失音失意，成为"死文字"。

二　思维、语言、文字的基础理论

周晓陆老师从人类的思维、语言出发，重新定义了文字的基本概念，并提出了一些探索性意见。人类的思维是一种源于人类物质本体的生命活动。在人类的有限认知中，其思维应当属于生命体系中较为高级的活动。人类不应忽略某些动物通过学习、环境的培养会具备一定的思维能力这一事实，如小狗通过训练后拥有了近似于人类的社会习性等。人类语言源于人类思维，是思维的外在的、组织化表露。我们可粗略地将人类语言分为两类：通过肺部、胸腔、气管、咽喉部、口腔运动来发声的有声语言；非发声器官的语言，如人们在招手、摔门、拍桌子时所传达出的信息、情绪等。语言对人类的思维进行组织与社会性表达起着十分重要的作用，但人类语言存在两个天然缺陷：时间上的"暂性"——随着语音结束，语言无法随着时间流逝而继续存在；空间上的"限性"——只要超过所限的空间范畴，语言就无法进行传播。为了打破时空的限制与弥补语言存在的缺陷，人类创造了文字。

在说明文字的起源与人类的思维、语言关系后，周老师改革性地对文字做出完整的定义：文字是人类思维、语言以及纯自然图像的延长和可见符号系统（不仅仅是语言的延长）。文字是人类社会的黏合剂，是人类交流的工具，是人类文明的表征之一。他特别强调文字与人类思维的关系。一般认为，文字记录语言，延长了语言；但是，文字也是思维的延长。如以 id 符号"@"、全世界交通通用标志、"火星文"、世界街角禁语"乌龟加叉号"为例，看见这些标志或符号时，人们就会自然联想起其特定的含义。在这种特殊的联想中，发音语言并未起作用，而是人类的思维展开延伸，将符号或者标志突破具体的语言、语种的范畴。因此，当标志或符号与人类的思维一致、与语言不一致时，标志或符号就带有了文字性质。

接下来，他以表音文字"A"与表意文字"啊"为线索，揭示文字在发展的过程分为两类，即表音文字与表意文字。表音文字是拼音文字，其最早的源头是图画文字、表意文字。表意文字在早期有图画文字和象形文字。二者本质上的区别在于：表音文字能完美契合语言，及时记录语音，并能迅速繁衍书面词汇，但是单个字母没有确切的含义，它依靠"字母—组词"的二元模式；表意文字不表音，本身不能注音，以"字—词"为一元模式。表音文字的形成与发展是不同民族、人群或区域进行交流后的结果，如在环地中海的商贸过程中，倘若人们使用拼音文字，就能大大提高交流效率，减少交流成本。伴随着稳定的农业经济、封闭的地理条件、统一的社会政治、生活生产环境，表意文字不断被创造或使用。而汉字成为目前世界上仅存的表意文字"活化石"，但汉字未曾经历表意文字的早期（图画、象形）阶段。汉字在发展过程中（不晚于商代）融入了音的要素，这是习惯的、约定俗成的结果，人对汉字有了习惯性、经验性的发声，汉字就上升为"意音文字"。

周老师就文字的"最短使用时间"与"最小使用范围"在理论上做了认定，他认为这是逼近文字起源"端点"的需要。他认为，文字的最短使用时间不能短于一代人，使用者要能辨认并解读所使用的文字；文字"最短使用时间"的提出阐释了新石器时代出现的一些短暂的符号是制造文字的早期实践。文字的最小使用范围则是文字存在的空间问题，周老师认为文字的最小范围是在两个人之间；他趣谈了情侣之间用以表达感情、约定的符号，它们虽不是文字，但仍传递了具体的含义，具有记录人类思维、语言的功能，符号具有了文字性质；文字"最小空间范围"挑战了部分专家认为新石器时代仅有一个村落使用的符号不是文字的观点，论证了在极少数人之间这些符号记录、传递语言与想法，带有文字性质。

三　汉字的起源

　　谈及有关汉字起源的"仓颉神话"，这在以往的研究中往往被贬斥为荒诞不经的神话。周晓陆教授则从仓颉所处的时代、地区、官职等角度全面、科学地肯定了"仓颉神话"。仓颉生活于轩辕黄帝时代，这一时代大致相当于中国新石器时代的最末阶段。此阶段社会生产力进步，阶级文明呼之欲出，社会发展的经验需要交流和传播，仓颉系统地创造文字具备了时代的合理性。仓颉神话所流传的区域位于中华文明起源的黄金三角区（河南、山西、陕西），与仰韶文化、龙山文化地域基本重合，遗址区域准确。仓颉之名，"仓"是仓库的仓，"颉"原指人体的咽喉部位，后引申为关键部分，仓颉是管理仓库的关键之人，史载仓颉也是轩辕黄帝的史官，仓颉应承担着农产管理分配、记录文字、管理档案的职责。仓颉用"鸟兽蹄迹"造字，符合汉字线条构形。《淮南子·本经训》："仓颉作书，而天雨粟，鬼夜哭。"文字促进农业经验发展、交流，提高生产力，作为一个农业民族，百姓期望"天雨粟"合情合理。上古中华民族崇拜有两支系统：崇神系统与敬鬼系统，敬鬼系统为祖先崇拜。"鬼"，是人们死去的祖先，田下埋的人，有着人格，文字使人们能够记载祖先的事迹、遗训，并与祖先沟通，与无文字时代相比，鬼焉能不哭，祖先落泪是"人"之常情。仓颉四目，中国人历来有"千里眼"之谓，仓颉四目意味着比常人看得高、望得远，仓颉作为史官，比常人更有远见卓识。概括来说，与其他区域或民族有关文字创造的神话相比，仓颉造字神话包含着历史的合理因素，应当基本肯定。

　　周老师从中国新石器时代文字的实物资料出发，寻找汉字的起源。他将不同地区新石器时代的文字以时间为序，举例说明大量的符号是早期创造文字的实践。根据新石器时代具体的田野考古发现，周老师对部分学者的观点提出了质疑，并对其进行辩驳。一、有些学者认为这些符号不是文字。文字是思维、符号的可视符号。倘若这些符号不是文字，就会陷入"符号"不等于"符号"的逻辑错误。二、有些学者认为这些文字不是汉字的起源。从本质上来，这些学者混淆了文字起源与汉字起源的概念，文字起源与汉字起源有着连带关系，但二者不同质，也不同时间，汉字的诞生不完全等同于早期文字的实践。三、有些学者强调符号不是文字，并认为文字应有读音。这就涉及在讲座之初所说的汉字存世与使用的矛盾。有些文字虽已是"死文字"，但不妨碍它们被指认为某种文字。所有文字都要能读出来实属强人所难。四、有些学者认为文字要组成文字句式，形成完整的文章。文字是从以图像形式的实词出现后发展而来的，如一头牛、一只羊，还伴随着一些非实词的方位词、计数词的出现，非实词虽然比较抽象，但往往包含实际意义，现在公厕的"男女"二字，就是省略句法的正确表达，不能因为早期出现的文字大多为"单字"，就认为其不是文字。

　　通过考证距今1万年左右至距今4000年的时间里出现的频繁的创造文字的活动，可以得出结论：这些符号一定是文字，但大多数一定不是汉字，汉字的起源在新石器时代晚期比较适宜。目前，成熟的汉字最早发现于临汾陶寺遗址出土的朱书陶文"文昜"。

周晓陆老师指出，汉字是在很短时间内形成的，是在知识分子有限的一生中形成的文字体系。新石器时代频繁的（非汉字）文字实践、社会政治的发展、人类交流的需要皆为汉字的出现创造了必要的前提和稳定的条件；不强调图画或象形，肯定明晰的线段，为汉字准备了必要的技术素材。汉字的形成受过各种文化的影响，如汉字中的"帝"应是借鉴于苏美尔文字的"帝"，二者不仅写法相似，而且意义也基本一致，这样的例子还有一些。汉字从起源时就是和汉语结合最好的文字，其适应了汉语一词一音的表达方式，这是它的"长寿基因"。

四　汉字的三次大整理

对于汉字的发展过程，周晓陆老师开创性地提出新观点：汉字经历过三次大整理。他是系统总结汉字三次大整理的第一人，汉字大整理是不容忽略的。

汉字的第一次大整理起始于商代早期，结束在商代晚期。此次整理明确汉字的表意功能，出现了象形、指事、会意、假借、形声。大部分汉字有了偏旁符号，并规定了汉字的行气是从上到下，明确了线段式构字，也出现了较早的字法规定。汉字在殷墟阶段出现井喷式发展，以字型较适中的甲骨文字为代表。第一次大整理的基本动因是顶层统治阶级的需要，所整理出的文字基本为王室、贵族所用，汉字成为巫卜沟通天地的最高等级文字。

汉字的第二次整理在西周中晚期进行，文献记载此次大整理是由西周太史籀（宣王时青铜器《马鼎》上记为史留）主持的政府行为，从一定程度上加强了贵族教育。为了减少汉字识别和认识上的障碍，此次大整理约略了字数，使得汉字不再无限增加。在这一过程中形成了汉字的偏旁符号系统，形声字较商代有所增加，也规定了汉字正方偏长的基本式样，使得汉字的字形更加美观。此时的代表文字——金文注意到汉字的行气问题，保证了汉字章法的严谨。通过这次整理，在西周的血缘宗法制大一统背景下，形成了中上贵族集团使用的文字，使用范围突破了首都，使用的人群有了扩大。

汉字的第三次大整理自秦的统一进程直到秦王朝的建立。第三次大整理中，改古文字系统为今文字系统，改线段性文字结构为笔触性文字结构；以小篆对古文字系统进行总结，以隶书完成了汉字系统的统一（这和一般教科书所谓以小篆统一有根本不同）。第三次大整理是由最高统治者发动的，体现在全民参与。这是汉字首次全民扫盲，使得汉字使用的重心彻底下沉，汉字成为全民族的标志和工具。秦始皇、李斯、赵高间接肯定了汉字作为意音文字，阻止了汉字向拼音文字的转化。如若秦始皇没能统一全国，神州演变成为多个城邦并存的商业社会，那么有可能出现汉字从表意文字逐渐走向表音文字的走向，这一步没有出现。

五　"二书运动说"

凡涉及汉字构造，"六书"是无法绕开的，周晓陆老师介绍了许慎"六书"的发展历程以及后人挑战许慎"六书"的不同观点，并介绍了自己的新说——"二书运动说"。

"六书"最早为西汉古文经学派的刘歆"托古改制"后所提出来的名目：象形、象事、象意、象声、转注、假借。而后，郑众在刘歆"六书"的基础上作出了一定修正：象形、会意、转注、处事、假借、谐声。直到东汉古文经学派学者许慎编成《说文解字》排定了"六书"次第，分为"指事、象形、形声、会意、转注、假借"，并且辅以例字。周老师肯定了许慎"六书"学说的里程碑式成就；许慎对大量汉字进行了整理，并在此基础上尝试找出文字的规律和发展模式，启示了后人的思考。但许慎是开启山林者，许慎的"六书"存在明显不足，周老师指出要打破对许慎"六书"的迷信，这才是真正尊重许慎、尊重汉字。

后来的学者在许慎"六书"的基础上做过改革性的探索，如戴震"四书说"：象形、指事、会意、形声是造字，转注、假借是用字。但周老师认为假借是用字，但有的字久借不归，于是再造一字，增加繁体字等。因此，假借应是用字与造字的结合。唐兰"三书说"：象形、象意、形声。陈梦家"三书说"：象形、假借、形声。裘锡圭"三书说"：表意、假借、形声。他们都指出允许"例外"。王力"二书说"：是比较固定的音、义二元说。

周老师学习许慎"六书"，又从唐兰、陈梦家、裘锡圭、王力等前辈的学说中得到启发，提出了自己的新说——"二书运动说"。"二书"即意、音。所谓"意"，可分为具象的意与抽象的意。具象的意类似于六书"象形"，如牛、羊、马等实体；抽象的意则相当于六书中"指事"，多为方位词、计数词、非实体符号。所谓"音"，是指汉字一字一音，几乎不用或极少使用复声母。他以"磨子"来比喻"二书"运动，磨子中间由轴心贯穿，轴心就是在社会需求的背景下汉字意音不可分割的规律，换言之，就是汉字在使用的社会范围内所要遵循的规律。由于文字滞后，而声音飞跃变化，语言、思维主动发展，文字被动产生，因此意是底部静止的定盘，音则是磨子上部不断转动的动盘。磨子中还有许多可见材料，诸如线段及变态。当社会不断往"磨子"中"加料"时，磨子就在均衡与不均衡的无限运动中，创造出了汉字。十万个以上的汉字，以及加入汉字体系的拉丁文字、阿拉伯数字，均符合"二书运动说"。

六　人类伟大的文明遗产

周晓陆老师指出，汉字的创造，其中既有包括汉民族和少数民族在内的中华民族的关键性贡献，也有日本列岛、朝鲜半岛、中南半岛、马来半岛等古代民族的多方面贡献；尤其是近现代以来，日本民族对现代汉字词汇的发展做出了不可忽视的贡献，因此汉字是人类伟大的文明遗产。汉字有着超过十万字的巨大体量，比之拼音文字，凝结了更多具体的创造；汉字有着比较固化的思维和语言表达，其含义一般通过视觉直接可知，其优点就在于"字—词"之间存在着一致性。拼音文字"字母"绝大多数无实际意义，由字母组合至单词才具有实际意义，其"字母—单词"存在着非一致性。因此，汉字是通过视觉到思维表达的"直通车"。从视觉到思维的表达，汉字在一定程度上能让人们放弃声音。

汉字是世界上唯一可以达到纯粹艺术的文字，它有着庞大的体量，可供书法家、篆刻家进行艺术创作。拼音文字也有美术字化的表达，但是一直没有，也不可能达到纯艺术的境地，因为单字数量太少，文字的工具性迫使其共性大于个性。而汉字书法艺术、篆刻艺术等却可以允许它充分地表达个性。

汉字在世界上有着极大的影响力，它是联合国工作文字之一，是一种世界性的文字。谈及汉字的未来，周晓陆老师认为，进入电脑时代以后，汉字需要进行第四次大整理，并且汉字有可能已经在进行第四次大整理了。汉字如要长存，一定要注意"活化石"与现当代的和谐与忤逆。在座的同学们将是汉字第四次大整理的参与者、建设者，更是汉字第四大整理结果的见证者。周老师憧憬通过第四次大整理，能使汉字克服缺点、发扬长处，使之更为科学、长久、高效地发展。

七　互动环节

演讲结束后，同学们与周晓陆老师展开了逸趣横生的互动。

研究生余洋在认真凝听后，提出了自己的疑惑：殷墟出土了商王武丁时期及此后数量众多的甲骨文，而中商时期洹北商城发现的甲骨文数量极少。为什么时代相连的两座商代都城所出土的甲骨文数量有着如此之大的差距？周老师回答：汉字大致最早起源于轩辕黄帝时代，不晚于所谓"夏代"。二里头文化与洹北商城有着相似的境遇，即发现的汉字数量很少。商代晚期汉字经历了第一次大整理，在这一时期汉字有了井喷式的发展，成为王家所用、巫卜沟通天地的最高等级文字。汉字第一次大整理的结果，使殷墟出土甲骨文数量与洹北商城甲骨文数量出现了明显的差距。

文学院研究生丁婉丽向周晓陆老师提问：判断龙山时代的文字为最早的草书的依据是什么？周老师回答道：其一，"草书"作为一种艺术字体，可以参见《草书大字典》的解说。而在汉字早期，人不会以后来草书的标准指导实践。其二，当草书仅为写字的方式时，其特点为快捷、笔画连属。从考古发现来看，龙山文化文字以及龙虬庄文字都有如此特点，形成这种特点的主要原因是当人对文字熟练掌握后，其书写速度就会提升，因此，这是最早的"草书"现象，倒不是"书法"意义上的草书。

研究生程安苏通过线上的方式提问：汉字由繁至简是否为一种好的现象？汉字简化对

文化的记录、传播及传统有什么影响？周老师对此阐释了自己的独特看法：大部分人都以为汉字的"繁简"是一个二元的问题，但其实质为一个三元问题，即繁体字、简体字与正体字之间的关系。假定每个汉字有其"正体字"，"简体字"就是在其基础上简化笔画，"繁体字"则是再加笔画。繁体字产生的原因有二：其一，一个字区别与表达更多的意义，在正体字的基础上增加表意符号或表音符号，从方法上来说为改正为繁；其二，因一字假借后久借不归，因而增加笔画，产生新字。因此，从表意文字的性质来看，汉字最重要的性质为工具性，坚持正体字与简体字才是正确的方向，而由正至繁为逆向发展。要在寻找到正体字的基础上，拥护简体字，"识繁用简"。

最后，周老师还就文字的"最小使用范围"、表意文字与表音文字对世界带来的影响等问题进行了详细的解答。

整理者：唐嘉遥

如鸟斯革，如翚斯飞

——中国传统木构建筑构架体系辨析

周学鹰

2022年10月15日13：30～15：30，受南京师范大学社会发展学院文博系邀请，南京大学历史学院教授、博导，南京大学东方建筑研究所所长周学鹰在仙林校区敬文图书馆二楼西报告厅做了题为"中国传统木构建筑构架体系辨析"的讲座。此次讲座是南京师范大学考古学系列讲座总第85讲（考古名家讲坛第37讲）。讲座由文博系主任王志高教授主持，现场及线上师生共300余人参与了该次讲座。

"反宇业业，飞檐献献"。中国传统建筑以木构构架体系为主，与其他一些文化中以砖石结构建筑体系为主有所区别。其巧妙的构架方式结合了力学、工程学之美，同时又通过千变万化的组合结构，建造出独属于中国传统木结构庞杂而不凌乱的体系，在彰显独特而精致的空间艺术美的同时，又有着等级文化的重要表征。中国传统建筑艺术在我国古代社会中已经发展成熟，主要以木构架建筑为主体，以汉族为大宗，也包括各少数民族的优秀建筑。与此同时，对日本、朝鲜、韩国等东亚，以及越南、柬埔寨、缅甸等东南亚的古代建筑也有直接的影响。就现代学术研究而言，与中国传统木构建筑相关的研究历史并不长，严格意义上来说，一直到20世纪20年代，一批留学海外归国的年轻学者，在中国营造学社创始人朱启钤先生带领下，打开了中国人科学研究本国建筑和建筑史的大门。他们主要运用西方建筑研究方法，兼及传统文献学等，科学测绘、深入解读中国传统木构建筑，搭建出我国建筑史（考古）学的基本体系。其中的两位主将，就是我们今天所熟知的"南刘北梁"（朱启钤先生语，指刘敦桢先生和梁思成先生）。

师前人之心，而不泥于前人之迹。讲座伊始，周老师首先对前辈大家、学者们有关中国传统木构建筑构架体系的思想和论著等，进行了简要的梳理，整理了刘敦桢先生、刘致平先生、陈明达先生、傅熹年先生和朱光亚先生等与中国传统木构建筑构架体系相关的学术论著和理论。本次讲座的主要内容，就是周老师在前辈们研究的基础上，通过自身的大量调研和再探究等，对中国传统木构建筑构架体系的重新整理和辨析。整场讲座内容主要分两大部分：首先，就木构建筑技术，将屋架体系概括为三大类：1.抬梁式，又称叠梁式；2.穿斗式，又称川斗(逗)式；3.叉手式。其次，对井干式、密肋平顶、干栏式等相关建筑结构与构筑方式等，进行厘清和辨析。

一　飞檐反宇谁造化——中国传统木构建筑构架系统

中国传统建筑以木结构为大宗，以基础、大木构架、墙体、屋顶为主要组成部分，其中大木构架构成了建筑的空间与承重体系。

1957年，刘致平先生将对中国传统木构建筑构架类型的研究付诸文字，在《中国建筑类型与结构》一书中详细介绍了架梁式与穿斗式。

1964年，刘敦桢先生在评注陈明达先生《应县木塔》书稿时首次提出中国古代木结构三大系统：梁柱式、井干式、穿斗式。随后，其在《中国古代建筑史》中明确指出"中国古代木构架有抬梁、穿斗、井干三种不同的结构方式"。自此以降，这一木构架体系分类，成为学术界的普遍认识。

周老师特别指出，由于木构架的核心功能在于建筑空间营造与屋顶承重，对其类型的判断也必须挖掘营造思维与技术本质，即工匠对力的传递、支撑方式的不同认识和处理，而不能仅以构件尺寸、式样或建筑外在形态等为准则。基于近几十年来不断丰富的民族志、民族学的传统建筑材料，出于对不同承重、受力方式，即木构件如何结为整体构架的分析，中国传统木构建筑构架或应分为抬梁式、穿斗式及叉手式三大系统。

抬梁式也称叠梁式。周老师引用了刘敦桢先生对这一构架类型精准而简洁的定义："沿房屋进深方向在石础上立柱，柱上架梁，再在梁上重叠数层瓜柱和梁，最上层梁上立脊瓜柱，构成一组木构架。"上层梁架搭压在下层梁的两端，对梁造成的弯矩较小，既能保障建筑的使用寿命，又便于适度减小梁的断面尺寸、节约木料。在形态特征上，除脊檩外，抬梁式构架的檩条均搁置在梁头（或梁头的斗栱）上。由此，柱、梁、檩共同构成抬梁式建筑的木构架体系。屋架荷载由椽汇集至檩，再传导至水平向的梁，通过层层梁、瓜柱、斗栱或驼峰传至立柱。关键节点为水平构件间的榫卯叠压，辅以水平与竖直构件的叠交。构件间通过屋面及上层构件的向下压力紧密联系，从而构成稳定整体。从现有资料来看，依据构件组合方式，抬梁式构架又可细分为斜撑、三角及瓜柱三种。其后，周老师还以修缮后的山西五台山南禅寺大殿、佛光寺东大殿、复原后的敦煌莫高窟窟檐等为例，进行了更直观的抬梁式木构架展示。除此之外，抬梁式还有三角抬梁式、瓜柱抬梁式等其他类型，周老师都以实例一一做了展现与说明。

穿斗式(或称"川斗""串逗"式)同样也是中国古代木构架类型之一。它是在进深方向上先用穿枋把木立柱串联起来，形成一榀榀屋架；再在顺身方向上用斗枋把木立柱串联起来；檩条直接搁置在柱头上。由此形成了一个整体性框架式的屋顶构架体系。穿斗式木构架的主要要点在于立柱直接支撑檩条。这种木构架方式，广泛应用于江西、湖南、四川等南方地区。

其后，周老师以贵州榕江某地和增冲某地的木建筑为例进行了更直观的展现与分析。

最后，周老师还对抬梁式和穿斗式在用料、整体性、柱网、空间尺度和建筑等级等多方面进行比较，以此加深同学们的印象。

周老师还强调，抬梁式和穿斗式构架虽然有所不同，但在南北方部分庙宇、民居厅堂等存在二者混合的做法。通常明间等采用抬梁式，利于使用、扩大空间；山墙处使用穿斗式，增加立柱，加强整体性。周老师还以江苏无锡荡口义庄人厅、无锡薛福成故居、浙江诸暨民居等为例，对抬梁式和穿斗式二者混合的做法做了进一步说明。

叉手式是中国古代木构架体系中的又一种类型。叉手式构架，民间又称为人字式、八字式、金字梁等，日本也叫合掌造。叉手式构架以通长斜置的木构件支撑檩条，承载屋面。叉手式与抬梁式、穿斗式梁架以柱梁(枋)间垂直受力不同，其两根斜置的木梁，是屋面椽檩之下最重要的承重构件。

一般斜梁上端交叉以承脊檩，下端可归纳为二种型式：三角式、斜梁式。

叉手式构架早在半坡遗址、裴李岗遗址的建筑门道中就有应用，商代迅速发展，两周趋于成熟，秦汉时发展至高峰，随后在魏晋南北朝急速衰落。

周老师以民国时期的窝棚、现存的广西平等和云南勐海等地叉手式的建筑构架为例，作了直观的呈现。与此同时，周老师还提出，仅凭斜向构件围合空间并遮蔽风雨的原始窝棚（其主要特征为承重结构、围护体系及屋顶合为一体，减少水平与竖直构件的交接节点）或许是叉手式构架的源流；并以半坡遗址复原图、现场照片等进行说明。

此外，叉手式构架还有三角式、斜梁式和叉手式变体等不同类型。周老师还对三角式、斜梁式的区别与联系进行了分析：其联系在于二者都属于叉手式斜向构架；其区别就规模而言，使用三角式的建筑一般比斜梁式的建筑规模要大，主要原因在于前者比较稳定，而后者容易倾覆。

随后，周老师以大量的建筑图片——近及江苏泗洪某宅，徐州新沂窑湾、花厅村、户部山民居，远至日本白川乡荻町、丹麦兰依索岛海草房、英国哈姆登修道院等为例，对此进行了丰富而翔实的说明。

二　竹篱茅舍皆文章——其他"构架"的厘清和辨析

成熟的构架体系离不开原始木构建筑的长期发展与积淀。在系统介绍抬梁式、穿斗式及叉手式三大架构系统之后，周老师接着对井干式、密肋平顶、干栏式等其他"构架"分门别类地进行了辨析。

井干式过去被单独划为一种构架类型。但事实上一般所称的"井干式"，并不能作为一种构架体系。因为，所谓"井干式"实际上是"垒木为壁"，"井干"仅构成墙壁，而其屋架往往是叉手、穿斗或抬梁等，体现相对原始的累叠式思维。

井干结构的最基本特征就是垒木为壁，以断面圆形、矩形或六角形木料（板）平置、层层垒叠围合空间。因此，井干构造方式多与墙壁有关，与屋顶构架不能混为一谈。原木叠成"井"字形或不规则"井"字形的椁室，在仰韶文化中晚期、大汶口文化中晚期、龙山文化、良渚文化等墓葬中已有使用。殷墟商代大墓亦然。

目前，我国各地木材丰富地区的民居中仍多有使用。主要分布在东北、西南尤其是西藏林芝等森林资源丰富的地区，且在摩梭人、藏族、赫哲族、怒族、傈僳族、独龙族、普米族、纳西族、白族等民族建筑中多见 。日本"校仓造"建筑，也是井干结构传播、发展的结果。

此后，周老师还对三角架、窝棚、"八字架"、"金字梁"、凳架结构、马扎结构、密梁平顶、纵架平椽、拱架等建筑构架方式等进行辨析，并用大量实地调研的丰富实例，系统、科学、严谨地对其功能和结构等逐一进行了考证和说明，告诉我们不能将它们相对原初、单一的构架方式、方法与三种成熟的架构体系，以及不应将墙体、屋顶防雨层等与屋顶构架体系等混为一谈。

例如，凳架结构、马扎结构：其做法多样，既可见典型抬梁式、穿斗式、叉手式构架，也有不少以相对节省的小料支撑轻型屋顶、搭建次要活动空间的因陋就简形式，凳架结构就其中一种，也称"马扎"结构。该结构有略带倾斜的短柱支撑短梁，梁上支顶脊檩，其做法具有一定地域特色。不过，空间仍以"抬"的思维层叠构成，其实质应是一种相当原始的"抬梁式构架"，本身并不能划分成某种特定的构架系统。

最后，周老师还重点分析了所谓干栏式建筑。通常意义上的干栏式建筑，泛指底层架空的建筑，指以木(竹)、砖石柱等支撑、架空而高出地面的房子。由此，底层架空的造型是干栏建筑的核心特征，是为取平地基或防湿等而采用的建筑类型，与其上部屋顶的具体构架方式无关。

其具体构筑办法是用立桩为基础，其上架设竹、木质大小龙骨作为承托地板悬空的基座，基座上再立木柱和架横梁，构筑成框架状的墙围和屋盖，柱、梁之间或用树皮茅草，或用竹条板块，或用草泥填实。其主要功能空间在架空层之上，架空层下或为饲养牲口、家禽之类的辅助空间，或仅架空室内活动地面，构成干栏式造型基础。干栏平座之上营造空间、负载屋面的部分，才是真正构成建筑屋顶的构架所在。其构架方式，或为抬梁式、穿斗式，或为叉手式，均可归入三大系统之中。

干栏式房子，中国古籍中亦称作干兰、高栏、阁栏、葛栏，现代日语则称之为高床、低床等，或认为考古学和民族志中所见的水上居址或栅栏居，均属干栏式房子。

周老师特别强调，干栏式和屋顶建筑没有关系，它是一种适合早期人们席地而居的生活方式、地面架空的建筑造型，是社会习惯和建筑形式的多方面叠加。

鉴于此，周老师还举例了唐代诗人李白的《静夜思》中"床前明月光"一句的"床"，应就是干栏式建筑架空的木地板。通过周老师图片中展现的更贴近李白时期的"床"的样子，我们仿佛瞬间穿越到那个席地而坐的时代、那个地面被月光洒满的夜晚。

最后，周老师对讲解内容进行了小结。

首先，需要厘清三种屋顶构架体系分类标准的逻辑性与统一性，明确木构架体系仅是有关构成整体屋顶的构架做法，而局部采用叉手构件以及墙体构筑、底层架空造型、屋顶防雨做法等，均不应属于屋顶构架体系的分类标准。

其次，从形式上看，对构架类型的分辨应以立柱上下为则(不采用斗栱；如有斗栱，可以斗栱上下为则)，以减少柱间加固形式、装饰手段、地板架空与否或墙体砌筑方式等的干扰。

再次，除普遍流行的规整式构架体系外，各地乡村、偏远山区等还存在无一定之规、因地制宜、因陋就简的多种构架形式，反映出构架发展的不平衡性。

最后，周老师强调，应以发展、立体交织的眼光，看待构架演化的历史性进程。现存古建尤其是量大面广的古民居中，还不乏具有过渡性质的"原始构架""混合构架"等。要明确构架方式与构架体系的区别与联系，以交织的图景来认识多彩的客观世界。

读万卷书，行万里路。周老师在辨析的过程中，还结合自己大量考察调研的经历，谈到自己与各地居民的故事，谈起了考察时所了解到的各地风土人情。由此告诉我们，考察古建筑有苦也有乐，只要有好奇心与热爱之心，就能让其成为非常好玩的人生经历。他建议同学们多出去走走，到各处看看。在谈到自己做科学研究体会的时候，周老师还说到了不少"金句"。比如："考古有无数种可能性，哪种可能性更接近历史真相，就是我们要做的事。""历史并不遥远，历史就在眼前，关键在于我们有没有穿透历史的慧眼。"

讲座结束后，王志高老师对周学鹰老师的讲座进行总结，并谈了自己的感想。他说周老师做古建筑研究能不囿于前人已有的学术观点，进行独立的思考和大量的调研，这种态度非常值得同学们学习。其次，他还在周学鹰老师讲座内容中发现建筑与考古之间非常密切的联系，两者并不是互相独立的领域，而是有着众多的关联。

在最后的互动环节中，文博系本科生张萱同学向周老师提问：在当前形势下如何利用学术研究对古建筑进行保护，如何预测古建筑保护将来的走向？

周老师答：首先，不同的发展阶段对古建筑有不同的保护方式；其次，以南京老城南保护为例，古建筑保护和利用问题比较复杂，牵涉社会的方方面面，要考虑具体情况；最后，社会在发展，人们的认识也会不断提高，未来会有越来越多的古建筑得到保护和利用，只是需要一个逐渐提升的过程。

随后，文博系研究生程安苏同学向周老师提问：干栏式建筑与"环境因素形成"的理论有相互矛盾的地方，这该如何理解？

周老师答：底层架空的干栏式建筑没有太高的技术要求，干栏式建筑所在的温度和环境非为对应，其本身是比较广泛存在的；而这种广泛的运用不仅与个别地区的温度和环境有关，更可能是文化积淀的结果。我们研究干栏式建筑必须注意其受到不少生活习俗和社会形态的影响。因此，在东西南北的广阔地域上，干栏式建筑也会有外部高矮之分和制作繁简之别。

整理者：韩颖

温润至美　承古拓新

——美成在久：中国古代玉文化的当代观照

李　竹

2022年10月15日15：30~17：30，应南京师范大学社会发展学院文博系的邀请，南京博物院文物征集部主任李竹研究员在仙林校区敬文图书馆二楼西报告厅做了题为"美成在久：中国古代玉文化的当代观照"的讲座。此次讲座是南京师范大学考古学系列讲座总第86讲（文博大家讲坛第17讲）。讲座由王志高教授主持，现场师生共计100余人参加了该次讲座。

玉文化是中华民族特有的且从未间断的一种文化，历朝历代的玉器都能顺应时代需求，变换不同的社会角色，以旺盛的生命力延续近万年的历史，是"美成在久"的最好诠释。李竹老师首先解释了用"美成在久"为题的寓意：希望博大精深的中国传统文化长久传承，希望源远流长的玉文化更新永续，希望年轻的学子们经过长久的努力，成就美好人生。

接着李竹老师介绍了新时代文物工作方针和文物研习者、文物工作者的当代使命。2022年7月召开的全国文物工作会议提出新的22字工作方针："保护第一、加强管理、挖掘价值、有效利用、让文物活起来。"因此希望同学们无论是当下学习传统文化知识，还是将来从事文物保护工作，主要目标都应是提升阐释和创新能力，让时代流传下来的文化精髓被认同、被活化，并融入当代社会中，有血脉根基地助推社会的良性发展。只有年轻人把握了时代的脉搏，不断蓄力，才能推动中华文脉守护传承。

此后，她向同学们简要介绍了学习玉器鉴定的基本方法，以及她如何用掌握的文物鉴定知识用心用情守护文化瑰宝：严谨细致地做好文物出入境审核工作，守好国门，防止珍贵文物流失海外；将流失在社会上的珍贵文物征集到博物馆，更好地保护利用，永久传承。李老师说：利用所学为保护文物做出贡献，是她永远牢记在心的工作使命。

本次讲座的核心内容分为两大部分。

一　温润至美：中国古代玉文化

李竹老师先按时代顺序梳理了古代玉器的发展脉络，并对不同时期的典型器物和时代风格进行重点解读，简要地勾勒出中国古代玉器发展的基本面貌。中国传统玉文化的魅力，不仅体现在精湛的琢磨工艺上，更体现在博大精深的文化意蕴和普遍认同的民族情感上，它承载着独特的中国美学思想和艺术精神。她认为，近万年的中国玉文化发展史，可以按文化内涵大致分为三个阶段。

1. "神玉"——玉文化发展的第一阶段

在史前时期，先民们便赋予玉特定的性质和特殊的社会功能，使玉器与原始宗教信仰和权力观念结合在一起，认为玉是"神物"，将玉神秘化。这是玉在古人思想中的第一次升华。新石器时代的先祖认为玉是灵物，具有沟通神灵的能力，是天、地、人、神的中介。古人以玉作神灵的贡品，提高降神的效率。良渚文化的玉琮、玉璧，红山文化的勾云形器、玉龙等器物都是这一阶段玉文化的典型代表。

2. "王玉"——玉文化发展的第二阶段

到了有阶级的文明社会后，便产生了等级制度，这时的玉也被等级化了，并为等级制度服务。这时期的玉器主要是为"王"服务。这是玉在古人思想意识中的第二次升华。西周时期，玉的礼制化达到了顶峰，玉器成为治理国家的工具，西周统治者在典章制度中有明确的用玉规定，玉器是各种重要活动的实施载体，当时还专门设立了琢磨玉器的工种和管理玉器的机构。秦汉时期，玉器风格雄浑豪放、气势昂扬，奠定了整个中国玉文化的基本格局。两汉时期的玉器还受到了神仙学说的影响，认为玉有助羽化成仙的神奇功效，所以出现了玉衣、玉握、含蝉等大量丧葬玉器。

3. "民玉"——玉文化发展第三阶段

此阶段的玉器主要表现为市民化和艺术化，玉器从以前为"神""王"服务转变为为"民"服务，这是玉文化在古人思想意识中的第三次升华。唐代玉器出现了大量金玉并用技艺，玉器可玩性和观赏性提高，逐渐从统治阶级专用，往世俗化的方向发展。宋代玉器风格简洁明了，功能性强，满足民间需求主题的玉器大量出现。元代玉器造型粗犷，既有独特的少数民族风格，又融合了中原玉器风格。明代宫廷用玉依然精致气派、花纹繁缛，民间用玉造型粗犷，文房用玉大量出现，文人气息浓厚。清代是中国古代玉器发展史的最后一个辉煌的时代，清代玉器在玉文化传统的基础上进行综合和创新，但偏重形式的追求而缺少深层的思想内涵，又以乾隆时期玉器为典型代表。

二 器以载道：活化传统，观照当代

李老师认为，回顾中国玉文化的发展历程，每件玉器都有一片精神领地，古人佩玉有遵守礼制、彰显身份、规范行为、提升道德的功用。这些文化内涵对当下的启示，李老师概括为以下四个方面。

1.敬畏之心，行有所止

《周礼·春官·大宗伯》记载："以玉作六器，以礼天地四方。以苍璧礼天，以黄琮礼地，以青圭礼东方，以赤璋礼南方，以白琥礼西方，以玄璜礼北方。"古人认为玉是"山川之精英"，以玉做媒介崇天礼地，敬畏自然，祈求安详。敬畏之心是一个人思想中最基本的素质。古人认为玉"可照天地心"，不要得意忘形，尤其要"慎独"。

2.遵守规则，规范行为

《周礼·考工记》记载："天子用全，上公用龙，侯用瓒，伯用将。"《礼记·玉藻注》记载"天子佩白玉，公侯佩黑玉，大夫佩青玉"等。人们用佩戴玉器的数量多少、质地的优劣和颜色不同来区别地位尊卑、品级高低。我们应该遵章守德，有所为，有所不为。

3.以玉比德，以德律己

传统道德文化要求，君子需要像玉一样做到"温、良、恭、俭、让"。玉文化审美的核心价值是"中庸、和谐"，与中国传统文化相一致，可以用玉展示温润、谦和、坚韧的中华民族特质。由于玉质地优良，产量稀少，所以自古以来就被视为珍宝。玉器纹饰图案寓意美好，更多的是表达对美好生活的向往和吉祥的祝福。

4.借古开今，融合创新

深入挖掘玉器蕴含的哲学思想、人文精神、价值理念和道德规范，提炼精神标识和文化精髓，从更广泛的意义上讲述"中式物语"，打造新时代风格的玉文化。

通过以上的梳理与分析，李竹老师指出传统玉文化的魅力，不仅体现在精湛的琢磨工艺上，更体现在其博大精深的文化意义和普遍认同的民族情感上。比德于玉是中华文明特有的文化现象。在中华玉文化漫长的发展之中，儒家学派以其道德信条附会于玉的各种物理性能，从而使玉成为儒家道德观念的载体。东汉许慎在《说文解字》中进一步将其概括为"仁""义""智""勇""洁"五种道德标准。所对应的正是玉的物质属性，如光泽滋润、表里如一、宁折不弯等。

敬玉是中国人特有的文化心理。玉以有形之器，载无形之道，它承载着中国美学思想和艺术精神。在中国传统文化中，玉文化以德为精髓，人们常以玉喻君子，故有"君子无故，玉不去身"的说法。古人认为玉是山川之精英，通过玉崇天礼地，认为玉可照天地心，君子佩玉也是一种警示，时刻提醒自身保持对玉的敬畏之心，恪守中庸之道，如玉一般温良谦让。

传统玉文化没有一个固定的、一成不变的定义。例如，史前时期的玉文化是神的代表，古人用玉和神明通灵。西周时期的玉文化就是礼制的代表，用玉来规范人的行为。汉代的玉文化就是王权的象征，用玉来凸显身份。但现代大部分玉器，无论是在工艺上、主题上，还是设计上，都一味地模仿古玉，缺乏与时俱进的时代精神。

李竹老师指出复兴传统文化不是文化复古，而是文化更新。不是以传统代替现代文化，而是以传统文化推动现代文化，让优秀传统文化与时代精神交相辉映。新时代玉文化的创新需要在理解和继承传统玉文化的基础上。传统玉文化蕴含着中国人的人生观和价值观，反映了古人的宇宙观和宗教信仰，包含着中华民族伟大的民族精神和道德品质，具有"宁为玉碎，不为瓦全"的民族气节，"化干戈为玉帛"的和睦精神，"温润以泽"的高尚品德。中国传统玉文化博大精深，只有充分了解这些玉文化的精髓内涵，才能创新和发扬中国传统玉文化。

整理者：陆煜欣、马健涛

怀古咏金陵，涅槃焕新生

——文化遗产赋彩城市形象的演生机制探析：以六朝文物、怀古文学与古都金陵形象的关系为中心

颜一平

2023年4月16日15：50～17：50，应南京师范大学社会发展学院邀请，中共南京市委宣传部二级巡视员、南京师范大学文博专业兼职研究员、南京历史文化名城研究会副会长颜一平老师在随园校区600号楼117报告厅做了题为"文化遗产赋彩城市形象的演生机制探析：以六朝文物、怀古文学与古都金陵形象的关系为中心"的讲座。此次讲座是南京师范大学考古学系列讲座总第97讲（文博大家讲坛第19讲）。讲座由王志高教授主持，现场师生和社会人士等共100余人聆听了该次讲座。

讲座伊始，颜老师首先结合他的工作经历谈到了城市形象相关问题，即如何将城市形象塑造好、宣传好，进而让广大市民产生归属感和荣誉感。接着，他又从自身专业角度出发，将文学和文物考古结合起来，以怀古文学在文学史上的地位为切入点向同学们抛出两个问题：金陵怀古文学为什么会产生？其影响为什么可以延续千年？在此基础之上，他引出本次讲座的主题——文化遗产赋彩城市形象的演生机制探析，旨在探讨六朝文物和怀古文学如何相互作用影响，演化生成古都金陵的文学意象，进而分析文化遗产如何赋彩城市形象，包括发生、演变、发展三个层面。

一　六朝文物是唐诗"金陵怀古"主题发生的丰饶物质基础

首先，颜老师提到六朝遗存之所以被唐人称为"文物"，其主要原因在于南朝都城建康城所经历的浩劫，即公元589年隋朝征服南朝陈以后，对"建康城邑宫室，并平荡耕垦"，以至"建康为墟"。随后，他话锋一转，指出正是这残垣断壁、一片废墟的六朝"遗照"，对于古都金陵形象产生了独特的赋彩作用，更被不久之后的唐朝诗人敏锐地觉察到，并通过大量"金陵怀古"诗的创作，为这座古都的形象底色绘就了浓墨重彩的一笔。

接着，颜老师从文学创作角度出发，指出诗歌作为意识的产物离不开其所处时代的物质基础。因此，他先以现代地上遗存和地下考古发现阐述了唐人眼中的六朝景象。史载，隋文帝曾多次对建康城邑宫室进行"平荡耕垦"，以消除建康在前朝遗民心中的记忆和影响，特别是为了防止江南反抗势力"借尸还魂"。但严苛的命令虽然做到了"平荡"，大量城邑宫阙被焚毁、拆除、推倒，但更进一步的"耕垦"却并不彻底，这为现代考古发掘提供了工作空间。颜老师指出，近二十年来六朝考古工作已经取得了很大的进展。如王志高教授所著《思路与方法：六朝建康城遗址考古发掘的回顾与展望》《六朝建康城发掘与研究》，贺云翱教授的《近年来六朝都城考古的主要收获》《六朝文化：考古与发现》，南京市博物馆出版的《南京考古资料汇编》和《南京文物考古新发现》，都是可以参考的重要成果。而后，颜老师对考古发现的建康（建业、建邺）宫城、军事防御设施、市政公用设施、宗教礼制建筑、石窟雕塑、帝王及贵族陵墓石刻等进行了简要展示介绍。

从上述考古发现来看，尽管公元589年的"建康为墟"距今已有1400多年，但今南京仍保留了丰富的六朝遗迹，由此或可以推知，唐人所见的六朝遗迹较之现今可能要丰富得多。

这在文献记载中也有所反映。有关唐代的官修史书中保留有大量建康城的珍贵资料，如《隋书》载宇文恺上奏《明堂议表》中："梁武即位之后，移宋时太极殿以为明堂。……平陈之后，臣（宇文恺）得目观，遂量步数，记其尺丈。犹见焚烧残柱，毁破之余，入地一丈，俨然如旧。"《旧唐书·辅公祏传》载唐高祖武德六年，"（辅公祏）自称宋国，于陈故都筑宫以居焉，署置百官"。又，《新唐书·张雄传》载唐僖宗光启三年（887），"即以上元为西州，负其才，欲治台城为府，旌旗衣服僭王者"。可见直至唐末年，六朝建康城遗址仍存，其上还有可供利用的建筑。

唐人还撰有多种私家史籍，载录、注引大量第一手记录及当时所见典籍资料，也可补充或订正正史关于建康城认识的遗缺或讹误。如唐代许嵩所著《建康实录》引唐初及唐以前典籍五十余种，其中部分典籍现已亡佚，甚至在唐以后历朝正史之中亦不可见，其对于六朝建康城的演变记述甚详，有不少史料"多出正史之外"，故后代考六朝遗迹大多征引此书，其具有极高的史料价值。如关于六朝建康城的军事要塞，正史大多只提到了石头城，但据《建康实录》，其实还有越城，略文曰："西则石头，南则越城，皆智者之所必据。"2017年以来南京市考古研究院的考古发掘成果已经证实了其可信度。

颜老师接着指出，除了正史与私家撰述外，当时最重要的文学形式——诗歌也是研究建康城非常重要的参考资料。他以李白、张乔等人的诗歌为例进行了说明。例如，李白《月夜金陵怀古》"绿水绝驰道，青松摧古丘。台倾鳷鹊观，宫没凤凰楼。别殿悲清暑，芳园罢乐游"，说明在当时建康城的宫殿、驰道、陵墓等遗存仍清晰可见。晚唐时期，张乔笔下的台城则透露了更多的信息："宫殿余基长草花，景阳宫树噪村鸦，云屯雉堞依然在，空绕渔樵四五家。"由此可见，直到唐代末年，建康城遗迹尚存，只是已经废圮荒芜，被野家侵占，但仍可看到残垣断壁，辨识出野花荒草掩盖下的道路、宫井等设施。故唐人所记所写，传达出逼真的现场感，呈现的是历史停摆的定格画面。

颜老师认为，对于历史名城题材的文学创作来说，古代的遗迹遗物对于城市的历史信息承载、文化形象识别尤为重要，刘勰《文心雕龙·物色》简明扼要地指出文学创作者所见之"物"、所感之"情"、所作之"辞"三者之间的互动关系，即"情以物迁，辞以情发"。当然，丰富的遗迹只是怀古诗发生的必要条件，而非充分条件，并非留有遗迹就一定产生具有社会影响力的文学思潮。

颜老师补充道，历史上不乏与南京（建康）有过同样浩劫命运的古都、名胜，但在文学史上的地位却迥然不同。而后，他以曹魏和北朝的邺城及赤壁古战场作为反证做了分析说明，指出并非每座古都、古城的遗址废墟都可以孕育出蔚为大观的"怀古文学"，归根到底还是与这座城市在中华文明史上的地位、城市被摧毁的原因、废墟的性质、状态及后续发展变化情况有关，甚至与城市的地理位置、水陆交通状况、经济业态等方面也有一定的关系。因而，必须对其中各种复杂因缘关系进行具体、深入、系统的分析、考量。

总之，一座成为怀古文学题材发生地或策源地的古都、古城，激发产生了大量怀古文学作品，进而演变成为一定历史时期现象级的文学主题、文学潮流，并在文学史上产生了一定影响，那么几可断言，它一定是曾经有过一定范围的、较大真实程度的历史遗存。其也许是长期荒凉孤寂的废城，也许是后来已被改造利用的遗址，抑或后人偶然发现的震撼性文物古迹，但必须有一定体量、数量、质量的直观可视的历史见证物存在，方可成为人们据此进行联想、补充、重构那些过往历史空间和人文往事的逻辑起点。

二　社会关注和社会参与是金陵怀古文学发展的强力外在推动

颜老师首先分析了社会风尚与唐代"金陵怀古"文学主题载体选择之间的联系，主要体现在以下三方面。

第一，科举诗赋取士成为社会上升通道的规范作用。一方面，唐代统治者身体力行地从事诗文创作。《全唐诗》中，唐代的帝王皇后、太子公主、贵族大臣均有诗作，一定程度上引领了社会风尚。另一方面，唐代统治者对科举考试制度的设计，极大地推动了诗歌的写作、鉴赏和传播。唐代进士科举加试文词，唐初即偶尔有之，唐高宗永隆二年（681）起进一步制度化，唐玄宗天宝十三载（754）明确"制举加诗、赋，自此始也"，即诗赋正式成为必考科目。由此推知，通过科举考试进入仕途的社会统治中坚力量无疑也是具有深厚学养、能文善诗的文化精英。

第二，行卷之风成为社会各阶层互动的文化媒介。不同于现代高考，唐代的科举制度采取不糊名的方式，主试官可以审查应试者平素在学业上的表现。对此，颜老师推测这可能是受到魏晋南北朝时期九品中正制的影响，当时的举子们都有在考前将作品投送身居社会高位的"当世显人"以求赏识（称为"行卷"）的迫切需要，而后者也乐于将慧眼识才、提携后进视为为国举贤的当然义务。而由于行卷要表现诗才、文笔、史论方面的水平，所以也在客观上推动了唐代诗歌（特别是律诗）、古文、传奇的繁荣。其中，诗歌因其篇幅短小、便于传诵，且容量自由、风格多样、发展成熟，是唐人用来表达所见所想、抒情议论的最常用、最流行、最称手的文学载体。此外，颜老师提到，诗歌与一般的文献史料有所不同，尽管诗词中描述的"客观景象"可作为研究内容，但也要考虑其中可能的情绪化的主观认识。

第三，诗歌成为社会交流传播的时尚传媒。颜老师指出，在唐代，无论社会地位高低，人们大多会首选诗歌作为社交活动的表达形式，如《全唐诗》载："堂陛之赓和，友朋之赠处，与夫登临燕赏之即事感怀，劳人迁客之触物寓兴，一举而托之于诗。虽穷达殊途、悲愉异境，而以言乎摅写性情，则其致一也。"

据此，颜老师总结到，唐代的金陵尽管政治地位大为降低，但是由于经济发展，贸易活跃，南来北往的文人骚客还是可以在对于王朝更替的追怀感慨、评说古今的宏大叙事、指点江山的豪迈气概、悲天悯人的人文情怀中，找到适合自己的题材，在诗才上得到充分展示、尽情挥洒，进而逐渐发展出南京的特色文学现象——金陵怀古诗。

随后，颜老师谈到了金陵怀古诗的内容，认为其中呈现出的基调与当时的社会思潮密切相关。唐代意识形态领域呈现多元、开放的格局，儒、道、佛各擅胜场，因此人们在面对金陵的王朝兴废、沧海桑田之时，也必然在审美观照、感知把握时采取多维的视角。颜老师认为，每个人心中关于六朝繁华的景象是千姿百态的，故他们心中流淌出的诗歌意象和情感激流也必然是丰富多彩的。

颜老师接着分析道，金陵怀古诗不仅在唐代，更在此后产生了上千年的影响，成为现象级的文学主题，这便与金陵各时期的命运紧密相关。颜老师又进一步指出，金陵怀古诗虽盛于唐代，但是其主题之酝酿、萌发——具备"金陵怀古"的基本内涵：以金陵（建康）为叙事背景，以对于被摧残毁灭的繁华景象、美好生活的追忆为主要内容，以表现哀痛、追怀为情感基调——的文学作品，在南朝后期已经出现。

颜老师以此为切入点，将金陵怀古文学主题的发展演变分为四个阶段。

第一阶段，酝酿萌芽期的金陵凭吊主题。他表示，尽管唐人将金陵怀古的源头追溯至南朝庾信，如唐代诗人司空曙《金陵怀古》中写道"伤心庾开府，老作北朝臣"，但此时还不能称之为"怀古"，更多是"凭吊伤怀"。从庾信的《哀江南赋》可以看出，庾信本为南朝梁的建康令，后因遭逢"侯景之乱"，逃亡至江陵，但在出使时被长期扣留在西魏、北周，故作诗赋表达对于南朝建康的追怀之情。陈朝尚书令江总与此类似，他曾同陈后主一道被虏至北方，故在其再次踏上故土，看到其曾为名胜的宅邸，现今长满荒草、满目疮痍的景象而作《南还寻草市宅》时，感慨道"百年独如此，伤心岂复论"。

由此推知，在陈朝灭亡之际，不少陈朝遗民的作品中都渗透出乡关之思、悲愤之情，其创作风格沉郁苍凉，与之前雍容华贵的诗歌风格大相径庭，其中，江总作为陈朝的文学领袖，成为此类访旧伤今咏叹调的重要领唱者。

这一时期金陵凭吊主题作品的作者及创作特点是：第一，均为金陵本土作家，是重大历史事件发生的亲历者，曾亲身经历、目睹建康遭遇的劫难，有家仇国恨的切肤之痛；第二，曾为文坛领袖，影响力巨大；第三，其大多落入敌国之手，虽得到礼遇、未受肉体虐待，但受到的精神打击巨大，心理创伤久难愈合，故内心悲苦无人倾诉，只能通过文学形式宣泄表达；第四，以此为标志，其创作风格大变，成就引人瞩目，故其作品无论在个人创作史还是在中国文学史上都具有里程碑意义；第五，受时空之限（南朝末年至隋），其作品以艺术再现为主，情感内涵尚觉单薄，多抒发个人的悲哀、痛惜之情。

第二阶段，由滥觞雏形迅速跃升到成熟高潮期的金陵怀古诗。唐是中国历史上又一个延续较长时间的统一、强盛王朝，南京为此做出的贡献或付出的代价是"归化"后政治地位的被贬低、打压。王勃《江宁吴少府宅饯宴序》中提到金陵曾经"遗墟旧壤，数万里之皇城；虎踞龙盘，三百年之帝国"，如今"霸气尽而江山空"成为"江宁之小邑"。此外，张九龄在《经江宁览旧迹至玄武湖》中，还以玄武湖的变迁反映了金陵城沧海桑田之转变。此时诗文作品中所蕴含的情感基因和时代特征，显示金陵怀古文学已初具规模。

盛唐时期，随着诗歌体裁的完备成熟和推广普及，唐人金陵怀古诗作大量涌现，题材日趋多样，情感内涵丰富，实在蔚为大观、不胜枚举。其中，李白、刘禹锡等人的经典作品，更是奠定了金陵怀古诗的主题地位，构成唐代文学的一道特色风景线。金陵的王朝更替、政治得失、人物往事与石头城、乌衣巷、胭脂井等景物，以及"步步生莲""玉树后庭花"等事典，共同构成金陵怀古诗文中独具意味的文学意象。

而后，颜老师对这一时期的创作特点进行了总结：第一，相较于萌芽阶段，脍炙人口、广为传诵的名篇佳作的作者大多非金陵本土作家；第二，诗文的作者、创作时间距离六朝遗迹已有一定的时空距离，且观照的维度更多元，哲理性的思考亦更有深度；第三，情感表达的多角度、多层次与诗歌艺术表现手法的多样性、丰富性相得益彰；换言之，借他人之酒杯浇自己之块垒，把个人身世、感悟和沧桑古迹、历史变迁相交融，情感表现得更细腻，内涵挖掘得更深入；第四，名家参与，名作迭出，历史物象被赋予了浓烈的情感意蕴，并为文学界所普遍接受，成为共识；第五，随着造纸、印刷术的普及，科举制度的推行，进士行卷之风的流行，唐诗的创作、阅读群体无限扩大，传播范围和速度广泛、迅速、深入，故该时期唐诗的金陵怀古主题的发展非常充分。

第三阶段，嬗变创新期的金陵怀古词。五代以降，"金陵怀古"主题的题材、意象已逐渐浸染入词的创作之中，达到又一高峰。颜老师认为，这可能与南唐时期，国都金陵的城市建设、经济、社会、文化发展达到了六朝以后的又一个高潮有关。但由于南唐不久即灭国，再次上演六朝繁华惨遭涂炭的悲剧，使南唐后主李煜的词风为之大变，成就了一代"词宗"光照千秋的文名。

颜老师将南唐李煜与南朝梁庾信进行了比较，认为其相同点在于：前期养尊处优，且为文坛领袖，所创作内容多反映宫廷贵族生活，但后期却因饱受愁苦，所感所写多抒发故国乡关之思，整体风格由轻艳流荡，辞采富美，转变为沉郁悲凉、哀戚凄婉。不同点在于二者身份的差异，其中李煜贵为一国之君，家国一体，故其作品流露的感慨更深沉、更痛楚，意境更为阔大。同时，李煜被掳至北方后，失去人身自由并受到严格监视，因而其作品与庾信直抒胸臆的《哀江南赋》相比，表达更为委婉曲折，且多采用白描手法，含义复杂而回味无穷。

至此，金陵怀古的旋律回响于有宋一代，北宋的"金陵怀古"和南宋的"金陵怀古"虽为同一主题，但二者在调性和声部上呈现出不同的特色。一方面，出于政治原因，北宋文人在作品中不便直接凭吊前朝南唐遗迹，故借用唐人"金陵怀古"主题和意象来抒发对于六朝兴亡的感慨。另一方面，南宋偏安江南，形成又一个"南北朝格局"，故南宋文人多采用借古喻今的手法，通过追怀六朝往日繁华景象，抒发内心壮志未遂的无奈慨叹。

总体而言，宋词在"金陵怀古"这一主题下有诸多开拓深耕之处，而在"金陵怀古"文学意象的发展演变方面亦有新的成就，掀起又一波"金陵怀古"的高潮。

第四阶段，余绪演化期的金陵怀古之精神气质和文化记忆。元明清时期，金陵怀古的精神依归和文化心理记忆多见于诗、词、曲、戏剧、小说之中，其数量虽不如唐宋时期可观，但其主题的影响仍有所体现。

颜老师感慨道，南京承载的历史使命之重、经历的涅槃嬗变之痛，注定了这座历史文化名城悲情的命运和气质。因而六朝古都金陵不仅与怀古诗文的主题、悲悼的情怀、感伤的基调相伴随，更折射出六朝建康城在中国文学史上的壮丽景象。

三　六朝文物、金陵怀古诗共同赋彩古都金陵形象的当代启示

（一）六朝文物营造的历史真实性和沉浸式体验

首先，文物为历史的真实性提供了佐证。对重要的考古遗址、文物进行原址保护，能够最大限度地保有历史的真实性和现场感，这对于引导受众零距离地感知历史、触摸历史、融入历史，最大化地发挥文化遗产的历史、科学、艺术、社会、文化价值非常必要。

其次，文物构成的历史文化景观为后人提供了沉浸式现场体验。沉浸式现场体验产生

的感知力的冲击，让人战栗，让人顿悟，让人痴迷！颜老师提到，这样可以使主客体由分立对峙到互相交融，心"随物宛转"，物"与心徘徊"。奇妙的沉浸式体验证明了历史景观的价值：真实现场的场景是一种文化，体验性感知是一种意义，这一点对于我们理解唐人金陵怀古诗的创作冲动和当代考古人开展公众考古活动的必要性来说是非常关键的。

不仅如此，遗迹、遗物也能为文学创作提供情感附丽。颜老师指出，诗人借助于具体直观、可以感知的形象来生动表现其思想情感。文学创作的移情作用和审美心理的投射效应，使得诗人身处的现场景观被赋予了生命活力、思想灵魂，成为诗人运用形象思维进行创作的意象材料。

（二）金陵怀古诗营造的"拟态环境"

金陵怀古诗中的经典性文学意象，为其"拟态环境"的形成提供了坚实支柱。李白、刘禹锡、王安石、周邦彦等唐宋诗词作家的大量"金陵怀古"作品所提炼熔铸的文学意象不是个别的、零散的，而是丰富的、相互联系的，是文学意象的系统性集合。

例如李白在诗歌中极少使用江宁、昇州等名称，而是高频次地使用"金陵"一词，其不仅指代现实中江宁、昇州的地理区域，而且是服从于"金陵怀古"这一具有特定内涵的文学主题所进行的意义重构，是大有深意的！颜老师继续补充道，"金陵怀古"关键词一经李白明确构建推出，便以其"首因效应"而极具广告传播力，从此成为文学史上被广为传颂的文学意象母题。与此同时，金陵怀古诗创造的诸多文学意象在传播中形成为系统性集合的过程，也就是六朝建康遗迹被重新定义为文化景观，并逐步被社会形塑为"拟态环境"的过程。

接着，颜老师根据艺术风格，将金陵怀古诗整体分为悲壮、悲悼和悲悯三类。金陵怀古诗创造的创新性美学意蕴更为影响深远，其寓感慨于六朝往事中，但不同于以往的咏史咏怀诗（如左思等人的作品）那般直抒胸臆、悲凉慷慨，执着于个人的抑郁不平。它状写金陵的六朝古迹，但不同于以往的山水景物诗（如谢灵运等人的作品）那般刻意描摹自然，追求明丽精致；它追怀六朝古人事迹和风采，但不同于以往的拟古诗（如陆机、鲍照、陶渊明等人的作品）那般执着于文字风格的古朴和音韵格律的古拙；它痛悼逝去的时代和繁华，但不同于以往的吊亡诗（如潘岳等人的作品）那般只是对于某个特定个体（多为亡妻）的哀悼怀念；它以诗的语言和思维表达从历代兴亡中领悟的哲理和情怀，但不同于以往的玄言诗（如郭璞等人的作品）那般逃避现实矛盾，向往老庄超然，沉湎玄虚幻境，执着名理辩难。

总之，金陵怀古诗着眼于六朝物事抒发感怀，又因其历史命运的巨大反差和历史内涵的极其深厚而落笔于金陵，成为诗歌表现客体的不二选择，因此其无论是在表现内容和精神实质上，还是在情感抒发和审美体验上，都是对以往的突破和创新。

这个跨越千余年的成功为城市形象赋彩底色的历史文化实验案例中，金陵古都形象的"悲"，已不是个体的情感体验，而是文艺表现、审美层面的、以诗为媒广泛传播构成的

"拟态环境"，是悲剧之"悲"。这个意义上的"悲情城市"，更加突显了南京这座历史文化名城在城市性格中的人文情怀、城市形象中的艺术气质！

（三）赋彩历史文化城市形象底色的实现路径

颜老师强调，首先，文化遗产赋彩城市形象情感底色的核心理念是高度的、坚定的文化自信，动力传导机制是城市各个层面的文化自觉，以及持续激发创新动能的自组织、自运作能力。

其次，建设城市形象要结合城市中的物质文化遗产：遗址、遗迹、遗物，以及历代积累的包括文学作品在内的非物质文化遗产、人类记忆遗产。对于相关史实内涵要进行准确的导向性解读，为公众理解扫除障碍；同时对现实社会发展和城市建设成就进行梳理和定义，通过大众传媒影响公众话语体系，达成社会共识。还可以通过引导文艺创作的形象转换机制，提炼城市形象的某些方面，并与可感性现实建立有机联系，充实思想内涵和时代元素，使现实形象转换生成为艺术形象。此外，也可使本地文学艺术家提前介入，通过大量的创作实验探索文艺形象转换机制、提炼文艺主题、开拓文艺体裁、创新艺术表达方式。这些尝试都是对民意认知接受和大众审美取向的反复测试、度量。

与此同时，城市形象建设还要注重吸引、约请外地作家、艺术家加入创作。外地人对于历史文化名城的象征标志物、城市性格、情感投射有更为多元、理性的体会，在观照距离角度、艺术表达方式、情感底色色调尺度等的把握具有更大的灵活性和广泛接受、传播的公认度。

颜老师总结道，文艺创作的量产会催生伟大作品和杰出文学艺术家的诞生。伟大作品的艺术魅力能使人折服，其影响可以直至心灵和情感最柔软处。伟大艺术家和时代杰出人物的社会号召力在得到共鸣、呼应时，文艺主题的所指也会渐趋明晰，使一些文化意象成为城市象征的构成要素，共同进入意识形态层面的城市集体记忆。

最后，城市形象建设还要不断创新形式、格调，融入时代诉求，推动城市历史文化内涵创造性转化、创新性发展。我们要深入持续地做好这些工作，城市形象就会逐步实现有机更新，并与其历史形象、文化意象相映生辉。

讲座结束后，王志高教授对讲座内容进行了总结。他说，颜老师不仅对六朝文物考古在金陵怀古诗的演变过程中发挥的重要作用进行深入浅出的分析，更对中国文学史上蔚为大观的文学母题——金陵怀古，做出了全面而系统的阐述。他高度赞扬颜老师对于文学作品中与考古相关史料的挖掘与解读，并鼓励同学们就感兴趣的论题，或就文学作品中的史料价值相关的问题，与颜老师开展学术交流，以在今后的学术道路上走得更远！

在最后的互动环节中，历史系本科生章智恒同学向颜老师连提数问：第一，对于唐代涉及南京之外的金陵诗，应该如何对待和利用其中所蕴含的信息；第二，根据日本学者寺尾刚的统计，《全唐诗》中涉及南京地名约有900次，在怀古诗之外的送别诗和旅游等题材的诗作也较多，能否进行相关的研究；第三，在南京都市圈的视域下，南京与周边城市在文学上的关联是否有利于南京都市圈的文化建设；第四，南京作为一座典型的"叠压型"城市，怎么看待部分旅游热门景点存在与历史遗迹错位的现象，是否需要纠正或更改宣传。颜老师一一进行了解答：首先，应历史地看待南京及周边地区的关系，有选择地从诗句的描写内容和史学特征中分析汲取特定时空的可信史料；其次，唐代金陵政治地位下降，但其经济繁荣且交通便利，使唐人能够直观感受到六朝遗存，故其既可从怀古的角度出发慨叹，也可从其他角度抒发所见所感；再者，通过梳理近千年的金陵怀古诗的流传过程，可从中发现对于赋彩城市形象的启示；最后，针对在历史流传过程中所出现的讹误，以王志高教授为代表的一批考古专家与历史学者都在努力澄清，同时各位学子亦可从自身专长出发，为此贡献出青春力量。

文博系本科生史云帆同学向颜老师提问：南京作为叠压型的古都，无法完全展现出历代的人文风采，所以他们小组正在努力开发出历史叠压型电子地图，想请教颜老师对此的意见或建议。颜老师回答道，首先要为同学们的尝试点赞，但鉴于资料整理工作的艰巨性，建议同学们分步实施，逐一攻破。

文博系本科生陈祖滢向颜老师提问：南京薛城遗址是一个重要的新石器时代遗址，但它在社会上的知名度较低，想请教老师如何将薛城遗址与南京六朝古都的形象相结合进行联合宣传和科普。颜老师认为：首先，我们要在遵循文保法的前提下正确地解读薛城遗址资料，在此基础上，再联合多方面传播渠道进行宣传。同时也要通过专业引导消除公众理解上的障碍，例如制作科普视频、出版相关读物等，这样公众对薛城的理解会逐渐形成共识，对薛城、对考古学科，乃至对文物保护的意义都会有新的认识。

整理者：张萱、曹安妍

运通悠悠古今事，兰台闳肆润苍生

——博物馆建设的新实践与新思考：从扬州中国大运河博物馆说起

王奇志

2023年5月20日13：30～15：30，受南京师范大学社会发展学院邀请，南京博物院副院长、二级研究员王奇志老师在仙林校区敬文图书馆二楼西报告厅，为师生做了题为"博物馆建设的新实践与新思考：从扬州中国大运河博物馆说起"的讲座。此次讲座是南京师范大学考古学系列讲座总第99讲（文博大家讲坛第20讲）。讲座由王志高教授主持，校内外师生及社会各界人士近200人聆听了该次讲座。

讲座伊始，王奇志老师介绍了本次讲座的宗旨与主要内容。讲座采用进程性叙事，阐释一个博物馆从无到有的诞生过程，旨在为同学们提供相对感性与整体性的认识。王老师指出，本场讲座将以扬州中国大运河博物馆的建设与运营实践为例，介绍

博物馆诞生的条件与流程，并阐述其展览体系与规划方案，进而提出博物馆建设的新思考。

一　一座新博物馆的诞生历程

首先，王老师谈到了博物馆这一非营利性常设机构的特殊性，并解释了博物馆定位与宗旨的重要性。2022年8月，第26届国际博物馆协会大会通过了新的博物馆定义："博物馆是为

社会服务的非营利性常设机构，它研究、收藏、保护、阐释和展示物质与非物质遗产。向公众开放，具有可及性和包容性，促进多样性和可持续性。博物馆以符合道德且专业的方式进行运营和交流，并在社区的参与下，为教育、欣赏、深思和知识共享提供多种体验。"新时代，国内博物馆机构和职能在不断调整，内涵也在持续延伸，其与其他文化机构的边界逐渐模糊。对此，王老师提出，博物馆首先要明确自己的宗旨与自身在社会中的位置，即博物馆需要回答"要我做什么"、"我想做什么"和"我能做什么"这一系列问题。

扬州中国大运河博物馆的建设既是自上而下的重要决策，也在贯彻落实中央精神方面发挥表率作用。习近平总书记高度重视大运河文化带建设，多次做出重要指示、批示，明确指出"大运河是祖先留给我们的宝贵遗产，是流动的文化，要统筹保护好、传承好、利用好"。2020年7月，国家发改委、中宣部、文化和旅游部、国家文物局联合印发《大运河文化保护传承利用暨国家文化公园重大工程建设方案》，明确要求"在江苏建设国家层面项目中国大运河博物馆"。

扬州中国大运河博物馆以大运河发展变迁为时间轴，上至春秋，下启当代，空间上涵盖隋唐运河、京杭运河、浙东运河等大运河全流域，集中展示中国大运河的历史脉络、科技发展、人文生态等，全面反映中国大运河文化遗产价值以及大运河给人民带来的美好生活。王老师强调，大运河文化带的建设体现的是国家意志。因而在博物馆建设过程中，需要高度重视材料的取舍，既要避免地方视角，又要避免个体生命视角，从而秉持正确的历史观，将思想统一到党中央的指示精神中。

在此基础上，王老师进一步解释了博物馆选址的优势与愿景。扬州位于长江与京杭大运河交汇处，被誉为"中国运河第一城"，是大运河申遗的牵头城市之一。中国大运河博物馆在这里应运而生，博物馆文化与城市气质珠联璧合，相辅相成。2022年，扬州中国大运河博物馆接待观众达1502792人次，取得了较好的运营成果。为打造国家一级博物馆与5A级景区，博物馆周边将建成一座码头，观众在此坐船，向南可达长江边的瓜洲，向北可达东关街码头、天宁寺御码头，进而能够经瘦西湖直达蜀冈平山堂，从而串联起扬州最具特色的运河游览线路。

此后，王老师从组织、功能和场馆三个角度将博物馆建设流程娓娓道来。其中，功能建设包括收藏、研究、展览、教育、服务等多方面，其依托组织、机构、制度管理、人力资源和场馆实现，并围绕博物馆宗旨展开。

组织是以一定目标、宗旨、任务和形式建立起的管理结构与人力资源框架，其根据一定的目标和政策实施理性的协调和控制，并在分工协作中设置不同层次的权利和责任制度。王老师指出，博物馆通过组织来解决冲突、匹配要素、提升效率、行使职能，从而完成组织任务和活动并达成组织目标。

王老师介绍，组织的构成有三要素、四要素、五要素之说，但是无论采取何种分类方式，都应该包含四个方面，分别是一定的人力和物质资源、一定的组织结构、一定的组织运作以及共同的目标。共同的目标由人员实现，人员的选择决定了团队的作用和价值。在人员选择方面，组织需要全面考虑人员的道德、观念、思维、技能、知识、体能、性格等要素，以避免或减少冲突，力求做到匹配、互补、和谐。同时，组织需要明确团队和个体在其中扮演的角色，包括涉足的活动范围、从事活动的规模大小、拥有的权力等。"博物馆管理就是保证博物馆做正确的事，正确地做事。"王老师进一步指出，宗旨目标的确立是"做正确的事"的保证，而结构和规范是"正确地做事"的保证。结构由部门、岗位、职责、从属关系构成；规范是指为了实现目的和维持要素而制定的一套计划、控制、组织和协调的流程。

王老师继而介绍扬州中国大运河博物馆最初的两种设想：一是按照公益类事业单位积极探索理事会制度的政策要求，创新大运河博物馆的运营机制，拟试点设立（中国）大运河博物馆理事会，政府以购买文化服务的方式提供经费，由理事会组织指导博物馆的运营，制定激励机制，从而提升管理效能。这种运营管理模式下的博物馆不提供编制，也不设置科层级别。二是以全额拨款事业单位管理模式进行管理，预计须招聘约150名编制内员工维持展馆日常运营管理。两种管理模式均不包括保安、保洁等劳务用工。全额拨款事业单位管理模式使运营经费有了保障，但这种四平八稳的方式可能导致博物馆发展活力不足。

紧接着，王老师指出，部门及其职责的设置反映了一个博物馆管理模式和功能上的侧重点。传统博物馆设置三部一室，即是藏品部（保管部）、展览部（陈列部）、社教部（群工部）和办公室。而扬州中国大运河博物馆设有11个部门，共96人，分别是展览展示部（12人）、社会服务（教育）部（12人）、典藏征集部（13人）、资料信息部（8人）、大运河文化研究部（16人）、文化创意部（8人）、党政办公室（7人）、人事组织部（3人）、计划财务部（3人）、安全保卫部（7人）、后勤保障部（7人）。

然后，王老师明确了博物馆建设的基本流程。他指出，先有功能的规划才会有建筑的设计，先有展览的策划才会再有展厅的布置，因此博物馆建设不能违背规律。

"古人今人若流水，共看明月皆如此。"王老师接着分析，中国大运河博物馆坐落于扬州三湾古运河畔，该选址充分考虑了扬州地区的自然禀赋、文化底蕴和历史遗存，同时与城市空间格局建立合理的关联。因而，独特的地理位置对博物馆建设提出四点建筑艺术要求，一是要体现出建筑的标志性；二是要提供欣赏运河景观的空间；三是要与扬州城市文化特色相协调；四是要成为具有审美价值的文化休闲场所。如今，扬州中国大运河博物馆的建筑传承古城历史文化风貌，淡雅清新而不失稳健生机；彰显现代扬州创新风采，与时俱进而不失年轻活力。

其后，王老师围绕扬州中国大运河博物馆的展览框架展开详细阐述。扬州中国大运河博物馆展览内容极为丰富，而其展厅具有一个精神内核，即是"集中力量办大事"的中国智慧。中国古代开凿和维护大运河的原动力是漕运，大运河是中国南北融合的战略通道，在维护大一统的多民族国家方面有不可替代的作用，这是中国大运河作为世界文化遗产最基本的价值表述。

扬州中国大运河博物馆以全方位的展览展示内涵丰富的大运河遗产。如"大运河——

中国的世界文化遗产"展览全景展示中国大运河历史面貌与文化价值,对世界文化遗产的保护、传承和利用做了全方位回顾与展望;"因运而生——大运河街肆印象"展览以"城市历史景观再现"的模式打造一个有历史场景和真实业态、让观众可以互动体验的展厅,从多个维度让观众身临其境;"隋炀帝与大运河"展览以隋炀帝杨广乘坐龙舟南下,自作《早渡淮诗》为引,讲述隋炀帝与扬州及大运河之间千丝万缕的关联;"河之恋"展览采用"科技+艺术+文化"的裸眼技术理念,突出声、光、电、形、色等方面的流动效果,营造出富有创意、极具新意的沉浸式体验;"运河上的舟楫"展览以实体体验结合数字多媒体虚拟体验的方式,展示大运河舟楫带来的南北文化融合与古今美好生活。

史蒂芬·康恩(Steven Conn)在《博物馆是否还需要实物》(*Do Museum Still Need Objects*)一书中指出博物馆展示的实物在数量和功能上都呈现出一定程度的弱化趋势。对于"文物在展览体系中发挥何种作用"这一议题,王老师认为博物馆固然需要以叙事性和沉浸式展览吸引和打动观众,但是文物仍然是展览中不可缺少的重要组成部分。

此外,王奇志老师还介绍了扬州中国大运河博物馆攻克"如何展示不可移动文物"这一难题的方法。该馆展览内容以大量研究成果为基础,包括梁白泉先生20世纪八九十年代的研究,以及考古所、古建所、非遗所和艺研所近年积累的工作成果。更有武汉工业大学的顿贺教授及古船制作非遗传承人、江苏省环境科学院等作为外援,提供学术支撑。再者,展览文本广泛征求相关部委和沿线省份的意见,颇具科学性。

二 博物馆服务与观众体验

接着,王奇志老师从博物馆(供给侧)和观众(需求侧)两个方面介绍了博物馆所提供文化产品或服务的内容及其相应的空间、设施要求。

从供给侧出发,博物馆能够提供丰富的服务,包括展览、教育、活动和文创等。为匹配上述服务,各博物馆在规划建设之初就需要根据自身的功能定位设计个性化空间。此外,博物馆还需要为潜在的服务项目提供相应的空间与设施,例如建设多功能会场,以满足举办教育活动、提供聚会或仪式场所等多种需求。

从需求侧出发,博物馆在进行服务设计的过程中需要充分考虑观众体验。"博物馆体验"的含义与相关理念来源于"体验经济"这一概念。体验经济指企业以服务为舞台,以商品为道具,以消费者为中心,创造能够使消费者参与和值得消费者回忆的活动。相较于传统经济,体验经济更注重从生活情境出发,以塑造感官体验及思维认同的方式影响消费者,并为产品找到新的生存价值与空间。类似于"体验经济",博物馆体验是指观众在博物馆亲身参观的经历及其在这一段时间的心理活动,是观众通过感官刺激、情绪和认知上的参与获得一系列可记忆的事件,形成内部的独特感受和经验,以至于产生情感变化的过程。加之,国际博物馆协会于2022年8月公布的"博物馆"新定义中也明确指出"(博物馆）为教育、欣赏、深思和知识共享提供多种体验"。王奇志老师进而将博物馆观众体验归纳为学习（教育）体验、审美体验、情感体验、娱乐和休闲体验、差异性体验（逃避体验）、被尊重和认可的体验，并以扬州中国大运河博物馆的建设与运营实践为例分别予以阐释。

1. 学习（教育）体验

王老师首先对博物馆的学习（教育）体验加以论述。教育是博物馆最基本的功能，教育既是观众获得知识的途径，也是博物馆传播知识的方式。博物馆通过建立自身的知识体系使观众在参观过程中能够获得正确或权威的知识，或是印证自己已有的知识、完善自己的知识架构。与学校教育等其他学习形式不同，博物馆教育具有直观性、丰富性、开放性等特点，观众可以根据自己的意愿，以自己的速度和方式在博物馆中参观，进而获得其他教育形式无法提供的学习体验，这种学习方式被称为"自选式学习"（free-choice learning）。

扬州中国大运河博物馆的展陈设计经过了内外围专家的多重论证，确保了展览内容的知识性与严谨性。王老师介绍，展览内容涵盖大运河的生态环境等自然地理知识与舟船式样、漕运盐利、民间信仰等文化地理知识，构建了一个以运河文化为核心的完整知识体系。另外，展厅内配有电子展示交互大屏，向观众展示大运河沿线非遗项目等内容，为观众创造"参与互动式"学习体验。

2. 审美体验

王老师着眼于博物馆观众审美体验，阐明博物馆体现的诸多美的要素。博物馆自身就是一个按照美的规律所构造组合的复合体，大到馆址与环境、建筑与空间、展厅与陈列，小到展品说明牌的内容和式样。博物馆呈现出诸多美的要素，体量与形式、色彩与明暗、节奏与疏密和舒适整洁的环境、清晰优雅的讲解、温馨体贴的服务一同构成一种美学现象。观众可以以自身审美经验为基础，积极调动理解、想象、情感、灵感等心理因素，体验博物馆和展品之美，从而获得生命的感悟并达到精神超越的境界。

扬州中国大运河博物馆将建筑、外部环境、内部空间、展厅、展柜、展品的美集于一身。博物馆主体建筑呈龙舟造型，建筑一侧的大运塔与文峰塔、天中塔形成"三塔映三湾"的景观，融合传统与现代之美。建筑内部空间将室内展厅和露天庭院相结合，给观众带来移步换景的游览体验。此外，展厅内颜色的布置、展品布局的疏密安排、文创产品的研发等都经过设计者的精心考量。王老师进一步以"河之恋"展览为例，说明该博物馆展览的文字设计经过精雕细刻。"河之恋"展厅的英文标题"Water flows left and right, the youth yearns day and night"改编自许渊冲先生所翻译的《诗经·关雎》，以期让观众感受到运河文化的诗意之美。设计者的巧思使博物馆成为美的富集之地，这种美的表达常常跨越时间、空间和文化的差异，让不同文化背景的观众都可以获得美的感受。

3. 情感体验

参观博物馆能带来情感上的共鸣。当人们在某种情境下产生的情感与其平时所珍视的价值理念相契合时，他们会进一步体验、肯定和认同这种价值理念，从而获得精神上的满足感和愉悦感。在文化价值多元化的今天，现代人却常常陷入精神上孤独困惑的沼泽，缺乏彼此的交流与共鸣。但人作为社会的成员，需要友谊和群体的归属感，希望获得他人对自身所珍视价值的理解与肯定，这就是马斯洛心理学理论所阐述的社交需要。王老师指出，博物馆可以成为人际交流的桥梁，为人们提供一个获得理解，并满足情感需求的平台，这就是博物馆所提供的情感体验。

扬州中国大运河博物馆展示了代表运河演变发展历程和文化特性的典型物证，记录了特定人群和城市（地区）的成败兴衰，体现了运河沿线人们共同的价值观和精神追求，也成为群体维系的凝聚力量和个体归属的精神依托。由此，王老师先后用两个例子分析博物馆提供情感体验的具体路径。一是，"河之恋"展主要反映大运河的美好以及人们对运河的依恋，尽管展览本身的信息量不大，其美轮美奂的景观设计却给观众带来沉浸式感观体验，能够激发观众的心理共鸣。二是，面对"大运河——中国的世界文化遗产"展厅内高大的汴河剖面，观众会由衷感叹运河历史的沧桑变化，感叹王朝和城市的兴衰更替，进而产生对历史、对运河的敬畏之情。

4. 娱乐和休闲体验

博物馆作为一种公共文化空间，其形式和功能呈现出复杂化趋势。在文旅融合的背景下，越来越多的博物馆践行"娱乐性教育"（edutainment）的理念，在展览内容和形式上更加贴近公众，使人们能在轻松愉悦的氛围中接受新知识。此外，接待休闲区、文创产品区等功能区的设置可以拓展博物馆的服务范围，为观众创造更好的游览体验。由此，王老师进一步介绍了扬州中国大运河博物馆所提供的娱乐和休闲体验。扬州中国大运河博物馆的中庭开设有精致的咖啡馆，便于观众在参观之余自由地休憩，观众坐在休息凳上可以向外看到美丽的三湾风景区。此外，文创商店提供丰富的文创产品，有助于观众加深记忆、分享体验并获得美的教育。

同时，王奇志老师也反思了社会"泛娱乐化"背景下博物馆所应承担的社会责任。当前整个社会渐渐注重自我个性发展与"感性解放"，相对自由的生活方式催生了娱乐精神，博物馆亦深受其影响。许多建立在感官刺激之上的博物馆展示和教育使学习变得轻松而愉快，观众不需要具备其他知识，不需要有记忆，学习和运用的内容也不需要阐释。然而，在社会之船高速航行时，博物馆不应舍弃思想性来迎合人们对视觉快感的需求，而是应该积极承担社会责任，把握博物馆"知识性"与"娱乐性"之间的平衡，成为防止倾覆的压舱石。

5. 差异性体验（逃避体验）

此后，王老师分析了博物馆观众差异性体验。"差异性体验"也被称为"逃离体验"，这是人们暂时离开日常生活到异质环境中获得的某种体验。博物馆空间是一个区别于人们日常生活环境的文化空间，是人类财富、知识、智慧的富集之地，具有神圣性、神秘性、永久性的特点。现代人工作生活节奏快、压力大，逃离现实、放松身心成为普遍需求，而博物馆恰恰提供了这样的场所。隔着历史的迷雾，观众可以在博物馆中体会到不同于自身所处时代和地域的文化、艺术和思想。以扬州中国大运河博物馆为例，"因运而生——大运河街肆印象"展览采用"古街巷实景复现+虚拟科技体验+经营性业态"的模式，展厅复原了中原、燕京齐鲁、江淮、江南四大运河流域的街巷空间，调动观众多重感官的参与，让观众感受"逃离"现实的片刻宁静，体验运河街巷之美所带来的满足与和谐。

6.被尊重和认可的体验

其后，王老师谈及被尊重和认可的体验。尊重需求是马斯洛需求层次理论中高级层次的心理需求，当今的中国已经步入小康社会，希望得到尊重的高层次需求成为社会需求的主导因素。博物馆观众可以公平享有社会资源，平等参与博物馆项目，这蕴含着对于人（尤其是低层群体）的普遍尊重。博物馆内的无障碍设施以及为残障人士专设的展览，体现了人性的关怀。免费的饮水、箱包寄存、婴儿车、专门的母婴室、多语种的讲解等体贴周到的服务，为观众营造被尊重的体验。王老师强调，这些来自参观者的真实体验会逐步内化为他们生活中的美好记忆和幸福源泉。

此外，博物馆逐渐成为培养现代公民意识的场所。在参与博物馆活动、体验博物馆服务的过程中，观众作为现代公民的主体性与基本权利得到了尊重与保障。博物馆应当以知识的、艺术的、有秩序的、可参与的（自主的）的环境潜移默化地影响公众，进而培养民主、守法、有素养的公民。王老师亦指出，博物馆需要根据观众反馈及时整改负面的服务要素。博物馆也应对不同政治、经济、文化、教育、宗教背景的人无差别地免费开放，在一定程度上更欢迎弱势、边缘的群体参与体验文化服务项目，满足不同人群自我表达与身份认同的需求。

随后，王老师就"观众体验"的几个方面进行总结：第一是明确主题，营造构成体验的元素；第二是注重形式设计，塑造审美体验，并整合多种感官刺激，形成难忘体验；第三是强化博物馆展览的异质性，促成逃离经验；四是鼓励观众参与，培养自主意识；第五是利用纪念品，促成并传播回忆体验；六是删除或整改负面因素。总之，博物馆应该把改善观众体验作为努力的目标，设身处地为观众着想。

三 真善美是博物馆的永恒追求

此后，王奇志老师升华主题，就"博物馆应该如何实现真善美"的问题提出自己的思考。

首先，博物馆的"真实性"兼有客观和主观两方面含义。一方面，真实可靠是博物馆收藏、展览和教育的基本要求。博物馆展示、传播的信息要经过严谨、客观的考证，要能够经受专家和观众的质疑。另一方面，与"遗产"的认定过程类似地，博物馆所展示的文化必然需要经过人们主观的价值取舍与判断。博物馆表现的是特定人群的文化、政治诉求以及情感真实，是一系列价值和意义的集合，而非绝对客观的"历史事实"。因此，博物馆既是文化表达的方式，也是文化权利表达的方式。我们要捍卫文化多样性与文化平等权，尊重不同民族、族群、社区或国家主张自身文化的权利。

其次，博物馆是集体记忆的承载物，因此要充分发挥博物馆促进群体认同的功能。博物馆作为人类集体记忆的形式之一，是不同经济、文化、地域、民族、宗教共同体的话语表达。博物馆所建构的集体记忆将特定的人群整合成"想象的共同体"（imagined communities），博物馆因而成为个人寻找自我定位、寻求身份认同与价值归属的公共空间。例如，湖南博物院的"湖南人——三湘历史文化"陈列与南京博物院的"江苏古代文明展"就有意识地将某一地区历史上的人群与文化进行整合与展示，进而培养观众的群体认同感。

再次，博物馆是权力角逐的场所，是政治的场域。一方面，博物馆的发展与国家建构息息相关，是"重要的国家黏合剂"（key national unifier）。博物馆的公立国有属性与公共性使其容易受到民族主义、爱国主义等意识形态的影响，因而国家权力往往在记忆构建和呈现的过程中起主导作用，且国家治理的模式和政策也通过博物馆表现出来。例如，受南非共和国境内民族语言多样性状况的影响，南非国家博物馆在建设之初就"使用何种语言的展览文字"问题进行多方讨论，这种讨论的过程便体现了"民族平等"的国家政策。而对中国来说，博物馆作为公共文化服务机构，体现了《中华人民共和国公共文化服务保障法》中所规定的公益性、基本性、均等性、便利性四大原则。另一方面，博物馆可以成为特定群体借以表达政治立场或诉求的平台，例如西班牙巴塞罗那航海博物馆以宣传画的形式强调"欧洲精神"的重要性，借以表达对移民政策的保守态度；英国维多利亚与艾尔伯特博物馆前馆长马丁罗斯以辞职的方式，表达其对英国脱欧政策所致文化断裂这一潜在后果的不满。在这种情况下，我们需要反思博物馆代表了何种话语权，被博物馆保护和展示的是谁的遗产，以及博物馆的展示内容是否有意地遮蔽了某些群体的话语。

最后，王奇志老师归纳了本讲座的主旨，认为博物馆的核心价值是"民主""文明""平等""友善""求真"。而博物馆作为社会公众的"藏品信托机构"，应具有充分的包容性和透明性，为不同群体提供参与的机会并接受公众的问责，同时要利用其拥有的资源为其他公共服务和福利提供机会，具体业务的开展应该以人民利益为基础，真正践行"天下之公器"的理念。

讲座结束后，王志高教授对讲座内容进行总结。他说，王奇志院长通过介绍他亲身经历并主导的中国大运河博物馆建设和运营过程的经历，分析博物馆的基本要素、观众体验的多样性以及博物馆为观众提供多样性体验的手段，阐述了博物馆作为公共文化机构的核心价值。

在最后的互动环节中，文博系研究生宋菁蕾同学向王老师提问：应该如何把握博物馆娱乐化的度，博物馆可以采取哪些手段使得观众更加关注博物馆的展览内容本身，而非过度关注娱乐设施。

王老师答：博物馆采用一些娱乐设施来吸引观众是手段，而非目的。博物馆一方面通过不同版本的语音导览服务来帮助不同群体更好地理解展陈内容；另一方面可以策划多样化的社会教育活动，拓展观众参与博物馆文化服务的途径。

文博系本科生杨肖童同学向王老师提问：据统计，南京博物院观众中超过80%为外地游客，五一期间这一数据甚至达到了98%。这一现象在反映博物馆对城市旅游贡献的同时，是否也说明了本地观众在公共文化服务项目中参与度的低下？是什么原因导致这种现象，又有什么方法能够改善这种状况？

王老师答：这一现象的成因比较复杂。一方面是面向本地观众的宣传不充分，另一方面是今年五一假期的特殊性。今后，馆方将持续关注这一问题并设法解决。

"今人不见古时月，今月曾经照古人。"博物馆是战胜时间的地方，它承载着生命力量之和，它让过去拥有未来。王奇志老师的精彩分享带领同学们领略了博物馆建设的全过程，亦让同学们从全新视角考察扬州中国大运河博物馆。相信在这场讲座之后，同学们会牢记博物馆不断追求"真善美"的长久目标，在未来以博物馆建设实践传递远古的思索，展现文明的觉醒。

整理者：周浦昱、刘一凡

釭头曰汉古于汉，入土出土沧桑更

——已阅沧桑几变迁：从江苏发现的两件琮谈起

左 骏

2023 年 6 月 10 日 13：30～15：30，受南京师范大学社会发展学院邀请，南京博物院研究员左骏老师在仙林校区敬文图书馆二楼西报告厅，为师生做了题为"已阅沧桑几变迁：从江苏发现的两件琮谈起"的讲座。此次讲座是南京师范大学考古学系列讲座总第 102 讲（文博大家讲坛第 21 讲）。讲座由王志高教授主持，校内外师生及社会各界人士共 100 余人聆听了该次讲座。

讲座伊始，左老师介绍了本次讲座的缘起。左老师指出，考古发现已充分证明琮出现于新石器晚期，分布遍及华东地区的良渚、龙山诸文化和华西地区的齐家文化区域，但目前学界对于早期琮的发端、起源、流布路径乃至其蕴含意义仍有争议，需要结合更多的考古新材料去探究这些问题。

《周礼·春官·大宗伯》有言："以苍璧礼天，以黄琮礼地。"可见，史前先民赋予了琮崇高的精神意义，琮在中国礼制文化的发展中无疑扮演了重要角色。然而，随着中原文化汇聚，曾经盛极一时的琮却逐步淡化在历史长河中。对此，左老师指出，南京博物院收藏的两件典型华西系琮分别在战国与六朝时期被重新改制沿用，并随墓主人再一次沉眠地下，这或许预示着时人对早期琮赋予了新的认知。因而，本次讲座的主要内容，即是以这两件琮为切入点，综合史前琮在历史时期的发现，并重新梳理传世文献中有关琮的蛛丝马迹，从而厘清这类史前时期曾经烜赫的玉礼器在历史时期流传辗转中功能与意义的嬗变。

一　两件琮

首先，左老师介绍了两件琮的基本情况，一件为江苏淮安市涟水县三里墩战国墓出土的银扣鸟（鹰）座琮（盒），另一件则是南京幕府山东晋大墓中出土的四面光素琮。

鸟座琮发现于江苏淮安市涟水县三里墩，该县位于江淮平原东部，三里墩位于城北，墩体原是新石器时代遗址，因地势高耸，后被人们利用为葬地。琮发现在墓中石椁的东部，根据残存椁板判断此处可能是墓葬的东边箱。因该处未被晚期扰乱，琮基本位于随葬时所放置的原位。该琮四方端正，由盖、琮本体、底座三部分构成。主体琮内圆外方，孔道光洁。玉料因为长时间的埋藏而呈现黄白相间的色泽，白色不透明处为埋藏后的次生沁蚀，部分显露的黄白与红褐糖色的间生部分，则是玉料原本的色泽。左老师提出，根据琮形制和用料特征判断，这件琮毋庸置疑是一件颇为典型的史前华西玉器。

接着，左老师对鸟座琮的性质及功能做出推测。他指出该琮应与同样放置在东边箱中的日用器具和日常把玩器性质相同。琮下部有底座、上部加盖，使其俨然转变成一件可以用于贮藏的小型容器，且琮孔内壁目前尚残留一些固化状态的粉状物。据此，左老师推测，这件琮或许是一件用于存放化妆脂粉的盒型容器。

因发掘时在墓室填土中发现若干枚汉代五铢钱，学界对于该墓葬年代有战国与西汉的争议。左老师通过墓葬主体出品的时代风格和墓葬形制结构，指出该墓葬具有典型的战国时代特征，且墓葬本体所反映的族属特征更多指向中原的三晋或齐地。一如边箱中出土的立鸟错金银镶绿松石铜壶的形制为战国中期三晋地区铜、陶壶的造型，且通体采用的装饰技法亦多盛行于战国中晚期的楚和三晋地区。又如墓葬中出土的镂空蟠螭纹三环钮铜镜，呈现战国中期中原大型镂背铜镜的特征，近乎相同装饰纹样和造型的铜镜曾发现在山东临淄商王庄战国墓中。

紧接着，左老师结合文献对战国晚期江淮下游政治格局变迁的记载，进一步分析涟水三里墩战国墓的埋葬时间应该在公元前286到公元前284年或稍后，同时这件华西琮改制的时间下限也应当不晚于此时。进而，他提出鸟座琮体现了古代对旧玉重新改造的设计理念，与战国晚期诸国高度发达的金属制作技艺、奢靡的社会风尚嗜好取向均密不可分，是在彼时"当下"审视中的一次对古代艺术品的重新设计创作。

此后，左老师介绍了南京幕府山东晋墓出土的琮。该东晋墓发现于南京市城北幕府山南麓的朱家山，编号为幕府山一号墓。早年公布的发掘资料显示，随葬品及墓主棺木曾受进水漂移，零散破碎的出土品表明有过盗墓扰乱迹象，不过仍然出土了包括琮在内的金、滑石、瓷、漆、陶等材质的器具。琮发现时位于前室排水沟涵洞附近，根据棺木腐烂后的漆痕判断，两具棺木应是在墓室进水后整体脱离后室棺床，漂浮至前室并发生了侧翻。通过两组滑石猪、铁镜对应的相对位置来分析，最大可能是琮原先置于其中一具棺木中，并放置在墓主的上身部位。

左老师进一步指出，此琮四面光素，造型平直方正，具有短射口、内孔光洁等特征，均表现出典型的"华西系玉器"齐家文化琮特征。琮的四角有明显的抹弧，虽然不排除可能是"华西系玉器"少见的制作细节，但是琮表面整洁光润、不见丝毫打磨和制作工痕，可以确定在其最后一次埋藏前已经经历了长久的摩挲把玩。

就墓葬年代与墓主身份而言，左老师综合分析残存遗物、墓葬形制与历年调查情况，指出该墓葬应属东晋中期。他指出墓中随葬的滑石玉组佩、残留的金步摇饰片、龙虎形的陶座、成组的青瓷器具，可明确表明墓主身份的显贵，其可能是东晋中期的重要勋贵。同时，幕府山南麓为东晋陵区之一，即文献记载中的晋穆帝永平陵的"北陵"陵区。该墓葬封土高耸、出土品丰富、等级规制较高，因而这座墓葬可能也是东晋"北陵"陪葬墓之一。

其后，左老师以南方考古发现的两晋、南朝墓葬中的典型前代旧玉为例，论证这些墓葬主要源自西晋末年"永嘉之乱"世族大家的大规模南迁，但是此后随着长达百余年的消耗，到南朝时这些携自北方的玉器已消耗殆尽。

资深玉器研究者邓淑蘋先生曾根据华西所见早期玉器玉料的外观特征，提出了"典型华西玉料"的概念，这两件琮符合她所提出的五种常见的料质。这两件琮与华西系齐家琮"外轮廓方形四平"、"矮琮偶尔在转角处稍磨圆"的情况相吻合。左老师总结到，这两件琮的料质和外形特征均与华西系齐家琮相同，证明这两件琮的制作地点和文化属性均是来自华西的齐家文化。步入历史时期后，社会高层按风尚品味对它们进行改造和功能挪用。相较而言，涟水琮的贮藏功用较为明确，而幕府山墓葬被盗扰、有机质朽烂殆尽，该琮是否与涟水琮那样被改造成一件存贮容器，现已不可知晓。

二　华东与华西

而后，左老师回顾了有关琮的考古发现。虽然良渚文化早在1936年就被发现和命名，不过直至20世纪70年代以前，学界绝大多数研究者对琮及同类型器还停留在"三代礼器"的认知上。在江苏苏州草鞋山1973年夏季的考古发掘中，伴随着编号198号的良渚晚期大墓的发现和揭露，这种常见于古代文献上、被冠之"琮"类玉器的"原生"时代第一次在考古发掘中被确认。左老师特别指出，相较于华东地区对琮时代和文化归属的认定，华西地区琮的时代提升则是在稍晚的20世纪70年代末期至80年代初，在山西襄汾陶寺大墓发掘中才得以实现。

进而，左老师介绍了公元前2300年至公元前1500年间，即中原逐渐步入"夏文化"

汇聚旋涡时空的时期，有关"琮"的发现情况、文化交流问题。

根据目前的发现和研究，华西地区最著名的考古发现的琮是甘肃天水师赵村第七期M8所见的琮、璧组合埋藏，这也是有明确出土单位的琮之一。该墓葬形制较为特殊，左老师认为可将其视作一处师赵村聚落举行琮、璧祭祀的遗迹。此外，在陕西岐山双庵遗址灰坑H349填土中发现一组琮、璧，材质并非软玉。左老师指出，此二实例或有可能证明琮、璧祭祀组合在西北地区出现的时间不会晚于齐家文化早期。

除此之外，龙山时代的琮、璧组合集中发现于华西陕、甘、宁三地，由于大多在生活生产时偶然发现，数量较多，但缺乏科学的发掘过程，因此无法辨别其地层所在，其准确的年代缺少科学佐证，目前只能按所发现的时间、地点进行罗列。伴随着齐家文化的不断向东扩展推进，关中地区的琮也不断发展，或许出现了如良渚文化琮一般的从矮到高的演变历程。后柳河沟发现的俗称为"静宁七宝"的琮、璧组合则为甘肃地区最为著名的琮、璧组合之一。"四璧四琮"发现自一处由石板构筑的祭祀坑中，其中一件玉璧因破损而未被征缴。左老师介绍，相关研究认为"四璧四琮"的共同发现为一个完整的祭祀埋藏，因此后柳河沟的"四璧四琮"应存在着对应的关系。

山东地区的琮则比较特殊，也是目前学界争论的焦点。山东地区出土的较多牙璋都与华西地区的牙璋相似，二者之间是相互学习，还是单方面的传播，至今仍未有定论。一些学者在琮发现之初提出，形制上存在着源自华东地区，通过上层的文化交流传播至山东地区后再传播至华西地区的可能。陶寺遗址及其所在的区域文化则为一个集中点，大量出土的琮都摆放于墓主人的右手手臂处，明显是臂腕上的装饰，可看出与良渚文化晚期琮的用途存在着较大的差异。

随后，左老师对南方地区的琮进行了介绍。同时期存在的石家河文化及肖家屋脊都有琮发现，外形上与良渚琮相似，但其设计及制作工艺较良渚琮更具有地域特色。上海的广富林遗址亦有琮的出土，学界认为广富林的文化存在着继承良渚文化的可能性，但左老师对此提出了不一样的看法：广富林遗址出土的琮和长江上游、中下游出土的一批琮的质量相比有所下降，并没有反映出与良渚文化琮之间明显的承接关系。因此，良渚琮归向何处，中华大地的不同地区为何都出现了琮的踪迹，这些疑问共同形成了不同族群的交往及文化的融合这一巨大的课题。

紧接着，左老师对石峁文化出土的琮进行了介绍。石峁文化近年来被认为是早期华夏文明汇聚的中心之一，颇受学界关注。在石峁文化分布范围内发现有典型良渚琮的踪迹，但同时也发现了具有明显华西琮的设计风格。两种不同地域类型的特征在同一件琮中出现，在当时的石峁文化中可能存在着仿制或有意识地进行改造的行为。在形制上观察这件琮应被归类为华西琮，但对实物进行了观察后发现上面隐隐存在着良渚文化典型的纹饰。这类琮上常有被切割改造过的痕迹，相信应是在本体受损后进行的二次改造。在石峁文化中常见有良渚多节琮被肢解成铲、钺的形态，左老师指出这曾经带有神圣崇拜的良渚琮，辗转到一个新文化区域却只当作玉料使用，原本"琮"的精神层面意义已经不复存在。

三 "琮"

随后，左老师以时间顺序为脉络，对琮的发展和延续进行了阐释。在二里头文化时代未发现琮的本体，仅发现有琮的一角残片。左老师虽未见实物，但通过照片线索可判断碎片应来自一件良渚晚期多节琮：从碎片中隐约可见良渚常见的神人兽面纹饰，并可看出器物本体分节。在二里头遗址周边的大师姑遗址出土"琮"残片的玉料带有糖色，呈现出华西琮的特征。这个时期的"琮"兼具良渚琮和华西琮的特点。

公元前1400年至1100年，时间推移至商代。该时期的琮常见于殷墟，同时殷墟周边的前掌大遗址、苏埠屯遗址以及南方的大洋洲遗址、盘龙城遗址、九莲墩遗址等地的商代地层中都有琮的出土。殷墟的琮主要集中发现于侯家庄商王陵群中，其中被认为是商王武丁之墓的M1001中出土的两件琮带有典型的齐家文化形态特征。而M1002却出现了各类由白石制作类似于琮的构件。白石构件的体量较大，且四面带有龙首或牛首的雕刻装饰。但由于墓葬曾被盗掘，故其在墓葬中的具体位置无从得知。除M1002外，武丁之后的M1004及M1005同样都出现了相似的白石构件，左老师对这类物品是否能判定为"琮"仍未有准确的定论。在M1400中发现有一玉制品上雕刻有双鸮，鸮的雕刻手法是商代常见的圆雕、片雕及浮雕，鸮嘴之处正好是琮的角，自此可见这件器物应是由一件由早期琮改制而成的玉器。妇好墓中出土了几十件源头不一的"琮"，有将良渚琮四壁磨平改制而成的四面凸起的典型商代玉器，而大部分的"琮"通过玉料判断应为华西系统的琮。左老师进一步指出，玉器本身就是多元的，而玉器的原料也是多元的，譬如红山文化的玉器、南方的玉器所采用的玉料都有着其独特性。

紧接着，左老师对该时期南方地区所发现的琮进行了介绍。他以大洋洲的两件琮为例，对当时旧玉改制的情况进行了辨析。大洋洲出土的两件琮从玉料本身所见应为良渚琮改制而成。已知大洋洲地区在商代是南方的重要方国，且大洋洲地区出土的青铜器和殷墟青铜器形制基本相同，那在玉器方面是否也会存在一样的观念，这两件琮是否存在在殷墟当地完成改造后再颁赐给大洋洲的情况？左老师认为，这是一个值得深入思考的课题。

进而，左老师以古文字学者的观点为切入点，对商代是否有"琮"这一观念展开讨论。古文字学者在甲骨文中发现了"亞"字形字符，他们认为这个字符是通过琮外方内圆的形态逐步演变为目前在甲骨文中所见的造型，因此将此字符解读为"琮"，并根据琮的形态构建出了这一字符的演变序列。但商代有"琮"的理念以及其相关的礼制概念和精神概念，左老师仍保持怀疑的态度。朱乃诚先生以妇好墓为例深入探讨过商代琮的问题，他认为商代不仅没有制作严格意义上的玉琮，也不存在作为礼器使用的玉琮。因此，古文字学者所解读的"亞"字形字符是否为琮，仍需进一步商榷。

随着时间的推移，在众多的考古学资料中仍然可见琮的踪迹。西周时期的琮大多出土于西周京畿及其周边地区，主要集中于陕西、山西南部及河南西部一带。从玉质及形制推断，西周时期的琮大多以华西琮为玉料，加刻西周流行的纹饰。除使用华西琮为玉料外，西周同样也有使用良渚琮为玉料的情况。天马曲村晋侯苏墓中出土的一件琮，通过其玉质、残留痕迹，左骏老师认为这件琮无疑是良渚琮的改制器，这件琮经历了龙山时代的洗礼，最后又葬入西周的晋侯墓中，它背后的故事是值得探讨的。梁代村芮桓公墓出土的随葬品主要是玉器和金器，其中一部分为琮的形态。琮外饰条纹，推断为后期改制而成，其余纹饰及玉料皆带有史前华西琮的特征。在另一处芮国墓地刘家洼墓地中，曾有一件较为特殊的琮改器，除一角破损无法改造外，余下三角都被重新雕刻为三个不等分的玉人形态，呈现出典型的西周晚期纹饰的特色。

进入春秋时代，琮的地域分布有了进一步扩大，从以往的集中分布转变为分别散落至各个重要的诸侯国地区，晋国、成周地区、吴县窖藏、雍城等地都有琮的出土。淅川下寺出土的一件楚国早期的玉环，虽为环的形态，但仍有琮四角突出的残留，而这正是典型的由琮改制而成的器物的特征。古人在惜料的情况下，如何处理琮的四角成为当时改制对器物进行设计的问题之一，而这种残留的特征也为从事玉器研究的人员判断玉器是否由旧玉改制而成提供了依据。赵卿墓作为春秋晚期的典型墓葬，同样也出土了琮及与琮相关的新的器物。与琮相似的器物发现于墓主人下方，四角突出的形态不难判断是由琮改制的器物。而在赵卿墓内棺四角出现了四件典型的随葬玉器，其玉料较差，石质感强。无独有偶，在陕县春秋墓中同样也发现了形制相似的器物，此类器物在春秋战国时期的墓葬中陆续出土，有学者认为这或与当时的丧葬礼制中的"琮"有所关联。

随后，左老师将视角聚焦至楚地。曾侯乙墓中亦有与琮相关器物的出土，在曾侯乙的头部发现一件早期琮，同样也是典型华西琮添加了战国早期的纹样。手部发现的两个玉镯，四角凸起，同样有琮的特征，也可判断为是由早期琮改制而成的。除曾侯乙墓外，在荆州、长沙等地也有出土被分割的琮，大体上没有对琮的形态做过多的改变。

在江苏苏州的吴县窖藏中发现了一批玉器，这批玉器的国属是有所争议的，有学者认为属于吴国，但就考古学材料而言，这批玉器属于越国的可能性较大。吴县窖藏的重要性并不在于其器物的数量及其精美程度，而是其出土了一件剖解后残存的良渚时期高节琮及一枚同时期的玉璧。这些器物的出土有着重大的意义，在春秋时期的窖藏中出土了两件良渚时期的玉器，这说明了吴越地区在春秋时期利用良渚旧玉的玉料进行改制是一个非常普遍的现象。因此，左老师推测吴越地区在春秋时期至战国时期，制作玉器所采用的玉料基本都是由良渚时期的玉器改制的。

直至汉代，"琮"的形态又发生了变化。秦汉之际，常用青绿色玉料制作祭祀用器，而祭祀用器则常见有圭、璜、虎、璋等，以上的祭祀用器组合在秦汉时期的祭祀遗址中常有发现。在西安北郊芦家口发现的祭祀坑中，在发现常见的祭祀用器组合外出土有两件"琮"。二琮本为一体，通过其玉质和形制可判断为齐家文化时期的华西琮，为了与其他几件成对的器物形成配套组合，被剖成了两件一样大的琮。

在汉代，琮除了运用在祭祀上，也存在着一些比较特殊的用途。左老师为同学们介绍了满城汉墓中琮的踪迹。在墓主人刘胜的玉衣下体处有一玉罩，而这件玉罩是由琮改制而来的。玉罩常见于汉代的殓玉系之中，与之配套使用的还有玉制的肛塞，二者一同用于保护墓主人的下体。刘胜的玉罩则是使用了类似于琮的物件，配合一块玉片将其封住，将其改制为一件容器。通过这一例子可见，发展至汉代，史前琮的神圣性不再，甚至已沦落至作为下体的玉罩所使用。至此琮跌落神坛，逐步成为一种实用器物，汉代人仅仅利用它的形态来进行改制并开发出了一些新的功能。

紧接着，左老师结合文献所载，对魏晋时期人们对琮这一理念的理解进行了分析。《魏书·灵征志》有载"太和五年六月，上邽镇将上言：'于镇城西二百五十里射猎，于营南千水中得玉车钏三枚，二青一赤，制状甚精'"，其中所载之地正处华西琮出土较多的地区，而所谓的玉车钏正是琮。《晋书·慕容儁载记》载："常山大树自拔，根下得璧七十、圭七十三，光色精奇，有异常玉。（慕容）儁以为岳神之命，遣其尚书郎段勤以太宰祀之。"这种情况在甘肃东部及陕西西部等齐家文化所分布的区域内时常会发生，应是无意中发现了齐家文化时期的祭祀坑，因此出土了史前时期的琮和其他时期瘗埋的祭祀玉器。

直至隋唐时期，琮似乎再度被用于丧葬礼制之中。在隋代的一位高僧的地宫中便发现有一件早期华西系统的琮，用于地宫瘗埋仪式用具，但目前为止在唐代的高等级墓葬中并未有发现。而在中唐的惠昭太子墓中发现有一件白石所做的器物，同出有圭，以往曾将其判定为方璧或多角璧，如今看来应将此物理解为唐代的琮。

北宋晚期，吕大临所关注的古器物中出现了一件方形的玉器，上有一段商晚期至西周时期的铭文。但从事古文字研究的学者认为这一段铭文应是宋人仿刻，因此这件器物的真实性不可考。左老师以这件器物相关的记载为例，认为宋人对方形玉器有一定的了解，在其观念中这一类型的器物是属于上古的玉器，对其功能意义却无所知晓。提及宋代对琮的了解，最为著名的便是宋代一系列仿古的瓷器。在北宋晚期至南宋时期，宋人大量制造了与琮形态相似的瓷器，这类瓷器除一般装饰品外，亦用于插花或作文房用具等。可见当时琮这一形象所代表的神圣性已不复存在，而是作为一种被广泛接受的仿古典雅的实用器物，逐步走向人们的日常生活中。

关于琮的形态是如何进入宋人眼中的，左老师提出或与宋代对南方地区的大规模开发有关。宋代琮瓶所展现的面貌与良渚晚期的多节琮十分相似。从地层学而言，良渚晚期的遗存大多在遗址的偏上方，因此当宋人在南方进行开发活动时，可能会接触到良渚时期的多节琮。

在明代中晚期《方氏墨谱》中亦有琮瓶的踪迹，名为蓍草瓶。蓍草是明代用以求签的物品，琮瓶被用作蓍草瓶作为签草的容器。王毂详所绘的《瓶插群芳图》中亦可见一件仿古的铜琮作花插使用。因此可知在明代，琮瓶继承了宋代的用法，成为世俗生活中常见的带有装饰性质的实用器物。

　　直至清代，琮瓶已然进入生活的方方面面之中。《雍正吉服读书图》《咸丰吉服读书图》中都出现有琮瓶的身影，且用途不一，同时亦有以翡翠作为原料制作的琮瓶。琮从原始的形态自宋转化为琮瓶以来，性质已全然更改，但其形态仍旧一路流传千古。有意思的是，乾隆皇帝也有收藏琮的爱好，并热衷于对其进行改制。他在一件琮的上方加入铜挡，并制作了珐琅插座，加入铜挡是用于保护瓶身在冬天不被冻破，在其中注水插花可以保证瓶身的安全。而这件琮的本体应属于良渚文化时期，在经过多年的把玩其本体色调变红且更为油润。乾隆更在琮上刻诗一首，而这首诗也正是本次讲座主题的出处。乾隆所理解的琮是汉代或以前人在抬轿时放置于肩膀处的物件，因此他将琮统称为"汉玉辋头"。而到了清末，吴大澂在《古玉图考》中有云："今世所传古玉钉头，其大者皆琮。"他否定了乾隆的判断，并结合《周礼》中的记载对琮进行了详细的考证。

　　讲座行至尾声，左老师对数千年来琮的理念及数千年来琮的沧桑变迁再次进行了讨论。首先，琮存在着概念上和实际意义上两种观念。实际意义上的"琮"如良渚、华西系统等文化在考古学上所见"琮"的实体，即使我们不知它从何而来，但它确实存在并有着固定的形态、史前礼仪的功能。但在中原地区所出土的龙山文化时期琮，与华东、华西系统的琮用途不一，它可能只是一种装饰性的高等级物件，并不具有明确的祭祀功能。随着时间的推移，曾附加在琮身上的神圣性逐渐消失殆尽，它不再具有重要的祭祀意义，直至商代晚期西周早期，琮都是作为一种装饰品而存在。然而在两周交替之间，改制的出现为琮提供了新的机遇，使其焕发了新的光彩。沿着改制的不断发展，不同朝代关于琮的观念一直在改变，无论是汉代所理解的方体圆孔，抑或宋代诞生的琮瓶，直至明代仍能在高等级的墓葬中窥见人们对琮璧的崇拜。他们或许不知道琮究竟是何模样，但琮依然被"制造"出来，以各种实体的形式存在于世间。实体的"琮"从史前一路延续至历史时期，逐步从神坛走向世俗化；观念里的"琮"其实经历着一个不断更替、不断创造的过程。

　　考古学家眼中的琮、历史学家眼中的琮、金石学家眼中的琮是不一样的，左老师认为能把器物功能和意义的嬗变厘清是我们最为重要的本职工作之一。

　　讲座结束后，主持人王志高教授就讲座内容进行了总结，他说，左骏老师从江苏的一座战国墓及一座东晋墓所出土两件史前时期的琮谈起，引出了史前琮的两个系统——华西系统和华东系统，并对玉礼器在历史流传与辗转中功能与意义的嬗变进行了解读。通过左骏老师的分析，可以了解华西琮的分布情况，及其在历史时期的出土和文献记载的情况，讲座中涵盖的大量信息和新观点为同学们开拓了对史前玉器认知的新视野。

　　在其后的互动环节中，文博系本科生张萱首先向左老师提问：在讲座中曾提到过存在有旧玉改制的现象，比如说良渚文化的一些玉器在历史时期被改造为新的玉器。除了玉料方面的原因以外，是否存在着特殊的意义或原因？除了琮外，其他形制的玉器是否也存在旧玉改造的情况？左老师强调本次讲座的主题为琮，因此在讲座中仅对琮的改制做了介绍，历史时期旧玉改制的现象并不仅限于琮。左老师表示，关于历代对旧玉改制的问题需要设身处地地根据当时的情况进行思考。两个不同的族群存在着不同的信仰，如陶寺文化、石峁文化对良渚玉器的改制，表现的是对良渚玉器蕴含的精神信仰的不认可，要将其改造成自身所需要的器物，因此在不同族群的观念里所谓的良渚玉器只是他们创造自身文明载体的原材料。

随后，博士生徐良向左老师提问：目前学界对琮的讨论非常多，包括其文化寓意、功能和用材等。有学者认为琮是龟形，四个角是龟的足，中间部分是龟壳，也有认为琮是手镯，在讲座中左老师主要是对其流变进行了阐释，但涉及琮的文化寓意及功能较少，想更多了解左老师在这一方面的看法及认识。左老师以琮的外形为切入点，提出良渚琮的四壁带有一定的弧度，从工艺学的角度而言增加了制作的难度，因此良渚琮至少涵盖着两种意图，是遵循着某一种观念的。而琮在良渚早中期开始出现明显的功能分化，因此出现了不同形态的琮，意味着琮的内涵随着时间的推移已经发生了改变。

整理者：陈祖滢、周浦昱

白釉青花一火成，花从釉里透分明

——元明青花瓷鉴赏

王兴平

2019年4月13日13：30～15：30，应南京师范大学文博系邀请，中国古陶瓷学会秘书长、南京大报恩寺遗址博物馆馆长王兴平研究员在随园校区600号楼117会议室，为师生带来了主题为"元明青花瓷鉴赏"的讲座。此次讲座是南京师范大学文博系承办的考古学系列讲座总第11讲（文博大家讲坛第3讲）。讲座由王志高教授主持并做总结，本科生、研究生及校内校外其他人员共计100余人参加了该次讲座。

王兴平研究员的讲座由两部分组成。

第一部分是青花瓷及其起源。王兴平研究员向同学们介绍了学界对青花瓷的几种定义，认为这几种定义并不完善。他指出，定义青花瓷的核心要素是制瓷过程中，使用了氧化钴这种呈色剂，据此或可重新定义青花瓷，并可进一步将青花瓷分为两种，即"釉上青花"和"釉下青花"。此外，根据2003年河南省文物考古研究所和中国文物研究所对巩义市（巩县）黄冶窑遗址进行的考古发掘，王兴平研究员认为青花瓷应创烧于晚唐。

第二部分是元代青花瓷。王兴平研究员从六个方面对元青花进行了介绍。他首先梳理了国内外对元青花的研究。中国学界对元青花的研究大致可分为三个阶段。第一阶段是20世纪50年代至60年代，这是中国学界对青花瓷研究的起步阶段。第二阶段为20世纪70年代至80年代，这一阶段，有了更多的考古发现，特别是80年代，景德镇陶瓷考古工作者开始对元青花窑址进行考古发掘，进一步揭示了元青花的历史面目。第三阶段为20世纪90年代至今，有关元青花的研究迅速扩展，并取得了显著的学术成就。

其次，王研究员介绍了元青花瓷所用钴蓝料的产地。目前国内古陶瓷界多认为钴蓝料的产地在西亚，具体可能在伊拉克萨马拉（Samarra）地区，最近也有学者认为颜料可能来自伊朗。

紧接着，王研究员介绍了元青花的装饰纹样和图像来源。他认为迄今所见传世与出土的元青花，其装饰纹样和装饰风格，都和至正十一年云龙纹象耳瓶基本一致，可以说都是"类至正型"。在介绍明初墓葬所出元青花梅瓶的用途时，一位现场听众与王研究员展开了激烈的讨论。现场听众认为明墓中出土的元青花梅瓶的用途并非王研究员所推测的酒器，而可能是供死者灵魂所居的"魂瓶"。王志高教授则依据他自己早年对明代墓葬的考古发掘，支持王兴平研究员关于青花、釉里红梅瓶是高级储酒器的推测。

王兴平研究员介绍了内蒙古、江苏、江西等地发现的元青花，并认为现在还不具备对元青花进行分期的条件。

之后，王研究员介绍了元青花与西亚的关系、元青花的产地、窑址考古发现和创烧年代的最新观点。他认为元青花的生产发展与西亚关系相当密切，西亚地区是元青花的首要流通地；从迄今为止的实物资料看，已发现的元青化瓷均由景德镇生产，云南元青花风格青花瓷和越南元青花风格青花瓷都不是元代产品。

最后，王研究员向同学们介绍了元青花的胎料与成型工艺。他认为，元代以前，瓷器胎料配方多是一元的，即只有瓷土一种配方，因此唐宋时期的工匠很难制作出较大的瓷器。元青花的胎泥，目前学界多认为是景德镇南安一带的瓷石泥加瑶里高岭土混合淘洗的"二元配方"，因而可以制作出体型较大的瓷器。

讲座结束后，王兴平研究员认真回答了现场两位同学关于元青花器型演变的问题。王志高教授最后做了总结。

正如王兴平研究员所言，青花瓷是中国古代陶工的杰出创造，虽不为古代礼制用瓷，但在中外文化交流和经济贸易中，却有着非凡的魅力和影响力。尤其是元明青花瓷，曾深刻地影响了西亚、中亚、东亚、南亚诸多国家地区的陶瓷文化风尚。17世纪以后，青花瓷又风靡欧洲。

整理者：左凯文

温温玉色照瓷瓯

——五大名窑新解

王光尧

2019年10月12日10：00~12：00，由南京师范大学社会发展学院与南京市社科院联合主办，南师大文博系与扬子江创新型城市研究院联合承办的"南京师范大学文博大家讲坛暨金陵智库圈学者讲坛"在随园校区600号楼报告厅隆重举办。故宫博物院考古研究所副所长、中国考古学会常务理事王光尧研究员应邀做了题为"五大名窑新解"的专题讲座。此次讲座也是南京师范大学考古学系列讲座总第19讲。讲座由王志高教授主持，文博系本科生、研究生及社会各界人士共100余人聆听了本场讲座。

王光尧研究员的讲座由三部分组成。

第一部分介绍了五大名窑出现的历史背景。王研究员认为，宋元时期各地瓷器窑场增加，各窑场的产品之间出现竞争，而商业竞争促使一些窑场生产出了更加精美的产品，五大名窑就是在这一时期应运而生的。他接着分析了宋代瓷器的生产格局：1.对唐五代瓷器生产旧有格局继承与发展，突破唐代南青北白的二元结构，趋向多元化，新的釉色品种出现；2.南北交流多样，并产生新的效果——青白瓷的出现；3.在旧有各以州命名的基础上，形成了风格特征明显的八大窑系：定窑系、磁州窑系、耀州窑系（包括临汝窑系）、钧窑系、越窑系、龙泉窑系、建窑系、青白瓷窑系，在这八

个窑系外还有黑瓷、三彩等未纳入者;4.瓷器生产地域空前扩大,辽、西夏等地开始生产瓷器;5.外销瓷器生产基地开始形成。

讲座的第二部分是对"五大名窑"概念和成因的说明。王光尧研究员认为,目前文献所见"五大名窑"这一概念,最早见于万历十九年(1591)刊行的《遵生八笺》:"论窑器必曰柴汝官哥。"明代晚期以后,"五大名窑"之说开始流行,如张应文《清秘藏》:"论窑器必曰柴汝官哥定。"不过,考古发现并不能完全支持文献上的记载,如目前没有发现能证明"柴窑"存在的凭证,而依据考古发现能确定为宋代的名窑,仅有定窑、汝窑和官窑。哥窑应是元代的,钧窑则出现于明代早期。

在此基础上,王光尧研究员进一步分析了"五大名窑"的成因。一是这些窑场所产瓷器与皇宫或官府发生关系,造成其身价的提高;二是唐宋时期的土贡、抽税等制度,使民间窑场的产品有了合法进入官府的渠道;三是从土贡、抽税、科率到命令地方官府烧造,出现地方官窑,为中央官窑(后来御窑的前身)的出现提供了经验和知识的积累;四是两宋时期宫廷用瓷的多样化,可以视为瓷器生产多元化格局在宫廷用瓷来源上的表现,也可以说,正是多样的瓷器进入了宋人的生活,才使其与宫廷的生活更接近。

随后,王研究员对宋代官窑的类型及发展、贡窑及相关证据、贡窑和官窑的区别进行了辨析。他指出,贡窑的性质是民窑,名称得自浙江慈溪上林湖出土的一件越窑墓志罐铭文。地方官窑是地方官府具资生产或地方管理烧造的窑场,更多的是管理层面上的意义,有无长期固定的窑场尚无证据。中央官窑是中央政府设立的陶瓷器生产窑场,宋代文献记载的官窑有汴京官窑、修内司官窑和郊坛下官窑。这类窑场已具备了明清时期御窑的一些特征,如传供御用、落选品打碎集中处理等。

第三部分是本次讲座的核心,王光尧研究员对五大名窑一一进行了点评。

1.定窑

定窑是北方地区从晚唐到金代一直在生产的一处名窑,产品以白瓷为主,兼烧黑釉、柿红釉、紫定、绿定等。早在20世纪40年代,学界就已确定了定窑的窑址——今河北省保定市曲阳北镇涧滋村。

从晚唐开始,定窑就生产"官""新官"款瓷器供应宫廷。北岳庙保存的唐永贞元二十一年(805)《唐恒岳故禅师影堂纪德之碑》上,已经有了"都知瓷窑□""瓷窑冶虞侯""瓷窑勾当供使细茶器"等职官的名号。这表明9世纪初,定窑已经有了相当规模和水平的制瓷业,并且可能有官府参与制作。五代至北宋初年,吴越国钱氏的贡品中有"金装定器"——即在芒口的定窑瓷器上加扣金口后进贡北宋宫廷。根据《宋会要辑稿》记载,北宋初年,定窑已进入皇宫瓷器库,成为宫廷使用的瓷器品种之一。

南宋叶寘《坦斋笔衡》载:"本朝以定州白瓷有芒不堪用,遂命汝州造青窑器,故河北唐、邓、耀州悉有之,汝窑为魁。"王研究员指出,这则记载只说明了当时宫廷用汝窑的开始,而并非定窑的终结,宋室南渡后仍用定窑。而对窑址的考古发掘以及出土的纪年资料表明,定窑的生产盛世在金代。

2. 汝窑

汝窑是见于史载的第一批受命为宫廷烧造瓷器的窑场之一（同时受命者还有唐窑、邓窑、耀州窑、龙泉窑）。从1950年陈万里先生首次考察宝丰清凉寺瓷窑址，到2000年河南省文物考古研究所第六次发掘找到汝窑烧造区，学者们寻找汝窑窑址前后经历半个世纪之久。对宝丰清凉寺瓷窑址的发现与发掘，确定此处是汝窑窑口，为传世汝窑瓷器的鉴定提供了可靠的依据。但是，王光尧研究员认为，从鲁山段店窑址出土有和汝窑瓷器类同的标本看，宋代为宫廷生产汝窑瓷器的窑场可能并非一处。

随后，王研究员介绍了汝窑的分期。他依据考古与文献资料，将汝窑分为三期。第一期北宋元祐元年（1086）前，此期汝窑场的性质是民窑（因不进贡，故不能称贡窑），它所生产的所有瓷器皆为可流通售卖的商品。第二期元祐元年（1086）至政和元年（1111），此时正是天青釉创烧期，此期窑场的性质是地方官窑，产品管理特征为供御拣退方许出卖，臣民可以合法拥有。第三期政和元年（1111）至宣和六年（1124），此时汝窑已成为专供御用的中央官窑场，窑场生产的产品专供御用，落选品禁止流通民间，只注重产品的质量而不考虑经济因素。

此外，王研究员还指出，在没有强力证据能否定文献记载北宋汴京官窑的情况下，还不能说专烧、专供御用的天青釉类汝窑瓷器的宝丰清凉寺汝窑场，就是北宋汴京官窑。

3. 官窑

本次讲座提到的官窑，专指北宋的汴京官窑、南宋的修内司官窑（老虎洞窑址）和郊坛下官窑（乌龟山窑址），是狭义的官窑。王光尧研究员认为，这三处官窑有后世御窑的性质。汴京官窑虽然没发现窑址，但从记载看是最早一处专门设立的为皇帝生产御用瓷器的窑场；南宋的修内司官窑和郊坛下官窑，命名方法虽不一样，但实质上都是修内司管理下的窑场，是北宋汝窑和汴京官窑南下移地烧造的结果。而从实物和生产技术看，汝窑—汴京官窑—南宋官窑，都可以视为大汝窑系列。

根据文献的记载，王研究员认为汝窑先出现，其后官窑才产生。他还认为，靖康之乱后南渡的宋人之所以看中定窑和汝窑，原因有二：一是南宋官窑是汝窑的延续，是对北宋宫廷文化的继承；二是出土资料显示，南宋宫廷使用并看重定窑和汝窑，是为了对政权和皇权法统地位的宣传。

4. 哥窑

王光尧研究员指出，哥窑的窑址素有争议，从20世纪30年代以来有多种说法，如有人认为黑胎龙泉青瓷是哥窑；50年代上海硅酸盐研究所依据化验的结果，认为哥窑瓷器是明清景德镇的仿品。

根据考古发掘，与哥窑相近或相类的瓷器都出土于元末明初的墓葬或窖藏中，产品与之最相近的窑址是杭州凤凰山老虎洞窑址元代层，由此可以明确官窑与哥窑的前后时序。故宫博物院亦曾对哥窑进行了常量与微量元素的化验，表明哥窑应是杭州的产品，接近官窑。

王研究员进一步指出：1.从老虎洞窑址的发现，可见一个由"典型官窑"，到"官哥不分"，再到"类哥窑"的演进时序；2.哥窑瓷器是老虎洞窑场元代的产品，而老虎洞窑场至少是哥窑瓷器的产地之一；3.老虎洞窑场的考古发现，亦能证明官窑早于哥窑；4.官窑与哥窑的釉都有"奶釉皮皱"，说明这两种釉的配方有一致性与连续性；5.哥窑开片细碎和酥油光，是其窑温高于官窑的表现。

5.钧窑

钧窑窑址在河南禹州城内古钧台处。其入五大名窑的时间最晚，但关于创烧时间的争议也最大，学界有北宋说、金代说、元代说、元末明初说、宣德说等观点。王光尧研究员指出，从文献上看，在明朝晚期始有仿烧钧窑之说。而从对景德镇御窑遗址的发掘看，这里在明代一直没有仿烧钧窑瓷器。此外，2004年在禹州制药厂发现陈设类钧窑瓷器与天蓝釉高足碗同出，这说明此类钧窑瓷器的生产时间不可能早于元代。

综合考古与文献资料，王研究员认为，现在所说的陈设类钧窑瓷器是明朝宣德时期为宫廷生产的瓷器。

除了介绍与"五大名窑"相关的考古发现外，王研究员在讲解过程中，还对各窑瓷器的特征和相关文物的鉴定技巧进行了说明。如汝窑的釉色可以用"雨过天青云破处"这句诗句来形容，这种颜色并非万里无云时天空的颜色，而是雨过大晴之际，淡淡的云浮在湛蓝的天空之上，所呈现的是略有些偏灰的色彩。又如釉的"开片"与"冰裂纹"指的是两种不同的情况，"开片"就像是玻璃被敲碎后的状态，而"冰裂纹"则像是坚冰被敲击后，冰块内呈现出一层一层的裂纹，有层次感。

整理者：左凯文、王帅

夺得千峰翠色来

——秘色瓷的终极密码

沈岳明

2020年11月16日下午，应南京师范大学文博系邀请，复旦大学文物与博物馆学系教授、中国古陶瓷学会常务副会长、知名考古学家沈岳明先生在南京师范大学随园校区600号楼117报告厅，做了题为"秘色瓷的终极密码"的报告。本场讲座系南京师范大学考古学系列讲座总第30讲（文博大家讲坛第7讲），由王志高教授主持，文博系师生及南京博物院、南京市考古研究院部分研究人员共计100余人聆听了本场讲座。

讲座伊始，沈岳明先生以法门寺地宫发现的秘色瓷为引子，带领听众一同揭秘了秘色瓷的终极密码。1987年，考古工作者在陕西法门寺地宫发现了14件秘色瓷，其中13件秘色瓷被安置在一件漆盒之中。一同被发现的还有《监送真身时随真身供养道具及金银宝器衣物帐》碑，碑文载："瓷秘色椀（碗）七口，内二口银棱；瓷秘色盘子、叠（碟）子共六枚。"此外，地宫中还发现了一件八棱净瓶，其釉色、胎质与其他秘色瓷完全相同，应该也算在秘色瓷之列。

法门寺的发现引起了学界的轰动。而这批秘色瓷的产地，是学界讨论的首要问题。相关观点主要有两种。一种观点认为这批秘色瓷是附近窑场烧造的；另一种观点则认为这批秘色瓷来自越窑。持第一种观点的学者的主要依据是：陕西境内有烧造青瓷的窑场，如鼎州窑在唐五代时期以青瓷闻名。不过，沈岳明先生认为这批秘色瓷应当是来自越窑的，其依据主要有四。一是从现有的考古发掘来看，鼎州窑也并没有在唐代烧制秘色瓷的证据。

二是从文献史料记载看，秘色瓷与越窑有着密切的联系，唐代陆龟蒙的《秘色越器》即直接点明了秘色瓷与越窑之间的紧密关系。三是结合法门寺的性质来看，法门寺作为当时的皇家寺院，礼佛用器具来自皇家内库，而内库藏品都是各地贡品，文献记载的上供的青瓷窑场仅有越州会稽郡。《茶经》载："碗，越州上，鼎州次，婺州次，岳州次，寿州、洪州次。"不难看出越窑青瓷是其中出类拔萃的，法门寺所用应该为最好的越窑秘色瓷。四是近年在后司岙窑址中出土有一件八棱净瓶，这件器物与法门寺地宫中出土的八棱净瓶底部都刻有"公"字，可见秘色瓷应来自越窑。

之后，沈岳明先生向听众展示、讲解了近二十年来越窑的考古发现成果。目前考古发现的越窑窑址主要分布在浙江上林湖、里杜湖、白洋湖和古银锭湖四个区域内，其中以上林湖窑场最为集中、产品最为丰富。从1987年法门寺地宫首次揭秘秘色瓷之后，1990年浙江考古所便进驻上林湖，开展越窑窑址的调查发掘工作。至今为止，上林湖区域内发现的窑址共有125处，其中汉三国时期7处、南朝1处，其余皆为唐宋时期窑址，可见唐宋时期越窑烧造之盛。究其缘由，沈岳明先生认为可能与唐代对金银器施行管制，而越窑青瓷中大量仿金银器产品是其良好的补充替代有关。此外，饮茶风尚也带动了青瓷茶具的发展。考古人员在对荷花芯遗址的发掘过程中，就发现了茶瓯、茶则等重要青瓷茶具。除了上述两点之外，越窑作为当时的贡窑，地位崇高。

接着，沈先生对上林湖区域内的荷花芯窑址和后司岙窑址进行了介绍。荷花芯窑址是越窑的重要窑址，早在1993年考古工作者便对其进行了发掘，2014年又进行补充发掘。该遗址地层堆积丰厚，出土产品十分丰富。青瓷器胎质细腻，釉色青翠，釉面匀润，均施满釉，以匣钵装烧为主。荷花芯窑址曾出土刻有"盈"字款的瓷片，而河北的邢窑亦曾出土有"盈"字款瓷器，但沈先生认为两者内涵并不相同。

后司岙窑址则是上林湖越窑遗址中最核心的窑址。该遗址中出土秘色瓷比例之高、质量之精、种类之丰富是前所未有的。遗址中出土的海棠杯、熏炉、瓷枕等秘色瓷器型也属首次发现。后司岙窑址北部一座墓葬曾出土有一件墓志罐，志文载墓主于"光启三年岁在丁未二月五日，殡于当保贡窑之北山"。从此不难看出，在这一时期，上林湖地区存在着一个家喻户晓的贡窑。沈先生认为这座贡窑从墓志呈现的方位看就是今天的后司岙窑址。

在介绍相关考古发掘之后，沈岳明先生进一步分析了学界对秘色瓷的又一讨论热点，即秘色瓷的界定问题。目前学界主要有三种观点。一是秘色瓷为越窑的佳品说，唐五代到宋的越窑精品都可以被称为秘色瓷。二是秘色瓷为青绿色的瓷器说，其判断标准主要是瓷器的釉色特征。三是秘色瓷为御用瓷器说，其依据主要是宋代周辉《清波杂志》的记载："越上秘色器，钱氏有国日供奉之物，不得臣下用，故曰秘色。"这主要指的是秘色瓷为皇室专用的性质。沈先生认为不能用单一标准来辨别秘色瓷，对于秘色瓷的定义，要从综合的角度来看。

首先，从质地来说，秘色瓷的瓷胎比一般青瓷更白、更细密，这是陶工在取瓷土淘洗更细致带来的。秘色瓷的釉也比一般的瓷器更加均匀，呈莹润天青色，且多施满釉。其釉比一般青瓷釉 Fe_2O_3 含量明显降低，CaO 含量明显增高。Fe_2O_3 低有利于青色釉的生成。CaO 含量越高，釉熔融越均匀，釉面越莹润光滑，光泽度就越好，瓷器的质量就越高。

其次，从制作工艺来说，秘色瓷制作工艺比一般的青瓷更加精细，在秘色瓷中很难观察到明显的制作痕迹。其烧制过程也是不惜成本，秘色瓷多采用特殊的装烧工艺，使用瓷质匣钵。这样瓷器在烧制过程中内外收缩率基本保持一致，并且用釉将瓷质匣钵封闭，可以达到在烧制过程，特别是在冷却过程中密封的效果，不会受到二次氧化，从而使釉呈青绿色。从后司岙窑址的发掘成果来看，唐大中年间，该窑址开始生产秘色瓷，瓷质匣钵已有一定数量。咸通年间，瓷质匣钵的数量明显增多，秘色瓷在所发现的瓷器中占相当大的比例。至中和年间，秘色瓷发现的比例很高，瓷质匣钵成为主流。但瓷质匣钵也有其缺陷，一方面瓷质匣钵制作耗时耗力，成本非常高，制作过程繁琐，并且仅能使用一次。另一方面瓷质匣钵在烧造过程中，受高温易软塌变形，影响秘色瓷的成品率。于是后司岙窑址在五代十国期间，夹细砂粒的瓷匣钵取代细瓷匣钵成为主流，出土的秘色瓷质量也有所下降。

最后，在法门寺地宫出土的秘色瓷之中也有特殊案例——金银平脱类。在窑址中还发现一类器物在烧制时其内腹、口沿都施釉，但外腹不施釉，并刻画网格状线纹，为之后镶嵌金属做准备。法门寺地宫中的"内二口银棱"指的就是这一类秘色瓷。

沈先生接着介绍了宋代秘色瓷发展所经历的重要变革。他认为，王安石变法给秘色瓷烧造带来了巨大的影响，王安石在变法中主张"凡上供之物，皆得徙贵就贱，用近易远"，即推行市易法。此举致力于改革政府购买制度中的科买之弊，大规模推行承包制。市易法的实施，虽为国家节省了经费，也带来了弊端。承包经营带来的后果，就是产品的质量得不到保证，就瓷器使用而言出现了"不堪用"的局面。此后宋朝政府下令，"命汝州造青器，故河北、唐、邓、耀州悉有之，汝窑为魁。江南则处州龙泉县窑，质颇粗厚"。这样的政策给各地窑址的崛起提供了机遇。

至南宋时期，文献中有不少关于越窑与秘色瓷的记载。《中兴礼书》载，越窑曾两次为明堂大礼烧造祭器。绍兴年间，余姚县尉史浩曾监烧过官瓷，他撰有《祭窑神祝文》。这亦说明此时南宋朝廷对于越窑是十分重视的。而李日华的《六研斋笔记》载："南宋时余姚有秘色磁，粗朴而耐久。今人率以官窑目之，不能别白也。"可见这一时期越窑所烧造的瓷器较之前有了较大的变化。从考古发现来看，此时越窑产品的技术风格受汝窑、定窑影响较深。

宋代文献千篇一律地出现秘色瓷"不得臣下用"的记载，《建炎以来系年要录》也有"周纲尝知梁县，烧造假秘色瓷器以事蔡攸"之句，这种造假秘色瓷之事恰恰说明了这一时期秘色瓷的珍贵，像蔡攸这样的朝廷要员也很难得到。

讲座最后，沈先生指出秘色瓷是中国青瓷中的精品，在法门寺地宫未开启之前的，一直是个谜。如今随着考古发掘深入，对秘色瓷的了解越多，我们就越陶醉于秘色瓷"千峰翠色"之美。秘色瓷仍有许多值得研究的问题，等待年轻学者去发掘。

整理者：眭文杰、左凯文、曹泽乙

青韵流芳，温润华夏

——青瓷与青瓷文明

郑建明

2020年12月23日上午，应南京师范大学文博系邀请，复旦大学文物与博物馆学系教授、博士生导师郑建明老师在随园校区逸夫楼一楼报告厅，做了题为"青瓷与青瓷文明"的讲座。此次讲座是南京师范大学考古学系列讲座总第36讲（文博大家讲坛第9讲）。讲座由王志高教授主持，来自昆山市文化遗产系统业务能力提升专题培训班的42名学员及文博系本科生、研究生等共计80余人聆听了本场讲座。

讲座伊始，郑老师首先对青瓷与"青瓷文明"进行了阐释。青瓷是中国最早出现的瓷器，也是延续时间最长的瓷器，更是其他瓷器的母体。它出现于夏商、成熟于东汉、繁荣于唐宋元，延续至今。唐代以前，浙江青瓷史几乎代表世界的制瓷史。唐代以后，在南方青瓷的影响下，北方先是烧造青瓷，后发展出白瓷，形成席卷全国的态势，瓷器成为一个国家的符号。考察瓷器的发展演变史可以发现，早期的瓷器一般作为礼器使用，之后虽然经历了不断日用化的过程，但仍然保持着一些礼制色彩。瓷器与玉器是中国的代表，二者在审美上亦是相通的，瓷器最开始就是仿玉器而出现。青瓷是江南地区最具特征的文化符号，是对世界文明的重要贡献。郑老师认为青瓷可以上升为一种文明体系。

青瓷文明主要分布于中国东南部地区，以环太湖地区为核心区，包括整个浙江地区，以及周边的苏南、皖东南、赣东、闽北地区。这一文明大约萌芽于新石器时代末期，发展于马桥文化时期，兴盛于战国时期，是本地区对马家浜-崧泽-良渚-钱山漾文化序列的继承与发展，具有悠久而独特的根基。中国的青铜冶炼技术是在与草原民族交流的过程中从外部传入的。在先秦时期青铜文明席卷中华大地的时候，江南地区保持了自身以青瓷为代表的文化面貌。这背后不是经济因素的制约，而是精神文化因素的影响，有一种非常强大的文化心理在支撑。在两汉青铜文明逐渐退潮之时，青瓷从原始瓷跃进为成熟瓷器。唐代之后，伴随着瓷器的全国化，青瓷文明融入中华文明整体的发展进程当中，并扮演着举足轻重的作用，一直到今日仍不可或缺。青瓷文明与中原地区青铜文明的刚猛之美有巨大的区别，具有江南水乡典型的柔性或柔和之美，同时具有如水一样的韧性和坚毅。而青瓷所具有的温润特性，又与以中庸思想为特质的儒家文化相契合。

郑老师对青瓷文明的三大要素——原始瓷、印纹硬陶和土墩墓逐一进行解读。

作为原始瓷最重要的起源地，浙江地区夏商时期的窑址至少有三个代表性类型——瓢山类型、北家山类型与南山类型，基本可以看出从陶向瓷的转变过程。夏代瓢山类型因窑温技术的提高，开始烧造硬陶，陶器表面开始出现玻璃质感的釉层。但胎较为疏松，以灰黑色为主。釉色较深，技术比较原始。夏末北家山类型认识到釉与胎存在着相互关系，开始有意识地选择胎土，胎较细腻，胎色和釉色均变浅，出现部分原始瓷产品。商初南山类型原始瓷与硬陶生产完全分离，胎质致密，釉色基本为青色，整个南山商代窑址群几乎纯烧原始瓷。

浙江地区是原始瓷的烧造中心，原始瓷窑址发现于两个区域：一是以德清为中心的东苕溪流域，二是以萧山为中心的浦阳江下游。其中以德清为中心的东苕溪流域先秦时期窑址是目前全国最重要的窑址群，达140多处。东苕溪流域位于山区和平原的过渡地带，具有瓷土丰富、燃料充足、低山缓坡适宜修建龙窑、水运条件便利等有利条件。此地区先秦时期窑址具有出现时间早、序列完整、窑址密集、规模庞大、产品种类丰富、质量高超、烧造工艺成熟、原始瓷与印纹硬陶单独烧造、出现独立窑区等特征。

东苕溪流域夏代窑址中出现了最早的原始龙窑，但原始瓷的胎釉还相当不稳定，出现了仿青铜器物。属于商代的南山窑址继续可见龙窑，器物以豆为主，包括尊、簋、罐等，多为礼器类。这一时期是原始瓷的初步发展时期，胎色灰白、致密而稳定，釉十分不稳定，少量器物釉较佳。西周春秋时期窑址以德清火烧山为代表，发现有窑炉遗迹多处。西周时期原始瓷完全成熟，并迎来大型礼器发展的高峰。大型礼器以筒形卣、垂腹卣等为代表，器型巨大、装饰复杂、胎釉佳。战国时期窑址以亭子桥为代表，规模大，窑炉密集。这一时期是原始瓷发展的鼎盛时期，器类的丰富程度远远超过了以往的任何时期，除生产日用器皿外，还大量生产礼器、乐器、兵器、工具及农具等，几乎涵盖了社会的各个方面。尤其是以甬钟、镈于、句鑃、悬鼓座为代表的大型礼乐器的生产，目前仅见于这一窑区。战国时期则大量涌现各种支烧具，成功解决了甬钟、句鑃类器物的装烧问题，使得瓷器的烧制更加均匀，这是瓷器发展史上一大革命性的技术进步。

原始瓷的使用区域即青瓷文明的分布区。而原始瓷的分布区则遍布大半个中国，北至北京，西至甘肃、宁夏，南至广东，均有分布。

浙江地区的印纹陶至少在距今8000年前的跨湖桥文化中即已出现，而印纹硬陶至少在本地区的新石器时代晚期即已成熟。在本地区中，印纹硬陶与原始瓷的发展大致是一个此消彼长的过程：夏商时期以印纹硬陶为主，其纹饰复杂，原始瓷尚不多。西周时期原始瓷上行，印纹硬陶则发展至鼎盛，出现了大型高等级印纹硬陶礼器。西周以后原始瓷超越印纹硬陶成为主流，印纹硬陶的器形与纹饰逐渐走向单一。

在印纹硬陶的发展演变中，云雷纹是其一大特点，并且有着完整的发展序列。浙江地区印纹硬陶上的云雷纹上可追溯至金坛三星村遗址出土的红衣陶豆、良渚文化玉器上的"神人兽面"纹和福泉山遗址出土陶壶上的纹饰，经夏商时期的发展，西周以后逐渐演变为"回"字纹与方格纹。

土墩墓是青瓷文明又一大要素，中原地区墓葬封土的出现即是受江南地区土墩墓的影响。太湖地区是土墩墓分布最密集的地区，具有出现时间早、序列全、种类齐、等级较高的特征。德清小紫山土墩墓群的时代从马桥文化时期一直延续到春秋战国，墓葬结构有土墩墓、石室土墩墓、石床型土墩墓、土坑墓、岩坑墓等。其中马桥早期的岩坑墓和商代中晚期墓葬是目前南方正式发掘的最早的土墩墓，为探索土墩墓的起源提供了重要资料。绍兴平水镇一带集中了一大批大型墓葬，可能是越国的王陵区。

接着，郑老师分析了青瓷文明产生的原因及过程。他认为青瓷文明的出现是当地社会复杂化进程的产物。首先从原始瓷的功能而言，在无锡鸿山越墓中，墓葬规模的大小、等级的高低与随葬原始瓷数量的多寡、器类的丰富程度存在明显相关性。因此原始瓷在功能上相当于中原地区的青铜器，是权力与身份地位的重要象征，是一种显赫物品（prestige-goods）。从地区社会复杂化进程来看，东苕溪中下游地区自良渚文化衰落后至钱山漾文化时期进入地区文明的最低谷。到了夏商时期，此地区形成了一个新的文化中心——下菰城，进入社会再次复杂化的上升阶段。下菰城周边围绕着一大批遗址、墓葬以及窑址，遗址具有数量多、规模大、分布密集、原始瓷出土相对集中的特征。与此同时，具有投入大、不易掌握、与直接的生活活动无关等特点的原始瓷作为显赫物品出现。战国时期越国的政治中心转入绍兴，绍兴地区的遗址等级最高、贵族墓葬最为集中，出土了大量制作精美、使用等级高的原始瓷器，体现了上层贵族对显赫物品的控制。这一时期越国国力兴盛，原始瓷也发展到了顶峰。随着越国对中原礼乐文明的吸收接纳，大量的高质量仿青铜礼器与乐器的原始瓷器出现了。到了战国中期以后，随着越国的衰落，原始瓷的生产亦进入衰退期。

此后，郑老师介绍了成熟瓷器的出现与发展过程。目前发现汉六朝成熟瓷器的省份以浙江为主，而以上虞为中心的曹娥江流域是最重要的窑址分布区。东汉时期原始青瓷在这里蜕变为成熟青瓷，并在三国西晋时期形成了中国成熟青瓷发展史上的第一个高峰。唐代以越窑秘色瓷为代表的青瓷体系和以邢窑为代表的白瓷体系构成了"南青北白"的瓷业格局。青瓷走出江南一隅，开始席卷全国，成为国家性的文明因素。近年来上林湖地区窑址的考古发掘与研究揭示了秘色瓷的基本特征，并首次理清了秘色瓷的兴盛过程。相较于普通青瓷，秘色瓷的胎更白更细密。釉中 Fe_2O_3 含量更低，CaO 含量更高，使得釉面更加莹润。制作上更加精细，表面看不见制作痕迹。同时秘色瓷装烧工艺非常特殊，使用一次性的瓷质匣钵。秘色瓷大致从大中年间（847～859年）出现，咸通年间（860～873年）达到顶峰。随着资源的枯竭，从五代开始秘色瓷的质量日益下降，此前凭釉色及造型取胜的秘色瓷出现越来越多精细刻画的装饰。进入宋代，在"南青北白"的基础上出现了名窑荟萃的新景象。这一时期的宫廷用瓷有两大特点：一是造型上简约不失精致，端庄大气；二是釉色匀净温润，使得瓷器达到了如玉的效果。而以北宋灭亡为界，伴随着国土的沦丧，以青瓷文明为核心的审美文化也在退却，大众化的审美占据了主流。随着元代青花的出现和明清时期彩瓷的兴起，青瓷的地位式微。但也自金代开始，瓷器开始了自越国烧造仿青铜礼乐器以来的又一次大调整，这恰恰展现了瓷器文明的韧性。

除了在中华大地上的扩展之外，瓷器亦在逐步成为一项世界性的文明因素。六朝时期浙江的瓷器在中国以外的地区被发现，主要集中在朝鲜半岛的百济地区。唐宋之际随着海上丝绸之路的发展，瓷器最远可输出至西亚、北非、东非一带。明清时期瓷器的影响扩展至全世界。瓷器在世界范围内流通的背后即是中华文明的对外输出。

最后，郑老师指出，青瓷在国家文明化进程中扮演着非常重要的角色。江南地区的青瓷文明与中原地区的青铜文明同时出现。在刚猛的青铜文明席卷全国时，青瓷文明凭借着自身的韧性抵挡住了冲击，在偏居东南一隅中酝酿着巨大的能量，之后在全国乃至全世界爆发开来，并影响至今。对于青瓷与青瓷文明的认识，还有更大的深入空间。

讲座结束后，王志高教授进行了总结发言。他说，郑老师从青瓷讲到青瓷文化，再上升到青瓷文明体系的构建，其研究成果大大提升了学界对于包括瓷器起源在内的诸多问题的认识。

整理者：王耀文

雅韵国瓷，钻坚研微

——谈谈中国古代瓷器的品种谱系

霍 华

2021年12月4日下午，应南京师范大学社会发展学院文博系邀请，古陶瓷鉴定专家、南京博物院霍华研究员在仙林校区敬文图书馆二楼西报告厅做了题为"谈谈中国古代瓷器的品种谱系"的讲座。此次讲座是南京师范大学考古学系列讲座总第59讲（文博大家讲坛第11讲）。讲座由王志高教授主持，校内外师生及社会各界人士近百人到场聆听。

讲座伊始，霍老师从自身的学瓷经历，谈到了对瓷器谱系研究的兴趣缘起。霍老师将古陶瓷史高度精炼为26字诀，即"东汉成熟，唐代发展，宋代繁荣，元代转折，明瓷本位，清康雍乾巅峰"。早在距今四千多年前的二里头文化下层遗址中就发现了原始瓷的残片。东汉瓷器有青釉、黑釉、白釉三个品种，该时期青瓷的釉色均匀。唐代以来，陶瓷的品种增多，出现了青花瓷，是陶瓷的繁荣发展阶段。宋代以来，陶瓷工艺更加成熟，品种增多，有八大窑系与五大名窑的划分。元代以来，古陶瓷审美由崇尚青瓷向彩瓷转变。"明瓷本位"是在中国古代官本位社会体系下瓷器制作的一大时代特征。明初御窑厂的建立，使得瓷器的造型、釉、装饰手法自成体系，一改前代制作瓷器时模仿玉器、青铜器、漆器和金银器等主流工艺品的特点。清康雍乾时期，工艺瓷技艺精湛，品种繁多，瓷器发展到达鼎盛时期。纵观古陶瓷发展的四千年，元代、明代是重要的分水岭。元以前，瓷器研究的主要问题是"窑口"；元以后，陶瓷研究的主要问题是"品种"。霍老师不仅用26字诀简明扼要地介绍了不同时期古陶瓷的特点，还重点强调在学瓷过程中，陶瓷的实物标本是很重要的。有了实物标本，便能更直观地认识古瓷鉴定中的要点。为了让现场听众更为直观地感受古陶瓷不同的质感、特征，霍老师还特地带来了一些古陶瓷标本，供听讲人员传看、体验。

在论述中国古陶瓷的时代演变特征后，霍老师认为可以将对中国古代瓷器的研究分成18个维度，即品种、装饰工艺、纹饰、造型、铭款、样式、制坯工艺、烧制工艺、胎、釉、彩、色彩、质感、贸易、用途、窑系、生产时代和窑口。这是霍老师在三十余年的古陶瓷研究过程中不断总结的成果。霍老师指出，古陶瓷信息学是一个复杂、丰富且具有极高学术价值的研究领域，她鼓励有志的青年学子加入该领域的研究中，从古陶瓷的角度，复原一个真实的、鲜活生动的古代社会。

其后，霍老师将古瓷品种的定义概括为四个方面：第一，品种以彩或釉的颜色和质感的统一性为标志；第二，品种是器物表面装饰中的最小单位；第三，品种是装饰手法的集合；第四，品种必须曾经被完整地装饰在一件器物上。

关于如何从色泽上区分古瓷的品种，霍老师举了几个例子。如何区分五彩、粉彩、素三彩和斗彩。在绘纹样彩料的选择上，五彩中的红色是矾红，属于铁红；粉彩的红色中出现粉红色，是金红；素三彩中没有红色；斗彩用青花勾边。随后，霍老师又以带来现场的青釉瓷片实物标本为例，认为在古代瓷器品种研究过程中，最难的是确定青釉的品种。从具体窑口来确定青釉品种较为困难，而以窑系分类则较为简单，故唐代以前的青釉瓷品种可以用"越窑系青釉"或"越州青釉"来囊括命名。例如，北宋龙泉窑与南宋龙泉窑都是青釉瓷，而北宋龙泉窑的青釉实际是"越窑系青釉"或称"越州青釉"。北宋中晚期是龙泉窑发展的重要时期，这之后，龙泉窑终于完全形成了具有自己独特风格的"龙泉青釉"品种，进而形成一个较大的瓷窑体系。在霍老师的品种谱系中，"窑口"在"瓷种"这一分类层次中才会出现。

紧接着，霍老师强调须将古陶瓷18维度中的"釉"和"彩"区分清楚。古代南北方的制釉方法不同。景德镇窑釉的四要素分别是釉果、釉灰、着色剂、助溶剂。釉果用优质的瓷石碾碎后和水制成，釉灰用石灰石与特定的植物叠加烧制而成。中国古陶瓷的釉都是灰釉，国外瓷器的釉或者国内现代的某些釉，则是盐釉。助溶剂分为高温与低温两种形式。中国古代高温釉的助溶剂是钙，低温釉是铅，国外的低温釉是锡，故17世纪前后，国外的某些陶器也叫"锡釉陶"。彩就是把着色剂直接研碎后，用水调和，再加上助溶剂，没有釉果与釉灰的添加。明代以前，瓷器的着色剂主要是铁、铜、钴和锰，清代增加了锑和金。

接下来，霍老师介绍了如何在"瓷本位瓷元"中用色彩来区别陶瓷的品种。中国的单色釉陶瓷，可以以"赤、橙、黄、绿、青、蓝、紫"的色谱为基础再加上"白、灰白、黑"进行色彩划分。因中国古瓷颜色的特殊性，没有"橙"色，将"紫"色替换为"酱"或"褐"色，在彩瓷中则增加了"赭"色，又因为青瓷是中国古代的重要瓷器，故色彩划分的顺序应该为"青、红、黄、绿、蓝、褐、白、灰白、黑"。同时，古陶瓷18维度中的"质感"，在研究的过程中应与颜色相关联、统一。从时间方面来看，古代瓷器釉和彩的质感有两种，即"原始质感"与"老化质感"。原始质感是原料和烧造工艺的结晶，老化质感受时间与光照的影响。

而后，霍老师从彩瓷装饰工艺方面提出将彩瓷分为彩釉瓷、彩绘瓷、胎泥彩瓷三大类。彩釉瓷是"用釉作纹样"，以青花为代表的彩绘瓷是用颜料描绘纹样。两者的工艺不同，但着色剂相同。胎泥彩瓷指用胎泥做瓷器纹饰。彩瓷在制作工艺方面，又可分类为釉下彩、釉上彩、釉上釉下结合彩。而"它本位瓷元"中的"工艺瓷瓷类"，在本课题瓷器分类研究的过程中，不从瓷器本身的色彩分类，而是从借鉴其他工艺品或模仿自然与自然物的角度进行分类，这也是要有两个"瓷元"的原因。霍老师提出，与陶瓷考古研究不同，对陶瓷品种的研究，属于器物学学科，其目的相较于还原古代社会，是更注重还原器物本身。所谓陶瓷史26字诀，也是围绕"品种"展开的。除此之外，理清"彩、釉、装饰工艺、色彩、质感"之间的关系与区别，是了解古代瓷器谱系的关键。

随后，霍老师重点介绍了中国古代瓷器品种谱系的结构。这也是本场讲座的关键。她说她在学习计算机的过程中，受到"树型结构"的启发，将此形式运用到中国古代瓷器品种谱系结构的研究中，并列出了中国古代瓷器品种谱系的6重树型结构，即瓷元、瓷类、瓷型、瓷系、瓷列和瓷种。在古陶瓷谱系研究中，谱系的成立需建立在以下基础上：一是谱系表中的品种是古陶瓷界公认的品种；二是本谱系具有界定品种的责任，而不帮助确定具体的器物品种；三是谱系中品种的资料依据为国内外文博机构中公开发表的藏品；四是本谱系应该确保能够顺理成章地插入新发现的瓷种。另外，古瓷谱系分类的标准必须要有唯一性、直观性、易检性。唯一性是使谱系分类具有科学性的保证。直观性和易检性使得任何对古陶瓷感兴趣的人都可以比较方便地进入其领域了解它、研究它和使用它，并使研究成果惠及学林。

紧接着，霍老师还对6重树型结构的概念分别进行了解释。首先是瓷元。瓷元是区分古瓷初始装饰意义的最小单位。也就是说，瓷元区分古瓷的装饰是从瓷器本身特点出发的，还是借鉴别类工艺品，或将自然物、人工物的面貌模仿到瓷器装饰中的不同情况。霍老师在研究中，将从瓷器装饰本身特点出发的瓷元暂称"瓷本位瓷元"，将刻意借鉴、模仿其他工艺或某种自然物的瓷元暂称"它本位瓷元"。关于此问题，她欢迎大家提出更好的关于这两种瓷元的具体命名意见。其次是瓷类。瓷类是区分古瓷彩装饰、釉装饰、借鉴和模仿其他工艺品装饰的最小单位，有颜色釉瓷瓷类、彩瓷瓷类和工艺瓷瓷类。而后是瓷型，在"瓷本位瓷元"中，瓷型是区分古瓷色彩纯度的最小单元；在"它本位瓷元"中，瓷型是区别瓷器是借鉴还是模仿其他工艺品、自然物或人工物的外观作为瓷器装饰的最小单位。瓷型区分了古瓷的色彩是单色还是多色。这种分类方式从不同于以往的分类角度对彩瓷进行了分类，可以将彩瓷分为单色釉瓷瓷型、多色釉瓷瓷型、单色彩瓷瓷型、多色彩瓷瓷型、借鉴工艺瓷瓷型和仿生工艺瓷瓷型六个瓷型。

这之后，霍老师介绍了瓷系。在"瓷本位瓷元"中，瓷系是以釉、彩的色阶或纯度区分瓷列的最小单元；在"它本位瓷元"中，瓷系是区别被借鉴或者被模仿的其他工艺品、自然物或人工物的类别的最小单元。而后是瓷列，在本品种谱系中，瓷列是很重要的一个层次，真正体现出陶瓷的釉的本体特征——釉色和质感的不同与统一。在"瓷本位瓷元"中，瓷列是按照釉、彩的色泽和质感区分瓷器品种的最大单位。在"它本位瓷元"中，瓷列是区别被借鉴或模仿的其他工艺品的最大单位。最后是瓷种。瓷种是表示品种、装饰手法和生产地的最小单位。瓷种的关键词是窑口、瓷列名称、装饰手法和"瓷种"。基于以上研究，霍老师提出，应将"瓷种"与"品种"的概念应区分开来。从定义上来说，品种是以彩或釉的颜色和质感的统一性为标志的最小单位装饰手法的集合，它必须曾经被完整地装饰在一件瓷器上。瓷种则表示品种的装饰手法和生产地的最小单位。品种的关键词，是在瓷列名称中，将"瓷列"减去，如"祭红釉瓷"。瓷种的关键词，是"窑口＋瓷列名称＋装饰手法"，例如"景德镇窑祭红釉印花划花瓷种"。

从横向维度来说，中国古代瓷器可以分为三类，即"颜色釉瓷瓷类、彩瓷瓷类、工艺瓷瓷类"。围绕以上概念，霍老师举例说：祭红釉瓷列下，有"景德镇窑祭红釉瓷种、景德镇窑祭红釉雕塑瓷瓷种、景德镇窑祭红釉印花锥刻瓷瓷种、景德镇窑祭红釉锥刻瓷瓷种"，矾红釉瓷列下有"景德镇窑矾红釉瓷瓷种、景德镇窑矾红釉锥刻瓷瓷种"，郎窑红釉瓷列下有"景德镇窑郎窑红釉瓷瓷种"，豇豆红釉瓷列下有"景德镇窑豇豆红釉瓷瓷种、景德镇窑豇豆红釉锥刻瓷瓷种"，胭脂红釉瓷列下有"景德镇窑胭脂红釉瓷瓷种"，粉红釉瓷列下有"景德镇窑粉红釉瓷瓷种"。更为具体来说，以北京故宫博物院收藏的"元景德镇窑祭红釉瓷高足杯"为例，该器物属于景德镇窑祭红釉瓷种，其序列可划分为"瓷本位瓷元、颜色釉瓷瓷类、单色釉瓷瓷型、红釉瓷瓷系、祭红釉瓷瓷列、祭红釉瓷瓷种"。再例如"双相釉瓷瓷列"可划分为"禹州窑变釉瓷瓷列、景德镇窑变釉瓷瓷列、炉钧釉瓷瓷列"。"炉钧釉瓷瓷列"，又可划分为"景德镇炉钧釉瓷瓷种、景德镇炉钧釉印花瓷瓷种、景德镇炉钧釉贴花瓷瓷种、景德镇炉钧釉堆塑瓷瓷种"。此处的禹州、景德镇不是窑口的概念，而仅仅表现地理位置。

这之后，霍老师介绍了彩瓷瓷类。彩瓷一方面可分为"单色彩瓷瓷型"，它的下面有"红色瓷瓷系、赭色瓷瓷系、黄色瓷瓷系、绿色瓷瓷系、蓝色瓷瓷系、褐色瓷瓷系、白色瓷瓷系、黑色瓷瓷系、瓷胎瓷瓷系、多品种单色彩瓷瓷型系"。另一方面还有"多色彩瓷瓷型"，它的下面具体可分为"五彩瓷瓷系、青花族瓷瓷系、釉里红族瓷瓷系、青花釉里红瓷瓷系、釉下三色瓷瓷系、斗彩瓷瓷系、素三彩瓷瓷系、珐琅彩瓷瓷系、粉彩瓷瓷系、浅绛彩瓷瓷系、多品种彩瓷瓷系"。而"素三彩瓷瓷系"又可划分为"素三彩彩绘瓷瓷列、素三彩刻花瓷瓷列、素三彩彩釉瓷瓷列、素三彩印花瓷瓷列、素三彩雕地彩绘瓷瓷列"。

而后，霍老师对工艺瓷瓷类进行了介绍，并将此分为"借鉴工艺瓷瓷型"与"仿生工艺瓷瓷型"。仿生工艺瓷瓷型下有"仿漆器瓷瓷系"，这之下又分有"仿髹漆平脱金彩器瓷瓷列、仿髹漆漆器瓷瓷列、仿雕漆漆器瓷瓷列、仿镶螺钿漆器瓷瓷列、仿皮胎漆器瓷瓷列"。

最后，霍老师总结指出：古瓷谱系的建立与传统的古瓷研究方法并行不悖。古代瓷器谱系的最终建立，不是纸质的文件，而是电子系统，只要在系统中输入品种、窑口或时代等关键词，所需资料就会罗列于下，这样就可以方便地建立起任何想建立的系列，而不仅仅是窑口或者品种方面的系列。本谱系的最终建立有待现代科技的参与。霍老师希望能够在新时代、新技术的背景下，早日得到有关部门的重视，也希望古陶瓷谱系相关的数据库能够早日建设成功，使文博考古工作者、古陶瓷爱好者及社会各界人士都能使用该系统。

讲座结束后，王志高教授首先对霍老师致力于古陶瓷谱系的建立给予高度评价，他认为古陶瓷谱系的建立，将会大大便利学术界的研究工作，具有极高的应用价值。霍老师从事古陶瓷研究工作几十年，形成了一个较为宏大的知识框架体系，期待后续的相关研究成果能够正式出版。霍老师谦虚地说，她每一次的授课与讲座，都是一次学习机会，是一次教学相长的过程。通过讲授，不仅可以向听众传授知识，更可贵的是自己对讲座内容的再次梳理与新的发现。霍老师与王老师都希望未来有更多的学子能够加入古陶瓷研究的队伍，为文博事业做出贡献。

整理者：方芳、马健涛

辨胎釉之道

——唐以前陶瓷发展中的胎釉结合问题：以白胎器物为中心

杨哲峰

2022年5月8日19：30~22：00，应南京师范大学社会发展学院文博系的邀请，北京大学考古文博学院博士生导师杨哲峰老师在线上做了题为"唐以前陶瓷发展中的胎釉结合问题：以白胎器物为中心"的讲座。此次讲座是南京师范大学考古学系列讲座总第69讲（考古名家讲坛第34讲），讲座由王志高教授主持，校内外师生及社会各界人士共319人参与线上听讲。

讲座伊始，杨老师扼要地介绍了目前学界对于陶瓷器发展史的研究认识。根据《中国科学技术史·陶瓷卷》的概括，中国陶瓷科学技术史上存在五个里程碑，即：新石器时代早期陶器的出现；新石器时代晚期印纹硬陶和商、周时期原始瓷的烧造成功；汉、晋时期南方青釉瓷的诞生；隋、唐时期北方白釉瓷的突破；宋代到清代颜色釉瓷、彩绘瓷和雕塑陶瓷的辉煌成就。此外，还存在三大技术突破，即：原料的选择和精制、窑炉的改进和烧成温度的提高、釉的形成和发展。杨老师指出：以往研究古代陶瓷通常是将历史上的陶瓷器归入特定的类型（如原始瓷、青瓷、白瓷等）展开研究，而很少关注陶瓷发展过程中胎釉结合的问题。其实倘若以胎釉结合问题为切入点，将传统的类型学与科技考古相结合，对陶瓷发展历史的探索便可以有一个不一样的视角。

正是基于这样的考虑，杨老师在讲座中选择以白胎器物为中心，按照中国古代白陶的发展阶段、唐以前白胎施釉器的出现与类型、唐以前陶瓷发展中的胎釉结合及相关问题三部分分享新论。

首先，杨老师简要介绍了我国古代白陶的发展史。我国早期白陶的发现，可以1950年为界分成前后两个阶段：1950年以前，有关发现主要集中于中国北方及朝鲜半岛北部，如在殷墟遗址、旅顺老铁山积石墓、乐浪汉墓都有发现，时代跨度从新石器时代晚期至汉代。1950年以后，南方白陶的发现逐渐增多，先后见于大溪文化、屈家岭文化、高庙文化遗址中，最早的发现时代距今可达6000～8000年。北方地区虽也有更新、更早的白陶发现（如仰韶文化阶段），但其中最早的时代也未早于南方。从原料来看，南北方新石器时代至夏商时期的早期白陶有所区别，早期南方的白陶原料可分高铝质的高岭土、高镁质的黏土两种；北方白陶的原料则以高铝质的瓷石或高岭土为主，只有城子崖发现的白陶在高铝的同时，镁含量较高。

杨老师指出：从新石器时代的高庙文化、大汶口文化至殷商时期（约公元前5800年～公元前1046年），是中国白陶发展的早期阶段。这一时期白陶的发展呈现出"此起彼伏"的特点，即：南方早于北方烧制白陶（约距今7800～4000年），北方白陶则延续到了较晚的时期（约距今6000～3000年）。白陶的分布起初十分广泛，在南、北方影响范围持续扩大；但至夏商时期，白陶则集中出现于中原腹地，在殷墟时期达到了高峰；至于武王克商、殷商灭亡之后，白陶的发展进入停滞期。早期白陶空间格局的变化（进入青铜时代，集中于中原核心区），对于探讨中国文明的起源（尤其是国家的出现）问题，也应该是具有一定启示的。

由于周代这一"停滞期"的存在，过去许多学者在对白陶进行分期时都以周代为下限，甚至认为商代以后白陶便在中国陶瓷发展史上消失了。对此，杨老师指出，中国古代白陶的发展事实上还存在第二个阶段：从秦汉统一王朝开始，白陶复苏，且持续发展至唐代，历时近千年。大约在南越国时期，岭南地区有白陶建筑材料出现，其中部分还施有釉，只是后来未能持续发展；西汉后期至魏晋南北朝时期，白陶主要流行于环渤海地区的今山东、辽宁、河北以及朝鲜半岛北部地区，且大致在北朝后期呈现出向中原腹地转移的趋势。这一时期北方的白陶产品以生活用器为主，稍晚还出现了白陶的佛教造像。本来汉代以降的白陶发现数量不少，却鲜少引起学界重视，这或许与早期报告中配图均为黑白色，难以彰显白陶特点有关。值得注意的是，汉代及其以后北方地区也都出现了高镁特点的白陶器，有关发现以昌邑辛置汉墓为最早，高青、博兴等地的北朝佛教造像也有此特征。

其后，杨老师对唐代以前白胎施釉器的发现做了较全面的介绍与分析。早至汉代，南方的湖南、两广、重庆、越南北部等地已出土有施加碱釉的白胎器物出现，一些学者称之为"原始白瓷"或"早期白瓷"。这种碱釉的出现和大量烧造是汉代华南地区陶瓷发展的一项突出成就，打破了中国传统的高温釉一直以来以钙釉为主的局面，具有十分重要的意义。

另一方面，北方地区的"白胎施釉器"先后有了几个新动向，包括"白胎铅釉陶"的出现与发展、"白胎青瓷"的成功烧造及"白瓷"（钙釉、钙镁釉）的出现。

汉代以后，由于青瓷、黑瓷等高温瓷器在南方取得了长足的发展，南方地区低温铅釉陶的烧造逐渐走向停滞；与之相对的是，低温铅釉陶在北方经过一段低谷时期之后则获得了新的发展，在北魏时期出现了"白胎＋铅釉"的结合。到了北齐时期，白胎铅釉器物广为流行，如在北齐东安王娄睿墓这样的贵族墓葬中多有发现，釉色多样。据检测分析，不少白胎铅釉器物的胎采用了高岭土类的原料。

北朝烧造的"白胎青瓷"，已在淄博寨里窑、巩义市白河窑以及邺城附近的临漳县曹村窑等地发现。不少窑址中除了"白胎青瓷"以外，还有"白胎黑瓷"产品发现。杨老师指出，过去的研究中，人们多只关注瓷器外表的高温釉，对于与之结合的白胎则注意有限。

　　关于"白瓷"的出现，杨老师首先介绍了北齐范粹墓（公元575年）出土部分器物引起的争议。不少日本学者提出质疑，认为范粹墓的部分器物应为低温烧成的铅釉白陶，而非高温烧成的白瓷。杨老师指出，之所以会出现这样的情况，就是因为当初未能准确区分与白胎相结合的釉是高温釉还是低温釉，即未充分注意到"胎釉结合"的问题，便粗率归类，这事实上是将考古发现的复杂现象简单化了。

　　随后，杨老师进一步指出这种简单化的倾向不仅出现在对范粹墓瓷器的研究中，还与我们对于瓷器的界定方式有关。他以太原沙沟隋代斛律彻墓中出土白瓷杯为例，指出即便是这件被认为制作极其精细的白瓷，杯内底积釉处的釉色仍与青瓷一致。那么，所谓的"白瓷"究竟应当如何界定呢？

　　从近年白河窑发现的一批瓷器来看，它们的釉色从白到青再到黑，有深有浅，存在明显的渐变，而与釉相结合的胎体则均为同样的白胎。与之类似的器物同型而釉色渐变的现象，还可在许多北方墓葬中见到。杨老师认为，这种现象可能正是北方地区早期瓷器烧造过程中，工匠们对胎釉结合进行不断尝试的结果。过去曾有学者提出，北方地区白瓷的诞生很可能是出于偶然，甚至可能是烧造青瓷失败的结果。因为北朝烧造的瓷器，不少器物在形制上和南方的青瓷极为相像，应是有意模仿南方瓷器的结果。杨老师指出，北方地区对于胎釉结合的不断探索所产生的釉色渐变现象，从隋代邢窑出土的同类型瓷器上仍可看到与白河窑类似的情形。

　　基于以上讨论，杨老师提出，站在"胎釉结合"的角度，白瓷的出现不一定是在青瓷基础上降低胎中含铁量的结果；恰恰相反，北方白瓷应该是在使用白胎的基础上增加高温釉的透明度而产生的。在北方白瓷出现的同时，北方地区白胎器物的主要产地也发生了由山东滨海地区到北方政治文化中心区域的空间转移，这背后存在的社会原因，值得我们今后做进一步探讨。

　　最后，杨老师更进一步地讨论了唐以前陶瓷发展中的胎釉结合及相关问题。他强调，我们要充分重视中国古代高温釉与低温釉并行发展的事实，重视在并行发展的过程中胎釉结合的复杂性和多样性及其重要意义。例如，从胎釉结合的角度看，汉代高温钙釉与低温釉铅釉的互动，对于研究成熟瓷器的起源就具有新的启示。

　　在汉代，高温釉器物呈现出极为广阔的分布状态，这种高温釉产品传播范围的扩张，得益于大一统王朝为物质文化交流提供的广域空间。从西汉时期开始，南方的高温釉产品便不断向北方输送；与此同时，汉代的低温铅釉陶则以当时的政治中心区域为出发点，持续地向四周扩散。至东汉时期，其传播范围已越过长江，覆盖了南方部分地区。对于汉代南北陶瓷器的相互渗透、相互影响，过去学界未作宏观的考察，但从考古发现来看，这种互动的结果是不容忽视的。如在安徽萧县汉墓中出土的部分铅釉陶，造型与南方的钙釉器器型一致，应是仿制的结果，经检测，还可能采用了二次烧造的工艺；在浙江湖州出土的一些高温烧成的汉代印纹硬陶器表，亦有再施加低温铅釉的现象。最为重要的是在浙江上虞"钙+铅混合釉"的发现，能够很好地启发我们思考这样一个问题：成熟瓷器起源是否也可能受低温铅釉的影响？在钙铅混合釉出现之前，上虞地区烧造的高温钙釉产品施釉多只及器身最大径以上部分；在钙铅混合釉出现后，高温钙釉器的施釉范围开始接近器物的底部，且出现了非常明确的釉线，这种现象不见于此前江东地区的器物中。综合以上情况来看，南北互动之下，工匠对胎釉结合方式的探索和总结，应当对于陶瓷手工业的发展起到了重要的推动作用。

讲座结束后，主持人王志高教授首先感谢了杨哲峰老师的精彩分享，并对杨老师讲座中提出的诸多极富颠覆性的认识作出了总结。在其后的交流环节中，南京师范大学考古学硕士研究生康传祎首先请教杨老师，是否能够从胎釉结合的角度对一般研究中难以辨别的邢窑、定窑瓷器做出更好的区分。杨老师表示，胎釉结合问题的提出，是为了更好地揭示陶瓷发展过程中呈现的复杂面貌，而对于具体瓷器窑口的辨析，则有待于更多相关胎、釉检测数据的积累和规律的总结。

接着，一位来自浙江传媒大学的同学继续提问，既然早在南越国时期南方的白胎器物已有了一定的发展，那么为什么最终成熟的白瓷会在北方出现？杨老师回答说这是一个非常好的问题。由于过去学界对岭南陶瓷的发展情况未作充分关注，到现在两广地区的大量相关发现都还未经过科学分析，所以我们现在还不清楚白胎器物在岭南的具体发展面貌。但值得注意的是，南越国出现的白胎建筑材料与当时居于社会上层的统治阶级有关。因此，当南越国被灭后，相应的生产技术或存在失传的可能。

其后，南京师范大学文博专业一年级本科生张萱同学提出两个问题：殷商之后的周代白陶发展中断的原因；铅钙混合釉启发瓷器走向成熟的缘由。对于第一个问题，杨老师援引过去学界的认识，指出商人尚白，而周人无此传统，这可能导致了当时白陶生产的停滞；对于第二个问题，杨老师指出过去对于瓷器发展成熟的认识大多是单线程的，通常只考虑高温釉产品自身内部发展的因素，上虞铅钙混合釉的发现则反映出一种对于整合不同系统的尝试。由此，我们应当考虑到这种创新是受到区域以外因素影响的可能性。

南京师范大学文博专业三年级本科生韩世龙紧接着发言提问，"原始瓷应该归于青瓷"的认识能否从胎釉结合的角度予以重新审视。杨老师指出，对于陶瓷的研究应该从事物发展的本来面目出发，在充分掌握材料的基础上做出相应的归纳和总结。事实上，目前有关中国古代陶瓷器研究中的许多概念都存在界定标准不统一、使用混乱的问题，比如最常见的用外观颜色来区分瓷器的做法，便会因人而异，缺乏明确的界限。

最后，一位来自云南大学的研究生向杨老师提出询问，从胎釉结合的角度来看，钙釉和碱釉在瓷器上的表现有哪些区别。杨老师指出，在《中国科学技术史·陶瓷卷》中曾涉及钙镁碱系釉、钙碱釉、碱钙釉的讨论，但汉代的高钾高钠类碱釉器物是最近才发现的，是一种全新的发现，因检测的数量有限且牵涉到较多的理化知识，希望将来能够在更多检测分析的基础上通过比较来更好地解答这个问题。

整理者：张新泽

朴素无华，承前启后

——谈御窑厂出土明代洪武官窑瓷器、建筑构件及相关问题

江建新

2022年11月26日9：30～11：30，应南京师范大学社会发展学院文博系邀请，著名陶瓷考古学家、景德镇市陶瓷考古研究所名誉所长江建新研究员在线做了题为"谈御窑厂出土明代洪武官窑瓷器、建筑构件及相关问题"的讲座。此次讲座是南京师范大学考古学系列讲座总第90讲（文博大家讲坛第18讲）。讲座由文博系主任王志高教授主持，校内外师生及社会各界人士近200人通过腾讯会议聆听了讲座。

讲座伊始，江老师简略介绍了明初社会政治和文化艺术的特点。他强调，了解明初社会大背景有助于更好地认识和理解洪武官窑瓷器。他特别指出，明初手工业生产对于工匠的管理沿袭了元代的匠籍制度，并承袭宋代遗风，设立画院，征召画家入画院供职。这两项重要制度的实施对洪武官窑的烧造有着重要影响。

江老师讲座的核心内容分为三部分。

一 洪武官窑遗存历次清理发掘情况和认识

作为历次考古的亲身参与者，江老师对御窑厂遗址考古发掘中发现洪武官窑遗存的主要情况如数家珍，娓娓道来，并对于这些考古发现做了深入的解析与研究。

江老师重点介绍了御窑厂遗址珠山东麓出土的板瓦与"官匣"匣钵残件等发现，深入研究板瓦上用铁料书写的"监工浮梁县丞赵万初"题记，并结合康熙二十一年《浮梁县志》的文献记载，确立了该地层出土的遗物为洪武早期官窑标本。

江老师详细介绍了景德镇市中华北路与风景路交接段发现的一段保存完好的明初匣钵墙基。按照匣钵墙体的结构与形制，并依据以往考古发掘的窑炉、作坊遗迹和外墙遗迹中大量使用洪武板瓦这一现象，他肯定了洪武官窑即在该地烧造，彻底否定了洪武时期没有官窑、官窑外来等说法。

江老师认为，能突出洪武官窑具有承前启后地位的发掘是在1988年，景德镇市陶瓷考古研究所在风景路马路中段发现一元代窑业堆积。经研究，确认该类瓷器为元官窑"浮梁磁局"的产品。不久，又在其附近陆续发现了大量洪武官窑遗物。江老师进一步认为，洪武官窑是在元代官窑的基础上建立起来的，明清官窑又在此基础上不断向南拓展，最终形成了现在的明清御窑厂的分布与规模。

除此之外，江老师还介绍了南京明故宫遗址和北京原明代宫廷库房区重要考古发掘情况，从而形成对洪武官窑的清晰深刻而又全面的认识。

二 关于御窑厂出土洪武官窑瓷器和建筑构件

讲座中，江老师向与会者展示了历年考古发掘中的重要标本资料，并结合他的学术研究成果，对部分器物进行了详细的解读。尤其是他对于考古资料研究方法的应用，如器物造型、纹饰的类比，国内外馆藏器物的比对，不同文明之间的交融与互鉴的实物印证，文献资料的规范引用等，对于引导考古文博专业的学生开展学术研究有着重要的启示与示范作用。

如对洪武瓷器纹饰的研究。

江老师将明中都发现的柱础上的宝相花纹和洪武官窑上所绘宝相花纹饰做比对，发现两者完全相同，在图像学上互相对应。通过与北京居庸关云台元代雕刻上的缠枝花卉纹对比，江老师判断，洪武官窑中部分纹样样式源自元代。

在梳理了出土的洪武青花大盘大量实物后，江老师总结了洪武青花大盘的纹饰特征。他指出，元代青花大盘中心纹饰主要有鸳鸯莲池纹、满池娇纹、芭蕉纹等。洪武时代主要是折枝花卉纹及山石纹，时代特征典型，后又被永乐时期所继承。青花大盘中的折枝朵花装饰则是洪武时代特有的，元代和永宣时期则不存。洪武时期分隔的折枝花卉纹饰被永乐官窑继承，四合纹样也对永宣时期的瓷器装饰产生了影响。此外，大盘中心开光是一种新的构图形式，开光里的灵芝、竹叶纹饰在宋元文人画里非常流行。江老师结合讲座之初重点提及的明初画院的设立，推断宫廷征招的画家可能参与了此类瓷器的制作。

他还对建筑构件上的铭文进行解读与研究。

经研究，"赵万初"板瓦题记直接反映了当时官窑烧造的生产、管理体系，并将御窑厂出土的"赵万初"铭板瓦与明中都出土的"赵万初"铭板瓦进行对比，发现内容基本一致，瓦的质地和形制相同。根据《明会要》《明太祖实录》《大政记》中有关明中都营建事宜的记载，并结合明中都实地考察情况，他认为御窑厂出土的"赵万初"铭板瓦等建筑材料，是为营建明中都而烧造，且烧造于洪武二年至八年。

三　相关问题的探讨

江老师向与会者分享了他对洪武瓷器的若干思考。首先是对洪武瓷器主要特征的概括。器型简单，以碗、盘、执壶、罐较为多见。装饰纹饰简单，常见花卉纹题材，未见较为复杂的人物纹。总体而言，"朴素"构成了洪武瓷器的时代特征，也能与明初社会现实相印证。

其次，他重点探讨了洪武官窑的设置年代与管理制度，对明初官窑建立之初的管理制度与生产形式谈了自己的见解。他结合御窑厂遗址出土的明初官窑遗迹与遗物，认为御窑厂设立时间是洪武二年。明代政府在元浮梁磁局基础上建立御窑厂，或者直接接管元代浮梁磁局，延用元代工匠和管理制度，烧造祭器等宫廷瓷器。在管理方面延续了元"浮梁磁局"的管理形式，选择在优秀民窑窑场继续烧造官用瓷器，与后世永宣时期集中在御窑厂烧造不同。文献中所言御窑厂建厂有可能是官窑制度完备后的情况，御窑厂的设立时间不等于官窑的始烧时间。

最后，江老师探讨了洪武外销瓷的情况。关于明初外销瓷的研究，一直为学界关注。通过研究海外发现的相关瓷器资料，以及对于收藏在伊朗、土耳其等国家博物馆的洪武瓷器进行观察，同时结合明御窑厂遗址出土的洪武青花、釉里红大碗、盘、罐、壶等瓷器，江老师认为这类瓷器属洪武外销瓷，其烧造年代值得研究和关注。通过对文献的梳理，江老师发现《明史》中明确指出洪武时期有外销瓷输出，且存在与琉球以瓷换马的贸易行为。他还根据《明史》中有关北元与中原军事对抗的记载，结合史实推知景德镇御窑厂遗址出土的大盘、碗、罐、壶等，其中一部分应属洪武官窑以瓷换马的外销瓷，当烧造于洪武二年至北元政权垮台的洪武二十二年以前。

江老师的讲座结束后，王志高教授对讲座的内容做了总结并给予高度评价，认为江老师长期以来从事景德镇御窑厂的考古发掘工作，积累了大量的实践经验，取得了卓著的学术成果，学风严谨，蔚然大家。讲座从历史、文化艺术、陶瓷工艺等角度对洪武时期官窑瓷器的特点做了深入分析，多角度地反映了洪武官窑的历史面貌。其报告实物丰富，文献充实，观点新颖，令与会师生豁然开朗，耳目一新，受益匪浅。

在随后的交流环节中，考古学专业硕士研究生康传祎同学向江老师请教了如何解释南京大报恩寺琉璃塔建筑构件产地来源不一的问题。江老师解答，由于技术条件的限制，大报恩寺琉璃塔建筑构件中有部分白瓷砖是在御窑厂烧制的，其他琉璃砖和琉璃构件则是在南京琉璃窑烧造的。御窑厂永乐官窑遗存中出土的甜白釉瓷砖在南京大报恩寺遗址中也有出土，应为大报恩寺白塔所用之塔砖。

文博专业硕士研究生程安苏同学就官窑与民窑谁影响谁向江老师提问。江老师认为应该辩证地看待官窑与民窑的关系。总体来说，官窑超过民窑，对民窑的影响更大，但也有例外，部分时段中，民窑的产品品质超过官窑，民间工艺技法的改进会影响官窑的发展。

浙江工业大学的俞天同学向江老师请教为什么洪武官窑瓷器没有年号款识以及这对辨别瓷器的年代有什么影响。江老师回答说，从瓷器的发展流变看，永乐时期最早出现年款，但有年款的瓷器数量少，且年款不流行，没有年款的瓷器有时更方便断代。

整理者：康传祎

江左风华，远播海东

——从考古及文献材料看百济与南朝的交流

赵胤宰

2018年11月12日下午，应南京师范大学文博系邀请，韩国高丽大学文化遗产融合学部赵胤宰教授，在仙林校区学正楼404教室为文博系师生做了题为"从考古及文献材料看百济与南朝的交流"的报告。这是南京师范大学考古学系列讲座总第6讲（考古名家讲坛第5讲）。王志高教授主持了此次讲座。除了本校文博系的本科生及研究生外，还有来自北京大学、社科院考古所、南京市考古研究所等其他学校及科研院所的老师及同学。

讲座伊始，赵教授首先介绍了百济的历史背景。百济王国是起源于朝鲜半岛中部汉江流域的马韩部落的一支建立的政权。他以考古材料和文献记载中百济和南朝的交流切入主题。他认为古代百济与东亚邻近国家的交流，尤其与中国的交流所产生的物质文化，明显反映出百济与中国南朝之间的多层次交流。讲座核心内容包含"文字材料及书法""官印""绘画""墓葬及出土器物""南朝客馆制度与百济'集雅馆'""百济大通寺与南朝的关系"六个方面。

在文字资料方面，赵教授以宋山里6号墓铭文砖为例，通过对铭文的新释"梁宣以为师矣"，找出百济与南梁之间交往的直接证据。此外，他还结合百济墓中出土的铜印与南梁"伏羲将军"铜印进行对比分析，来佐证百济与中国南朝的文化交流。在图像绘画资料方面，赵教授主要介绍了对梁元帝时期《职贡图》中刻画的百济使臣的研究成果。

讲座最精彩的部分是赵教授对于两座百济重要墓葬的介绍，一座是武宁王陵，另一座是宋山里6号墓。武宁王陵是一座完全沿用南朝时期主流墓制的砖室墓，是百济第25代武宁王夫妇的合葬墓。宋山里6号墓情形与之相似。无论从砖室墓的形制，还是随葬品的种类如镇墓兽、瓷器等，两墓皆属于典型的"建康模式"。赵教授特别指出，百济武宁王陵中的镇墓兽与中国南朝墓葬出土的镇墓兽存在细微的区别，而与南朝陵墓神道有角石兽比较接近。

整理者：姚逸

脱胎那用木和锡，成器奚劳琢与磨

——日本禅茶文化与中国漆器

盐泽裕仁

2018年12月18日下午，由南京师范大学社会发展学院主办，文博系承办的"文博大家讲坛"第2讲（南京师范大学考古学系列讲座总第9讲）在仙林校区学海楼325教室举办。日本法政大学文学部盐泽裕仁教授应邀做了题为"日本禅茶文化与中国漆器"的讲座。讲座由王志高教授主持。陈曦老师，本科生、研究生及校内校外其他人员共计100余人聆听了本次讲座。

盐泽先生的讲座由两部分组成。第一部分，盐泽先生分析了漆器与日本禅文化及茶文化的关系。第二部分，盐泽先生通过展示大量图片，介绍了日本国内所藏的中国漆器。

讲座伊始，盐泽先生介绍了与日本漆器有重要关系的禅文化与茶文化。盐泽先生指出，日本引进禅文化始于僧侣荣西、道元，他们将禅宗的思想从中国传到了日本。日本国内自平安时代（794～1192年）末到镰仓时代（1185～1333年）初期传习禅宗。而当时禅文化发展的中心，是在由武士建立的京城镰仓。在当时的镰仓城，有不少由中国僧侣建立的禅宗寺院，如中兰溪道隆开祖的建长寺、无学祖元开祖的圆觉寺、荣西开祖的寿福寺等。当时的京城镰仓，出现了类似中国宋王朝的城市空间特点。

之后，盐泽先生介绍了日本的茶文化，并进一步介绍了禅文化与茶文化的关系。盐泽先生认为，由于荣西从中国带来了茶的种子，日本国内开始了茶叶的栽培，并培养了人们饮茶的习惯。受唐文化的影响，喝茶虽早在日本奈良时代（710～794年）就已有之，但直到镰仓时代才被禅文化吸收并发展。特别是中国僧人无学祖元——他受到日本得宗北条时宗的招聘来到镰仓,并通过各种努力,加强了北条氏一族以及镰仓武士集团的实力,对禅思想和饮茶文化的普及做出了不少贡献。镰仓时代以后,日本成为武士政权下的社会,武士们将禅和茶结为一体,使茶占据了社会文化的中心地位。

盐泽先生认为,镰仓时代以后,由于茶占据了社会文化的中心地位,茶具——茶碗、茶瓶、茶锅等受到了重视。这些茶具大多是"唐物",尤以中国陶器和漆器为多。由于当时日本茶文化的受众主要是贵族、上级武士及豪商,所以他们可以大量使用从中国进口的精美漆器茶具。现在日本国内很多机构收藏有不少的中国漆器茶具名品。

讲座第二部分,盐泽先生首先介绍了日本所藏中国漆器的基本概况。目前在日本收藏较多中国漆器的博物馆(美术馆)有以下这些。日本国立博物馆(主要为东京、京都、奈良、九州、镰仓等地博物馆),这些博物馆收藏有二百五十余件中国漆器。除了国立博物馆外,日本国内众多的私立美术馆也收藏有大量的中国漆器,如德川美术馆、根津美术馆、蟹仙洞等。德川美术馆收藏、展示有德川家族的遗物,以及与大名有关的重要文物。其中仅德川家康的遗物,就多达一万余件(包括日本国宝9件、重要文化遗产59件、重要美术品46件)。根津美术馆于1940年创立,该馆收藏、陈列有日本实业家根津嘉一朗收集的七千余件文物(包括日本国宝7件,重要文化财产81件,重要美术品99件),其中以茶道用具和佛教美术作品最为出名。同时,根津美术馆内还收藏有中国古代青铜器、瓷器等文物。该馆所藏的中国文物,以藏品丰富、种类多样、精品多而闻名日本。蟹仙洞,位于日本山形县上山市,该馆收藏有日本企业家长谷川谦三收集的四千余件艺术品,其中以中国明清时代的漆器工艺品和日本刀剑、盔甲最为出名。随后,盐泽先生展示了他在德川美术馆、根津美术馆及蟹仙洞拍摄的数百件中国漆器。讲座之中,盐泽先生还结合蟹仙洞所收藏的"楼阁人物图填漆柜",对文献中所记载的漆器工艺"存星"进行了重点分析。

盐泽先生指出,古代日本从中国舶来的漆器,大部分是茶具名品。对日本收藏中国漆器的研究——尤其是茶具,可以丰富中国国内漆器的研究资料,使今后这一方面的研究更加深入。同时,因为该研究与禅和茶有密切关系,所以对中日文化交流史的研究也具有重要的意义。盐泽先生最后指出,目前针对日本国内收藏中国漆器的相关研究很少,日本国内所藏中国漆器尚未建立完整的编年体系;中国古代漆器对日本漆器产业的影响亦尚未被揭示。是故对日本所藏中国漆器的研究,将是未来学术界的重要研究课题之一。

讲座结束后,王志高教授做了总结发言。王教授感谢盐泽先生为师生带来一场精彩的讲座,并在讲座中展示了部分尚未在日本国内公布过的日本所藏中国漆器图片,使同学们增长了见识,开阔了视野。

整理者:左凯文

他山之石可以攻玉

——中国学者视角下的玛雅文明揭秘：玛雅名城科潘考古记

李新伟

2020年11月16日下午，应南京师范大学文博系邀请，中国社会科学院考古研究所研究员、中国社会科学院"创新工程"重大课题"玛雅城邦科潘遗址发掘和中美地区文明综合研究"项目主持人李新伟先生在随园校区600号楼117报告厅，为师生带来了题为"中国学者视角下的玛雅文明揭秘：玛雅名城科潘考古记"的讲座。此次讲座是南京师范大学考古系列讲座总第29讲（考古名家讲坛第16讲）。讲座由王志高教授主持，徐峰副院长等校内外师生共计100余人到场聆听了该次讲座。

讲座伊始，李新伟先生首先指出，了解人类经历过什么样的命运，是中国建立人类命运共同体的必经之路。而作为一个文化大国，有这样文化的胸怀不足为奇。文化自信，应树立在了解其他文明的基础上，这正是科潘考古所具有的特殊意义。

接着，他以中国早期文明和中美洲地区文明相似的文物开启了本场讲座。他说中美洲奥尔梅克（Olmec）文明中的刻画符号和中国商代的甲骨文相似，同时两个文明都特别重视玉器，通过玉质宗教礼器，达到"神人交流，沟通天地"的目的。正是由于两者之间这些千丝万缕的联系，有学者提出印第安人是由殷人迁到美洲的。张光直先生曾在《中国古代史在世界史上的重要性》中写道："中国文明和中美洲文明实际上是同一个祖先的后代在不同时代、不同地点的产物。我们把这一整个文化背景叫做'玛雅—中国文化连续体'。"考古发现和DNA研究证明，距今15000年左右东北亚人群经白令海峡迁移到美洲北部，于是美洲开始有了最早的人群，逐渐扩散至整个美洲。距今10000年左右，美洲出现了农业。距今5000年，玉米逐渐发展成为美洲最主要的农作物。距今3600年，奥尔梅克（Olmec）文明闪耀出中美洲第一道文明曙光。

李新伟先生接着对奥尔梅克（Olmec）文明进行了介绍。该文明主要集中在墨西哥湾地区，各种仪式性的建筑和巨型石雕人头是其重要的文明特征。由于大型城市、巨型雕刻、大型建筑、奢华的仪式活动需要大规模的人力物力，故推测当时已出现了复杂的社会组织、社会上层和最高统治者。在洪都拉斯拉文塔（La Venta）就曾发现了著名的Mosaic Masks祭祀坑。该祭祀坑长19、宽15、深7米，里面分28层，埋了总重达1000吨的蛇纹石。其中一层由485件蛇纹石砖组成了巨型马赛克面具。众多宗教仪礼性建筑的出现，证明整个奥尔梅克核心的力量就是宗教的力量，奠定了中美地区宗教的传统。尽管奥尔梅克文明发展到公元前四五百年就骤然衰落，但它的影响甚广。在其之后，兴起于墨西哥高原的特奥蒂瓦坎（Teotihuacan）文明，墨西哥东南部、危地马拉、洪都拉斯、萨尔瓦多和伯利兹的玛雅文明，瓦哈卡的萨波特克（Zapotec）文明如雨后春笋般蓬勃发展。

他还介绍了特奥蒂瓦坎城（Teotihuacan）。特奥蒂瓦坎是当时最强盛的城邦，城市面积有20平方公里，存续于公元前200年至公元500年。城市中心有一条死亡大道，月亮金字塔、太阳金字塔、羽蛇金字塔构成了仪式的中心。金字塔模仿天地初开的圣山，原先都建有神庙。当时的人们信奉万物都需要重生，建筑也是如此，因此过一段时间就要拆毁旧的建筑来建造新的，在原址基础上一层一层叠加。故而我们目前所看到的地表建筑都是最晚期的建筑。李老师认为这些建筑和祭祀遗迹都有极强的宗教性，他以六号墓和羽蛇金字塔下的墓葬为例进行了说明。六号墓中有18具被砍头的人骨堆积在一起，和两具被反绑的人骨凑成了20这个具有特殊意义的数字，周围放着玉制针状物。此外，还有美洲鹰、美洲豹、美洲狼等动物遗骨。羽蛇神金字塔内部发现的墓葬中有佩戴以人上颌骨制作的项链的武士。这充分表明这座建筑的特殊重要性，也是特奥蒂瓦坎令人生畏的强大军事力量的证明。此外，考古人员在特奥蒂瓦坎发现了从大广场直达金字塔中心的神秘地下隧道，长度超过100米，内有数量惊人的遗物，包括大量水禽、猫科动物遗骨，海贝，以及甲虫翅膀。此外还发现上千件由玉、蛇纹石、绿岩、孔雀石、泥岩、绿长石、绿松石、板岩、黑曜石、水晶制作的物品。特奥蒂瓦坎武力发达，虽无文字和金属，却是墨西哥高地文明发展的一个高峰。

公元300年左右，特奥蒂瓦坎与玛雅世界发生了碰撞。据蒂卡尔（Tikal）石碑碑文记载，公元378年1月15日，特奥蒂瓦坎将军Sihyaj K'ahk'入侵蒂卡尔，并杀死其国王。自此之后，蒂卡尔迅速发展成为佩藤（Peten）地区规模最大的城邦之一，并取得了霸主地位。该事件促成了玛雅进一步的发展，很多有文字记载的城邦也是这个时期开始出现的，如在墨西哥恰帕斯州省（Chiapas）K'uk' Bahlam I（公元431~435年）就建立了玛雅的强大城邦帕伦克（Palenque）。帕伦克金字塔即为K'inich Janaab Pakal I墓而建，金字塔内有表达国王权力来自宗教的精美石雕、绿色玉石面具和国王头像雕刻。

李新伟先生指出，整个玛雅世界在公元300年左右进入繁荣时期，西方学者称之为古典时期。这一时期虽然各个城邦没有形成统一的国家，但城邦之间有合作、联姻或战争，在文字上亦有各自的标志。国王、贵族、商人和农民构成了城邦的社会结构。此时玛雅虽然已经有了发达的文字系统，但这个系统十分复杂，只适合记录事件或与神沟通。除文字外，玛雅还有复杂的历法，如卓尔金历、太阳历和长历法。此外，玛雅还拥有发达的神话和宗教。神话有波波尔·乌（Popol Vuh）、玉米神的传说。玛雅宗教是萨满式宗教，国王须通过各种方式和神灵沟通，一般方式包括用俘虏祭祀、自我牺牲和致幻。公元900年后，玛雅突然衰落，原因不详。之后北部虽然兴起玛雅潘、奇琴伊察等城邦，但玛雅文化也逐渐式微。

此后，李老师详细介绍了中国社科院考古所在科潘的考古情况。对于科潘的发掘要追溯到1892年，当时碧波地博物馆在科潘进行了考古工作。2014年，中国社科院考古所与洪都拉斯签署协议，2015年正式在科潘开展考古工作。科潘在洪都拉斯的东南角，是玛雅六大最著名的城邦之一，掌握着最珍贵的翡翠资源，并拥有黑曜石资源。该地区有核心的王宫区和贵族居住区，中国社科院考古所进行发掘的是贵族居住区的一个院落及附属建筑，约2000平方米。宾夕法尼亚大学之前已对该建筑进行了部分发掘工作，发现了一些精美的文物，如中心主殿发现的"天空之带"石榻（Stone bench）和玉米神雕像等。目前中国考古学家计划发掘剩余的部分，通过一个家族的发展演变来印证科潘王国的兴衰历程。目前的考古工作发现了早期的遗迹，很好地复原了贵族院落的发展过程。考古发掘对于认识科潘建筑布局的演变、重要墓葬和雕刻及贵族家庭身份都具有重要意义，相关遗物的研究和修复仍在进行，一些成果也将陆续发表。

讲座结束后，徐峰副院长进行了总结。他说中国考古正在走出国门，李新伟先生在科潘的考古发掘，将在中国考古史上留下浓墨重彩的一笔。所谓"他山之石可以攻玉"，异域的文明能够为我们了解中国早期文明提供重要的参考。

整理者：李娴、左凯文、曹泽乙

见微知著，丝路余响

——"丝路"背景下汉代日常生活的考古学观察

刘尊志

2023年6月10日15：45～17：45，应南京师范大学社会发展学院邀请，南开大学历史学院教授、博士生导师刘尊志老师在仙林校区敬文图书馆二楼西报告厅做了题为"'丝路'背景下汉代日常生活的考古学观察"的讲座。此次讲座是南京师范大学考古学系列讲座第103讲（考古名家讲坛第47讲）。讲座由王志高教授主持，校内外师生及社会各界人士近100人聆听了本次讲座。讲座伊始，刘老师首先结合自身研究经历引入了本次讲座主题。作为考古学者，尤其是历史时期考古学者，我们所能做的不仅是对墓葬和遗址进行分期断代研究，更重要的是要思考考古学资料中蕴含的丰富内涵，为研究古代国家历史做出贡献。

汉代是我国古代社会发展的重要时期，政治、经济、思想、文化等均获得较大的发展和长足的进步，而两汉时期也是对外物质文化交流全面发展的时期，海、陆丝绸之路均已开通，成为古代东西方经济、文化交流的必由之路。刘老师指出，随着丝绸之路作用日益突出和对外物质文化交流的不断加强，汉代人的日常生活也在悄然发生着变化，许多国家和地区的物品、种植与加工技术、娱乐与杂技，乃至宗教信仰等都逐渐传入汉王朝境内，并逐渐融入汉文化之中，成为古代社会发展的重要内容和体现。

一　日常生活中的物质内容

《后汉书·五行志》记载："灵帝好胡服、胡帐、胡床、胡坐、胡饭、胡空侯、胡笛、胡舞，京都贵戚皆竞为之。"首先，刘老师将日常生活物质内容分为衣、食、住行和医疗四个方面。汉代，随着对外物质文化交流的不断发展，这些内容得到不断补充和纳新，呈现出丰富性和多样性。其中以汉灵帝为代表的社会上层对胡风文化的喜爱也带动了人们对外来文化因素的学习和模仿。

（一）衣着、装饰与化妆品

刘老师首先指出，在汉代，新的织物和衣料及对应的服饰均有传入，并因一些人的喜好而得到推广。新疆出土纺织品中有一定数量的外来产品，主要为棉布、毛织物（毛布、毛毡）等。棉布及其原料棉花的传入意义重大，它为无法负担丝绸的普通民众提供了更加舒适的衣料选择。刘老师补充道，大约在东汉末年至南北朝时期，棉花种植技术传入新疆地区。民丰尼雅遗址中的一座东汉墓出土两块蓝白印花棉布残片，是我国目前所知最早的棉布，棉布上的女神为中亚的丰收女神阿尔多克洒，推测从贵霜传入；尉犁营盘东汉 M15 出土对兽树纹双面罽袍、洛浦山普拉 M01 出土"马人"武士毛织物等，都体现出明显的外来风格。这些布料作为交易成品从西方直接传入，刘老师提醒同学们，丝绸之路的真正功能并不只是成品交易，更多在于技术交流。

其次，刘老师引用文献指出，汉代外来装饰物品也有大量输入。文献记载，南越"处近海，多犀、象、毒冒、珠玑、银、铜、果、布之凑，中国往商贾者多取富焉"。考古发现也证实了汉代输入了较多外来装饰物。刘老师以新疆、广西出土的饰品为例，如新疆洛浦县山普拉墓地出眼玻璃和玛瑙串饰，新疆尉犁营盘墓地出土金耳饰、银耳饰蜻蜓，广西贵县风流岭 M15 出土的肉红石髓耳珰，向同学们展示了精美的装饰品。

两广地区还发现大量珠饰串起的串饰。广西合浦文昌塔墓地出土各种式样和颜色的串饰数件，刘老师对不同期段的串饰进行了汇总，从分期图中可见，随着文化交流发展，早期传入的饰品主要是简易的、便于佩戴的创新型成品，到三期四期串饰组合逐渐复杂。除此之外，贵县汉墓出土多种珠饰如玛瑙、蚀刻石髓、肉红石髓等混合的串饰。由此可知，两广地区因海上丝绸之路的开通而受外来文化的影响颇大。

再次，金银质的装饰品也有很多，其上还镶嵌不同颜色的宝石，异域特点突出。例如江苏邗江甘泉东汉墓出土一批掐丝、焊金珠、镶嵌绿松石和水晶的金饰品，有泡形饰、亚形饰、盾形饰、挂锁形饰、王冠形饰、空心球、兽形片饰等，属中亚风格。

最后，从西亚传入汉王朝的还有以胭脂为代表的化妆品。刘老师引用孙机先生所言"汉地使用胭脂当由匈奴人为之介"。刘老师还向同学们分享了在甘肃考察时的趣事，并引用《匈奴歌》中所言"失我焉支山，使我妇女无颜色"。河北满城M2出土的错金朱雀衔环双连铜豆形器为调制胭脂的用具，引人注意的是，该豆形器两盘中出土时尚有朱色痕迹，推测为残留的胭脂。

（二）饮食

"东汉灵帝好胡饭，京都贵戚皆竞为之。"刘老师首先向同学们展示了与汉代饮食有关的文献例证，而相关考古资料则更为丰富。

刘老师指出，在对外物质文化交流的影响下，汉代食物原料增添了较多的新内容。用作主食的粮食作物，部分是由外引入的品种，如豌豆、扁豆、黑豆、胡豆、绿豆、胡麻、鹊纹芝麻等，其中胡麻还可作为其他食品加工的辅料。河西走廊一带在两汉时已种植黑豆、扁豆、胡豆、豌豆。与此同时，多种蔬菜被引进境内，并且其中部分已被相对普遍地种植。刘老师提到，此时引入我国的蔬菜有葱、蒜、芫荽、苜蓿、黄瓜、萝卜、胡萝卜等。广西贵县罗泊湾M1出土有苜蓿和黄瓜，甘肃泾川水泉寺东汉墓出土陶灶上还雕有萝卜图案，足见蔬菜引入程度之深。

除了蔬菜，刘老师还向同学们介绍了由外输入并在境内开始普遍栽种的水果，例如葡萄、胡桃（核桃）、石榴、无花果、橄榄、番木瓜、西瓜、胡瓜等。刘老师同时列举了相关考古实例：尉犁县营盘墓地出土有葡萄、核桃等；罗泊湾出土有橄榄、乌榄等；安徽六安双墩M1出土的西瓜子证实了西瓜在西汉时就已传入我国。刘老师提醒大家注意，出土种子并不能完全证实相关种植技术也同步传入我国，技术的传入具有一定的滞后性。随着物品的传入并被广泛接受，相关技术也会逐步传入并得到推广。

刘老师以胡饼为例，指出汉代加工食物也得以传入和普及。乳制品主要有酪（发酵乳）、酥（酥油）、乳腐（干酪）等，可放入面点之中，可直接食用，也可作饮料。这些食品及其加工技术的传入大大改善了中国古代人们的饮食结构。

刘老师还向同学们展示了部分与饮食有关的器物图片。这类器物在工艺上与传统器型有所差异。如合浦寮尾M13b出土1件陶壶，胎黄白色，青绿色釉，一侧有短流，细长颈，椭圆形腹，颈腹间与流相对一侧附曲形手柄，是一件典型的帕提亚时期陶壶。金银器和玻璃器数量较多。青海大通上孙家寨乙区M3出土银壶是从中亚输入，为今叙利亚一带罗马帝国时期的产品。

刘老师接着补充，丝绸之路沿线还出现了大量玻璃器皿。合浦汉墓出土较多玻璃器皿，如贵县南斗村M8出土的承盘高足玻璃杯；又如文昌塔墓地出土的罗马玻璃碗，通体黄褐色，有状似叶片的褐色花纹，为植物灰型钠钙玻璃。刘老师认为这类器物和饮用酒类、浆类饮品有关。造型上，这类物品一般都为舶来品。

（三）居住与出行

与居住有关，体现外来因素者多为墓葬资料。刘老师指出，居住方面受到外来影响较少，原因一是墓葬与实地建筑关联密切，中国传统建筑采取仿木结构，对外来文化吸收较少；二是建筑本身更新速率较慢，对外来新鲜事物的接受度较低，对外来文化的吸收主要体现在纹饰上。刘老师提醒同学们，现在可见的墓葬资料并不能全部反映当时的生产生活实景，我们要有选择地选取资料进行研究。

一些汉画像石墓中使用石柱，如徐州白集汉墓出土石柱，为委角六楞柱，下为一趴卧石羊，其他墓葬还见方柱、圆柱、八角柱、凹楞柱等，可能与受西方文化影响有关。刘老师指出，立柱是外来文化输入的产物，但这类石柱在装饰纹样上同时融入了中国传统文化因素，例如"羊"音类"祥"，因此在石柱下方加入了卧羊底座。

刘老师以河南密县打虎亭 M2 券顶藻井为例，提出莲花藻井可能与佛教的影响有关。另如券顶，也可能是外来建筑形式影响下的产物，而且会影响到日常生活中的相关建筑。

建筑的装饰图案也受到外来文化影响。刘老师以徐州汉画像石艺术馆征集的汉画像石为例，有学者认为双头鸟体现出的某些动物形象来自斯基泰民族，也有可能是通过中介而从古希腊、西亚传到中国来的。双头鸟为斯基泰民族所喜爱，其原形为西亚的双头鹫，也就是斯基泰民族流行的鹰头兽。刘老师认为，这类双头鸟纹饰与中国传统文化中的神鸟形象有效结合，将外来文化因素和中国传统文化有效结合，形成了新的装饰纹样。

最后，刘老师指出，出行方面最突出的是畜力的传入，很多畜力用于骑乘、挽车出行甚至运输，如大宛良马、汗血马等。刘老师以山东章丘洛庄汉墓出土的当卢为例，指出车马器具所受外来影响主要表现在装饰上。这件鎏金铜当卢是斯基泰民族的装饰文化传入我国后，在其影响下，工匠结合当地传统风格糅合而成的新型工艺品。

（四）医疗保健

刘老师指出，中国传统医学文化源远流长，外来文化因素也参与其中。汉代，于阗国及以西地区的医疗保健物品已传入我国，融入日常生活，且有人死后用以陪葬。洛浦山普拉墓地出土有于阗或以西地区的医药物品，均盛放在香囊中，有香料膏丸、球形香丸等。另有苦豆子及银白色片状物、红色和乳白色粉末状物品，多包扎在小绢布里，部分在小纸包里。这些香药膏丸来自于阗以西的地区（印度或者波斯），银白色片状物可能是薄荷叶，红色和乳白色粉末状物应是磨成药散的草药。广州南越王墓中发现象牙、乳香以及带有明显波斯风格的银质药盒等，盒内盛有药丸。

二　技术、娱乐与宗教

刘老师认为，随着丝绸之路的开通和发展，在交流物质内容的基础上，丝绸之路带来的较大贡献——相关技术及其娱乐、宗教等也得以传入，开始影响并不断渗透至日常生活之中。技术可以随着物品传入，并与本土物品和技术相结合，达成可持续发展。

（一）技术

刘老师再次强调，丝路交流中最重要的就是技术传播，如相关原料的制作、物品的加工、医疗保健品的制作和加工等。刘老师将技术层面分为黄铜冶炼技术、香料制作技术、饮食种植加工技术和医疗药粉制作技术四个方面进行介绍。

其一，黄铜冶炼技术。黄铜制品和冶炼技术在两汉时期传入我国。黄铜是通过将铜和含锌的炉甘石放原炉中冶炼而得。刘老师提出，此时相关技术的传入，丰富了装饰品如环、镯等的制作。刘老师推荐感兴趣的同学们去阅读《中国考古学·秦汉卷》中的详细介绍。

其二，香料制作技术。刘老师指出，香料、膏丸、药粉、相关医药及制作技术、使用方法得以引入汉王朝境内，在此基础上还有创新和发展。考古发现也证实了这一观点：合浦堂排 M2b 出土铜熏炉中有少量香料和灰烬，风门岭 M24b 出土陶熏炉内有炭化的香料。汉代，人们在研究各种香料作用和特点基础上，利用多种香料调和制造出特有的香气，配制方法为"香方"，依据香方调和制成的为"合香"。刘老师引用东汉《汉建宁宫中香》的香方文献记载，证实汉人将引入的外来香料与中国本土香料相结合，创造出了新的配方用以改善生活环境。

其三，饮食种植加工技术。刘老师指出，外来作物种植技术的引进和在此基础上因地制宜带来种植技术的提升，保障了外来果蔬相对稳定的供应；同时，外来食品加工技术带动了本土食品加工技术的多样化，不仅扩大了汉人膳食内容，也可促进推广，渐入日常生活之中。

其四，医疗药粉制作技术。医疗保健方面，最为突出的是药粉及相关医药的制作及其组合搭配技术，这些技术的引入和普及同时促进了中国传统医学的发展。

（二）娱乐

刘老师通过引用文献，指出汉代部分外来乐器、音乐及舞蹈已逐渐被接受，并渗透至一些地区的日常生活中。

刘老师以汉画像石中的乐舞形象为例指出，西域各国的部分乐器已随着丝绸之路的开通传至中原。其中琵琶源于美索不达米亚，在亚洲西部、西南部各地较为流行，至迟东汉时传入我国。四川乐山虎头湾汉代崖墓石刻画像及辽宁辽阳棒台子东汉石椁墓壁画中皆有弹奏琵琶的人像。

众多舞蹈、杂技、幻术等也逐渐传入并不断普及。"叠案"技艺在汉代较为流行，刘老师解释，这可能受到"安息五案"的影响。"安息五案"是一种在叠摞起的木案上进行表演的节目，相传是经丝绸之路引入的波斯舞技。四川郫县东汉石棺画像中有叠九案。幻术有吞刀吐火等，密县打虎亭 M1 的相关图像中有此图像。刘老师补充道，文献中也记载了相关幻术，例如施术表演种子迅速发芽生长，开花结果，这些都丰富了古代人民的娱乐生活。

接下来，刘老师还向同学们介绍了高竿表演"缘橦"。刘老师推测，汉王朝的表演者可能从都卢艺人那里学习了相关技巧，表演出高难度的杂技。山东沂南画像石墓的画像中，一人额上缘橦，上有三人表演，这体现出外来乐舞杂技给汉代日常生活带来了极大改变。刘老师指出，无论文献记载，还是稍复杂的画像石中基本都会出现乐舞杂技图，这与乐舞杂技技术的流行不无关系。乐舞杂技等在传入后，逐渐影响到较多的阶层，并渗透至迎宾、宴客、家庭娱乐、礼仪活动等多个方面，大大丰富了日常生活的内容和内涵。

（三）宗教

接着，刘老师着眼于对宗教方面影响的考察。宗教方面的主要内容为佛教的传入和影响。一般认为，佛教大约在西汉后期开始传入我国。东汉早期，明帝在洛阳修建了白马寺，为信佛者提供了崇佛、信佛及礼佛场所。诸侯王中以楚王刘英为代表，其"诵黄老之微言，尚浮屠之仁祠，洁斋三月，与神为誓……其还赎，以助伊蒲赛桑门之盛馔"，"晚节更喜黄老，学为浮屠斋戒祭祀"。刘老师援引文献史料，指出就东汉早中期而言，佛教信徒群体还有较大的局限性，仅为朝廷或个别诸侯国中等级较高的人员，在民间少有信徒。史载"桓帝好神，数祀浮图、老子，百姓少有奉者，后遂转盛"，即可说明。刘老师还补充道，佛教传入之初，人们并未将其视作宗教，而是将其视为一种升仙思想，通过依附儒道在民间传播。东汉晚期，在依附、吸收、融合基础上，佛教开始独立于儒道，逐渐与中国本土文化相结合，形成相互杂糅的特点。至东汉末年，笮融"往依徐州牧陶谦。谦使督广陵、彭城运漕……乃大起浮图祠，以铜为人，黄金涂身，衣以锦采，垂铜槃九重，下为重楼阁道，可容三千余人，悉课读佛经，令界内及旁郡人有好佛者听受道，复其他役以招致之。由此远近前后致者五千余人户"。东汉末年，黄巾起义失败后，佛教抓住发展机遇，逐渐独立，成为影响当时乃至其后人们日常生活的宗教。

刘老师总结认为，在汉代考古资料中，佛教主要呈现依附性和杂糅性。与佛教有关的器物、画像等，多数时代为东汉晚期，部分为东汉末年。有关图像可更直观地反映佛教在日常生活中的影响。沂南汉画像石墓的擎天柱中部有相对明显的佛教造像。徐州出土汉画像石中有两幅"僧侣骑象图"，其中一幅中的僧侣着袈裟，头顶巾帻，可以看出其是光头；另一幅画面上方刻一人躺卧在象背上，右手托面，前面一人手持长钩，应为象奴，画面下方刻一枝叶茂盛的大树，很可能为菩提树。刘老师特别介绍了枣庄市台儿庄区邳庄镇邳庄村的出土画像，并提出了新问题和新思考：据公布资料，该图为焚香图，但中间的三根柱状物并非礼佛所用线香，推测可能是长柄勺的勺柄，这个问题也有待进一步思考。

三　"丝路"背景下汉代日常生活的发展

（一）物品输出的带动

在简短回顾物质以及精神方面的相关内容后，刘老师继续在丝绸之路的大背景下，向同学们介绍丝路影响下汉代日常生活的变化和发展。刘老师特别提醒同学们，除了关注丝绸之路向境内输入的物品之外，也不能忽视丝路影响下我国对外输出的相关情况。刘老师以丝织业为例，指出我国丝织品的大量出口带动了丝织业的发展，丝织业的发展又带动了桑树种植业和养蚕业的发展。刘老师以四川出土的画像砖上的桑园图为例，画像石中的人物手持长柄器击打桑树以获得桑叶，这正是汉代桑树种植业发展的力证。刘老师补充道，河南内黄三杨庄西汉晚期田宅遗址的三号院落正房后侧还发现了栽植的两排桑树遗迹，这些内容都表明汉代桑树种植和采桑活动已经成为农业生产的日常内容。此外，漆树种植、漆的生产及漆器制作与丝绸有相似之处，二者均与汉代日常生产生活有关。从出土的考古资料看，铁器、铜镜等在东、南、西三个方向的丝路贸易中均有大量输出，带动了手工业的发展，也与相关手工业者的日常生活有密切联系。

（二）输入内容的促进

1.物质内容

刘老师介绍，伴随着丝路而来的众多外来作物得到种植，并逐渐成为相应阶层日常劳作的内容。随着棉布的推广，棉花的加工、纺织、染色等融入日常。

化妆方面，日常化妆也接受了外来化妆品的影响，在原来基础上更进一步。

饮食方面，外来食品逐渐成为饮食中的重要内容，食品的加工、储藏技术等得到较多发展，膳食结构有了悄然变化。如胡饼受到不同阶层的喜爱，成为日常饮食中的美味。刘老师补充道，魏晋南北朝时期涌现出大量食谱，这也证明了饮食内容自汉代以来不断扩大，外来食品逐渐被纳入日常饮食。

用具方面，胡床、胡帐、胡坐等居室用品融入了日常生活。刘老师强调，尤其是胡坐，在某种程度上可能打破了原有席地而坐及寝息的习惯。汉代，垂足而坐似不礼貌，但画像资料表明，东汉时有垂足而坐者。徐州汉画像石艺术馆征集的一块画像石，中刻一房屋，屋外左侧有一儿童坐在杌子上逗牛；徐州耿集出土画像石上，有一人持刀坐于几上，另有一人似在与其对话。随着相关家具的推广和普及，垂足而坐逐渐代替席地跽坐，胡坐逐渐在日常生活中成为主流。刘老师指出，有学者认为建筑高度与人的日常生活也有密切联系，胡坐提高了人的坐姿高度，建筑高度也可能随之抬高，进而带动了日常生活的改变。

2.乐舞杂技与宗教

刘老师以乐舞杂技和宗教促进下的日常生活为切入点，向同学们介绍了佛教影响的逐步扩大。一些日常活动、行为及其相关物品的装饰、所用物品乃至于部分与丧葬有关的装饰、物品已明显可看到佛教的影响。

同时，乐舞杂技的传入，为汉代生活注入了新的内容，大大丰富了日常的娱乐内容，相关内容在日常的迎宾、宴饮、庆祝及其他活动方面得到推广和普及。

（三）外来人口

随着对外物质文化交流的发展，一些外来人口开始来华，并逐渐融入两汉社会及日常生活，这些人多被称为胡人。

刘老师首先向同学们介绍了出土的胡人俑。中原地区的一些汉墓中多出胡人俑，戴尖帽，深目高鼻，颧骨突出，尤以东汉墓出土为多。今广东省广州及广西壮族自治区贵县、梧州、合浦等地的汉墓中也常出土形象明显异于汉人的陶俑，一般体形矮短，深目高鼻，颧高唇厚，下颌突出，体毛浓重。合浦堂排西汉晚期M1出土站立胡人俑，似为乐舞俑，头戴圆顶小帽，身着对襟小领长袍，竖眉小眼，高鼻深目，脸部较圆，络腮胡须。

刘老师指出，胡人俑中，胡人举灯的造型较为常见。广州东山象栏岗东汉前期M4016与合浦寮尾东汉晚期M13b出土陶座灯，俑均深目鼻高，尖下巴，络腮胡，前者半跪坐，发束于前额；后者缠头绾结如汉式的蹼头，屈膝而坐，右手撑地，左手举托灯盘，头仰视。胡人俑的形体特征与印度尼西亚的土著居民相似，但深目高鼻又可能是以南亚及西亚人作为模拟对象。这些发现反映出当时岭南可能已使用出身南洋、南亚或西亚的奴隶。刘老师结合汉代画像资料，指出胡人除了做侍者，有些还从事乐舞杂技表演或其他工作，大多与汉代人的日常生活关系密切。刘老师还提出了新问题：胡人俑为什么多会举灯？为什么举灯时会采取这样的姿态？这些问题都有待同学们仔细思考。

（四）称呼语言

紧接着，刘老师从语言视角出发，分析了汉代域外称呼语言随着丝路传入并融入日常生活的现象。随着汉代丝绸之路的延伸，汉代人的日常称呼语言也在不断丰富。刘老师以许多当今使用的、典籍中记载的"胡"打头的外来物品名称为例，指出这种方式不仅丰富了民间对于外来物品的称呼，增添了汉语词汇量，同时还丰富了汉族语言系统。刘老师援引史料，指出因灵帝喜好冠以"胡"字的外来器物近10种，如胡服、胡帐、胡床、胡坐、胡饭、胡箜篌、胡笛、胡舞等，涉及内容颇多。

（五）商业活动

最后，刘老师结合出土的与商贸相关的文物，为同学们展示了中外经济交流下的汉代日常生活图景。

刘老师结合文献，说明了汉代海上贸易等商业行为较发达，考古发现的较多外来物品也可能与商贸有关，其中以货币的传入最有说服力。从中亚、西亚传入我国的有贵霜铜币、萨珊银币、安息货币等，新疆乌恰县发现大批波斯银币；楼兰古城出土1枚贵霜王发行的钱币，正面为国王立像，周缘有希腊文，背面为手持三叉戟的骑骆驼神像。

出土较多的经济交流文物还有大量外文铅饼。刘老师介绍，此类铅饼文字多为希腊文，但正面为龙纹等中国传统纹饰，是中西文化的结合体。甘肃灵台发现270多枚，埋藏在一处有意建造的坑内，饼正面为凹凸龙纹，底面铸一周希腊文，另有二方形戳记；陕西扶风姜塬出土的汉代外文铅饼，很可能与安息国有关。外文铅饼大多出于遗址内，有的是专门埋藏，或与汉代钱币共同埋藏，一些可明显看出长期使用后的磨损。这类铅饼借鉴了陶饼的相关形制。刘老师推测，此类铅饼是为便于贸易携带和买卖而使用的实用货币，且作为媒介型货币用于不同区域间商品贸易的可能性最大。刘老师补充道，这类文物在扬州和成都都有出土，感兴趣的同学们可以关注相关考古简报。

刘老师援引《盐铁论》所载史料，指出对外物质文化交流为汉王朝及汉代人的日常生活均带来诸多有益的内容。刘老师总结道，对外物质文化交流不仅可带动自身生产、生活的发展，众多外来内容还能促进日常生活的不断丰富和多样化。对外来物质文明与精神文化接受的过程，也是对外了解和认知的过程，同时还是吸收、应用的过程。物品传入带来的有益内容最为突出。棉布衣料至东汉时渐被接受，而其对下层人们来讲，在进行种植、加工的同时，又可改变衣葛麻织物的传统，对身体存在较大益处；众多食品的传入，使得饮食内容更趋多样和丰富，膳食结构也有相应变化。其他在装饰、居住、医疗、保健等方面也有较多体现和反映。

四　相关特征

讲座行至尾声，刘老师结合讲座内容总结了中外物质文化交流中的六个相应特征。

第一个特征为形式的多样性。中外物质文化的交流，有政府间的交流和往来，有商贸和战争，还有各种形式的人员往来，另有宗教传入，形式多样。各种形式的交流和往来都直接或间接地影响到汉代人的日常生活。

第二个特征为创新性。刘老师结合自己的见解，认为这与当时汉代处于中外物质文化交流的开拓期有着密不可分的关联，对外物质文化交流的大发展趋势使得对日常生活影响的很多内容都具有创新性。

第三个特征为发展的渐进性。刘老师结合出土文物指出，这种渐进性在考古发掘的发现中有明显的体现，以两广地区出土的各类中外交流文物为例，从两广地区向北走，越向北相关文物出土越少。刘老师解释，这主要与丝路输入内容的接触次序有关。这种次序一般表现为接触人群从社会上层逐渐下移到平民百姓；从陆上丝路沿线由西向东向中原腹地传播，以及从海上丝路港口向内陆辐射。

第四个特征为需求的同步性。刘老师解释，这与当时汉王朝为遏制侵扰、巩固和加强边疆统治等经济政治需求有密切关系，同时汉王朝及统治阶层普遍需求域外"珍宝"，这些需求都直接促进了贸易往来，进而带动了政治、文化的交流。

第五个特征为开拓与启发性。刘老师指出，汉代作为对外物质文化交流的开创期，陆路、海上交通及多种形式的交流框架和格局基本形成，体现出的开拓特征十分突出，主要表现为中外交流输入内容较前代而言更多、更全面，这对后世影响大。

在总结了丝路为汉代日常生活带来的益处之余，刘老师也辩证地指出了其中的局限性和不完善性——第六个特征。他提出主要有以下四点不足。

其一是考古发现的丝路输入汉代的日常生活物质内容多寡不一，主要表现为装饰化妆、饮食、医疗、娱乐、宗教相关文物种类多，普及程度广，影响大，而居住、出行方面相关文物较少。刘老师解释，造成这种现象的原因，一方面与相应阶层的需求有关，同时也是对外物质文化交流初期阶段的体现。刘老师提醒同学们，在思考造成这种现象的原因时，不能忽略考古资料本身的局限性。

其二则为输入的技术层面内容较少，外来人员的融入相对欠缺。除与娱乐相关的一些技术或方法传入较多外，其他方面的技术或技法传入较少，更多的还是物品的直接输入。刘老师再次指出，技术方面内容的缺失与考古资料所能反映的信息有限性不无关系。

其三则是带来影响的较强地域性特征。正如刘老师先前在特征分析中所提及，丝路输入内容对于汉代日常生活的影响，往往在丝路沿线、两京、王侯封国以及两广地区较为明显，在其他区域则影响较小。

其四是"丝路"背景下日常生活的发展具有相应的等级性。受影响人群更多是高等级，或具有相应经济实力的人群，普通百姓受影响相对较小。刘老师结合地域性特征形成的原因，解释了这是由于阶级核心即统治阶级更容易接触到外来物品。

讲座最后，刘老师总结道，两汉时期，随着丝绸之路的开通和发展，对外物质文化交流呈现出诸多新的面貌，较多新的内容得以传入，在此背景下，汉代人的日常生活也在悄然发生着变化，不断丰富，趋于多样，并体现出与时代相对应的特点。在这一发展过程中，很多外来因素逐渐融入汉文化整体发展之中，成为古代社会发展的重要内容和体现，并对后世有着较大的影响，在古代社会发展史上具有重要的价值和地位。

最后，刘老师特别强调，新时代的考古学在丝路研究方面，应该对当时人民的日常生活给予更多关怀。见微知著，历史不仅是帝王将相的，更是人民百姓的，新时代考古人更应着眼于此，将阐释中华文明作为考古人的历史使命。

讲座结束后，主持人王志高教授就讲座内容进行总结：刘老师通过列举大量实物资料论述汉代海、陆丝路中外来文化输入对汉人生活的多方面影响，同时提炼出输入内容的特点与不足。王老师强调，有关日常生活的考古研究是近年考古学界的研究热点，也是历史时期考古学的研究重点。

在其后的互动环节，文博系本科生高靖涵首先向刘老师提问：以青铜冶炼技术传入中国为例，该如何区分物品与相关技术传入的先后顺序？刘教授对此予以解惑：技术传入与文化传入不可分离，正因为人员流动才能带来技术传入。至于物品与其制作技艺传入的先后顺序，应该着眼于当时输入方对于该输入内容需求程度的强烈程度。一般来说，需求越大，技术传入现象早于物品传入现象越明显。刘老师以玻璃器的传入为例，指出考古学研究不能忽略"出土实物所能反映的信息具有局限性"这一点。最后，刘老师以新疆织物技艺为例，提出研究有关技术时不能忽略多方面因素的影响。正如刘老师先前在讲座中所言，技术的传入才是物质文化发展的必然趋势，而非仅限于物品的交换。

　　南大学子丁恒接着向刘老师请教：丝绸之路作为一条互通有无的、平等的道路，讲座中举例的胡人俑是否可视为对胡人形象的贬损？汉代人对待丝路传入内容时，"华夷之辩"观念的影响程度又有多大？刘老师首先否定了丁同学对于汉代政府歧视胡人的猜测，并提出正是长期分裂后的大一统激发人们了解外界的渴望。社会风气的大开放，加之社会生产力有限，导致了解外界的需求陡增，人们必然会将这种需求诉诸中外物质交流。因此，此时人们对于胡人等外来内容的接受度普遍较高，"华夷之辩"的观念并不能在此体现。

　　最后，文博系研究生马健涛向刘老师提问：是否可以依据不同具体物品区分域外的不同来源？具体物品的具体传入路径与走向大概有哪些？刘老师对此予以解惑：大量研究证实，现在学界普遍接受的两条丝绸之路，其中海上丝绸之路主要以斯里兰卡为重要中转站，而陆上丝绸之路，除主要通道外，也因地理环境等因素的多变性，往往以绿洲、政治经济中心为道路通行的节点。

整理者：曹安妍、胡奕洋

泱泱华夏　灼灼其鼎

——夏鼐与新中国考古学

王世民

2020年12月14日下午，应南京师范大学文博系邀请，中国社会科学院考古研究所研究员、著名考古学家王世民先生在随园校区600号楼117报告厅，为师生带来了题为"夏鼐与新中国考古学"的讲座。此次讲座是南京师范大学考古学系列讲座总第35讲（考古名家讲坛第17讲）。讲座由裴世东讲师主持，徐峰副院长等校内外师生80余人到场聆听了该次讲座。

讲座伊始，王世民先生着重介绍了胡乔木同志对夏鼐先生的评价："完全应该公正地承认，夏鼐同志和他的合作者们，开创了我国考古学发展的新时代。……夏鼐同志的毕生心血，部分地凝聚在他的许多第一流的考古学论著中，更多地凝聚在新中国考古事业巨大发展的实绩中。他是当代中国考古学人才的主要培育者、考古工作的主要指导者和考古学严谨学风的主要缔造者。"王先生以此为引，指出夏鼐先生为新中国考古学的建设做出了卓越贡献，是新中国考古工作的主要指导者和新中国考古学的奠基人，并强调了夏鼐作为"主要指导者"和"指导者之一"的重要区别。

王世民先生继而引申阐述了夏鼐之所以成为新中国考古工作主要指导者的三个条件：第一，具有我国考古学界无人企及的深厚学养，既学贯中西，又博古通今，文理兼备，善于从世界考古学高度和多学科角度考虑问题；第二，身居国家考古研究中心机构的领导岗位三十余年，跨越新中国考古学的整个奠基时期；第三，忠于党的路线，实事求是，忘我

奋斗直到生命的最后一息。

随后，王世民先生以新中国成立前夏鼐的六次人生抉择为线索，回顾了夏鼐的前半生。第一次抉择，1927年夏鼐放弃直升浙江省立十中高中部的机会，考入光华大学附中高中部，极大地拓展了学术视野；第二次抉择，1930年放弃直升光华大学的机会，考入燕京大学社会学系，接触了大量马列主义经典著作；第三次抉择，转学清华大学史学系，师从名家，在史学领域崭露头角；第四次抉择，放弃在清华留校读研机会，考取留学公费名额，并转向考古学；第五次抉择，留学期间放弃中国考古学方向，转向埃及考古学，掌握当时世界上最先进的田野考古技术，并在考古学理论、方法领域有独到的见解；第六次抉择，夏鼐没有跟随"史语所"迁往台湾，毅然决然留在祖国大陆。王先生指出，夏鼐的六次人生道路的抉择，初步确立了其在中国学术界的地位，作为大陆唯一既在国外受过科班训练，具有丰富实践经验和卓越贡献，又能亲临第一线的田野考古学家，在新中国成立后众望所归地走上了全国考古工作的领导岗位。

接着，王先生聚焦于新中国成立后夏鼐在四个领域的开创性贡献。

其一，夏鼐主导了中国考古学人才的培育。一方面，夏鼐在中国科学院考古研究所成立之初，主持了辉县发掘、豫西调查等几项示范性的考古调查与发掘工作，手把手培养考古所的业务骨干；另一方面，积极参与、组织北大考古专业、全国考古训练班、考古所见习员训练班等，推进全国考古专业人才的培养。尤其是在1952～1955年"黄埔四期"考古工作人员训练班，夏鼐百忙之中亲自教授最重要的"考古学通论"和"田野考古方法"课程，两次亲自指导考古实践，毕业学员后来大多成为全国各个地区考古工作的中坚力量。

其二，夏鼐为新中国考古研究引航掌舵。在理论层面，1959年夏鼐发表《关于考古学上的文化命名问题》，从理论上统一认识，避免错误倾向，推进了考古研究的健康发展；在具体的研究方法和路径层面，夏鼐也开了诸多中国考古工作的先河，如主导建立了中国第一个碳十四断代实验室，最早明确提出中国新石器文化的发展并非黄河流域一个中心的多元说，最早将中国文明起源问题列入中国考古的议事日程等。这些无不体现夏鼐先生的远见卓识。

其三，夏鼐致力于中国考古学学科体系建设。这一方面的成就，首先集中体现于他多次参与制定中国考古学的发展规划草案，将考古学文化的谱系研究摆在突出位置；其次，从建立学科体系出发，在田野考古工作中，突出重点，抓住关键，合理安排不同时期的发掘目标；最后，他通过总结考古研究成果，提出建立和完善学科体系的构想。夏鼐在《新中国的考古学》一文中，从理论的高度提出了中国考古学的六个基本课题，集中反映了他对中国考古学学科体系建设的思考，并在此后的《新中国的考古发现和研究》《中国大百科全书·考古学》等书中不断加以完善。

其四，夏鼐致力于严谨考古学风的缔造。对此，王世民先生以具体事例加以说明。他回忆夏鼐作为新中国考古工作的主要指导者，始终强调遵循田野考古基本操作规程的重要性，反对在田野考古工作中不肯亲自动手的"老爷"作风。即便在"大跃进"的年代，他也坚决抵制考古工作中出现的歪风邪气。夏鼐长期担任中国考古学权威期刊《考古学报》和《考古》的主编，始终亲自严格把关稿件的审校，有错必纠，廓清商代已有人工熟铁、西晋已知炼铝等误判，确保刊物质量，维护了中国考古学的声誉；夏鼐主持中国考古学会年会期间，坚持勤俭办会，会议主题鲜明，求真务实，形成了良好的会风；夏鼐始终站在文物保护的最前线，对内力争危及重要遗址的电厂另迁新址，对外制止企图擅自开展的涉外考古活动，为推动制定、实施和贯彻《文物保护法》而不遗余力等。这些实绩共同构成了夏鼐致力于严谨学风缔造的多个侧面。

讲座最后，王世民先生强调在当下田野考古工作和考古研究中弘扬夏鼐精神，推进中国考古学发展的重要意义。遗憾的是，由于时间所限，这一问题他并未完全展开。王先生结合当前习总书记对考古学的指示精神，强调这是全国考古工作者的最大福音。他说，在认真学习和深刻理解习近平总书记讲话的当下，重温夏鼐先生的学术思想，弘扬他所缔造的严谨考古学风和求实精神，是很有现实意义的。临近尾声，王先生对在座的青年考古学子提出了殷切期望：绝不能忘记夏鼐对新中国考古学开拓与奠基的卓越贡献，应该全面而深入地理解夏鼐的学术思想，考古学体系的建立与完善需要遵循实践第一、实事求是的原则，一步一个脚印昂首前进。

演讲结束后，主持人进行了简要的总结，对王世民先生以85岁的高龄，在夏鼐先生110周年诞辰之际师生带来了如此精彩的讲座表达了衷心感谢。

整理者：裴世东

躬耕文博四十载，半生风雨半生花

——文博工作者的情怀与担当

杨新华

2021年4月18日下午，应南京师范大学社会发展学院文博系的邀请，江苏省文史研究馆馆员，南京市文物局研究员、原副局长，中国古都学会副会长，南京古都学会会长杨新华先生在仙林校区敬文图书馆二楼西报告厅为师生做了题为"文博工作者的情怀与担当"的讲座。此次讲座是南京师范大学考古学系列讲座总第38讲（文博大家讲坛第10讲）。讲座由王志高教授主持，校内外师生及社会各界人士共计200余人到场聆听。

讲座伊始，杨新华老师先简单介绍了自己多年的文博从业生涯。因工作安排，自1984年5月，杨老师借调至南京市雨花台区文物普查办公室始，便跟散落在南京这片土地上的各类文物结下了不解之缘：踏深山，涉险川，只为以己身之绵薄力，守护这座美丽古城的脉搏与呼吸，凡历四十载，硕果累累。时至今日，杨老师虽已光荣退休，但其关怀南京文博事业之心却未尝有一刻退减，忆及往昔种种，每至动情处，杨老师总是心潮澎湃，感慨万千。

杨老师指出，随着时代的发展、社会的进步，越来越多的年轻人对文博工作产生了兴趣，而相对优渥的外界环境更是为当今的文博工作者提供了更为广阔的舞台。回想起自己初涉文博工作时的行业环境，杨老师不胜感慨，由于时代的局限，那时从事文博行业的工作者并不"幸福"——风餐露宿是常事，还要受得了白眼，顶得住冷落，受得住寂寞。

接着，杨老师立足于自身多年的基层文博工作经历，遴选其中颇具典型者数例，佐以真情实感，以飨众听。

　　杨老师初与文博工作结缘，始于20世纪80年代初的第二次全国文物普查。普查工作中，考验着包括杨老师在内每一位文博工作者的难题是极端恶劣的工作环境。由于大多古迹、文物地处荒郊僻野，人迹罕至，更有因年久失考，难觅其踪，这就需要每一位普查工作者不辞艰辛，用双脚丈量普查责任区范围内的每一寸土地。三伏酷暑，深草密林中多生蛇虫，危机暗伏；三九严寒，空山旷野内寒风凛冽，湿滑难行。面对如此严峻的工作条件，杨老师内心中虽短暂地掠过一丝怯意，但随之而来的是对普查工作的责任心和对文保事业的使命感，支撑着他笃定不移地坚守在普查工作的第一线。

　　杨老师介绍，"晓以法理"便可达到普查工作者的初衷还算幸运，其他多数情况通常不遂人意——普查工作者的脚步往往赶不上城建施工破坏的步伐。80年代正值改革开放方兴未艾之时，各地城市建设轰轰烈烈、如火如荼，在挖机铜牙铁臂的挥砸之下，无数埋藏于地下的文物惨遭灭顶之灾。而以杨老师为首的普查工作者面对此情此景，岂能无动于衷？或好言相劝，倘若施工方通情达理，便可责令其停工；然而亦有不予理睬继续施工者，杨老师及其同事便会手持工作证，阻挠挖机"进犯"。如此一来，尽管普查工作的开展顺畅无虞，但杨老师及其普查团队的名声在城建施工方看来可谓"臭名远扬"。"道高一尺，魔高一丈"，许多吃了"苦头"的城建施工队开始与普查团队"斗智斗勇"：或诓骗杨老师等工作人员喝茶休息，实则软禁；或向有关部门无端举报，妄图通过内查外调拖延普查工作的开展。

　　在杨老师及普查同事勠力同心、不懈努力之下，普查工作顺利完成，成绩斐然。杨老师等人负责的雨花台区普查责任区内发现文保单位共计64处，单以所涉古迹名胜缀珠成串，便已形成蔚然大观的南京南郊风景区；更发现一大批六朝时期的珍贵文物。此外，在开展普查工作的同时，他还在雨花台区范围内搜集、整理了一批与南京大屠杀相关的珍贵史料，忠实记录了发生在这座古城里惨绝人寰、人神共愤的血色岁月。

　　杨老师指出："文博工作者既要有情怀，也要有责任感。"提及文博工作，人们大多认为其枯燥乏味，索然无趣。对此，杨老师并不认同。他认为，文博工作者的日常生活里罕有掌声与鲜花，但并不代表寡淡如水。相反，每当一处濒临拆毁的文物得以保全，每当为人遗忘的古迹重被唤醒时，耳边呼啸的寒风便似如雷掌声，每一滴为之付出的辛勤汗水自会落地生花。文博工作者肩膀上所承担的责任正是为这座城市守住根本、守住来处。为了说明这个问题，杨老师重点向听众分享了自己早年亲身经历的三个案例。

　　第一个案例是菊花台九烈士墓。菊花台位于南京市雨花台的西南侧，此处长眠着九位国民政府的外交官员。1942至1945年间，面对日寇的威逼利诱，九位志士不愿屈服，坚决斗争，而惨遭屠戮；1947年，国民政府为归葬在菊花台的九位志士举行了盛大的公祭仪式；新中国成立后，由于特殊的时代背景，菊花台墓园逐渐荒圮。借文物普查之机，杨老师等人访察菊花台墓址，目力所及，尽为疮痍。出于对墓主身世的好奇及责任感，他倾注了大量心力，试图查找相关背景资料，无奈所获却甚为有限。随后他转而面向全球范围内征集九位志士的相关资料，正可谓"念念不忘必有回响"。有关九位志士身世、事迹的资料纷至沓来。许多知名海外侨胞，如九位烈士之一卓还来的女儿、陈毅的秘书朱青、原国民政府外交部官员卢秉枢的夫人均对此表示了关切……一时间，九位烈士的相关资料也由最初的寥寥数百字，逐渐累积，乃至最后重达近11斤。见时机渐臻成熟，杨老师积极向相关部门倡议再塑九烈士英碑，以重振菊花台原貌。1989年1月，中华人民共和国民政部向九烈士的亲属颁发了《革命烈士证明书》；2012年，中央及江苏省、南京市统战部门、全国政协、省市政协、各民主党派等代表齐聚菊花台九烈士墓前，举行了新中国成立以来的第一次公祭活动。

杨老师举出的第二个案例，是浡泥国王墓。浡泥国王墓，位于今南京市雨花台区安德门外石子岗乌龟山南麓，全国重点文物保护单位。古浡泥国（今文莱）自北宋始就一直与中国保持着友好交往的关系。明永乐六年（1408）浡泥国国王携王室成员、陪臣，共计150多人，赴中国进行友好访问，同年10月病故于南京城。明成祖遵其希望体魄托葬中华的遗愿，以王侯之礼埋葬都城南郊，谥恭顺王，建祠祭祀，并以坟户世代为之守墓。

杨老师说，他最初留意到浡泥国王墓，是出于文史工作者天然的好奇心，渴望揭开笼罩在这样一位托葬南京的外国国王身上的神秘面纱。适逢文莱特使来访，交谈之余，杨老师萌生了以浡泥国王墓为契机，推动两国建交的构想。杨老师明白，这样的构想必须建立在对这座浡泥国王墓有深刻体系化研究的基础之上。自此，杨老师最初那份为好奇心所驱使的探索欲，便转变为了一件事关两国建交的重要"政治任务"。

围绕浡泥国王墓展开的研究并不顺利，由于时隔久远，相关文献记载缥缈难寻。幸得香港、马来西亚等地文史专家襄助，给止步不前的研究提示了线索。皇天不负有心人，杨老师夜以继日的付出终于有了回报，他编著的《浡泥国王墓探源》《文莱：热带皇冠上的明珠》两书先后出版。2011年，南京市与文莱首都斯里巴加湾市结为友好城市，每年都有大量的中外游客来浡泥国王墓园游览凭吊。2016年5月，中国与文莱历史文化中心在南京成立，其目标是通过系统考察中、文两国交往历史，充分挖掘浡泥国王墓的历史意义和现实价值，全面增进两国之间的合作和交流。2018年11月，国家主席习近平赴斯里巴加湾同文莱苏丹哈桑纳尔会谈，肯定了南京为建立中文友好关系所做出的努力。

杨老师列举的第三个案例，是南京明城墙的维修与漫漫"申遗"路。明城墙作为南京一张重要的城市名片，其背后所蕴含的历史价值与文化价值是不可估量的。尽管南京明城墙在1988年1月被定为全国重点文物保护单位，但心系南京文保事业的杨老师却一直"愤愤不平"，因为南京明城墙完全有冲击世界文化遗产称号的潜质。然而在评定全国重点文物保护单位之后的十多年里，南京明城墙冲击世遗的消息却杳杳无音。

1998年，经人事调动，杨老师到南京市文物局供职。同年夏天，南京九华山段明城墙因墙体老化、维护不力等原因突然坍塌。痛惜之余，杨老师立刻组派人手对城墙坍塌部分进行维修，同时增加人手对全段城墙进行排险、加固。经历了此番风波，原本郁结在杨老师等人心中的城墙"申遗"梦，愈发显得迫在眉睫。据杨老师介绍，自九华山段城墙坍塌后，新闻媒体围绕南京明城墙展开的相关报道轰轰烈烈，许多市民亦倍感关切……借此东风，杨老师在《南京日报》发表文章《南京明城墙距离世界文化遗产还有多远》；随后，2000年3月，由杨老师牵头组织的"南京明城墙申报世界文化遗产可行性调研报告"调研小组正式成立。经过大家的不懈努力，最终完成《南京明城墙申报世界文化遗产可能性调研报告》，在2012年11月公布的中国世界文化遗产预备名单中，南京明城墙终于赫然在列。

在向听众讲述以上三个案例后，杨老师指出："文博工作者一定要有担当。"他认为，文保工作与城市建设之间的矛盾本不应该存在。因为无论是文保工作，抑或城市建设，目的都是为了这座城市的明天能够更加美好。身为文博工作者，首先应当树立强烈的职业认同感，继而在具体工作中培养勇于担当的精神。面对一切违法违规行径，要敢于提出质疑，发出"不一样的声音"。谈及此，杨老师颇感自豪。回顾自己多年的基层文博工作经历，他说，正因自己这份对于文物古迹由衷的热爱，以及天性使然，倔强、不服输的个性，才使南京东郊钟山风景区内的明孝陵下马坊遗址、民国陵园邮局建筑，明代宝船厂遗址，南京明故宫遗址，以及在南京师范大学仙林校区施工中发现的六朝高崧家族墓等众多可能面临损毁的文物得以保全。

讲座临近尾声，杨老师对自己的文博生涯进行了总结。他感叹，从参加雨花台区文物普查与文博工作结缘，至斯已有近四十年光阴，可谓是将半生岁月奉献给自己所深爱的事业。个中往事，或有喜，或有悲，或有收获，或存遗憾……但始终不变的，是那份与文物同呼吸、共命运的使命感。杨老师最后指出，重视文物保护，绝不意味着要成为一个因循守旧的"保守派"，相反他经常换位思考，从城市开发建设方的角度出发，想象着城市发展的终极意义。他认为，文物保护工作绝不是"为守而守"，更不是处处与城市建设"唱反调"，而是为了在当前乃至未来，当这座城市的居民厌倦了周围的钢筋水泥森林，尚能在繁华都市的一隅寻得内心的一丝静谧。

讲座结束后，王志高教授对讲座内容进行了总结。由于早年曾与杨老师共事多年，他对杨老师所分享的案例大多都有切身的体会与深刻的感触。他指出，由于当年客观条件的制约，早期南京文博工作举步维艰，但以杨老师为代表的文博界前辈，不畏艰险，以无私无畏的情怀和担当奉献精神守护着南京这座古城的文化记忆，值得所有南京市民敬重。王教授还进一步补充，杨老师虽长期从事地方文博工作，但始终坚持学习，并擅于归纳、总结，笔耕不辍，至今已出版各类著作60余部，堪称著作等身。最后，王教授勉励在座的文博专业同学，需以杨老师等老一辈文博工作者为榜样，在努力学习专业文化知识，拓宽自己的专业视野之余，还须传承、培养属于新一代文博人的情怀与担当，方能成为未来文博事业的优秀接班人。

整理者：曹泽乙

下篇
学术会议

六朝考古盛会，青年学者论坛

——六朝考古学术工作坊（第一期）·青年学者专场

2019年6月15日，由南京师范大学六朝考古研究所（筹）、南京师范大学社会发展学院主办的六朝考古学术工作坊（第一期）在江苏南京举行，来自北京大学、南京大学、南京师范大学、扬州大学、南京博物院、南京市考古研究院、马鞍山市文物局等高校与考古机构的学者、研修者近50人参加了本次学术活动。

上午开幕式环节，南京师范大学社会发展学院党委书记罗秀山先生做了简短的开幕致辞。随后，主持人王志高教授介绍了举办六朝考古学术工作坊的缘起。南京是六朝古都，南京的六朝考古发掘与研究工作，在汉唐考古中占有重要地位，在全国具有重要的影响。本工作坊的研讨边界，是以南京六朝为重点的三国两晋南北朝时期，上溯至秦汉，下推至唐五代。通过系列活动，希望能加强包括南京师范大学在内的南京地区六朝考古研究团队的建设。工作坊的运转将采用半开放的小型主题研修方式，每期邀请8位中青年考古及历史学人，用一整天的时间交流探讨六朝考古重要新发现及尚未正式发表的研究成果。他说，从蒋赞初、罗宗真、李蔚然3位老先生起至今的六朝考古学人大体可以分为六代，他自己算是第四代，在座的陈大海、左骏、刘可维诸位为第五代，而首期主讲的6位青年才俊算是第六代。学术研究讲究新气象，注重薪火相传，这正是本工作坊首期定为青年学者专场的主要原因。

第一场

南京市考古研究院陈大海副研究员首先以"南京张府仓六朝家族墓的考古发掘与墓主试探"为题进行了报告。他首先介绍了张府仓六朝家族墓地的发掘情况。2011年底至2012年初，南京市博物馆考古部在江宁区张府仓发掘了两座六朝纪年家族墓（编号M4、M5），均为具有前、中、后室的多室砖墓，并出土铜器、漆器、青瓷器、陶器、金饰等文物近百件。该墓无论是其三室结构，抑或墓棺内随葬的整套金珰，均十分罕见，显示出墓主非同一般的身份与地位。

尽管两墓曾遭盗扰，且未见墓志一类的文字凭证，但作为一种特殊的空间结构，墓葬的筑造及配套设施的安排，颇能反映其时的丧葬礼俗与社会观念，透漏出不少关键性信息。这处墓地具有一定规模，始建与续建的时代跨度非常大，而营建与祔葬方式也颇显特别，这为墓主身份的探讨提供了可能。

他先以纪年砖为线索，对各墓室进行断代。又根据祔葬制度"父子异昭穆，兄弟同昭穆"的规定，推断各墓室墓主间的关系。最后，他结合墓地周围汉代墓葬的发掘情况，分析墓地所处的时空背景，遴选了可能符合条件的土著世家贵族，认为丹阳秣陵纪氏家族主要人物的卒年与各墓室的纪年惊人吻合，推测张府仓墓地即属丹阳秣陵的纪氏家族。他还特别强调，通过对宋元方志中纪瞻墓位置记载的解读，可以得出纪瞻墓确与句容县域有关，只是记载的方位或有错误。

南京大学历史学院吴桂兵先生担任评议。吴桂兵先生高度评价陈大海及其团队的考古发掘工作，认为此次所获材料具有方法论的意义，可以将目前的墓葬考古推入一个更细致的地层学研究方面。随后，他提出两点意见：一是关于墓内出土的金珰，应注意其在墓内的位置、摆放方式以及器物组合，这或能为相关研究工作提供启发；二是墓葬多人多次合葬、续建与修补的情形非常特殊，他提示可以关注四川崖墓的相关研究成果，或许能对考察这种空间格局提供一定参考。

南京师范大学王志高先生首先抛出一个犀利问题："什么是昭穆，是否适用于作为地下空间的墓内多人合葬？"他认为使用这一概念需保持一定谨慎，六朝时期陵园、家族墓地内各墓间或有遵循，但墓内的多人合葬，目前没有任何证据与线索指向与昭穆制度相关。他说，他参加了这两座墓葬的发掘，认为在关注墓葬续建的原因时，除了考虑礼制因素外，墓葬本身的结构也是需要注意的重点。这两座墓葬后期在早期的双室墓之前续建了新的甬道与前室，可能与早期双室墓的甬道、过道低矮变形有关。他还分析了该墓地周围发现的大型东汉墓葬，提示须关注墓地位置的特殊性。

南京博物院左骏先生做了补充，他指出目前出土金珰的墓葬多属女性，以后研究中需注意到这点。在自由讨论环节，与会的南京师范大学潘晟教授等学者还认为，早期文献中关于纪瞻墓位置的记载不能轻易否定修改，应该考虑到墓主身份的其他可能性。

南京师范大学文博系佘永通先生以"南京上坊孙吴墓覆顶石内纹饰形象及其寓意探究"为题，从覆顶石内残损纹饰形象的辨析、残损纹饰外围的装饰、覆顶石内整体构图的寓意三方面进行了报告。

2005年南京江宁上坊发现一座孙吴晚期的大型双室砖墓，其前室的四隅券进式穹隆顶有一块覆顶石，覆顶石内侧中央雕刻有方框，发掘简报认为方框内纹饰是某种神兽纹。但通过实地考察及反复辨别，他认为覆顶石内侧纹饰更接近人面，虽然其五官已经漫灭，但仍可分辨出双耳、双臂、下颌胡须以及顶部发饰或方角等特征。关于所塑造的人面形象，他根据衣着的表现手法及相关记载，认为是"羽人"。

随后，他讨论了覆顶石残损纹饰的外围方框，认为当墓顶封死后，墓室即与外界隔绝，形成一个密闭空间，于是覆顶石内雕刻的方框便起到了象征天窗的作用，而非用以装饰的藻井。他通过爬梳文献并结合考古遗存，发现汉晋时期藻井的装饰有荷莲、日月等纹样，且均为圆形图案，与藻井构成所谓"外方内圆"的结构。对比来看，上坊孙吴墓仅一方框、一羽人的构图方式显然与此存在很大的差别。

接着，他探讨了覆顶石内侧图案的寓意。他认为覆顶石内羽人面部大而两臂甚小，这一点除与《山海经》中的相关描述相符外，还显示出一种羽人从天窗外探进墓内的立体表现力。结合羽人的仙人属性，那么它所表现的就是一种羽人从窗外探进头来接引墓主人升仙的含义，同时也是孙吴统治者崇信方士术数、追求长生的一个侧面表现。

评议人吴桂兵先生高度赞扬了佘永通先生报告的切入角度与丰富的文献材料，并提出了几点意见：一、以上坊孙吴墓覆顶石内纹饰所处的空间位置而言，希望能在汉晋考古材料中找到更多例证，进一步搜集材料，以考察其间的联系；二、文中虽搜集了大量文献资料，但未做仔细梳理，与论证主题之间欠缺一定的关联性；三、除却纹饰本身的形态，文献叙述中可能构成的场景组合也十分重要。

南京市考古研究院祁海宁先生则表达了与吴桂兵先生不同的看法，他认为就描述"该纹饰究竟是什么"而言，文中逻辑链条非常完整，若再增加其他材料，可能会稀释本文论证的主题。此外，他对文中关于藻井、天窗的系列表述也给予了高度认可，并打趣道，部分观点将来完全可以补充到完整的考古发掘报告中去。

第二场

南京师范大学文博系徐良先生以"南昌海昏侯刘贺墓出土玉舞人及相关问题分析"为题进行了报告。

徐良说，他通过对出土西汉玉舞人的类型学分析发现，刘贺墓所出玉舞人制作年代约为西汉中期偏早，多出现于诸侯王一级的墓中。在此基础上，他认为海昏侯刘贺墓玉舞人不是大多学者所断定的战国古玉。众所周知，广州西村凤凰岗西汉墓 M1 玉舞人及美国弗利尔美术馆藏的同类器，常被视作刘贺墓玉舞人为战国古玉的主要依据，然这几例玉舞人是否为战国遗物，仍有待商榷。由于这类翘袖折腰的玉舞人，皆出于汉墓，战国墓葬则不见，故有学者指出，玉舞人是汉代玉组佩的创新。由于玉舞人并非刘贺墓仅见，故此器和李夫人"妙丽善舞"无必然联系。关于刘贺墓玉舞人组佩的复原，徐良依据其上、下皆有穿孔的事实，并结合河北满城窦绾墓等汉墓玉舞人的复原情况，认为玉舞人并非发掘者所推定的组佩末端的配饰，其下可能还有玉觿之类的构件。

他进一步讨论了海昏侯刘贺墓玉舞人的来源，认为可能是昌邑旧物。根据《汉书》与《葬律》简的记载，列侯丧事不但有法律、制度的约束，并有专人现场监督，"葬过律"会受到免爵除国的惩处。海昏侯墓仅以琉璃席殓葬，而非彰显宗室身份的玉衣，可知并无逾制之举，故可排除海昏侯刘贺僭越使用这类玉舞人随葬的可能性。刘贺墓中出有不少携带"昌邑"年款的器物，契合其家族曾受封昌邑王的经历，由此考虑，刘贺墓中玉舞人可能也属于昌邑国旧物。

最后，他对海昏侯刘贺墓玉舞人呈现的舞蹈风格进行了探讨。他认为这件玉舞人"翘长袖""折细腰"的姿态乃是典型的楚舞风格，这无论是于文献，还是考古遗存皆能找出较多例证。

南京博物院左骏先生高度评价了徐良的研究成果，并用事先准备的演示文稿提供了不少背景资料，使大家就战国、西汉玉舞人的造型演变有了一个直观印象。随后，他提出了两点建议：一是判断玉舞人年代时，应注意其器物组合情况；二是玉舞人本身纹饰所显示的线条处理方式与楚国晚期的玉器几乎一致。左骏先生评议后，王志高、祁海宁等学者就刘贺墓玉舞人的造型与线条处理方式所反映的年代矛盾与左骏展开了热烈的讨论，认为徐良论文的结论具有相当的合理性。

马鞍山市文物局栗中斌先生带来了题为"和县武庄村西晋永熙元年墓解析"的报告。2019 年 4 月 26 日至 5 月 8 日，文物部门对和县基本建设中发现的一座西晋墓葬进行了抢救性发掘。墓葬平面呈"吕"字形，由斜坡墓道、封门墙、甬道、前室、过道和后室组成，前后室均为四隅券进式穹窿顶。出土器物有瓷、陶、铜、石制品 28 件套。他从墓室的穹窿顶结构、灯台的设置、铭文砖三方面对该墓的重要性进行了解读，介绍在对墓葬进行拆除复原的过程中，于甬道墓顶正中发现一块"张敦吉家"铭文砖。他说这一发现非常重要，并借此对过往六朝考古田野发掘工作进行了反思。

左骏先生首先开始评议。他预备的演示文稿就穹窿顶结构、出土名物、铭文砖三方面提供了大量的参考材料，可以为解读墓葬信息提供新的启发。

南京市考古研究院祁海宁先生指出，这种前、后室穹窿顶结构且有明确纪年的墓葬比较罕见，是以后探究孙吴、西晋墓葬分期研究中无法忽略的典型墓例。此外，他还就栗文的讨论提了一点看法，认为这种前、后室穹窿结构是为了抬高墓室、彰显墓主身份，目前已知孙吴高等级的墓葬均是采用这一形制，因此建议在以后的研究中注意该类墓葬结构背后的等级因素。

南京大学吴桂兵先生提了一个颇具启发性的问题："张敦吉冢"铭文砖是否在顶部，甬道内是否可以看到？在得到肯定回答后，他指出，墓葬里一个小小的遗迹现象可能会涉及礼俗观念，因此在对待这类铭文砖时，不能仅仅拘泥于文字表意，还需考虑其背后可能蕴含的丧葬观念。

南京师范大学王志高先生最后补充了两点看法：一，墓葬的位置颇为特殊，以往古历阳地区虽也发现一些六朝墓葬，但如这般典型的还是首次，可为探讨长江下游江北地区的六朝墓葬面貌提供一些信息；二，同意祁海宁先生对前、后室穹隆顶结构背后等级因素的认知，认为可结合铭文砖及文献记载，对墓主身份展开分析。

第三场

南京师范大学文博系袁方女士的报告以"南京仙鹤观东晋高氏家族墓地"为主题，围绕"政区""政局""信仰"三个方面展开了阐述。

她首先讨论了高氏家族的侨籍与墓地选择问题。高崧家族籍贯广陵，死后却葬于都城建康周边，有研究者认为与他们作为侨民的身份相关。但根据对陈郡谢氏、平昌孟氏、颍川荀氏等墓葬的发掘情况，东晋侨民墓葬区、居住地与侨郡县地之间，存在着多种可能，未必具有必然联系。而从《宋书》《太平寰宇记》等记载来看，很难将李氏家族墓地所在的吕家山一带与侨魏郡、侨广平郡联系起来。如然，则"高氏家族葬于仙鹤山是因为广陵侨民聚居或者侨民集中埋葬于此地附近"的说法，恐怕还有进一步辨析的必要。

那么，高氏家族的葬地为何选在建康呢？袁方从东晋政局变动这一角度对该问题进行了阐发。她认为在王导、何充等旧臣与外戚新贵庾氏产生冲突之际，高悝站在王、何一方，因此高悝的"纳妾致讼"及高崧辞去太学博士，都是庾氏兄弟"任法裁物"的结果。然而随着庾氏势力的衰落，司马昱与桓温势力崛起，高崧的仕途再次步入正轨，故将高悝在建康风光大葬，既是向建康政治圈宣示高悝沉冤得雪、高氏家族重新崛起的手段，也是基于高氏三代均在建康为官、故乡广陵局势动荡的政治考量。

最后，她还以考古资料与传世文献的互动为切入点，对墓中出土的鎏金银鼎进行了重新释读。高悝夫妇合葬墓中出土的鎏金银鼎，根据其出土位置，可以判定为高悝夫人所用之物，高崧的双亲或有服食丹药的行为。在此背景下，高崧上书劝谏哀帝勿食丹药的记载就颇具玩味，推想其父母因服食而伤及身体的行为，或是高崧进谏的主要原因。

南京市考古研究院祁海宁先生首先进行评议，他从自身学科背景出发，高度评价了袁方女士对于考古材料及文献资料的综合运用。随后，他提出了几点意见：一，西晋时期广陵地区的人或可称为"南人"，但东晋时期是否依然适用值得考虑；二、在探讨高悝与司马睿、王导的关系时，乡里也是一个非常重要的因素；三、与其纠结于高崧是"南人"或是"北人",不如关注他们是侨族,还是旧族。

南京师范大学王志高先生指出,因为牵涉到侨置郡县问题,东晋时期原籍、侨籍、宅地、墓地间的关系十分复杂,因此,在讨论相关概念及分析具体问题时须慎之又慎,不能妄下结论。

此外,南京大学吴桂兵先生就文章的写作思路谈了些感想,认为在讨论葬地问题时,应注意到分区及其择地背后的动机。

随后,南京师范大学文博系虞金永先生做了题为"安徽马鞍山'天子坟'孙吴墓年代及墓主身份的分析"的报告。他首先介绍了墓葬的发掘情况。2015年11月至2016年12月,安徽省文物考古研究所主持对该墓进行了抢救性发掘。墓葬平面呈"中"字形,总长17.7米,由封土、斜坡墓道、排水沟、封门墙、甬道、前室、左右耳室、过道、后室构成,前后室均为四隅券进式穹隆顶。出土器物有陶、瓷、铜、金制品等200余件(套)。

接着,他从纪年材料、形制结构以及出土器物三方面进行考察了墓葬的时代。该墓发现有"永安四年"的铭文砖,还有一件漆器残存有"永安三年"的朱书题记。结合墓葬形制结构的特点,特别是墓中出土的釉下彩青瓷三足樽,可以判断"永安"为吴景帝孙休的年号,"四年"即公元261年。因此,该墓年代应为孙吴永安四年前后。关于墓主身份,他提出了三方面的猜想:一是从墓葬规模等级看,其前、后室与双耳室的配置,小于上坊孙吴大墓,与有关学者归纳的孙吴侯级宗室墓葬一致,推测墓主是身份较高的宗室县侯;二是墓葬可能是一座夫妻合葬墓,这无论是从该墓二次建造的痕迹,抑或出土器物,均可看出一丝端倪;三是该墓发现的纪年材料与吴景帝孙休的卒葬之年不符,故不太可能是孙休的定陵,但根据相关线索,或是与孙休相关的宗室。

祁海宁先生高度评价了文章的价值,指出在相关资料发表前,这是我们了解"天子坟"大墓考古发掘状况最为翔实的参考。在详细阐述理由的基础上,祁海宁先生认为以墓葬结构作为断代标准并不合适。另外,他也不太同意关于墓主人身份的推定,他认为"天子坟"大墓墓主是孙休的可能性仍然很大。

南京市考古研究院陈大海先生表达了相似的观点,认为墓葬形制与时代的关系非常模糊,在没有明证的情况下,目前有关墓主的探讨只是一种或然性结论,因此在进行相关研究时,更多应该注重方法的探索。

南京大学吴桂兵先生从考古学研究的目的出发,对此类研究方法进行了反思,他指出应将研究重点转移到考古遗存本身上去,充分利用现有材料,有一份材料说一分话,无须作过多引申及阐释。

第四场

南京师范大学文博系左凯文先生发表了题为"江苏扬州邗江蔡庄五代墓墓主新考"的报告。

　　江苏扬州邗江蔡庄墓的墓主身份，学界一般依据《吴寻阳公主墓志铭》《吴王仁遇墓志》，推定为杨吴寻阳长公主。左凯文先生认为两志的出土地点皆有疑问，因此其结论无法令人信服。根据近年扬州新发现的墓志推测，寻阳长公主的墓葬可能并不在蔡庄。此外，杨吴尊奉唐制，根据唐代永泰公主墓、淮南大长公主墓、《王大礼墓志铭》等材料，可知唐代公主与驸马一般同室合葬。邗江蔡庄墓与这一制度不符。

　　随后，他将杨吴、南唐时期的高等级墓葬分为帝陵、次帝陵、高级宗室贵族、低级宗室贵族四型。对比来看，邗江蔡庄五代墓为次帝陵级别，墓主人或应是比长公主地位更高的宗室，而以寻阳长公主在杨吴宗室中的地位，如果逝世后使用此等高规格的墓葬，则不免让人感到困惑。

　　此后，他梳理了杨吴时期可能具有蔡庄墓葬等级身份的人物，认为邗江蔡庄墓墓主有可能是杨吴皇太后王氏，并从王氏的身份地位、享龄、墓葬出土器物、葬地位置四个角度进行了论证。其结果是，王氏无论身份地位还是年龄，都与蔡庄墓墓主吻合，其位置亦与文献所载杨吴兴陵的位置相近，故很可能是兴陵的一座陪葬墓。因此，邗江蔡庄五代墓墓主很可能不是杨吴寻阳长公主，而是杨行密的侧室、杨吴睿皇帝与寻阳长公主的生母、皇太后王氏。

　　作为评议人的南京师范大学刘可维先生首先肯定了左文关注到前人研究的不足。随后，他对左文中若干材料的使用提出了几点意见。第一，近年新发现的墓志所载葬地与《吴寻阳公主墓志铭》所载葬地并不完全相同，需要关注唐代中后期"村"的扩大，以及村与里的关系。第二，唐代的确存在一些公主单人墓，需要进一步分析说明。第三，左文所引《资治通鉴纲目》中相关史料的史源问题。这些细致的建议和布满文字的演示文稿，让与会者体会到了刘可维先生的治学严谨与深厚的史学功底。

　　南京大学历史系吴桂兵先生也坦言，该文的选题具有一定难度，因此无论是报告人的陈述状态，抑或文中的论证环节，每一步都可谓步步惊心，并建议左凯文对文中涉及的相关概念做出正确区分。

　　本期工作坊的最后一名主讲者是南京师范大学文博系的渠雨桐女士，她围绕南京大学北园东晋大墓墓主身份，着重讨论了两晋时期的后妃祔葬与祔庙问题。报告分为南大北园东晋大墓研究现状、两晋后妃祔葬情况、两晋后妃祔葬与祔庙的关系三部分。

　　南京大学北园东晋大墓，目前学界多认为它是位于鸡笼山之阳的元、明、成、哀四陵之一，但墓主的确切身份仍存在争议。一种看法认为是元帝建平陵，祔葬者为明帝生母荀氏；另一种则判断是成帝兴平陵，祔葬者为哀帝生母周章太妃。渠雨桐对两种观点的合理性提出了质疑。她认为成帝死时已进入东晋中期，这与墓中部分器物的年代存在矛盾，因而推断侧室所葬之人并非周氏。关于元帝建平陵一说，她认为荀氏与元帝合葬不符合礼制。她以东晋孝武帝与王珣议论为郑太后"开墓位"一事为例，指出追赠为后之侧室，大多不会祔葬（合葬）于帝陵，如东晋简文宣郑太后、孝武文李太后以及安德陈太后。因此，如果说在无例可循的情况下，成帝为了死后仅得豫章郡君封号的荀氏而违例开墓祔葬，显然是令人生疑的。

关于两晋后妃祔葬与祔庙的关系，她认为，若依追尊人物身份的差别，可分为两种情况。若受封人为正室或续弦，在追尊为后的情况下，于礼可入陵祔葬或入庙配食。然若是追尊侧室，情况则有很大不同，一般仅于太庙附近别立享庙，如简文宣郑太后；或是祔于其他后庙，如安德陈太后与孝武文李太后，卒后祔于宣太后庙。无一例外，均未入陵祔葬。荀氏立庙早于宣郑太后，且成帝"尊重同于太后"。在此情况下，成帝大动干戈开墓位将荀氏祔葬于元帝的可能性，恐怕是微乎其微了。

评议专家刘可维先生首先对渠文中的内容与观点做了简要梳理，肯定了其文新的研究视角，即关注到当时祔庙与祔葬间的关系。随后，他提出几点意见。第一，没有关注到一处关键性矛盾，即侧室与主室是同时建立，还是为祔葬而加建的。第二，有关祔葬与祔庙间的关系，这一点是本文立论的关键，需要进一步梳理史料。第三，本文完成了"解构"，但未能"建构"；不过，这也是本文的优点之一，即认识到当前有关北园东晋大墓研究资料的局限，没有盲目"建构"。

令人兴奋的是，在刚刚结束南京图书馆的公益讲座后，著名汉唐考古学家、北京大学考古文博学院齐东方教授受邀风尘仆仆地参加了本期工作坊最后两名学者的评议。他高度赞扬了青年学者勇于否定前贤的精神，认为学术重在讨论，至于对错则是其次。他说，他看到的本期工作坊汇报主题之专精、讨论之激烈、气氛之融洽，与一般研讨会颇不相同，有些出乎意外。关于祔葬墓，他认为其关键是侧室与主室是同时建立，还是为祔葬而加建，可惜考古报告并无相关信息，只能寄希望于未来了。他还从学术进步的角度，就学术研究中的"破""立"问题做了高屋建瓴的阐释。

在评议讨论后，王志高教授进行了总结发言。他首先感谢8位学者的精心准备及4位专家的精彩评议，特别是齐老师的意外加盟与指导，自己收获颇多。他主要从三个方面谈了自己的感想。一是感到"后生可畏"。主讲的6位青年学者虽仅是二十岁出头的本科生、研究生，但相关研究非常有深度，在前辈的基础上有所创新，并可以自圆其说。这种学术精神，无疑是我们进行考古学研究的必要素质。二是考古学论文写作，要在全面掌握材料的前提下，从考古学学科的特点出发，按照考古学的基本方法进行。三是尽管否定旧说是学术创新的动力之一，但我们在评论前辈成果时，须保持一颗敬畏之心，须用词谦恭，用心谨慎。

会议最后，齐东方教授寄语南京师范大学文博系：希望六朝考古学术工作坊能够不忘初心，坚持研讨创新的思路，走出一条富有自己特色的学术发展道路！

整理者：高庆辉

铃声过碛，学术相彰

—— "中日青年学生的对话：文化交流视角下的古代文化遗产"
研讨会

2019年9月16日下午，由南京师范大学社会发展学院与日本法政大学文学部史学科主办，南京师范大学文博系承办的"中日青年学生的对话：文化交流视角下的古代文化遗产"研讨会在南京师范大学仙林校区敬文图书馆二楼西报告厅隆重举办。南京师范大学文博系及日本法政大学文学部史学科共80余名学生参加了本次研讨会。研讨会由王志高教授主持，南京师范大学社会发展学院党委罗秀山书记、齐春风院长、徐剑波副书记、徐峰副院长及日本法政大学盐泽裕仁教授等出席了本次研讨会。

由于日本学生在上午参观南京博物院途中遇到一些阻碍，原定于下午1点45分开始的研讨会推迟到2点才开始，但这15分钟的等待并未让青年学者们对此次研讨会的期待与热情减耗分毫，倒是让彼此愈发期待。下午2点，盐泽裕仁教授带领日本法政大学的同学们走向报告厅，犹如"铃声遥过碛"，研讨会在热烈的掌声中拉开了序幕。

在开幕式环节，罗秀山书记代表学院对远道而来的日本师生表示了热烈欢迎。随后日本法政大学盐泽裕仁教授介绍了合办本次研讨会的缘起。为了跨越语言给学术交流带来的阻碍，本场研讨会邀请了南京师范大学李济沧、刘可维、郭卉三位老师以及复旦大学本科学生比罗冈丰辉同学担任翻译，为两国学子的交流架起桥梁。

开幕式之后，在王志高的主持下，研讨会正式进入主题研讨环节。第一场发言的是日本法政大学本科生青屋奈那、迫田祐子同学和小樽商科大学本科生藤井铃花同学，发言主题是"在古代中国影响下日本服装的变化"。

首先，青屋奈那同学讲述了汉服的起源以及流入日本的过程。她指出，汉服是拥有将近五千年历史的汉族人的传统服饰。古代汉族人对基于五行思想衍生而来的五色和以十二章为标准划分的服饰等级，不断地加以改良，创造出了各种各样具有汉民族特色的服装，即汉服。日本从奈良时代开始受到唐朝影响，这其中也包括服装。到了平安时代遣唐使终止以后，日本服饰进入独立发展阶段。接着，藤井铃花同学介绍了在日本使用汉服的例证。她先从中日两国之间自古以来存在的文化交流，包括汉字、水稻种植技术、马具、铁器等谈起。到了飞鸟时代和奈良时代，遣唐使促进了日本对于以唐为中心的中国文化的吸收。从10世纪到12世纪开始，日本创造出独特的日本文化，即"国式文化"。这一时期的日本服装从汉服变成十二单和其他和服。最后，迫田祐了同学介绍了从镰仓时代到现代和服的演变情况。镰仓时代武士政府诞生后，"狩衣"和"水干"成为礼服，高地位的女性则喜欢穿"袿"和"长袴"。到了室町时代，原为老百姓日常工作服的"直垂"成为武士的礼服，而"小袖"却开始在男性与女性之间一同流行起来。在江户时代，由中国传入的"纱绫"或"纶子"制成的柔软的"小袖"非常受欢迎。明治时代，虽然政府试图将人们的衣服改为西式，但直到目前，和服仍然保持着强大生命力。

值得一提的是，三位同学全程使用中文进行发言。尽管发音不是非常标准，但三位同学敢于用外语发言的勇气以及认真细致的准备赢得了在场师生的敬佩。三位同学的精彩讲述，让中国学生对日本服饰的变化有了一定的了解。紧接着就是大家所期待的讨论提问环节。

在讨论环节，中日两国学生分别就"遣唐使"之后中日两国服饰交流的途径、和服"带"的功能、木屐与和服配套穿着的文化含义、和服与汉服在图案上的差异演变等问题展开了热烈的交流。

第二场发言是由南京师范大学大三王耀文同学带来的题为"襄阳菜越三国墓出土青铜马所反映的文化交流"的发言。2008年发掘的襄阳菜越三国墓出土了目前国内所见最大的青铜马，襄阳地区历史文化学者叶植先生根据墓内出土铜盘铭文等材料推断墓主为汉末董卓手下大将、凉州军阀张济，并认为青铜马是张济在董卓销毁长安、洛阳铜器时所截留的一件。王耀文同学就青铜马的相关问题展开了讨论。

通过对文献材料的梳理，王耀文同学认为在刘表招降了张济的侄子张绣及其他人马后，确实存在为了安抚人心而厚葬阵亡在穰城（今河南邓州）的张济的可能性。但是张绣在投靠刘表时驻扎在穰城与宛城（今河南南阳），距离莱越墓仍有一段距离，所以张济更有可能葬于张绣驻扎区而不是刘表控制区。其次，他对叶植先生所认为的"永初二年八月一日张氏作三涑用"中"张氏"指的是使用者提出疑问，认为从铭文含义、铭文书体等方面考虑，"张氏"应为作器者而非使用者，由此推断墓主为张姓难以成立。随后，他又对青铜马的形象，以及史书中被董卓销毁的铜马的记载展开分析，认为现有文献资料并不足以支撑董卓未全部将洛阳铜马销毁的推论。而且同时期汉代人已经能铸造更加精美的马的模型器，相较而言，制作较粗糙的莱越墓青铜马不适合作为陈列在都城的铜马。因此莱越墓青铜马应当与长安、洛阳铜马没有关联。接着，王耀文同学对考古发现的汉晋时期铜马资料进行了梳理，对出土数量最多、艺术成就最高的西南与西北地区铜马的造型风格、装饰特点、铸造技艺等方面特点展开分析。最后，通过莱越墓青铜马与西南、西北地区汉晋铜马的对比，结合莱越墓出土的其他带有西南与西北地区风格的文物，他认为莱越墓青铜马在造型、装饰、铸造技艺等方面表现了对西南和西北地区青铜马艺术的吸收，是区域文化交流的反映。

在本场的讨论环节，日本同学分别就中国各地区青铜马造型风格差异产生的原因、莱越墓青铜马与西南地区青铜马铸造技艺的差别等问题提出疑问，王耀文同学一一予以解答。

第三场的发言人一共有四位，分别是日本法政大学本科生田尾小波、中村一贵、坂口优大与樱井万里奈同学。他们以小组合作的形式，用英语做了题为"日本陶器所反映明清时期的中日关系"的报告。

坂口优大同学首先介绍了本次发言的一些关键概念，包括陶器、瓷器、景德镇、有田烧、伊万里烧、青花等。之后三名同学分别介绍了有田烧在明清时期发展的三个阶段概况。

田尾小波同学分析了第一阶段促成日本有田烧发展的因素，着重讨论了欧洲对有田烧的重视与需求。在18世纪能够自主生产瓷器之前，欧洲只能从外进口瓷器，因而瓷器在欧洲显得十分珍贵。从16世纪晚期到17世纪初，输往欧洲的亚洲瓷器数量逐渐增加，其中中国的青花瓷是主要货物。到了17世纪中叶，中国正值明清交替之际，景德镇制瓷业受到战乱影响，生产下降，渐渐地满足不了欧洲日益增长的瓷器需求。在此背景下，欧洲的瓷器需求转移到日本，有田烧开始生产外销瓷。

中村一贵同学分析了日本国内需求对有田烧发展的促进作用。日本瓷器原先全部依靠进口，自17世纪初来到日本的高丽工匠李参平发现了瓷土以来，日本开始了瓷器的烧造。在景德镇瓷器生产衰落后，日本承担了许多来自欧洲的订单，并且还要满足国内市场的需求。在需求的刺激下，日本瓷器烧造技术得到了提升，烧制瓷器的窑口数量显著增加。

樱井万里奈同学展示了景德镇复兴之后瓷器国际市场上的变化。随着清朝建立与政治形势日渐稳固，作为官窑的景德镇瓷器的生产得到了恢复，而《展海令》的颁布更是促进了中国外销瓷的恢复。在国际市场和国内市场再次有中国瓷器涌入后，日本瓷器开始用创新的设计来谋求发展。红色与金色的彩绘，带有日本特色的樱花与菊花图案等设计使得日本瓷器在欧洲流行起来，而景德镇也开始制造类似有田烧的瓷器用于出口。但是随着景德镇瓷器占据了市场，作为日本贸易伙伴的荷兰也走向了衰落，用于出口的有田烧的数量开始下降。

最后，坂口优大同学总结了本小组此次发言的内容：欧洲市场对瓷器的需求由景德镇转向了日本有田烧，促进了有田烧的发展；明清时期中国与日本之间在瓷器生产上存在着一个互动的关系；在明清两朝交替之际，可能有中国的陶工来到了有田地区，或者有日本陶工到中国学习了制瓷技术，这或许是促进有田烧发展的一个因素。

第三场的讨论环节，中国学生就1637年中日两国都进入战乱时期，但两国瓷器生产却走向相反的道路、有田烧在兴起阶段是否吸收了中国青花的元素、清代有田烧是否与中国的珐琅彩有交流等问题提出了疑问，日本学生给予了认真的解答。在需要书籍辅助讲解时，日本学生非常诚恳地走下讲台，向提问同学展示了相关资料。日本学生严谨认真的学风以及彬彬有礼的态度给在场的参会人员留下了深刻印象。

第四场是由南京师范大学大三学生唐成辉同学带来的题为"区域文化交流视角下玉屏箫笛的起源与传播"的报告。在对古籍文献以及近现代报刊的检索和梳理的基础上，唐成辉对其家乡的国家级非物质文化遗产——玉屏箫笛的起源与传播问题展开了阐述。

他首先结合《乾隆玉屏县志》的相关记载，指出玉屏箫笛是明初由郑氏传入玉屏的一种外来物。接着，通过研读《滇行日录》《传经堂诗钞》等对玉屏箫笛的记载，他得出了玉屏箫笛在乾隆三十七年就已成为商品这一重要认识。随后，他梳理了从嘉庆到宣统年间文献中有关玉屏箫笛的记载，从而清晰地描绘了玉屏箫笛从在当地小有名气，到发展壮大，再逐渐形成独特箫笛文化的过程。

在结束了时间维度上的阐述后，他又从空间维度阐述了玉屏箫笛与其他地区间的交流。通过检索近代报刊及文人笔记可以发现，清代及民国时期，玉屏箫笛远播四方，与江苏、四川、上海、北京等地都有着交流，成为享誉中华的传统乐器。

最后，唐成辉介绍了近年来玉屏开始制作日本传统乐器尺八箫的情况，展现了新的时期中日文化交流仍在不断深入发展。

在讨论环节，日本学生就玉屏箫笛在传入其他地区时是否产生变化、玉屏箫笛的起源等问题提出了疑问，唐成辉同学根据自己积累的文献材料一一予以解答。

主题研讨结束后，研讨会进入到自由交流讨论环节。中日两国学生就在校学习情况、来到异国参观博物馆的感受、对对方国家的印象、选择到外地求学的原因、学校里小组合作学习的方式等互相感兴趣的问题进行了交流。会场氛围也由之前主题研讨时浓烈的学术色彩转变为轻松活泼的生活气息。南京师范大学胡若童同学用流利的日语与日本同学交流了学校课程设置的话题，赢得了在场师生的一片赞叹。

不知不觉时间已经到了傍晚六点，研讨会即将结束，但在场学生都感到意犹未尽。主持人王志高教授对本次研讨会进行了总结，他指出今天中日两校学生的发言展示都非常精彩，各具特色。通过今天的研讨会，他感受到了两校学生在学术科研上的不同风格：日本法政大学两组同学的研究具有宏大的视角，展现了时空背景的广度；而南京师范大学的两位同学则从微观的角度切入，深入探讨了两个非常具体的小问题。

最后，南京师范大学社会发展学院院长齐春风教授发表了闭幕致辞。他赞扬了今天发言同学的研究成果，并对这种中日两国之间本科学生的交流方式予以高度肯定。他指出，中日文化的交流是双向的，特别是中日两国作为唇齿相依的近邻，年轻学者之间的交流显得尤为重要。他还希望中国学生学习日本学生团结合作以及敢于用外语发表讲演的精神，并对今天担任翻译的各位老师表达了感谢。会议在中日两国师生友好的道别中落下了帷幕。

整理者：王耀文、李超逸、左凯文

六朝文物草连空，天淡云闲今古同

——六朝考古学术工作坊（第二期）

    2019年11月24日，南京师范大学六朝考古研究所（筹）、南京师范大学社会发展学院主办的六朝考古学术工作坊（第二期）在南京举行。来自中国社科院考古研究所、南京大学、郑州大学、南京师范大学、南京晓庄学院、江苏第二师范学院、南京出版社、苏州市考古研究所、南京市考古研究院的16名学者受邀与会。报名与会的研修者来自南京大学、山东大学、南京师范大学、上海师范大学、南京体育学院、安徽博物院、南京市考古研究院、安庆市博物馆等高校及研究机构。参加本次学术活动的专家学者及研修者总计50余人。

    活动一开始，主持人王志高先生简要介绍了工作坊的研讨机制。工作坊每期邀请8位中青年考古及历史学人对相关研究成果做专题汇报，除由评议人对报告内容进行点评外，与会的所有学者及研修者可展开充分的自由讨论，从而促进对问题的深入理解。相关内容涵盖六朝考古与历史的多个方面，既有来自考古发掘现场的新收获，也有对于文献的梳理与反思，还包括对特定问题的讨论与商榷。

第一场

来自南京晓庄学院的胡晓明先生首先以"神迹的传播与传播的奇迹——汉晋时期佛教传播策略再议"为题进行了报告。

在搜集、比较大量早期佛教史料及相关文物的基础上，胡晓明先生提出了问题：为什么佛教没有淹没在汉代不计其数的神灵崇拜中，而是与受到官方崇拜的黄老圣人并列，又和民间崇拜对象西王母、东王公同处一室？他认为，为方便弘法，佛教将佛教神迹与我国传统的瑞应思想相结合，以宣传佛陀神迹，通过施展幻术等手段促进佛教传播。幻术在民俗活动中进行表演，突出表现的是"鱼龙曼衍"之戏，其场景盛大玄幻。当时有一批著名僧人以幻术为手段弘教，他们或针对上层统治者，或游走于民间，表演一系列"神迹"来获得人们对佛法的支持。早期佛教对佛教开创者佛陀加以神化，使得佛陀表现出超乎当时中国社会对于圣人和神仙的一般认知，大大增强了佛教的吸引力，并使得佛教形象通过这种宣传走入地下世界，出现于墓葬中，成为无所不能的神仙形象。在汉代盛行的天人感应思想影响下，佛教神迹也被视为感应的结果，故往往被宣传为"瑞应"或"佛瑞应"，使得民众信服。为了适应中土的特殊社会条件，来自西域的早期佛教徒采用了这种独特的弘法道路。佛陀与东王公、西王母等中国固有信仰对象相提并论，最终促成佛法大兴，可以说是一种传播的奇迹。

来自南京师范大学的评议人张进先生首先进行评议，他提出这篇文章的选题较好，研究历史上的宗教具有历史与现实双重意义。但相关研究不仅要说明"是什么"，还要说明"为什么"，中原民众信仰佛教的动力是什么，如何与中国传统话语和历史现实相结合。汉代流行的"祥瑞"与"灾异"思想如何与早期佛教的传入相联系，早期佛教是如何选择使用"瑞"这个词，值得深入探讨。他还提出，宗教传播中教主、教团、经典三者缺一不可，尤其是教团和经典如何利用中国传统思想的生死观来阐释佛教原理如"三界"来吸引信众，促使佛教迅速传播，这些内容如果加以补充，会使得文章说服力更强。

来自南京大学的张学锋先生提出一个问题：看似具有佛教因素的图案是否能说明佛教传播的问题？对于图像与象征意义之间的关系需要深入考虑。同时，来自安庆博物馆的陈璟先生提出，"钵生莲花"图案是否与博山炉图案有相似之处，是否在传播过程中被引入佛教？来自南京市考古研究院的龚巨平先生说，六朝时著名僧人康僧会善于以神迹吸引民众，以至于掀起"舍利崇拜"，希望作者在之后的研究中对材料加以补充。

接下来来自江苏第二师范学院的邓玮光先生发表了题为"走马楼吴简粢田简的复原与研究"的报告。

邓玮光先生首先说明研究对象是走马楼吴简中一批与粢田有关的简。他指出，经过两汉的发展，孙吴时期的"文书行政"已经完全成熟，严密的簿籍制度得以建立，与官方有关的政治经济活动都必须留下记录。同时，由于一个事件往往牵涉多方，涉事各方又都必须如实记录，所以关于同一事件会留下多份簿籍。吴简由于数量巨大，出土地点集中，可以采用"横向比较复原法"对简牍中同一事件的多方记录进行横向比较。再结合"纵向比较复原法"，即从历时性的角度去考虑，通过厘清活动发展的内在逻辑，考察政治经济活动的整个过程。粢田简的复原首先是寻找具有总结形制的简，找到与粢租米有关的线索，输入检索工具查找相关简，通过对照排比，可以得到关于具体年份粢米种植面积、产量、租米份额及征收程序的数据。他还对临湘侯国下辖各乡粢租米的种植与征收情况做了复原。

在复原基础上，邓玮光先生对粢田简所见孙吴粢租米缴纳流程进行了研究，包括粢田情况的调查，应缴纳米数的计算，征缴任务的下发与完成，涉及孙吴时期临湘侯国的经济与政治制度。他还结合研究成果对征税及政府对地方控制力、基层官吏与中央的关系做了讨论。

评议人张进先生认为这项研究表现了青年学者锐意进取的精神，很具有启发性，对简的复原可信，研究论证环节严谨，提出的复原方法正在为学界所接受，但同时也有一些不足之处，如：对原简缺字或漫漶不清处的推测应采取谨慎的态度，要注意后补字与原简可能不符，以至于对研究成果造成影响。张进先生还指出，应注意到书写习惯与文书格式的变化，以及背后的历史背景。论文对小吏与中央的紧密关系表述不严谨，孙吴时期的社会现实是中央控制力减弱，地方离心力加强，文中围绕这一点应在表述上更为细致。邓玮光先生回应，他对照图版对缺字加以辨认，对不确定的缺字不妄下结论。

张学锋先生认为对粢米简的格式应做文书学的复原，此外他和张进先生都认为在复原粢租米的缴纳流程基础上应注意到与其他种类田地的不同，还应考虑到临湘侯国地区从事粢米生产的生产者的身份，及他们的劳动生产率、与旱田耕作有什么不同等问题。

邓玮光先生回应道，官方文书在大体的格式下可以保持自己的风格。同时他对收租比率和劳动生产率的问题请教了张进先生，双方就汉晋时期土地亩产量与土地性质、耕种人身份的关系做了探讨。

第二场

2012年3月到12月，文物部门在南京栖霞区大浦塘村发掘了一座高等级南朝墓葬。南京市考古研究院的李翔先生为我们带来了这座重要墓葬的发掘与研究成果。

墓葬位于灵山北麓，是一座平面为"凸"字形的券顶砖室墓，由斜坡墓道、排水沟、封门墙、甬道、墓室等部分构成。甬道与墓室全长14.2米，宽1.76～3.6米。该墓早期遭严重破坏，墓顶坍塌，墓壁、封门墙及部分铺地砖均已损毁。墓葬内残存一道石门，满刻人物、神兽、花草纹饰，堪称六朝美术史不可多得的珍贵资料。墓葬内主要的出土器物有石俑、石马、石神兽、石座、石砚、青瓷鸡首壶等。墓内还出土一方漫漶的石墓志，据志文可知墓主身份极高，其子女名讳皆辈"宝"字，与齐明帝子女排行相同，故推测墓主为齐梁宗室。

李翔先生重点介绍了石门的情况，石门设置于甬道中，高3.25、宽1.9米，由顶部的半圆形门额、两侧门柱、对开门扇、底部的门槛组成，正面浮雕人字栱，正面底部阴刻有神兽纹。门柱正面阴刻神兽纹及花草纹，内侧面阴刻有花草纹及武士像。门扇正面阴刻高约1米的武士像，造型与门柱内侧面武士像相同。门槛下侧刻有灯座及莲花状火焰，门槛外侧为莲花与神鸟的组合纹饰。

评议人张学锋先生首先指出，当时东王公、西王母的流行时代已经过去，石门线刻图案性质是否与东王公、西王母相关应再做分析，对于墓葬中线刻图案的描述应更加谨慎，类似的图像还发现于余杭小横山南朝墓，可进行对比研究。从发现的遗物如石座等可以对墓葬中的围屏石榻和石祭台等带有身份等级色彩的随葬品组合做以复原，可以进一步统计南朝宗室亲王墓的分布情况，对墓葬所在陵区的布局进行研究，形成可视化的成果。张学锋先生还从墓葬规模及墓志铭文出发，结合随葬器物形制，推测墓主为南齐安陆昭王萧勔。若墓主为萧勔，可结合萧勔被厚葬及萧勔之子在进入梁代后被杀的史实，将这座墓作为南齐宗室墓的典型代表，与进入梁代才下葬的南齐宗室萧子恪的墓葬进行对比。

龚巨平先生提出墓中石门保存情况较好，纹饰之精美，是之前发现的齐梁宗室墓所未见的。另外从该墓所出盘口壶的器型看，该墓为齐末梁初墓葬，如何从随葬品器型上对齐、梁墓做以区分，值得进一步研究。

来自中国社科院考古研究所的刘涛先生指出该墓经过了严重破坏，可能是下葬后不久有意识的毁陵行动。墓道地面发现白灰面，其是否和湾漳大墓一样存在白灰面绘画，以及是否与墓葬等级和墓葬制度有关系，都值得进一步思考。来自南京师范大学的裴安平先生指出对南京六朝墓葬的研究，视野应扩大，应该在研究单个墓葬的基础上，考虑到陵园制度、陵园分布，形成对贵族墓地的整体研究。王志高先生认为对墓志的释读还可以深入，该墓出土的石棺座、石门对研究南朝墓葬的装饰大有帮助，出土的石器座等可参考《金楼子》进行考察。他认为由于梁代对部分齐宗室采取优待政策，墓主尽管是齐宗室，但墓葬时代不排除是梁初的可能。

随后，来自南京师范大学文博系的高庆辉先生的报告以"南朝画像砖墓中的挂刀（杖）人像探讨"为题。

高庆辉对南朝画像砖墓中的"挂刀（仗）人像"的分布范围及图像特征进行总结。他认为南京、丹阳和余杭等地墓葬中出现的侧立状挂刀（仗）人像铭刻中出现的"左右将军"或为"左右直阁将军"的略称，并认为这类守门武士的图谱原型为直阁，其来源为建康，与之相似的还有邓州南朝墓大幅彩绘"门吏"图像。"挂刀（仗）人像"的图像表现形式与特征有其复杂性，具有部分"直阁"特征的图像，不仅尺寸缩小，而且还被置于墓室底层或画像砖端面，完全看不出直阁图像高大且独立的特点，甚至成为供养人格套的一部分。各地还普遍存在一类正立对称布置的多组挂刀人像，和前述直阁单组侧立的情形正好相反。这两类图像常常和侍女画像砖组合出现，并延续至隋。这些特殊情况值得我们对"挂刀（仗）人像"的特征与性质做进一步研究。

高庆辉发现正立挂刀人像分布于以襄阳为中心的长江中游，侧立挂刀人像分布于以建康为中心的长江下游。两者有着相异的发源地，正立挂刀人像与北魏陵墓石刻中的石人（俑）的相似性显示其渊源可追溯到北朝。最后他对挂刀人像图像的性质与意义进行了辨析，他认为南朝墓葬中"直阁+狮子"的组合是南朝墓葬汉晋化的表现形式，与当时南朝与北朝争夺正统的背景有关，南朝正立状挂刀人像源自北朝也可能有这个因素在其中。

评议人张学锋先生指出报告人的研究对象为南朝墓葬中的挂杖（刀）人像，文中对这种图像分为甲乙两类，探讨其源头、影响和等级，运用了艺术史研究的一些名词和方法。他认为本文应该结合崔芬墓等相关墓例进行深入研究，过早地对甲类图像进行定性，称之为"直阁"，不太严谨。南朝时直阁将军并非固定官职，对于直阁将军与墓葬图像的对应关系应慎重。"直阁"铭文的出现应该与帝陵有关，与直阁将军的现实职责相对应，是一种特殊的将军、特殊的"守护"。他还指出，东亚的"守护"传统源远流长，如在韩国部分村落仍存在的"将军"木俑。挂刀人像不应统称为"直阁"，在当时各个阶层有不同说法。挂刀人像的渊源应从汉晋以来的"门吏"上找寻，体现了"守护"的思想，其称呼应当为"将军"。将"直阁+狮子"图像的出现解释为与北朝进行正统性的竞争存在证据链上的缺环，文中对材料整理后的提升较为混乱，没有形成自己独到的研究框架。

刘涛先生认为本文选题较好，但其重点却停留于图像学的研究，应该更多从考古学的角度关注所出图像墓葬墓主人的身份与时空分布，关注等级身份变化对应的图像变化，排定图像演变的序列与类型来进行研究。他还认为图像中的人像是否着甲衣可能反映了图像人物等级、身份的不同，与墓葬等级相对应，可以作为研究的切入点之一。

自由讨论环节中，来自南京大学的林泽洋先生指出"直阁+狮子"与镇墓系统的联系已经有学者加以研究，相关研究还涉及镇墓系统的产生及其与门吏、镇墓壁画的关系。

第三场

来自苏州市考古研究所的张铁军先生带来了"苏州市虎丘路新村土墩 M1、M2、M5 发掘情况介绍"，同所的孙明利先生以"苏州孙吴宗室墓葬的发现与认识"为题进行了报告。由于两位报告人的发言内容息息相关，故主持人安排两位学者发言后统一评议。

苏州虎丘路新村土墩M1、M2、M5位于姑苏区虎丘路西侧、西园路北侧的土墩（俗称"吴天墩"）上。张铁军先生介绍了墓葬分布情况与发掘过程。其中M1位于土墩中部偏东，建于土台之上，坐南朝北，分为墓道和墓室两部分，平面呈"十"字形，自南向北依次为墓门、第一道石门、甬道、第二道石门、甬道过道、前室、后室过道、后室，前室两侧分别有过道和耳室。甬道外有附墙。该墓的砖砌结构及墓壁砖面上的模印纹饰有"大吉""天吉"等字样。墓内还出土石榻、凹字形石座，耳杯、盘口壶、罐、灶等青瓷器，陶案、陶楼、陶兽首器座以及小件的金叶、金指环、金鱼、金蟾蜍、金珠等，还有一件玉蟾。

M2位于M1东侧，坐南朝北，无墓道，仅有砖构墓室，东侧外围及部分墓顶被破坏。墓室平面结构完整，呈"中"字形，自北向南依次为墓门、石门、甬道、前室、后室过道、后室。墓葬内随葬品未经盗扰，发现罐、盆、井等青瓷器，仓、灶等陶器，以及完整的金钗、金簪首、金步摇片、金镯的组合，金钗造型优美，运用炸珠、掐丝等多种工艺。另外还有铜熏炉、瑞兽衔杯铜砚滴，尤为重要的是发现铜三脚镜架，上有金叶及金链饰。

M5位于M1西侧，为土坑砖室墓，坐南向北，分为墓道和墓室两部分。墓道平面呈长方形，砖室大部被破坏，残存底层墙体和少量铺地砖。砖室平面结构完整，平面呈凸字形，自北向南依次为封门砖、甬道、墓室三部分。墓砖印有"吴侯"字样，另有墓砖刻画"建兴二年""吴王""凤"等字样。遗物仅在甬道填土中出土一件指环。

孙明利先生的报告首先结合大量文献资料对盘门青旸地墓葬的结构和墓主问题进行了探讨，认为青旸地M1为孙策的二次葬墓。随后，他介绍了虎丘新村六朝墓葬的相关情况，并结合M5出土的"吴侯""建兴二年"等铭文砖，认为M5墓主应为孙吴宗室所封吴侯之一。再联系历代吴侯的生平与卒年，他认为于五凤五年自杀的孙英可能为M5的墓主。最后他还介绍了虎丘黑松林墓葬的布局与结构，对苏州孙吴宗室墓的分布进行了总结，认为盘门外东南青旸地及阊门外虎丘一带为孙吴宗室墓的主要分布区域。

评议人刘涛先生指出两位报告人结合考古发掘与文献资料，带来了孙吴宗室墓的新材料，内容十分精彩，显示了发掘者严谨的工作态度。报告中揭示的虎丘路新村墓葬的整个营建过程，表明M1、M2的建造过程为平地起砖室，先垫高地面，后同时兴建。他认为孙明利先生对苏州地区孙吴墓进行了全景式的文献梳理，对于历史时期考古的两个要点即考古材料与文献的结合把握得很好。刘涛先生随后提出了三个问题：一是宗室墓概念太过宽泛，孙吴宗室墓有无共同特征？是否可以按照政治等级制度对墓葬等级加以界定，从而更好地考察墓葬制度；二是墓葬中出现的"吴侯"铭文砖是否与宗室中的吴侯必然联系？有没有其他可能，如可能是工匠集团的标识；三是文献梳理对墓葬性质的确定应该是一种旁证，要考虑到晚期文献中比附的成分。

王志高先生指出虎丘路新村土墩M1、M2、M5比上坊孙吴大墓更加复杂，对"吴王""吴侯"铭文砖的解读意义重大，同时认为随葬品中的插屏可能是苏州地区早期孙吴宗室墓的共同特征。他还认为三国时期墓葬的耳室与侧室可能具有等级意义，据此他推测M1等级最高，并建议对这几座墓的排葬规律加以分析。张学锋先生指出，在考察陵区与城市的关系时应考虑到城市位置与规模的变迁。

在自由讨论环节，来自山东大学的赵娜同学提问新村孙吴墓中的甬道石门是否可以作为墓葬等级的考虑因素。张学锋先生认为孙吴时期的石门还不具有成为等级标志因素，石门在东晋以后才逐渐形成等级制度的标志。

来自南京师范大学的虞金永同学提出四边券进式的墓顶结构是否可以作为报告中墓葬相对年代断定的参考，是否发现墓上祭祀建筑遗迹，同时他还对虎丘路新村孙吴墓中发现的手印砖等现象表达了兴趣。

第四场

来自南京市考古研究院的龚巨平先生发表了题为"南朝墓还是隋唐墓：过渡期墓葬断代的思考"的报告。

公元589年以后，随着隋统一全国，江南文化与中原文化日渐融合，各项制度逐渐呈现同一性。在这样的历史背景下，南京地区的南朝晚期至隋代唐初的墓葬形制和随葬品是否能够反映这种时代变化？对这一过渡时期的墓葬，究竟怎样断为南朝还是隋唐？龚巨平先生对此问题进行了讨论。他首先将南京地区所见的隋唐墓分为四大类：单室穹隆顶砖墓、长方形单室砖墓、长方形双室砖墓、土坑墓，认为不带耳室的长方形双室墓与不带壁龛的长方形单室墓，墓室狭长，均没有甬道，棺床与封门砖之间的空间极短，祭祀空间几乎没有，与六朝常见的砖室墓区别较大。在此基础上，他结合其他信息认为此前认定的南朝晚期墓葬中，一部分墓室狭长、无甬道的长方形单室或双室墓，其时代或已进入隋唐时期。最后他对南京地区两座"南朝晚期墓"的时代重新进行了分析，认为南京理工大学南朝墓和南京天隆寺二号墓时代为隋代或唐初。

来自南京出版社的评议人卢海鸣先生认为龚先生的报告非常有意义。南京作为六朝古都，六朝与明代的墓葬资料十分丰富，但六朝至南唐之间的隋唐时期南京地位低下，以至今天很少能看到相关史料记载与遗迹留存。龚巨平先生在对南京地区隋唐墓葬研究时大胆假设，小心求证，对于以往含糊不清的南朝晚期至唐初墓葬的形制与出土器物进行了重新分析。他建议龚文视野可以放得更大一些，不妨对南京地区隋唐墓葬的形制进行全面研究，建立南京地区乃至江南地区隋唐墓葬的完整体系，这样将会具有更大的参考价值。

张学锋先生指出，南京地区隋唐时期墓葬的研究常常有巧妇难为无米之炊的感觉，龚巨平先生的研究可算是这种困境的突破口，具有重要意义。王志高先生认为南京天隆寺二号墓是典型的南朝晚期墓。墓室狭长、无甬道的小型墓从南朝一直延续到隋唐，单凭墓室形制推断墓葬年代稍显武断，应当结合随葬品形制综合判断。此外，隋唐时期个别墓葬还可能采用前朝旧砖，可能也会对墓葬的断代产生影响。刘涛先生认为对隋唐墓葬的分析还可以结合同时期的治所沿革进行研究，探讨墓葬分布与政区范围及治所位置的关系。他还认为在研究南京地区隋唐墓葬时应考虑随葬器物形制的滞后性问题。

最后一位报告人是来自南京师范大学文博系的王耀文同学，他带来的报告主题是"襄阳菜越三国墓出土青铜马及相关问题的讨论"。

2008年襄樊市（今襄阳市）樊城区菜越居委会发现了一座三国时期大型砖室墓。该墓葬未遭盗掘，保存较为完好，出土了大量遗物，其中在前室西北隅发现了一件大型青铜马。叶植先生认为这件青铜马与张济截留洛阳的铜马法有关，并通过菜越墓出土铜盘铭文"永初二年八月八日张氏作三涑用"以及"董府敬"等推测墓主是董卓手下大将、凉州军阀张济。王耀文同学通过铜盘铭文的释读，认为铭文中的"张氏"所指为作器者，结尾之"用"字当视为铜盘的代称，而非使用之意。他还认为张济葬于今襄阳地区的可能性很小，菜越墓铜马特征与写实性的铜马法不符，故叶植先生推测墓主为张济以及青铜马为张济截留的观点都难以成立，菜越墓铜马和汉晋时期墓葬中出土的许多铜马一样，属于随葬用的模型明器。

王耀文同学还对菜越墓青铜马头部装饰进行了讨论。他从使用等级限制与形态上的差异考虑，否定了菜越墓青铜马头部柱体是"纛"的传统观点。通过对比汉晋时期实物资料与图像资料，他认为菜越墓青铜马头部柱体很可能是这一时期将马头鬃毛系起的一种特有装饰。

评议人卢海鸣先生称赞该文结构合理，论据充分，结论可信，作为一名本科大三学生，其研究水平值得充分肯定。该文从史料和类型学两方面对菜越墓青铜马进行全方位研究，得出菜越墓青铜马与洛阳铜马法并没有直接关联，具有说服力。该文引用大量史料及考古资料否定了青铜马头顶装饰"纛"的旧说，是可靠的结论。他还称赞从王耀文同学身上看到了考古后生的希望，也看到了南京师范大学考古专业的希望。

刘涛先生认为该文结合文献、图像、考古材料"三重"证据，做到了对旧有认识的商榷与深化，对问题研究的四个层级（实物、现象、制度、文化）做到了前两个。他建议就菜越墓出土的铜马有无墓葬制度上的联系开展进一步探讨，以达到有破有立的效果，并希望在王耀文同学未来的研究中看到一个立的过程。

张学锋先生认为该文很具有问题意识，对叶植先生的观点进行了多层次的反驳，以图像的类比等多重证据来论证自己的观点，其水平超乎自己的想象。但同时他建议该文对于自己没有完全把握的观点，如墓主的葬地问题应谨慎下结论。

与会者还针对菜越墓出土铜盘铭文的释读进行了讨论，认为"三涑用"后很可能有铭文省略，"三涑用"应断句为"三涑。用"。孙明利先生提出铜马有无可能是收藏品，王耀文回应：汉晋时期西南地区有随葬大型铜马的葬俗，已发现比菜越铜马体型更庞大者，是收藏品的可能性不大，铜马应当为明器。

会议总结

研讨会最后一项环节是主持人王志高教授邀请与会学者对本工作坊活动形式提出建议。张学锋先生说：会议议程稍显漫长，下一期建议选取典型文章进行探讨。卢海鸣先生认为，会议内容丰富，形式活泼，发言者与评议者都认真对待，让人想起自己的大学时代，享受到学术的魅力。刘涛先生评价，本期工作坊领略到了六朝考古研究的新观点新方法，年轻学者的表现让人耳目一新，这种小规模讨论的方式很有新意，应该经常举办，认真筹划。张铁军先生认为此次研讨会是对自己田野考古工作的检验，得到了各位老师的建议，收获巨大。孙明利先生表示工作坊的研讨内容与六朝考古的研究热点相关，同时也推动自己思考一些学术问题。邓玮光先生认为，此次研讨会最可贵之处在于两点：一是推介新材料，介绍新方法；二是对于年轻学者的提携。

龚巨平先生则受邀对参加交流讨论的报告进行综合评议，他认为来自苏州的孙吴宗室墓新材料使得我们对孙吴时大型贵族墓的认识更进一步，对上坊孙吴墓等墓葬的性质有了宏观的启发；胡晓明先生对于佛教神迹的研究，说明了佛教刚刚传入中原时如何吸引大众，内容十分有趣；灵山北麓大浦塘村南朝墓的断代和性质还有若干问题等待解开，希望简报尽早发表；邓玮光先生对于走马楼稺田简的研究运用新方法，推动了简牍学的进一步研究；挂刀人像深刻影响了后世陵墓石刻、墓葬壁画、随葬俑等墓葬制度，围绕挂刀（杖）人像的讨论值得继续深入；对于南京地区隋唐墓断代标准的讨论，他自谦采用的资料较有限，结论有待完善；荆襄地区六朝时期与建康关系密切，王耀文同学针对铜马的研究为我们带来了荆襄地区墓葬的新讨论。

本期工作坊还特邀著名考古学家刘庆柱先生与裴安平先生莅临指导。裴老师结合工作坊讨论内容和自己在南京的工作经历，对南京考古及文化遗产保护工作提出了一些建议。他说，南京的考古档次还有待进一步提高。考古研究有三个层次：第一层次是获得资料，第二层次是解析资料，第三层次是从历史的宏观角度对考古材料进行梳理与总结。南京的考古工作还停留在第二层次。他认为，汉代以后中国城市的发展形成了两种不同模式，以长江为界，南方的"建康模式"与中原不同之处在于缺乏明显的中轴线。自然地理与政治观念如何影响城市建设，需要梳理清楚。他还指出，六朝作为南方地区在中国政治经济版图上崛起的重要时期，相关文化遗产能让人感受到魏晋时期的多彩纷繁与南京的重要性，是南京"历史文化名城"的重要组成部分，是未来南京"城市博物馆"的重要展品，我们可以借鉴学习其他地方文化遗产保护的经验，打造文化遗产保护的"南京模式"。

刘庆柱先生指出，工作坊讨论的内容关乎六朝，六朝是中国历史上的关键时期之一，身处秦汉、隋唐这两个中国历史的高潮节点之间。作为魏晋南北朝的文化基因库，从六朝、北朝再到隋唐，是一条文明传承的纽带。六朝建康城的规制曾对北魏洛阳城的兴建提供参考，甚至影响到后来的隋唐长安城。研究六朝对于研究中国历史具有重要意义，六朝考古学术工作坊在南京的定期举办可为这项事业添砖加瓦。

总之，本期工作坊虽仅历时一天，但所涉内容丰富，研讨深入。报告者侃侃而谈，渐入佳境，听讲者屏气凝神，生怕错过精彩之处，以至会议结束，双方都觉得意犹未尽。青年学者的新气象与新方法，给在场的诸位师友留下深刻印象。

整理者：赵五正

六朝牛渚地，纵论江左风

——"江南文化视域下的六朝文化"暨六朝考古学术工作坊
（第三期）

2020年11月6～8日，由马鞍山市文化和旅游局、南京师范大学社会发展学院主办，马鞍山市博物馆和南京师范大学六朝考古研究所（筹）联合承办，马鞍山市历史与文化研究会协办的"江南文化视域下的六朝文化"论坛暨六朝考古学术工作坊（第三期）在马鞍山市图书馆隆重开幕。来自南京师范大学、安徽大学、江苏第二师范学院、安徽省文物考古研究所、南京市文化和旅游局、南京市考古研究院、南京市文化遗产保护研究所、马鞍山市博物馆、镇江博物馆、镇江古城考古所、南京市江宁区文旅局的20多名学者受邀与会。参加本次学术活动的专家学者及研修者近百人。

在论坛开幕式上，南京市文旅局副局长颜一平先生首先致开幕词，他强调马鞍山地区与南京山水相连，关系密切，两地学者开展交流恰逢其时。随后安徽大学原党委书记陆勤毅先生指出，马鞍山与南京不仅仅山水相连，更是属于同一文化圈，并高度赞扬了"江南文化视域下的六朝文化"这一论坛主题。之后南京师范大学社会发展学院党委书记罗秀山先生认为这次论坛集天时、地利、人和为一体，马鞍山市不仅仅与南京关系密切，论坛的开展也与当下社会对于考古文物工作的重视紧密联系。最后马鞍山市委宣传部部长夏劲松女士对在场的学者表示了热烈的欢迎，并预祝这次会议能够取得圆满成功。

论坛主题发言

安徽大学陆勤毅先生的发言主题是"江南文化是中华文明'内循环'的产物"。陆先生先对"江南文化"的文化地理范畴进行了界定，将江南文化的发展分为起源孕育期、产生发展期、近代转型期三个阶段。他认为历史上"江南文化"先后有十二次重要交融变革，并通过文化交流孕育了江南文化，促成了江南文化的产生、发展和繁荣。江南文化既是中华文明"内循环"的产物，又在中华文明的大格局中占有一席之地。他指出，六朝文化在继承中创新发展，奠定了江南文化在中华文明发展史上的重要地位，是江南文化形成的标志，并开创了江南文化的独特风貌。

镇江古城考古所刘建国先生的发言主题是"京城与姑孰城——六朝建康的两个门户"。在搜集、比较大量文献的基础上，刘先生论述了孙吴东晋与南朝时期京城与姑孰城的重要性。他认为，在地理位置上，它们是建康的重要门户，在政治上两者也密切相关。之后刘先生又深入探讨了"京城"名称的来龙去脉以及京城与姑孰城的性质。京城代指古镇江者，一直延续于整个南朝时期，同时又逐渐出现"京城"代指都城建康的现象。直至隋唐以降，"京城"之名已完全演变成国都的专用代称。京城与姑孰城，在孙吴时期先后筑城，在东晋、南朝时期又多为州治所在。历史证明，两城自六朝开始便确立了拱卫都城建康的使命及在京畿地区的中心地位。

接下来，来自南京市文化和旅游局的颜一平先生以"文化遗产赋彩城市形象蠡测——以六朝文物、怀古文学与古都金陵形象的关系为中心"为题，从文化的角度深入了讨论"金陵怀古"的文化现象。颜先生从"文化赋彩小康社会"这一热点话题出发，认为"金陵怀古"是一个值得研究的案例。他认为六朝文物是唐诗"金陵怀古"主题发生的基础。这里的文物不仅仅包含残存的宫殿、军事设施、宗教建筑、帝王贵族墓葬，还包括历史文献所记述的文字资料等。他还认为，社会关注和社会参与是金陵怀古文学发展的外在推动力。六朝文物、金陵怀古诗共同赋彩古都金陵的形象底色，给文化如何赋彩历史文化城市形象提供了借鉴。

茶歇之后，来自安徽省文物考古研究所的叶润清先生以"当涂'天子坟'孙吴墓考古发现简介"为题，对2015年发掘的"天子坟"孙吴墓进行了介绍。他认为，该墓形制规格很高，出土文物精美。依据史料所载地望、墓葬出土纪年文字、随葬"九鼎八簋"、合葬墓及相关遗迹情况等，其墓主很可能为吴景帝孙休和朱夫人。

之后来自南京师范大学的王志高先生以"马鞍山城市发展的起点与'母城'——牛渚城"为题，介绍了六朝至隋唐时期马鞍山采石地区曾经有过的两座重要军事性质城垒，即牛渚城、采石城。它们直接关系到都城建康（建业）的安危，堪称是马鞍山城市发展的起点与"母城"。他认为，文献记载中的牛渚、采石，并非学界所认为的一个地点，可能是相近的两个地点。牛渚营、牛渚城可能在今日采石矶东南的古津渡处，南朝以降的采石戍城则在牛渚山上，其北侧就是后世的采石渡口。两城规模都不大，其位置的迁移，推测与采石矶南不断滋生新的洲渚有关，姑孰溪入江口可能在东晋至南朝刘宋时期发生改变。最后，他大声疾呼尽快全面启动以牛渚城、姑孰城为代表的马鞍山市辖域内主要六朝城址的考古调查勘探工作，以究明马鞍山早期城市发展的起点。

最后，来自马鞍山市人大的曹化根先生发表了题为"白纻舞与《千字文》的历史地位和文化影响"的报告。他指出，白纻舞历史悠久，具有很高的艺术性，反映了传统民族舞蹈艺术的精致化历程，对后代舞蹈，对昆曲及当代京剧、黄梅戏等有着重要影响。在分析《千字文》作者、诞生背景之后，他认为《千字文》是中国的蒙学经典和代表，集启蒙性、文学性、艺术性于一体，可称为中国中古时期的一部微型百科全书。

六朝考古学术工作坊部分

下午14时，六朝考古学术工作坊（第三期）在马鞍山市图书馆二楼会议室正式开始。主持人王志高先生简要介绍了工作坊的研讨机制。他强调，学术会议只有在充分交流的条件下，才能对相关问题进行深度讨论，并有所突破。

第一场

来自南京市考古研究院的许志强先生首先以"南朝陵墓的分布及相关问题"为题进行了报告。

他认为，陵墓分布可以反映当时的政治动向和权力关系。通过探讨南朝陵墓分布情况和形成过程，可以窥探当时政治生态、礼制思想等诸多问题。在详细梳理文献记载和实物资料的基础上，他将南朝陵墓分为刘宋、萧齐、萧梁、陈朝四个时期，对各陵区分布情况进行了细致的分析，并提出四点认识：1.南朝陵墓区一般包括故里祖茔和建康都城陵区；2.家族观念对陵寝制度有着强烈的影响，南齐帝陵区由家族墓地演变而来，萧梁帝陵区的形成亦与之相似；3.皇统变更对陵墓分布有着较大影响，影响了帝陵规划的连续性；4.帝王个人意志对陵墓选择也有着直接影响。

来自南京市文化遗产保护研究所的评议人邵磊先生表示这场报告结构严谨，论据翔实，文献与考古资料运用得当，对相关问题的认识也有一定深度。他指出，关于南朝陵墓的研究，重点在于刘宋，报告的大部分内容虽亦着笔于此，但仍有三点需要补充：1.关于建康蒋山陵区，学界一直有着许多不同观点；2.据文献记载，宋少帝刘义符亦葬于南郊坛陵区，应在修改时补录；3.宋顺帝刘准葬地遂宁陵位置不明，可做适当推测。

镇江博物馆副馆长王书敏先生提出，镇江雩山下原被认为是宋文帝生母葬地"熙宁陵"的封土堆可能是一座土墩墓或汉墓，真正的熙宁陵或在半山腰处。镇江古城考古所原所长刘建国先生指出，刘宋丹徒雩山陵区墓葬分布较为集中，以后可寻求机会，在适当的条件下对其进行勘探。南京市文旅局副局长颜一平先生就刘宋前、后废帝葬地是否为同一南郊坛提出了疑问，他指出南郊坛的位置曾发生过数次改变，关于这一问题报告人应作更加深入的研究。

接下来，来自南京师范大学文博系的博士生左凯文先生发表了题为"马鞍山盆山六朝墓出土七子镜考"的报告。

左凯文首先介绍了"七子镜"定义诸说：镜台说、七铃镜说、乳禽兽镜说、特殊七乳禽兽镜说。在结合考古发现的实物资料之后，他认为，"某子某孙"类铭文应是镜铭中格式固定的吉祥语，与乳钉数量并无直接关系，将所有七乳禽兽镜都视为"七子镜"的观点值得商榷。通过分析文献及类比相关文物的命名方法，他认为杨泓与孙机先生"七子镜"属于多乳禽兽纹镜类，在镜纽周围分布有八个小乳，内区的兽纹带上有七个较大乳钉的总体认识较为合理，但仍有进一步探讨的空间。他说，"七子镜"应是七乳禽兽纹镜类中内区乳钉与乳钉座能组成类似铜镜图案的一类镜式。以此观之，马鞍山盆山 M1 出土镜完全是一面名副其实的"七子镜"。最后，左凯文指出，七子镜与使用者性别的关系及其在墓葬中的功能等是接下来值得研究的问题。

评议人邵磊先生首先肯定了左凯文对七子镜相关资料所做的梳理工作。他认为在七子镜定义问题上，报告与杨泓先生之间并无根本区别，只是做了更为细化的规定。同时他指出，报告在铜镜的断代上还不够严谨，且所引材料多为传世品而非考古出土材料，因此必须考虑到其真伪问题，使用时须慎之又慎。此外，邵磊还就报告中引述文献的断句和伪字等问题与报告人进行了深入讨论，指出古文献在传抄过程中易出现讹误，在使用前应详加考证，尽量避免此类问题。

来自马鞍山市博物馆的李军先生肯定了报告对七子镜的研究工作，认为可在形制上对同类器物做进一步细分。同时，来自江苏省第二师范学院的宋震昊先生提出"七子"二字有着深刻的文学来源，认为可从文学和美术考古学的角度对七子镜展开研究。最后刘建国先生认为报告讨论的范围过于广泛，应围绕有限目标进行专题论证。

第二场

2018~2019年、2020年，镇江博物馆先后两次对铁瓮城西城门遗址进行考古勘探和发掘。来自镇江博物馆的王书敏先生以"镇江铁瓮城西门遗址 2018、2020年考古主要收获"为题，向我们分享了这两次考古发掘的主要收获。

铁瓮城遗址位于镇江市区北固山前峰，与金山、焦山沿江呈三角形分布，始建于东汉末年。其平面略近椭圆状，南部稍宽，西南角稍向外凸出，2013年被公布为全国重点文物保护单位。2018年6月至2019年，镇江博物馆对前期勘探中发现的西垣（南段）及疑似西门遗址区域进行了考古发掘。2020年3月至今，又在2018年发掘区域的南侧继续进行发掘，目前发掘工作仍在进行中。通过勘探和发掘得知，该西门南侧门墩遗址由包砖墙和夯土两部分组成，西门南侧门墩南北面宽约48米，东西进深28米。此次发掘揭示出了西门南侧门墩的北侧半面，门墩结构由夯土和外筑包砖墙构成。墙体平砖叠砌，分上下两部分：下部墙基自下而上共铺6层砖，最底层为横向平铺，其上5层皆竖向平铺，外侧面收分较宽；上部墙体为"一顺一丁"平铺，墙体外侧由下而上逐层内收。砖为单面绳纹，纹饰较粗深，少数砖端见有模印阳文"+""篙"，刻画"陈口之"、波浪纹符号等。

评议人刘建国先生认为城市考古有其复杂性，铁瓮城北部为镇江烈士陵园，南面为居民区，发掘工作很难展开，并回忆了自己当年发掘铁瓮城的艰辛，进而肯定了王书敏先生的工作。刘建国先生认为，铁瓮城的发掘工作是一个不断认识的过程，现在的工作已经大致确定了其四至范围，对该城址已有了一个框架性的认识。但铁瓮城与京城究竟是否为同一座城，还未究明。他强调，从《南齐书》等史料记载中看来，京城的范围应远大于今铁瓮城，但当年的考古发掘工作仅局限于铁瓮城，未关注北固山的中峰、后峰等地区，故限制了今日对相关问题的研究。他建议以后可以将研究重心适当转移到对京城范围的确定上来。

王志高先生就铁瓮城西门和南门的发现过程及城池性质判定等问题，与王书敏、刘建国先生等展开了深入讨论，气氛十分热烈。同时，他还指出铁瓮城面积过小，其性质究竟应如何判定，是否为郡治所在等诸多问题都还有待进一步研究。他认为京口城由两座城池构成，山上为具有军事防御性的铁瓮城，山下应还有一座大城，但尚未发现。

随后，来自江苏第二师范学院的宋震昊先生的报告以"六朝石刻的装饰性再思考"为题，总结回顾了十年来他对于六朝石刻装饰性的反思与自我批判。

宋震昊先生首先对自己关于南朝石柱中的露髻力士形象为大力士神等旧观点进行否定，并展开深刻的反思和自我批判。在文献方面，宋震昊先生认为之前只是进行重复论证，并未进行深层的挖掘。而运用《水经注·渭水》上的记载，并不能证明石柱上的"力士"就是孟贲等先秦勇者。在没有充分的证据下，仅凭历史中的吉光片羽，或只是做了简单的类型学分析，就得出结论，是不可取的。

之后，他又在自我批评的基础上提出新的认识。他认为六朝石柱很可能存在标准器。而石榜上下的吉祥物，可能是笑脸的畏兽，可以是力士，也可以是兽面纹，它们都有托举的基本范式，不能只用现代人的眼光去衡量这些装饰性纹饰。他认为艺术是用来呈现美感的，用美术图像来进行考据是不可靠的，将其视为一种设计，注重不同设计之间的联系，以及整体的意境，可能更加合适。

评议人刘建国先生赞扬了宋震昊自我批判的精神。他认为，报告人之前关于六朝石刻露髻力士形象的研究，现仍有可取之处，不能对其全盘否定。他指出，力士本身也具有很多不同意义，对于石刻中这些力士的形象，可能与神之间的联系更加密切。整体来说，对于这样的问题可以先采取保留意见，等更多的考古材料发现以及文献研究的深入再下定论。王志高先生认为，南朝石柱上装饰力士形象是具有普遍性的，对于这样图像的研究，具有一定意义，不能简单加以全盘否定。

在自由讨论环节，来自南京师范大学的徐良、曹泽乙等同学提出，其力士的图像或许也与承重的现实作用息息相关。最后刘建国先生等再次指出，要深入挖掘材料与文献之间的关联性，有充足的论证过程，才能在这一方面下结论。

第三场

2011年4月，江宁区博物馆在南京市江宁区上坊中市井发掘了一座孙吴时期的墓葬。南京市江宁区文旅局的许长生先生为我们带来了该墓的发掘与研究成果。

该墓位于江宁区东麒路以北、万安路以西的沙石岩山上，为一座平面呈"凸"字形的券顶砖室墓。墓葬主要由墓道、封门墙、甬道、墓室等部分构成。墓道为一缓坡，封门墙筑于甬道口内，采用双层顺砖平砌至甬道顶部。甬道为券顶，长 1.48 米，内宽 0.94 米，高 0.64 米。墓室可能长期受到四周土壤挤压以致变形，墓壁向内收，平面呈束腰形。墓室底部铺有上下两层地砖，在铺地砖与墓壁交接处还有砖包边，包边砖与墓壁缝隙内放有铜钱和鸭掌形银饰件，墓室中部上层铺地砖之下还有一个圆形腰坑。该墓所用墓砖规格基本一致，此外还有少量楔形砖。墓室前部放有随葬品，后部并列两棺，均未见尸骨。该墓出土遗物比较丰富，以漆器最具特色，其中有一件漆耳杯与马鞍山朱然墓的犀皮黄口羽觞非常相似。此外还发现有桃形金饰件、鸭掌形银饰件、鎏金铁镜等一批独具特色的器物。

关于墓主身份，许长生先生认为1号棺内有铁剑、玉带钩等男性常用的物品，应为一名男性；2号棺内漆奁等女性常用的物品比较多，应为一名女性。从墓葬形制和出土器物来看，该墓葬俗与南京地区常见的东吴墓有显著差异。如墓内设腰坑这一特征不见于南京而多见于三峡地区，时代与其最为接近的是2004年发掘的湖北恩施巴东沿渡河古墓群中的一座东汉券顶砖室墓。根据以上线索，他推断男性墓主可能是来自荆州西部地区的一名武官。

来自南京市考古研究院的评议人马涛先生首先指出，该墓葬中出土的鸭掌形银饰件在江西地区与河北定县东汉墓中亦发现有相似遗物，其年代上限或能推至东汉。关于墓内铺地砖分为上下两层，且上层中间高四周低的现象，应是墓室受到挤压变形所致。此外，马涛先生就墓中出土漆器的来源地分析，他认为这些漆器并非来自蜀郡，而是当地制作的。最后，他指出"男性墓主为荆州西部的武官"这一结论的提出有些过于武断，论证资料不够充分，应对这个问题进行更为细致的探究。

李军先生指出该墓葬内部结构变形十分严重，他同与会者就变形的原因等问题展开了热烈讨论，认为变形对遗存的面貌有着很大影响，在这种情况下对相关现象的研究应更加小心谨慎，不能遽下结论。许志强、邵磊先生还就漆器产地问题提出了不同观点，认为这批漆器可能为江宁本地出产。同时，邵磊指出，不能仅凭墓中出现刀剑等武器便判断墓主身份为武将，应对其身份进行更加充分的论证。

下一位报告人是来自马鞍山市博物馆的李军先生，他的报告题目为"安徽马鞍山三国朱然墓羽觞之再认识"。

安徽马鞍山三国朱然墓中出土的一对羽觞被定名为"犀皮黄口羽觞"。鉴于当时的条件，这对羽觞出土时没有通过现代科技手段对其质地、成分进行过分析。2011年，江苏盱眙大云山江都王陵1号墓出土了一件玳瑁羽觞后，有专家提出朱然墓出土的这两件羽觞可能并非"犀皮羽觞"而是"玳瑁羽觞"。李军先生指出，犀皮羽觞与玳瑁羽觞虽然在用途上均为"饮具"，但从文物类别上来看，前者属于以"犀皮"工艺制作的漆器类，后者则属于以玳瑁为材质的宝石类。在此基础上，他提出朱然墓出土的羽觞如果是"犀皮羽觞"，便可将"犀皮漆器似唐代已有"的推断提早四百年，这无疑是中国漆器工艺史及考古上的重大发现。如果是"玳瑁羽觞"，则证实了早在三国时期，以玳瑁为材料，利用其力学性能制作器具的技术就已成熟。

　　为了解决这一问题，李军先生运用电子计算机断层扫描、光学显微观察、便携式荧光光谱仪等技术，对朱然墓出土羽觞的内部结构、表面形态和成分构成进行了检测。通过检测和对比，朱然墓出土的羽觞为漆器类饮具，且其漆纹形态、色泽均符合文献中关于"犀皮漆"的描述，故他认为朱然墓出土的羽觞应属于"犀皮羽觞"。

　　评议人马涛先生认为能在无损条件下对国家一级文物做出如此全面的分析十分不易，值得后来者学习。他还提到，此类羽觞镇江也曾出土，但相关信息较少，可对此类羽觞进行综合研究，以得出更为全面的认识。此外，他还就犀皮器的发展历史与李军先生进行讨论，认为可从犀皮工艺的演变这一角度对此类器物进行进一步探索。

　　王志高先生提出，可将该对羽觞与上坊沙石岩孙吴墓中出土的漆耳杯进行综合分析，从而互相佐证，使论据更加充分。刘建国先生称赞运用现代科学技术解决考古问题，这种意识值得所有考古工作者学习。同时，他还强调了犀皮器产地与制作技艺的重要性，认为对该工艺的传承过程也需有所关注。来自马鞍山市收藏家协会的刘钢先生对犀皮器的起源地发表了自己的看法，随后与会者们就此问题展开了热烈讨论。

　　第四场

　　来自南京师范大学的薛海波先生发表了题为"六朝建康丝绸贸易新探"的报告。

　　薛海波先生从六朝建康丝绸贸易繁荣的原因、在欧亚丝路贸易体系中所处地位以及与六朝货币经济的关系这三个方面深入分析了六朝建康丝路贸易。他指出，六朝建康丝绸贸易的繁荣，建立在六朝国家、统治集团、小农商贩阶层都有从丝绸贸易中获利的需要之上。六朝建康丝绸贸易是欧亚海上丝路的重要部分，海上丝路中丝绸与香料奢侈品最重要的交易环节处于六朝的政治军事控制之下。六朝建康丝绸贸易并没有改变六朝通货紧缩的形势，反而是加重紧缩、引发通货膨胀的重要原因。薛海波先生指出，六朝建康丝绸贸易使小农经济、世家大族大土地所有制、国家财政与欧亚丝路贸易相联结，六朝社会经济深受其影响。最后，他对上述观点进行了梳理，并得出结论，认为六朝都市商业的繁荣很大程度是建康丝绸贸易导致的畸形繁荣。

　　来自南京师范大学的评议人潘晟先生肯定了薛海波报告的研究视角，称赞其从商品组合贸易的角度，对商品经济贸易与国家发展之间的关系进行了研究。但经济史研究应尽量展开定量分析，而不是囿于定性研究，还应该对文中涉及的"吴会""淮海"等地域做出具体解释。他强调，此类研究应注意吸收经济史的研究成果，学习如何从文字中展开定量研究，同时还需对当时的社会结构进行制度性的讨论。

　　来自南京师范大学的李恒全先生指出，历史研究离不开对考古资料的运用，报告对相关史料还可做进一步深耕。王志高先生指出，日本、韩国的相关史料对六朝时期的贸易活动也有记载，并建议报告人可对其进行适当检索，或能发现一些新线索。

　　最后一位报告人是来自南京师范大学的李恒全先生，他带来的报告题目是"从走马楼吴简看孙吴时期的口算与徭役"。

　　由于传世文献缺乏明确的记载，孙吴的赋役制度问题一直是六朝史研究中的薄弱环节，李恒全先生通过研究长沙走马楼三国吴简中的相关记载，对这一问题提出了新的解读。他认为，从走马楼吴简看，孙吴继续实行汉代的算赋、口钱征收制度，对十五至六十岁之间的大男、大女征收算赋，对小于十五岁的部分小男、小女征收口钱，但算赋征收的截止年龄略晚于汉代，征收的数额也与汉代不同。此外，与汉代一样，孙吴的成年女子也是徭役征发的对象。他还指出走马楼吴简中"老男老女"的相关内容当与免老制度有关，由此可知孙吴服徭役的对象为十五至六十岁之间的成年男女，与算赋征收的对象相同。这说明在正常情况下，算赋与徭役的征纳是重合的，即交纳算赋的对象也是服徭役的对象，交纳算赋的年龄段也是服徭役的年龄段。但由于各种免役情况的存在，服徭役者的数量往往少于交纳算赋者的数量。

评议人潘晟先生高度评价了李恒全先生的报告，认为其对关键概念的解释十分精准，不仅从简本身进行研究，还利用传世文献作为旁证，为其观点提供了有力支持。他称赞报告通俗易懂，考证严谨，史料翔实，对吴简中的"事"这一问题做了非常详细的考订，为孙吴的算赋及徭役问题提供了较为全面的解读。他认为，若能将报告中所涉及的制度分类，做更为详细的分析，还能进一步完善报告的观点。

来自南京师范大学文博系的硕士生马健涛同学就吴简中有无孙吴时期女性所服徭役种类的相关记载，以及与男性所服徭役有无区别等问题向李恒全先生求教。李恒全先生解答，关于男性所服徭役种类走马楼吴简中有较为详细的记载，但尚未发现对女性徭役种类的记载，不过他认为女子所服徭役种类与男子应该还是有所区别，这还有待于日后进一步的研究。

会议总结

在对最后一位报告人的评议讨论结束后，主持人王志高先生对本次工作坊做了简要总结。他指出，虽然工作坊时间有限，但涉及的领域十分丰富，涵盖了城址、墓葬、出土文物和经济史等多个方面的问题，参会人员对这些问题的探讨也很有深度。同时，青年学者的新气象与新方法，亦给与会者们留下了深刻印象。他强调，此次工作坊将各个年龄段的学者齐聚一堂，相互之间平等交流，老一辈学者将自己多年工作中积累的经验与认识同年轻一代分享，并就不同观点进行思想交锋，他认为这就是薪火相传，能在很大程度上启发新的学术思想。

本期工作坊还特邀著名考古学家刘建国先生与陆勤毅先生莅临指导。刘建国先生结合工作坊讨论内容和自己的工作经历，就考古学今后的发展提出了展望。他说，现在社会公众对考古工作的期望值和要求越来越高，学术界不同学科间的交叉越来越普遍，传统考古学的学科局限性愈发明显。考古工作者须拓宽自己的学科视野，积极学习新技术、新知识，尝试将其他学科领域的相关成果运用到考古学的研究中。刘先生认为，这次工作坊齐聚了老中青三代考古工作者，且大家都能就相关问题进行平等的交流探讨，这令他感到十分欣慰，对考古学的未来充满希望。他高度评价了这次研讨会，指出工作坊这种讨论形式十分有创意，是名副其实的学者之家，其对问题讨论之深入，思想碰撞之激烈大大超过一般的学术会议。他提议，以后工作坊不仅要定期举办，还要继续走出南京，将这种纯粹的学术风气带到更多的地方。

陆勤毅先生指出，考古学获得的资料大多是反映人类发展历史的无数碎片，考古工作者的任务就是要将这些碎片连成线，并在此基础上编织出一个立体的信息网络。这仅凭考古学是无法完成的，需要通过多学科的融合交流，结合多种技术手段来进行研究。此外，他还指出，对一个学生来说，在学术大家面前敢不敢提问，能不能提出有水平的问题，既是对其现有水平的反映，也是对他今后发展的促进。因此，他建议今后工作坊可增加提问环节，让与会的研修者能有机会提问，以激发他们学习的热情。

会议最后，马鞍山市文旅局副局长郎杰先生和马鞍山市博物馆馆长李军先生向参会的各位学者对马鞍山文化工作的支持表达了感谢，并寄语南京师范大学文博系：希望六朝考古学术工作坊能越办越好，积极开展对外交流与合作，形成自己的学科特色！

整理者：马健涛、眭文杰、徐良

青松洛阳陌，芳草建康宫

——建康与洛阳：考古工作者的对话

2021年11月20日，由南京师范大学社会发展学院文博系、南京市考古研究院、南京大学历史学院考古文物系联合主办的"多元一体视域下的东亚古代都城"系列论坛之"建康与洛阳：考古工作者的对话"在南京秦淮区大板巷55号三楼会议室隆重开幕。来自中国社会科学院考古研究所、南京师范大学、南京市考古研究院、南京大学、山东大学、南京艺术学院、江苏第二师范学院、南京博物院、洛阳关林管理处、南京市文物局、南京市博物馆、南京市文物保护研究所等单位的70余名专家学者及学生参与了本次学术活动。

此次论坛由南京师范大学文博系王志高教授主持，采取主题发言与提问讨论相结合的方式，与会学者畅所欲言，论坛时长近4个小时。期间还有场外学者通过语音视频连线方式参与对话，结合会议主旨发表观点。

论坛正式开始前，与会学者来到南京市考古研究院"评事街以东绒庄街以西地块古代遗存"考古发掘现场参观。在听取主持发掘领队王宏先生介绍发掘进展及主要收获后，众人步入发掘现场，围绕六朝时期夯土基址，兴致勃勃地考察了一处埋葬有铜器、瓷器的祭

祀坑，并就器物年代发表了看法，其间还试图联系六朝建康城城市空间格局与历史地理分析该遗迹的性质。参观结束后，与会学者来到论坛会场。

一

会议伊始，王志高先生首先介绍了议题缘起与议程设置。他表示此次论坛的诞生既是"兴之所至"，又"自有其来"。在古代历史上，有两座城市与南京渊源密切，一是北京，一是洛阳。作为中世纪的两大古都，洛阳与建康相互影响。在魏晋南北朝前期，洛阳对于建康城市建设产生了巨大影响。在这一阶段后期，建康亦对洛阳具有相当的影响力。王志高先生长期从事南京六朝建康城市考古发掘与教学科研工作，对此深有感悟，一直希望能促成洛阳、南京两地学者的对话与交流，恰逢长期投身汉魏洛阳城考古一线，并取得丰硕成果的中国社会科学院考古研究所的钱国祥先生日前莅临南京参观考察。借此机会，在王志高、钱国祥先生的倡议之下，"建康与洛阳：两地考古工作者对话"这一议题得到了南京市考古研究院、南京大学历史学院考古文物系主要负责人及诸多专家学者的热烈响应与积极支持，迅速拟定了会议日程并积极筹备，在短时间之内集合了南京、洛阳等多地的众多学者与会。他们中有的对于六朝陵墓有浓厚兴趣，有的专攻建康城市考古。这种相互交流切磋的模式为未来更大规模更高层次的洛阳—建康两地考古历史学者之间的对话提供了良好的机遇与开端。

二

钱国祥先生随后发表了感言。他亦感受到此次与会所见的老朋友与新朋友的热情，正如洛阳与建康两城的关系一样，有缘分又有友谊。这种对话可以促使两地学人在学术上相互支持，吸取各个方面的研究成果，推动学术研究进步。魏晋南北朝时期作为中华民族多元一体文化形成的重要阶段，一定程度上是中国传统文化在特定时期的最后坚守。洛阳与建康是这一时期中国南北方的政治、经济、文化中心，具有极其重要的地位。研究洛阳必须要了解建康，反之亦然。老一辈的学者在各自的研究领域已关注到这个问题，今日能与大家一起研究探讨更是难得的机会与缘分。南京地区的考古工作者与相关学者为此次会议提供了诸多田野考古与文献两方面的成果，构成了交流学习的基础，使大家能够从中汲取营养，获得新材料。

三

会议主办方之一南京市考古研究院副院长龚巨平先生在发言中感谢钱老师对于南京六

朝考古工作的关心与指导，同时表示建康与洛阳历史联系密切，洛阳地区的城市考古工作是南京地区考古人学习的典范，值得深入考察借鉴。他表示此次与会是一种幸运，南京六朝考古已经做了大量工作，在如此深厚学术基础与材料积累的情况下，能得到众多专家学者的支持，将使得未来六朝建康城市考古工作更进一步。

四

南京大学历史学院考古文物系主任刘兴林先生指出，此次会议的规模显示出与会专家学者对于会议话题的兴趣。此次会议主题很有创意，将两座古城联系起来进行观察，将南京学者了解颇深的建康城市与汉晋以来具有特殊地理、政治形势的洛阳进行比较研究，使得南北方代表之间的交流互动更为清晰。刘兴林先生发言后，会议正式进入对话交流环节。

王志高老师首先就建康都城相关问题与钱国祥先生对话。王志高老师提出了自己个人对于建康城市发展分期的看法：第一时期为孙吴至东晋苏峻之乱；第二期为苏峻之乱后王彬主持都城建设至齐高帝建元二年（480）重新规划都城，建康城市格局经历了巨大改观；第三期为建元年间以后。王志高先生认为第二期值得特别关注，这一时期建康都城经过重新规划，从规制、规模到道路、城门名称等都与洛阳有着巨大相似之处。建康都城规划无疑参考了洛阳城市布局。而作为建康城重要组成部分之一的朱雀门，其渊源是否与洛阳有关？位于建康城国门与都城南部正门之间的朱雀门的性质到底为何？王老师就此提出第一个问题。第二个疑问来自诸多学者针对建康都城空间的不同复原，建康都城平面形状与北界长期众说纷纭。王老师认为，建康都城正门宣阳门与朱雀门之间的空间可能属于都城核心部分，当时规划在"周二十里十九步"的范围内，建康都城平面形状似乎类似后世都城（皇城）的"凸"字形。

钱国祥先生认为，朱雀门是四神、四方体系的产物，作为皇城正门存在，以唐代长安城最为典型，东汉洛阳城中的南、北宫宫门亦与四神体系相配合。东汉洛阳城情况十分特殊，城内存在南、北两宫，共有七个宫门。其宫门司马门的名称来自管理宫门的官职名，在《汉书·百官志》中有明确记载。在现今复原成果中将东汉洛阳城南宫南移，明确"南屯司马"官职管理南宫南门及平城门后，能够使得各个司马官职与宫披门一一对应，以往东汉洛阳城复原中存在的与文献有所偏差的问题得到了解决。钱先生指出，东汉洛阳南宫的南门没有明确记载为"朱雀门"。在汉魏洛阳城中，朱雀门被认为是北宫南门，相较于南宫东门称之为苍龙门，南宫北门为玄武门，明显与四神体系不吻合。这一现象的形成可能与南北宫修建时间及地位发生变化有关。与西汉皇太后长居长乐宫、皇帝居于未央宫的格局不同，东汉皇太后居南宫可能促使汉明帝修建北宫，使得北宫的正门变为朱雀门，也使后代宣阳门变为皇城正门。

钱国祥先生接着谈到了司马门的相关问题。东汉洛阳城南北宫门的"司马门"称呼，极大影响了南北朝时期宫门正门的名称，如建康城宫门正门即名"大司马门"。司马门之名出现于曹魏时期魏文帝新修洛阳宫以后。在曹操修建始殿之后，曹丕所修洛阳宫城北部，魏明帝所修昭阳殿、太极殿及总章观，这些建筑及规制大多与南朝建康城相对应，并可以与邺南城相参照。此时洛阳宫城的南门有司马、阊阖二门，司马门当是延续东汉北宫之朱雀司马门。司马门对应朝堂、阊阖门对应太极殿的规制至建康城仍被继承下来。

王志高老师提到，有不少学者认为，北魏迁都洛阳以后，北魏洛阳城城市格局有可能一度模仿了建康城，故想请教钱国祥先生：建康朱雀门的设置对于北魏是否产生影响。

钱国祥先生不认为北魏洛阳都城完全模仿了南朝建康城。北魏洛阳都城规划更多是参考了中原曹魏西晋以来的布局。经历西晋末年的长期战乱，虽然洛阳城曾经的地表建筑大量损毁，但基础仍然保存，后来者可以对其规制进行学习，北魏洛阳城中轴线及两侧建筑布局基本延续曹魏西晋的传统。同时北魏洛阳城也有学习南朝的方面，但更多体现在对于南朝都城地面建筑形式的模仿。迁洛之后的北魏皇帝并不熟悉汉晋以来从宫殿形式到衣冠服饰的一整套典章制度。出于对汉文化的尊崇，才有意识地向南朝学习。但自曹魏西晋以至北魏洛阳城，都不存在朱雀门。针对建康城宣阳门与朱雀门间以驰道沟通，两旁设置高等级建筑，及其与都城核心部分的关系，钱国祥先生结合汉魏洛阳城中的"二朝"规制做了说明。文献记载东汉洛阳城南宫东门有苍龙门，北宫正门朱雀门外有大阙，三公府（太尉、司徒、司空）布置于苍龙门大阙外，这说明东汉时期的外朝在东门之外，其后随着皇帝迁居至北宫，位于北宫之东的尚书省地位提高，并被曹魏之后包括东晋南朝在内时代所延续。

南京大学历史学院考古文物系的张学锋先生认为，杨宽、宿白等老一辈学者强调汉文化的正统所在，认为建康城市规划极大影响了北魏洛阳城，这一观点导致之后的研究产生了某些偏误，直至近些年的著作表述依然如故，多援引《南齐书》卷五七《魏虏传》所记北魏孝文帝派遣蒋少游至建康考察宫殿之事，以说明北朝都城有意模仿建康，但现今汉魏洛阳城的考古发现对这一历史观多少有所动摇。作为魏晋洛阳城的翻版，苏峻之乱后重新规划建造的建康城其平面布局在当时不会有太大改变，但在之后的使用时间里，南北双方的都城当按照各自的需要发生一定变化。咸和五年建康城规划的主持者王导，实际规划人王彬都有在洛阳城长期生活的经历，这一时期对于建康城的规划当是模仿洛阳为主。建康城对于北方中原都城产生影响发生在隋唐统一以后，更多发生在制度层面。隋炀帝在灭亡陈朝后至毁灭建康城之间的三个月间在建康城处理善后，建康城的规模很可能给他留下一定的印象，且被带进此后东都洛阳的规划建设中，这在考古发现中亦能得到印证。故建康一开始模仿洛阳，300年后影响新的洛阳，是两座城市关系总的线索。张学锋先生还援引日本平城京的例子认为，朱雀门作为宫城门或皇城门还是郭城门并无一定规律可循，朱雀门的设立可能与都城城门设置的一般原则不同，其渊源来自朱雀桁（大桁）。

钱国祥先生比较认同张先生有关朱雀门渊源的观点，并将其和汉魏洛阳城进行了比较。洛阳城亦有与朱雀桁相似性质的洛水浮桥，文献中虽并未明确记载此桥周边有门存在，但桥两端共安放四座华表，以作为出口或是重要界域的标志。汉魏时期经过华表即进入"国"的范围之内，这与朱雀桁的功能和性质有很多相似的地方。而位于朱雀桁的朱雀门作为南朝的独特创造，又将太庙太社等高等级礼制建筑安置于朱雀门北，可以与洛阳城将同类建筑安排于宣阳门北做比较，能看出建康朱雀门与魏晋洛阳城宣阳门的对应关系。北魏洛阳城修建的外郭城，与东晋以后建康都城都采用"二十里"见方的规制，可能是北方受南方影响造成的。

同样来自南京大学的吴桂兵先生提出应该对南京六朝考古的发现与研究做一些冷静的反思，这种反思在南京城市考古爆发式发现的大背景下尤为必要。在考古工作中应该注重考古材料获取的完整性。考古材料的获得不仅要更加科学规范，同时也要注意与材料相关联的遗迹、遗物，在综合的考古学背景下审视所获得的考古材料。另外，对于考古学研究中文献的使用应更加客观。考古研究包括遗物、遗存、遗址、区域系统等多层次、多维度，但在当前的一些考古发现与研究中，对于对象的关注还停留在遗物阶段，没有以系统的考古学思维来公布、研究材料，导致材料信息的缺失，给后续的研究工作造成很大的困扰。他随后谈到了文献利用的问题。考古研究提倡有一份材料说一份话，在利用文献时应秉持审慎的态度。在现实考古研究中，存在着有意识利用文献的做法，对某些文献证据避而不谈，这一现象值得历史时期考古研究者思考。他最后鼓励考古研究者关注前沿难点问题，希望通过此次会议以及考古工作者的不懈反思与努力，为六朝考古研究创造一个更加美好的起点与未来。

以视频连线形式参与本次会议的南京大学文化与自然遗产研究所所长贺云翱先生，讨论了洛阳与建康关系在各个时期的变化，为我们勾勒了两地互动交流的宏观图景。贺先生认为建康、洛阳关系的第一个时期为三国时代。曹魏都城洛阳与孙吴都城建业在文化上存在同源关系，都继承了二里头文化以来直至东汉洛阳作为文明中心的遗产，当时还处于草创期。但必须注意到这一时期建康、洛阳两座城市地处不同的地理环境中，各自发展出不同的城市模式。曹魏洛阳城在继承东汉时期城市格局与建筑风格的同时，使用了独特的建筑材料。孙吴也在继承东汉遗产的同时复兴了长江中下游的地域文明，还建构出一定的特色，如建业城市中轴线的走向、瓦当、瓷业、丧葬制度、宗教习俗等，体现了对于东汉遗产一定程度上的扬弃。洛阳与建康关系的第二个时期为东晋时期，突出表现为文明中心的南移。在洛阳地区积淀两千年的文明东移至南京，促成了南北文化的融合与南朝建康城的形成。建康城一方面继承孙吴的遗泽，同时吸收了洛阳晋文化的精华，表现为太极殿与台城制度、都城道路与门名以及陵墓丧葬制度等。这一时期的建康文化可以视为洛阳文化的组成部分，成为晋文明的延续，获得了周边政权的承认。在继承中，东晋建康城又有所创新，瓷器、瓦当类型与工艺都发生了变化。第三个时期为刘宋至萧齐时。萧齐作为南朝文化发展形成的重要时期，在都城建设、建筑材料、陵墓制度、艺术、宗教等各方面取得了创新性成果，促成了后世萧梁南朝文化高峰期的出现。第四个时期为建康、洛阳南北双雄并峙的时期，处于南方萧梁朝代与北魏孝文帝迁都洛阳的四十年间，形成了南北两朝两个文明高峰。梁代的建筑材料、佛教造像、钱币生产、陵墓制度等各方面均卓有成就。孝文帝迁都洛阳至东魏天平元年（534）迁都邺城，东魏元象元年（538）东西魏大战于河桥，再次对洛阳造成严重破坏。北魏洛阳城继承西晋空间格局所创新的里坊制、三重城郭、佛教建设影响深远。这一时期文化交流频繁，梁代发现了洛阳风格的瓦当，洛阳龙门石窟可以看到南朝化的现象。大统一的萌芽在交流中孕育，北朝在学习南方青瓷后发展出白瓷体系，南北方在海上与陆上两条丝绸之路上实现了中华文化的传播，为未来南北统一打下了基础。第五个时期为陈朝，这一时期建康出现衰退的迹象。建康都城风貌、瓷业系统及陵墓文化都衰退了。洛阳在这一时期更为凋敝，北齐河清三年（564）北周北齐洛阳之战中，北齐仅凭借金墉城据守。洛阳在隋朝初年更为衰败，建康亦在隋灭陈后破坏严重。贺老师认为对建康与洛阳都城地位、文化继承与发扬、双雄并峙时期的文化交流等都可以进行深入研究。

南京大学的周学鹰先生从自身古建筑研究的学术背景出发，围绕会议主题谈了一些感受。他首先表达了对于会议地点所在地，即历史上的南捕厅地区的特殊情感。在城市开发进程中，这一区域许多古代建筑在诸多学者的推动下得以保存，但仍有不少遗珍消失了，令人感叹坚持历史文化遗产保护理想的不易。周老师受业于最早提出建康宫城位于今南京大行宫地区的老一辈学者郭湖生先生，对老先生为城市史研究矢志不渝的情结深有体会。从古建筑考古角度，他提出应该注意城市平面形状与城市功能之间的相互作用，在文化寓意之外，古代城市方形平面格局有利于土地最大利用率的实现，而不同形状的宫城除了在土地、交通的利用上有不同表现，还需要考虑安全因素。在建康都城建筑复原时，应考虑到这一时期西晋洛阳城的巨大影响，为表现文化正统性所建设的官式建筑与当地固有、保存至今的民居建筑可能存在很大区别，须加以区分。另外，各个时期社会经济状况也会作用于建筑形制。汉代相当活跃的社会经济造就了百花齐放的建筑造型与工艺，斗拱造型千变万化，至六朝时期，斗拱造型呈现成熟化、模式化的趋向，可能与当时被迫采取标准化建筑构件生产工艺有关。这些关键点有必要在今后的建筑考古与复原工作中加以注意，促进建筑考古与考古研究的结合，以丰富考古材料的内涵。

来自山东大学的高继习先生，结合山东地区与洛阳及建康两城市的关系以及自己的研究方向进行了发言。他提出山东地区考古学文化因素受南北都城影响很大，在当地考古工作中参照"长安模式""洛阳模式"作比较成为一种习惯的方法。山东地区在刘宋与北魏长期对峙与战争过程中，南北方文化交错，留下大量文献记载，墓葬形制也可以与建康地区进行比较。南方文化对北方的影响可以在山东地区找到一些踪迹，包括青州造像与南方的联系等都值得进一步探讨。他认为中古时期建康城作为中心文化向周边辐射，某些洛阳因素可能经由建康地区改造传至山东。他进一步谈及自身感兴趣的佛教考古内容。中国最早的仿横穴式地宫为麟德元年（664）建成的法门寺地宫，对于中国北方舍利地宫形式产生很大影响，但在江南地区至今未发现横穴式地宫的例子。到底是何种因素造成南北方舍利地宫形制的分野，今南京地区在其中扮演怎样的角色，需要我们进行更深入的思考。

龚巨平先生接下来就南京市考古研究院正积极开展的西营村南朝佛寺遗址发掘工作遇到的一些问题求教于钱国祥先生。他提出目前所见西营村南朝佛寺遗址中的建筑基址"地宫"遗迹，与此前所见北朝时期佛塔地宫结构存在一定的差异，舍利函瘗埋方式也有区别，想请钱国祥先生就此问题做进一步解读。

钱国祥先生说中原地区北朝佛塔地宫结构与建康之间有相似的地方，又存在差异。差异产生的原因可能与地势及气候有关。南朝、新罗及日本所在区域由于地下水位较浅，多为砂石地基，与中原在深厚黄土中所筑基础有区别。故北魏洛阳城永宁寺地宫可称为竖穴式地宫，深入地下；西营村则表现为横穴式，以台阶连通地下石函。西营村建筑基址"地宫"遗迹建造过程相对清晰，即构筑基础后挖掘横穴式坑，再埋设石函，埋设同时还伴随举行仪式（可以与文献中洛阳永宁寺奠基仪式的记载相对应），石函中放置舍利后整体封护。新罗皇龙寺遗址地宫以宽达十米的巨石覆盖于石函之上的做法，可能也与地基处理方式及背后的气候地理因素有关。

来自南京市考古研究院的王宏先生在接下来的对话中，就建康城市布局与中轴线问题求教于与会专家。他提出六朝建康城经历了多宫城制向单一宫城制的演变，在持续多年的建康城市考古中，似乎逐步揭示了孙吴时期苑城、昭明宫及城北渠的大致重合关系，甚至和后来的建康宫城有重合的可能。这种传承关系还体现在城市中轴线上，2003～2006年，在南京图书馆新馆与大行宫新世纪广场考古发掘中发现的相互叠压的道路遗迹，一度被认为是建康城中轴线，王宏先生提出此中轴线的存在是否有上溯到孙吴时期的可能。

王志高先生补充交代这一道路在台城内部，与建康城中轴线关系较小，他认为孙吴时期建业城中轴线当不止一条，包括太初宫、昭明宫、苑城与朱雀门相联系的道路肯定不是重叠关系。昭明宫与苑城并非重叠关系，昭明宫当位于苑城外围。孙吴时期建业城中轴线可能有所转移，从早期朱雀门至太初宫之间，到孙皓时期昭明宫南门至朱雀门之间的变化值得进一步研究。东晋苏峻之乱后所规划的中轴线为台城正门大司马门至都城宣阳门再到朱雀门，同时阊阖门外的南驰道也可能与中轴线有一定关系。钱国祥先生以汉魏洛阳城中轴线的分布情况进行了补充。汉魏洛阳城中存在司马门至朝堂与阊阖门至太极殿两道中轴线并列，曹魏西晋洛阳城铜驼街中轴线也存在一定的偏移。张学锋先生从文献材料出发对建康都城中轴线与宫城的继承关系做了介绍。孙吴时期太初宫虽然规模较小，但南门外仍有一条向南通往朱雀桁或竹格桁的直路，《建康实录》所记载的"古御道"或"西御道"具体所指值得讨论。此时期禁苑（苑城）规模宏大，太初宫和孙皓时期于禁苑西南截取一部分所建的昭明宫规模都较小，两宫东西并列，从苑城南门向南延伸的格局雏形开始形成。后世把苑城整体改建为宫城，苑城南门变为大司马门，形成了新的中轴线。南朝刘宋孝武帝修直道后，原先所修道路可能均有保存，但中轴线只存在一条。至唐朝随着皇城的营建，单一中轴线形成。可见单一宫城制与中轴线的关系在不同时期有不同表现。

接下来，来自南京市考古研究院的陈大海先生结合近年考古发现，就建康城的城市布局做出了自己的分析。他首先指出，南京是一个历代叠压型的城市，因此对建康城的发掘只能是"见缝插针"式的，这也导致了相关资料的碎片化和迟滞性，使得相关研究进展较为缓慢。但他同时指出，就目前所掌握的资料上看，建康城在礼制上整体继承了汉晋洛阳城的规范，这在王志高教授和张学锋教授的相关研究中也有所体现。至于建康城的整体格局，陈大海先生认为其四至范围和功能区早在孙吴时期就已通过水系固定下来，其北界为潮沟，东界为青溪（东渠），西界为运渎，南界为秦淮河（朱雀门）。此外，近年的考古发现表明建康城内的"路"和"沟"是相互结合的，有"路"必有"沟"，据此他提出建康城内的水系就相当于北方的路网结构，只要掌握了这些水系，就可以在此基础上建立建康城的坐标系。最后，他也就朱雀门问题进行讨论，认为朱雀门性质确实值得推敲。

钱国祥先生指出，朱雀门的设置跟"天子五门"密切有关，很可能是"五门"之一。至于朱雀门周围有无城墙这一问题，王志高先生指出，前辈学者多认为朱雀门周围没有城墙，但他近年有了新的认识，怀疑朱雀门两侧可能有墙，但目前仅是从文献中得出的推断，还没有发现关键性的考古依据，因此他希望这一问题能在新一代的一线考古学者手中得到解决。此外，张学锋先生亦对朱雀门的性质提出了不同意见。他指出朱雀门之名源自朱雀桁，其位于秦淮之滨，有秦淮河作为天然屏障，无须单独筑墙，故朱雀门的真实性质应是用以收税的税门。

来自洛阳的著名碑刻研究学者赵振华先生通过微信通话参与了此次论坛。赵先生认为，东晋南朝是西晋的士大夫们"衣冠南渡"而建立的政权，自然继承了中原的文化和礼制，所以在城市布局、墓葬形制和出土文物上都与东汉、西晋有着明显的传承关系。接着，他从墓志、买地券和石刻艺术三个角度入手，对其观点进行了论证。首先从墓志上看，南京出土的谢鲲墓志上称其为"假葬建康"，旧墓在今河南荥阳，可见当时的士族还是希望归葬中原。同时，其书法风格也与洛阳地区墓志相近，可见两者间应为传承关系。再从买地券上看，东汉时期的买地券虽少，但形制多样，且多出土于洛阳附近的中原地区。南京地区的买地券则主要出自东吴以后，因此买地券也是东汉后期由洛阳传至建康的一种丧葬文化。在石刻艺术方面，南京六朝石刻中的有翼神兽形象在洛阳周边亦有发现，如洛阳曾多次出土东汉时期的天禄、辟邪等石刻，亦有北魏时期的有翼石狮存世，南阳东汉宗资的辟邪也常被相关学者视作南京地区同类文物的母本。此外，南京萧景墓神道石柱与洛阳韩寿墓表的形制也十分相似，不同处在于萧景石柱上的纹路为圆柱形凹槽，韩寿墓表则为圆柱形凸棱。最后，赵振华先生指出，建康和洛阳两京之间的历史文化比较是一个非常重要的话题，希望相关研究在日后能有新的突破。

随后，来自南京师范大学的刘可维先生发言讨论了建康城的研究现状。他指出，建康城的第一代研究者至今仍活跃在学术舞台上，并不断提出新的创见，反观年轻一代的学者却鲜少能听见他们的声音，似乎在学术传承上存在一定的缺环。但洛阳的情况则不同，当地常设有多支专攻城市考古的队伍，故而有着完备的传承体系，能将历代考古工作者的学术成果稳定地传承下去。因此，刘可维先生希望南京的考古也能建立相应的机制，以将建康城的研究传承下去。

接着，来自南京市文化遗产保护研究所的邵磊先生就南北方石窟寺问题发表了自己的见解。他首先介绍自己曾于20世纪90年代末对栖霞山千佛岩石窟做过专题调查，其时学界主流观点均认为南方的佛教艺术对北方佛教产生了很深刻的影响，而千佛岩的佛教造像确与龙门石窟中的北魏造像十分神似，故主流学者亦以此为龙门石窟受栖霞山石窟影响的有力证据。但邵磊先生通过实地调查和梳理文献，得出了与主流观点完全不同的结论，即栖霞山石窟的营建受到了北魏龙门石窟的影响。他指出，据文献记载，梁武帝天监十年（511），临川郡王萧宏曾对栖霞山千佛岩石窟进行过一次大规模修缮。他根据文献推测，此次修缮不仅是对千佛岩的简单重装，可能还涉及结合当时新风尚的一些改制，而这些改制很可能就受到了龙门石窟的影响。此外，千佛岩石窟与龙门石窟规模相差过大，邵老师认为其尚不足以对龙门石窟产生剧烈的影响。

之后，来自南京博物院的马永强先生分享了下邳城遗址近年的发掘成果。他首先指出，据文献记载，东汉和西晋时期下邳地区曾是下邳国的封地，东晋南朝时期的北府兵也起源于下邳。此外，2015年发现的煎药庙西晋墓地亦位于下邳古城的范围内，这些资料都证明下邳城在东汉魏晋时期有着很重要的地位。从近年的勘探和试掘情况来看，下邳城遗址可分为一个大城和一个小城，其中小城位于大城西南角上，它们之间有着互相打破的关系。马永强先生指出，根据考古材料来看，大城的年代应为汉代，小城的年代则从魏晋延续到明清。同时大城和小城之间的地块也没有发现除汉代外其他时期的地层，故下邳城的城市发展应该是由大而小的。通常来说，一个城址的发展在规模上应该是越来越大的，但下邳城的发展情况却截然不同。对此，他给出自己的看法。他认为，下邳城规模的演变应该与其政治地位的变化密切相关。下邳城最早是指西汉初期楚王韩信治下的下邳，而后又改为徐州刺史部的治所，东汉和西晋时期则为下邳国，但到了西晋以后，下邳地区逐渐分为多个县，划归各个行政区域分属，下邳城的规模自然也就随之缩小了。

最后，来自南京师范大学的李天石先生对此次论坛做了总结。他首先感谢与会的各位学者，并高度评价了此次论坛，认为大家提出了许多值得思考的新观点，再次拓宽了建康城研究的思路。他说，中古时期的建康、洛阳两个城市之间的关系是非常值得深入探讨的，但两地学者以前多是各自为战，相互间缺乏交流，此次会议则提供了一个对话平台，使得两地学者第一次坐在一起，就相关问题互相讨论，并提出不同的见解，共同促进学术发展。李先生特别指出，这次会议中关于两地文化互相影响借鉴的问题涌现了诸多不同观点，新、老两代学者都在同一层面上进行讨论，大大加深了对许多问题的认识，这体现了一种学术的平等，这是一个良好的开端。他同时也指出，此次会议时间有限，很多问题还停留在讨论阶段，需要继续积累才能得出令人信服的结论。因此，他提议，以后要定期举办这样的专题会议，为两地学者提供更多的交流机会。

整理者：赵五正、马健涛

"薛城遗址发掘与宁镇地区早期文明"
论坛纪要

　　2021年12月9～11日，由南京师范大学、南京市考古研究院和高淳区文旅局联合举办的"薛城遗址发掘与宁镇地区早期文明"论坛在南京高淳召开。南京师范大学党委书记王成斌，校党委常委、宣传部部长崔欣伟，南京市文旅局副局长颜一平，高淳区委常委、宣传部部长杨勇，高淳区副区长洪伟等领导出席论坛。校相关职能部门负责人、社会发展学院主要领导等参加了论坛。来自中国社会科学院考古研究所、安徽省文物考古研究所、南京博物院、南京市考古研究院、南京大学、浙江大学、安徽大学及南京师范大学等单位的专家学者应邀参加论坛。

　　薛城遗址位于南京市高淳区淳溪街道，是1997年发现的新石器时代遗址，距今5500至6300年，是南京地区已知面积最大、年代最早的史前文化遗址，被国务院核定公布为第七批全国重点文物保护单位。2021年7月，南京师范大学在薛城遗址建立考古教学实习基地。9月，经国家文物局批准，联合南京市考古研究院、高淳区文化和旅游局启动了薛城遗址考古发掘工作。经过近3个月的发掘，目前发现新石器时代墓葬60余座、蚬壳堆塑遗迹1处、红烧土遗迹1处、新石器时代灰坑20余座，出土陶器、玉石器和骨器100余件。此次考古发现对于研究宁镇地区新石器时代生态环境、生业经济、墓葬习俗、贫富分化、社会复杂化等具有重要学术意义。

　　论坛分为两部分。上午，与会人员参观了薛城遗址发掘工地、南师大考古教学实习基地。文博系主任王志高教授介绍了薛城遗址1997年的发掘及考古教学实习基地的建设情况。考古现场负责人徐峰教授带领与会人员参观了2021年考古工作的A、B两个发掘区及文物库房。其中，A区位于遗址东北侧海拔较高的台地上，发掘面积为100平方米，揭露了相当于崧泽文化时期的墓葬区。墓葬内出土较多的陶器和玉石器，另有一处用蚬壳堆塑起来的"龙形"遗迹，是本次发掘的亮点；B区位于遗址的西南侧，发掘面积为50平方米，发现较多的柱洞和灰坑，出土有石镞、石锛等石器及纺轮等陶器。这些遗迹遗物为探索当时的生产生活提供了重要线索。参观过程中，现场的专家、领导对考古教学实习基地的建设情况给予充分肯定，并提出了进一步推进建设的指导意见。

下午，与会人员就"薛城遗址的发掘"与"宁镇地区早期文明"两大主题开展学术探讨。论坛由王志高教授主持。南京市文旅局党委委员、副局长颜一平，高淳区委常委、宣传部部长杨勇，南京师范大学社会发展学院院长王剑教授分别致辞。

颜一平副局长表示，南京市文物考古系统要学习领会习近平总书记系列讲话精神，依托区域优势，探索完善"南京模式"。薛城遗址是宁镇地区年代较早、文化遗存丰富的一处新石器时代文化遗址。本次联合发掘已取得可喜的成绩，尤其是龙形蚬壳堆塑遗迹，不仅是重要的田野考古发现，更是后续"透物见人"的绝佳研究材料。院、校、地方三方联动打造的综合性考古平台，也是南京考古人在新时期建设中国特色、中国风格、中国气派的考古学的一次成功尝试。

杨勇部长指出，薛城遗址是全国重点文物保护单位，它的发现填补了长江下游南岸西段苏浙皖交汇地带史前考古的空白。本次主动性发掘发现了更为丰富的遗物和遗迹，对探讨高淳古人类生存环境、生业经济、人种类型等学术问题极有裨益，进一步完善了史前文化区系，对高淳区大遗址保护也提供了必要的考古学依据。

王剑院长就本次发掘及南师大考古学科建设情况做了介绍。薛城遗址是南师大文博系重点建设的考古教学实习基地，是本科实践教学的重要组成部分，在近期的发掘中也取得了较好的成果，展现了实事求是、艰苦奋斗、严谨认真、活跃思想的考古精神，并期待在接下来的考古工作中完善高淳地区独特的文化类型。学院将会一如既往地支持考古学科的发展。

论坛的第二项议程，首先由本次薛城遗址发掘的现场负责人徐峰教授详细汇报发掘情况。

论坛的第三项议程，是与会专家对薛城遗址的发掘及宁镇地区早期文明发展进行学术交流。经过探讨，与会专家一致认为，本次发掘流程规范、组织科学、工作严谨，并取得了较好成果，对探讨宁镇地区早期文明发展、社会复杂化进程具有重大意义。

江苏省考古研究所原所长张敏研究员尤其关注堆塑遗迹，认为其形似鳄鱼，栩栩如生，而鳄鱼即龙的初形和原形，故评价其为"江南第一龙"。安徽大学历史学院的吴卫红教授同样认为，堆塑遗迹的发现材料详细、客观，是具有可信度的，后续应勤于观察记录，保持完整形象，进行原生态保护。中国社会科学院考古研究所的李新伟研究员也赞同堆塑遗迹的"龙"形象，指出其鳄鱼的造型，与其西侧的猪狗坑，共同构成了一种文化表达，与濮阳西水坡的龙虎图案相似，并将薛城遗址与良渚遗址进行对比，认为宁镇地区不仅是文化交流的通道，同时也孕育了新的文化。南京师范大学文博系裴安平教授从年代、质地、尺寸、位置、演变序列五个方面肯定了龙形堆塑遗迹是史前重要堆塑的学术地位，并指出其建于遗址最高处的祭坛之上，为研究"龙形遗迹"的发展提供了重要材料，是"中国龙"个性化的一种表达。

同时，专家们也表示本次发掘对于研究宁镇地区聚落考古、早期文明化进程同样重要。浙江大学艺术与考古学院林留根教授充分肯定发掘工作科学规范，认为此次发掘打开了宁镇地区新石器时代考古的新局面，遗址所属年代处于该地区文明化进程的关键时期，本次工作有利于推动区域考古和江苏地区文明探源。南京博物院谷建祥研究员对比了他早年主持发掘的高淳朝墩头遗址，提出史前宁镇地区属于"旋涡地带"，同一时期具有多种文化面貌，薛城遗址可作为该地区考古学文化序列的重要补充。安徽省文物考古研究所所长叶润清研究员，高度评价了薛城遗址发掘的考古学意义，指出其是姑溪河—石臼湖流域相当于马家浜—崧泽文化时期的一处高等级大型聚落，其文化面貌与江淮、中原、环太湖、海岱地区均有联系，体现了中华文明交流互动、融合发展的趋势。南京博物院田名利研究员，肯定了本次"校地结合"、多学科融合的考古发掘模式，已揭露的两期墓葬基本构成了薛城文化类型的完整序列，具有鲜明的文化特征，后面还需要长期地开展工作，并提醒考古队员注意埋藏人骨的口部是否有口琀。南京市考古研究院副院长龚巨平研究员表示，薛城遗址的发掘对研究江苏区域文明具有重要意义，考古工作者要利用好考古材料，讲好江苏故事。最后，高淳区文物保管所原所长濮阳康京先生向大家介绍了薛城遗址的发现及发掘经过，并表示考古工作要结合实际，后续要最大化地发挥遗址的社会效益，建设好遗址博物馆。

在认真听取与会专家的学术交流研讨后，南京师范大学党委书记王成斌指出，考古工作是展示和构建中华民族历史、中华文明瑰宝的重要工作。我们要深入贯彻落实习近平总书记在中央政治局第二十三次集体学习时的重要讲话精神，高度重视考古工作，努力建设中国特色、中国风格、中国气派的考古学，为弘扬中华优秀传统文化、增强文化自信提供坚强支撑。高校是考古专业人才培养的重要阵地。近年来，南师大考古学科创新人才培养模式、强化实践教学、开展社会服务，向全国考古与文博行业输送了大量优秀专业人才。学院要以申报全国一流本科专业为契机，进一步加强考古学科建设，努力培养一流人才、产出一流成果。要以推进薛城遗址考古教学实习基地建设为抓手，着力提升学科社会服务能力，多方争取资源和支持，助推学院事业高质量发展。

最后，与会专家和领导合影留念，"薛城遗址发掘与宁镇地区早期文明"论坛顺利结束。

整理者：赵子莉、张新泽

探前年古邑之源，赏六朝遗秀之风

——"溧阳地域文明探源"论坛暨六朝考古学术工作坊（第四期）

2021年12月25～27日，由溧阳市文旅局与南京师范大学社会发展学院联合主办，溧阳市博物馆和南京师范大学六朝考古研究所（筹）联合承办的"溧阳地域文明探源"论坛暨六朝考古学术工作坊（第四期）在溧阳市万豪酒店隆重开幕。来自中国人民大学、云南大学、深圳大学、南京师范大学、北京联合大学、南京博物院、贵州省博物馆、南京市考古研究院、镇江博物馆、常州市考古研究所、连云港市重点文物保护研究所、南京市溧水区政协、溧阳市文联、宜兴市文物管理委员会、溧阳市博物馆、溧水区博物馆、高淳区博物馆等单位的近50名专家学者受邀与会。本次论坛以线上、线下相结合的方式举行，分为开幕式、主旨演讲、分组讨论、会议总结、学术考察等环节，深入探讨、交流了与溧阳地域文明探源及六朝考古相关的新发现、新成果。

论坛开幕式由溧阳市文旅局局长张雅萍女士主持，溧阳市委常委、副市长张顺先生首先致欢迎词。他充分肯定了近年来溧阳市文物考古事业取得的积极进展，鼓励溧阳文博工作者抓住机会，提升能力，并对在座专家学者的支持和指导表示感谢。

随后，南京师范大学社会发展学院党委书记罗秀山先生致辞。他表示，考古事业是时代发展的需要，新时代如何更好地讲好中国故事，如何更好地把中国文明传播出去，是我们必须要深入研究探讨的。溧阳市委市政府大力支持举办此次论坛，说明溧阳对考古工作的重视。对此，他表示非常感谢，并希望能发挥南师考古的专业优势，共同为推动溧阳经济社会发展、溧阳文明探源做出有益的贡献。

之后，国务院学位委员会考古学科评议组成员、国家文物局专家组成员、中国人民大学博士生导师、中央民族大学特聘教授魏坚先生发表了讲话。他表示，本次论坛的举办是我们贯彻落实习近平总书记关于考古工作重要讲话精神和中央有关领导同志批示的实际行动，也是推动新时代区域考古高质量发展的重要战略举措。我们要充分认识区域考古的特殊性和重要性，深入推动不同区域早期文明和历史时期的考古学研究，为建设具有中国特色、中国风格、中国气派的考古学体系、学术体系和话语体系做出积极贡献。

最后，原江苏省文旅厅（省文物局）二级巡视员、中国文物学会文物安全专业委员会特聘专家殷连生先生发表讲话。他指出，高淳、溧水、溧阳本是一家，同属大溧阳。来自全国各地的专家学者齐聚溧阳，把文明探寻和地域文化研究相结合，这是非常有意义的事。这次论坛由地方和高校联合举办，优势互补，更接地气，希望南京师范大学和溧阳市博物馆进一步加强合作，以取得更多的成果。

主旨演讲

开幕式结束后，论坛进入主旨演讲阶段，由南京师范大学王志高教授主持，共有田名利、吴大林、高伟、史骏、傿正才、李天石（李恒全代）6位学者发表主旨演讲。

南京博物院田名利研究员演讲的主题是"溧阳地域文明之源——神墩遗址的发掘及其收获"。他根据文献中的记载，对溧阳地域文明的起源做了简要说明。之后，他回顾了2004年至2006年，江苏省考古研究所、常州市博物馆、溧阳市文管会对位于太湖西部的溧阳市社渚镇孔村神墩遗址进行的三次主动性科学发掘工作。他指出，神墩遗址的发掘为进一步确立太湖西部马家浜文化时期以平底釜为典型器的骆驼墩文化（类型）提供了坚实的基础，基本明确了太湖文化区和宁镇文化区的文化分界，为全面认识马家浜文化的分期、分区和类型提供了丰富的资料。神墩遗址是目前太湖流域最早的新石器时代文化遗存，把溧阳的历史推进到遥远的7000年前。此外，神墩遗址出土的大量陶器、石器、玉器、铜器和动物标本，对深入研究长江下游地区新石器时代及商周时期考古学文化的分布范围、面貌特征、交流传播和变迁过程等课题具有重要意义。

王志高教授高度评价了田名利先生的演讲，认为他所主持的神墩遗址的发掘工作，对开展溧阳地域文明探源研究具有开创性的意义，并对田老师的相关贡献表示了感谢。

其后，南京市溧水区政协的吴大林先生，以"东汉校官碑的是是非非"为题发表了主旨演讲。他指出，作为江苏省现存最早的三块石碑之一的东汉"校官之碑"，原保存在溧水县城 800 多年，现藏于南京博物院，无论从书法史角度，还是地方史角度，都极具重要性。清中叶之后，全国曾掀起一股发掘古代碑、碣、志的热潮，于"二王"和阁帖书法之外，人们通过"校官之碑"找到了新的创作源泉，方朔、杨守敬、康有为等对此碑书法成就都给予较高评价。更重要的是，无论是溧水、溧阳，还是南京，确切可知的汉代史料很少，校官碑的发现在一定程度上弥补了这一空缺。通过对它的研究，我们可以一窥东汉时期古溧阳地区的部分社会风貌。随后，吴大林先生对校官碑的具体发现时间做了一番考证。他指出，校官碑发现于绍兴十一年的观点是由元代的单禧提出的，但单禧因为大意，将"绍兴十三年"写成了"绍兴十一年"，因此校官碑实则还是发现于绍兴十三年。他还认为校官碑废置于塘边系误传，实际是立于溧水孔庙。校官碑的释文碑并非刻于碑阴。东汉校官碑和元代单禧的释文碑是两块碑，二者一直并立在溧水孔庙，现均保存在南京博物院。他还发现，校官碑出土时没有碑座，晚清之后人们才给校官碑加上碑座。又因此碑的重要性，其在流传过程中出现了一些翻刻本，研究者需仔细辨别。

王志高教授充分肯定校官碑作为"江苏第一碑"的学术价值，感谢吴大林先生的相关研究成果，特别是他对前人研究中错误的一一更正。他认为该碑真正见证了高淳、溧阳、溧水三地的渊源，在古溧阳历史研究中具有重要意义。

来自南京博物院的副研究员高伟先生，以"溧阳古县遗址的发掘与初步认识"为题发表了主旨演讲。首先，他介绍了溧阳古县遗址的发掘情况。溧阳古县遗址位于溧阳市天目湖镇古县村，考古发掘工作始于 2020 年 8 月。现已基本确认了古县城址的四至范围，揭露了城址内外的礼制性建筑、院落式建筑、道路、水井等重要遗迹，出土了大量的陶器、瓷器、砖瓦建筑构件等生产生活遗物，年代为孙吴至南朝时期，遗址即文献记载的六朝"永平""永世"县治。虽然发掘工作尚未结束，但从已经发现的文化遗存可粗略窥见古县遗址的兴衰过程。目前该遗址发现的最早遗存是春秋时期专门烧制印纹硬陶的窑址。孙吴时期，因地理位置与政治军事所需，在此筑城置县。东晋南朝时期，城址进一步建设发展，城外出现了规模较大的礼制建筑和院落遗址。唐宋时期，文化遗存减少，当与唐代初期废永世县关系密切。特别是宋代墓葬在北城墙区域的发现，进一步说明了宋代古县城的荒废状况。清代生活遗存与现代村落重合，墓葬区选择在居址西北部的高地上，其时社会面貌已与今日古县村大同小异。

王志高教授对高伟先生古县遗址发掘工作的细致、专业表示了肯定，继而强调了六朝城址发掘工作的重要性，并对会后古县遗址的实地学术考察表示了期待。

溧阳市博物馆馆长史骏先生，以"解码古中江——溧阳古遗址古墓葬考古新发现及初步认识"为题发表了主旨演讲。首先，他强调要从"古中江"来讨论溧阳的考古发现。古中江是以溧阳、溧水、高淳等地为核心的广义溧阳地域的母亲河，需要进一步深入研究古中江地区的文化遗存，以探讨该地区人与自然的关系，及其对早期社会的影响等问题。随后，他重点介绍了近年溧阳地区文物考古的重要发现，如上黄、竹箦、小梅岭采集的更新世中晚期哺乳动物化石，神墩、秦堂山、东滩头诸遗址的考古发掘收获，以及子午墩、蒋笪里春秋时期土墩墓，蒋笪里、青龙头汉代墓地，古县遗址，大山下唐代窑址的调查发掘新进展，等等。

王志高教授感谢史骏馆长对溧阳的历史、文物、考古发现如数家珍式的汇报，并高度肯定了史馆长在溧阳地域文明探源工作中做出的杰出贡献。

接着，来自深圳大学的偰正才教授以"溧阳城北沙涨村的来历——兼论高昌偰氏在溧阳的融合"为题发表了主旨演讲。他首先介绍了偰氏的来历，指出偰氏的迁移路线为由漠北至高昌，再入中土，最终定居溧阳。这个过程既承载了偰、普两氏的家族传承，也蕴含少数民族在中原迁徙、入籍、华化的变迁史。随后，偰老师论证了溧阳城北"沙涨"一名的来历。他认为，最早著录溧阳"沙涨"一名的文献，是元至正三年（1343）的《至正金陵新志》。其卷四《疆域志》中有"（溧阳州）永成乡：艮方里、沙涨里"的记载，并在"沙涨里"下注明"《乾道志》无'沙涨'"。由此可知"沙涨"一名，当是先作里名。至明弘治十一年（1498）纂修的《弘治溧阳县志》中，"沙涨"一名已大量出现，称沙涨浒或沙涨里。在溧阳，"沙涨"一词既为村名，又为地名。村名是指位于溧阳城北约十余里的沙涨村，地名则是指位于沙涨村西北三里许、面积二十余平方公里的一片湖滩水域，而"沙涨"真正建立村落是在元末明初之际。

王志高教授对偰先生关于高昌偰氏在溧阳的民族融合诸问题所做的研究表示了高度赞赏，认为这一个案对溧阳地方史乃至多元一体的中华民族大历史的研究具有重要意义。

最后，来自南京师范大学的李恒全教授，代表李天石教授以"今注本二十四史与今注本陈书"为题发表了主旨演讲。《今注本二十四史·陈书》，是中国社会科学出版社2020年11月出版的一部全4册、93万字的重要著作。李天石老师主持今注本《陈书》的校勘注释工作，并为此做出了很大努力。《今注本二十四史·陈书》校勘注释工作的重点分为两个方面：一方面对《陈书》的正文进行标点，并以各种底本进行校勘；另一方面是围绕"学术性""规范性""普及性"三点原则，汇集诸家校勘研究成果，结合出土墓志、考古材料，对今注本《陈书》展开校注，以准确而充分地反映研究现状，编纂出一部校勘精良，并富有学术特色的繁体横排注释本。

王志高教授随后对李恒全先生的主旨演讲表示了感谢，称赞了李天石教授在《今注本二十四史·陈书》编纂过程中所做出的贡献，并向因家事未能到场的李天石老师致以敬意。

第一会场

2021 年 12 月 26 日下午及 27 日上午，"溧阳地域文明探源"论坛暨六朝考古学术工作坊（第四期）在溧阳万豪酒店二楼会议室召开。由于与会学者较多，本次论坛下设第一、第二两个会场，进行为期两天的专题讨论。

专题讨论上

26 日下午，第一会场的专题讨论由中国人民大学魏坚教授主持，由南京博物院田名利研究员、南京师范大学王志高教授担任评议人。讨论以线上、线下相结合的方式举行，共有 7 位学者做了专题汇报。

一

来自南京师范大学的彭辉老师首先以"溧阳史前文化的发现与认识"为题进行了报告。报告伊始，他介绍了他和溧阳的特殊缘分。他说，自己大学毕业后第一年就被分配到溧阳神墩遗址进行考古发掘，后来又陆续参与了多个溧阳的考古项目，对溧阳地区的文化遗存比较熟悉。其后，他详细介绍了溧阳地区的史前遗址水母山古生物群、秦堂山遗址、东滩头遗址、神墩遗址、小梅岭玉矿地点等。

随后，彭辉老师分享了自己对溧阳史前文化的几点思考。第一，通过对溧阳的地理位置与山水形势、古生物和旧石器时期材料及太湖流域早期遗存的综合分析，他认为溧阳地区可能存在早于 7000 年的史前文化遗址。第二，溧阳地区马家浜时期诸遗址的发现具有重要意义，神墩、秦堂山、东滩头等史前遗址，延伸了骆驼墩文化的时空界限，补全了骆驼墩文化的区域版图，丰富了骆驼墩文化的考古学内涵。第三，通过对崧泽文化早期遗址的梳理，他发现太湖西部几乎不存在崧泽文化早期遗址。由此，他对骆驼墩文化突然消失的原因进行了重新思考。他认为，太湖西部骆驼墩文化晚期遗址的墓葬中普遍存在尸骨相藉、平地浅埋、仓促埋葬的现象，结合陈胜前《瘟疫的考古学思考》一文中的观点，他怀疑造成这种现象的原因很可能是某种瘟疫。太湖西部的马家浜文化晚期地层中常见厚达一米多的蚬壳层，根据发掘证实，这种蚬壳层是先民大量捕捞所致，可见蚬螺是这一时期该地区先民的主要食物之一。而现代医学证实，淡水螺与寄生虫病的发病率存在密切关系，今日太湖西部地区包括金坛、溧阳、丹阳等地仍存在爆发血吸虫病的隐患。此外，由于自然灾害造成的食谱改变、大量食余垃圾（如食用完毕的蚬螺等）在聚落附近的堆积等因素均加剧了疾病流行的风险。由此，他推测骆驼墩文化晚期太湖西部的一些遗址可能经历过一次区域性的瘟疫事件，最终造成了骆驼墩文化的消亡。

评议人田名利研究员高度评价了彭辉老师所做的工作。他指出，彭辉对溧阳地区的资料搜集非常齐全，对骆驼墩文化有着自己的独到见解与认识，这对以后的工作具有指导意义。他希望，今后溧阳的考古工作可以从三个方面继续努力：一是重点关注早于7000年的新石器时代文化；二是进一步丰富与总结骆驼墩文化的文化内涵；三是加深对马家浜文化向崧泽文化过渡阶段的认识。

评议人王志高教授对彭老师提出的尸骨相藉、平地浅埋、仓促埋葬的现象可能与瘟疫爆发有关这一观点很感兴趣。他结合南京薛城遗址的考古发现，指出此类现象在薛城遗址亦十分明显，但之前一直未能对其有一个合理的解释，而彭辉老师的报告则为此问题提供了一种新思路。

主持人魏坚教授也参与了讨论。他结合自身考古经历指出，早期遗存中人骨杂乱堆积的现象十分特殊，目前看来这一现象很可能是某种不可抗力导致的。因此，他认为，彭辉的推测具有相当大的合理性。此外，他建议用"骆驼墩类型"的概念来区分骆驼墩及相关遗址与典型马家浜文化遗址的差异性，从而更好地解决考古学文化缺失的问题。

二

接下来，来自溧阳市文联的邓超老师以"良渚瑰宝梅岭玉"为题，从梅岭玉的发现过程、意义、与良渚文化的关系三个方面做了报告。

首先，他介绍了他关注梅岭玉的缘起。他第一次看见梅岭玉是在北京故宫博物院，后来在参观台北故宫博物院时，在一件古玉琮前看到了"此玉产自江苏溧阳小梅岭"的标注。此外，在大英博物馆的一本图册上他也看到了"溧阳"二字。由此可知国际考古和史学界公认今江苏溧阳小梅岭是一个古老的玉石产地。接下来，他重点介绍了梅岭玉的发现过程。1984年江苏地矿局区调队在宜兴、溧阳地区找矿过程中，在溧阳南部小梅岭地区发现了一种速烧节能的陶瓷原料——透闪石岩，地质矿产部地质研究所闻广研究员指出可能有软玉存在。1989年，江苏地质矿产调查研究所钟华邦等对小梅岭透闪石体踏勘取样过程中，采获到软玉矿石，后经电子探针测试，得出该玉石的成分除钙镁透闪石外，还有钠透闪石，这与和田玉的成分不同。1992年，钟华邦将此石命名为"梅岭玉"，并撰写了《古玉产地之一——溧阳梅岭》一文，为解决长期以来困扰学术界的古玉器原料来源之谜提供了线索。邓老师进而引用南京博物院蒋素华、王少华、汪遵国等人的观点，指出良渚文化的玉料很可能即产自溧阳小梅岭。

接着，他对南京博物院藏大量良渚时期古玉多呈"象牙白""鸡骨白"的现象做出了解释。他赞同南京博物院万俐研究员的观点，认为良渚文化玉器雕琢工艺使用的是氟化物软玉法，其发白的原因也和氟化物有关。最后，他对梅岭玉原矿的保护利用和研究现状进行了反思。他说目前梅岭玉原矿破坏严重，亟待进一步的保护，希望相关单位给予关注，以求更好地保护这一溧阳瑰宝。

评议人田名利研究员指出，良渚文化玉器的真正矿源直到现在仍没有找到。他希望能对当地的玉矿遗迹做一些考古工作，以找到一些实证材料，如制玉的金刚砂等，从而更好地解决上述问题。

评议人王志高教授提醒，早期文献记载当中可能存在对梅岭玉开发利用的记载，特别是宋代之后地方志中可能存在与梅岭玉相关的线索。主持人魏坚教授则指出，多学科合作是时代趋势，用地质学方法研究玉器原料来源已不是难事，这个问题就可以通过将考古学与地质学结合起来探索。

三

随后，来自宜兴市文物管理委员会的黄兴南老师带来了题为"从文物遗存谈溧阳与宜兴的关系"的报告。

从2001年开始，宜兴和溧阳先后发掘了骆驼墩遗址、西溪遗址、神墩遗址等一批新石器时代遗址，发现了距今6000年到7000多年的以平底釜陶器、干栏式建筑、瓮棺葬、稻作农业为共同特征的太湖西部早期文明——骆驼墩文化。他说2022年是宜兴骆驼墩遗址考古成果发布20周年，宜兴政府有关部门正在采取行动，期待与溧阳方面一起深入开展太湖西部新石器遗址的考古与研究。随后，他介绍了六朝义兴郡的设立，这加深了宜溧两地的融合发展。他建议，两地的考古工作应该向这一方向倾斜，考古部门应该加强进一步合作。

接着，黄老师从溧阳、宜兴历史上都是重要的陶瓷产区出发，进一步论证了溧阳与宜兴之间的密切联系。他指出，溧阳、宜兴与德清、宣城、高淳共同组成了一个陶瓷产区。唐宋时期，溧阳、宜兴与浙江湖州、安徽宣城等地的陶瓷生产密切相关，三地因为太湖、中江、长江这一重要的水上交通要道的联系而产生广泛的交流与相互影响。陶瓷产品既有类同性，又有差异性。但宋代以后，溧阳不再生产陶瓷。他认为，究其原因有二：一是产瓷原料匮乏；二是宜兴、溧阳位于战争前线，社会动荡，不再具备发展手工业的环境。他还呼吁，今后可以多地联合，对溧阳、宜兴及周边地区的陶瓷遗存开展更加深入的考古调查。

最后，他介绍了宜兴现存与溧阳相关的石刻文物。据调查资料，宜兴目前尚保存有许多和溧阳历史或人物有关联的石刻文物，如史贞义女碑、狄家坟华表、史贻直恩荣坊等。在溧阳境内也存在与宜兴相关的文物遗迹，如卢象生墓、卢氏家族墓志等。

评议人王志高教授对报告中溧阳山南村汉窑出土的个别陶器标本的年代提出了怀疑。他指出，这种几何纹、钱纹釉陶器，在南京六朝建康城也有发现，其年代不能排除是六朝的可能性。评议人田名利研究员则提议，可以视情况对相关遗址进行再次发掘，以解决之前的疑难问题。

四

来自高淳区博物馆的葛鹏云老师带来了题为"高淳地区汉代墓葬的初步认识"的报告。

首先，他介绍了高淳与溧阳历史上的渊源。从秦汉孙吴到两晋南朝，今高淳之地在行政建置上主要隶属于溧阳县（含溧阳屯田都尉），其历史前后长达812年之久。接着，他梳理了高淳地区的汉代墓葬情况。该地汉墓具有以下几个特点。第一，墓葬形制分为砖石结构墓、砖室墓。第二，随葬品以陶器为主，有鼎、罐、瓶、壶、灶等。第三，墓葬的年代，主要为西汉晚期至东汉晚期，年代序列较为完整。第四，发现了规格较高的画像砖墓，出土的画像砖题材丰富，包括车骑仪仗、祥瑞异兽、历史典故等内容，多为浅浮雕雕刻。高淳汉代墓葬主要集中在固城镇，周围的汉墓数量多，规模普遍较大，结构比较复杂。根据考古发现，他认为，高淳的固城镇即是秦汉溧阳县治所在，东汉校官碑是固城作为两汉溧阳县治的关键证物。

评议人王志高教授肯定了葛鹏云老师的观点。他指出，东汉时期溧阳的政治、经济、文化中心位于高淳，而高淳的汉墓发现较多，是非常重要的考古资料。固城画像砖墓画像精美，墓葬等级较高，这些特征都彰显着墓主身份的特殊性。可惜，目前对这批墓葬墓主身份的研究还很薄弱，因此他建议未来可以朝着这个方向努力。

来自溧水区政协的吴大林老师补充到，目前江苏省内的汉画像砖墓只见于溧水、高淳两地，而溧阳与溧水、高淳汉时同属于古溧阳县，由此他推测，溧阳今后可能也会发现画像砖墓。魏坚教授则指出，多年来中国考古学界一直存在对汉墓重视程度不够的问题，导致汉代墓葬考古始终是一个薄弱环节，希望这种情况在以后的考古发掘能得到改善。

五

随后，来自溧水区博物馆的甘莉莉老师带来了题为"溧水仓口汉墓考古发掘的主要收获与初步认识"的报告。

首先，她介绍了本次考古发掘的背景。2008~2009年，南京溧水洪蓝镇仓口村与刘山岗村一带发生多次盗掘古墓事件。为保护文物，2009年8月至9月，南京市博物馆联合溧水县博物馆对仓口村与刘山岗村间的木头山汉墓群进行了抢救性发掘。发掘的10座汉墓，分属两个墓地，一号墓地3座，二号墓地7座，两处墓地相对独立、完整。随后，她分享了对这次发掘的认识。综合墓葬形制与出土器物分析，仓口木头山汉墓年代集中于西汉晚期到东汉早期。一号墓地中，三座墓葬特征一致，都属于西汉晚期。二号墓地中，多数墓葬属于西汉晚期，M5时代最晚，为东汉早期。M5的椁室底板呈横向，甬道两侧还出现青砖，这可能是木椁墓向砖室墓演变的一个迹象。

评议人王志高教授认为，高淳、溧水两地的汉墓除了固城周边外，最值得关注的就是仓口地区。随后，他与吴大林老师就溧阳县和古丹阳县的分界问题展开了热烈讨论。吴老师认为，古溧阳与古丹阳大致上以东庐山为界，而仓口在古代属于古丹阳县。他进一步指出，今石臼湖流域应属于古溧阳，秦淮河流域则属于古丹阳。

评议人田名利研究员指出，仓口地区发现的汉墓时代明确，出土遗物也较为丰富，且具有典型性，值得重点关注。他强调，汉墓的集中发现应该有着深层次的原因，相关问题还值得进一步探究。主持人魏坚教授则结合自身考古经历，认为这批墓葬的年代应是武帝之后，最晚到王莽时期。

六

接下来，来自溧阳市博物馆的曹昕运老师做了题为"溧阳地区石刻文物综述"的报告。溧阳地区的石刻文物因其年代早，价值高，而成为溧阳市博物馆富有特色的藏品类别。但迄今为止，尚未有系统整理石刻文物的文章发表。

首先，他以《（嘉庆）溧阳县志·碑帖》中的记载为线索，梳理了溧阳地区石刻文物的保存情况。他透露，根据第三次全国文物普查和历年的征集情况统计，溧阳现有各类石刻文物146件。接着，他对溧阳地区的重要石刻进行了介绍，并总结了该地区石刻文物的特点和价值。他认为，与常州其他地区相比，溧阳石刻有三个特点：第一，石刻年代早；第二，石刻类型多；第三，石料多为本地生产。最后，他从历史价值、社会价值、艺术价值三个方面出发，举例分析了溧阳石刻在社会发展进程中所起到的重要作用。例如，汉代的"校官之碑"是证明东汉溧阳县城所在地的铁证，其所记潘乾"构修学官，宗懿招德"是溧阳地区推行儒家思想的最早文字材料。此外，"贞义女碑"所载贞义女的生平事迹，也为流传于苏南一带的史贞女的传说提供了原型。《元教授林公殉节处》石刻反映了元代末年红巾军在溧阳的战争。南宋义井上的阴刻铭文"溧阳县西河吴/觉舍己财开义/井与众结缘"，是南宋溧阳县城繁荣的市场"青安草市"的遗物，反映了当时商品经济的发展。

评议人田名利研究员肯定了曹昕运老师在溧阳石刻资料搜集整理上所做的努力，并建议他将溧阳的石刻资料整理成文集出版。评议人王志高教授则对《景定建康志》记载的六朝时期溧阳碑刻表示关注，并就早期史氏家族是否都出自溧阳这一问题与史骏、邓超两位老师进行了探讨，气氛十分热烈。

七

最后，来自南京博物院的高杰老师发表了题为"北宋《溧阳潘中和墓志》释考"的报告。

他根据志文全面分析了墓主家世、生平及所涉人物。志主潘中和，其生平未见史籍。其子潘温甫，事迹见诸史乘。结合地方文献资料，可以确定潘温甫即潘温之，温甫为其字，温之为其名。随后，他通过对潘温之进士及第时间的分析，纠正了方志所记熙宁九年为"丁巳"的错误。接着，他探讨了潘温之之子潘绛。他根据《曲沃县志·祥异》中的一句注文："知县潘绛原按"，肯定了潘绛曾在绛州曲沃县当知县的事实，并认为此点可补正《曲沃县志》《绛县志》主要职官的缺省。此外，他根据墓志撰文者王安国所记"温甫从余游，好学为良"，对《（弘治）溧阳县志》载潘温之为王安石的学生一说表示怀疑。之后，他根据潘温之进士及第的时间，并结合相关文献记载，推知王安国在熙宁九年四月至十二月间仍在世，彻底否定了王安国卒年在熙宁七年的说法。最后，他高度评价该墓志的书法价值。他说蔡卞的传世墨迹仅存藏于台北故宫博物院的《致四兄相公尺牍》和《题唐玄宗鹡鸰颂》，石刻仅存《草娥碑》和《楞严经偈语碑》。此次发现的墓志是蔡卞19～20岁时书写，是目前发现的最早的蔡卞书迹，在书法史上具有相当重要的意义。

评议人王志高教授充分肯定了高杰老师的研究成果，并对墓主葬地的问题表示关切，期待这一问题可以在日后的研究得到彻底解决。邓超老师对高杰捐赠墓志拓片给溧阳市博物馆表示感谢，随后亦表达了对葬地问题的看法，认为今溧阳火车站附近的黄墅一带即是宋代福贤乡。曹昕运老师则根据文献记载认为，福贤乡应在今溧阳市东。

专题讨论下

12月27日上午，第一会场的专题讨论由王志高教授主持，由魏坚教授担任评议人。讨论以线上、线下相结合的方式举行，共有5位学者做了专题汇报。

一

首先，来自南京师范大学的陆帅老师带来了题为"青瓷的兴起与吴都建业"的报告。他在介绍研究的缘起后分析了青瓷与汉代器用传统的关系。他认为，青瓷出现的时间，最迟在东汉延熹七年，分布地域以会稽郡为中心。但其使用范围却不广泛，仅在会稽郡的山阴、上虞、余姚周边较多发现。而在吴都建业的前身——秣陵县及周边的东汉墓葬中，几乎没有发现青瓷器。结合《盐铁论》中对社会上层和平民百姓用器的记载，陆老师推测青瓷器在轻巧程度、艺术表现形式均有所不足，亦不具有价格优势，因而此时并不具备流行条件。此外，他认为东汉时期江南地区政治地位不高，经济不算发达，消费市场规模小亦是青瓷器没有广泛使用的原因之一。他认为，在孙吴政权建立后，建业作为政治、军事的中心聚集起了大量官僚、军人。这些人拥有极强的消费能力与愿望，刺激了庞大的消费市场，从而带动了青瓷的发展。随后，他进一步探讨了青瓷在孙吴建业流行的原因。他结合史料记载，认为孙吴时期制玉技术不发达且原料匮乏，而漆器也存在和玉器类似的情况，因此兼具实用与美观的青瓷器得以成为漆器和玉器的替代品，迅速进入人们的日常生活当中。之后，他以建安二十四年龙桃杖墓随葬的青瓷偏向实用器为例，证明当时青瓷已扮演着重要角色。最后，他根据釉下彩瓷器的出土情况，推测其使用应与宫廷需求和社会潮流有关。孙吴政权灭亡后，釉下彩瓷器趋于消失，但工艺相对简单的釉下点彩却逐渐流行，他认为这一过程正提供了六朝江南物质器用层面的精英文化与民间文化——即所谓"大传统"与"小传统"相互影响、融合的典型案例。

评议人魏坚教授首先就"政权对社会生产的干预与社会生产自身技术的进步及人类的需求相比，谁对物质文化的影响更大"这一问题，与陆帅老师展开了热烈讨论。他认为在已知史料的前提下，用考古类型学的方法去研究青瓷器所得出的结论可能更具有说服力。

评议人王志高教授做了补充。他解释说青瓷是漆器的替代品这一观点是当下的主流，但近几年通过思考，他对这个问题有了新的认识。他认为，孙吴时期墓葬中漆木器的减少只是表象，那是因为中型以上墓葬大多被盗，而漆木器又不宜保存，瓷器数量占比实际并没有那么高。他进而认为，瓷器真正取代漆器的时间应该在宋代。马健涛同学则结合自己的实习经历，也认为东汉魏晋墓葬中多有漆器的存在，但是漆器的保存状况很差，大多无法提取，由此导致了报告中某些关键信息的缺失。

二

来自贵州省博物馆的李二超老师发表了题为"贵州安顺天落湾村汉晋时期墓葬发掘收获"的报告。他从地理位置、历年考古工作、墓葬概况、重要发现、墓葬时代五个方面介绍了本次发掘收获。此次发掘共清理墓葬9座，虽大多被盗，但仍出土有瓷器、铁器、陶器等器物及少数饰品。按照建筑材料大致可分为砖室墓、石室墓、砖石合筑墓。墓葬一般由墓道、封门、甬道、墓室四部分构成，封土已被削平。墓葬总长6~10米，宽2~4米，深0.1~2米。根据出土器物判断，墓葬年代在三国至西晋时期，而瓷器的来源地当为合浦地区。此次考古发掘有三点重要发现：发现了几件来源明确的瓷器；发现了一处祭祀遗迹；发现了多个用途不明的圆形坑。本次考古发掘出土的瓷器证明贵州安顺地区存在一条通过广西合浦进行对外贸易的通道，充实了南方丝绸之路的交通网；而祭祀遗迹的发现为研究这一时期的丧葬风俗提供了新的线索。

评议人魏坚教授建议，可以根据已发表的考古资料，对贵州地区汉代墓葬进行专题研究，把墓葬的年代划分得更加细致，从而解决一些考古学上的问题。主持人王志高教授则对这批墓葬是否存在早晚关系与李二超展开讨论，并推测墓葬类型的不同可能与墓主身份有关。之后，来自南京师范大学的马健涛同学就宁谷地区汉晋遗址的年代下限、平铺顶石室墓与斜起券顶石室墓的年代等问题，和李二超老师进行了热烈讨论。

三

来自南京师范大学的马健涛同学发表了题为"贵州清镇、平坝地区六朝墓葬族属试探"的报告。

马健涛首先介绍了清镇、平坝地区六朝墓葬的发掘概况。20世纪50年代至今，贵州省考古工作者配合基建要求，在清镇、平坝地区发掘了大批古代墓葬，其中被判定为六朝时期的墓葬共有四十余座。他从该地区石室墓形制演变入手，结合文献记载和考古资料分析，对清镇、平坝地区六朝墓葬的族属进行分析。该地六朝墓可以分为竖穴土坑墓、砖石墓和石室墓三类，其中又以石室墓最多。通过类型学分析，他推测，随着时间的推移，该地石室墓的形制与汉式砖室墓的差异越发明显，并逐渐形成了自己的系统。这一现象与其所处的时代背景密切相关。再结合近年考古发现与民族志材料可知，在贵州部分少数民族中一直流行以石筑墓的传统，他进而认为，清镇、平坝地区石室墓形制的演变趋势可看作一个汉文化因素逐渐减少，少数民族文化因素逐渐累积的过程。而石室券顶墓应是汉移民与当地少数民族融合过程中的产物。此外，他还认为，部分清镇、平坝地区的石室墓中有一种类似"拾骨葬"的多人二次葬的现象，可能源于当地少数民族葬俗，或许受到了峡江地区"蛮人""左人"葬俗的影响。最后，他结合考古发现与文献记载，对这批六朝墓葬的族属进行了探讨，认为可能与两汉之交当地兴起的"牂牁谢氏"相关，很可能是以谢氏为代表的牂牁大姓族葬之所。

评议人魏坚教授肯定了马健涛同学所做的研究工作。他指出，报告的资料搜集非常丰富，切入点也恰到好处，是个不错的选题，但族群的认同是一件非常困难的事情，对"族"这一概念的界定仍存在一些问题，需要加强相关论据。此外，报告将研究对象与文献结合得有些过于深入，存在过度解读的风险。他强调，年轻学者不能把现有的考古材料和文献资料扣得过紧，以免过度解读。要切合实际地去分析问题，言之有据。

李二超老师认为,研究贵州六朝墓葬族属的问题,要与南中大姓的迁徙相结合,重点关注大姓的融合与变化过程。王志高老师对魏坚教授的观点表示十分赞同。他认为,族属的判定是一个非常复杂的问题,所以不要轻易使用族属的概念,可改用"族群"等较为宽泛的概念。

四

之后,来自南京师范大学的王志高老师带来了题为"东晋溧阳县迁治考"的报告。

首先,他介绍了研究的背景。2011年,他受高淳区政协委托,着手编纂《高淳历史文化大观》一书,开始关注文献中对溧阳县治变迁的记载,遂起意撰写该文。随后,他分析了文献记载的溧阳县治变迁情况。东汉时期,溧阳县治位于高淳的固城镇,而秦、西汉时期以及东晋、南朝时期溧阳县治均未知。据溧阳旧县志记载,今溧阳为唐武德三年(620)由溧水县东境析置而来,其早期县治在今溧阳城西北45里的旧县村,直至唐天复三年(903)才从迁至今溧城镇。之后,他根据溧阳城西北上兴公社红旗大队出土的东晋溧阳令墓志,结合古代官员葬地的情况,推测东晋、南朝时期的溧阳县治可能已由今高淳固城镇迁至今溧阳市西北南渡镇北的旧县村一带。

接下来,他根据《丹阳记》关于王舒葬地的记载,对东晋溧阳的迁治时间进行了分析。《丹阳记》明确记载东晋溧阳县治的迁移与王舒的逝世同年,即咸和八年。此外,他从高淳境内皇姥城的规模以及城垣结构出发,推测其可能与秦、西汉时期溧阳县治相关。最后,他根据文献记载推测东晋溧阳县迁治的原因可能与咸和年间苏峻之乱对溧阳旧城及周边地区的大规模破坏有关。

吴大林老师高度评价了该报告,认为其观点可信,是对溧阳治所问题研究的一大突破。曹昕运老师则提出不同意见,认为"今溧阳城西北的果园、旧县一带是六朝墓葬分布的集中地区"的说法值得商榷。此外,他还就平陵、旧县、古县城址的空间分布与王老师展开讨论,认为三城距离过近,不似同期城址。王老师认为这个难题需要进一步的考古工作来解决。他还补充说,魏晋南北朝时期,由于人口的迁徙,江南地区出现了大量侨县,县城之间距离非常近,甚至出现了"一村三县"的情况,这可能也是三城相距较近的原因之一。

五

最后,来自南京市考古研究院的周梦圆老师在线上作了题为"南京丁奉家族墓考古发现及初步认识"的报告。她从地理位置、墓葬与出土文物、初步认识三个方面进行了汇报。

从2019年下半年至2021年底,南京市考古研究院在五佰村地块发现并清理了古代墓葬10座,其中四座东吴砖室墓保存较好,时代清晰,出土器物丰富,为近年来六朝墓葬考古中所少见。尤为重要的是,M3出土了砖地券,明确墓主为三国时期东吴名将丁奉。丁奉家族墓共有四座,均为南北向,东西并列分布,均为土圹竖穴前后室砖墓。出土器物有金、银、铜、铁、漆、陶、瓷等质地。M3出土的一批釉陶骑马俑,对于研究魏晋南北朝时期出行仪仗等提供了新的材料。丁奉墓墓主身份明确，时代清晰，是迄今发现的官职最高的三国东吴名将之墓。这对研究六朝墓葬年代分期、出土器物断代以及社会风俗、葬制、葬俗等具有标尺意义。

评议人魏坚教授重点关注了出土的釉陶骑马俑上的马镫。他指出，马镫在骑射活动中是一种非常重要的工具，但其出现时间一直众说纷纭。丁奉墓中出土的这件带马镫的骑马俑，是目前已知年代最早的马镫形象，有着十分重要的历史价值，为研究马镫的源起和传播提供了新的材料。

在对最后一位报告人的评议讨论结束后，魏坚教授对本次论坛做了简要总结。他首先感谢与会的各位学者，并高度评价了此次论坛。他认为，虽然论坛时间有限，但涉及的领域十分丰富。溧阳地区有着丰富的文化遗物和遗迹，新材料的发现将大大推动对溧阳历史上疑难问题的研究，很多棘手的考古学问题也将得到解决。他还感慨，工作坊这种讨论形式非常和谐，能让老、中、青专家学者广泛参与，欢坐一堂，平等地交流彼此的观点。这不仅提高了与会人员的学术研究水平，也拉近与会人员间的关系，为以后工作的开展奠定了良好的基础。他建议，此类论坛不仅要定期举办，还要继续走出高校，深入地方，以促进地方文化事业的发展。

第二会场

专题讨论上

12月26日下午，第二会场的专题讨论由云南大学李昆声教授主持，镇江博物馆王书敏研究员、南京市考古研究院龚巨平研究员担任评议人。讨论以线上、线下相结合的方式进行，共有7位学者做了专题汇报。

一

来自常州市考古研究所的任林平老师以"常州地区六朝墓葬考古发现及初步认识"为题进行了报告。

在详细梳理考古资料的基础上，任林平老师对常州地区六朝墓葬进行了分析，并提出五点认识。1.常州六朝墓分布较为分散，主要见于孟河、横林、城南、城西；孙吴和南朝墓葬多为单个出现，两晋墓葬则以族葬居多。2.常州两晋墓葬数量多于孙吴、南朝时期墓葬。3.常州六朝墓以砖室墓为主，少见土坑墓。4.常州六朝墓出土墓砖上的纹饰和文字富有特色，不尽相同。5.常州六朝墓随葬器物种类变化较大：孙吴早中期多随葬陶器，青瓷器较少；孙吴晚期至西晋早期陶器减少，青瓷器数量增多；西晋晚期至东晋早期青瓷器数量继续增加；东晋晚期至南朝早期，青瓷器减少，开始出现石制器物；南朝晚期则多以石制器物随葬。

评议人龚巨平研究员肯定了任林平老师对常州地区近年发现的六朝墓葬资料所做的梳理工作。他认为，该文对常州地区近年发现的六朝墓的墓葬形制、分布及随葬器物等方面进行了详细分析，得出了比较全面和规律性的认识。新中国成立以来，考古工作者在常州地区发现了较多重要的六朝墓葬，如金坛金竹墩孙吴墓、溧阳果园东晋墓、常州南郊戚家村画像砖墓等，这些都是研究常州六朝历史文化的重要资料。

二

接下来，来自北京联合大学的冯小波老师发表了题为"科技赋能，文物焕彩——文化遗产数字化的思考"的报告。

冯小波老师首先介绍了当下文化遗产保护面临的新挑战。他认为，在科技发展新趋势上，文物智库可全面助力文保工作，利用人工智能、计算机视觉等技术支撑达到对文物遗产的保护、传承和利用。科技赋能文物，使用高精度实景三维重建会让文化遗产活起来，具体可通过实体"数字陈展"和虚拟"数字陈展"达到文物三维数字信息化。最后，冯老师提出对考古遗址进行保护、展示的七种手段：1.考古遗址全域整体高精度实景三维数字资产（量测精度＜2cm）；2.各类可移动文物高精度实景三维数字资产（量测精度＜1mm）；3.文物数字化信息管理系统；4.文物数字化三维展示系统；5.实体馆数字化展示系统；6.各类型数字考古信息；7.考古遗址全区域AR应用展示系统。

评议人龚巨平研究员表示冯老师通过最先进的科技手段保护展示了人类的文化遗产，值得学习借鉴。他认为，文化遗产是中华民族的宝贵财富，而科技手段的创新，延长了它的寿命和价值，信息技术助力文化遗产是大势所趋。目前田野发掘、实地调查研究都离不开现代科技手段。对考古遗址全域整体高精度实景三维数字案例展示，可为我们今后考古发掘更好地凝聚信息，提供帮助。李昆声教授指出，数字化在考古学上的运用，节省了大量时间和人力，尤其对于不可移动文物展览、研究，更是发挥了巨大的作用。之后，李教授就数字化在考古学界的大规模推广以及数字绘图的准确性，与冯小波老师展开了深入讨论，气氛十分热烈。

三

随后，来自连云港市重点文物保护研究所的石峰老师发表了题为"徐海地区魏晋南北朝时期墓葬概述"的报告。

首先，石峰老师对徐海地区魏晋南北朝时期的建制沿革进行了简单的说明。随后，他主要介绍了徐州、连云港、宿迁魏晋南北朝墓葬的发现、分布、形制特点以及随葬器物。在详细梳理徐海地区魏晋南北朝墓葬资料的基础上，石峰老师提出六点认识：1.目前徐海地区发掘的六朝墓葬，时代主要以西晋和北朝为主；2.南北朝时期，徐州地区墓葬受北朝影响较多，连云港地区墓葬则深受南朝影响；3.徐海地区魏晋南北朝墓葬的形制一定程度上继承了东汉砖室墓的特点，但同时也形成了自身特色；4.魏晋南北朝时期，徐海地区战争频繁，以致人口锐减，这是当地发现的墓葬数量远少于长江中下游地区的根本原因；5.魏晋南北朝时期，徐海地区民众信奉佛教，导致丧葬习俗由简单（薄葬）逐渐向复杂

（厚葬）转变；6.随葬器物外来因素明显，如徐州煎药庙西晋墓中出现的鹦鹉螺杯和玻璃器等。

评议人龚巨平研究员表示通过这篇报告可以全面了解徐海地区魏晋南北朝墓葬的总体情况，对于研究苏北地区魏晋南北朝墓葬，具有重要意义。他指出，该地区处于南北朝交汇地带，政权更替频繁，墓葬无疑受到了强烈影响。评议人王书敏研究员则表示该报告对徐海地区的六朝墓葬梳理较为全面，但缺乏类型学分析，可在接下来的研究中进行补充。

四

2009年12月至2010年2月，常州博物馆对溧阳市平桥镇吴村桃园明清遗址、坟山头明清遗址进行了抢救性考古发掘。常州博物馆王偈人老师为我们带来了该遗址的发掘与研究成果。

该遗址位于溧阳天目湖镇吴村村桃园自然村的东面，沙河水库的西面。遗址为南北长约50米、东西长约40米的条形台地，主要发现有11间房址，其中南部的4间房屋保留了较为完整的砖墙。该遗址出土遗物较少，主要为青花瓷片，器形有碗、杯、盘等，纹饰有几何纹、缠枝花卉纹、人物山水纹、八卦纹、虫草纹等，一件瓷碗底部写有"友昆连君之珍"字款。根据出土铜钱及瓷器，王偈人先生推测该遗址的年代为清代中晚期及以后。

南京金石研究专家叶伯瑜老师认为，报告中"友昆连君之珍"瓷碗底款释读有误，其应为"友昆连璧之珍"。他指出，该遗址出土的青花瓷器多属顺治、康熙时期，下限为乾隆时期，故该遗址时代应为清代早中期。李昆声教授同意叶老师的观点，并认为该遗址出土的瓷器很可能是由溧阳当地民窑烧造。最后，李昆声教授与叶老师就该遗址出土青花瓷器的窑口问题展开了热烈的讨论。

五

2008年，南京市博物馆与江宁区博物馆联合调查与发掘了上坊街道赵家山南朝遗址。南京市博物馆岳涌老师在线上以"南京赵家山南朝石器加工场遗址的发现与初步认识"为题，与我们分享了此次考古发掘的主要收获。

赵家山遗址位于南京东南部，现存面积约1300平方米，实际发掘800平方米。共发现南朝灰沟2条、灰坑40个、水槽3个，以及数量众多的石器。该遗址的主要收获，是发现了与石器加工有关的柱坑、灰坑、灰沟、砖砌水槽等遗迹。岳涌老师认为，从出土物及空间结构看，赵家山遗址主体性质应为石器加工场，其石材来源于遗址东侧的青龙山。该石器加工场主要产品是小型石器，产品类别主要是建筑用材、随葬器物两类，其中建筑用材类有石磉、柱础等，随葬器物类有石帐座、石祭台与器足，未见石门、棺座等体量较大的石器遗物或残次品。岳老师指出，赵家山遗址出土的石座、石器足与南朝墓中出土的同类器型完全相同，可见南朝墓葬中出土的部分石制品很可能来自该遗址。

评议人王书敏研究员充分肯定了岳涌老师的研究成果。他说，目前发现的南朝时期的石器加工厂较少，故赵家山遗址相关考古材料显得弥足珍贵。赵家山石器加工厂的发现，对于研究南朝陵墓石刻的制作、来源，具有重要意义。李昆声教授认为，该报告题目用词不够严谨。在考古学上,"石器"一词通常指"旧石器"和"新石器"中的石制工具,赵家山遗址发现的石柱础、石座、石磉等多为建筑和丧葬材料,且时代已至南朝,故定名为"石制品加工厂"更加准确。

六

之后,南京金石研究专家叶伯瑜老师为大家带来了题为"溧阳出土陈嘉猷墓志浅析"的报告。

叶伯瑜老师从墓主生平、世系亲属、交游名士、研究价值四个方面对陈嘉猷墓志进行分析解读。志主陈嘉猷是明代南直隶应天府溧阳县人,其二十一世祖陈谆曾担任江都县令。在详细梳理文献的基础上,叶老师指出,墓主陈嘉猷生前结交名士众多,主要有江以东、袁端化、马从谦、马一龙、缪希亮、焦竑、史元中、赵凤泉等。他指出,《陈嘉猷墓志铭》记载了晚明溧阳社会生态状况,具有较高的研究价值。同时,墓志涉及众多明代溧阳地区世家大族,这些家族都因有通过科举出仕做官的族员而显赫繁盛,是晚明溧阳上层社会的主要构成,如马氏家族、缪氏家族、樊川王氏家族。

龚巨平研究员肯定了叶伯瑜老师对于陈嘉猷墓志的考证工作,认为此篇墓志考证较为详细,一定程度上勾勒出明代晚期溧阳地区社会文化面貌。他指出,在墓志研究方面,以往学者多关注贵族以及公侯子弟之墓志,忽视了平民墓志。陈嘉猷虽是平民,但其墓志涉及大量明代晚期溧阳社会资料,对研究明代溧阳历史具有重要价值。由此可见,部分平民墓志中也蕴含有重要信息。

七

随后,来自南京师范大学的徐良同学以"江苏溧阳果园东晋墓的新认识"为题进行了报告。

通过梳理考古及文献资料,徐良对江苏溧阳果园东晋墓的墓葬形制、出土铭文墓砖及墓主身份等问题进行了细致讨论,并提出两点新认识。其一,江苏溧阳果园东晋墓"墓室两侧壁外弧,后壁平直"的特殊形制,应是本地多室墓、双室墓演化的产物,其在固守当地传统墓葬文化的同时,也融入了当时墓内设置棺床、壁龛等新元素;其二,该墓并非东晋溧阳令□琰和其妻王氏同穴合葬之墓,而仅葬死于太元二十年(396)的溧阳令夫人王氏,其夫溧阳令□琰墓应在其附近,或为同茔异穴合葬。

李昆声教授表示这篇报告结构严谨,论证翔实。他指出,该文有两个创新点,一是订正了墓砖上的铭文释读错误,一是订正了墓主身份。他说,限于各种条件,旧有的发掘材料存在诸如年代、性质判断有误或不足的问题。故重新审视旧有发掘资料,很有必要。徐良同学对1973年的溧阳果园东晋墓发掘报告,进行订正,得出更加令人信服的观点,这种敢于质疑的精神值得赞扬。

专题讨论下

12月27日上午,第二会场的专题讨论由姚亦锋教授主持,李昆声教授和王书敏研究员担任评议人。讨论以线上、线下相结合的方式举行，共有5位学者做了专题汇报。

一

来自南京师范大学的姚亦锋老师发表了题为"早期南京古城起源的地理过程研究"的报告。

姚亦锋老师首先说明了地理格局和地貌对城市建设的重要影响。他认为，南京城市景观在两千多年时间里，不断地运动、变化和发展着，其内部人地关系的对立统一矛盾相互作用乃是发展的源泉。早期城邑或者定居点建设，地理脉络的影响非常清晰，这是城镇起源的根本依据。随后，姚老师从大尺度区域空间（长江中下游流域）、中尺度领地空间（宁镇山脉地貌区域）、小尺度核心空间（城市建筑街区）三个方面分析了南京古城起源的地理过程。他指出，春秋战国到秦汉，控制水系成为军事首选，南京东南方向接太湖水网地带，西部连接皖南丘陵地区，隔江对应是江淮大平原，南京早先城邑选址多次变更，都是对于这一带水系格局的控制选点。最后，姚老师强调，从地理空间视角研究历史城市能够更加全面和深刻地抓住历史风貌的本质。要以地理学研究空间分异规律、时间演变过程及区域特征的途径和方法，辨析区域分异"格局"，时空演变"过程"，人地关系"耦合"，从而在更广阔范围和深度把握历史城市风貌的机理。

评议人王书敏研究员认为，该报告从地理学的角度分析了南京古城的起源，视角新颖。他强调，对于考古学而言，尤其是史前的文明研究，城市的出现具有重大的意义，而城市的建设又与地理环境密切相关，故从地理学的角度来分析南京古城起源，是必要且具有重要意义的。李昆声教授认为此篇报告属于历史地理学的范畴，是有关南京古城起源问题的前沿性研究成果。

二

随后，南京市考古研究院的王宏老师在线上做了"河随城变——南京古代城市河道变迁考略"的报告。

王宏老师认为，南京是六朝古都、十朝都会，六朝时期的建康是研究"何以中国"这个大命题中重要的一环。他认为，历史时期南京地区的河道变迁分为三个大的时期：六朝时期、杨吴南唐时期、明代。通过分析考古发现的古河道遗迹点，结合文献记载，王老师基本理清各个时期南京古代城市河道的分布及其变化情况：1.六朝时期：北湖、潮沟、青溪、运渎、城北渠（珍珠河）、秦淮河、宫城内水（天渊池等），宫城外护城河（南堑）；2.杨吴南唐时期：杨吴城濠（北濠、东濠、南濠）、护龙河、青溪（现白下路、建邺路南，出涵洞口一线河）珍珠河、运渎（只存建邺路以南河段）；3.南宋时期基本与南唐时期相同，开凿了小新河（东门外至半山园）、新河、新开河。

王书敏研究员肯定了王宏老师近年来在城市水系考古的工作，称赞该文从水系变迁与城市空间布局的角度，对南京古城进行了深入研究。他强调，城市涉及范围及内容十分广泛，相关考古发掘及研究工作难度较大，城市中的河道常常因自然或人为因素变动无常，这无疑需要研究者倾注大量心血进行研究。

三

接下来，来自南京师范大学的赵五正同学发表了题为"邳州煎药庙西晋墓地汉画像石再利用方式及其意义"的报告。

赵五正从"'再建画像石'定义与特征""煎药庙画像石位置、内容及原始意义""煎药庙墓葬画像石利用方式差异与影响"三个方面展开讨论，并提出三点认识。第一，西晋受到汉代画像石墓葬影响，从而有意利用汉代画像石原始意义重新组合，以达到墓主及其后嗣的目的，与单纯将画像石用作建筑材料忽视其意义的墓葬需要慎重区分。第二，从煎药庙M9相关考古材料看，汉魏之际，汉代传统思想不可能一朝一夕消失殆尽，在某些方面仍有孑余，并通过有意利用汉代画像石等方式得以承载。第三，汉代画像石原始意义在魏晋人眼中逐步消退瓦解，画像石在墓葬中的功能也逐步变为单纯的建筑材料，以至于汉代画像石最终消失于墓葬中。

评议人王书敏研究员肯定了赵五正同学对已有材料再研究的创新性，并高度赞赏王志高教授传授学生敢于质疑、敢于创新的教学思想。他指出，该论题涉及内容较为重要且丰富，可以继续展开深入研究。姚亦锋教授认为，该文涉及材料庞杂，应注重对核心观点的提炼，围绕有限目标进行专题论证。

四

2019年8月至今，南京市考古研究院在南京城西南西营村地块发现了一处处南朝佛寺遗址。来自南京市考古研究院的龚巨平老师在线上为我们带来了此遗址的发掘与研究成果。

发掘表明，西营村南朝佛寺遗址是一处以佛塔为中心的"前塔后殿"布局的佛寺。地块内现存佛寺面积约7000平方米，佛寺基址坐北朝南，中轴线上自南至北主要建筑有5组，分别为3号基址及东侧相连的5号基址—2号基址—1号基址及东侧相连的4号基址（F4）。在遗址废弃堆积中，发现有泥塑佛教造像数件，大量莲花纹瓦当、筒瓦、板瓦和大型石柱础等建筑构件等，时代为南朝时期。该建筑基址为南京乃至南方地区目前发现的年代最早，保存最好，布局最为完整的佛寺遗址，有望填补南朝佛寺考古的空白，丰富学界对六朝佛寺的认识。遗址中出土的大量佛教文物，对于研究南朝时期佛寺布局、建筑技术特点、佛教造像艺术风格及东亚佛教文化传播等问题，具有重要意义。

王书敏研究员首先肯定了西营村南朝佛寺遗址的重要性，认为是佛教考古的一个重要发现。他强调，该遗址佛寺地宫的发现，为研究南朝时期佛寺瘗埋制度提供了新的考古资料。李昆声教授认为，西营村南朝佛寺遗址的发现意义重大，主要表现在两个方面：1.时代早；2.规模大。随后，李教授就遗址出土血珀的来源与龚巨平老师展开深入讨论。

五

最后，来自南京师范大学的方芳同学，发表了题为"南朝墓葬砖拼壁画中的'荣启期'形象分析"的报告。

方芳首先分析了"荣启期"在"地上"的形象表现。她指出，"地面"上的荣启期题材图像，与"七贤"是分开创作的，荣启期走进图像中最早可追溯于东晋，至南朝也有创作，是高士图中常见的题材之一。而"山水与名士"的结合，是受到六朝艺术中人性、情感因素的影响，是艺术审美史上的重大进步。其次，方芳对"荣启期"在"地下"的图像表现与性质进行了分析。她认为，"竹林七贤"与荣启期图像被并列绘制于同一画面中的做法，应最早流行于南朝，尤其是南京及周边地区高等级墓葬中的砖拼壁画中。"竹林七贤与荣启期"砖拼壁画，实际上就是"高士图"在"地下"的一种表现形式。

评议人王书敏研究员认为该报告结构清晰，具有一定的创新性。他指出，整个六朝时期，社会动荡不安，存在许多奇特的社会现象。我们需将"竹林七贤与荣启期"置于当时社会大背景下进行考虑。李昆声教授对该报告给予了充分肯定，并认为有三个问题需要注意：第一，分析"源"，"荣启期"为春秋时代人物，须厘清汉代画像砖、画像石以及其他材料中有无"荣启期"形象；第二，南朝时期"竹林七贤"与荣启期为何会并列绘制于同一画面中；第三，注重"流"，要了解《竹林七贤与荣启期》画像是否为南朝独有，后世出现《竹林七贤与荣启期》画像的意识形态与南朝是否一致。

在对最后一位报告人的评议讨论结束后，姚亦锋教授对第二会场的专题讨论做了简要总结。他说，此次会议研讨的主题十分丰富，涉及古代城址、墓葬、文物、宗教、艺术和文化遗产保护等多个方面，极大推动了溧阳乃至南京地域文明的相关研究。

整理者：方芳、马健涛、熊伟庆、徐良

千古江南一屏障，四方山城出翠螺

——"马鞍山市翠螺山古代城址考古发现与保护利用专家论证会"纪要

一　会议背景

2022年2月至6月，受安徽省马鞍山市采石风景名胜区管理委员会及马鞍山市文物管理部门的委托，南京师范大学社会发展学院文博系王志高教授团队对翠螺山、宝积山（荷包山）地区开展了全面系统的考古调查和重点区域的勘探工作，取得了一系列重要成果，发现墓葬、城址、采石遗迹等25处，其中最重要的发现是位于翠螺山景区的一处六朝城址及相关遗迹，具有重要的学术价值。

新发现的城址位于今翠螺山北坡西部，西面临江，其平面呈不规则的长方形。城址是在拉网式考古区域系统调查中发现的，随后通过孔探的方法对墙体走向、宽度，夯土厚度、性质，门址位置，及周边相关遗迹等信息进行了初步确认。

新发现的城址墙体利用自然地势修建于山岩之上，今地表仍可见数段蜿蜒的夯筑土垄，墙址总长约556.5米，城内总面积近2万平方米。其北墙长146.5米，自西北向东南方向延伸，墙体保存较好，宽达10～11米；东墙长108米，东北—西南走向，墙体平直，宽6～7米；南墙长92米，墙体宽6～7米，顺山势向下延伸至江岸；西墙分为南北两段，南段长162.5米，充分利用了长江沿岸高耸的峭壁，下瞰江面，形势险要，北段则顺山势东折，与北城墙相接，长47.5米。在北墙、南墙各发现一处疑似城门的遗迹，前者位于北墙西段，缺口宽约10米。后者位于南墙西端，缺口宽约2米，两侧有宽4米、长7米的墩台遗迹，门址外有下山至江岸的道路。

城址内外发现的相关遗迹有东墙南端两个相连的平台，平台上局部分布有厚薄不等的夯土，其地面见有较多的残砖，推测平台上有与城墙防御相关的人工建筑。在城内中部偏北发现一处人工夯筑的近长方形建筑基址，南北长约17米，东西宽约14米，地表散落较多的砖瓦堆积。其东南还发现一处圆形水井遗迹。城外北面山坡发现有较多的砖瓦堆积，推测是一处建筑遗迹。在城外西北沿江的崖面发现了大规模的采石遗迹。此外，在城址的周围还发现多处六朝墓葬。

为了做好这一新发现的古城址的后续保护利用及考古研究工作，2022 年 8 月 5 日至 6 日，由安徽省文物考古研究所与南京师范大学社会发展学院联合主办，马鞍山采石风景名胜区管委会、马鞍山市文旅局、南京师范大学社会发展学院文博系共同承办的"马鞍山市翠螺山古代城址考古发现与保护利用专家论证会"在马鞍山市召开。全国政协委员、南京大学博士生导师贺云翱教授，安徽大学原党委书记、安徽社会科学院院长、博士生导师陆勤毅教授，中国社会科学院考古研究所钱国祥研究员，南京大学博士生导师张学锋教授、吴桂兵教授，南京出版社社长卢海鸣编审，镇江博物馆王书敏研究员，南京市考古研究院副院长龚巨平研究员，安徽省文物考古研究所所长叶润清研究员、副所长宫希成研究员等来自全国各有关单位的 30 余名专家学者应邀出席了此次论证会。

二　现场考察

8 月 6 日上午，在王志高教授团队的引导下，与会专家领导对发现于采石矶景区的翠螺山古代城址进行了实地考察。考察队伍从城址西北角出发，沿勘探确认的城垣遗址绕行一周，获得了对于城址分布的直观认识，并通过观察典型剖面了解了城墙夯筑情况。现场考察结束后，与会专家领导观摩了在翠螺山古代城址内外采集的部分文物标本。

三　论证会议

8 月 6 日下午，"马鞍山市翠螺山古代城址考古发现与保护利用专家论证会"在海外海皇冠大酒店召开。会议由安徽省文物考古研究所叶润清所长主持。会议伊始，叶润清所长首先介绍了现场与会的专家与领导。他指出，在深入学习贯彻习近平总书记关于做好考古工作、深化中华文明研究、加强文化遗产保护利用、传承弘扬优秀传统文化的一系列重要论述和重要指示批示，特别是在中共中央政治局第二十三次、第三十九次集体学习和在南京主持召开全面推动长江经济带发展座谈会上的重要讲话精神的当下，本次专家论证会不仅学术意义重要，更有推进长江文物调查、长江文化研究和长江国家文化公园建设的重要现实意义。随后，叶润清所长对本次考古调查工作的背景和成果进行了简要介绍。他说本次会议的主要目的有二：一是对城址的年代、功能、性质、意义等基本信息进行充分讨论和科学论证；二是就如何进一步做好后续考古调查、勘探、发掘、研究和保护利用工作，请与会专家提出指导意见。

随后，马鞍山市人大常委会副主任王晓焱女士致欢迎辞。王晓焱副主任首先向与会专家学者表达了欢迎与感谢，随后结合马鞍山市的人文历史环境，肯定了此次古代城址发现的重要意义，并对本次论证会提出了殷切的期待。她希望与会专家能够畅所欲言，各抒己见，共同推动翠螺山古代城址的研究、阐释、展示和传播，为讲好采石故事，促进文旅融合发展，提高采石风景区名胜区的文化内涵提供重要支持。

其后，会议论证交流正式展开。为更加有效地组织交流、科学论证，经现场推选，由贺云翱教授担任专家组组长，主持论证工作。

本次考古调查项目负责人王志高教授首先就马鞍山市翠螺山与宝积山（荷包山）地区考古调查工作的主要收获及初步认识，向与会专家和领导进行了汇报。

通过展示历史文献、图像资料，王志高教授介绍了翠螺山与宝积山一带的自然环境和地质背景、行政建置沿革和历史古迹。他在分类汇报拉网式调查工作中发现的25处遗迹后，重点介绍了采石遗迹和城址。新发现的采石遗迹规模较大，位于翠螺山西侧临江一带。据口碑调查的结果，可知相关区域的采石活动一直延续至新中国成立初期。采石遗迹的上限时代虽较难判断，不过据文献记载，"采石"之名最早见于南朝，很可能当时已有的大规模采石活动。

关于新发现的翠螺山古代城址的年代与性质，王志高教授结合文献记载进行了初步分析：其一，从部分夯土城墙勘探情况看，该城至少经过两个时期的修筑，再结合在城址内外地面采集的砖瓦、陶瓷残片分析，其年代早期为六朝，晚期为宋代。换言之，新发现的这处城址可能始筑于六朝，沿用至宋代；其二，翠螺山在历史上被称为"采石山"或"牛渚山"，其历史文化积淀深厚，山上曾有采石城。采石城的前身可能与始筑于东汉末年的牛渚营、牛渚屯有关。东晋称牛渚城，因谢尚出镇此城，故又名"谢公城"。南朝以降则称采石城，镇守的将领称采石戍主。据《建炎以来系年要录》记载，南宋绍兴年间，为防范金人南渡，吕祉利用采石渡的"旧城基"筑城，其周长"三百五十步有奇"，约为553米。今翠螺山北坡西部发现的这处城址的位置、规模及年代与文献记载的采石城高度吻合。

此外，他还特别强调，早期文献记载中的牛渚、采石所指是相距较近的两个地点。如《太平御览》卷四十六引《舆地志》载："牛渚山北，谓之采石。按今对采石渡口，上有谢将军祠。"在明代以前的文献中，采石、牛渚二个地名并不混淆，采石在牛渚北。只是明代以降，文献记载中的采石、牛渚地名开始混用。而这一区域的牛渚城（营、屯、垒）、采石城，并非主流观点所认为的同一座城，而是两座城，牛渚城可能在采石城之南。

王志高教授进一步认为，该处城址是具有突出意义、重要影响、重大主题的文化文物资源。今日马鞍山市西南滨江的采石地区，自古以来就是一处重要的长江津渡。陆游称："古来江南有事，从采石渡者十之九，从京口渡者十之一。"明太祖朱元璋亦称："取金陵，必自采石始。采石南北喉襟，得采石，金陵可图也。"故六朝以来在翠螺山上所筑的采石城是长江沿岸最著名的古代军事城池之一，其规模虽不大，却因扼守长江天险，直接关系到近在咫尺的下游都城建康（今南京）的安危，堪称古都金陵的锁钥与屏障。历史上许多著名的战役，如王浑灭吴、苏峻叛晋、侯景乱梁、隋军灭陈、北宋征南唐、虞允文大败金兵、朱元璋渡江取太平等，皆与此地相关，见证了中国历史发展与转折的若干关键节点。

其后，与会专家就本次考古调查勘探发现进行了讨论。

陆勤毅教授指出，采石城的发现、调查和初步研究意义重大。该城在历史上不仅延续时间长、战略地位重要，还是长江文化带当中的重要一点，为长江文化的研究提供了丰富的内容。他认为，本次调查工作方法得当，不仅对文献资料作了深入发掘，还充分使用了历史地图，在此基础上展开细致的拉网式调查，所得材料的可信度很高。对于该处城址的后续工作，他建议：第一，马鞍山文物部门应继续深入调查，形成工作报告，以便向上级文物部门提出下一步工作建议；第二，应为申报文保单位做好材料准备，做好遗址保护工作；第三，有必要选择适当的城址地点进行发掘，以获得更为可信的资料，为前两项工作提供更可靠的支撑。

钱国祥研究员指出，本次考古调查勘探工作方法科学，城址的性质和时代判断基本可信，可与文献印证。在此基础上，还可以继续探明一些问题：其一，六朝时期与宋代的城垣是否完全重合，需要后期工作证实；其二，从古代东亚北方地区城址的发现来看，作为军事要塞使用的山城和作为日常使用的平原城共存是一个比较普遍的现象，因此，可以就找寻与翠螺山山城配套的平原城开展进一步工作。同时，他还表达了对于尽快申报文保单位以便开展保护工作及推进发掘工作的支持。

张学锋教授对于本次考古发现给予了高度评价，并支持通过进一步考古发掘来证实相关推测。对于翠螺山古代城址的研究阐释，他建议研究者和当地文保部门可将目光放远，从长江下游独特的河流地理形势入手，扣住历史上著名的"牛渚春潮"，发掘地方的历史文化内涵。此外，他赞同王志高教授对于采石城、牛渚城是两座城的推测，并指出"T字形水道"与城市形成之间的紧密联系，认为可以从对姑溪河、锁溪河历史沿革的探讨中寻找牛渚城的线索。他还认为，对牛渚城和采石城位置关系的研究可以纳入长江下游地区城市选址这一重要课题中，有助于探索六朝时期中国与东亚其他国家、地区城市选址之间的关联性。

卢海鸣编审在发言中首先肯定了此次考古调查的科学规范性与成果可信度。他指出，采石城作为南京的卫星城，与镇江发现的京口铁瓮城同时构成了六朝都城建康的第二重屏障，应放到长江下游都城圈这一大的视野下进行研究。历史上采石的得失对于南京影响重大，因此，采石城的研究也需要和建康的研究紧密联系在一起。他认为，本次考古勘探与调查工作，不仅对于马鞍山地区地域文化研究具有里程碑意义，还有利于长江文化的建设。他希望未来能够通过考古发掘以取得对采石城和牛渚城的更多认识。

王书敏研究员将采石城与京口铁瓮城进行对比后指出，镇江北固山上的铁瓮城与采石城有着共同的特点，即"因山为垒，缘江为境"。此外，这两座城规模上比较接近，同样具备军事堡垒的性质，因此在形制上的诸多异同值得展开进一步的比较。他同时强调了进一步考古发掘的重要性，指出保护区的划定和考古发掘工作的展开是密切相关的，同时对城址时代和历史沿革的剖析也有待发掘工作提供更多资料。

吴桂兵教授首先对此次考古调查勘探工作的流程、结果和意义给予了高度肯定，认为此次发现的城址作为建康都城体系的重要组成部分，为汉唐城市考古提供了新材料、新线索，有助于推动南方山城研究的展开，极富学术价值。他认为现阶段需要进一步考虑以下三个问题：其一，城址的年代问题，他认为历史文献资料未必绝对可靠，后续还需要通过地层学、类型学等考古学方法解决这一基本问题；其二，系统问题，该城需要放在长江下游的城市体系中展开进一步比较分析；其三，遗产保护问题，应基于现阶段的工作基础推动文物保护工作的展开。最后，他建议，未来应带着问题意识制定详尽的发掘方案，同时可以考虑在这一区域展开水下考古工作，探寻古战场的遗存。

龚巨平研究员指出，南师大考古团队的调查勘探工作完成出色，所获成果真实可信，新发现城址的相关问题还有待通过进一步系统、科学的考古发掘工作来解决。他建议文献资料中提及的"千佛洞"可以作为后续工作的关注点之一，探索翠螺山地区是否有佛教龛窟存在。此外，对于采石景区发现的采石痕迹，他建议进一步展开更细致的工作，以确定采石活动的最早年代及"采石"地名的起因。

最后，贺云翱教授进行总结发言。他指出，本次考古工作的意义不仅仅在于解决了问题，更在于创造性地提出了问题。该城址的发现，为探讨牛渚、采石的相关问题提供了重要的契机，还可与整个马鞍山地区的同时代考古发现结合起来，推动全盘综合研究的展开。此次考古工作取得的成果，蕴含了丰富独特的长江交通文化、军事文化、都市文化、名人文化、建筑文化、文学艺术文化、景观文化及旅游文化价值，不仅为马鞍山的区域史研究提供了全新的资料，未来还可作为长江文化公园建设的重要组成部分，推动对习近平总书记重要指示的落实。贺云翱教授希望未来能够通过多方合力，推动翠螺山地区考古工作进一步走向深入，以取得更加出色的成绩。

交流论证环节结束后，专家组最终讨论形成了以下意见。

一、翠螺山发现的古代城址平面布局清晰，部分城垣遗迹保存较为完好，其位置、规模及年代等与文献记载的采石城高度吻合，可以初步确认为采石城遗址。

二、本次发现是近年六朝城址考古的重要成果，也是长江流域文物资源调查的重要收获，对于长江文化研究具有重要意义，为马鞍山地区文旅资源的活化利用提供了重要依据。

三、应尽快将新发现城址公布为文物保护单位，划定保护范围。同时做好后续考古及研究工作，为未来的保护利用提供科学依据。

在听取了与会专家的交流研讨后，南京师范大学社会发展学院党委书记罗秀山先生致辞。他首先感谢马鞍山地方政府和文物考古部门对南京师范大学考古专业学生田野考古实践和学科建设提供的各项支持。他表示，本次论证会的成功举办，对于通过采石城讲好马鞍山地域文化故事、讲好长江文明故事而言，只是一个很好的开端，相信未来在马鞍山地方政府和南师大团队的共同努力下，一定会取得更多突破。

随后，由马鞍山市委副秘书长、采石风景名胜区管委会主任殷宏斌先生发言。他代表采石风景名胜区管委会向与会专家领导表达了感谢。他表示，今后采石风景名胜区将会做好古城遗址的保护和利用工作，努力发掘地方历史文化内涵，推动文保单位的建设，并希望与会专家能够继续予以指导和帮助。

安徽省文物考古研究所副所长宫希成研究员就此次考古调查勘探工作成果提出了几点感想。第一，翠螺山古代城址是安徽首次发现的山城遗址，为安徽的文物资源增加了全新的类别，为获得关于城址的更多认识，有必要进一步开展考古工作。第二，由于该城址恰好位于采石风景区内，今后可以在本次考古工作成果的基础上，活化传承、保护利用好古城遗址，发掘景区的历史文化内涵，还需要做更多的努力。他建议，未来对古城址的保护展示可以作为地方政府重点关注的事项。同时，他希望南京师范大学能继续参与这项工作，推动对城址的更深入研究。

马鞍山市文物管理中心主任殷春梅代表马鞍山市考古文物部门表态，未来将在安徽省文物局、安徽省文物考古研究所的领导下，与南师大考古团队一起做好翠螺山古代城址的保护和利用工作。

最后，王志高教授再次表达谢意。他衷心感谢与会专家及相关部门领导对南师大考古团队所做工作给予的高度评价和提出的宝贵意见，并期待能进一步做好翠螺山古代城址的后续考古与研究工作。

整理者：张新泽、左凯文

"区域文明探源的考古学解读"研究生
学术创新论坛纪要

　　2022年8月18日上午，由江苏省哲法史学类研究生教育指导委员会指导，南京师范大学主办，南京师范大学研究生院（研工部）、南京师范大学社会发展学院、南京师范大学社会发展学院文博系、南京师范大学环境考古研究院联合承办的"区域文明探源的考古学解读"研究生学术创新论坛在南京谷里中琅假日酒店隆重开幕。来自韩国首尔市立大学、中国人民大学、复旦大学、中国社会科学院大学、南京大学、山东大学、上海大学、安徽大学、首都师范大学、江苏大学、安徽师范大学、福建师范大学、江苏师范大学、扬州大学、中国海洋大学、南京艺术学院、中国科学院南京地质古生物研究所、南京师范大学等18所高校、院所的42名研究生，以及来自中国社会科学院考古研究所、四川大学、南京大学、山东大学、安徽大学、南京艺术学院、江苏师范大学、浙江海洋大学、南京师范大学、南京博物院、南京市考古研究院的21名专家学者受邀与会。本次论坛以线上、线下相结合的方式举行，分为开幕式、主旨演讲、分组讨论、会议总结、优秀论文颁奖、学术考察等环节，将深入探讨、交流有关区域文明探源的新发现、新成果。

　　论坛开幕式由南京师范大学社会发展学院副院长徐峰教授主持。他首先说明"区域文明探源"是当前中国考古学界的热点研究课题，旨在从考古学角度探索区域社会的演进和文明的起源，揭示其在中华文明形成过程中的重要作用及影响。接着，他一一介绍与会的领导和专家学者，并对他们的莅临与支持表达了感谢。

　　随后，江苏省哲法史类研究生教育指导委员会主任、南京邮电大学校长叶美兰教授致辞。叶校长因为公务在外，不能线下与会，她委托江苏省哲法史类研究生教育指导委员会秘书长、南京邮电大学马克思主义学院副院长朱奎泽教授代为致辞。在致辞中，叶校长表示，研究生学术交流是研究生培养环节中的重要一环，对于提升研究生的学术创新能力具有积极的促进作用。中华文明探源工程已取得重大研究成果，证明了我国具有百万年的人类史，一万年的文化史和五千多年的文明史。中华文明探源工程成绩显著，但仍然任重而道远，需要继续推进、不断深化。中华文明多元一体的形成，区域文明探源是中华文明探源的基础工作之一。此次论坛的主题契合当前考古学学术前沿，聚焦区域文明探源，具有重要学术意义。

之后，南京师范大学党委常委、宣传部部长崔欣伟发表讲话。他表示，南京师范大学有着深厚的文史、考古研究积淀，本校文博系扎根江苏地方的考古文博事业，深入挖掘长江下游流域的历史文化基因，推动了地域文明探源研究。2022年恰逢南京师范大学一百二十周年校庆、社会发展学院四十周年院庆，本次论坛的举办旨在贯彻执行习近平总书记关于考古工作重要讲话精神，揭示以长江下游流域为代表的区域文明在多元一体的中华文明形成过程中发挥的重要作用。崔部长坚信青年学子是我国考古文博事业的生力军，是未来中华文明探源工程的接班人，希望与会的研究生在此次论坛上积极展现自己的学术风采，通过交流讨论提高自己的学术创新能力。

此后，南京师范大学研究生院副院长钟伯坚教授发表讲话。他表示，本次论坛的主题是区域文明探源的考古学解读，从考古学的角度增强中华民族的文化自信。作为中华文明探源工程的重要组成部分，区域文明探源是其间不可忽视的重要环节。此次论坛的举办可以推动相关区域文明探源更加深入细致的研究，为探讨博大精深的中华文明提供一定支撑。研究生院大力支持社会发展学院召开高层次、多维度的研究生创新论坛，希望与会的专家学者、研究生能相互切磋，促进学术交流，推动文化传承。

最后，南京师范大学社会发展学院党委书记罗秀山发表讲话。他表示，南京师范大学是一所以文科见长的高校，社会发展学院近年在学校领导与诸多专家学者的关心与支持之下，取得令人瞩目的成绩，师资队伍发展壮大，生源水平不断提高。他欢迎与会专家学者和研究生齐聚江宁谷里，希望大家在接下来的学术交流与碰撞中产生新的思想的火花。

第一会场

本次论坛下设"长江下游地区的区域文明探源""文化交流与文明互鉴""跨学科视域下的区域文明探源"三个分会场，开展为期两天的专题报告及讨论。其中第一会场位于四楼琅博厅，以线上、线下相结合的方式举行，来自7所高校及研究机构的13名研究生，以及来自南京大学、山东大学、安徽大学、江苏师范大学、南京师范大学的8名专家学者受邀参与第一会场的专题讨论。另有489人线上参会。本场讨论的议题主要涉及长江下游地区的区域文明探源以及两汉、唐宋时期的物质文化。

第一会场

18日13：50，第一会场的专题讨论开始，上半场由江苏师范大学吕健副教授主持，安徽大学张爱冰教授、南京师范大学裴安平教授、陈声波副教授及彭辉副教授担任评议人。上半场共计4位同学进行了专题汇报。

来自安徽大学的汪启航同学以"环巢湖地区夏商时期族群交流与互动研究"为题，首先进行汇报。通过对考古资料的分析，并结合相关历史文献，汪启航对夏商时期环巢湖地区的族群交流和文化互动进行了深入讨论，并提出两点认识：其一，环巢湖地区处于华夏边缘，这种地理结构和社会面貌影响了该地区的社会文明进程；其二，环巢湖地区发展"内力"不足，且随着毗邻中心区域强势政治、军事、礼制的介入和压制，处于该地区的族群经常受到干扰与挤压。

评议人彭辉老师充分肯定了汪启航同学的研究成果，认为这篇报告梳理出夏商时期环巢湖地区考古学文化之间交流、角力、共融的情况，并对不同时期文化交流的通道进行了简要阐释。此外，他建议报告中可增加关于环巢湖地区不同时期、不同文化类型的图表，以便直观展现该区域遗址的分布状况及各种势力的此消彼长。

随后，首都师范大学的李超同学发表了题为"浅析新石器时代中原文化向宁镇地区的传播"的报告。李超认为，中原文化向宁镇地区的传播和影响是一个渐进式的过程，且在不同阶段呈现出不同的路线和原因。他指出，仰韶文化早中期和龙山时期，裴李岗文化和王油坊类遗存都以线性双路线的方式传播到宁镇地区。至仰韶文化中晚期，庙底沟类型和大河村文化则以扇形的方式到达宁镇地区。在这一过程中，中原文化对宁镇地区的影响逐渐加强。此外，宁镇地区新石器时代文化遗存在保留本区域原有文化因素的同时，又受到太湖流域及中原地区文化的影响，产生了新的文化因素。在中华文明形成过程中，新石器时代中原文化向宁镇地区的传播发挥了相当重要的作用。

彭辉老师评议时首先指出，目前宁镇地区新石器时代文化研究是学界关注的热点，但由于遗址数量发现较少、公布资料不够充分，因此也成为研究的难点。他认为，李超以一个大范围的时空为着眼点，利用考古学文化因素分析法，对不同区域的史前文化做了剖析，由已知推未知，寻找文化间的内在规律，展现出广阔学术视野。本文运用的分析方法和分组讨论的过程也令人信服，是一篇优秀的学术论文。但同时也存在一些不足之处，如不应将属于太湖区域的常州圩墩遗址放到宁镇地区来探讨。

之后来自安徽大学的辛宇同学以"试论大汶口文化在淮河流域的传播"为题进行报告。通过梳理淮河流域大汶口文化遗存考古资料，辛宇对大汶口文化在淮河流域的传播进行了深入分析。他认为，淮系视角下大汶口文化的传播可分为早、中、晚三个阶段。早期，鲁中南汶泗流域中心区的大汶口文化开始沿泗水南下至苏北地区；中期时，大汶口文化沿淮河流域上溯势头强劲，在上游颍水流域留下许多遗存，并向沂沭河上游拓展，而皖东北这一时期的遗存却发现甚少；晚期时，大汶口文化在皖北兴起，并沿原路反向影响淮河下游。

评议人陈声波老师肯定了辛宇同学对大汶口文化相关考古资料的梳理。他指出，该报告资料丰富、视角新颖，从淮系视角看大汶口文化在淮河流域的传播，并运用传播论重构了大汶口文化在淮河流域的传播过程。其次，尉迟寺类型的来源通常认为是从大汶口文化中心区域传播而来，而该报告通过对考古资料的梳理，得出其由淮河上游回溯而来的新颖论点，值得赞许。

上半场的最后一位同学是来自南京艺术学院的韩珂卿，她以"长江下游地区的文明探源"为题进行了线上汇报。韩同学认为，长江文明源远流长，并与黄河文明并列为中国文明的两大源泉。而属于长江文明的"稻作文明"，又深深影响了中华文化的发展。研究长江下游区域文明可以更好地回答习近平总书记所阐述的中华文明起源、形成、发展的基本途径、内在机制以及各区域文明演进路径等重大问题。

陈声波老师指出，韩珂卿同学的选题契合了习近平总书记近期提出的有关长江文化的保护、传承和弘扬等问题，是当前学术研究热点。然而该报告缺少考古方面的翔实材料，以致部分论点值得商榷。

下半场讨论由南京师范大学陈声波副教授主持，张爱冰教授、吕健副教授、裴安平教授、徐峰教授担任评议人。

首先，来自南京师范大学的孙宇洋同学以"宁镇地区新石器时代玉石器研究"为题进行了汇报。通过对新石器时代宁镇地区玉石器进行分类研究，并将其与邻近地区进行比对，孙宇洋认为宁镇地区位于长江下游，东部与太湖地区接壤、西部与皖南地区相邻，是一处独立的地理单元，文化脉络自成一系。由于太湖地区的崧泽文化、良渚文化相对发达，宁镇地区的文化呈现弱势状态，往往易被忽略。

评议人张爱冰教授肯定了孙宇洋对新石器时代宁镇地区玉石器的梳理工作，认为资料收集全面，考证较为翔实。他指出，考古学研究中的分型分式，主要为解决研究对象的年代及文化属性问题，但报告中并未充分体现这一点。同时对于年代的判定，还缺少旁证，对于宁镇地区出土的玉琮讨论亦较少。评议人裴安平教授则强调，对于玉石器的研究，除了运用类型学外，还需注意考察玉器的来源、使用及用料。

接下来，来自中国社会科学院大学的王一凡同学进行了线上汇报。他汇报的主题为"邳州梁王城遗址与殷周之际的东方族群迁徙"。该文以山东、苏北徐海文化常见的传统素面陶鬲为标识，考察了邳州梁王城西周遗存与邢台古鲁营遗址第六、七期遗存的陶器分期与文化因素。他认为，在商周变革之际西周王朝大分封的过程中，周人对东土族群的迁徙与多元文化因素进行了重新整合。而这一考古学现象背后的历史事件，或可从麦尊铭文与召公东征中得到疏解。

评议人张爱冰教授首先肯定了王一凡所做的研究工作，认为该报告选题、收集材料及论证过程较为合理，对邳州梁王城遗址进行了深入研究。同时，张爱冰教授指出，该报告仅利用体质人类学材料与重大历史事件进行对应，略显单薄。裴安平教授指出，邳州梁王城作为一处商代晚期的城址，它的出现当与商人东征有关。

最后，南京大学的杨烁以"长江中下游越窑青瓷魂瓶类型学研究"为题进行汇报。通过考古类型学分析，杨烁将长江中下游出土越窑青瓷魂瓶的形态演变过程分为三期：东汉中期至三国吴早期、三国吴中晚期、三国吴晚期至西晋晚期。她认为，越窑青瓷魂瓶的发展演变，是吴晋时期先民丧葬观念不断丰富充实的体现。越人崇尚的飞鸟、道教中的仙人骑兽、羽人持节等神仙祥瑞形象、佛教的佛像、胡人祈祷形象先后出现在魂瓶上，展现出了多种丧葬理念的交流与融合。她还指出，魂瓶的出现与流行是早期越窑发展的产物，其突然消失与东晋时期越窑制瓷业受到冲击密切相关。

评议人吕健老师肯定了杨同学对长江中下游出土越窑青瓷魂瓶资料的搜集工作，认为报告中分类标准统一，所描述的器物演变序列清晰，并在前人研究的基础上提出自己的标准与见解。他指出，考古学强调"透物见人"，该文在类型学研究后缺少对魂瓶流行背后原因的讨论。此外，在分式后，再分出亚式，值得商榷。彭辉老师则指出，考古类型学对器物的研究虽有主观性，但也存在客观规律，行文时需仔细研判，抓住主要特征。

8月19日8点，第一会场专题讨论再度开启。上半场由南京大学刘兴林教授主持，山东大学王芬教授，南京师范大学裴安平教授、徐峰教授、陈声波副教授担任评议人。上半场共计3位同学进行了汇报。

首先，来自安徽大学的张乃博同学以"崧泽时期凌家滩及周边聚落形态"为题进行汇报。张乃博从裕溪河流域的区域系统调查材料着手，探讨了凌家滩及周边聚落的聚落形态。他认为，崧泽早期长江下游多个区域文化逐渐兴起，由此开始形成了"崧泽文化圈"，使得巢湖东部成为东部文化向西传播的重要通道。此外，在崧泽中晚期阶段，凌家滩地区与周边文化不断交流融合，成为整个长江下游最重要的玉石器制作中心。

评议人王芬教授指出，近年来区域性研究热度不断上升，但如何界定一个遗址，如何对小区域进行文化划分等问题一直存在，较为理想的方式是全覆盖式研究。张乃博同学对崧泽时期凌家滩及周边聚落形态进行了全面分析，视角独特，具有较高的学术价值，但该报告主要基于在该区域采集的陶片材料，相关讨论的证据不足。

接下来，来自南京师范大学的赵子莉同学以"北阴阳营文化的困境"为题进行汇报。她从埋葬方式、玉石器、陶器等三个方面将北阴阳营文化与宁镇地区其他早期考古学文化进行对比研究，分析了北阴阳营文化研究面临的困境。赵子莉指出，北阴阳营文化研究面临的困境主要有三：一是整理资料困难，北阴阳营遗址经四次发掘，资料整理及相关研究滞后；二是发掘尚不充分，第二期文化最丰富，但其他三期的资料明显不足；三是北阴阳营文化的公众认可度不高，了解较少。她指出，类似北阴阳营文化的困境并非个例，全国各地普遍存在。解决这一问题需要多部门的通力合作，需要专家学者的科研指导以及全社会的认同和参与。

评议人王芬教授认为，北阴阳营遗址是学界熟悉的遗址，但如赵子莉所言，限于材料，目前相关研究停滞，陷入困境。但可对既有材料深入挖掘，如对出土器物的微痕分析、人骨的鉴定等。陈声波老师指出，解决北阴阳营文化研究的困境在于如何界定北阴阳营文化，它的时空范围究竟如何。裴安平老师则认为中国史前文化是多元的，北阴阳营文化是在当时大文化夹缝中生存的一个小文化，其之所以消亡，是因为长江中下游的其他文化在发展壮大，挤压了北阴阳营文化的生存空间，以至于后继乏力。

随后，南京大学的黄督军同学进行了汇报，其论题为"宁镇沿江地区早期史前文化研究"。根据以往宁镇地区的考古发现，并结合周边考古学文化特点，黄督军讨论了宁镇地区史前遗址的文化性质。他认为，宁镇地区史前文化的发展有一个受太湖地区影响逐渐加深的过程。距今7000年前开始，宁镇地区受太湖流域马家浜–崧泽文化影响；至良渚时期，已完全纳入良渚文化的影响范围。不同文化在宁镇地区的交融和"此消彼长"，共同形成了该地区复杂而又丰富的古代遗存。

评议人徐峰教授充分肯定了黄督军关于宁镇沿江地区早期史前文化的研究，指出报告详细梳理了宁镇地区新石器时代文化谱系，并与周边地区进行充分比较。徐峰教授强调，在与淮河中游、钱塘江流域进行比较时，要注意通过情景角度进行剖析。

下半场的讨论由王芬教授主持，刘兴林教授、吕健副教授担任评议人，有3位同学进行了汇报。

第一位同学是来自江苏师范大学的刘琳同学，她的论题是"环太湖流域汉代土墩墓初步研究"。在详细梳理考古资料的基础上，刘琳主要讨论了环太湖流域汉代土墩墓。她认为，环太湖流域汉代土墩墓是在吴越土墩墓基础上发展而来，并随着时代的推移而改变，其与封土墓的不同在于熟土埋葬及一墩多墓。随着时代及环境的影响，该地区土墩墓的分布与形制也随之发生改变。对环太湖流域汉代土墩墓进行研究，可以更好地对这一地区汉代社会文化进行解构，同时亦可探寻吴越文化的演变与特征。

评议人刘兴林教授指出，如北阴阳营文化一样，汉代土墩墓虽是学术热点，但已进入了困惑期，相关研究推进较难。首先，目前未发现确认属于战国中晚期的吴越土墩墓，导致汉代土墩墓的来源并不清晰；其次，西汉早期的环太湖流域土墩墓材料较少。

紧接着，来自南京师范大学的徐良同学以"南昌地区两汉墓葬研究——兼论南昌地区汉文化的形成"为题进行汇报。通过类型学分析，徐良将南昌地区两汉墓葬分为六期，即西汉早期、西汉中期、西汉晚期至新莽、东汉早期、东汉中期、东汉晚期。他认为，南昌地区两汉墓葬主要包含本地、中原两京、两湖、江东、岭南及域外等文化因素。这些文化因素汇集于南昌地区，不断交流、融合，构成了丰富而复杂的南昌汉代文化面貌。此外，南昌汉墓各类文化因素的演变，他认为与汉武帝经略南地、海昏侯国对当地的经营与开发、两汉时期的移民活动等有关。

评议人刘兴林教授充分肯定了徐良同学对南昌两汉墓葬的研究，认为该报告从墓葬形制、典型器物分析、分期及年代、文化因素等方面，全面考察了南昌地区两汉墓葬，是一篇典型的考古学研究论文。裴安平老师则认为，该报告选题较好，从考古学的角度讨论了南昌地区汉文化的形成，但在研究方法上还可以进一步完善。

最后，来自南京师范大学的秦卓森同学以"南京市秦淮区石门坎宋代古墓群考古发掘简报"为题进行了报告。秦淮区石门坎宋代墓地是南京地区迄今发现的数量最多、分布最为密集的宋代古墓群，墓葬中一般随葬1～17件器物不等。结合实物及文献资料，秦卓森认为这批墓葬以南宋墓葬居多，推测为南宋时期建康府城东部的公共墓地——东义阡。

评议人吕健老师认为该简报具有较高的学术价值，为研究南京宋代墓葬提供了珍贵的实物资料。同时，他指出，简报中有关墓葬的层位及开口应交代清楚，部分插图需改进及完善。刘兴林老师则就墓葬中所出铁钳与秦同学进行了深入交流。

最后王芬教授对第一会场的专题讨论进行了简要总结。她说，此次论坛与会学者较多，研讨主题十分丰富，在年代上跨越了从史前至唐宋，在选题上包括了器物、聚落、墓葬、文化交流、族群迁徙等多个方面，展现了当下研究生较高的学术水平及学术视野，推动了相关研究的深入。

第二会场

第二会场位于四楼琅沙厅，以线上、线下相结合的方式举行，来自9所高校及研究机构的15名研究生，以及来自南京大学、浙江海洋大学、南京市考古研究院、南京师范大学的7名专家学者受邀参与第二会场的专题讨论。另有721人线上参会。本场讨论的议题主要涉及魏晋南北朝、隋唐及明代的物质文化，以及东北亚地区文化交流与传播。

18日13：50，第二会场的专题讨论开始，上半场讨论由浙江海洋大学楼正豪副教授主持，南京大学吴桂兵教授、南京师范大学王志高教授担任评议人。

首先，来自中国海洋大学的曲海刚同学发表了题为"六朝时期南京地区输入玻璃器皿研究"的报告。曲海刚总结出南京地区发现六朝玻璃器皿的墓葬年代多属东晋，南朝墓葬出土玻璃器皿的现象极为罕见。他根据北朝高等级墓葬同样遭遇盗掘破坏仍有玻璃器皿出土，而南朝高等级墓葬甚至罕见玻璃残片，认为盗墓破坏并非造成上述现象的原因。结合南朝崇佛的社会背景及西营村南朝佛寺遗址等考古遗存，曲海刚大胆推测南朝玻璃器皿更多流向建康佛寺与佛利用以安置佛舍利，而非作为随葬品埋入墓葬中，之后这些玻璃器皿可能因战乱而消亡。

评议人王志高教授首先肯定了这一选题的重要意义，并提出了两点建议。其一，王教授并不认同论文所称"南朝的佛塔较北朝少"的观点，如目前已发掘的南京西营村南朝佛寺遗址、红土桥发现的陶塑佛像、南京钟山坛类遗存都有可能与南朝佛寺、佛塔有关。此外，文献中保存有大量关于南朝佛塔的记载，不过由于当时佛塔多为木构的原因，考古发现较少；其二，王教授认为南朝贵族仍然盛行豪奢之风，对于南朝墓葬中少见玻璃器的原因仍需要进一步研究。

来自韩国首尔市立大学的张团伟同学以"从南朝砖室墓文化审视武宁王陵的"外简内奢""为题做了报告。张团伟首先介绍了武宁王陵及其所在宋山里古坟群发现的两处方坛积石遗存与艇止山遗迹。有关艇止山遗迹的性质,张团伟认为将其判定为武宁王妃殡所的观点仍缺乏依据。张团伟认为武宁王陵不似南朝高等级墓葬拥有封闭式陵园,以及神道石刻、寝殿等礼制设施,其原因可能与百济固有的墓葬传统有关。从出土文物的角度看,武宁王陵并不像南朝墓葬一样随葬有陶器和各类俑,反而随葬了三千余件金银质文物。而反观南朝墓葬如齐景帝修安陵仅发现8件金饰残件,这一现象可能与南朝的薄葬意识有关。

评议人王志高教授认为张团伟同学的选题非常新颖,同时指出报告中若干概念需要更为清晰的界定。首先是文中"横穴式单室砖墓"不符合中国考古学的表述规范,中国一般采用"竖穴土坑砖室墓"的概念。其次,王教授认为对于武宁王陵"外简内奢"的"内外"是"地下玄宫(内)、地上礼制建筑(外)",还是"棺内外",仍需明确界定。王教授认为武宁王陵在棺外可能遵循南朝制度,而棺内则不受此限制。吴桂兵教授则提及他曾撰文探讨武宁王陵对研究萧梁外国将军军号阶位及实际使用情况所具有的重要意义。

随后,来自南京师范大学的马健涛同学发表了题为"贵州清镇、平坝地区六朝石室墓的族群试探"的报告。马健涛将贵州清镇、平坝地区石室墓分为长方形券顶墓、凸字形券顶墓、刀字形券顶墓三型,并总结出该地六朝石室墓存在砌筑由整齐到杂乱,形制由方正到狭长的规律,认为这种墓葬形制是在汉地移民和贵州土著文化融合过程中,受当地少数民族墓葬传统的影响演变而来的。此外,马健涛还推测清镇、平坝六朝石室墓可能是以牂柯谢氏为代表的牂柯大姓族葬之所,他们在当地经历了长期的融合演变,最终形成了以"谢蛮"为代表的新兴融合族群。

评议人吴桂兵教授指出,马健涛同学的报告选题非常优秀,并且这篇论文对贵州石室墓材料收集非常充分,使用了大量民族志材料,论证富有逻辑。同时,吴教授还给予了四点建议:一,需考虑同时期西南地区的砖室墓;二,在讨论西南地区复杂的民族结构时,需要全面地梳理文献;三,文中有关石室墓的分式对于探讨族群似乎没有帮助,简要概述即可;四,考古材料与文献不必强求结合,难以用一个"谢氏"概括该地区所有六朝石室墓的墓主身份。

南京师范大学的赵五正同学发表了题为"三国、西晋时期堆塑罐楼阁门阙造型的来源与传播"的报告。赵五正指出楼阁门阙堆塑罐的形象组合呈现出古丹阳—古会稽文化因素、域外因素、中原—长江中游文化因素糅合的特征。而堆塑罐上的楼阁门阙堆塑源于中原高层楼阁明器,并推测该因素是从中原经由长江中游荆州地区传入长江下游的。以武昌为中心的长江中游地区对长江下游的政治文化辐射、作为堆塑罐主要使用人群的孙吴宗室、三吴士族在长江中下游之间的频繁往来,以及长江中下游畅通的文化交流通道是促成楼阁门阙造型传播的三个主要因素。

评议人吴桂兵教授首先表扬了赵五正同学选择魂瓶(堆塑罐)作为研究的主题勇气可

嘉，并且肯定了其对堆塑罐上楼阁门阙造型渊源及传播路径问题的研究做出了较大的贡献，但吴教授同时指出报告中尚存在部分逻辑上的漏洞。

下半场讨论由南京大学吴桂兵教授主持，浙江海洋大学楼正豪副教授、南京师范大学韩茗副教授担任评议人。

来自南京大学的史一帆同学首先发表了题为"南朝画像砖中'满瓶莲花'纹饰管窥"的报告。报告人将"满瓶莲花"纹饰追溯至印度的窣堵坡艺术，并探讨了南朝画像砖中"满瓶莲花"的意蕴及其在墓葬中流行的原因。其后，史一帆梳理了南朝画像砖中独立莲花纹饰的发展规律，结合南朝墓中最早的"满瓶莲花"纹饰，推断此纹饰于南梁早期开始出现于墓葬画像砖中。而南朝"满瓶莲花"纹饰在墓葬艺术中消失，正是南朝佛教文化真正与中国传统文化相结合而独立存在的标志。

评议人韩茗副教授认为该报告聚焦南朝画像砖中"满瓶莲花"纹饰这一细节，探讨南朝佛教艺术和丧葬艺术之间动态的关系，是一个很有意思的选题。全文观点明确，带有问题意识，且对南朝"满瓶莲花"纹饰做了比较系统的梳理。另外，该选题也与当下丝绸之路交流的热点问题深度契合。同时韩老师建议对"满瓶莲花"纹饰做一个相关学术史的回顾；另一方面，尽管冉万里等学者已指出南北朝"满瓶莲花"纹饰的区别，但在探讨过程中不应回避南北传播路线的问题。从南朝"满瓶莲花"纹饰这样的微观视角延伸到佛教与丧葬艺术的关系这一宏大议题，存在过度估计纹饰价值的可能。

江苏师范大学的褚衍柔同学以"试论江苏地区隋唐墓葬所见的胡人形象"为题做了报告。江苏隋唐墓葬出土的胡人形象主要分布于扬州、镇江、苏州等地，褚衍柔系统梳理了江苏地区隋唐墓葬中发现的胡人形象及其与动物、花卉的组合情况，认为江苏地区隋唐墓葬胡人形象的发现反映了隋唐时期胡人在江南辗转流动的史实，以及丝绸之路江南段的地域特色。

评议人楼正豪副教授指出此篇文章的创新性在于对江苏地区的隋唐胡人形象做了专门的整理，但文章的开篇需要对相关的研究史做系统的梳理，以突出江苏地区胡人形象研究的意义。另外，文章论述江苏地区胡人形象的价值与意义的部分略显空泛，需突出江苏地区的胡人形象与其他地区胡人形象的差异。

南京师范大学盖佳择同学做了题为"从敦煌到霞浦——文化交流视域下摩尼教冥界主司形象探蠡"的报告。盖佳择认为原始摩尼教的地狱观深受琐罗亚斯德教和基督教的影响，相信末日审判而不设置真正意义上的地狱，而以人之肉身当地狱。摩尼教的冥司主宰为"审判之神"或光明夷数（耶稣），与基督教略同。传入中土后，摩尼教冥司主宰借用了佛教"平等王"之名。唐末摩尼教传入闽地形成高度华化的霞浦摩尼教后，尽管其地狱理念及冥界职司构造逐渐向佛、道二教看齐，但本质仍不脱离摩尼教教义的范畴，可知霞浦摩尼教的"华化"是双向的。

评议人楼正豪副教授认为盖同学系统研读过基督教、佛教、道教等各大宗教的经典，并且对摩尼教的教义有着较为深入的研究。随后，楼老师从历史学学术规范的角度提出了若干点建议。

18日最后一场报告是南京艺术学院樊翊珺同学所作的"浅析砖印壁画《竹林七贤与荣启期》"。樊翊珺介绍了20世纪六七十年代"竹林七贤与荣启期"题材画像砖的出土情况，并据"竹林七贤与荣启期"壁画题材、壁画出现在墓室中的原因、壁画的细节三个角度推断"竹林七贤与荣启期"壁画的内涵，认为其为现实题材的名士图而非升仙图，并强调"七贤"画像砖在艺术史及考古学、历史学等多方面的重要意义。

评议人韩茗副教授首先肯定了樊翊珺同学选取"竹林七贤与荣启期"拼砌砖画作为研究主题的勇气，"竹林七贤与荣启期"拼砌砖画是南朝墓葬艺术中的代表，"拼砌"是其最具特色的工艺特征，具有重要研究价值。韩老师建议在行文前先系统梳理有关"七贤"砖画的学术史，关注相关新材料。

8月19日8时，专题讨论再度开启。上半场讨论由南京师范大学祁海宁教授主持，南京市考古研究院副院长龚巨平研究员、南京师范大学刘可维副教授担任评议人。

来自江苏大学的王馨同学发表了题为"南朝墓室中'天人'图像的称呼问题"的报告。王馨同学指出丹阳、南京以及河南邓县等地的南朝墓中均发现有带"天人"榜题的图像，但在部分考古报告中却将其冠以"飞天""飞仙"等名称。王馨认为"天人"被称作"飞大"可能是受近代以来"飞天"成为主流称呼的影响。"天人"形象与"飞天"形象类似，汉代便已在佛经文本中出现，故"天人"是"飞天"的古代称呼。而"天人"称为"飞仙"是受浙江余杭小横山南朝墓中铭文砖的影响。据出土铭文砖的墓葬等级判断，"天人"是南朝对此类图像的官方称呼。最后，王馨认为应遵从铭文榜题，将此类图像称为"天人"为宜。

评议人刘可维副教授认为王同学具备强烈的问题意识，从艺术史学生的角度发现了考古学命名不统一的重要问题，对"天人"图像的资料搜集也较为全面。同时刘老师指出了文章存在的一些问题，如本文认为"天人"即为"飞天"原本的称呼，依据的是汉代佛经中已有"天人"的记载，且佛教"飞天"形象与南朝墓葬自名"天人"的形象十分接近。然而，汉人在翻译外来概念时往往会采用汉语旧有的相近词汇，例如将"deus"翻译为汉文化传统的"上帝"，因此不能简单将佛经中的"天人"等同于汉文化中的"天人"。此外，"天人"与"飞天"尽管在南朝时期形象趋同，但二者来源不同，前者来自中国传统的神仙世界，后者来自印度本土造像。

来自南京大学的欧萌同学作了题为"六朝髭须形象与蓄须观念"的报告。欧萌根据考古材料与文献，认为六朝髭须形象可大致分为三个阶段：汉末孙吴至西晋、东晋至南朝早期、南朝中晚期。汉末孙吴至西晋因为髭须被认为是气血的象征，时人仍重视髭须；东晋之后贵族门阀掌握审美话语权，而具有文人气质的贵族与寒门武官集团的冲突使得南朝更加摈弃髭须，加速了审美的女性化转变；南朝中晚期主动"剃面"行为的出现，标志着在南朝贵族阶层中女性化的髭须观已基本定型。西晋末胡汉冲突使得汉人贵族歧视"多须"的倾向加剧。

评议人刘可维副教授指出这篇论文有两点长处：其一，从女性的视角去探究男性的美，这是一个角度上的创新，非常值得鼓励；其二，结合了实物材料和文献资料，将历史学和考古学结合研究。同时刘老师建议应注意论文写作的方法，摒弃结论先行的思维模式。同时还指出人的审美未必一定受到政治、民族矛盾等因素的影响，其存在着内在的变化规律。

来自南京师范大学的左凯文同学发表了题为"韩国百济武宁王陵出土七子镜考——兼论四铢镜"的报告。首先，左凯文梳理了目前学界关于七子镜的四种定义，通过比较相关文物的命名方式以及器物特征，认为"七子"之"子"乃取"子母相权"之谓，意指镜乳中央有凸出的小纽，周围饰连弧纹，形似七面小镜的形象，与大镜构成"子母"关系。由此看来，武宁王妃棺内的七乳四神禽兽纹镜当为七子镜。最后，左凯文又以萧纲《招真馆碑》中"四铢七子之镜"作为切入点，认为"四铢"当为"四铢镜"的省称，可能指汉武帝至王莽时期流行的一种带籀文的日光连弧纹镜。

评议人龚巨平研究员认为左凯文同学对七子镜的界定在前人研究的基础上提出了自己的新认识，具有创新性。杨泓有关七子镜即特殊七乳神兽纹镜的认识目前在学界受到比较普遍的认可。有关四铢镜的认识出自萧纲"明月蛟龙之骑，驱之使半（斗）；四铢七子之镜，引以成刀"，按照文学对仗的角度来看，"四铢"指镜没有问题，但铢一般用作重量单位，其如何与镜铭尤其是与日光连弧镜衔接起来还需要进一步考量。

来自中国人民大学的张新泽同学发表了题为"东晋南朝壁画分层构图探讨"的报告。张新泽首先解释了"分层构图"的定义，即在同一空间或画面中表现层次有序的多个世界的构图模式。分层构图在汉代就已出现，受到当时魂魄二元观的影响，可以同时满足时人对死后富裕物质世界的渴望和对升仙的追求。魏晋薄葬之风使得这种构图模式暂时消失，至东晋在南方再度出现。南朝的"分层构图"突破了以往多个世界间的明确边界，天上景象与世俗风光发生交汇。至迟在东魏北齐时期，南朝新式的"分层构图"设计理念已对北朝墓葬文化产生影响。

评议人龚巨平研究员指出张新泽同学的报告从东晋南朝壁画"分层构图"的全新角度切入，从以往对墓葬壁画制作技术源流演变的关注，转换到对壁画空间表达的关注，在前人研究的基础上具有创新性的突破。不过需注意如镇江畜牧场墓这样单纯的空间排列是否具备空间上的意义，另外余杭小横山墓壁画破坏较为严重，其构图是否就如文章中推断的模式也需要再仔细推敲。

19日下半场的讨论由南京师范大学刘可维副教授主持，南京市考古研究院龚巨平研究员与南京师范大学祁海宁教授担任评议人。

来自复旦大学的张也弛同学做了题为"孙吴青釉褐彩彩绘瓷的图像组合与性质探析"的报告。张也弛首先指出目前对孙吴青釉褐彩彩绘瓷性质功能的推测大致分为明器、高级日用瓷、祭祀或陪葬器三类。张也弛推测孙吴彩绘瓷图像表现的主要内容为祥瑞，"发祥瑞之应"，最终目的则可能包含两方面：一是为了塑造、强化孙吴政权合法性，宣传"天命归吴"的政治舆论；二是为寄托自身对长寿升仙的祈愿。在宫城遗址中发现的孙吴彩绘瓷可能是作为宫廷使用的高级日用器或者供奉神灵的祭祀器；在高等级墓葬中发现的彩绘瓷则可能是作为墓主生前使用的日用器或者向墓主、神灵供奉酒食的祭祀器。另外，从世俗的角度看，彩绘瓷上满密绚丽的装饰风格，可能也与孙吴后期，尤其是末帝孙皓时期的奢靡之风相关。

评议人龚巨平研究员认为张也弛同学的报告层层递进，结构清晰。龚老师同时指出该报告在探讨孙吴青釉褐彩彩绘瓷的性质时仍是杂糅了各家的观点，没有形成自己明确的认识，相关结论不应模棱两可。此外，既然祥瑞是构建孙吴政治合法性的手段，那么在瓷器上应大量予以表现，目前发现的带有明确祥瑞图像组合的彩绘瓷较少，无法映证。王志高教授补充此篇文章的重要意义在于对孙吴青釉褐彩彩绘瓷的出土材料，尤其是对图像组合做了重新梳理，但对于彩绘瓷的性质辨析仍未取得重大突破。

江苏师范大学的王会云同学发表了题为"从唐顺陵翼兽看中西文化的交流与融合过程"的报告。通过与先秦汉魏墓葬中的有翼神兽以及独角神兽形象的对比研究，王会云认为唐顺陵翼兽形象的总体造型受到草原文化鹿形格里芬的影响，而其独角文化确是本土文化所特有的，是中西文化交融的结果。将顺陵翼兽放入陵园制度的框架内考察，可以发现其与乾陵神道石刻翼马的摆放位置几乎一致，被赋予了等级意义作，为陵寝制度的一部分存在。结合顺陵翼兽的特征、顺陵墓主的身份以及顺陵营建的时代背景，王会云认为顺陵翼兽应该定名为麒麟。

评议人祁海宁教授指出王会云同学从中西文化交流的角度研究顺陵翼兽，富有新意。同时也对该报告提出了若干建议。首先，应增加配图，尤其是考古报告中的线描图。其次，报告虽然紧扣中西文化交流的主题，但仍不够深入，建议对霍巍和李零等学者有关格里芬有翼神兽的论述再做系统梳理。此外，还需关注翼兽在西方最早的功能。祁老师虽然同意将顺陵翼兽定名为麒麟的观点，但认为为何在顺陵中使用麒麟而在乾陵中使用翼马，这个问题仍有待解释。

南京师范大学高杰同学发表了题为"从李日华及其《味水轩日记》看明代晚期江南文人的好古风气——以陶瓷艺术为中心的观察"的报告。高杰从李日华所著《味水轩日记》着眼，以李日华的陶瓷收藏为中心，结合其交游的文士所著笔记，从"时玩""品次""流转"三方面探究晚明时期江南文人的陶瓷收藏风气。其指出晚明江南文人既好古，也好时玩，即距离其生活时代不远的可供赏玩、品鉴的器物。而当时在以书画、金石为重心的收藏门类中，陶瓷的收藏处于末流的地位。此外，高杰还总结了明代瓷器收藏流通于世的几种方式：家传流世、集市流通与赏赐后流传以及不肖之徒掘墓得到。在商品经济的浪潮下，陶瓷器在作为艺术收藏品的同时也具备了经济价值，成为一种特殊商品。

评议人祁海宁教授认为报告的这篇文章根据文人笔记探讨了几个小问题，读起来津津有味。同时当朝人对文物名称的记述也对现在考古发现的器物定名有所帮助，是非常有价值的一篇文章。从一本笔记可以看到当时明朝官员及知识分子的生活情趣、精神追求、价值判断，同时也可从李日华反观我们当今的时代应如何看待"时玩"，怎么评判和认识古代的文物，怎么认识我们的生活。

论文发表评议后，进入综合讨论环节。龚巨平研究员回答了几位同学有关西营村南朝佛寺遗址在年代判定、造像情况，以及在当时的地位三方面的问题。

王志高教授就龚老师的回答顺便提醒同学们，利用考古材料给遗址断代，尤其是利用钱币和窖藏器物给遗址断代时需要慎重，元嘉四铢只能作为西营村佛寺遗址年代上限的参考，在研究方法上要多考虑器物会经过制作、使用到毁弃的漫长过程。随着田野工作的进步，我们对遗迹的认识也会逐步深入，例如西营村遗址纠正了以往认为南北方佛教寺院存在巨大差异的认知。从出土瓦当等情况来看，王教授倾向认为西营村南朝佛寺为萧齐以后建造。

随后，曲海刚同学向龚巨平研究员确认了西营村遗址出土玻璃碎片的出土位置。龚老师指出碎片出土自地宫，因此曲海刚同学有关南朝玻璃器性质的观点仍需修正。

王馨同学询问了东晋南朝佛寺中有无天人和飞天图像。龚老师回答目前没有发现有关飞天的形象。祁老师补充可能由于地宫是瘗藏舍利之所，所以不塑造飞天，而最有可能出现飞天形象的佛塔由于是木构的，难以保存，他建议在印度窣堵坡石刻中寻找线索。刘可维老师补充，这一时期的地宫和隋唐像大型墓葬一样的地宫不同，面积很小，不会加以复杂装饰。

马健涛同学请教日本、朝鲜半岛相近时期的佛寺布局在中轴线两侧有东西偏殿，想了解西营村有没有类似的偏殿。龚老师随后简要介绍了西营村南朝佛寺四至的发掘情况。

最后，欧萌同学向马健涛同学提问，贵州地区石室墓多出土金银饰品是否与当地金银矿产丰富有关？马同学回应说根据他搜集的资料，贵州的金银器制作原料不一定来自当地的，且贵州金银发饰的形制和样式与长江下游区别较大，比如说三股型和U型的发簪和长江下游的发簪均有比较大的差别。

第三会场

第三会场以线上、线下相结合的方式举行，来自11所高校及研究机构的14名研究生，以及来自山东大学、安徽大学、江苏师范大学、南京师范大学的9名专家学者受邀参与专题讨论。此外，另有413人线上与会。本场讨论的议题主要涉及科技考古方向，包括史前遗址的动物资源利用、农业发展、矿冶活动等方面。

18日13：50，第三会场的专题讨论开始。上半场讨论由南京师范大学郭卉博士主持，山东大学王芬教授、南京师范大学贾鑫副教授担任评议人。

来自南京师范大学的师宏伟同学首先以"辽宁省建平县水泉遗址动物考古研究——兼论距今4000年前后北方长城沿线地区动物资源的利用策略"为题进行了报告。师宏伟指出家猪为水泉遗址夏家店下层文化时期先民的主要肉食来源，其中绵羊与黄牛的骨骼NISP占比为23.80%（MNI为11个，占比28.21%），显示该遗址也存在畜牧经济成分。此外，辽西地区各遗址均采用家猪饲养作为最主要的动物利用策略，而以绵羊和黄牛为主的畜牧业多见于西北部山地丘陵区。最后，师宏伟认为辽东半岛和辽西地区丰富的降水促使这两个区域的农业在距今4000年前后得到了极大的发展，而这是导致家猪饲养成为重要生业模式之一的关键因素。但是在西部的河套地区，相对干旱的环境条件导致该地区只能支撑起以牛、羊畜牧经济为主的经济形态。

评议人王芬教授充分肯定了报告人在水泉遗址开展的动物考古研究，她认为该研究对辽西地区动物资源利用策略进行了深入探讨。但同时也需要注意两个问题，首先是题目中的"北方长城沿线地区"容易对读者产生误解，事实上长城是历史时期的产物，用于史前研究不妥。其次，要留意每个遗址的年代问题，只有把握好各个遗址的年代分期才能得出更为准确的答案。

来自山东大学的梁瑞娟同学以"骆驼墩文化动物资源利用分析——以溧阳秦堂山遗址为例"为题进行了报告。梁瑞娟指出秦堂山遗址出土的动物遗存分属骆驼墩文化早期和晚期。从早期到晚期，不仅动物遗存数量显著增加，遗存代表的种属构成也更为繁杂，说明晚期先民对动物资源的开发和利用程度大大深化。此外，梁瑞娟认为综合目前已发表的遗址资料来看，骆驼墩文化时期先民采取饲养猪和狗、种植水稻、渔猎野生动物、采集野生植物相结合的生业模式，猪群中家猪和野猪并存。随着对动物认知的深入，骆驼墩文化晚期先民利用的动物种属更加繁杂，并加大了对软体动物的开发和利用。

评议人王芬教授充分肯定了梁瑞娟同学的研究态度。她指出，该论文搜集了相当数量的软体动物材料，基础工作十分扎实。此外，王芬教授也指出，出土背景不同对于我们开展动物资源利用策略有不可忽视的影响，应该认真考虑如此数量庞大的动物标本的出土背景，尤其要注意动物遗存的出土背景。动物考古研究归根结底还是要以人为本，要回答"人是如何利用这些动物资源"的问题，即回归和解答生业模式这一基本问题。王芬教授强调，农业经济占比多少是由其动物遗存出土背景与种类所决定的，不宜过分夸大。在开展动物考古研究时，不能代入人为设定或猜想。同时可以结合动物稳定同位素、植物考古等研究结果，进一步佐证研究猜想和结果。

来自福建师范大学的林映君同学以"闽江上游龙头山遗址史前农业发展的植硅体证据"为题进行了报告。她指出闽江上游地区龙头山遗址主要包含新石器晚期至夏商周时期文化，且在各类文化层土样中均发现水稻茎、叶和稻壳的植硅体，说明水稻在新石器晚期已在闽江上游地区农业经济中占有重要比重。此外，在新石器时代晚期窑址红烧土样品发现了少量黍植硅体，表明闽江上游地区早在距今4500年左右就出现稻旱混作农业。

评议人贾鑫副教授首先对林映君同学对龙头山遗址开展的植硅体研究表达了充分肯定，认为其为理解史前农业通过陆上路线向南传播提供了新认识。此外，贾鑫老师也为研究者提出了几点建议。他指出，提出一个假说要尽可能与周边遗址、周边地区的研究结果进行对比。同时，也要注意农业传播一定是与人类活动相关的，需要深挖背后蕴含的人地关系和环境背景。此外，学界对于稻旱混作农业是有明确界限的，即包括了水稻、粟黍、麦类等作物，如果仅出土了水稻和少量粟黍，称为稻旱混作似有不妥，改为稻粟混作更为恰当。

最后，来自安徽师范大学的路曙光同学以"江苏兴化陶庄遗址地层的孢粉学与有孔虫、介形虫微体化石记录研究"为题进行了报告。路曙光指出陶庄遗址地层7的孢粉含量最高，植物种属也较多样，其中木本植物比例为78.2%，尤其是松属、铁杉属等居多，推测该期植被为针阔叶混交林且针叶树占主要比例，指示温暖湿润的气候状况，测年结果显示沉积大约发生于12.7 ka BP前后。地层6和地层5留存有较多的有孔虫和介形虫化石，且底部和顶部样品中广盐类和半咸水类的丰度要高一些，而中部则以浮游有孔虫和浅海类占多，反映海相沉积环境，推测在此期前该区经历了海侵事件。地层4至地层15.8 cal ka BP以来所包含的孢粉数量和种属都较少，且发生了比较大的优势植被变化，反映气候环境暖稍干，有较为明显的海退成陆过程。

评议人贾鑫副教授指出，这项研究主要以第四纪我国东部海平面变化为主，深入探讨了江苏里下河平原陶庄遗址地层剖面记录的海侵事件，研究方法成熟。但需要注意的是，环境考古学研究主要应关注史前人地关系，除了地理环境外，也要深入探讨这一地区的古人类活动与海侵事件之间的关系，不能忽视考古学文化和人类活动的影响。

下半场讨论由南京师范大学彭辉副教授主持，南京师范大学贾鑫副教授、南京师范大学郭卉博士担任评议人。

来自福建师范大学的周桂宇同学以"福建海坛岛长江澳古泥炭层水稻植硅体的发现及其意义"为题进行了报告。周桂宇同学在报告中指出，海坛岛长江澳古泥炭层中发现的水稻植硅体，是东南沿海岛屿除台湾本岛和澎湖地区外最早的水稻遗存，钻孔样品在3.3～3.5m处发现有黑色泥炭，形成的古泥炭层，并在其中发现了水稻扇形植硅体。古泥炭层的发育和植硅体分析结果显示该地当时具湿润的沉积环境，可以为水稻生长提供条件。这一泥炭层中发现的水稻植硅体极可能与人类活动有关，暗示在3000cal.aB.P.海坛岛先民可能已经开始种植水稻。随后，周桂宇指出同时期海坛岛岛屿边缘具有适宜农作物生长的生态环境，为该地新石器晚期先民发展原始农业提供条件，同时当时人类活动也伴随海平面波动和风沙活动的影响。

评议人贾鑫副教授指出，该研究以海坛岛钻孔中的植硅体样品分析了岛上农业发展状况和地理背景、人类活动的关系，用以探究东南沿海大陆向岛屿农业传播的路径。但从研究结果中可以发现，海坛岛植物遗存的年代均小于大陆和台湾岛，不足以解决农业在大陆和岛屿传播问题。相对而言，钻孔中泥炭层的形成及地理环境的变迁更应作为该项研究的重点。

之后，来自中国科学院南京地质古生物研究所的韩箫屿同学以"安徽巢湖地区早全新世稻作活动：孢粉新证据"为题进行了报告。韩箫屿同学对巢湖周边钻孔沉积物孢粉研究结果显示，该地区在11.0～9.0kaBP阶段为森林植被，9.0kaBP后"突变"为以禾本科为主的草地景观，特别值得注意的是水稻型花粉（禾本科≥38μm）从此持续出现。她认为此类植被的剧烈转型可能跟人类活动紧密相关。再结合巢湖地区13.7～7.5calkaBP期间水稻植硅体记录，可以推测巢湖地区在9kaBP就存在早期稻作活动。

评议人贾鑫副教授指出，事实上目前的考古资料显示长江下游沿江地区发现最早的稻作遗址可追溯到7000年以前。而在其以北的淮河流域、以西的长江中游地区，以及以南的钱塘江流域都发现有10.0～9.0 ka BP期间的出土水稻的新石器遗址。需要注意的是，水稻遗存出土和水稻农业开发利用是存在差距的，距今9000年前不可能存在如此大规模的稻作农业。在研究中也要注意测年材料的选取，不同的测年材料对于数据的影响是不同的，所得的测年结果值得研究人员商榷。此外，还可以结合考古学背景和其他研究手段，例如植硅体、石器、生产工具等进行研究，这对于食物资源利用及界定稻作活动与稻作农业具有重要意义。

最后，来自江苏大学的秦菁菁同学以"城市品牌IP形象设计及传播路径研究：以镇江"三山文化"为例》为题进行了报告。秦菁菁同学在报告中指出，城市品牌IP形象的建立与传播研究是城市未来发展所面临的重要议题。她重新定义了镇江"三山文化"的核心理念，并采取人格化形象分析的手法，设计出了镇江"三山文化"品牌的IP形象。她结合镇江城市特色产品、城市公共视觉标志物以及当下热门新媒体传播形式的分析，探讨了镇江"三山文化"IP传播路径，提出了将IP形象与镇江本土特有产品、镇江城市建筑及公共交通视觉标志物、"网络表情包"等元素相结合的传播方式。

评议人郭卉博士指出这篇论文将文化遗产、历史文化与设计、传播相结合，将镇江"三山文化"作为城市IP（品牌形象）尝试进行开发，从设计到传播方法的选择，形成完整的可以直接应用的建议和成果。但也需要认真思考以下几点：首先是要区分好"三山文化"的界定，其次要搞清楚"三山文化"或者"三山文化"IP形象的受众，最后要认真思考这一设计的考量以及传播路径。

8月19日8时，第三会场的专题讨论再度开启。上半场的讨论由安徽大学张爱冰教授主持，江苏师范大学吕健副教授、南京师范大学彭辉副教授担任评议人。

首先，来自安徽大学的孟恬同学以"安徽枞阳地区先秦时期矿冶活动概述"为题进行了报告。孟恬的报告首先从安徽枞阳地区先秦时期矿冶活动的地理背景展开，分析了相关矿冶遗址的地理位置、铜矿分布以及前期考古调查发掘等，并得出以下结论：1.枞阳地区矿冶活动的区域，以井边、拔茅山铜矿为核心，相关遗址可命名为"井边—拔茅山矿冶遗址群"；2.宏观上看，"井边—拔茅山矿冶遗址群"与皖南"大工山—凤凰山矿冶遗址群"共同构成了长江下游矿冶中心；3.该地区矿冶活动的技术，主要分为采矿和冶铸两种类型，而冶铜工艺主要为硫化铜（含硫氧化矿）—铜硫化铜矿—冰铜—铜；4.西周中期以前的矿冶活动遗址里中原商、周文化因素占主导地位，西周晚期以后淮夷、群舒、吴越文化因素增强，到春秋晚期至战国，楚文化逐渐进入。

评议人吕健副教授认为，该文结合文献记载与考古发现，比较完整地揭示了枞阳地区矿冶生产活动发展脉络，并对典型遗址和采矿行为及其背后的人类活动做了一定分析，比较宏观地展示了这一地区矿冶活动发展的整体情况。但也存在一定的小问题，首先是文章中的图片与文字匹配性不高，尤其是在青铜文化发展脉络中，不能只有对器物的描述，应该加以说明性的图片。其次，论文中的表述也存在一定问题。最后，矿冶活动与人群活动和社会形态密切相关，因此需要结合文化要素特征进一步分析矿冶活动的人群来源。

来自扬州大学的王宁远同学以"两汉时期河西地区张掖人口相关问题探讨——以黑水国遗址汉代墓葬为考察中心"为题进行了报告。王宁远同学认为，该黑水国遗址汉代墓葬群所在区域不仅是张掖郡治核心区，而且其中还普遍出现了中原地区不同时期的墓葬形制。其次，他指出黑水国遗址汉代墓葬人群主要由中原屯戍移民、流民及数量较多的"蛮夷降者"组成。另外，黑水国遗址汉代墓葬人群中男性略多于女性，符合古代人类社会发展的一般规律。并且，黑水国遗址汉代墓葬人群死亡年龄偏年轻化，死因主要为战事、服役和上呼吸道疾病。

评议人吕健副教授首先肯定了王宁远同学对黑水国遗址汉代墓葬所做的梳理工作。随后他指出，该报告内容对同人口相关的问题探讨较少，与标题不太相符。此外，这项研究与人口相关的数据基本参考他人的研究成果，报告人应当仔细斟酌资料来源与出处，确保引用数据真实可靠。最后，报告中应说明人群年龄结构判定标准，因为现代与汉代对于青壮年的划分标准是不同的，不能用现代的视角去观察古代。此外，上呼吸道疾病对人群健康的具体危害也需要在报告中补充说明。

随后，来自中国社会科学院大学的高范翔同学以"营盘山史前聚落与社会"为题进行了报告。高范翔同学对营盘山史前聚落与社会进行了分析，提出几点认识。他认为，营盘山遗址可分为三期四段，聚落由中部向北部扩张，中心区的仪式活动逐渐增强。他进而指出，聚落初期的人群应为来自马家窑文化的农业人群，在第二段时掌握细石器技术的川北人群融入了聚落中，第三段受外界（川东地区）的影响，聚落凝聚力增强，手工业生产技术开始扩散。同时，在遗址最晚段出现了农业规模与人口不相匹配的现象，可能与社会分工的加速有关。

评议人彭辉副教授认为在这项研究中，从科技考古角度对先民生计形态进行了讨论，利用碳氮稳定同位素分析技术指出祭祀坑人群与本地人群的差异；利用家户考古理论，特别是遗物分布模式、遗物关联性、遗物功能与家户性质推导，对于史前遗址微观社会形态理解都很有帮助。同时，彭辉副教授也对该研究提出了几点建议。首先，遗址命名一般需要包含一个最小地点，标题改为"茂县营盘山史前聚落与社会"可能会更为准确。其次，论文中文字和插图的结合度不是很强，不利于读者理解作者的研究意图和研究结论，可以稍作调整。

最后，来自中国社会科学院大学的武钰娟同学以"陶寺文化老年群体墓葬研究"为题进行了报告。武钰娟指出陶寺遗址贵族中年长者所持有的、超出社会平均水平的炊食饮器、礼乐用器、工具以及装饰品，在一定程度上体现出老年贵族对于相关仪式活动和社会生产象征意义上的掌控。在平民中，老年群体在随葬品数量和墓圹面积上明显占有优势，并普遍随葬有相似的头部饰品。老年群体卓越的社会地位并非缘于他们积累了更多的财富，而与当时重老敬老的社会风尚有关。武钰娟认为，在陶寺文化时期，广义上"孝"的伦理观念已基本形成，这与文献中尧舜将人伦观念作为整个社会伦理政治核心的记载相互照应。

评议人彭辉副教授指出，该研究基于考古发掘报告进一步深入探索陶寺墓地所承载的古代社会信息，选取了老年人口这一具有特殊性的群体，运用各类数理统计方法，揭示出陶寺社会丧葬行为中潜藏的、针对不同年龄群体的葬制差异，并对陶寺文化社会心理这一方向做些尝试，是一项很有新意的研究。彭辉副教授也提出，将陶寺遗址墓葬中老年群体的特殊性与古史中尧舜之治敬老爱老表述相联系，还应仔细斟酌。

19日下半场讨论由南京师范大学韩茗副教授主持，南京师范大学徐峰教授、安徽大学张爱冰教授、南京师范大学贾鑫副教授担任评议人。

首先，来自上海大学的何逸舟同学以"崧泽文化墓地的性别研究综述"为题进行了报告。何逸舟同学系统地总结了前人在玉璜、纺轮、玉琮、玉钺等随葬玉器对性别推测的研究，她指出现有的研究或针对具体遗址进行统计分析，或直接沿用一般方法对无法依据人骨判断性别的墓葬进行性别推测，尚未见到全面、系统进行数据统计和分析的成果。此外，在现有性别标识物分析、推测的过程中，学者所使用的标识物种类和范围也各不相同，未见有对其共出情况的全面统计。

评议人徐峰教授指出，如何从考古现象来探讨史前社会的性别和组织结构，目前我们的研究还乏善可陈，而这项研究为我们提供了一个很好的范例。报告中提到，长江下游新石器时代自河姆渡至崧泽这段时间里，从女性普遍拥有玉璜和其他贵重玉饰件和随葬品，而男性一般用简单的生产生活用品随葬的特点来看，当时的社会结构似乎应该是从母居的母系社会，女性地位较男性为高。事实上，女性受到尊重可能并不是由于经济活动中的重要性，也不能由此推定当时是一种女权社会，报告人需要格外注意。

随后，复旦大学蒋成成以"安徽萧县金寨遗址大汶口文化中晚期陶器化学成分分析"为题进行了报告。她的研究发现金寨遗址东区墓葬随葬陶器的黏土原料可划分为两大类：第Ⅰ类为普通易熔性黏土，由本地陶土制作；第Ⅱ类有高铝质耐火黏土，含磷量较高，陶土和制作工艺具有外来性。她据此认为，聚落内异质性陶器的出现是与周边聚落进行密切交流与技术传播的结果，但其文化互动是基于资源和政治权力的竞争，还是通婚和贸易等和平共处，是今后需要从多元角度深入探讨的问题。此外，空间距离较近的墓葬的陶土化学成分较为相近，或存在以家庭为单位的手工业作坊，高等级墓葬随葬陶器的黏土原料更加多元复杂，是墓主生前社会网络关系的表征。

评议人贾鑫副教授指出，该项研究为我们展现了一幅该时期淮河流域文化的互动、碰撞、融合的生动景象，对认识大汶口文化中晚期社会复杂化进程以及早期中国文明起源具有重要意义。同时贾鑫也对研究提出了几点建议：首先，报告人采集的样品全部取自墓葬区，由于随葬的物品和日常使用的陶器可能存在差别，墓葬中陶器的元素分析可能无法完全反映当时的情况；其次，"采集5个现代土壤样品"存在歧义，应作修改；最后，文中多次提及不同的考古文化和人群流动等信息，但在区域图中没有体现，这增加了读者的理解难度，建议在区域图中体现出这些信息。

最后，来自南京师范大学的张佳佳同学以"中原商周文明与皖江南岸铜矿资源的文明互动及对此区域社会进程的促进"为题进行了报告。在报告中，张佳佳同学指出，为了夺取南方的铜矿资源，早在夏商时期，以二里头、二里岗文化为代表的中原文化就强势南下，影响了皖江南岸地区的青铜文化，使其长期与中原地区保持着密切的文化关联。张佳佳认为该地区的青铜文化也具有其他地方文化特点及自身文化特色。商周开始，该地区大量的铜矿资源被开发利用，除本地使用外，还大量运往中原地区，可能与所谓的"金道锡行"有关。受到中原青铜文化的影响，皖江南岸在社会发展与文化面貌上呈现多元化格局，除在器物、技术、文化方面受到中原文化的影响外，也逐渐形成自身的特点。

评议人张爱冰教授首先肯定了该项研究所做的工作。他指出，该报告青铜器资料收集齐全、翔实，完成度较高，但也存在以下几个问题：第一，论文第一部分对概念界定的描述可以考虑精简一些；第二，需要作者在研究中补充说明为何仅选取铜陵市作为青铜文化遗存探究的案例；第三，文章的第三部分以师姑墩为例，仅根据简报将相关遗物按照夏商周进行分期，并未体现与中原地区的碰撞和交流，明显与题目不符，需要仔细斟酌补充。

2022年8月19日下午，为期两天的"区域文明探源的考古学解读"研究生学术创新论坛于南京谷里中琅假日酒店落下帷幕。

四场主旨学术报告讨论的内容丰富，吸引了校内外师生及社会各界人士近1100人线上参与、近100人到现场聆听。其中，8月18日上午9：00至10：30由四川大学杰出教授霍巍在线上做了题为"三星堆考古新发新与古蜀文明探索"的主旨报告，报告由南京师范大学王志高教授主持。同日10：40~12：10由南京博物院张敏研究员做了题为"鸟瞰太湖——太湖流域文明化进程的宏观研究"的主旨报告，报告由南京师范大学裴安平教授主持。8月19日14:00~15:30由山东大学王芬教授做了题为"大汶口文化聚落结构比较分析"的主旨报告，报告由南京师范大学徐峰教授主持。同日15：35~17：05由中国社会科学院考古研究所李新伟研究员做了题为"多元一体的中华文明起源历程"的主旨报告，报告由南京师范大学彭辉副教授主持。

专题讨论于8月18日13：50~18：10、8月19日8：00~12：10分三个会场同时进行，主题各异。其中，第一会场参评论文共14篇，议题主要包括对长江中下游地区史前文化及族群的研究等，共有489人线上参会，20余人现场与会。第二会场参评论文共15篇，议题主要涉及魏晋南北朝、隋唐及明代的物质文化，以及东北亚地区文化交流与传播的讨论等，共有721人线上参会，30余人现场与会。第三会场参评论文共14篇，议题主要为科技考古方向，涉及史前遗址的动物资源利用、农业发展、矿冶活动等方面，共有413人线上参会，20余人现场与会。

闭幕式于8月19日17：20~18：30举行，共由分会场总结、优秀论文颁奖、论坛总结三个环节组成，对论坛进行了完整回顾。

安徽大学历史学院教授、博士生导师张爱冰对第一会场专题讨论进行了总结。张老师首先指出长江中下游地区文明探源的重要性。他表示参会论文较好地契合了此次论坛"区域文明探源的考古学解读"主题。此外，他对同学们思考问题的深度与广度表示了肯定，并对部分论题提出了自己的认识。

第二会场专题讨论由南京大学历史学院教授、博士生导师吴桂兵总结发言。在总结中他说到，同学们的选题新颖且前沿，老师们的点评极为精彩。他还指出，在当前疫情波动的背景下，举办这样规模的研究生论坛实属不易。为此，吴教授对本次论坛表示了充分的肯定，认为取得的经验值得今后借鉴。

南京师范大学社会发展学院副院长徐峰教授对第三会场专题讨论进行总结。他表示同学们的议题都十分有趣，在会议过程中，他深感自己也受益匪浅。第三会场的论文以科技考古为主，通过科技手段对古代遗存进行分析，以展现当时的社会风貌，这样的主题符合未来的流行趋势。此外，他表示同学们的研究不仅依靠科技数据，还通过思考提出独到的见解，具有很好的问题意识。

接下来是优秀论文颁奖环节。经过评议和慎重讨论，专家学者最终评选出一等奖、二等奖及优秀奖论文若干篇。其中一等奖论文获得者为首都师范大学李超、南京师范大学马健涛、复旦大学蒋成成，由南京师范大学研究生工作部胡华副部长颁发荣誉证书。二等奖论文9篇，由南京师范大学社会发展学院副院长杨光飞教授颁发荣誉证书。优秀奖论文若干篇，由南京师范大学社会学院党委副书记沈晓颖老师颁发荣誉证书。

论坛总结由南京师范大学社会发展学院院长王剑教授主持。王院长首先感谢主要策划人王志高教授对本次论坛倾注的心血。其次，他感谢诸位专家学者与40余位研究生同学的积极参与。王院长表示，南京师范大学考古学团队具有的团结、奉献精神，以及认真的工作态度值得肯定。此次论坛关于中华文明探源的讨论，对从事历史学研究的他本人来说也具有一定的启示意义，引发了他对于考古学与历史学关系的思考。

最后，本次论坛的主要策划人王志高教授也有感而发。他表示，论坛的成功举办离不开各相关单位领导、专家学者、同学们的大力支持和积极参与。此次论坛为南师大文博系首次举办的研究生学术论坛，还存在诸多不足与遗憾。最后，他对所有与会专家学者、领导及同学们表达诚挚的祝福。

8月20日上午，社会发展学院刘可维副教授带领参会的专家学者和研究生同学考察了祖堂山南唐二陵及牛首山文化景区。

至此，历时4天的"区域文明探源的考古学解读"研究生学术创新论坛相关学术活动全部结束，论坛圆满落幕。会后，不少参会、听会的研究生同学表示他们收获满满，这是一次难忘的学术之旅。

中国海洋大学曲海刚同学表示，他有幸参加本次论坛，不仅能与前辈学者进行思想交流与碰撞，还能切身体会他们追求学术真理的精神，正所谓"自由之思想，独立之精神"。

通过本次会议，他深切地感受到中华文明蕴含的智慧光辉，需要青年学子不断地探索。

南京大学史一帆同学表示，他有幸能够参加此次研究生学术创新论坛。在此次论坛中，作为一名美术学研究生，他学习到了很多考古学知识，了解了不少考古学研究方法。专题讨论时，老师们对每位同学的发言都进行了针对性的指导，让参会者受益匪浅。在最后的考察活动中，他深深领略到了南京厚重的历史积淀，见识到牛首山的美丽风景。这次学术活动中学习到的研究方法，对他以后的研究具有重要的指导意义。最后，他感谢此次论坛会务组的辛勤付出，祝福中国考古学蒸蒸日上。

首都师范大学李超同学表示，他感谢南京师范大学文博系策划的本次论坛，主办方从邀请、接待、学术报告、小组讨论，到学术考察、食宿等一系列会务安排都十分细心用心贴心，体现了南师大考古团队的认真和负责。论坛上老师、学生们各抒己见、争相讨论的学术氛围让其感触颇深。论坛的举办为他提供了与众多老师、同学认识、交流的机会，论坛期间的所闻所感使其获益良多。

复旦大学张也弛同学表示，她很荣幸能受邀参加南师大主办的本次论坛。会场上同学们精彩纷呈的报告，以及各位老师认真精到的点评，都让她受益匪浅。会场下大家讨论热烈，她以此为契机结识了不少新朋友。最后，她感谢南师大精心周到的策划安排，使其有机会与师友们齐聚金陵，共同学习探讨。对她来说，这是一段非常难忘的学术经历！

南京师范大学李笑榕同学表示，她是一名听会者，参会的专家学者始终把与会的同学们放在平等的位置，对同学们的汇报不吝赞美，亦慷慨分享他们自己的研究成果与观点，令她十分感动。在这样的氛围下，讨论一天比一天精彩，高潮不断，使她不敢错过任何有趣的新发现、新成果。会场之外，大家交流遇到的问题，分享各自的感受，互相鼓励，共同成长。她还表示，参与这样大规模的学术论坛，让她接触了各种研究课题，更体会到了学界师生的学术热情，所经历的种种使她对自己未来的学术道路充满期待。

江苏大学王馨表示，她庆幸自己有机会参加这样一次有意义的学术论坛。同学们的汇报非常精彩，拓宽了其学术视野！评议老师也认真严谨地指出了同学们论文中存在的问题。最大的收获是她在会期认识了众多优秀的老师和同学，与他们学习交流受益无穷。她感谢吴桂兵、刘可维老师的赐教以及龚巨平、祁海宁老师的指正！还要感谢论坛幕后的老师和同学。她希望将来能举办更多这样高质量的研究生学术论坛，为青年学子接力中华文明探源工程提供更多的学术平台！

整理者：刘玥、刘可维、孙宇洋、徐良、欧萌、彭辉、师宏伟、马健涛、肖小月

离心逐春草，直到建康城

——区域文明探源视域下的南京地区汉唐考古研讨会

2023年3月18日，由南京师范大学社会发展学院、南京市考古研究院联合主办，南京师范大学社会发展学院文博系、南京师范大学六朝历史文化研究所承办的"区域文明探源视域下的南京地区汉唐考古研讨会"隆重开幕。来自四川大学、南京大学、南京市文物局、南京市考古研究院、南京市博物总馆、南京市博物馆、南京师范大学等单位的三十余名专家学者及学生共聚于南京师范大学随园校区400号楼111报告厅，就"汉唐考古的特点、研究方法、前沿论题""南京地区区域文明探源工作中的汉唐考古任务""南京地区秦汉考古、隋唐五代考古的主要收获""南京地区秦汉考古、隋唐五代考古亟待解决的重要问题"等议题展开研讨与交流。

本次研讨会由南京师范大学文博系王志高教授主持，他首先简要介绍了出席会议的专家、领导及研讨会的背景、中心议题，并向受邀出席的四川大学讲席教授齐东方先生表示诚挚的问候与崇高的敬意。

　　会议伊始，南京师范大学社会发展学院王剑院长致辞。他表示，基于南京师范大学文博系与其他兄弟院校、单位之间的密切联系和紧密合作，本次研讨会才能顺利召开。南师文博系在"区域文明探源"课题上有一定研究基础，契合于中共中央政治局在第三十九次集体学习期间提出的"深化中华文明探源工程"的要求，具有敏锐性与前瞻性。南师文博系目前正处于快速发展时期，学校及学院对其学科建设、教师队伍建设极为重视，他期望南师文博系与其他兄弟院校、单位能继续保持密切的学术交流，并引进更多优秀人才参与南师文博系的建设。

　　其后，南京市考古研究院书记赵薛灏致辞。他指出南京是承载中华文明发展进程的重要城市，通过多年来的研究工作，南京考古工作者已基本勾勒出南京地域文明的大体面貌，以及其从产生、形成、发展至成熟的历史主线，彰显了南京别样的文化特质与重要的历史地位。在此背景下，本次会议旨在通过专家学者们的思想碰撞、相互探讨，推进南京地区的汉唐考古研究，以期开创中国考古学更为广阔的发展局面。

　　随后，四川大学讲席教授齐东方先生就汉唐考古的特点、研究方法、前沿论题等方面进行了系统阐述。在进入正题前，齐老师称赞南京师范大学考古文博专业虽成立较晚，但教师的学术背景较为多元，从而促进了其学术的发展和进步。目前南师考古文博专业学术氛围浓厚、学术交流频繁、学术影响较大，呈现出欣欣向荣、蒸蒸日上的面貌。

　　接下来，齐老师以平实质朴的语言正式引入议题，他用"文献"一词高度概括了汉唐考古的特点，认为中国考古学可分为史前考古与历史时期考古，二者可以区分的主要原因在于：历史时期考古有着大量的文献资料可以参考、利用。相较于其他国家，中国有着记录历代社会基本框架的官修史书，自古便对历史文献极其重视。因此，尽管考古学是一门依靠实物"说话"的学科，但大量的文献使得历史时期考古拥有了自身特质。他还指出，一名优秀的历史时期考古研究者需要将考古材料与文献资料紧密结合，若能再精通外语，了解国外研究动向，则更胜一筹。随后，齐老师立足于他自己在汉唐考古方面的研究经验，分享了他对运用文献的新理解。历史学侧重于通过文献研究重大历史事件、制度性问题等，考古学则侧重于透过物质文化研究古代社会、精神思想等。他认为，历史时期考古研究者还需关注及运用除正史外的文献材料，从所谓的"野史"（包括笔记小说、诗词歌赋）中寻找佐证，以解决考古学问题。

　　有鉴于此，齐老师以长安城为例展开了具体分析。以往的考古学研究，主要聚焦在长安城的城市布局等方面，忽视了最为核心的一个问题：关于"人"的一切，即城中民众的生活内容、居住特点等。若想解决此类问题，只关注正史恐不全面，故而要借助"野史"。他首先以白居易诗词为切入点，以此勾勒出长安民众的基本生活面貌。"长安米贵，居大不易"，白居易实为"北漂"，终其一生都在为住房"奔波"。他初为九品官校书郎，租住于常乐坊，距离皇城、东市、郊外皆为近便，能够满足年轻官员在生活、工作与消遣上的基本需求。在其短暂的仕途中，白居易曾六次搬家，后终于晚年购入住宅。他在诗歌中极为坦诚地透露了自身的收入、住房以及如何搬家等细节，而这些便是长安人租房、换房、购房的真实写照。可见白居易的诗歌虽非正史，但对于解决考古学问题仍具有很大价值。此外，齐老师还通过搜集唐诗中的鹦鹉形象，进行分类分期，分析鹦鹉纹诞生的文化根源、文化成因、具体内涵，阐释了鹦鹉在唐人心中的文化含义；通过中外鹦鹉纹的对比，可以了解中外文化的交融互通。由此，齐老师得出结论：考古研究者们既要将已发掘出的物质遗存建立起整体性框架，又要将历史文献中还未被世人觉察之处挖掘出来，进而解决历史问题。

在深入剖析汉唐考古特点的基础上，齐老师就汉唐考古的研究方法提出了见解。其一，考古研究不必困囿于研究方法。对于研究而言，过分强调方法则会落入俗套，最为紧要的是关注理论，方法仅是解决问题的工具。其二，研究方法是能够被创造的。国外学者大多善于创造新方法，甚至是新理论，这一点国内学者应引以为鉴。其三，某一类方法并非放之四海皆准，还需具体问题具体分析。以南京六朝瓷器的分期为例，关注制作技术，则要着重于其釉色、胎质的研究；要了解六朝民众的生活状态，则需重视与起居息息相关的器物形态；而要知晓六朝民众的意识形态，则要将重点放在瓷器的纹样、堆塑等方面。

最后，齐老师概括了汉唐考古的前沿论题。他认为，我国考古学需要努力融入世界，不仅要从中国看世界，还要从世界看中国。目前我国虽已进入"中国考古学的黄金时代"，但主要是基于诸多重大的考古发现，而非"考古研究"。中国考古学研究较之国外依然有一定差距，诸多研究领域尚且存有空白。只有将中国考古学推向世界的高度，才能使我们的思想观念有所进步，继而深发自省。此外，研究某一时期、某一器物、某一文化、某一墓葬的特点，要站在中西文化地域的横向角度，以及中国朝代更替时序的纵向角度比较异同，只有这样才能准确把握中国文明最为独特的那一部分。

来自南京市考古研究院的龚巨平研究员介绍了南京地区汉唐考古的主要任务。他认为相较于其他历史阶段，南京汉代、唐代的遗存较少，考古研究相对薄弱。在此背景下，有必要于本次研讨会明确南京地区汉代、唐代考古的主要任务：汉代考古的重心在于研究南京地区侯国、郡县的基本情况，通过小丹阳、秣陵和湖熟等地区的考古发现来揭示这一时期封国的社会形态与发展水平；隋唐考古研究的时代下限可至五代时期。这一时期南京地位较之前有所提高，可着力研究这一时期的金陵城、栖霞山石窟寺等课题。

南京市考古研究院的王宏研究员随后总结了南京地区秦汉时期考古工作的主要收获。自1949年以来，南京地区发掘了大量汉代墓葬，主要位于六合、高淳、溧水、栖霞山周围及江宁等地区。近几年南京市考古研究院又陆续发掘多处汉墓群。江北地区汉墓群：其一位于六合棠邑城附近；其二位于六合高余村，可追溯至西汉前期；其三位于浦口九峰山，可能为一处重要交通要道上的居民点。江南地区汉墓群：一处在江宁街道，位于江宁河与长江的交汇之处；一处在板桥，位于板桥河与长江的交汇点。王宏研究员认为，南京地区汉代墓葬的分布，应与两汉时期的地方行政建置紧密相关。

接下来，南京市博物总馆邵磊研究员以隋代始建的栖霞寺舍利塔与南唐栖霞山舍利塔为切入点，介绍了南京地区隋唐五代考古的研究成果。仁寿年间，隋文帝杨坚曾先后三次在全国修建了113座舍利塔。前人通常认为杨坚下诏"建康城邑宫室，并平荡耕垦"，城内荒芜无寺庙，而栖霞寺位于偏远的摄山，保存完好，故于此修建了蒋州舍利塔。邵磊研究员通过梳理文献记载与考古发现对这一问题提出了新认识，廓清了蒋州舍利塔修建于栖霞寺的主要缘由。隋一统后，建康城邑宫室、礼制建筑被摧毁在情理之中，但杨坚作为"我性由佛"的佛教信徒，恐怕难以做出毁坏佛寺、驱逐僧人的行为。对比南京诸多名刹，栖霞寺有着足以打动杨坚与北方僧团的独特优势——早与栖霞寺融为一体的南齐千佛岩石窟造像。此外，杨坚立舍利塔诏中称："未注寺者，就有山水寺所起塔依前山。"栖霞寺依山临江、林壑优美，符合建塔要求。最后，他指出可以对南唐栖霞寺舍利塔进行更深入的研究，如分析其建造年代、南唐中主保大三年千佛岩石窟被大规模修缮与栖霞寺舍利塔的关联、舍利塔密檐式塔顶天宫中"开元通宝"铜钱的年代等问题。

茶歇之后，南京市博物馆岳涌研究员就南京地区汉唐考古研究中要注意的问题发表感想。他认为，永嘉之乱后北方地区的习俗、礼仪和观念同南方地区不断融合，经过若干年的沉淀会形成某种新生的独特礼俗，并最终以物质形态体现在墓葬中。在研究南京地区汉唐时期墓葬的出土器物时，应加强对出土器物年代、性质的判断，具体问题具体分析，切不能一概而论。

南京大学的吴桂兵教授首先表达了对齐东方先生学术造诣的敬佩，随后肯定了王志高教授筹办此类学术活动的积极意义。接着，他指出，文明探源工程在过去多集中在宏观的国家层面，本次论坛创新性地聚焦于区域文明探源，对研究南京地区的历史文化具有重要意义。其后，吴桂兵教授就南京地区汉唐考古研究工作提出了三点建议：第一，历史时期考古与文献的关系十分密切，在具体研究时应融会贯通、旁征博引。不仅要重视传统的历史类文献，更要善于运用古代诗词、小说和笔记等，以解决考古学问题为最终要义。第二，田野工作应不断更新发掘理念，运用科学系统的田野考古方法。第三，科技考古手段应更多应用在汉唐考古研究中，尤其是对于传统考古学难以解决的问题，科技考古会为我们提供更多线索。

接下来，南京师范大学文博系的王志高教授结合自己在南京考古一线的多年工作经历，就南京地区汉唐考古研究存在的不足提出了看法：过去因欠缺课题意识，南京地区秦汉及隋唐五代时期的考古工作进度缓慢，相关研究资料也未能系统地整理、公布。南京地区的秦汉考古工作极其重要，今南京市域的建置格局即主要在秦汉时期所奠定。他鼓励相关考古研究者关注这些重点、难点问题，希望通过此次会议可以加强南京地区汉唐考古研究的课题意识，助力南京地域文明探源工程。

之后，南京博物院左骏研究员就南京地区汉唐考古亟待解决的问题提出了自己的看法。他认为，目前尚有大量汉唐时期的考古发掘资料未能系统整理发表，这些考古资料是解决南京地区汉唐考古具体问题的重要基础，相关工作应提上日程。其次，考古发掘理念及方法应不断更新，重视现代科技手段与考古发掘工作相结合。他认为南京地区在汉唐时期地理位置极其重要，更是六朝都会所在地，需要加强中央与地方关系的相关研究。他以山东青岛土山屯汉墓 M147 为例，说明堂邑令刘赐在今南京地区去世后归葬琅琊的过程，其墓葬中出土的部分器物具有鲜明的吴越文化特色，为研究汉代中央与地方的物质文化交流及政治制度等问题提供了宝贵资料。

接下来，来自南京师范大学的韩茗老师发表了自己的感想。韩老师认为，文献功底与外语水平对考古研究者而言十分重要。今天的考古研究者应博采众长，积极吸收国内外的优秀研究成果。同时，韩茗老师表示此次与会是一种幸运，南京地区汉唐考古已经取得了诸多收获，在如此深厚学术基础与材料积累的情况下，能得到众多专家学者的支持，将使得未来南京地区汉唐考古工作更进一步。

来自南京市考古研究院的苏舒老师结合自己在考古一线的工作经历就相关问题发表了看法。她认为通过对南京地区出土青瓷的研究可以发现，东晋之后南京地区的青瓷品种众多，不同于早期以越窑产品为主的文化面貌。这一发现有助于我们探讨南京与其他地区的文化交流情况。此外，近年来南京地区还发现了大量的砖瓦窑址，部分窑址与周边墓葬存在直接联系，但由于未出土可供判断年代的材料，其年代及性质仍然不明。这些窑址对研究南京地区六朝墓葬的营造情况十分重要，突破这一难题意义重大。

来自南京市文物局的梁爽老师首先肯定了南师文博专业近年来所取得的成就，随后结合自己在南京地区汉唐考古方面的研究提出了一些认识。他认为在开展南京地区汉唐考古研究时，文献的重要性不可忽视。在运用古代文献时应以解决考古学问题为最终目的，不论何种文献都可为我所用。他建议加强汉唐时期南京地区与域外文化的对比研究，准确把握这一时期南京地区文化发展的特征。

其后，南京师范大学博士研究生徐良就汉代玉器的相关问题向齐老师提问：由于两汉时期玉器种类丰富，且部分为旧玉改制，针对这一情况，该如何应用考古类型学开展研究？齐老师指出，目前未见其他古代文明如中国这般重视玉器，玉器是中国古代物质遗存的独特代表。同时，玉器与其他实用器物不同，其文化含义的丰富程度要远远超过其他实用器物。考古类型学可以广泛运用在物质遗存的研究中，但考古类型学只是判断遗存相对年代的一种方法，在具体的研究中不应只局限于此，还应具体问题具体分析，做到考古学研究方法的活学活用。

最后，南京师范大学社会发展学院副院长徐峰教授对此次论坛进行总结。他首先感谢与会的各位学者，认为大家提出了许多值得思考的新观点，拓宽了南京地区汉唐考古的研究思路。他说，在近年中国考古学界区域文明探源研究中，以"何以"为前缀，后跟区域名称的表述频频可见。这种"何以××"的语式最早见于陈星灿先生的书评《何以中原》，该文的中心议题是：历史上最早的夏商王朝为什么在中原地区产生，简称"何以中原"。之后，许宏先生将"何以"这个前缀置于"中国"前面，旨在探索最早"中国"的诞生，即二里头这个最早"中国"的由来。自"何以中国"之后，"何以"就被诸多考古学研究者"复制粘贴"到了各自的关注区域上。这些称谓的内涵，简单来说，就是进行区域性文明探源研究，重建区域性的历史进程。譬如，"何以良渚""何以福建""何以晋南""何以广州"等。这一现象深刻体现了学界对区域文明探源的热情。徐峰教授指出，传统的区域文明探源工作多集中在史前时期，而南京地区在永嘉之乱后才真正迎来了快速发展。因此，针对南京地区的区域文明探源亦可由汉唐时期入手，此举对南京地区考古工作大有裨益。

整理者：唐嘉遥、李佳璇、高庆辉、赵五正

附录 南京师范大学考古学系列讲座、学术会议一览

（2018年4月~2023年6月）

一 学术讲座

1. 张敏"长江下游先秦考古与古史传说"，主持人：王志高，随园校区600号楼117报告厅，2018年4月4日

2. 祁海宁"2010年度全国十大考古新发现之南京大报恩寺遗址的考古发掘及保护展示"，主持人：王志高，随园校区600号楼117报告厅，2018年5月9日

3. 林留根"从史前考古新发现看长江下游文明化进程"，主持人：王志高、徐峰，仙林校区学明楼507教室，2018年6月22日

4. 刘刚"南京民国总统府建筑文化赏析"，主持人：王志高，仙林校区学正楼307教室，2018年9月25日

5. 黄朴华"重现天日的长沙简牍文书"，主持人：王志高，仙林校区学正楼307教室，2018年11月6日

6. （韩）赵胤宰"从考古及文献材料看百济与南朝的交流"，主持人：王志高，仙林校区学正楼404教室，2018年11月12日

7. 田立坤"龙城考古发现及研究"，主持人：王志高，仙林校区学正楼404教室，2018年11月12日

8. 何努"精神文化考古理论概说"，主持人：徐峰，仙林校区学海楼521教室，2018年11月14日

9. （日）盐泽裕仁"日本禅茶文化与中国漆器"，主持人：王志高，仙林校区学海楼325教室，2018年12月18日

10. （日）桃崎祐辅"魏晋南北朝时期复合的骑马文化和佛像变化的考古研究"，主持人：刘可维，随园校区400号楼213会议室，2019年3月18日

11. 王兴平"元明青花瓷鉴赏"，主持人：王志高，随园校区 600 号楼 117 会议室，2019 年 4 月 13 日

12. 宫希成"安徽商周青铜器的发现与研究"，主持人：王志高，随园校区 600 号楼 117 会议室，2019 年 4 月 13 日

13. 叶舒宪"深度认知中国文化的理论构建——文化人类学的视角"，主持人：徐峰，仙林校区学正楼 403 教室，2019 年 5 月 10 日

14. 李银德"汉代的玉衣殓葬制度"，主持人：王志高，随园校区 600 号楼 117 报告厅，2019 年 5 月 11 日

15. 汪勃"考古学视野中的唐宋扬州城遗址"，主持人：王志高，随园校区 600 号楼 117 报告厅，2019 年 5 月 11 日

16. 吴传仁"欧亚草原青铜时代——植物考古新发现"，主持人：徐峰，随园校区 400 号楼 213 会议室，2019 年 9 月 12 日

17. 裴安平"中国的家庭、私有制、文明、国家和城市起源"，主持人：王志高，随园校区 600 号楼 117 报告厅，2019 年 9 月 28 日

18. 韦正"魏晋十六国北朝墓葬"，主持人：王志高，随园校区 600 号楼 117 报告厅，2019 年 10 月 12 日

19. 王光尧"五大名窑新解"，主持人：王志高，随园校区 600 号楼 117 报告厅，2019 年 10 月 12 日

20. 张明"古 DNA 研究方法及其在考古学中的应用"，主持人：陈曦，仙林校区学正楼 404 教室，2019 年 11 月 19 日

21. 刘庆柱"考古发现与研究从'是什么'到'为什么'——以古代都城考古发现研究为例"，主持人：王志高，仙林校区敬文图书馆二楼西报告厅，2019 年 11 月 23 日

22. 卢海鸣"流动的遗产——南京历代运河的故事"，主持人：王志高，仙林校区敬文图书馆二楼西报告厅，2019 年 11 月 23 日

23. 夏勇"应天承水——良渚文明的崛起"，主持人：陈曦，仙林校区学正楼 408 教室，2019 年 12 月 10 日

24. 赵诣"佛教视域下三国两晋南北朝时期的天堂与净土艺术"，主持人：徐峰，随园校区 400 号楼 213 会议室，2020 年 1 月 2 日

25. 陈学媛"《海州吟诵》赏析会"，主持人：白莉，仙林校区北区双创空间（北区食堂二楼里侧平台），2019 年 12 月 29 日

26. 胡耀武"考骨的故事"，主持人：陈曦，仙林校区学正楼 507 教室，2020 年 9 月 18 日

27. 王仁湘"众神之像——创世神话中的重重蛇影"，主持人：王志高，随园校区 600 号楼 117 报告厅，2020 年 9 月 21 日

28. 李梅田"死亡考古学：关于墓葬考古研究的一点思考"，主持人：王志高，随园校区 600 号楼 117 报告厅，2020 年 9 月 21 日

29. 陶思炎"文化遗产的释读——象征解码与误读解析",主持人：白莉，随园校区400号楼213会议室，2020年11月2日

30. 祁海宁"南京大报恩寺遗址的考古发现与研究——东吴长干寺研究",主持人：王志高，随园校区600号楼117会议室，2020年11月11日

31. 周晓东"舜风舜水，她在焦溪——一个江南古镇的申遗梦",主持人：徐峰，随园校区400号楼213会议室，2020年11月12日

32. 李新伟"中国学者视角下的玛雅文明揭秘：玛雅名城科潘考古记",主持人：王志高，随园校区600号楼117报告厅，2020年11月16日

33. 沈岳明"秘色瓷的终极密码",主持人：王志高，随园校区600号楼117报告厅，2020年11月16日

34. 吕春华"江苏近年来考古工作与大遗址保护政策导向与成功案例",主持人：祁海宁，随园校区600号楼117报告厅，2020年11月21日

35. 沈卫荣"陈寅恪与语文学",主持人：刘可维，随园校区600号楼117报告厅，2020年11月30日

36. 田兆元"创世神话和图像叙事",主持人：白莉，随园校区400号楼213会议室，2020年12月1日

37. 王世民"夏鼐与新中国考古学",主持人：王志高，随园校区600号楼117报告厅，2020年12月14日

38. 郑建明"青瓷与青瓷文明",主持人：王志高，随园校区逸夫楼一楼报告厅，2020年12月23日

39. 王志高"最早的金陵——从考古发现谈早期南京的区域中心",主持人：祁海宁，随园校区600号117报告厅，2021年3月17日

40. 陶思炎"中国鱼文化——功能探究与鱼谜揭解",主持人：徐峰，仙林校区敬文图书馆二楼西报告厅，2021年3月19日

41. 杨新华"文博工作者的情怀与担当",主持人：王志高，仙林校区敬文图书馆二楼西报告厅，2021年4月18日

42. 陆勤毅"汉代九大都会之现状及其兴衰原因分析",主持人：王志高，仙林校区敬文图书馆二楼西报告厅，2021年4月18日

43. 邓玮光"敏感的边缘人——从温峤、温式之墓志试析温氏家族的贵族化之路",主持人：刘可维，仙林校区学正楼403教室，2021年4月19日

44. 刘国祥"红山文化玉器及相关问题研究",主持人：王志高，仙林校区敬文图书馆二楼西报告厅，2021年4月25日

45. 张照根"考古学理论与实践的思考",主持人：王志高，仙林校区敬文图书馆二楼西报告厅，2021年4月25日

46. 于成龙"山下青山——茅山山麓周代土墩墓漫谈",主持人：徐峰，随园校区信息楼

304 会议室，2021 年 4 月 27 日

47. 赵俊杰"国祭圣山——金代长白山神庙遗址的发掘与初步研究"，主持人：陈声波，仙林校区学正楼 406 教室，2021 年 5 月 12 日

48. 张学锋"'南船'与'北马'——漫说隋唐大运河的世界史意义"，主持人：刘可维，仙林校区学正楼 401 教室，2021 年 5 月 12 日

49. 孙华"从三星堆埋藏坑看古蜀文明"，主持人：王志高，仙林校区敬文图书馆二楼西报告厅，2021 年 5 月 18 日

50. 沈睿文"隋废太子杨勇与圆形墓"，主持人：王志高，仙林校区敬文图书馆二楼西报告厅，2021 年 5 月 18 日

51. 周保华"东吴名将，江表虎臣——丁奉家族墓考古发掘"，主持人：祁海宁，随园校区 600 号楼 117 报告厅，2021 年 5 月 21 日

52. 王志高"谈谈郑和的葬地问题"，主持人：陈祖滢，仙林校区学正楼 404 教室，2021 年 5 月 22 日

53. 曲艺"科隆大教堂——'北方耶路撒冷'的标志性建筑"，主持人：郭卉，随园 600 号楼 117 报告厅，2021 年 5 月 25 日

54. 闻磊"郢路辽远——楚纪南故城考古发现与研究"，主持人：陈曦，仙林校区化行楼 101 报告厅，2021 年 5 月 27 日

55. 徐天进"考古学文化的年代与族属——以宝鸡石鼓山西周墓葬为例"，主持人：王志高，仙林校区敬文图书馆二楼西报告厅，2021 年 6 月 26 日

56. 徐良高"从文献与考古关系再审视到二里头文化研究的反思"，主持人：王志高，仙林校区敬文图书馆二楼西报告厅，2021 年 6 月 26 日

57. 仲召兵"变局——崧泽文化在环太湖地区社会进程中的地位"，主持人：徐峰，南京师范大学薛城遗址考古教学实习基地，2021 年 9 月 29 日

58. 曲枫"二元结构主义述评：物质有性别吗？"，主持人：王志高，随园校区 600 号楼 117 报告厅，2021 年 10 月 20 日

59. 吴桂兵"被遮蔽的'妞妞'：中古墓葬考古研究的旧材料与新视角"，主持人：王志高，仙林校区敬文图书馆二楼西报告厅，2021 年 10 月 31 日

60. 耿建军"2020 年度中国十大考古新发现之徐州土山二号汉墓"，主持人：王志高，仙林校区敬文图书馆二楼西报告厅，2021 年 10 月 31 日

61. 赵志军"植物考古概述"，主持人：贾鑫，南京师范大学薛城遗址考古教学实习基地，2021 年 11 月 14 日

62. 霍华"谈谈中国古代瓷器的品种谱系"，主持人：王志高，仙林校区敬文图书馆二楼西报告厅，2021 年 12 月 4 日

63. 龚巨平"清凉问佛——法眼祖庭清凉寺遗址的考古新发现"，主持人：王志高，仙林校区敬文图书馆二楼西报告厅，2021 年 12 月 4 日

64. 田甜 "博物馆如何为公众策划一个好展览？"，主持人：白莉，随园校区 600 号楼 117 报告厅，2021 年 12 月 23 日

65. 魏坚 "居延考古与额济纳汉简"，主持人：王志高，仙林校区敬文图书馆二楼西报告厅，2021 年 12 月 28 日

66. 姬翔 "良渚遗址群石器岩性鉴定与石料来源研究"，主持人：孟诚磊，南京师范大学薛城遗址考古教学实习基地，2021 年 12 月 28 日

67. 夏天 "南京白局传承与创新实践探索"，主持人：白莉，仙林校区敬文图书馆二楼西报告厅，2021 年 12 月 29 日

68. 贺云翔 "考古学是什么"，主持人：王志高，仙林校区学明楼 502 大报告厅，2021 年 12 月 30 日

69. 郑晓蕖 "植物考古理论与方法"，主持人：韩茗，腾讯会议，2022 年 4 月 23 日

70. 陈刚 "考古研究与服务公众——以大云山西汉江都王陵考古研究及文化产品为中心"，主持人：刘可维，腾讯会议，2022 年 4 月 27 日

71. 程义 "苏州虎丘路三国大墓墓主身份再考"，主持人：王志高，腾讯会议，2022 年 4 月 28 日

72. 王宣艳 "宋代文物原创展、策展手记"，主持人：孟诚磊，腾讯会议，2022 年 4 月 29 日

73. 黎毓馨 "吴越国时期的佛教舍利容器"，主持人：王志高，腾讯会议，2022 年 5 月 5 日

74. 杨哲峰 "唐以前陶瓷发展中的胎釉结合问题：以白胎器物为中心"，主持人：王志高，腾讯会议，2022 年 5 月 8 日

75. 张良仁 "汉代崖墓开凿技术的来源：一种假说"，主持人：王志高，腾讯会议，2022 年 5 月 9 日

76. 邵磊 "栖霞山千佛岩南朝石窟的开凿与功德主"，主持人：王志高，腾讯会议，2022 年 5 月 11 日

77. 赵春燕 "利用锶同位素分析技术追踪古代人类和动物的迁移活动"，主持人：陈曦，腾讯会议，2022 年 5 月 14 日

78. 彭善国 "人间瓷器——康熙瓷器上的人物故事"，主持人：陈声波，腾讯会议，2022 年 5 月 16 日

79. 豆海锋 "冲击与调适：长江中游早期青铜文化的发展与影响"，主持人：徐峰，腾讯会议，2022 年 5 月 18 日

80. 李锋 "多维的旧石器时代考古学研究"，主持人：陈曦，腾讯会议，2022 年 5 月 27 日

81. 徐宁 "中国博物馆事业的开创者——张謇"，主持人：王志高，腾讯会议，2022 年 6 月 17 日

82. 霍巍 "三星堆考古新发现与古蜀文明探索"，主持人：王志高，南京中琅假日酒店四楼紫金厅，2022 年 8 月 18 日

83. 张敏"鸟瞰太湖——太湖流域文明化进程的宏观研究",主持人:裴安平,南京中琅假日酒店四楼紫金厅,2022年8月18日

84. 王芬"大汶口文化聚落结构比较分析",主持人:徐峰,南京中琅假日酒店四楼紫金厅,2022年8月19日

85. 李新伟"多元一体的中华文明起源历程",主持人:彭辉,南京中琅假日酒店四楼紫金厅,2022年8月19日

86. 黄洋"从信息化到智慧化——智慧博物馆发展之路",主持人:王志高,随园校区600号楼117报告厅,2022年10月5日

87. 裴安平"见土要见人——考古地层学",主持人:彭辉,南京师范大学薛城遗址考古教学实习基地,2022年10月8日

88. 周晓陆"汉字的起源",主持人:王志高,随园校区中大楼弘爱报告厅,2022年10月9日

89. 裴安平"环境考古新思维——以湘西北澧阳平原为例",主持人:彭辉,南京师范大学薛城遗址考古教学实习基地,2022年10月9日

90. 萧家仪"从古地理学角度初论良渚文化过长江的路径",主持人:彭辉,南京师范大学薛城遗址考古教学实习基地,2022年10月14日

91. 周学鹰"中国传统木构建筑构架体系辨析",主持人:王志高,仙林校区敬文图书馆二楼西报告厅,2022年10月15日

92. 李竹"美成在久——中国古代玉文化的当代观照",主持人:王志高,仙林校区敬文图书馆二楼西报告厅,2022年10月15日

93. 张敬国"凌家滩遗址——东方文明起源的曙光",主持人:王志高,仙林校区敬文图书馆二楼西报告厅,2022年11月20日

94. 李则斌"广陵与东阳——汉代江淮地区诸侯王陵",主持人:王志高,仙林校区敬文图书馆二楼西报告厅,2022年11月20日

95. 江建新"谈御窑厂出土明代洪武官窑瓷器、建筑构件及相关问题",主持人:王志高,腾讯会议,2022年11月26日

96. 王光尧"从外来方物到皇权象征——大报恩寺出土琉璃研究的新思路",主持人:祁海宁,腾讯会议,2022年12月9日

97. 郭晓涛"问道洛阳——汉魏洛阳城道路系统考古发掘与研究",主持人:刘可维,随园校区南山专家楼第二会议室,2022年12月9日

98. 汤惠生"史前探案——考古学的故事",主持人:王志高,随园校区中大楼弘爱报告厅,2023年2月21日

99. 胡阿祥"历史学家眼里的考古学",主持人:王志高,仙林校区学明楼502报告厅,2023年2月26日

100. 齐东方"丧葬中的爱恨情仇",主持人:王志高,仙林校区学明楼502报告厅,2023

年3月18日

101. 王书敏"东京梦梁，临安风华——考古所见两宋居民文化生活拾零"，主持人：王志高，随园校区600号楼117报告厅，2023年4月16日

102. 颜一平"文化遗产赋彩城市形象的演生机制探析——以六朝文物、怀古文学与古都金陵形象的关系为中心"，主持人：王志高，随园校区600号楼117报告厅，2023年4月16日

103. 毛阳光"河洛文化漫谈"，主持人：白莉，洛阳师范学院历史文化学院308教室，2023年4月19日

104. 陈杰"夏商时期的江南：研究现状与问题"，主持人：徐峰，随园校区400号楼111会议室，2023年4月20日

105. 彭辉"发现薛城——2021~2022年度南京师范大学田野考古实习汇报"，主持人：王志高，随园校区600号楼117会议室，2023年5月10日

106. 王奇志"博物馆建设的新实践与新思考——从扬州中国大运河博物馆说起"，主持人：王志高，仙林校区敬文图书馆二楼西报告厅，2023年5月20日

107. 白云翔"关于历史时期考古学的再思考"，主持人：王志高，仙林校区敬文图书馆二楼西报告厅，2023年5月20日

108. 卞坚"当下博物馆展览策划的思考——以安徽博物院为例"，主持人：王志高，仙林校区敬文图书馆二楼西报告厅，2023年6月3日

109. 左骏"已阅沧桑几变迁——从江苏发现的两件琮谈起"，主持人：王志高，仙林校区敬文图书馆二楼西报告厅，2023年6月10日

110. 刘尊志"'丝路'背景下汉代日常生活的考古学观察"，主持人：王志高，仙林校区敬文图书馆二楼西报告厅，2023年6月10日

二 学术会议

1. 六朝考古学术工作坊（第一期）·青年学者专场，随园校区400号楼213会议室，2019年6月15日

2. "中日青年学生的对话：文化交流视角下的古代文化遗产"，仙林校区敬文图书馆二楼西报告厅，2019年9月16日

3. 六朝考古学术工作坊（第二期），随园校区400号楼213会议室，2019年11月24日

4. "江南视域下的六朝文化"暨六朝考古学术工作坊（第三期），安徽省马鞍山市图书馆，2020年11月6日至8日

5. 建康与洛阳：考古工作者的对话，南京市秦淮区大板巷55号三楼会议室，2021年11月20日

6. "薛城遗址发掘与宁镇地区早期文明"论坛，南京市高淳区，2021年12月9日至11日

7. "溧阳地域文明探源"论坛暨六朝考古学术工作坊第四期，江苏省溧阳市万豪酒店，2021年12月25至27日

8. 马鞍山市翠螺山古代城址考古发现与保护利用专家论证会，安徽省马鞍山市海外海皇冠大酒店，2022年8月5日至7日

9. "区域文明探源的考古学解读"研究生学术创新论坛，南京中琅假日酒店，2022年8月17至20日

10. 区域文明探源视域下的南京地区汉唐考古研讨会，随园校区400号楼111报告厅，2023年3月18日

图书在版编目（CIP）数据

随园论道：考古学理论与实践讲演录 / 王志高主编
. -- 北京：社会科学文献出版社，2023.11（2024.5重印）
ISBN 978-7-5228-2523-6

Ⅰ.①随…　Ⅱ.①王…　Ⅲ.①考古学－中国－文集
Ⅳ.①K870.4-53

中国国家版本馆CIP数据核字（2023）第179943号

随园论道
———考古学理论与实践讲演录

主　　编 / 王志高

出 版 人 / 冀祥德
责任编辑 / 李　淼
责任印制 / 王京美

出　　版 / 社会科学文献出版社·生态文明分社（010）59367143
　　　　　　地址：北京市北三环中路甲29号院华龙大厦　邮编：100029
　　　　　　网址：www. ssap. com. cn
发　　行 / 社会科学文献出版社（010）59367028
印　　装 / 三河市东方印刷有限公司

规　　格 / 开　本：787mm×1092mm　1/16
　　　　　　印　张：27.5　字　数：610千字
版　　次 / 2023年11月第1版　2024年5月第2次印刷
书　　号 / ISBN 978-7-5228-2523-6
定　　价 / 168.00元

读者服务电话：4008918866